Richard Steinpach
WERKAUSGABE

Sieh: Die Wahrheit liegt so nahe

RICHARD STEINPACH, WERKAUSGABE
BAND 1–6
ISBN 978-3-87860-848-6
© 1993 BY STIFTUNG GRALSBOTSCHAFT, STUTTGART

Richard Steinpach
WERKAUSGABE

Sieh: Die Wahrheit liegt so nahe

◆

WEG UND ZIEL

SELBSTERKENNTNIS

IRRWEGE

ES HAT SICH ERWIESEN

WAS UNS GOETHE SAGEN WOLLTE

DIE VORTRÄGE

Stiftung Gralsbotschaft

Vorbemerkung des Verlages

Richard Steinpach, der Ende September 1992 verstarb, hat im Verlag der Stiftung Gralsbotschaft etliche seiner Manuskripte veröffentlicht.

Der Verlag folgt mit dieser Werkausgabe einem Anliegen des Autors, der die Fülle seiner Manuskripte selbst noch zu einer Buchreihe ordnete. Er gab den von ihm gedachten Bänden mit dem Reihentitel »*Sieh: Die Wahrheit liegt so nahe*« einen leitmotivischen Zusammenhalt. Die Werkausgabe gibt die vom Autor hinterlassene Textgestalt seiner Manuskripte wieder.

Bei allen Zitaten in diesem Buch, die der Gralsbotschaft »Im Lichte der Wahrheit« von Abd-ru-shin entnommen sind, verweist nur das Kürzel GB für »Gralsbotschaft« sowie der Titel des Vortrags auf den Fundort.

Sieh:
Die Wahrheit liegt so nahe

WEG UND ZIEL

BAND 1

Vorwort

Wovon dieser erste Band der Buchreihe »Sieh: die Wahrheit liegt so nahe« handelt, das sagt folgende Zitat-Zusammenstellung am besten aus:

»*Die Einheit der Natur äußert sich in den Gesetzmäßigkeiten, das heißt in den Beziehungen zwischen den Strukturen, weniger in den Strukturen selbst.*« (Manfred Eigen, Nobelpreisträger für Chemie, in »Das Spiel«, Piper-Verlag, München)

»*Alle Lebensvorgänge, angefangen von denen einer Zelle bis hin zum Zusammenleben von Menschheit und Natur sind stets äußerst ineinander verzahnt, alle Teile greifen direkt oder auf Umwegen ineinander.*« (Hermann Haken, Professor für theoretische Physik, Max-Born-Preisträger, in »Erfolgsgeheimnisse der Natur«, DVA, Stuttgart)

»*Ein großer, einheitlicher Zug geht durch die Schöpfung und die Welt!*« (Abd-ru-shin, Gralsbotschaft »Im Lichte der Wahrheit«, Vortrag »Kreatur Mensch«)

»*Es wächst bei den Menschen der modernen Gesellschaft das Verlangen, das wesentliche ›Eine‹ oder, wie Heisenberg es nennt, die*

›zentrale Ordnung‹ zu erkennen.« (Hans-Peter Dürr, Direktor des Werner-Heisenberg-Instituts für Physik am Max-Planck-Institut, in »Physik und Transzendenz«, Scherz-Verlag, München)

»Wenn wir unser wahres Ziel nicht für immer aufgeben wollen, dann dürfte es nur einen Ausweg aus dem Dilemma geben: daß einige von uns sich an die Zusammenschau wagen, auch wenn sie Gefahr laufen, sich lächerlich zu machen.« (Erwin Schrödinger, Nobelpreisträger für Physik, in »Was ist Leben?«, Piper-Verlag, München)

»Wer sich über die Wirklichkeit nicht hinauswagt, wird nie die Wahrheit erobern.« (Friedrich Schiller)

»[…] nicht nur mit dem erdgebundenen Verstande, sondern mit dem Geiste forschen über grobstoffliche Vorgänge hinaus, so, wie es eines noch gesunden Menschengeistes würdig ist und wie es seine Pflicht in dieser Schöpfung bleibt.« (GB »Es werde Licht!«)

»Die Ergebnisse der modernen Naturwissenschaft ergeben nur noch einen Sinn, wenn wir eine innere, einheitliche und transzendente Wirklichkeit annehmen, die allen äußeren Daten und Fakten zugrunde liegt.« (David Bohm, Atomphysiker, in »Das holographische Weltbild«, Scherz-Verlag, München)

»Diese Tatsache bedingt, daß auch Religionswissenschaft und Naturwissenschaft in jeder Beziehung eins sein müssen in lücken-

loser Klarheit und Folgerichtigkeit, wenn sie die Wahrheit wiedergeben sollen.« (GB »Weltgeschehen«)

»Die geistige Verarbeitung wissenschaftlicher Erkenntnisse kann helfen, zu einer religiösen Überzeugung zu gelangen.« (Sir John Eccles, Nobelpreisträger für Neurologie, in »Gehirn und Geist«, Kindler-Verlag, München)

»Immer mehr werdet Ihr erfahren, daß ich Euch mit der Botschaft den Schlüssel zu der richtigen Erklärung jedes Vorganges und damit der ganzen Schöpfung gegeben habe!« (GB »Die urgeistigen Ebenen II«)

Die in diesem Band zusammengefaßten Aufsätze wollen dies anhand einiger Beispiele anschaulich machen. Sie beziehen sich auf ganz verschiedene Sachgebiete, immer aber ist es die Gralsbotschaft, die eine neue Sicht ermöglicht. Eine Anzahl dieser Aufsätze wurde bereits vor Jahren in der Zeitschrift »GralsWelt« veröffentlicht. In der hier vorliegenden – durch einige weitere Aufsätze ergänzten – Zusammenfassung wird erst die einheitliche Linie dieser Beiträge deutlich: Es ist das Anliegen, mit Hilfe der Gralsbotschaft vermeintliche »Geheimnisse« zu erhellen, in Neuland vorzustoßen. Bei den bereits veröffentlichten Aufsätzen wurde auch dort, wo wissenschaftliche Entdeckungen behandelt sind, die ursprüngliche Fassung beibehalten und von Ergänzungen oder Anpassungen an den heutigen Wissensstand abgesehen. Wissenschaft ist stets im Fluß und nie endgültig. Es hätten neuere Forschungsergebnisse nichts am Grundsätzlichen – nämlich an der hier aufgezeigten Übereinstimmung mit der Gralsbotschaft und den sich daraus ergebenden Weiterungen – zu verändern vermocht. Sie wären nur geeignet, diese Übereinstimmung durch ergänzende Einzelheiten zu unterstreichen. Die Aufsätze in ihrer unveränderten Form geben zudem auch in anderer Beziehung Aufschluß: Zum Zeitpunkte ihrer Niederschrift waren nämlich etwa die Erkenntnisse der Schlafforschung noch recht unvollkommen, es war die ungeheuere Bedeutung der Kybernetik bei weitem noch nicht erkannt; ja, es war sogar das Bestehen der »Schwarzen Löcher« im Kosmos noch umstritten. Dennoch waren damals schon die ersten einschlägigen Feststellungen ohne weiteres in das Weltbild der Gralsbotschaft einzuordnen, um sie als richtig zu beweisen und weitergehende Bezüge herzustellen.

Denn: Die unveränderlichen Schöpfungsgesetze in *allem* zu erkennen, wird uns leicht, sobald wir den rechten Schlüssel dafür besitzen.

Am Morgen

HERR! Wieder liegt ein Tag vor mir!
Ein Tag, den Du mir schenkst zu
weit'rem Reifen,
um in der Menschen Vielfalt und Gewirr
das Dunkle, das so weit mich trennt von Dir,
aus eig'ner Kraft allmählich abzustreifen.

Wie schön ist Deine Welt, o HERR,
wo jedes Wesen kündet, daß Du bist!
Wie also wäre mir das Leben schwer,
erkenn' ich doch, wie alles ringsumher
nur Deines Wirkens stiller Bote ist.

Und voll der Gnade ist der Tag,
erlebe ich, wie Dein Gesetz mich leitet,
da doch der Stunden wechselvoller Schlag
mir nichts an Freud' und Leiden bringen mag,
dem ich nicht selbst den Weg zu mir bereitet.

Wohlan denn! Vieles ist zu tun!
Ich will, daß es in Deinem Sinn gelinge!
Und was auch kommt, sei mir zur Stufe nun,
daß – bis es Abend wird, um auszuruhn –
ich reiner noch im Schöpferwillen schwinge.

Wozu leben wir auf Erden?

Seit vielen Tausenden von Jahren lebt das Menschengeschlecht auf Erden – doch es weiß nicht *wozu*. Stumpfsinnig trotten die meisten dahin, nur kleinste Erdenziele vor Augen. Die wichtigste aller Fragen, jene nach dem Sinn ihres Daseins, berührt sie kaum. Wenn doch, so meinen sie, daß es darauf keine Antwort gibt. Damit weicht der Mensch seiner vordringlichsten Aufgabe aus, denn:

»*Heilige Pflicht des Menschengeistes ist es, zu erforschen, wozu er auf der Erde oder überhaupt in dieser Schöpfung lebt, in der er wie an tausend Fäden hängt.*« (GB »Die Sprache des Herrn«)

Solange der Mensch vermeint, er stünde außerhalb der Schöpfung, muß ihm sein Daseinszweck verschlossen bleiben. Wird ihm aber klar, daß auch er eingeflochten ist in ein Netzwerk stets *lebendiger Wechselwirkung*, so muß er auch in seinem Hiersein die allem Bestehenden zukommende *zweifache Aufgabe von Empfangen und Geben* zu erkennen imstande sein.

Im Laufe eines Erdenlebens macht der Mensch eine Entwicklung durch. Mit dem Heranreifen des Körpers, seiner Inbesitznahme durch den Geist, erweitert sich immer mehr der Kreis seiner irdischen Möglichkeiten. Doch während sich im Laufe dieses Wirkens die stoffliche Substanz verbraucht, wächst ihm immer mehr an Erfahrung zu. Es vollzieht sich eine Umschichtung; Erleben wird in geistige Werte umgesetzt. Der Erdenkörper ist dabei nur Mittel zum Zweck. Nicht ihm soll das irdische Dasein dienen, sondern dem Geist. Von dessen Notwendigkeiten her muß es betrachtet werden.

»*Ihr* müßt *den Blick* über *die Erde weit hinaus erheben und erkennen, wohin Euch der Weg führt nach diesem Erdensein, damit Euch darin gleichzeitig auch das Bewußtsein dafür wird, warum und auch zu welchem Zwecke Ihr auf dieser Erde seid.*« (GB »Gottanbetung«)

Die jüngste Technik kennt einen Vorgang, der – freilich im Äußerlichen bleibend – Aufgabe und Beziehung von Körper und Geist gleichnishaft anschaulich machen kann: Die Trägerrakete eines Raumschiffes wird (wie der Erdenkörper) nach bestimmter Brenndauer abgeworfen. Sie diente nur dazu, der Kommandokapsel (Geist) jene Beschleunigung zu vermitteln, damit sie sich von der Erdenschwere lösen und ihren Flug zu fernen Zielen fortsetzen kann.

Zu diesem Emporsteigen in lichtere Höhen ist der Menschengeist aus sich allein noch nicht befähigt. Daß er im Laufe des Erdenlebens eine Entwicklung erlebt und zu reifen vermag, zeigt, daß er noch nicht an seiner höchsten Stufe angelangt ist. Er ist im Gegenteil noch sehr weit davon entfernt. Denn der menschliche Geist ist ursprünglich nur ein Geist*keim*, der zwar alle Anlagen und Möglichkeiten eines voll-reifen Geistes in sich trägt, aber:

»[…] der nicht die Kraft besitzt, ohne äußere Anstöße sich selbst zu entwickeln.« (GB »Geistkeime«)

Gäbe es nicht die stoffliche Reibung, so könnten wir nicht einen Schritt vor den anderen setzen. Ist sie auch nur vermindert (Glatteis!), so kommen wir kaum voran. Da die Naturgesetze einheitlich, wenn auch abgewandelt, für *alles* in der Schöpfung Geltung haben, bedarf auch der im Stoffe inkarnierte Geist der Reibung zu seinem Fortschritt. Im Erleben muß er sich an seiner irdischen Umwelt beständig »reiben«. Diese Herausforderung zwingt ihn dazu, wachsam zu sein, sich zu behaupten und zu entscheiden. Alles, was dem Menschen auf Erden widerfährt, trägt so den Anstoß zu geistiger Regsamkeit in sich. Es ist Hilfe zu seiner Entwicklung, denn daraus wird ihm – um bei dem Beispiel des Raumschiffes zu bleiben – die »Schubkraft« zu seinem Höhenflug. Deshalb heißt es in der Gralsbotschaft:

»Das Erdenleben soll wirklich erlebt werden, wenn es Zweck haben soll. Nur was innerlich mit allen Höhen und Tiefen durchgelebt, also durchempfunden wird, hat man sich zu eigen gemacht. Wenn ein Mensch von vornherein die genaue Richtung stets klar wüßte, die ihm nützlich ist, so gäbe es für ihn kein Erwägen, kein Entscheiden. Dadurch könnte er wiederum keine Kraft und keine Selbständigkeit gewinnen, die er unbedingt notwendig hat.« (GB »Das Geheimnis der Geburt«)

Nicht Weltflucht, nicht Entsagung bringen uns weiter, sondern nur *bewußtes Erleben* des irdischen Daseins. Wir sollen uns andererseits aber nicht daran klammern, weil es nur eine

Stufe ist auf dem geistigen Wege. Denn auf seiner Schöpfungswanderung ist es dem Menschengeiste bestimmt, nach und nach die vielfältigen Welten der groben wie der feinen Stofflichkeit erlebend kennenzulernen. Nur dann kann er als zum vollen Bewußtsein seiner Fähigkeiten herangereifter Geist zurückkehren in seine Geistheimat, um mitzuwirken an der Betreuung dieses Schöpfungsteiles.

»*Bewußtwerden aber kann aus dem Unbewußtsein nur durch Erfahrungen hervorgehen.*« (GB »Schöpfungsentwicklung«)

Gerade dem Erdenleben kommt dabei *besondere* Bedeutung zu. Die Dichte und Schwere des irdischen Körpers ermöglicht es nämlich Geistern *verschiedenster* Reife, hier neben- und miteinander zu leben. Dies ist sonst nirgendwo der Fall, da ohne die grobstoffliche Hülle stets die *geistige* Schwere den Aufenthaltsort eines Geistes bestimmt. Die Spannweite der Erlebens- und Erfahrungsmöglichkeit ist daher hier, wo Gutes neben Bösem sich aufhalten kann, besonders groß.

»*Der Mensch sollte die Zeit und die Gnade voll ausnützen, die ihm durch jedes Erdenleben geschenkt wird.*« (GB »Der Mensch und sein freier Wille«)

Wir leben also, um zu erleben. Durch das Erleben aber lernen wir die in allem wirkenden Gesetze der Schöpfung, die den Willen Gottes tragen, kennen. Sie lehren uns, wie wir die in uns der Entwicklung harrenden Fähigkeiten bewußt verwenden sollen, um Förderung zu bieten und zu erfahren.

»Sagt nicht, daß Ihr als Menschengeister die Gesetze in der Schöpfung nicht so leicht erkennen könnt, daß sich die Wahrheit von den Trugschlüssen schwer unterscheiden läßt. Das ist nicht wahr! Wer solche Reden führt, will damit nur die Trägheit wieder zu bemänteln suchen, die er in sich birgt, will nur die Gleichgiltigkeit seiner Seele nicht erkennbar werden lassen, oder sich vor sich selbst zur eigenen Beruhigung entschuldigen.« (GB »Gottanbetung«)

»Blickt um Euch, Menschen, und Ihr werdet sehen, wie Ihr hier auf Erden leben sollt! Es ist nicht schwer, die Urgesetze in der Schöpfung zu erkennen, wenn Ihr Euch nur bemüht, in rechter Weise alles um Euch zu beachten.« (GB »Schöpfungsgesetz Bewegung«)

Alle Entdeckungen und Erfindungen bestätigen dies: Sie waren nur möglich durch Beachtung der Naturgesetze. Der Mensch hat sich dabei diesen Gesetzen unterworfen, nur dadurch konnten sie ihm dienstbar und nutzbar werden.

Ist der Mensch dabei auch stets der Empfangende, so gibt er doch, ob er will oder nicht, zugleich beständig Eigenes an die Schöpfung zurück: Durch sein Handeln wirkt er sichtbar in die Stofflichkeit dieser Erde, durch seine Worte, seine Gedanken und erst recht durch sein Empfinden, aber in immer zartere Bereiche der Schöpfung, überall Kräfte bewegend, Formen schaffend, Gutes oder Böses als Rückwirkung auslösend. Welch ein weites Feld der Betätigung! Voll von Aufgaben und Verantwortung ist dieses Sein! Es verlangt uns ganz, denn:

»Allein ein Menschengeist, der hell und wach in dieser Schöpfung steht, bewußt ihrer Gesetze, sich diesen einfügt in dem Denken und dem Tun, der ist Gott wohlgefällig, weil er dann den Daseinszweck damit erfüllt, den jeder Menschengeist in dieser Schöpfung trägt!« (GB »Trägheit des Geistes«)

Die Antwort auf die Frage nach dem Sinn unseres Erdenlebens liegt jedem vor Augen, der sehen *will*. Die Gralsbotschaft hat sie zusammengefaßt in den Worten:

»Ihr gehört zu dieser Schöpfung als ein Stück von ihr, müßt deshalb mit ihr schwingen, in ihr wirken, von ihr lernend reifen und dabei erkennend immer mehr emporsteigen, von einer Stufe zu der anderen, mitziehend in der Ausstrahlung, um zu veredeln alles, was auf Eurem Wege mit Euch in Berührung kommt.« (GB »Die Sprache des Herrn«)

Die Erkenntnis unseres Daseinszweckes aber ist zugleich das Tor zum *wahren* Glück:

»Lernet in der Schöpfung Euren Weg erkennen, damit wißt Ihr auch den Zweck Eures Seins. Dankender Jubel wird Euch dann erfüllen und das höchste Glück, das ein Menschengeist zu tragen fähig ist, welches allein im Gotterkennen liegt!« (GB »Die Sprache des Herrn«)

Die Suche nach dem Glück

»Viel Glück im Neuen Jahr!« Unzählige Male werden in den Tagen des Jahreswechsels diese Worte gesagt und geschrieben. Was denkt man sich eigentlich dabei? Müßte nicht jeder, der solches wünscht, selbst vorerst wissen, worin das Glück liegt, wenn seine Worte Sinn haben sollen? Doch fragt man jemanden nach dem Wesen des Glückes, so wird man zunächst betroffenem Schweigen begegnen. Meist wird die Antwort dann materiellen Dingen gelten. Wer Gesundheit meint, dünkt sich schon bescheiden, und den Stein der Weisen meint gefunden zu haben, wer das Glück in der Zufriedenheit sieht, nicht erkennend, daß gerade sie das lockend-tödliche Gift der Trägheit bereithält.

Glück …? Ein Wort also ohne faßbaren Sinn, ein nebelhafter, zerflatternder Begriff. Die meisten Menschen kümmert dies nicht. Ausgelassen feiern sie die Silvesternacht. Gibt das Heraufdämmern eines neuen Jahres, das Springen einer Ziffer am Zählwerk dessen, was wir als Zeit ansehen, wirklich einen Anlaß dazu?

Macht die uneingestandene Angst vor der Ungewißheit des Morgen sich nicht in diesen Stunden besonders bemerkbar? Steckt hinter dem allgemeinen Drang nach Geselligkeit nicht noch das uralte Herdenverlangen, das den Schutz in der Anlehnung sucht? Sind das Gegröle zur Mitternachtsstunde, das

Knallen und Knattern der Feuerwerkskörper wirklich ein Ausdruck der echten Freude oder – heute wie einst – ein Mittel, Dämonen und böse Geister zu verscheuchen? Dämonen aber sind von Menschen erzeugte Gebilde, durch die Kraft ihrer Gedanken als deren Ausdruck geformt. Und »böse Geister« sind erdgebundene Seelen, die ihre niederen Lüste durch die Gleichart hier Lebender austoben wollen. So graut den Menschen im Grund vor sich selbst. Und haben sie nicht allen Anlaß dazu?

Der Jahreswechsel ist der gegebene Zeitpunkt, um einen kritischen Rundblick zu machen. Wie hat der Mensch seine Welt gestaltet? In Jahrmillionen herangebildet, um durch den Eintritt des menschlichen Geistes zur höchsten Entwicklungsreife zu kommen, ist – wie an einem schädlichen Virus – die Erde an dem Menschen erkrankt und immer weniger noch in der Lage, ihren Geschöpfen ein gedeihliches Dasein zu bieten. Vergiftet sind der Boden, das Wasser, die Luft. Unentrinnbar speichert der Mensch Schadstoffe in seinem Körper auf, selbst die Muttermilch ist schon, jüngsten Berichten zufolge, verseucht. Auf weitere Einzelheiten einzugehen, ist müßig, sie sind im Laufe nur weniger Jahre erschreckend in unser Bewußtsein gelangt und werden täglich aufs neue bereichert. Dennoch wird überall fortgefahren mit der Zerstörung des natürlichen Gleichgewichtes, werden laufend Kernkraftwerke errichtet, die ungeachtet aller beschwichtigenden Reden Gefahren unabsehbaren Ausmaßes in sich bergen und dies nicht nur für heute und morgen, sondern über zehntausende Jahre hinweg. Und weshalb das alles? Nur weil der Mensch nicht bereit ist, sich zu bescheiden, ja nicht einmal zu jener Lebensweise zurückzukehren, die noch vor wenigen

Jahrzehnten tragbar erschien. Wirtschaftswachstum heißt heute der Moloch, dem bedenkenlos alles geopfert wird. Nie noch hat eine Generation so schamlos wie diese an der Erde gesündigt, an ihren Schätzen Raubbau getrieben und nur zur Stillung ihrer Begierden rücksichtslos die Zukunft der Menschheit verpfändet. Gewiß, die Studie des »*Club of Rome*«, eben unter dem Titel »*Menschheit am Wendepunkt*« erschienen, hat dessen ersten Bericht »*Grenzen des Wachstums*« scheinbar ein wenig abgeschwächt. Aber diese letzte Computerberechnung geht von der Annahme aus, der Mensch würde jeweils steuernd das Richtige tun, um etwaigen Krisen entgegenzuwirken. Genau das aber geschieht ja nirgends. Die kürzlich abgehaltene Weltbevölkerungskonferenz liefert nur ein bezeichnendes Beispiel dafür, wie jeder es – von der Weltpolitik bis zur Gemeindeverwaltung – nahezu täglich erleben kann. Ungeachtet der sich abzeichnenden Hungerkatastrophe und ihrer mörderischen sozialen Aspekte ist sie ergebnislos geblieben, weil keiner bereit ist, den Anfang zu machen und was heute noch wie ein Opfer erscheint, auf sich zu nehmen, auch wenn es die einzige Rettung wäre. Vor die Wahl gestellt, zugrunde zu gehen oder sich zu bescheiden, gehen jene, die die Verantwortung tragen, bedenkenlos den ersteren Weg.

Sind die – vielfach nutzlosen – Güter wenigstens den Preis, den wir zahlen, wert? Haben sie den Menschen glücklich gemacht und ihm wirklich das Leben erleichtert? Immer mehr vereinsamt er in der Gleichförmigkeit einer kalten, zu Stahl und Beton erstarrten Welt ohne Lieblichkeit, die das Auge erfreuen könnte. Das Spiel der Formen, die Natur und Schönheitssinn hervorgebracht haben, weicht öder, ertötender Gradlinigkeit. In den Städten sind das Toben der Preßluftbohrer, das Kreischen der Baumaschinen, das Dröhnen der Stampfer und das Verkehrsgeschrille unentrinnbar des Menschen Begleiter; eine Meute, die ihn erbarmungslos durch jenen winzigen Lebensraum hetzt, den Autos, Baugruben, Absperrungen, Verbote und Umleitungen ihm noch gelassen haben. Gepeinigt von Streß hat keiner für den anderen mehr Zeit. Der vertraute Kaufmann ist dem Supermarkt gewichen, der Hausarzt dem seelenlosen Ambulatorium. Der Mensch, zur Nummer entwürdigt, in Teilbedürfnisse und Teilfunktionen zerstückt, hat in der Elektronengesellschaft seine Ganzheit, sein geistiges Dasein verloren. Weitergeschoben auf dem Fließband der Automation, die an Stelle menschlicher Begegnung getreten ist, ist er vom gestaltenden Subjekt zum Objekt jener Einrichtungen geworden, die nun gebieterisch verlangen, daß er sich ihnen unterordne, sie bediene und warte, wenn er seinen Lebensbedarf weiterhin noch gestillt haben will.

Auch in die immer lockerere Beziehung von Mensch zu Mensch hat sich das Mißtrauen eingefressen. Das gezielte Spiel mit den letzten Resten von Glaubensbereitschaft, das durch die Werbung betrieben wird, beraubt Information und Beratung des Sinnes einer klärenden Hilfe und verlangt, um nicht laufend übertölpelt zu werden, sich mißtrauisch gegen alles zu sperren. Aber nicht nur der Eigennutz sucht seinen Vorteil zu Lasten der anderen, auch die Gleichgültigkeit der einen, in Erledigung übernommener Pflichten, zwingt die anderen zu steter Kontrolle und Abwehr. Immer geringer wird die Zahl derer, die durch ihr Pflichtgefühl und Verantwortungsbewußtsein das morsche Gefüge der gemeinschaftlichen Ordnung noch vor dem Zusammenbruch bewahren; immer größere Lasten aber werden ihnen aufgebürdet. Denn wo Rechte nicht aus Pflichterfüllung erwachsen, sondern sich, aller Bindungen ledig, gebieterisch zum Selbstzweck erheben, werden Leistung und Verantwortung sinnlos. Damit entfällt auch die Arbeitsfreude. Apathisch versinkt der Mensch dann in Trägheit oder er flüchtet in die Gewalttat, um dort jene Selbstbewährung zu finden, die ihm anderweitig versagt bleibt. So wächst das Verbrechen mit rasender Schnelle, während Sicherheit, Ordnung und Recht zerbröckeln. Sie weichen immer mehr der nackten Gewalt. Kein Tag vergeht ohne Geiselnahme, ohne daß irgendwo in der Welt gänzlich unbeteiligte Menschen von heimtückisch abgelegten Bomben zerrissen werden. In weltweitem Ausmaß ist die Erpressung zum Mittel der Zielerreichung geworden. Und just in der Zeit dieses Ordnungszerfalles ist der Verbrecher, der Psychopath, das verhätschelte Lieblingskind der Gesellschaft, an deren tollkühner Abartigkeit sie sich im Film und Fernsehen berauscht und um deren Wohl und Wehe die Obrigkeit sich wie noch nie zuvor bekümmert.

In dieser waffenstarrenden Welt, in der die Gewalt immer wilder wuchert, wird die Phantasie der Schreckensautoren auch immer leichter zur Wirklichkeit. Atomwissenschaftler haben kürzlich erklärt, es sei auch dem informierten Laien schon möglich, atomare Sprengkörper herzustellen, sofern er an spaltbares Material gelange. Daß dessen Überwachung und Sicherung praktisch aber nicht möglich ist, ließ ein Fernsehbericht erschreckend erkennen. Schon geringe Gewalt genügt, um das Arsenal des Schreckens zu öffnen. Wie lange also kann es noch dauern, bis die zahlreichen Extremisten den Terror ins Ungemessene steigern?

Was also ist dem Menschen geblieben in dieser immer giftiger, immer häßlicher, immer unsicherer werdenden Welt? Das Geld, um dessentwillen er alle Zerstörung und Unbill in Kauf nimmt? Sein Wert hängt von vielen Umständen ab. In dieser Zeit, da die Währungen schwanken, die Banken schließen, die Wirtschaftskrisen sich bereits abzuzeichnen beginnen und unaufhaltsam die weltweite Inflation den Götzen Mammon von innen zernagt, wird seine Brüchigkeit auch schon sichtbar.

Wo also ist das Glück, dem jeder nachjagt? Liegt es in Macht, sozialer Stellung, Ansehen, Ruhm? Muß die Macht nicht täglich zittern um ihren Bestand, sich mit Mißtrauen und mit Gewalt umgeben? Bejubelt die unbeständige Menge nicht heute diesen und morgen den nächsten? Lechzt sie nicht darnach, gerade jenen zu stürzen, den sie eben noch hochgelobt hat?

Verlassen wir den äußeren Lebensbereich, wenden wir uns weiter nach innen. Ist hier vielleicht eher das Glück zu finden? Wo sind sie, die einst »höher« erachteten sittlichen Werte wie Rücksicht oder Selbstlosigkeit, Mut, Treue, Bescheidenheit, Sauberkeit, Demut und Selbstbeherrschung? Werte, an denen gut oder böse, richtig oder falsch gemessen wurden. Durch die Umstülpung des Lebens nach außen auf vordergründige Nützlichkeit und durch Bestreiten des Ungreifbaren sind sie alle in Frage gestellt und als Richtmaß entwertet worden. Der Rückfall ins Primitivverhalten wird heute als Fortschritt angepriesen. Der Wurzelgrund aller Menschheitsentwicklung ist aufgerissen und umgewendet, so daß er keinen Halt mehr zu bieten vermag. Selbst das Kleinod der deutschen Sprache, in Jahrhunderten langsam gewachsen als Zeugnis artgemäßer Entwicklung und zu höchster Verkündigung ausersehen, wird durch Verleugnung seiner Gesetze und Sinnentfremdung seiner Begriffe allmählich der Zweckbestimmung beraubt, an geistige Werte heranzuführen. Immer erfolgreicher ist man bemüht, den Hobel der Kleinschreibung anzusetzen und damit die Gestaltungskraft dieser Sprache, die sich schon in ihrem Erscheinungsbild ausprägt, bloßer Bequemlichkeit aufzuopfern. Das Erheben der Mundart zur Unterrichtssprache, das Gestatten einer nur klanglich entsprechenden Schreibweise, müssen zwangsläufig dazu führen, das Bemühen nach Edlerem, Reinem, als überflüssig erscheinen zu lassen. Mit dem Versinken in die Gewöhnlichkeit einer nur dem Nötigsten dienenden Sprache aber schwindet zugleich das Verständnis für ihre geistig fördernde Wirkung. Kostbarstes Gut der Vergangenheit entfernt sich dadurch immer mehr dem Begreifen.

Dieser Prozeß der Wertzerstörung läßt selbst die Liebe nicht unberührt. Denn was sich als sexuelle Aufklärung ausgibt, zielt letztlich auf die Vertreibung des Menschen auch aus jener letzten Zufluchtsstätte, in welche er durch zartes Erleben der Öde dieser verstandlichen Welt für kurze Zeit noch entfliehen konnte. Denn reine Liebe allein ist imstande, die sich stets erneuernden Wunder zu finden, die hinter den faßlichen Formen beginnen. In dem kalten Scheinwerferlicht, das ihr Zauberreich nun ernüchternd umstellt, verweigert sie ihre Führerschaft und zieht sich scheu in sich selbst zurück.

Was hat der Mensch nun damit gewonnen? Die bloßen Kenntnisse des Funktionellen durch Entschleierung der Organgeschehen. Nun weiß er zwar – wie das Kind, das sein Spielzeug zerlegt – wie alles organisch abläuft, doch so zum Maschinellen erniedrigt, ist kein Geheimnis mehr geblieben, und das Spielzeug wird nie wieder so, wie es war. Die überdeutlichen Äußerlichkeiten zerstören in ihrer Direktheit und Fülle den letzten Rest des Erwartungsvollen. Was bleibt, ist nur noch der Überdruß. Vom reinigenden Strom des *geistigen* Wunsches nach der Partnerverbindung nicht mehr durchflossen, wird Sexualität zum schmutzigen Tümpel. Die Jugend aber, mit Körperfunktionen sachlich vertraut, noch ehe sie ihrer bewußt werden konnte, kann nie mehr die reine Sehnsucht empfinden, die gerade hier das Natürliche durch ahnende Ungewißheit verklärt.

So stehen heute die meisten der Menschen in sich leer, ohne stützende Hilfe, in einer ihnen ständig feindlicher werdenden Welt. Zwar wird geredet, getagt und beschlossen – dann aber geschieht das Gegenteil dessen, was sinnvollerweise geboten wäre. Denn der Mensch will die Gesetze der Schöpfung, die gebieterisch ihre Beachtung fordern, überall dort nicht zur Kenntnis nehmen, wo er anderes glaubt erzwingen zu können. So geht es ihm wie dem Zauberlehrling: Die Geister, die er gerufen hat, vermag er aus eigenem Können nicht mehr zu bannen, weil er der Sprache des Meisters nicht kundig und sie zu lernen auch nicht gewillt ist. Mit jedem Versuch, den Gefahren zu begegnen, löst er nur neue, weitere aus. Eingekreist von den Reitern der Apokalypse, deren Pferde er ringsum schon schnauben hört, überkommt ihn das Gefühl seiner Ohnmacht. Er möchte fliehen – aber wohin?

Der Alkohol- und der Rauschgiftgenuß spiegeln für Stunden nur Scheinwelten vor, die die wiederkehrende Wirklichkeit nur um so schlimmer erleben lassen. Selbst jene, die in den Glauben flüchten, müssen fürchten, ins Leere zu greifen. Denn wo wandelbare Beschlüsse bestimmen, was als Wahrheit zu gelten hat, kann Führung und Halt nicht erwartet werden. Während man starr an dem Alten festhält – wie bei Zölibat und Empfängnisverhütung – und dem Willen des Schöpfers Gewalt antut, soll die verstörte Anhängerschar durch Demokratie und modernes Gehaben besänftigt und wiedergewonnen werden. So läßt sich die Kirche, statt Führung zu geben, selbst auf den Wogen des Zeitgeistes treiben. Wer aber wirkliche Gläubigkeit hat, weiß: Gottes Wille ist unverrückbar. Er ändert sich nicht, um uns zu gefallen. Das Ewig-Gültige gilt es zu finden, das eine Kirche nicht bieten kann, die Sinnwidriges zu glauben verlangt.

So wird die unerfüllte Suche nach Wahrheit zum nährenden Boden für Okkultismus, der vorgibt, eine andere Dimension hinter dieser entstellten Welt zu eröffnen. Doch auch hier sind Stolperdrähte gespannt und unsichtbare Minen gelegt, um den Flüchtigen nicht so leicht in die Klarheit entkommen zu lassen. Pseudowissende Scharlatane blasen banale Entdeckungen zu unangebrachter Wichtigkeit auf und lösen dadurch verständnislos unbekannte Gefahren aus. Schon aber lauert der Erdverstand, sich all dies als weitere Möglichkeit zur Versklavung des Menschen nutzbar zu machen. So führt der vermeintliche Weg in die Freiheit zuletzt in noch schlimmere Abhängigkeit.

Ist also jeder Ausweg verstellt? Von allen Fronten der Wissenschaft, ob Ökonomie oder Ökologie, ob Soziologie oder Psychologie, ob Technik, Medizin oder Forschung ertönt der Katastrophenalarm. Überall stoßen wir schon an die Grenzen. Durch die wechselseitige Abhängigkeit aller unserer Lebensbelange droht die Erschütterung dieses Anpralles, unsere Welt in Trümmer zu legen. Ihr Zusammenbruch in Vergiftung, Gewalt,

Not und Chaos zeichnet sich immer deutlicher ab. Selbst jene, die die Augen davor verschließen, empfinden eine mahnende Bangigkeit.

Und dennoch spricht man zum Jahreswechsel immer wieder vom Glück, wünscht es dem Nächsten, formelhaft, ohne einen Gedanken daran zu verschwenden, daß alles, was man für Glück zu halten geneigt ist, seine Fragwürdigkeit immer klarer enthüllt.

Wir sollten doch wohl nachzudenken lernen über den Sinn dieses Wortes: *Glück*. Denn das Streben danach ist ein Urtrieb des Menschen. Es ist seinem Wesen tief eingewurzelt und bestimmend für sein gesamtes Verhalten. Soll dieses starke Naturgesetz von uns wirklich so Törichtes wollen, wie unser ganzes Leben hindurch rastlos nach einem Glücke zu streben, von dem wir selber erkennend sagen, daß es wie Glas zerbrechlich ist; ein Glück, von dem schon das Volkslied meint, daß es scheu wie ein Vogel sei, schwer zu fangen, doch leicht entflogen? Lehrt aber andererseits nicht die Erfahrung, daß auch eine Reihe von schönen Tagen wie nichts so schwer zu ertragen sind? Wir fürchten also die Dauer dessen, was zunächst uns als Glück erscheint, ebenso wie seine Flüchtigkeit. Dieser innere Widerspruch sollte uns doch wohl zu denken geben. Soll denn das Ziel all unseres Strebens nur der Genuß des Augenblicks sein, der seinerseits schon nie ungetrübt ist, weil ihn die Sorge, er könnte vergehen, ebenso wie die Gewöhnung aushöhlt?

Was man so zu erhaschen sucht, das Glückserlebnis, ist nur ein Irrlicht. Aufflackernd einmal hier, einmal dort, kann es den Weg nicht wirklich erhellen. Es fehlt ihm die Wärme beständigen Leuchtens. Was immer wir Lust-verlangend berühren, entlädt sich wie statische Elektrizität, zwar sprühend und knisternd mit einem Funken, doch es verliert sogleich seine Spannung, wenn wir nicht selbst für den Stromzufluß sorgen. So werden auch die Freuden der Welt nur durch uns selbst lebendig gemacht, indem sie die Freude, die wir in uns tragen, auf ihre Art widerspiegeln und stärken. Wir müssen also, so seltsam dies klingt, schon glücklich *sein,* um aus der Umwelt ein Glück zu empfangen, das sich nicht in Kürze als Trugbild erweist.

Woher aber soll dieses Glücksgefühl kommen, das uns schon vorweg erfüllen muß? Aus welcher Quelle wird es gespeist, wenn ringsum doch alles zu wanken beginnt und uns nicht nur die stofflichen Güter, sondern auch die inneren Werte unter der Hand zu entschwinden drohen?

Gerade aber dieser Prozeß, der rundum alles in Frage stellt, woran wir glaubten uns halten zu können, ist geeignet, uns hilfreich den Weg zu öffnen zur Erkenntnis des wahren Glückes. Der Mensch wird gezwungen umzudenken, um durch den Zusammenbruch alles dessen, dem er sich irrend ergeben hat, endlich das Ziel seines Drängens zu sehen. Denn das Glücksverlangen, das in uns lebt, ist die unstillbare Sehnsucht des Geistes nach reifendem Aufstieg in seine Heimat. Die Empfindung sagt ihm untrüglich, daß dort für ihn die Erfüllung ist. Dieses natürliche Aufwärtsstreben hat der Mensch ins Irdische abgebogen, indem er immer mehr dem Verstand – einem Werkzeug nur für das Erdensein – in allen Belangen den Vorrang gewährte. Nun sucht er ruhelos in falscher Richtung nach dem verlorenen Glücksbegriff.

Daß das Glücksstreben richtig ist, sagt die Gralsbotschaft mit den Worten:

»*Ihr Erdenmenschen seid in dieser Schöpfung, um Glückseligkeit zu finden!*« (GB »Die Sprache des Herrn«)

Doch das Finden bezeichnet ein *Ziel,* das am Ende der Schöpfungswanderung liegt. Wer finden will, der muß zuerst suchen. Die Suche, die wir entfalten müssen, um dem Glücke näher zu kommen, aber ist einzig die Suche nach Gott. Ihn gilt es, in seinem stetigen Wirken, zunächst in der Erdenwelt zu erkennen. Sie ist nun einmal die erste Stufe, von der aus der geistige Aufstieg beginnt. Hier treffen Lichtes und Dunkles zusammen und üben ihre Einflüsse aus. Durch die Wachsamkeit der Empfindung sollen wir sie unterscheiden lernen. Diese aus den Fugen geratene Welt, deren Umklammerung ständig erdrückender wird, läßt viele Menschen zweifeln an Gott, der solches doch nicht zulassen dürfte. In Wahrheit aber schaudern die Menschen dabei vor dem eigenen Spiegelbild. Denn *sie,* im Besitze des freien Willens, haben die Welt so zuschanden gemacht. Die Früchte, die sie nun ernten müssen, reifen ihnen nach Gottes Gesetz. Diese Erkenntnis öffnet den Ausweg aus der selbstbewirkten Verstrickung, das Tor zur geistigen Freiheit, zum Glück. Und dieses Glück wächst mit jedem Male, da wir in einem Geschehensablauf, im Dasein alles dessen, was ist, in den wechselseitigen Abhängigkeiten, kurz überall das Gesetz erkennen, das unsichtbar waltend dahinter steht. Denn dieses Gesetz ist die Sprache Gottes, durch die er seinen Willen uns kundgibt; es ist der einzig mögliche Weg, dem Herrn aller Welten näherzukommen, ihn immer besser verstehen zu lernen.

Dergleichen freilich läuft leicht Gefahr, für leeres Gerede gehalten zu werden. Wie sollte der Mensch denn Gott erkennen?

Nun, wem die Wunder der Schöpfung noch nicht genügen, von denen er nicht nur allseits umgeben, sondern selbst ein Teil ist, dem seien hier aus dem Alltag des Lebens einige Beispiele angeführt, die freilich nur *einen* möglichen Weg der Gotterkenntnis aufzeigen sollen:

Nehmen wir an, Sie wollen telefonieren. Mit dem Abheben des Hörers steht Ihr Apparat unter Strom. Sie können jetzt die im Leitungsnetz vorhandene Kraft für Ihre Zwecke sich nutzbar machen. Was nun geschieht, ist ein Abbild dessen, was Sie – freilich in verfeinerter Art – beständig durch Ihr Wünschen und Wollen im Leitungsnetze der Schöpfung bewirken. Sie bringen durch die Wählscheibe des Telefons ja in Ziffern nur Ihren Wunsch zum Ausdruck nach einer ganz bestimmten Verbindung aus der Vielzahl der Möglichkeiten. Schon durch das Wählen der ersten Ziffer werden Sie mit einer Zentrale verbunden, die alle jene zusammenschließt, deren Rufnummer mit der gleichen Ziffer beginnt. Innerhalb dieses Zentralenbereiches grenzen Sie dann durch das Weiterwählen Ihr Wollen immer deutlicher ein, so daß Sie zuletzt *die* Verbindung erhalten, die *genau* Ihrem Wunsche entspricht. Wenn Sie den abbildhaft-technischen Vorgang als Schöpfungsgesetz zu verstehen bereit sind, so sind Sie damit auch der Gotterkenntnis ein kleines Stückchen näher gekommen.

Oder: Sie schalten das Radio ein – und können dadurch als erstes schon das Wesen der Medialität erfassen. Mit einem Male stehen Sie ja durch einen hierfür geeigneten Mittler in Verbindung mit einer vorhandenen Welt, die bisher für Sie nicht wahrnehmbar war. Nun stimmen Sie durch die Wahl des Programms Ihr Gerät auf die Wellenlänge ab, die der des betreffenden

Senders entspricht. Sie befolgen damit das Gesetz der Gleichart, das es außerhalb der dichten Grobstofflichkeit nur Gleichartigem gestattet, sich zu verbinden. Die zahllosen anderen Senderfrequenzen, die ebenso wie die von Ihnen gehörte im Raume ja gegenwärtig sind, gehen an Ihrem Empfänger vorbei, weil sie darin keine Gleichart finden. Sie selbst aber können dabei erkennen, daß, ob Gutes, ob Übles, Sie immer nur *das* zu treffen vermag, was in Ihrer Eigenart wurzelt und darin seine Entsprechung findet, weil Sie selbst darauf »abgestimmt« sind.

Und sollte Ihr Interesse vielleicht auch dem Aufbau des Apparates gelten, so wissen Sie, daß zunächst die Antenne die unsichtbaren Schwingungen aufnimmt. Sie selbst haben nun im Sonnengeflecht – wenn auch für einen anderen »Wellenbereich« – ein Instrument zu ähnlichem Zweck. So wie nun im Rundfunkempfänger die Röhren (oder die Transistoren) zunächst die Schwingungen der Antenne in elektrische Impulse verwandeln und diese dann, durch den Lautsprecherteil weiter verdichtet, hörbar werden, übersetzen in Ihnen Kleinhirn und Großhirn die Schwingungen des Sonnengeflechtes in unsere irdische Wirklichkeit. Je nach der inneren Einstellung sind Sie dadurch als Empfänger und Sender mit den entsprechenden Schwingungsarten bis in die kosmischen Weiten verbunden.

Nun spielt sich der Funkverkehr, wie Sie wissen, in verschiedenen Wellenbereichen ab. Auf höherer Ebene ist dies nicht anders mit Ihren Gedanken und Ihrer Empfindung. Die ersteren entsprächen dort gleichsam den irdischen Lang- und Mittelwellen, die letzteren den Kurz- und Ultrakurzwellen. Was Sie in diesen Frequenzbereichen als Sender in den Raum hinausschicken, wird ähnlich wie beim Rundfunkempfang von allen denen empfangen werden, die sich dafür durch die Einstellung öffnen. So sind Sie mit Personen und Taten verbunden, die Ihnen selbst gänzlich unbekannt sind, nur weil Sie durch Ihre gedankliche Sendung fernewo Wirkungen ausgelöst haben. Auch in der Sendestation weiß man ja nicht, wer das Programm gerade empfängt. So können Sie durch das Rundfunksystem Ihre Einbindung in das Weltall verstehen und das Gerät, das Sie täglich bedienen, wird Sie an die Verantwortung mahnen, die Sie auch für die Gesamtheit tragen.

Oder: Angenommen, Sie hätten an Ihrem Waschbecken zunächst das Kaltwasser aufgedreht. Nach einiger Zeit möchten Sie Warmwasser haben. Sie schließen den einen Hahn und öffnen den anderen. Dennoch wird weiterhin Kaltwasser fließen, so weit dieses noch in der Leitung ist. Ein einfacher, selbstverständlicher Vorgang. Und doch, ein Beispiel der Wechselwirkung und zum Verständnis des Karmabegriffes. Denn auch die Änderung Ihres Wollens konnte die durch Sie selbst bewirkten Gegebenheiten nicht von einem Moment zum andern verändern. Es kommen die Folgen des ersten Entschlusses, soweit sie sich noch nicht ausgewirkt haben, in jedem Falle auf Sie zurück. Haben Sie freilich von diesem Entschluß sich auch schon insoweit abgewendet, daß Sie die Hände aus dem Waschbecken nahmen, so wird das noch fließende kalte Wasser Sie nur beim Erproben der Temperatur oder vielleicht gar nur dadurch treffen, daß Sie ein wenig warten müssen. Die Erkenntnis, die Ihnen damit geschenkt wird: Die *völlige* Abkehr vom ersten Entschluß läßt Sie das »Karma« nur noch »symbolisch« erleben.

Oder: Sie müssen zum Zahnarzt gehen. Sein moderner Turbinenbohrer macht 500.000 Umdrehungen in der Minute – und plötzlich spüren Sie den gefürchteten Bohrschmerz nicht mehr; denn die Schnelligkeit dieser Bewegung liegt jenseits der Reizschwelle Ihrer Nerven. Doch freuen Sie sich nicht nur der Schmerzlosigkeit, sondern auch über die Einheit von Diesseits und Jenseits, die Sie im Beispiel erleben dürfen. Denn nur Ihre Sinne haben die Grenze gezogen zwischen den beiden Schwingungsbereichen, und Sie selber können es sehen, daß auch, was jenseits der Grenze liegt, wirklich ist und Wirkungen zeitigt.

Oder: Sie stehen an einer Straßenkreuzung und wollen die Fahrbahn überqueren. Die Signalampel aber, die auch zu Ihrem Schutz angebracht ist, gibt dem Verkehr grünes Licht. Überlegen Sie während der Wartezeit: Würden Sie dennoch hinübergehen und ein Auto stieße Sie nieder, so sind die Verletzungen, die Sie erleiden, völlig unabhängig davon, ob Sie die Ampel gar nicht bemerkt oder, meinend, es werde schon nichts geschehen, etwa bewußt mißachtet haben. Sie werden die Unachtsamkeit bedauern, ebenso wie Ihren Eigensinn. Damit besitzen Sie einen Schlüssel für Ihr Verhältnis zum Schöpfungsgesetz: Da es auch Ihrem Gedeihen nützt, verlangt es immer *beachtet* zu werden, wenn Sie schlimme Folgen vermeiden wollen. Sie werden dann auch besser verstehen, weshalb der Gralsbotschaft die Mahnung vorausgeht:

»*Wer sich nicht müht, das Wort des Herrn auch richtig zu erfassen, macht sich schuldig!*«

Oder: Auf dem Herd steht ein Topf mit Wasser, das Sie zum Sieden bringen wollen. Es wird Ihnen hier im verkleinerten Bild wundervollste Belehrung geschenkt! Sie führen dem Wasser in Form von Wärme mehr Energie, also Schöpfungskraft, zu. Diese Kraft erhöht die Lebendigkeit, die innere atomare Bewegung. Zunächst freilich merkt man davon noch nichts, der erste Abschnitt ist Vorbereitung. Doch dann beginnen Bläschen zu steigen – Zeichen der werdenden Leichtigkeit –, schließlich erfaßt die Oberfläche ein Wallen und dann, wie vom Sturmwind erfaßt, durchzieht ein Brausen das ganze Gefäß, und von den Fesseln der Schwere befreit, steigt plötzlich raumgewinnend sich weitend, Wasser zu Dampf verwandelt empor. Der Gewinn einer höheren Daseinsstufe hat sich vor Ihren Augen vollzogen! Das allseits gültige Gottgesetz, das solcher Wandlung zugrunde liegt, läßt Sie darin den eigenen Weg zum geistigen Leichterwerden erschauen. Im Abbild wird es hier einsehbar, weshalb die Gralsbotschaft Ihnen rät – da Sie Ihrer Art nach ja geistig sind –, in Ihrem Geiste *lebendig* zu werden und weshalb Sie, so wie bei dem Wasser, das Grad um Grad sich erwärmen mußte, nichts auf dem Weg überspringen können.

Diese Beispiele sollen zeigen, daß wir auch in den Alltäglichkeiten ständig den Schöpfungsgesetzen begegnen. Es gilt, unsere geistigen Augen zu öffnen, um in den Erscheinungen dieser Welt den Gotteswillen wirken zu sehen, dem auch der Mensch als ein Geistgeschöpf in seiner Art unterworfen ist. Die Anrufe der Sprache des Herrn umdrängen uns ständig von allen Seiten, bereit, uns Unterweisung zu geben. Dauernd werden wir dadurch beschenkt mit jenen *unverlierbaren* Werten, deren jeder ein Markstein ist auf dem Wege zum Gotterkennen. Auf diesem Weg reiht sich Freude an Freude, weil wir, die Dinge von innen betrachtend, immer wieder nur IHM begegnen und jedes Geschehen und jedes Geschöpf durch die Lebendigkeit auf uns wirkt, mit welcher es an der Gotteskraft teilhat. So, selbst diese Kraft empfindend, sind wir der ganzen Schöpfung verbunden und – fern jener Unzulänglichkeiten, die menschliches Irren hervorgebracht hat – Teil ihrer ewigen Harmonie. Freude empfangend und Dank wiedergebend spannt sich der Strahl zwischen oben und unten, Freude verbreitend und Glück dafür erntend, wirkt dann der Mensch in die Umwelt hinaus, schwingend im Kreuz, als ein winziges Abbild des Zeichens lebendiger Wahrheit aus Gott.

In diesem Sinne sei es verstanden, einander zum Neujahr »Viel Glück!« zu wünschen. Jene, die dieses Glück gefunden, können dann jubelnd die Worte sprechen, die *Abd-ru-shin* uns für ein Gebet geschenkt hat:

»*Wir stehen im Licht, in Deiner Schöpfung und* wissen *von Dir, o Schöpfer des Alls ...*«

Den Seinen gibt's der Herr im Schlaf

Der Schlaf – Dunkelzone des Daseins?

»So kommt es aber auch, daß sich die Seele von einem durch Gewalt zerstörten Körper oder von einem durch Krankheit zerrütteten oder durch Alter geschwächten Körper in dem Augenblicke trennen muß, wo dieser durch seinen veränderten Zustand nicht mehr die Stärke der Ausstrahlung erzeugen kann, die eine derartige magnetische Anziehungskraft bewirkt, welche nötig ist, um seinen Teil zu dem festen Aneinanderschluß von Seele und Körper beizutragen!

Dadurch ergibt sich der Erdentod, oder das Zurückfallen, das Abfallen des grobstofflichen Körpers von der feinstofflichen Hülle des Geistes, also die Trennung. Ein Vorgang, der nach feststehenden Gesetzen erfolgt zwischen zwei Arten, die sich nur bei einem genau entsprechenden Wärmegrad durch die dabei erzeugte Ausstrahlung aneinanderschließen, nie aber verschmelzen können, und die wieder voneinander abfallen, wenn eine der zwei verschiedenen Arten die ihr gegebene Bedingung nicht mehr erfüllen kann.

Sogar beim Schlaf des grobstofflichen Körpers erfolgt eine Lockerung des festen Anschlusses der Seele, weil der Körper im Schlafe eine andere Ausstrahlung gibt, die nicht so fest hält, wie die für den festen Anschluß bedingte. Da diese aber noch zu Grunde liegt, erfolgt nur eine Lockerung, keine Trennung.

Diese Lockerung wird bei jedem Erwachen sofort wieder aufgehoben.« (GB »Der Name«)

Etwa ein Drittel seiner Erdenzeit verbringt der Mensch bekanntlich im Schlaf. Für manche mag er eine willkommene Flucht aus der Not irdischen Daseins bedeuten, für andere eine verlorene Zeit. Alle aber nehmen diese notwendige Ruhe als etwas Selbstverständliches hin. Sie sehen darin die Anpassung an den Wandel von Tag und Nacht und begnügen sich damit. Wer denkt schon darüber nach, was in diesen Stunden mit ihm geschieht?

Dabei ist kaum etwas anderes so aussagekräftig über uns selbst wie der Schlaf. Doch die Wissenschaft, sonst eifrig bestrebt, alles zu zergliedern und zu erforschen, scheute hier zurück. Wie sollte sie, die gewohnt ist, sich an Tatsachen zu halten, wäg- oder meßbar machen, was sich der Faßlichkeit zu entziehen schien? So blieb der Schlaf eine Dunkelzone und, umwuchert vom Rankwerk des Aberglaubens, der Mystik und der Traumdeutung überlassen.

Das änderte sich erst, als man entdeckte, daß sich in unseren Nervenzellen ständig mikroelektrische Vorgänge abspielen, zwar schwach, aber dennoch meßbar. Der Gehirnstrom, aufgezeichnet als Elektroenzephalogramm (EEG), erlangte medizinische Bedeutung. Zögernd begann die Wissenschaft, auch den schlafenden Menschen in ihre Beobachtungen einzubeziehen. Erst in jüngerer Zeit sind Neurologie, Psychologie und Pharmakologie zunehmend an der Schlafforschung interessiert.

Ihre Ergebnisse bleiben zwar in den Grenzen des Sicht- und Meßbaren, sie sind aber dennoch bemerkenswert genug, um sich – gerade vom Standpunkte der Gralsbotschaft aus – eingehender damit zu befassen.

Der Verlauf des Schlafes

Es zeigt sich nämlich, daß auch der Schlaf einer Gesetzmäßigkeit gehorcht. Er folgt einem vorgegebenen Programm, das nur geringe Abweichungen innerhalb seines Grundmusters zuläßt. Seine unterscheidbaren Abschnitte sind bei allen Menschen in gleicher Weise anzutreffen. Die Beobachtungen der Schlafforschung besitzen daher allgemeine Gültigkeit. Sie lassen folgenden Verlauf erkennen:

Im *Vorschlaf* schließt der Mensch die Augen. Damit löst er eine wesentliche Verbindung zurUmwelt, er zieht sich in sich selbst zurück. Der Gehirnstrom, der im Wachzustand 30 bis 15 Schwingungen pro Sekunde (Hertz) aufweist (Beta-Wellen), sinkt allein dadurch auf 12 bis 8 Hertz ab (Alpha-Wellen). Noch ist dieser Zustand höchst störanfällig. Schon das Wiederöffnen der Augen stellt die Beta-Wellen wieder her.

Im weiteren Ablauf folgt das *Einschlafen*. Die Schwingungen verlangsamen sich noch mehr, sie werden zu »Theta-Wellen« von nur noch 7 bis 5 Hertz. Geräusche führen jetzt nicht mehr zum Erwachen, sie beschleunigen nur den Hirnstrom wieder zum Alpha-Rhythmus. Mitunter zuckt der Schläfer zusammen; es ist ihm, als würde er fallen.

Nach etwa zehn Minuten setzt der *leichte* Schlaf ein. Er ist von ersten, flüchtigen Traumbildern begleitet. Hinter den geschlossenen Lidern wandern die Augen – man erkennt dies am Elektrooculogramm (EOG) – langsam hin und her. Eine weitere Entspannung des Körpers leitet die *mittlere* Schlaftiefe ein. Der Hirnstrom geht immer mehr in die weit ausschwingenden, langgestreckten »Delta-Wellen« über und sinkt bis auf 0,5 Hertz ab. Damit ist der *Tiefschlaf* erreicht.

Zugleich mit diesem Versinken in Ruhe und Entspannung haben sich Herzschlag und Atmung, Blutdruck und Körpertemperatur vermindert. Der gesamte Körperhaushalt ist gedrosselt, er wird zuletzt nur auf »Sparflamme« aufrechterhalten.

Bis hierher hat die messende Forschung nichts anderes ergeben, als man schon nach dem äußeren Bild eines Schläfers und nach jedermanns eigener Erfahrung annehmen durfte. Doch dann ereignet sich etwas völlig Unerwartetes, etwas, das unsere bisherigen Vorstellungen von Schlaf geradezu auf den Kopf stellt. Der Schläfer beginnt mit einem Male *innerlich* zu erwachen. Herzschlag und Blutdruck werden wieder beschleunigt, das Zellgeschehen und der Stoffwechsel auffallend belebt. Das anregende Hormon Adrenalin wird in den Blutkreislauf ausgeschüttet, und die Hirnstromkurve wird wieder so lebhaft, daß sie jener des Vorschlafes gleicht. Schnell und ruckartig bewegen sich jetzt die Augen hinter den geschlossenen Lidern. Dennoch ist es unzweifelhaft: Der Mensch schläft – fester als in jedem anderen Abschnitt. Seine Muskeln, so zeigt die Elektromyographie (EMG), sind so sehr entspannt, daß das Kinn schließlich meist herabfällt. Ihn jetzt zu wecken, bedarf derber Einwirkung und dauert einige Zeit.

Wie sehr dieser Zustand die Wissenschaft überraschte, läßt sich schon daraus ersehen, daß sie dafür keinen rechten Namen fand. »Paradoxen« Schlaf nannte man ihn zunächst wegen der Widersprüchlichkeit zwischen dem äußeren und inneren Erscheinungsbild. Der wiederbelebte Gehirnstrom ließ dann den Begriff »schneller« Schlaf angebracht erscheinen, als Gegensatz zu den vorausgegangen Abschnitten seiner ständigen Verlangsamung, die man als »langsamen« Schlaf zusammenfaßte. Schließlich aber führte das so eigenartige rasche Augenrollen (»Rapid Eye Movements«) zu der Kurzbezeichnung »REM-Schlaf«. Alle diese Ausdrücke meinen das gleiche: den seltsamen Zustand *innerer* Belebung des Schläfers.

Ein Name ersetzt freilich noch keine Erklärung. Von der Wissenschaft ist sie auch nicht zu erwarten. Sie beobachtet und verzeichnet ja nur, was innerhalb unserer Wahrnehmungsgrenzen liegt. Mehr kann und will sie nicht, weil sie stets die Befürchtung hegt, sonst »unwissenschaftlich« zu werden. Diese Selbstbeschränkung aber schließt es aus, ein Geschehen zur Gänze durchleuchten zu können, das wie kaum ein anderes die Einbeziehung der Gesamtnatur des Menschen verlangt. So muß denn *Werner Koella* sein ausführliches Werk über die »*Physiologie des Schlafes*« mit der resignierenden Feststellung schließen:

»Trotz der weiten Verbreitung dieses Phänomens wissen wir nicht – abgesehen von einigen vielleicht vielversprechenden Hinweisen –, wozu es dient, und damit entgeht uns immer noch der wichtigste Aspekt: die Rolle der Schlaffunktion.«

Erdenstofflich erfaßbare Vorgänge stehen nicht für sich allein. Sie sind nur die sichtbaren Auswirkungen weiter reichender Verflechtungen. Das Einfügen der Forschungsergebnisse in einen größeren Rahmen aber kann nur durch Menschen erfolgen, für die die Grenzen der Sinnenwelt nicht das Ende aller Dinge bedeuten. Für solche erweist sich gerade der anscheinend so befremdliche REM-Abschnitt des Schlafes als folgerichtig und keineswegs paradox.

Das Rüstzeug zur Deutung

Das in der Gralsbotschaft vermittelte Wissen ermöglicht es, auch jene Vorgänge einzubeziehen, die den von der Schlafforschung festgestellten Erscheinungen zugrunde liegen. Dadurch erst lernen wir die uns mit dem Schlafe geschenkte Gnade verstehen.

Von drei Tatsachen müssen wir dabei ausgehen, denn ohne sie wird es nie gelingen, das Wesen des Schlafes zu ergründen. Wer die Gralsbotschaft noch nicht kennt, möge sie als *Annahmen* gelten lassen. Es sollte ihm dann freilich zu denken geben, daß sie imstande sind, jene Beobachtungen zu erklären und zu verbinden, die aus der Sicht der Wissenschaft des ursprünglichen Zusammenhaltes noch entbehren.

Erstens: Der Erdenkörper ist nur die *äußerste* von mehreren Hüllen, die unseren geistigen Kern, das Ich, umkleiden. Dieser Körper besteht aus *grober* Grobstofflichkeit. Die nächste dieser

Hüllen ist der von vielen hellsehenden Menschen schon geschaute Astralleib aus *mittlerer* Grobstofflichkeit. Er ist das Modell für den Erdenkörper und zugleich die Verbindung zu der noch feineren Umhüllung des Geistes, die man gemeiniglich als »Seele« bezeichnet – sofern man sich unter diesem Begriff überhaupt etwas vorstellt. – Diese Hüllen sind während des irdischen Wachzustandes sozusagen ineinandergeschoben. Die Gralsbotschaft führt ein ausziehbares Fernrohr als Bild dafür an.

Kann diese Mehrschichtigkeit für uns wirklich noch befremdlich sein? In der Atomphysik hat man längst die »subatomaren« Teilchen entdeckt. Sie besitzen zwar keine von Instrumenten noch registrierbare Masse, aber ihre erkennbare Wirkung zeugt von ihrem Vorhandensein. Sie sind, da Materie aus zunehmender Verdichtung kosmischer Strahlung entsteht, verfeinerte Vorläufer der Elementarteilchen unserer stofflichen Welt und in dieser enthalten. Nun setzt sich das Große doch stets aus dem Kleinen zusammen. Versteht es sich da nicht von selbst, daß *jedes* stoffliche Gebilde, also auch unser Körper, der ja gleichfalls nur aus Elementarteilchen besteht, ein solches verfeinertes Vorbild hat; mehr noch, es haben muß?

Der *zweite* Umstand betrifft die Verbindung der Hüllen. Sie können infolge ihrer Verschiedenartigkeit nicht miteinander verschmelzen. Ihr Zusammenhalt ergibt sich durch Strahlung, die einen magnetisierten Anschluß bewirkt. Das diesem Aufsatz vorangestellte Zitat aus der Gralsbotschaft schildert dies näher.

Auch das sollte niemand überraschen. Kennen wir nicht alle die Volksweisheit: »Essen und Trinken hält Leib und Seele zusammen«? Sie gilt nicht der Rechtfertigung von Tafelfreuden, wie man oft meint, sondern ist eine Kostbarkeit alten Wissens, aber unser Unverständnis hat sich verhüllend wie eine Staubschicht darüber gelegt. Sagt dieser Satz denn nicht ganz klar, daß Leib und Seele zweierlei sind? Daß sie nur »zusammengehalten« werden und dazu eine bestimmte, stofflicher Kraft bedürfende Beschaffenheit des Körpers notwendig ist? Auch Physik und Medizin haben die Berechtigung für Zweifel an dem hier Gesagten schon ausgeräumt. Denn auch der Zusammenhalt der Materie beruht auf Strahlung. Jedes Ding sendet eine seiner Zusammensetzung entsprechende Strahlung in die Umwelt hinaus. Daraus ergibt sich ein Feld von Wechselwirkungen. Diese Ausstrahlung aber zeigt sich als Schwingung. Eine solche, vom Menschen ausgehende Schwingung ist auch der vorhin genannte Gehirnstrom. Sein Aufhören wird von der Medizin als das sicherste Zeichen des Todes erachtet. Damit vermerkt sie, zwar Ursache und Wirkung vertauschend, genau das, wovon hier die Rede ist: daß unser Dasein im Erdenkörper von dessen *Ausstrahlung* abhängig ist!

Der *dritte* Punkt gilt der Beschaffenheit unseres Gehirnes. Es besteht – überschlägig betrachtet – aus dem Vorderhirn und dem Hinterhirn. Das erstere füllt nahezu die ganze Schädelkapsel aus, es wird deshalb auch »Großhirn« genannt. Hier werden die Nervenreize empfangen, spielen sich die Denkprozesse und ihre Umsetzung in Ausdrucksformen ab. Vom Großhirn nahezu überlappt, erscheint das Hinter- oder Kleinhirn gewissermaßen in den Untergrund verdrängt. Über seine Aufgaben kann die Wissenschaft nur wenige verschwommene Aussagen machen. Das wird verständlich durch die in der Gralsbotschaft gegebene Erklärung, daß es sich beim Hinterhirn um das körperliche

Werkzeug des *Geistes* handelt. Es ist für dessen zartere Schwingungen eingerichtet. Aufnehmend leitet es sie zu verstandlich-irdischer Verarbeitung dem Vorderhirn zu, dessen Eindrücke es anderseits zu geistiger Verwertung in verfeinerte Schwingungen umsetzt. Für die nur gröberen Bereichen verhaftete Wissenschaft ist das zu wenig faßlich. Das Hinterhirn spielt in ihren Betrachtungen daher nur eine untergeordnete Rolle.

Allerdings kann man nicht mehr bestreiten, daß auch der Mensch, eingefügt in ein Geflecht von Wechselwirkungen, Empfänger und Sender von Schwingungen ist. Wie aber sind Empfangs- und Sendeanlagen eingerichtet? Von einer Antenne werden Schwingungen, die ungreifbar, unhörbar und unsichtbar sind, aufgenommen. Röhren (Transistoren) verwandeln sie verdichtend in elektrische Impulse. Diese werden dann dem Wiedergabeteil zugeleitet, der sie durch weitere Vergröberung über den Lautsprecher oder den Bildschirm unseren Sinnen wahrnehmbar macht. Stets gibt es also einen Aufnahme- und einen Wiedergabeteil, deren Aufgaben auch vertauschbar sein können, je nachdem, ob Sendung oder Empfang erfolgt. Diese technischen Einrichtungen aber sind die unbewußte Nachbildung unserer eigenen Ausstattung. Anders als im Wege solcher Umformung ist es nämlich nicht möglich, die Verbindung herzustellen mit dem stofflich weniger Dichten, worin auch der Mensch eingebettet ist.

Bei ihm allerdings entbehren diese beiden Einrichtungen der Ausgewogenheit, das besagt schon die Bezeichnung »Großhirn« und »Kleinhirn«. Die Anthropologie hat uns gelehrt, daß dem nicht immer so war. Schon werden Stimmen laut, die dieses Ungleichgewicht für eine Fehlentwicklung halten und darin

die Ursache der Schwierigkeiten sehen, denen die Menschheit heute gegenübersteht. So lesen wir bei *Arthur Köstler:* »*Das Gespenst in der Maschine*« (Verlag Fritz Molden, Wien): »*Alle Anzeichen sprechen dafür, daß das Unheil begann, als der Neocortex (=Großhirn) sich plötzlich mit einer Schnelligkeit auszudehnen begann, für die es in der gesamten Evolutionsgeschichte kein Beispiel gibt.*«
»*Warum sollte es also unvernünftig sein, anzunehmen, daß bei dieser explosiven Gehirnentwicklung, die so weit über das Ziel hinausschoß, etwas schief gegangen ist?*«

Und *Theo Löbsack* spricht es in »*Versuch und Irrtum*« (»Der Mensch – Fehlschlag der Natur«, Verlag C. Bertelsmann, München) offen aus:

»*Das Großhirn mit seinen stammesgeschichtlich jungen Teilen ist eine Fehlentwicklung [...] Einst ein Organ mit der Funktion, die Überlebensaussichten seiner Träger im Daseinskampf zu erhöhen, ist das Großhirn mittlerweile zum Katastrophenorgan geworden, dem es nicht mehr gelingen will, seine eigenen Werke unter Kontrolle zu halten, um sie mit den Lebensgrundlagen auf der Erde in Einklang zu bringen.*«

Noch meint man, es handle sich dabei um einen Irrtum der Natur. Der Mensch, kaum je bereit, sich selbst verantwortlich zu fühlen, will nicht wahrhaben, daß er die Auswucherung dieses Gehirnteiles verschuldet hat. Doch die Erfahrung sollte uns lehren, daß jedes Organ, das übermäßig beansprucht wird, sich vergrößert, während es durch Nichtgebrauch erschlafft, verkümmert. Denken wir etwa an einen Sportlehrer oder die Stummelflügel der Pinguine. So hat die Hinwendung der Menschheit zu überwiegend verstandlicher Tätigkeit die vorgesehene gleichmäßige Entwicklung der beiden Hirnteile gestört: Das dazu dienende Großhirn dehnte sich durch die Beanspruchung aus, das für Zarteres bestimmte Kleinhirn blieb dagegen zurück. Damit aber ging das Aufnahmevermögen für Unirdisches immer mehr verloren. Dies ist, wie die Gralsbotschaft dargelegt hat, unter dem Begriff der Erbsünde zu verstehen. Denn als Folge dieser menschheitsgeschichtlichen Fehlentwicklung wird jetzt schon jedes Kind mit einem vergrößerten Vorderhirn geboren.

Die tägliche Reise ins Jenseits

Wenden wir uns nun mit diesem Rüstzeug ausgestattet wieder der Schlafforschung zu. Betrachten wir den Schlaf aber nicht für sich allein, überlegen wir auch, was ihm vorausgeht:

Der Mensch hat sein Tagewerk beendet. Er begibt sich – den Regelfall angenommen – nach Hause, beschäftigt sich noch ein wenig nach Neigung, entkleidet sich, wäscht sich und legt sich nieder. Schritt für Schritt streifen wir damit zunächst den Einfluß der Außenwelt, ihre Hüllen, schließlich sogar den Staub des Tages von uns ab. Am Ende wird die *äußere* Ruhe des Körpers erreicht. Die aufrecht-aktive Haltung weicht der passiv-liegenden. Der Mensch wendet seine Körperlänge nach oben, eine zum Empfangen bereite Ausrichtung. Selbst bei sommerlicher Temperatur hat er das Verlangen, sich zu bedecken. Viele ziehen auch unwillkürlich die Beine an. Das alles ist ein unbewußter Versuch der Rückkehr in die einstige Geborgenheit des Mutterleibes. Von dort, aus dieser Haltung, ist der Mensch ins irdische Dasein getreten. Jetzt, da er im Begriffe steht, die Erdenwelt – und sei es auch kurzzeitig – zu verlassen, geht er abbildhaft wieder den Weg zurück. Gerade der Alltäglichkeit wegen ist es nötig, uns diesen Ablauf wieder bewußt zu machen, denn es ist eine Art »Countdown« vor dem großen Start ...

Nun setzt der nächste Abschnitt ein, der zur *inneren* Ruhe des Körpers führt. Die Messungen zeigen es ganz deutlich: Alle Funktionen werden vermindert, die Zacken des Hirnstromes sind weit wie sonst nie ...

Was aber geschieht dabei? Wenn das Wenn das Aufhören dieser Wellenschrift den Eintritt des Todes anzeigt, so muß eine Verlangsamung, wie sie sich hier bis zum Tiefschlafe ergibt, einen dem Tode nahekommenden Zustand bewirken. Nicht umsonst hat seit je der Schlaf als »kleiner Bruder« des Todes gegolten. Die Ausstrahlung des Körpers hat sich jetzt tatsächlich meßbar verändert. Sie ist in allen ihren Erscheinungsformen schwächer geworden, sie besitzt nicht mehr die Vollkraft des Tages. Legen wir nun zugrunde, daß es diese Ausstrahlung ist, von der die Seele gehalten wird, ist es da nicht ganz selbstverständlich, daß durch ihre Abschwächung eine Lockerung der Verbindung eintreten muß? Bezeichnenderweise haben die Schläfer jetzt das Gefühl des Entschwebens und zucken gerade in der Einschlafphase zusammen. Es ist der Ruck eines Abkoppelns. Der Geist mit seinen feineren Hüllen verliert den gewohnten Zusammenhalt mit dem Körper. Wie für einen Fallschirmspringer im Moment des Absprunges, erweckt dies zunächst den Eindruck des Fallens. Doch dann geschieht das für viele noch Rätselhafte: Das »Raumschiff Seele« hebt langsam ab ...

Was treibt es an? Denken wir an einen Luftballon. Er steigt empor, weil er leichter als seine Umgebung ist. Hält man ihn nicht fest an einer Schnur, so entschwebt er – wie die Seele beim Tod. Auch sie ist ihrer Beschaffenheit nach feiner, leichter als die irdische Umwelt. Im Schlafe wird sie nur noch von der »silbernen Schnur« gehalten, der zarten Verbindung zwischen dem Körper und dem Astralleib. Sie ist wie ein verfeinerter Nabelstrang und mündet im Sonnengeflecht, von wo die Verbindung dann zum Hinterhirn führt. Viele hellsichtige Menschen haben diese »silberne Schnur« schon gesehen und davon berichtet.

Der mehrstufige »langsame« Schlaf ermöglicht es also der Seele, sich durch die ständige Verminderung der Körperstrahlung immer weiter von diesem zu lösen. Dadurch werden die inneren, feineren Hüllen gleichsam entriegelt und können »ausgefahren« werden. Einen bezeichnenden Hinweis darauf liefert die wissenschaftliche Beobachtung, wonach ein unbedeckter Schläfer in einem etwas kühleren Raum eher zum REM-Schlaf gelangt als in einem warmen. Die äußere Kühle begünstigt die Abnahme der Körpertemperatur und damit auch der mit einer bestimmten Wärme einhergehenden Ausstrahlungsstärke. Die Lockerung der Seele wird dadurch erleichtert. Für dieses Austreten der Seele hat die Wissenschaft sogar den Beweis schon in Händen: Man hat festgestellt, daß der REM-Schlaf nicht im Stehen oder Sitzen erreicht werden kann. Nur auf einer waagerechten Unterlage, die ein *erschlafftes* Liegen gestattet, ist dies möglich. In dieser Phase des Schlafens sind nämlich die Muskel- und Sehnenreflexe fast gänzlich erloschen. Die Schlafforschung erkennt also die große Veränderung, die an diesem Abschnitt mit dem Körper vor sich geht; sie sieht sein Haltloswerden, aber sie kann es nicht deuten. Und doch ist die Erklärung so einfach: Der Astralkörper und mit ihm die Seele sind mit dem Erdenleib kaum noch verbunden. Zurückgeblieben ist nur die abhängige äußerste Hülle, der tragend-belebenden Stütze beraubt. Es hat dabei nichts zu besagen, daß es auch bei Säugetieren REM-Schlaf gibt. Auch Tiere – strenggenommen sogar *nur* sie – haben eine Seele. Sie ist der lebendige Kern der Tiere, wogegen es beim Menschen der völlig anders geartete *Geist* in seiner feinstofflichen Umhüllung ist, den man mißverständlich als »Seele« bezeichnet. Nur der Geläufigkeit wegen wurde dieser Ausdruck hier beibehalten. Auch bei warmblütigen Tieren – bei anderen konnte man REM-Schlaf nicht feststellen – lockert sich also die Seele vom Körper, aber die Wirkung ist anders als beim Menschen. Soweit für ein Geschehen der menschliche Geist bestimmend ist, kann eine Übereinstimmung mit dem Tiere nicht mehr bestehen.

Auch die Schwierigkeit, den Schläfer zu wecken, liefert einen deutlichen Beweis für die tatsächliche Entfernung der »Seele« (um bei diesem Worte zu bleiben). Wie ein im Winde flatternder Papierdrache eingeholt wird, indem man den Zug an der Schnur verstärkt, dauert es jetzt einige Zeit, bis die Seele auf dem Wege der »silbernen Schnur« herangezogen und die Strahlungsverbindung wieder so fest wird, um die schwere Hülle des Erdenkörpers »in den Griff zu bekommen«, das heißt: so bewegen zu können. Mancher hat es vielleicht schon selbst erlebt: Trotz des aufdämmernden Tagbewußtseins ist man mitunter noch zu keiner Bewegung imstande ...

Nicht nur bildhaft, sondern im vollsten Sinne des Wortes ist der Schläfer im REM-Abschnitt von der Erdenwirklichkeit weiter entfernt als je. Er träumt ...

Der Traum

Manche Menschen sind der Meinung, sie träumten nur selten. Die Schlafforschung hat sie widerlegt. *Alle* Personen, die während des REM-Schlafes geweckt wurden, gaben an, sie hätten soeben geträumt. Es seien lebhafte, eindringliche Träume gewesen; den Schläfern war es, als hätten sie alles wirklich erlebt.

Diese jetzt als gesichert anzusehende Tatsache ist von größter Bedeutung. Sie birgt – noch unerkannt – die Antwort auf Urfragen des menschlichen Seins.

Daß alle Menschen in diesem Abschnitt Träume haben, bestätigt die von der Gralsbotschaft vorgenommene Unterteilung: Der Körper ruht, das Vorderhirn schläft, der Geist aber ist immer lebendig. Die Lockerung von den dichten Hüllen ermöglicht es ihm, sogar noch unmittelbarer, beeindruckender zu erleben. Gibt es trotz des ruhenden Körpers aber ein erlebnisfähiges Ich, so ist dies doch ein Beweis dafür, daß der Mensch nicht identisch mit dem Körper ist. Wir erfahren auf diese Art allnächtlich den Irrtum des Begriffes der »ewigen Ruhe«. Dennoch lassen wir nicht ab, davon zu sprechen, setzen ihn auf Todesanzeigen und Grabinschriften. Der Mensch will nicht zur Kenntnis nehmen, daß das Leben des Geistes in unaufhörlicher, sich steigernder Bewegung besteht.

Denn was ist der Traum? Ist er ein Hirngespinst, durch chemische Prozesse bewirkt? Eine solche Vermutung wird widerlegt durch das schnelle Rollen der Augen. Es ist für den REM-Schlaf so bezeichnend, daß es ihm sogar den Namen gegeben hat. Was aber kann der Mensch durch die geschlossenen Lider sehen? Was veranlaßt ihn zu der auffälligen Augenbewegung?

Sie ist das deutlichste Zeichen dafür, daß der Schläfer *wirklich* sieht und erlebt. Denn immer blickt der *Geist* durch das Fenster der Augen. Jetzt freilich nicht durch jene des Erdenkörpers, sondern durch die seiner feineren Hüllen. Er erschaut, was sich in der ihnen gleichartigen Umwelt begibt. Da aber die Verbindung zum Erdenkörper nicht – wie beim Tode – gelöst, sondern nur gelockert ist, gehen, so wie vom Tagbewußtsein gewohnt, die Erdenaugen mit jenen des Seelenkörpers mit. Ein solches »Mitgehen« ist ja auch das Um-sich-Schlagen oder das Sprechen eines Schläfers im Traum.

Dieses nach irdisch eingeengten Begriffen sinnlos erscheinende Augenrollen zeugt also für das Vorhandensein anderer Welten, die zu schauen wir im Schlafe befähigt sind. Weil ihre Lebendigkeit größer als jene unserer Erdenwelt ist, bewegen auch die Augen dieser feineren Hülle sich wesentlich schneller, was bei den mitgehenden Augen des Erdenkörpers, infolge ihrer größeren Trägheit, als *Ruckartigkeit* der Bewegung erscheint. Wir können dergleichen ja auch beobachten, wenn ein Film verlangsamt abgespielt wird.

Das Rollen der Augen wird, wie man festgestellt hat, vom Erlebnisinhalt der Träume beeinflußt; es erhöht sich bei aktiver Beteiligung; ja noch mehr: Der Blick folgt der Richtung, in die der Schläfer *im Traume* schaut. Steigt er im Traum etwa eine Leiter hinauf, so blickt auch das Erdenauge nach oben, hebt er im Traum einen Gegenstand auf, so wendet sich die Pupille nach unten. Was verlangt da der Mensch, die Wissenschaft noch, um den Traum als ein *echtes* Erleben anzuerkennen?

Dennoch finden wir bei Forschern sogar die Meinung, man »trainiere im REM-Schlaf nur eine koordinierte Augenbewegung«.

Andere freilich, so auch *Ian Oswald*, räumen immerhin ein, daß der Schläfer sich in seiner Traumwelt umsieht; er fügt aber bei:

»*[...] Menschen, die von Geburt an blind sind, haben zwar wie alle anderen Menschen Träume, sie erregen sich, sprechen miteinander und erleben Abenteuer, aber da sie in ihren Träumen keine Gegenstände ›sehen‹ können, zeigen sie auch keine ruckartigen Augenbewegungen.*«

Diese Ansichten seien hier nicht ihrer Bedeutung wegen wiedergegeben (zumal gegenteilige Beobachtungen sie bereits widerlegten), sondern weil sie bezeichnend sind für die Fehlschlüsse, die der Wissenschaft unterlaufen, wenn sie den Hintergrund und damit die wahren Ursachen ausklammern will. Bei Blindgeborenen ist zunächst zu bedenken, daß sie das untaugliche irdische Sehwerkzeug vielfach gar nicht zu bewegen gewohnt sind. Man kann aber auch nicht einheitlich sagen, daß Blindgeborene im Traume nichts sähen. Die widersprüchlichen Feststellungen zeigen ja schon, daß es auf den *einzelnen* Menschen ankommt. Blind geboren zu werden, ist Schicksal. Dieser Begriff aber führt tief hinein in die Einheitlichkeit unseres Daseins, innerhalb welcher ein Erdenleben nur einer von vielen Abschnitten ist. Die schicksalsbestimmenden *geistigen* Ursachen sind demnach entscheidend. Mehr in diesem Rahmen zu sagen, würde zu weit vom Gegenstand wegführen. Es sollte hier nur aufgezeigt werden, daß es ohne Verständnis für die Zusammenhänge der Wissenschaft nicht möglich ist, die Grenzen zwischen allgemeingültigen Gesetzmäßigkeiten und dem Sonderfall zu erkennen.

Wo sind nun die Welten, in die der Schläfer im Traume gelangt? Machen wir uns frei von der Vorstellung, daß sie in weiter Ferne zu suchen sind. Der Träumende hat sich von der Erden*wirklichkeit* – nicht unbedingt von der Erde – entfernt. Er erlebt andere Schwingungsstufen. Schon ein Rundfunkgerät macht uns bewußt, daß die Welt der uns sichtbaren Erscheinungen von Schwingungen der verschiedensten Art ständig durchdrungen wird, daß wir inmitten dieser Schwingungen leben. Das Gerät greift aber immer nur jene heraus, auf die es eingestellt ist. Das Aufnehmen höherer Schwingungsbereiche durch die feineren Hüllen des Geistes läßt sich bei diesem Bilde etwa mit dem Umschalten des Rundfunkempfängers von Mittel- auf Kurz- und Ultrakurzwelle vergleichen. Die Möglichkeit, auf immer schnellere Frequenzen anzusprechen, trägt der Apparat – so wie der Mensch – in sich; sie muß nur freigegeben werden.

Innerhalb dieser Wellenbereiche gibt es wieder zahlreiche Abstufungen, verschiedene Sender und andere Programme. Mit welcher Schwingung sich der Geist im Traume verbindet, hängt, so wie beim Rundfunkgerät, ganz von seiner Einstellung ab. Schon der vorchristliche Philosoph *Heraklit* wies darauf hin: *»Die Wachenden haben eine Welt gemeinsam; von den Schlafenden zieht sich jeder in seine eigene Welt zurück.«*

Das erscheint, oberflächlich betrachtet, als Banalität. Aber in knappster Form ist hier die besondere Bedeutung des Erdenlebens zusammengefaßt, die darin liegt, daß die schwere Hülle der fleischlichen Körper es auch Geistern verschiedener Reifestufe ermöglicht, in einer gemeinsamen Welt aneinander Erfahrungen sammeln zu können. Streift die Seele – wenn auch nur vorübergehend im Schlaf – die Last dieser Hülle ab, gelangt sie in ihr eigenes Reich, das heißt in die Umgebung, die ihr entspricht. Diese Scheidung erfolgt ganz natürlich in Auswirkung des gleichen Gesetzes, das uns aus der Physik als Auftrieb bekannt ist. Und nicht anders als im Wachen sieht und empfindet – kurz: erlebt – der Geist auch das Traumgeschehen in seiner eigenen, *persönlichen* Art. Daraus ergibt sich die unüberschaubare Vielfalt der Träume.

Aus den geschilderten Gründen kann der Traum uns zur Selbsterkenntnis verhelfen. Denn, von den verstandlichen Fesseln entbunden, werden die Neigungen unseres *Geistes* sichtbar. So kann es etwa geschehen, daß jemand im Traum eine Handlung begeht, die er im Irdischen weit von sich weisen würde. Das läßt darauf schließen, daß sein Abwehrwille noch vorwiegend Zweckmäßigkeitsüberlegungen folgt und noch nicht selbstverständlich – das heißt: Teil seines Ichs – geworden ist. Die Abscheu vor dem Traumverhalten stärkt dann den inneren Widerstand und läßt ihn sich im *Geiste* fester verwurzeln.

Die Träume des heutigen Menschen führen allerdings nur selten zu einer klaren Schau der Jenseitswelten. Erinnerungsfetzen des Tagerlebens herrschen meist vor oder vermengen sich, bis zur Unsinnigkeit verzerrt, mit den neuen Bildern. Wie kommt es zu dieser Verwirrung der Träume?
In der Gralsbotschaft finden wir die Erklärung:

»Das normale kleine Gehirn würde die Träume, durch den Geist beeinflußt, klar und unverwirrt geben. Das heißt, es würden überhaupt nicht Träume sein, sondern Erleben des Geistes, das von dem kleinen Gehirn aufgenommen und wiedergegeben wird, während das vordere Gehirn im Schlafe ruht. Die jetzt überragende Stärke des Vorder- oder Tagesgehirnes aber übt auch noch während der Nacht ausstrahlend auf das so empfindsame hintere Gehirn seinen Einfluß aus. Dieses nimmt in seinem heutigen geschwächten Zustande die starken Ausstrahlungen des Vorderhirnes gleichzeitig mit dem Erleben des Geistes auf, wodurch ein Gemisch entsteht, wie die doppelte Belichtung einer photographischen Platte. Das ergibt dann die jetzigen unklaren Träume.

Der beste Beweis dafür ist, daß oft in den Träumen auch Worte und Sätze mit vorkommen, die nur aus der Tätigkeit des vorderen Gehirnes stammen, das ja allein Worte und Sätze formt, weil es enger an Raum und Zeit gebunden ist.« (GB »Empfindung«)

Ursache für die Verwirrung der Träume ist also die Überladung des Vorderhirnes. Gerade in jüngster Zeit hat man festgestellt, daß etwa das Fernsehen »Träume stiehlt«:

»Es belegt die Informationskapazität des Gehirnes, und es kann sein, daß es den Menschen einer notwendigen biologischen Einrichtung beraubt – des Träumens.« (»Kurier«, Wien, 19.2.1976)

Auch hier zeigt sich die unrichtige Lebensweise des heutigen Menschen. Der Begriff des Feierabends ist kein leerer Wahn. Im geruhsamen Ausklang des Tages sollte das Vorderhirn langsam freier werden, um dem kommenden Traumerleben den Weg nicht zu versperren. Wird es aber bis zuletzt mit Eindrücken vollgestopft, so wirft es, überladen, noch im Schlafe Ballast ab. Das ist zwar ein Akt natürlicher Selbsthilfe, ein Reinigungsprozeß, aber der Mensch verwendet dabei die kostbare Ruhezeit vorwiegend zu einer Schadensbehebung, anstatt sich der erneuernden Kraft zu öffnen, die er sich im REM-Schlaf erschließen kann. – In einer der hier verwendeten Unterlagen wird berichtet, die von den Versuchspersonen geschätzte Dauer des Traumerlebens sei der tatsächlich verstrichenen Zeit ziemlich nahe gekommen. Das ist überraschend, sind wir doch – nicht zuletzt auf Grund eigener Erfahrungen – der Meinung, daß das Traumgeschehen viel schneller abläuft. Soferne die sehr fragwürdigen Schätzungen überhaupt richtig sein sollten – das heißt, die Dauer des Traum*inhaltes,* nicht aber unbewußt jene des Träumens geschätzt worden ist –, so könnte dies ein Zeichen dafür sein, daß die Schläfer dem Einfluß des Vorderhirnes noch stark ausgesetzt waren. Für seine »bremsende« Wirkung gibt es ein aufschlußreiches Beispiel:

Es ist bekannt, daß Personen in Todesnot oft in Sekundenbruchteilen ihr Leben »wie in einem Film« vor sich abrollen sehen. In solchen Augenblicken kann man vor Schreck »keinen

Gedanken fassen«, das verstandliche Vorderhirn ist blockiert, gelähmt. Von dessen Druck befreit, werden die dem *Geiste* eingeprägten Erlebnisinhalte schlagartig frei. Hinzu kommt, daß jede Erlebnismenge vom Aufnahmevermögen des Geistes abhängt. Wir können das auch im Tagbewußtsein beobachten. Während der nüchterne Betrachter ein Ereignis nur als solches vermerkt, wird derjenige, der sich ihm innerlich aufschließt, eine Fülle von Einzelheiten behalten, die ihm den Vorgang ungleich reichhaltiger und in der Erinnerung daher länger erscheinen lassen. Wo es auf das infolge seiner Beschaffenheit für jeden Menschen unterschiedliche *Erleben* ankommt, läßt sich also weder nach Art, Inhalt oder Dauer eine Gleichsetzung vornehmen.

Hingegen soll hier noch die Unterschiedlichkeit der Traum-»Stufen« erläutert werden. Erinnern wir uns: Träume setzen ja schon mit Beginn des *Leicht*schlafes ein. Sie sind aber nur noch flüchtig und unbestimmt, die Augen rollen nur langsam hinter den Lidern. Im REM- Schlaf hingegen handelt es sich, wie die wissenschaftlichen Berichte betonen, nicht um die »verwischten, dahintreibenden Träume anderer Stadien des Schlafes«. Diese Träume sind lebhaft und eindringlich, sie werden von den ungewöhnlich schnellen, ruckhaften Augenbewegungen begleitet.

Gerade diese Verschiedenartigkeit ist ein Zeichen für die *fortschreitende* Lockerung der Seele. Träume beginnen bezeichnenderweise erst nach jenem Zeitpunkt, zu welchem die Schläfer mitunter das Gefühl des Fallens haben. Es wurde schon gesagt, daß solcherart manchem der Austritt des Astralkörpers fühlbar wird. In weiterer Folge zeigt die *fließend* verlaufende Verlangsamung des Hirnstromes, daß der Einfluß des Vorderhirnes sich nur allmählich vermindert. Manche Nervenverbindungen werden dadurch zeitweilig stromlos, ähnlich einer Schaltung mit Wackelkontakten. Die vom Vorderhirn gespeicherten Bilder der Erdenwirklichkeit beginnen so nach und nach zu zerfallen. Während sie immer zusammenhangloser werden, durchquert die langsam freier werdende Seele die ersten, erdnächsten Schwingungsbereiche der vielstufigen Astralebenen. Hier sind die oft nur schemenhaft-flüchtigen Formen angesiedelt, die das menschliche Denken hervorbringt. Denn jeder irdische Vorgang, also auch der Gedanke, ist von Ausstrahlungen begleitet und wirkt unvermeidbar gestaltend in die ihm eigene Schwingungswelt.

Diese ersten, von den Tageseindrücken noch überlagerten Traumbilder können also kaum anders als verschwommen sein. Was der Geist sieht, ist noch zu unbestimmt, um sich voll einbezogen zu fühlen. Das langsame Augenrollen entspricht einem neugierigen, verwunderten Um-sich-Blicken in dieser Schöpfungsstufe, die noch nicht viel schneller schwingt als die Erdenwelt.

Die mit dem Eintritt in den REM-Schlaf erfolgende auffällige Veränderung zeigt an, daß die Seele diesen Zwischenbereich durchschritten hat. Die nächste, jetzt freigewordene Hülle hat dem Geiste schon eine weniger dichte Welt erschlossen. Ihrer leichten Beweglichkeit vermögen die Erdenaugen kaum noch zu folgen. Gelöster, aufnahmebereiter tritt der Geist den ihn umgebenden Vorgängen entgegen. Denn dieser Zustand höchster Lockerung gewährt ihm Urlaub von dem Wirkungsfeld auf Erden ...

Die gelöschte Erinnerung

Die Wissenschaftler berichten: Alle Schläfer, die *während* des REM-Schlafes geweckt wurden, konnten ihre Träume schildern. Weckte man sie aber nur fünf Minuten nach dem Ende dieser Phase, so konnten sie nur noch Bruchstücke wiedergeben. Nach zehn Minuten wußten 95 % zwar noch, daß sie Träume hatten, den Inhalt aber hatten sie schon vergessen.

Wir wollen uns mit dieser Feststellung nicht begnügen. Wir fragen: *Weshalb erlischt die Erinnerung für das im Traum Erlebte so schnell?*

Die als Träume bezeichneten Eindrücke, die der Geist in den Jenseitswelten erfährt, werden im Wege der »silbernen Schnur« über das Sonnengeflecht dem *Hinterhirn* übermittelt. Die tagbewußte Erinnerung aber entsteht im *Vorderhirn*. Die Gehirnforschung hat erst in jüngster Zeit erkannt, wie dies vor sich geht:

»Die Speicherung *beginnt* zwar mit kreisenden Gehirnströmen – das ist das Ultrakurzzeit-Gedächtnis –, sie wird aber allein durch die Existenz solcher Gehirnströme oder Schwingungskreise in keinem Fall länger als einige Sekunden aufrechterhalten [...]«, lesen wir bei Frederic Vester in »*Denken, Lernen, Vergessen*« (DVA, Stuttgart). Um zu bleibender Erinnerung zu führen, aber wäre nötig:

»*Vor dem Abklingen des Ultrakurzzeit-Gedächtnisses würde dessen Information von der Kurzzeit-Speicherung übernommen. Diese ist mit der Herstellung einer RNS-Matrize verknüpft, was etwa 20 Minuten dauert. Die Matrize würde dann wieder zerfallen, so wie eine Druckvorlage, die wieder eingeschmolzen wird. Bis dahin muß sie also ihre Information zur Langzeit-Speicherung durch Bildung bestimmter Proteine weitergegeben haben. Das Langzeit-Gedächtnis selbst wäre dann an die feste Einlagerung von Proteinen gebunden, die sich an der jeweiligen RNS-Matrize gebildet haben.«*

Die Bildung von tagbewußtem Gedächtnis ist demnach ein dreistufiger Vorgang, der eine sehr lebhafte Tätigkeit des Vorderhirnes verlangt. Gerade in jenem Abschnitt des Schlafes, in dem wir träumen, aber ist es weitgehend zur Ruhe gekommen, ja diese Ruhe ist die Voraussetzung für Träume. Die Resttätigkeit des Vorderhirnes ist auf Abstrahlung überflüssiger Gedächtnislasten, also mehr auf Wiedergabe als auf Aufnahme abgestellt. Für die aus dem Hinterhirn andrängenden Traumeindrücke wirken diese Ausstrahlungen hemmend wie ein Gegenverkehr. Was dennoch bis in das Vorderhirn durchdringt, löst bei dessen verminderter Aufnahmebereitschaft nur noch schwache Impulse aus.

Wer photographiert, weiß, was die Folge einer zu sehr verengten Blende oder zu knapper Belichtungszeit ist: Die Aufnahme wird unterbelichtet, das heißt, der Eindruck, den die empfindliche Schicht des Filmes empfängt, ist nicht stark genug, um die chemischen Prozesse zu Ende zu führen, die zur Entstehung eines klaren Bildes erforderlich sind. Stellen wir uns nun vor, man müßte einen unterbelichteten Film gar in einem nicht gänzlich abgedunkelten Raume entwickeln. Wird er vor dem Fixieren zu lange dem Lichtschimmer ausgesetzt, wird nichts mehr darauf zu erkennen sein. So wird das meist schon »unterbelichtete« Bild, das das Vorderhirn vom Traumerleben empfängt, durch die dort nachwirkenden Tageseindrücke überlagert. Es verblaßt, je länger es dauert, bis es durch das Erwachen »fixiert« wird. Nur besonders eindringliche Träume vermögen daher in das tagbewußte Erinnern Eingang zu finden.

Mit der Feststellung, daß der Mensch seine Träume schon nach wenigen Minuten wieder vergißt, hat die Schlafforschung aber – ohne sich dessen bewußt zu sein – den vermeintlich gewichtigsten Einwand weggeräumt, der seit je gegen die Wiederverkörperung (Reinkarnation) vorgebracht wird. Mangelnde Erinnerung ist demnach kein Beweis für ein Nicht-Erleben. Obwohl die Versuchsperson ihre Träume als echt empfand, hinterließen diese im Tagbewußtsein kaum Spuren. Jetzt, da uns die Gehirnforschung zudem über die *chemische* Natur des Gedächtnisses belehrt hat, erweist sich der Schleier, der uns frühere Leben verhüllt, als ganz natürlich, ja selbstverständlich. Niemand wird etwa erwarten, daß eine neue Tonbandkassette die auf einer anderen gemachten Aufnahmen wiederzugeben in der Lage ist. Nun erhalten wir bei der Wiedergeburt mit dem jungen Körper doch auch ein neues Gehirn. Wie sollte es jene Eiweißverbindungen enthalten, die einst in einem anderen, längst nicht mehr bestehenden Gehirn gebildet wurden? Was wir einst erlebten, *kann* in seinem von chemischen Verbindungen abhängigen Tagbewußtsein gar nicht aufgezeichnet sein! Die bisherigen Existenzen zeigen ihre Wirkung in anderer Weise. Sie sind als Extrakt eingegangen in unser Ich, den *Geist*. Sie haben unsere »Persönlichkeit« geprägt, unsere Anlagen, Neigungen und Verhaltensweisen, mit welchen wir, allesamt unterschiedlich, jedes neue Erdenleben beginnen.

Der Traum bietet uns allnächtlich eine Hilfe zum Verständnis dieser Daseinswanderung. Auch wenn wir uns an seinen Inhalt meist nicht mehr erinnern, spüren wir seine Wirkung doch sehr deutlich. Die Empfindung, die Stimme unseres Geistes, meldet uns, ob der Traum gut oder böse war. Ohne genau zu wissen weshalb, fühlen wir uns nach dem Erwachen erhoben oder bedrückt. Welch weittragende Einsicht wird uns dadurch ermöglicht: daß es auch ohne tagbewußtes Erinnern ein Erleben gibt, das uns berührt und formt ...

Der enträtselte REM-Schlaf

Der »schnelle« (REM)-Schlaf aber ist nicht nur die Zeit des Träumens. Seine meßbare Besonderheit besteht ja vor allem darin, daß sich trotz des ruhenden Körpers, trotz der Verminderung aller Funktionen, der Organismus in unerklärlicher Weise belebt, ohne daß dies zum Erwachen führt.

Diese vermeintlich »paradoxe« Erscheinung sollte uns im Grunde nicht unbekannt sein. In der Technik begegnen wir ihr sehr häufig. Sinkt etwa die Temperatur einer automatischen Heizung unter den eingestellten Wert, so sorgt ein Thermostat dafür, daß wieder aufgeheizt wird. Das Entflammen des Brenners ist dann ebenso das Zeichen einer Umkehrschaltung wie etwa das Wiedereinströmen von Wasser im Programmablauf einer Waschmaschine. Das Wesen eines solchen Vorganges ist, auf das

Einfachste reduziert: An Stelle der verwertenden Abgabe von Energie tritt deren Zufuhr.

Der Übergang in den REM-Schlaf ist daher trotz – oder besser infolge – der auffälligen Umkehr ganz natürlich. Es liegt ihm das Schöpfungsgesetz des Ausgleiches von Geben und Nehmen zugrunde. Jeder Schlag unseres Herzens, jeder Atemzug gibt von ihm Zeugnis. Dieses Gesetz mußte auch der Mensch in seinen selbsttätigen technischen Einrichtungen nachgestaltend beachten.

Ian Oswald nähert sich bereits der Vorstellung einer solchen Umschaltautomatik, wenn er schreibt:

»*Es scheint [...], als ob der Körper über einen besonderen Mechanismus verfügt, um während des schnellen Schlafens die Blutmenge von unwichtigen auf wichtige Gebiete chemischer Aktivität zu verschieben.*«

Bleiben wir, um das Geschehen durch Vergröberung deutlich zu machen, noch bei dem Bilde der Waschmaschine: Es genügt nicht, sie zu pflegen und Waschpulver einzuschütten, sie braucht für ihre Zweckerfüllung auch Wasser, das von weniger fester Beschaffenheit ist. Doch dieses Wasser strömt nur ein, wenn das Ventil sich öffnet. So bedarf auch unser Erdenkörper einer anderen Speisung als nur der irdischen Nahrung. Die zarteren Hüllen, die bei Beginn des REM-Schlafes bereits »ausgefahren« sind, haben eine Verbindung zu anderen Schwingungswelten geschaffen, und das ruhende Vorderhirn gibt durch die Verminderung seines sonst beherrschenden Druckes das »Einströmventil« – das Hinterhirn – frei.

Man hat Versuchspersonen wiederholt den REM-Schlaf dadurch entzogen, daß man sie stets zu dessen Beginn geweckt hat. Obwohl sie insgesamt ebenso lange schliefen wie die übrigen Teilnehmer des Versuches, fühlten sie sich im Gegensatz zu diesen am nächsten Morgen zerschlagen, gereizt. Sie litten unter Merk- und Konzentrationsschwächen, der Schlaf hatte sie nicht erquickt. In den folgenden Nächten brachten sie eine entsprechend längere Zeit im REM-Schlaf zu. Sie suchten die Fehlmenge auszugleichen. Der Mensch braucht also diese Art des Schlafes.

Verblüfft vermerkten die Wissenschaftler jedoch die Tatsache, daß depressive Personen durch den Entzug des REM-Schlafes eine Besserung ihres Zustandes erfuhren. Die Lösung des scheinbaren Widerspruches sollte uns jetzt schon unschwer gelingen. Die Niedergeschlagenheit wird ja erst dadurch zum Leiden, daß sie verstandlich begründbarer Ursachen entbehrt. Sie haftet dem Geiste an. Löst er sich im Traume aus der irdischen Umwelt, so gelangt er in eine Umgebung, die seiner geistigen Gleichart entspricht, wo also erst recht Sorge, Angst und Bedrückung herrschen. Einem solchen Menschen die Möglichkeit des Traumes durch Verminderung des REM-Schlafes zu nehmen, vermindert die Belastung des Geistes durch zusätzliche Trauer und Düsternis. Diese Wirkung mag kurzzeitig so günstig scheinen, daß die körperlichen Nachteile in den Hintergrund treten.

Der Wissenschaft ist es aber inzwischen klar geworden, daß der REM-Schlaf ein unentbehrlicher Teil unserer Gesamterneuerung ist; ein grundlegender Wandel der Auffassung. Zunächst war man nämlich der Meinung, der »langsame« Schlaf sei der tiefere und wertvollere. Jetzt ist man bereit, auch dem »schnellen« (REM)-Schlaf die gleiche Bedeutung zuzugestehen. So lesen wir bei *Ian Oswald:*

»Der Mensch braucht zwei verschiedene Schlafphasen, um Körper und Geist fit zu halten [...]. Es scheint sicher zu sein, daß die besondere Rolle des »schnellen« Schlafes darin besteht, ausschließlich die Regeneration des Gehirns zu unterstützen, während die langsame Schlafphase der allgemeinen Regeneration des übrigen Körpers dient.«

Stellen wir dieser Ansicht die Ausführungen der Gralsbotschaft gegenüber:

»[...] weil das Vorderhirn die sogenannte Schwerarbeit verrichtet, also alle ihm von dem hinteren Gehirn übermittelten Eindrücke in schwerere, dichtere Formen überträgt, die durch ihre verstärkte Dichtheit viel enger begrenzt sind, damit sie für das irdische Verstehen deutlich werden, deshalb ermüdet auch das Vorderhirn und es bedarf des Schlafes, während das hintere Gehirn diesen Schlaf nicht zu teilen braucht und ruhig weiterarbeitet. Auch der Körper selbst bedürfte dieses Schlafes nicht, sondern lediglich der Ruhe, des Ausruhens.

Schlaf ist allein eine Notwendigkeit des vorderen Gehirns! Aber auch das ist leicht verständlich und für Euch begreifbar. Ihr braucht Euch nur einmal in Ruhe alles folgerichtig zu überlegen. Denkt Euch also: wenn der Körper ausruht, könnt Ihr dabei wach sein und braucht nicht zu schlafen. Das habt Ihr oft schon selbst an Euch erlebt. Ruht aber das vordere Gehirn, das

Euch das Denken *verschafft, also die Umarbeit der Empfindungseindrücke in gröbere und verengtere Formen und schwerere Dichtheit auswirkt, wenn dieses Gehirn einmal ausruhen muß, nun, so hört natürlich auch das Denken auf. Ihr vermögt selbstverständlich während dieses Ausruhens des vorderen Gehirnes nichts zu denken.*

Und nur das Denkenkönnen nennt Ihr hier auf Erden Wachsein, Nichtdenkenkönnen Schlaf oder Bewußtlosigkeit. Es handelt sich dabei nur immer um das sogenannte Tag*bewußtsein, das ausschließlich Tätigkeit des vorderen Gehirnes ist. Das hintere Gehirn ist immer wach. –«* (GB »Lichtfäden über Euch!«)

Damit löst sich mit einem Schlage das Rätsel um den so seltsamen REM-Schlaf: Was die Wissenschaft als solches bezeichnet, *ist gar kein Schlaf,* sondern höchstes *Wachsein des Geistes!* Es hat lediglich die Ruhigstellung des Vorderhirnes zur Voraussetzung und erscheint daher als eine Fortsetzung *seines* Schlafes. Es ist daher tatsächlich »paradox«, bei diesem Zustand von »Schlaf« zu sprechen – unbewußt hat die Wissenschaft dies richtig ausgedrückt. Das – wenn auch nicht tagbewußtirdische – Wachsein mußte sie mit der Bezeichnung »schneller« Schlaf anerkennen, in dem sich die Lebendigkeit spiegelt, die den Geist in diesem befreiten Abschnitt erfüllt. Die Entdeckung des REM-»Schlafes« – als solcher soll er der Einheitlichkeit wegen weiterhin hier bezeichnet werden – ist eine erneute Bestätigung des uns mit der Gralsbotschaft geschenkten »wahren« Wissens!

Noch setzt die Wissenschaft »Geist« mit jeder Art von Gehirntätigkeit, auch der bloß verstandlichen, gleich. Noch kann sie nicht unterscheiden, wie weit das vordere oder hintere Gehirn am Schlafgeschehen beteiligt ist. Dieses Verwischen erklärt sich daraus, daß das EEG, von *außen* messend, nur ein Gesamtbild der Gehirnstromtätigkeit liefert. Um die Aktivität einzelner Hirnpartien verläßlich beurteilen zu können, wäre das Einführen von Mikroelektroden nötig. Derartige Versuche bleiben jedoch auf Tiere beschränkt, also auf Geschöpfe von anderer als geistiger Art.

So vermag die Wissenschaft den *Stufenbau* des Geschehens noch nicht zu sehen. Die Aufgliederung sollte nämlich lauten:

Die *Ruhe* kräftigt den *Körper;* der *»langsame«* Schlaf kräftigt Körper und *Vorderhirn;* der *»schnelle«* Schlaf kräftigt Körper, Vorderhirn und *Hinterhirn.*

Dadurch wird der – trotz des scheinbaren Bruches – *fließende* Ablauf des Schlafes sichtbar, der mit jeder Stufe ein *zusätzliches* Element der Erneuerung bietet. Es ist ein mehrschichtiges, immer weiter ausgreifendes Erfassen und Durchdringen unseres hiesigen Werkzeuges, des Erdenkörpers, zum Zweck seiner gänzlichen Überholung.

»Der schnelle Schlaf hilft also bei der Wiederherstellung, in dem er Synthesevorgänge unterstützt, die zur Reparatur beschädigter Bestandteile notwendig sind«,

ist auch die Ansicht von Ian Oswald.

Damit aber ist die Wissenschaft an der Grenze ihrer Erkenntnismöglichkeiten angelangt. Was die Instandsetzung beschädigter und abgenützter Teile unseres Organismus ermöglicht, muß ihr zufolge der selbstgezogenen Grenzen Geheimnis bleiben. Hinter allem lebendigen Geschehen, mag es uns auch nur in Form chemischer Reaktionen sichtbar werden, steckt nämlich das Wirken kleiner Geschöpfe, winziger, Gestalt gewordener Kräfte von unterschiedlicher Wirkungsart. Die Gralsbotschaft hat sie unter dem Begriff der »kleinen Wesenhaften« zusammengefaßt. In den verschiedensten Abstufungen bauen und betreuen sie auch die sogenannte Natur; sie wurden oft schon von Menschen gesehen. Jetzt, in diesem Abschnitt des Schlafes, können diese Vollstrecker der Schöpfungsgesetze, von dem sie oft hemmenden Druck des Vorderhirns wenigstens zum Teile befreit, emsiger an ihrer Aufgabe werken. Vergröbert mag dies Ähnlichkeit besitzen mit den Bildern von »Gulliver unter den Zwergen«: Auch sie können ungehindert an ihm nur arbeiten, solange der für sie riesige Mensch Gulliver schläft.

Das Material kommt den jetzt besonders tätigen Erneuerern unseres Körpers zum Teil auch von außen her zu. Von Instrumenten ebensowenig faßlich wie sie selbst, entstammt es den Bereichen, aus denen der vom Körper gelockerte Geist durch seine feineren Hüllen jetzt schöpfen kann. Diese Bereiche wurden vorhin als andere, lebhaftere Schwingungswelten bezeichnet. Nun, wissen wir nicht schon aus unserer erdenstofflichen Welt, wie heilsam eine Bestrahlung mit Kurzwellen sein kann?

Alle vielstufig lebenserhaltenden Kräfte bedienen sich schließlich des Blutes als Mittler. Dient die dichtstoffliche Nahrung dem Aufbau der Zellen, so bewirkt der Luftsauerstoff ihre Erfrischung und die noch feinere Jenseitsschwingung die Reinigung und Belebung der Kommandozentrale »Gehirn«.

»*Die Blutmenge, die während des ›schnellen‹ Schlafes durch das Gehirn fließt, ist weit über den wachen Zustand erhöht; die durch die Muskeln fließende Blutmenge hingegen sinkt während des schnellen Schlafes um zwei Drittel*«,

schreibt *Oswald*. In diesem Abschnitt erfolgt also ein Durchspülen, eine »Gehirnwäsche« im besten Sinne des Wortes – aber es ist das *Hinterhirn*, das jetzt vor allem beteiligt ist. Noch kann die Wissenschaft dies im EEG nicht unterscheiden, aber der für sie unerklärbare Umstand, daß es dennoch nicht zum Erwachen kommt, weist darauf hin, daß *andere* Partien als das im Wachzustand tätige Vorderhirn jetzt den Geschehensschwerpunkt bilden.

Diese Belebung ist allerdings auf den REM-Schlaf beschränkt, auf den Zustand der weitestgehenden Lockerung der Seele. Er kann zwar gewaltsam beendet, nicht aber durch mechanische oder chemische Einwirkungen herbeigeführt werden. Schlafmittel erhöhen nicht den Anteil des schnellen Schlafes, sie bewirken nur zu dessen Lasten eine Verlängerung der Tiefschlafphase, denn sie vergrößern das Ruhebedürfnis von Körper und Vorderhirn. So nimmt auch bei verständlicher Beanspruchung der Anteil des langsamen Schlafes innerhalb der Gesamtschlafzeit zu. Darin liegt eine deutliche Bestätigung dafür, daß der langsame Schlaf nur der Wiederherstellung des *Vorderhirnes* dient. Zugleich läßt sich im Umkehrschluß daraus folgern, daß der erquickende REM-Anteil des Schlafes nur durch *geistige* Betätigung erhöht werden kann; »geistig« freilich *richtig* verstanden!

Die dankbare Freude am Da-sein-Dürfen, der wache Wunsch, nützlich in der Schöpfung zu sein und sich mit wachsendem

Bewußtsein ihr einzufügen, das ist – mit knappen Worten umrissen – das Wesen geistiger Tätigkeit. Der Anteil des schnellen Schlafes erhöht sich dann nicht, weil der Geist etwa übermüdet wäre (das gibt es überhaupt nicht), sondern weil es ihm leichter wird, im Schlafe den Körper zeitweilig verlassend, sich in jene Reiche zu begeben, mit denen er sich durch sein Wollen schon tagsüber verbunden hat. Die Öffnung für die Ganzheit der Schöpfung gestattet es dann dem Geist, das Gnadengeschenk der höheren Kraft in reicherem Maße empfangen zu dürfen.

Es ist also auch hier in unsere Hand gegeben, uns die bereitstehenden Hilfen zu erschließen. Wir können innerhalb der schöpfungsgesetzlichen Grenzen die Anteile am langsamen oder schnellen Schlaf verschieben. Wir steuern damit das Ventil, von dem vorhin die Rede war. Wir verengen oder verschließen es, wenn wir uns in irdischer Betriebsamkeit erschöpfen oder uns chemischer Mittel bedienen; wir öffnen es dem Einströmen einer einzigartigen belebenden Kraft, wenn wir unseren Geist über erdgebundenes Denken erheben. Die Schlafforschung hat die Auswirkungen dieser Steuerung aufgezeigt.

Das verlorene Gleichgewicht

Drei- bis fünfmal im Verlaufe der Nacht tritt ein Abschnitt des REM-Schlafes ein. Der Mensch vermag, wie sich hier zeigt, nur in kleineren Mengen die unmittelbaren Einwirkungen jenseitiger Welten zu ertragen. Insgesamt umfaßt der REM-Schlaf etwa eineinhalb Stunden, ein Viertel der Mindestdauer des Schlafes. Neugeborene verbringen allerdings noch rund die Hälfte ihrer Schlafzeit im REM, bei Frühgeborenen ist der Anteil noch höher.

Man könnte dies einfach zur Kenntnis nehmen, wenn da nicht noch ein anderer Umstand wäre: Das Großhirn beginnt nämlich erst im letzten Monat vor der Geburt besonders schnell zu wachsen. Jetzt erst verdoppelt sich die Zahl seiner Nervenzellen. Wir wissen aber, daß sich bei der Menschwerdung im Zeitraffertempo die gesamte Entwicklungsgeschichte der Art wiederholt. So bildet der Embryo andeutungsweise Kiemen, einen Amphibienschwanz und schließlich sogar ein Fellkleid aus. Daß das jähe Wachstum des Vorderhirns erst im letzten Schwangerschaftsmonat erfolgt, läßt sich demnach gut in Einklang bringen mit den anthropologischen Feststellungen, wonach die Menschen der Frühzeit ein viel ausgeprägteres Hinterhaupt, also wohl auch ein größeres Hinterhirn hatten. Was sich jetzt im letzten vorgeburtlichen Abschnitt ereignet, ist bereits die zusammengefaßte Folge jenes Entwicklungs- oder besser: Fehlentwicklungsprozesses, durch den die Menschheit das Vorderhirn nach und nach derart hochgezüchtet hat, daß sein quellendes Wachstum schließlich ins Erbgut einging.

Betrachten wir von diesem Blickpunkt aus das zeitliche Verhältnis der beiden Arten des Schlafes: Die Wissenschaft bringt den »schnellen« Schlaf in Verbindung mit der Kräftigung des Gehirnes. Es wurde schon darauf hingewiesen, daß dies nur bedingt richtig ist. Wenn sie aber meint, der Anteil des schnellen Schlafes sei bei Frühgeborenen deshalb höher, weil das Gehirn einen »Nachholbedarf seines Wachstums« habe, so übersieht sie, daß sich diese Erscheinung ursächlich auch ganz anders deuten läßt: Der REM-Schlafanteil bei Frühgeborenen *kann* einfach deshalb größer sein, weil das Vorderhirn sich noch nicht ausgedehnt hat!

Gehen wir nämlich, wie man schon einzusehen beginnt, davon aus, daß das Großhirn eine Entartung ist, dann könnte der naturgewollte Zustand doch wohl nur im Gleichgewicht beider Gehirnpartien bestehen. Gleichgewicht liegt aller Naturgesetzlichkeit zugrunde. Die Aufgaben beider Gehirnteile verlangen ja auch ein ausgewogenes Zusammenwirken an Stelle einseitiger Vorherrschaft. Die Folgen der letzteren werden im Mißverhältnis zwischen den technischen Möglichkeiten und ihrer sittlichen Bewältigung immer deutlicher sichtbar. Bezogen auf den Schlaf würde dieses Gleichgewicht bedeuten, daß der *erwachsene* Mensch die *Hälfte* seiner Schlafzeit im »schnellen« Schlaf zubringen müßte. Daß tatsächlich nur ein Viertel der Zeit darauf entfällt, ist offensichtlich durch das größere Regenerationsverlangen des aufgeblähten, überlasteten Vorderhirnes bedingt. Bei Neugeborenen sollte, wäre die Entwicklung richtig verlaufen, der Anteil des schnellen Schlafes noch überwiegen, weil die verstandliche Tätigkeit ja erst nach und nach mit der Reifung einsetzt. Tatsächlich finden wir diesen Zustand jetzt aber nur noch bei den Frühgeborenen, also vor der plötzlichen Ausdehnung des Großhirnes. Von da ab wird, wie sich zeigt, der Anteil des »schnellen« Schlafes praktisch um etwa ein Viertel verkürzt. Das Ruhebedürfnis des ausgewucherten Vorderhirnes schmälert also beständig die Möglichkeit, uns mit den Quellen einer höheren Kraft zu verbinden. Die Erbsünde, die eine den Verstand vergötzende Menschheit durch die überwiegende Betätigung des Vorderhirnes auf sich lud, läßt uns auch nachts nicht los. Sie zeitigt noch im Schlaf ihre schädliche Wirkung.

Den Seinen gibt's der Herr im Schlaf

Einleitend war schon davon die Rede, daß der Wechsel von Wachen und Schlafen eine Anpassung der Geschöpfe an den großen kosmischen Rhythmus darstellt, der für die Erde Tag und Nacht mit sich bringt. Sehen wir jetzt in dieses Geschehen tiefer hinein, so zeigt sich, daß sich innerhalb jeder der beiden Abschnitte diese Unterteilung wiederholt. Soweit es den Wachzustand betrifft, ist es uns bekannt, vielleicht aber nicht immer bewußt: Auch unser Wachsein umfaßt Zeiten der Aktivität, des Wirkens nach außen und solche der Entspannung, der Freizeit und Muße. Nun sehen wir, daß auch der Schlaf sich in eine passive und aktive Spanne (langsamer und schneller Schlaf) gliedert. Die Einheitlichkeit der Schöpfungsgesetze läßt ja stets das Größere sich im Kleinen spiegeln. In der gespaltenen Ganzheit aber wirkt immer wieder das Kreuz, das in der Ausgewogenheit seiner Balken, die das Aktive und Passive verkörpern, das heilige Zeichen der lebendigen Schöpferkraft ist.

»Es hat sich ergeben, daß der Schlaf mitnichten ein stabiler Zustand, sondern vielmehr ein recht dynamischer, aber in seinem

Zeitverhalten recht streng organisierter Schwingungsvorgang mit einem systematischen Alternieren von verschiedenen Schlafstadien und -phasen ist«,

lesen wir in »*Physiologie des Schlafes*«. Die Wissenschaft spürt also etwas von der auch hier waltenden Gesetzmäßigkeit, aber sie kann sie mit ihren Mitteln nicht fassen:

»*Die komplexe Phänomenologie des Schlafes, die aber gleichzeitig in quantitativer und qualitativer Hinsicht eine erstaunliche Ordnung erkennen läßt, ist als Resultat eines passiven Wegsinkens aus dem Wachzustand nicht erklärbar*«,

räumt Werner Koella ein. Aber fällt es wirklich so schwer, die stufenweise Einfügung zu erkennen? In unserem täglichen irdischen Wirken trennen wir uns allabendlich vom Werkzeug unserer Berufsausführung, lassen es an der Arbeitsstätte zurück und begeben uns in das Heim, das wir uns irdisch geschaffen haben. Der Schlaf ist die weiter- und höherreichende Wiederholung des gleichen Vorganges. Nun bleibt das Werkzeug unseres gesamten irdischen Wirkens, der Körper, an seinem Arbeitsplatz Erde zurück, wir selbst aber kehren, davon gelockert, heim in jenes Zuhause, das wir uns durch die Art unseres *geistigen* Wollens außerirdisch bereitet haben.

Nacht für Nacht löst sich unsere Seele zu diesem Raumflug. So wie das Raumschiff die Erdanziehung, überwindet sie den durch die Ausstrahlung menschlichen Denkens noch erdhaft geprägten Astralbereich und stößt vor in höhere Schwingungswelten. Wie der Astronaut durch den Funkkontakt, bleibt sie durch die unsichtbare »silberne Schnur« mit der Bodenstation, dem Erdenkörper, verbunden, bereit, dem Rückkehrbefehl zu gehorchen. Und wie der Raumfahrer auf diesem Flug durch die Schwerelosigkeit einen neuen Zustand erlebt, erfährt auch die entrückte Seele des Schläfers im REM-Abschnitt die Wirkung eines anderen Seinsbereiches.

»Trotz zahlreicher Arbeiten an Mensch und Tier konnten noch keine eindeutigen Anhaltspunkte für die wirkliche biologische Funktion dieser Schlafphase erbracht werden«,

erfahren wir von *Werner Koella*.

Dabei ist gerade der REM-Schlaf der krönende Höhepunkt, dem alles ab dem Ende des Tageswerkes zustrebt. Darin erst erschließt sich die Kraft, die unsere menschliche *Ganzheit* durchdringt. Unserer Daseinsstufe entsprechend erleben wir hier im verkleinerten Abbild die Gnade einer Erneuerung, die in periodischer Wiederkehr zu bestimmten Zeiten auch die Schöpfung als Ganzes erfährt.

So bestätigen sich hier – mögen sie auch in anderen Zusammenhängen gesagt worden sein – die Worte der Gralsbotschaft:

»Um diese Dinge zu erkennen, dazu fehlt es der heutigen Wissenschaft am Wissen; denn was die Wissenschaft bis heute lehrt und wissen will, beweist nur klar und deutlich, daß sie von der Schöpfung eigentlich noch gar nichts weiß. Es fehlt ihr jeder große Zusammenhang und damit auch das eigentliche Bild des wirklichen Geschehens.« (GB »Besessen«)

Sieh: Die Wahrheit liegt so nahe

Gerade die Schlafforschung zeigt solcherart die Tragik, ja die Gefährlichkeit des »nur wissenschaftlichen« Denkens auf: Indem man den Traum in die Unwirklichkeit verdrängt, bringt man den Menschen um das *Bewußtsein* eines sehr wesentlichen Teiles seiner gesamten Erlebnismöglichkeiten und beraubt ihn damit der Kontrolle, die ihm für das Erkennen verstandlicher Überlastung und für die Ziele seines *geistigen* Wollens darin immer wieder geboten wird. Die Verständnislosigkeit für das Geschehen im REM-Schlaf beeinträchtigt schließlich das *bewußte* Ausschöpfen jener großen Gnade, der wir täglich teilhaftig werden dürfen.

In der *Bewußtwerdung* unserer selbst aber liegt der Sinn unseres menschengeistigen Weges. Es gilt, sich als *Geistgeschöpf* zu erkennen und die uns damit geschenkten Fähigkeiten bewußt und sinnvoll gebrauchen zu lernen. Der Schlaf zählt dabei zu den bedeutsamsten Helfern. Einst schon hat der Mensch, nur aus seiner Empfindung heraus, ein ahnungsvolles Wissen davon besessen, daß wir Wanderer zwischen zwei Welten sind. Schon das älteste uns bekannte literarische Zeugnis, das *Gilgamesch-Epos*, kündet davon. Dann aber begann der Verstand die Menschheit immer einengender zu umklammern, so daß sie nur noch Beweise stofflicher Art gewillt ist, gelten zu lassen. So wurden und werden auch in diesem Falle Einrichtungen ersonnen, Tiere und Menschen beeinträchtigt, um den Zielen einer Forschung zu dienen, die zwar immer neue Wunder der Schöpfungsweisheit vor uns ausbreiten kann, infolge ihrer Begrenzung aber nie zu *wirklicher Einsicht* zu gelangen vermag. Ihre Ergebnisse sind für den, der *geistiges* Wissen besitzt, als Bestätigung dieses Wissens von Interesse, doch gerade er bedürfte solcher Bestätigungen nicht.

Zögernd und im Grunde erfolglos unternehmen auch die sogenannten »Grenzwissenschaften« die ersten, tastenden Schritte über die Schwelle der groben Sinnenhaftigkeit. Vielfach noch festhaltend am Wägen und Messen, versuchen sie, Wasser mit Sieben zu schöpfen.

Lautstark werden oft bedeutungslose Entdeckungen aufgeblasen – doch die Erklärung über unsere Beschaffenheit steht auch hier immer noch aus. Die menschlichen Gehirne scheuern sich wund an den von *ihnen* errichteten Barrikaden.

Nichts anderes wäre für die Menschheit vonnöten, als die Zweifelsucht endlich aufzugeben und zu der für uns längst bereitliegenden Wahrheit das befreiende »Ja, so ist es!« zu sagen. Denn auf alles ist uns Antwort geboten – auch auf die Frage nach uns selbst. Den Seinen, die sich vor ihm nicht verschließen, gibt sie der Herr seit jeher im Schlaf. Allnächtlich läßt er sie gnädig erleben, daß sie außerirdischer Herkunft und hier nicht für immer beheimatet sind.

Die rätselhafte Wirkung: Homöopathie

Heilung durch nichts?

Seitdem östliche Heilmethoden wie etwa die Akupunktur auch in unseren westlichen Kulturkreis Eingang gefunden haben, ist auch eine andere, hier entwickelte Art der Medizin aus ihrem Schattendasein herausgetreten: die Homöopathie. Vor nahezu zweihundert Jahren von dem Meißener Arzt Dr. Christian Friedrich Samuel Hahnemann begründet, galt sie wegen ihrer Unfaßlichkeit bis vor wenigen Jahrzehnten als unseriös, nahe der Scharlatanerie. Nun, da unbestreitbar geworden ist, daß auch auf anderen als den vordergründig grobstofflichen Wegen der westlichen Schulmedizin Heilerfolge zu erzielen sind, hat die Homöopathie zunehmend an Bedeutung gewonnen.

Dennoch umgibt sie immer noch der Anschein des geheimnisvoll Rätselhaften, denn ihre Vorgehensweise unterscheidet sich grundlegend von jener der allgemein bekannten, sogenannten »allopathischen« Art der Heilbehandlung. Diese kennt ganz allgemein nur großflächig bestimmte Krankheitsbilder und bekämpft sie mit jenen chemisch-pharmazeutischen Heilmitteln, die auf Grund ihrer feststellbaren Zusammensetzung jeweils die gewünschte Wirkung zeitigen sollen. Die Persönlichkeit des Kranken geht bei dieser summarischen Art der Behandlung weitgehend unter, sie äußert sich allenfalls in Form der »unerwünschten Nebenwirkungen«, die in dem einen oder anderen Falle auftreten und vor denen die Beipackzettel ebenso pflichtgemäß wie nutzlos warnen.

Anders die Homöopathie. Sie geht von der Annahme aus, daß schon deshalb kein Krankheitsfall dem anderen gleich sein kann, weil jeder Mensch nach Erbgut, Lebensgeschichte und persönlicher Einstellung von allen anderen verschieden ist. Die Einmaligkeit des Fingerabdrucks oder etwa der Stimme hat für die Richtigkeit dieser Auffassung inzwischen den Beweis geliefert. Diese Einmaligkeit gilt es zu erfassen und die Behandlung darauf abzustimmen.

»Wähle, um schnell, sanft, gewiß und dauerhaft zu heilen, in jedem Krankheitsfall eine Arznei, welche ein ähnliches Leiden erregen kann, als sie heilen soll«,

hatte Hahnemann in seinem Hauptwerk, dem »Organon der Heilkunst«, seinen Schülern als Leitfaden gegeben. Durch Selbstversuche hatte er diese Erfahrung gewonnen und baute auf dem »Ähnlichkeitsgrundsatz« (similia similibus curantur = Ähnliches wird durch Ähnliches geheilt) seine Lehre auf. Obwohl das Wissen davon schon auf Hippokrates zurückgeht, war dieser Gedanke für Hahnemanns Fachkollegen neu, ja schockierend. Der Kenner der Gralsbotschaft freilich ist in der Lage, ihn zu verstehen: Es handelt sich um die Auswirkung zweier großer, grundlegender Schöpfungsgesetze: dem Gesetz der Anziehung der

Gleichart in Verbindung mit dem Gesetz der Wechselwirkung, das in der Gleichart den Ringschluß herbeiführt. Hahnemann hat diese Gesetzmäßigkeit – die des näheren noch zu betrachten sein wird – für Heilzwecke nutzbar gemacht.

Aber nicht nur das hat die Homöopathie von Anbeginn an in den Bereich der Seltsamkeit gerückt. Es ist vor allem die Art, wie die Wirkung erzielt wird, die bis heute für die Wissenschaft unbegreiflich erscheint.

Die betreffenden Stoffe werden nämlich nicht als solche zugeführt, sie werden verdünnt, verschüttelt und verrieben. Beginnend mit einem Verhältnis 1 : 9 – ein Teil Arzneisubstanz auf neun Teile Milchzucker – werden sie verrieben und nach jeweils einstündigem Verschütteln in gleicher Weise weiter verdünnt, bis schließlich in den sogenannten »Hochpotenzen« (ab D 30), wie sich bei Isotopenversuchen gezeigt hat, kein Molekül des Ausgangsstoffes mehr nachweisbar ist. Es ist, »als wäre es in einer Flüssigkeitsmenge aufgelöst, die tausendmal größer ist als alle Weltmeere zusammen« (Stern Nr. 3/91). Eben das ist es, was den Gegnern der Homöopathie Anlaß gibt, deren Heilerfolge als Einbildung abzutun, denn »wo nichts ist, kann auch nichts werden«. Doch seltsam: Homöopathika sind auch bei Kleinkindern, Tieren, ja sogar bei (fälschlich so genannten) Geisteskranken wirksam, die allesamt nicht in die Lage kommen, einem »Placebo-Effekt« zu unterliegen. So bleiben die Fragezeichen bestehen, denn auch die Homöopathen müssen zugeben: Wir haben keine Erklärung dafür, aber es wirkt!

Das Unerklärliche erklären

Aber es wirkt! Also ist es der Erfolg, der entschied und entscheidet und die zunehmende Bedeutung der Homöopathie rechtfertigt. Krankheit ist, so meinte Hahnemann, eine »Verstimmung der Lebenskraft«. Da diese nicht materiell ist, müsse auch die Wiederherstellung auf nicht-materielle Weise erfolgen. So schrieb er im »Organon« (§ 269):

»Die praktisch substanzlos gewordene Verdünnung entwickle die zunächst noch unmerklich, wie schlafend darin verborgenen Kräfte, die vorzugsweise auf das Lebensprinzip Einfluß haben.«

Das ist zwar richtig, aber doch nur eine beiläufige, recht unbestimmte Erklärung. Müssen wir uns wirklich damit begnügen?

Wir sollen prüfen, forschen, der Drang dazu liege nicht umsonst in uns, heißt es in der Gralsbotschaft (»Erwachet«). Wir sind demnach aufgerufen, es nicht beim Unerklärlichen, Unverstandenen bewenden zu lassen. Weiter ist in der Gralsbotschaft zu lesen:

»Nur in Euerer eigenen *Bewegung wird sich auch die Botschaft Euch eröffnen und den reichen Segen über Euch ergießen. Werdet deshalb rege in dem Geiste! Ich gebe Euch mit meinem Wort die Anregung dazu!«* (GB »Der Kreislauf der Strahlungen«)

Das bedeutet doch nicht mehr und nicht weniger, als daß *wir* nun darangehen sollen, die Tore zu dem bislang Verborgenen zu öffnen. Versuchen wir also, der möglichen Ursache dieser seltsamen, unserem stofflichen Denken widersprechenden Wirkung näher zu kommen.

Dabei hilft uns eine einzigartige Erklärung über Wesen und Entstehung der Materie, wie sie Abd-ru-shin in seinen »Fragenbeantwortungen« (Nr. 29) gegeben hat. Seine Erklärungen setzen uns auf die Spur jener geheimnisvollen Kräfte, die sich die Homöopathie nutzbar macht, und wir können dadurch die hier zu behandelnden Vorgänge nicht nur von unserer menschlichen Warte von unten nach oben, sondern auch von oben nach unten blickend betrachten.

Denn auch die Materie enthält – so Abd-ru-shin – *Geist*. Seine Auswirkung bezeichnen wir als Energie. Allerdings handelt es sich dabei um die niederste Erscheinungsform innerhalb der großen Schöpfungsart des Geistigen, nur um ein geistiges Stäubchen, das zum Unterschied vom Geistsamenkorn des Menschen der Entwicklung und Bewußtwerdung nicht mehr fähig ist. Es ist erstaunlich, wie nahe Hahnemanns eigene Vorstellung dem gekommen ist, wenn er bereits im § 9 des »Organon« zwischen dem »geistartigen« Kern der Materie einerseits und dem »vernünftigen« Geist des Menschen andererseits unterscheidet.

Die »Geiststäubchen«, die den Ausgangspunkt aller Materie bilden, entstammen – so hat Abd-ru-shin weiter ausgeführt – höheren Schöpfungsstufen. Als Niederschlag daraus sinken sie herab, ziehen durch die allem Geistigen eigene Anziehungskraft Partikel ihrer jeweiligen Umgebung an, verdichten diese dadurch und umhüllen sich damit. Solcherart schwerer geworden, sinken sie weiter, und auf jeder Ebene wiederholt sich der im Grunde gleiche Vorgang. So legen sie auf ihrem Weg nach unten nach und nach immer dichter werdende Hüllen des Wesenhaften, der feinen, mittleren und groben Feinstofflichkeit, sowie der feinen, mittleren und groben Grobstofflichkeit um, bis sie schließlich für unsere Sinne als materielle Substanz dieser unserer Erdenwelt faßbar werden.

»Nun«, so mag mancher Leser sagen, »das ist doch eine Sache für sich. Was nützt sie uns für unsere Betrachtung der Homöopathie? Finden sich keine deutlicheren Angaben dazu in der Gralsbotschaft?« Vordergründig haben die so Fragenden recht. Aber ist es wirklich nötig, daß uns alles immer ausdrücklich dargelegt wird? Genügt es nicht, daß uns die allgültigen Gesetze der Schöpfung aufgezeigt wurden und weiter gesagt worden ist:

»Ich habe nicht die Absicht, alles bis ins Kleinste bequem zerpflückt Euch vorzulegen; denn Ihr sollt Euch selbst auch regen und müßt das dazu geben, was in Euren Kräften liegt.« (GB »Der Kreislauf der Strahlungen«)

Folgen wir also dieser Aufforderung. Wir können nämlich an Hand der Gralsbotschaft das Wesen der Homöopathie durchaus auch ohne ausdrückliche Erklärung verstehen.

Im Spiegel des Kleinen

Denn was geschieht beim »Potenzieren«, der Herstellung homöopathischer Arzneimittel? Erinnern wir uns: Die Grundsubstanz wird nicht nur mehrfach verdünnt, sie wird zerrieben und verschüttelt. Dabei ist, trotz ihres spektakulären Charakters, die Verdünnung nur von geringerer Bedeutung. Dessen war sich auch Hahnemann bewußt, schrieb er doch:

»Verdünnung allein, zum Beispiel die der Auflösung eines Grans Kochsalz, wird schier zu bloßem Wasser; der Gran Kochsalz verschwindet in der Verdünnung mit vielem Wasser und wird nie dadurch zu einer Kochsalz-Arznei«. (»Organon«, § 269)

Entscheidend sind also vor allem das Verschütteln und das Verreiben. Was dabei geschieht, wird in »Homöopathie, Grundlagen und Herstellung« (Heft 30 der Schriftenreihe der Bayerischen Landesapothekerkammer) sinngemäß wie folgt beschrieben: Es tritt eine Vergrößerung und Aufschließung der inneren Oberflächen ein, wobei durch das Dazwischenreiben von Laktoseteilchen die Arzneisubstanz in zunehmendem Maße getrennt wird und eine fortschreitende Konzentration erfährt.

Mit anderen Worten: Die Substanz wird in sich gelockert, aus stofflicher Enge befreit und auf das Eigentliche zurückgeführt. Schon die Begriffe »verschütteln« und »verreiben« verweisen ja auf eine gewaltsame Veränderung des stofflichen Gefüges.

In der Gralsbotschaft finden wir nun die Schilderung eines ganz ähnlichen Vorganges. Er bezieht sich allerdings auf den Menschengeist. Ihm will sie ja den Weg des notwendigen Aufstiegs und die ihm dabei drohenden Gefahren erklären. Kann er sich durch geistiges Höherstreben nicht zeitgerecht von stofflichen Leidenschaften, Süchten und Bindungen lösen, so kann es sein, daß er, solcherart durch sein eigenes Wollen mit dem Stoffe verstrickt, mit hineingezogen wird in jene Verwandlung und Erneuerung, der alles Stoffliche zu vorbestimmter Zeit unterworfen ist. Die Gralsbotschaft bezeichnet dies als »Zersetzung«. Dabei werden die den Geistkeim umkleidenden stofflichen Hüllen nach und nach gelockert und in einem gewaltsamen, schmerzlichen Prozeß von ihm gelöst. Dabei verliert der Menschengeist das Bewußtsein, seine falsch entwickelte, für schöpfungsdienliches Wirken unbrauchbar gebliebene Persönlichkeit. Spricht die Homöopathie von »verdünnen«, »verschütteln« und »verreiben«, so gebraucht die Gralsbotschaft für das von ihr geschilderte Geschehen die Worte »zermahlen«, »zerflattern«, »zerstäuben«, »zerfallen«, »zerreißen« (Vorträge: »Die Welt«, »Ergebenheit«, »Ich bin die Auferstehung und das Leben, niemand kommt zum Vater, denn durch mich!«) und sagt abschließend:

»Nach vollständiger Zersetzung des Stofflichen zurück in den Urstoff wird auch das nun unbewußt-geistig *Gewordene wieder frei [...].«* (GB »Ich bin die Auferstehung und das Leben ...«)

Die Frage ist freilich, ob wir das, was uns in einem bestimmten Zusammenhang gesagt worden ist, auf andere Verhältnisse übertragen dürfen. Wir dürfen! Denn hinter allem steht die Auswirkung einer Gesetzmäßigkeit. *Diese* gilt es zu sehen, so daß sie als solche auch in der durch eine andere Schöpfungsart veränderten Auswirkungsform erkennbar wird.

Werfen wir zu diesem Zwecke wieder einen Blick in Hahnemanns »Organon der Heilkunst«, um dort – als Fußnote zu § 270 – zu lesen:

»Ungemein wahrscheinlich wird es jedoch, daß die Materie mittels solcher Dynamisationen (Entwicklung ihres wahren inneren arzneilichen Wesens) sich zuletzt endlich in ihr individuelles geistartiges Wesen auflöst und daher in diesem Zustande eigentlich nur aus diesem unentwickelten geistartigen Wesen bestehend betrachtet werden kann.«

Welche Übereinstimmung, sowohl in Bezug auf den Vorgang – der Zerstörung der stofflichen Hüllen – wie auch im Ergebnis – dem Freiwerden des unbewußt Geistigen! Die Gralsbotschaft bestätigt aber damit nicht nur die grundsätzliche Richtigkeit der Hahnemannschen Vorstellungen. Die Zubereitung homöopathischer Arzneimittel wird zugleich für uns zu einem Verkleinerungsspiegel: Denn was sich beim »Potenzieren« um das winzige »Geiststäubchen« begibt, macht uns anschaulich, was im großen Stofflichkeitswandel auch dem Menschengeist widerfahren kann. Einmal mehr dürfen wir so erleben, daß auch für die größten Geschehen, die wir nie überschauen können, uns die gleichnishaften Abbilder im Kleinen geboten sind, denn:

»Die unbedingte und unverrückbare Einheitlichkeit der Urgesetze, also des Urwillens, bringt es mit sich, daß sich in dem kleinsten Vorgange der grobstofflichen Erde stets genau das abspielt, wie es bei jedem Geschehen, also auch in den gewaltigsten Ereignissen der ganzen Schöpfung, vor sich gehen muß, und wie in dem Erschaffen selbst.« (GB »Die Welt«)

Die befreite Kraft

Worauf beruht nun die Wirkung homöopathischer Arzneimittel, jene Wirkung, die für die Wissenschaft als substanzlos unerfaßbar und selbst für die Homöopathie unerklärbar erscheint? Machen wir uns bewußt: Jedes Element unserer Erdenwelt, vom Wasserstoff bis zum Uran, sowie auch jede stoffliche Verbindung, hat ihre eigene unverwechselbare Schwingung. Sie wird für uns etwa in Gestalt der Fraunhoferschen Linien sichtbar, die – ähnlich der Preisauszeichnung der Waren in einem Supermarkt – als farbiger Strichcode genau ihre Beschaffenheit und Zusammensetzung wiedergeben. Von den Farben wird uns nun in der Gralsbotschaft gesagt, daß sie tönendes Klingen in sich tragen. Die Begriffe »Klangfarbe« und »Farbton« verweisen ja auf diese Einheitlichkeit. Ähnlich wie wir in der Stereophonie Bässe und Höhen trennen, erscheint ihre Gemeinsamkeit nur durch die gesonderten Wahrnehmungskanäle Auge und Ohr für uns aufgehoben.

Nun kennt man in der Klangwelt eine bemerkenswerte Erscheinung: Schlägt man einen Ton an, so erklingt nicht nur dieser, es schwingen zugleich die sogenannten »Obertöne« mit, das sind mit dem Grundton mitklingende Töne. Diese Schwingungen werden von Oktave zu Oktave schneller, lebhafter, höherfrequent, somit energiereicher, und entschwinden schließlich unserer Wahrnehmung.

Warum machen wir diesen Seitenblick in den Bereich der Töne? Er zeigt eine versteckte Stufenordnung, eine Säule gleichartiger, doch immer kraftvoller werdender Schwingungen, die in dem vordergründig in Erscheinung tretenden enthalten ist. Das erleichtert uns das Verständnis für das homöopathische »Potenzieren«.

Durch die von Abd-ru-shin gegebene Erklärung wissen wir, daß das Geiststäubchen, das das Innerste jedes Materieteilchens bildet, auf seinem Wege nach unten Hülle um Hülle umlegt. Jede dieser Hüllen aber verändert die Ausstrahlung des Kerns, mindert die äußere Wirksamkeit der von ihm ausgehenden Kraft.

Das Aufbrechen des stofflichen Gefüges durch das Verschütteln und sowie das Aufschwemmen durch Verdünnung stellt nun den entgegengesetzten Vorgang dar. Die umgelegten Hüllen werden gelockert, gelöst. Damit tritt ein, was Hahnemann die immer größer werdende »arzneiliche Mächtigkeit« nannte: Die Kraftquelle »Geiststäubchen«, von Anlagerungen immer weniger gedämpft, kann sich zunehmend freier nach außen entfalten. Daraus erklärt sich die unterschiedliche Wirkungsintensität der verschiedenen Potenzen.

Nun besteht auch der Erdenkörper des Menschen aus Materie, und wie diese trägt er, gleichsam ineinandergeschoben, die Hüllen feinerer Stofflichkeiten und der Wesenhaftigkeit in sich. Er vereinigt demnach verschiedene Schwingungsstufen, physikalisch: Frequenzbereiche. Dadurch kann die Potenz des Arzneimittels jeweils in dem ihr entsprechenden Wellenbereich auf den Körper einwirken. Das Schöpfungsgesetz der Anziehung der Gleichart wird also in der Homöopathie in zweifacher Weise genützt: zum einen in der Ähnlichkeit der Arznei mit der zu heilenden Krankheit, zum anderen in Gestalt der durch die jeweilige Potenz vorgegebenen Gleichart der Einwirkungsstufe.

Der Zweck jeder Arznei liegt nun in der zu bewirkenden Heilung. Denn gesund sein bedeutet das unbehinderte Aufnehmenkönnen aller förderlichen Schwingungen. Jede Krankheit aber schiebt sich wie ein Filter mehr oder minder hemmend dazwischen. Diese Hemmung gilt es zu beheben. In der Homöopathie wirkt nun – anders als in der allopathischen Schulmedizin – die Arznei nicht unmittelbar auf den Erdenkörper, sondern je nach ihrer Potenz auf eine andere, weniger stoffliche Körperhülle ein. Das macht den entscheidenden Unterschied aus. Es werden dadurch schon von dort her gleichsam die Weichen anders gestellt. Die heilende Kraft umfaßt solcherart von oben nach unten mehrere Stufen, um sich erst zuletzt im Erdenkörper bemerkbar zu machen. Daraus erklärt sich auch der sich weitende Wirkungsbereich der Potenzen: Je niedriger sie sind, desto mehr beziehen sie sich auf die ihnen verwandten Erscheinungen und Organe, je höher sie werden, desto mehr sprechen sie den Gesamtorganismus an.

Da nun jede Potenz abgestufte Heilkraft besitzt, ergibt sich die Frage: Welche davon soll im Einzelfall zur Anwendung gelangen? Wonach richtet sich die Dosierung? Die Gralsbotschaft bietet uns auch dafür einen wertvollen Hinweis. Im Zusammenhang mit dem Gericht, dem der Menschengeist unterworfen ist, spricht sie von »Strahlungsschlägen«, und wir lesen:

»Die jeweiligen Schläge sind genau nach Stärke des eigenen Wollens, das sich in Wechselwirkung *auslösend gegen die Seele richtet als den Ausgangspunkt!«* (GB »Das Buch des Lebens«)

Auch wenn dieser Satz sich anscheinend auf anderes bezieht, so zeigt er doch eine grundlegende Gesetzmäßigkeit auf: die aller Wechselwirkung eigene *Angemessenheit!* Genau nach der Stärke des eigenen Wollens! Was hier freilich in dem großen, vom Menschen unabhängigen Geschehen durch die Selbsttätigkeit der Gottgesetze eintritt, muß bei der vom Menschen gesteuerten Homöopathie die Erfahrung des Homöopathen ersetzen: die Dosierung der Persönlichkeit des Kranken anzupassen. Es gilt, jene Potenz zu wählen, die die meisten Erscheinungen der Ähnlichkeit hervorzurufen imstande ist, bei welcher also die Strahlung des Geiststäubchens so weit freigelegt erscheint, daß es nicht zu wenig und nicht zu viel wirksam wird und die Krankheit hierdurch den ihr angemessenen »Schlag« erhält.

Die Selbstzerstörung

Damit kommen wir zur Kernfrage: Worin besteht dieser Schlag? Was führt ihn herbei? Wieso kann die Verstärkung des Übels zu einem Mittel für seine Bekämpfung werden? Man wäre fürs erste geneigt anzunehmen, es handle sich um den gleichen Effekt, wie wir ihn von Schutzimpfungen kennen. Das aber trifft nicht zu. Die Schutzimpfung bezweckt die Information des Immunsystems. Ihm soll der genetische Code des noch nicht vorhandenen Krankheitskeims zum Zwecke der Kennzeichnung eingespeichert werden, damit im Falle seines Auftretens die

Abwehr organisiert werden kann. Die Homöopathie hingegen bekämpft die bereits vorhandene Krankheit, der zu widerstehen der Körper ohne zusätzliche Hilfe offensichtlich nicht in der Lage ist.

Und diese Hilfe ist durchaus nicht so absonderlich, wie es den Anschein hat. Wir kennen dergleichen doch auch in anderer Weise. Da gibt es in der Schwingungstechnik die Rückkopplung: Wird etwa bei einem Rundfunkempfänger die Lautstärke übersteuert, so leidet zunächst die Verständlichkeit und schließlich stellt sich ein Pfeifton ein, der die Sendung unhörbar macht. Das Mehr an gleichartiger Schwingung hat also zu ihrer Zerstörung geführt. Oder: Erhält jemand immer wieder die gleichen Speisen, insbesondere Süßigkeiten, so wird er Widerwillen dagegen entwickeln, der sich schließlich zum Ekel steigert und zum Erbrechen, also der zu Entledigung führt.

Die Gralsbotschaft läßt erkennen, daß es sich dabei um eine Gesetzmäßigkeit handelt, deren reinigende Wirkung sie im Zusammenhang mit dem »Jüngsten Gericht« mehrfach beschreibt. Da ist die Rede davon, daß die verstärkte Strahlung »flutet, drängt und drückt«, so daß alles, was seinen Ringschluß noch nicht finden konnte, sich betätigen muß, wo immer es sich auch verbergen wollte, denn:

»Der Gang des Räderwerkes wird zur Zeit beschleunigt durch die verstärkte Lichtstrahlung, die Endauswirkungen erzwingt, indem sie vorher alles steigert bis zur Frucht und Überreife, damit das Falsche darin selbst zerfällt und absterbend sich richtet, während Gutes frei wird von dem bisherigen Druck des Falschen und erstarken kann!« (GB »Ergebenheit«)

»In der Bewegung des Herangezogenwerdens aber muß an diesem Licht zerschellen und verbrennen, was die Strahlung nicht verträgt [...].« (GB »Es soll erwecket werden alles Tote in der Schöpfung, damit es sich richte!«)

Machen wir uns das Grundsätzliche dieses Vorgangs klar, egal in welcher Größenordnung er sich abspielt: Der verstärkte Strahlungsdruck belebt und zwingt somit zur Auseinandersetzung mit sich selbst. Das schöpfungsgesetzlich Richtige wird dadurch gestärkt, das Falsche, Störende reibt sich hingegen auf an der eigenen Art. Wie der bewußte Menschengeist dies erlebt, schildert die Gralsbotschaft bei der Beschreibung der Jenseitswelten. Dort leben, bedingt durch das Gesetz der Schwere, jeweils die Gleicharten zusammen. Ist diese Art nun böse, falsch, so wird für die einzelnen – die jeweils das zu leiden haben, was sie den anderen selbst zuzufügen suchen – das Leben zur Hölle. Bis eine Ermattung eintritt und der Wunsch erwacht, aus dieser Art herauszukommen.

Auch hier führt also das verstärkte Erlebenmüssen der eigenen Art zu einem Ergebnis, das im Grunde – trotz scheinbarer Andersartigkeit – dem gegebenen Beispiel der Überfütterung mit Süßigkeiten ähnelt.

In der Homöopathie liefert nun das Geiststäubchen, das durch das Potenzieren weniger oder mehr von stofflichen Umhüllungen befreit worden ist, den zusätzlichen Schub an gleichartiger Strahlung. Und siehe: Es geschieht praktisch das Gleiche wie beim bewußten Menschengeist und bis zum höchsten Schöpfungsgeschehen. Das Krankheitsbild wird zunächst verstärkt, um erst im weiteren Verlaufe der Besserung zu weichen. Die

Homöopathie kennt dies unter dem Begriff der »Erstverschlimmerung«. Und wieder sehen wir: Was beim bewußten Menschengeist der Ekel und der daraus erwachsende Wunsch nach Veränderung, kurz der Wille bewirkt, ergibt sich beim unbewußt Geistigen als selbsttätige Folge der Gesetzmäßigkeit. Darin allein liegt der artbedingte Unterschied. Wir erleben demnach auf der kleinen Bühne des unbewußt Geistigen im Hahnemannschen »Ähnlichkeitsgrundsatz« der Art entsprechend das große, allgültige Schöpfungsgesetz und damit wieder eine Bestätigung des Satzes der Gralsbotschaft:

»Auch alle Grundgesetze, die sich einheitlich durch die gesamte Schöpfung ziehen, sind in ihren Auswirkungen *immer von der jeweiligen Schöpfungsart beeinflußt, von deren Eigenheiten abhängig! Deshalb müssen sich die Folgen* eines bestimmten Gesetzes *in den verschiedenen Schöpfungsabteilungen auch verschieden zeigen [...].«* (GB »Grobstofflichkeit, Feinstofflichkeit, Strahlungen, Raum und Zeit«)

Der Strahlungsausgleich

Hahnemann sah, wie schon erwähnt, Krankheit als eine Verstimmung der Lebenskraft an. Schon das Wort »Verstimmung« verweist auf eine Gemeinschaft mit der Klangwelt, auf eine verzerrte, unharmonische Schwingung. Wieder hatte der Genannte damit das Rechte getroffen, denn alles in der Schöpfung ist

Schwingung, alle Erscheinungen und Wirkungen sind, wie man heute weiß, im Grunde nur Abwandlungen von Schwingung, die mit Strahlung einhergeht:

»So hat jeder Stein, jede Pflanze, jedes Tier seine Ausstrahlung, die man beobachten kann und die je nach dem Zustande des Körpers, also der Hülle oder Form, ganz verschieden ist. Deshalb lassen sich auch Störungen in dem Strahlungskranze beobachten und daran Krankheitspunkte der Hülle erkennen«,

können wir in der Gralsbotschaft (»Grobstofflichkeit, Feinstofflichkeit ...«) lesen.

Eben diese Krankheitspunkte auf Grund der veränderten Ausstrahlung zu erkennen, hat die Homöopathie sich zur vordringlichen Aufgabe gemacht. Denn jeder Mensch gleicht in seiner Art einem Ton in dem vielstimmigen Orchester der Schöpfung, einem Ton, der rein erklingen soll. Wie sehr es damit im argen liegt, beschrieb schon vor rund 60 Jahren die Gralsbotschaft in dem eben zitierten Vortrag »Grobstofflichkeit ...«:

»Gerade durch die Wahl der Kost, der Körperbetätigung, wie überhaupt die ganzen Lebensverhältnisse in vielen Dingen sind diese Strahlungen einseitig verschoben worden, was nach einem Ausgleiche verlangt, wenn ein Aufstieg möglich werden soll. Heute krankt dabei alles. Nichts ist gesund zu nennen.«

Und wie hat sich das alles seither noch verschlimmert!

Die Homöopathie ist nun bestrebt, den nötigen Ausgleich, die Umstimmung im Wege ihrer Arzneimittel vorzunehmen.

Manche Homöopathen bedienen sich zu diesem Zweck aber auch ergänzend einer neueren Methode, der »Mo-Ra-Therapie«, so benannt nach dem Arzt Dr. Morell und dem Techniker Rasche, der die hierzu dienenden Apparate entwickelt hat. Sie soll der Vollständigkeit wegen hier gleichfalls kurz besprochen werden.

Auch diese Therapie geht von der die Homöopathie beherrschenden Einmaligkeit jedes Patienten aus. Sie stellt dessen ganz persönliche Ausstrahlung fest und gliedert sie in die physiologischen, also der Persönlichkeit entsprechenden richtigen und deshalb günstigen, und in die pathologischen, also krankmachenden, schädigenden Schwingungen auf. Wie dies geschieht, braucht hier nicht näher erörtert zu werden, denn entscheidend ist allein die weitere Vorgehensweise. Beide Schwingungsarten werden nämlich durch die entsprechenden Geräte auf technischem Wege erzeugt und auf den Patienten zurückgeleitet, die krankmachenden jedoch um 180 Grad verschoben, so daß jeweils Wellenberg und Wellental einander gegenüberstehen. Nur am Rande sei bemerkt, daß bei all dem auch die verschiedenen Farbschwingungen eine Rolle spielen.

Was dadurch eintritt, liegt auf der Hand: Die richtigen Eigenschwingungen werden durch die Zufuhr verstärkt, die krankmachenden heben sich durch die Umkehrung, physikalisch als Interferenz bekannt, auf, werden dadurch gelöscht. Damit entspricht die Mo-Ra-Therapie genau jener Weisung, die in der Gralsbotschaft (»Grobstofflichkeit ...«) für den Strahlungsausgleich gegeben wurde:

»*Auch in der Strahlungsmischung des menschlichen Körpers muß unbedingt Harmonie herrschen, um dem Geiste zum Schutz, zur Entwickelung und zum Aufstiege vollwertige Mittel zu geben, die ihm in der normalen Schöpfungsentwickelung bestimmt sind [...].*

Durch die Wahl der Speisen zur Ernährung des Körpers vermag er ausgleichend nachzuhelfen, stärkend, manches schwächend, und das Vorherrschende auch verschiebend, wenn es ungünstig oder hemmend wirkt, so daß die Strahlung führend wird, die günstig für ihn ist, und damit auch normal; denn allein das Günstige ist ein normaler Zustand.«

Die hier erwähnte Ernährung ist ja nur eines der möglichen Mittel zur Umstimmung der Strahlung, also zur Erreichung jenes Zieles, das die Mo-Ra-Therapie im direkten Wege durch die Rückleitung der Schwingungen zu verwirklichen sucht.

Das Gebotene nützen

In dem zuvor schon mehrfach zitierten Vortrag der Gralsbotschaft »Grobstofflichkeit, Feinstofflichkeit, Strahlungen, Raum und Zeit« wird ein wundervolles Bild der Schöpfung entrollt. Als Folge der Ausstrahlung Gottes, die erst alles Sein ermöglicht, breitet sie sich aus, miteinander verwoben und bis ins kleinste in allen Abstufungen vielfarbig abgewandelt strahlend und tönend. Und an uns ergeht die Aufforderung:

»Suchende, greift in die Maschen dieses Strahlungsnetzes!«

Die Homöopathie hat dies auf ihre Art getan. Die immer noch umstrittene Frage, worauf ihre Wirkung beruht, läßt sich an Hand der Gralsbotschaft leicht beantworten: Ihre Wirksamkeit ergibt sich aus den Schöpfungsgesetzen, deren Strahlungen sich die Homöopathie nutzbar gemacht hat. Was diesen Gesetzen entspricht, kann immer nur förderlich, hilfreich sein.

Deshalb verweist die Gralsbotschaft darauf, daß in diesem Strahlungsnetz der Schlüssel zur Lebenskunst wie auch die Stufenleiter des geistigen Aufstiegs liegt. Damit ist eine Brücke geschlagen zwischen der wahren Heilkunst und der menschengeistigen Daseinsbestimmung, die beide aus gleicher Quelle schöpfen. Mit der Lösung des Rätsels Homöopathie haben wir zugleich auch eine für unser Mensch-Sein überaus wichtige Erfahrung gewonnen. Wir konnten im kleinen Abbild die Notwendigkeit erkennen, die stofflichen Hüllen zu lockern und abzustreifen, um das darin umschlossene Geistige freizusetzen, zu verstärkter Auswirkung kommen zu lassen. Gewaltsam mit allen schmerzlichen Folgen, die die Gralsbotschaft schildert, ist dies beim Menschengeist freilich nur dort erforderlich, wo er selbst an diesen Hüllen festhält, sich von ihnen nicht trennen will. Er hat damit, statt nach dem Lichte zu streben, den Weg nach unten gewählt und sich freiwillig an das Vergängliche gekettet. Ziel der menschengeistigen Entwicklung aber ist nicht der hierdurch selbstverschuldete Verlust des Ich-Bewußtseins, sondern vielmehr dessen volle Entfaltung zu wissender Mitwirkung in der Schöpfung.

Um den rechten Weg zu beschreiten, müssen wir nur jenes Geschehen, das wir in der Homöopathie beobachten konnten, in das Geistige übertragen. Das bedeutet, so wie die Homöopathie in das Strahlungsnetz der Schöpfung zu greifen. Auf diese Art – und nur hierdurch – kann der Mensch von *innen* heraus durch sein Wollen nach und nach die seinen Geist umgebenden Hüllen lockern, kann sie lichter, durchlässiger machen, denn

»Wie nun der Mensch, also der Geist, die Farben seiner eigenen Ausstrahlungen entwickelt und regiert, so stellt er wie beim Radio auch seine Wellen auf die gleichen Farben ein und nimmt diese dann aus dem Weltall auf. Das Aufnehmen kann ebensogut auch bezeichnet werden mit Heranziehen oder mit Anziehungskraft der Gleichart.« (GB »Grobstofflichkeit ...«)

Diese Wirkung der Gleichart konnten wir bereits am Beispiel der Homöopathie erkennen, die schon durch die freigelegte Kraft stofflicher Substanz Genesung, Heilung vermittelt. Und wie in der Homöopathie tritt diese Wirkung zunächst auf höherer Ebene bei den zarteren Hüllen ein, denn den schweren, grobstofflichen Erdenkörper können wir nicht einfach umgestalten. Dennoch aber spüren wir die beglückende Veränderung bis herab in unsere erdenmenschliche Ganzheit. Die Hinwendung zu Höherem, zu den ewigen Werten, die Freude an den Wundern der Schöpfung, der Wille zum Guten und die sinnvoll-hilfreiche Tat, alles das läßt uns fühlbar leichter, freier, beschwingter werden, hebt uns heraus aus der Erdenschwere. Jeder kann es, jeder wird es erleben.

»[...] und er wird damit ganz plötzlich alle Nervenstränge in der Schöpfung vor sich liegen sehen, die er anzuschlagen, zu benützen lernen soll.« (GB »Grobstofflichkeit ...«)

Gottsuche

Willst Du Dich mit GOTT verbinden
mußt Du strebend IHN empfinden!
Du magst betteln, Du magst klagen,
ruhlos gleiche Formeln sagen,
niemals wird es Dir gelingen,
IHN zu Dir herabzuzwingen.
Wo die Starrheit Dich bedrängt,
wo Dich Düsternis umfängt,
such' die ew'ge Gottheit nicht:
GOTT ist Leben, GOTT ist Licht!

Glaub nicht, nur gelehrten Leuten
sei es möglich auszudeuten,
wie uns GOTT zu leben heißt
und die Schrift uns unterweist.
GOTT ist nicht, wie wir IHN denken!
Mußt Dich demutsvoll versenken
in der Schöpfung weises Walten:
Dort ist sein Gebot enthalten
und wird jedem offenbar:
GOTT ist Klarheit, GOTT ist wahr!

Was der Mensch auch mag verwirren,
GOTT läßt niemals sich beirren;

widerstrebst Du den Gesetzen,
muß ihr Wirken Dich verletzen;
ihre Unverrückbarkeit
bringt Dir selbstgeschaff'nes Leid.
GOTT ist's nicht, der Übles sendet,
SEINE Kraft nur, falsch verwendet,
führt zur Einsicht gnädig Dich:
GOTT ist Liebe ewiglich.

Statt getrieben von Verlangen,
sei bereit, nur zu empfangen!
Nimm, was SEINE Liebe spendet
an – und alles Fragen endet,
weil, vom reinen Licht berührt,
Dich Dein Geist stets richtig führt.
Damit hast Du GOTT gefunden!
Was auch immer Dich gebunden,
löst sich – und der Jubelschwang
Deiner Freude sagt IHM Dank!

Weihnachten

Jährlich wieder feiern wir Weihnachten, das Fest der Erdgeburt Jesu Christi. Doch die hohe Gottesgnade der Wahrheits-Kündung allein genügte dem Dünkel des Menschen noch nicht. Noch mehr Wunder sollten um seinetwillen geschehen als es die Erdgeburt des Wahrheitsbringers allein schon war – ein weiteres »Wunder« sollte vorausgehen: die unbefleckte Empfängnis, die Jungfrauengeburt. War Jesus Christus auch Mensch geworden, so sollte er doch nicht wie ein solcher gezeugt worden sein.

Es ist seltsam: Da steht der Mensch inmitten der überquellenden, unauslotbaren Herrlichkeit alles Natürlichen, das überall höchste Weisheit erkennen läßt, doch alles dies und auch das Wunder der Menschwerdung sind ihm noch nicht wunderbar genug. Eigensinnig will er die Größe Gottes nicht in seinem Werke sehen, sondern erst darin, daß etwas anders vor sich geht, als SEIN Wille dies für die Schöpfung vorgesehen hat. Doch:

»Ihr ehrt Gott nicht damit, wenn Ihr an Dinge blindlings glaubt, die sich mit Schöpfungsurgesetzen nicht vereinen lassen! Im Gegenteil, wenn Ihr an die Vollkommenheit des Schöpfers glaubt,

so müßt Ihr wissen, daß nichts in der Schöpfung hier geschehen kann, was nicht genau der Folgerung in den festliegenden Gesetzen Gottes auch entspricht. Darin allein könnt Ihr ihn wirklich ehren. Wer anders denkt, zweifelt damit an der Vollkommenheit des Schöpfers, seines Gottes! *Denn wo Veränderungen oder noch Verbesserungen möglich sind, dort ist und war keine Vollkommenheit vorhanden!*« (GB »Der Stern von Bethlehem«)

Die Deutung, die die »unbefleckte« Empfängnis gefunden hat, entspringt daher nicht der Demut, sondern anmaßendem Besserwissenwollen. Jesus, der gekommen war, das Gesetz zu *erfüllen* – womit ja nicht das veränderliche menschliche Recht gemeint ist –, hätte demnach dieses Gesetz der Schöpfung schon bei seinem Eintritt in das irdische Leben umstoßen müssen. Doch er wurde geboren als Menschenkind, er litt Hunger und Durst wie jeder Mensch und starb, als sein Erdenkörper zerstört war. Weshalb also hätte der Grund zu diesem körperlich-stofflichen Dasein in anderer als menschlicher Weise gelegt werden sollen? Selbst die Annahme eines – an sich ausgeschlossenen – göttlichen Willküraktes müßte die Frage nach sich ziehen, weshalb dann die Geburt überhaupt nötig war. Jesus hätte ja einfach da sein können. Doch es ist viel leichter, Unmögliches blind, das heißt gedankenlos zu glauben, als sich *selbst* um Erkenntnis zu bemühen, daß das »*Wunder*« der unbefleckten Empfängnis nur eine *menschliche* Erfindung ist. Der Herr der Welten wird hierdurch, statt in *unwandelbarer* Größe zu verbleiben, zu einem Zauberer herabgewürdigt, der es nötig hat, durch Sensationen auf sich aufmerksam zu machen.

Der ernsthaft Denkende wird daher die durch die Gralsbotschaft gebrachte Aufklärung freudig begrüßen:

»*Es sei Euch noch einmal gesagt, daß es unmöglich ist nach den Gesetzen in der Schöpfung, daß Erdenmenschenkörper je geboren werden können ohne vorherige grobstoffliche Zeugung [...].*«
Und:
»*Gott müßte gegen seine eigenen Gesetze handeln, wäre es mit Christus so geschehen, wie es die Überlieferungen melden [...]. Jesus wurde grobstofflich gezeugt, sonst wäre eine irdische Geburt nicht möglich gewesen.*« (GB »Der Stern von Bethlehem«)

Nun aber lautet die Verheißung, daß der Erlöser von einer Jungfrau geboren werde. Mit der engen, an *erdenmenschliche* Begriffe gebundenen Auslegung dieses Wortes begann der Irrtum, den die Gralsbotschaft richtigstellt:

»*Es ist damit gesagt, daß Christus unbedingt als erstes Kind einer Jungfrau geboren werden wird, also von einem Weibe, das noch nie Mutter war. Bei diesem sind alle Organe, die zur Entwicklung des Menschenkörpers gehören, jungfräulich, das heißt, sie haben sich in dieser Art vorher noch nie betätigt, es ist aus diesem Leibe noch kein Kind hervorgegangen.*« (GB »Die unbefleckte Empfängnis und Geburt des Gottessohnes«)

Gäbe es eine »unbefleckte« Empfängnis nur *ohne* Zeugung, so würde jede Frau, die ihre naturgegebene Fähigkeit, einen neuen Erdenkörper aufzubauen, wahrnimmt, sich dadurch beflecken. Dies anzunehmen aber, wäre nicht nur eine Beleidigung der gesamten Weiblichkeit, sondern des Schöpfers, der die Menschheit demnach zur Sünde zwingen würde, um fortbestehen zu können.

Auch hier wurde eine hohe Kündung, die sich – wie so vieles in der Bibel – vor allem auf *geistiges* Geschehen bezieht, in unsere irrige Begriffswelt eingezwängt. *Unsere* Unfähigkeit, das Schöpfungswunder der Menschwerdung anders als in sinnlicher Verbindung auszulösen, hindert uns daran, noch rein zu sehen, was von dem Schöpfer aus rein war und rein verbleiben sollte. So muß die Gralsbotschaft klären, was eigentlich selbstverständlich sein müßte:

»Unbefleckte Empfängnis in körperlichem Sinne ist jede Empfängnis, die aus reiner *Liebe heraus erfolgt in innigem Aufschauen zu dem Schöpfer, wobei nicht sinnliche Triebe die Grundlage bilden, sondern nur mitwirkende Kräfte bleiben.*

Dieser Vorgang ist in Wirklichkeit so selten, daß es begründet war, besonders hervorgehoben zu werden.« (GB »Die unbefleckte Empfängnis ...«)

Maria, die Erdenmutter Jesu, war ein reiner Menschengeist und *dadurch* hoher Lichtkraft zugänglich. Durch diese wurde sie allmählich vorbereitet und an ihre Aufgabe herangeführt, wie derselbe Vortrag der Gralsbotschaft beschreibt:

»Als dann der Tag ihres inneren und äußeren Fertigseins gekommen war, wurde sie in einem Augenblick völligen Ausruhens und seelischen Gleichgewichtes hellsehend und hellhörend, das heißt, ihr Inneres öffnete sich der andersstofflichen Welt, und sie erlebte

die in der Bibel geschilderte Verkündigung. Die Binde fiel damit ab, sie trat bewußt in ihre Sendung ein.

Die Verkündigung wurde für Maria ein derartig gewaltiges und erschütterndes geistiges Erlebnis, daß es von Stunde an ihr ganzes Seelenleben vollständig ausfüllte. Es war hinfort nur auf die eine Richtung hin eingestellt, eine hohe, göttliche Gnade erwarten zu dürfen. Dieser Seelenzustand war vom Lichte aus durch die Verkündigung gewollt, um damit von vornherein Regungen niederer Triebe weit zurückzustellen und den Boden zu schaffen, worin ein reines irdisches Gefäß [der Kindeskörper] für die unbefleckte geistige Empfängnis erstehen konnte. Durch diese außergewöhnlich starke seelische Einstellung Marias wurde die den Naturgesetzen entsprechende körperliche Empfängnis eine ›unbefleckte‹.«

Dieses – im Sinne der Schöpfungsgesetze, nicht irdischer Sittennormen – »reinste« Verhalten Marias ermöglichte es Reinem aus höchsten Höhen, sich ihr zu nähern und zu inkarnieren. In dem soeben zitierten Vortrag der Gralsbotschaft heißt es dann weiter:

»Nach der körperlichen unbefleckten Empfängnis Marias konnte also die in der Mitte der Schwangerschaft erfolgende Inkarnation aus dem Lichte kommen, mit einer Stärke, die eine Trübung auf den Zwischenstufen zwischen Licht und Mutterleib nicht zuließ, also auch eine ›unbefleckte geistige Empfängnis‹ brachte.«

Das vermeintliche Wunder erklärt sich also auf ganz *natürliche* Weise durch *Reinheit;* durch eine Reinheit freilich, die uns

Erdenmenschen bis auf ganz wenige Ausnahmen längst verloren gegangen und deshalb zum Geheimnis geworden ist.

Mit dieser Reinheit aber ist das Weihnachtsfest zutiefst verbunden. Doch nur zu Erdenfreude und Genuß wird meist noch dieses Fest begangen, das unserem *Dank* für höchste Gottesliebe gelten sollte.

»*Damals war Jubel in den Sphären, heute Trauer. Nur auf der Erde sucht so mancher Mensch sich eine Freude zu bereiten oder anderen. Doch dies ist alles nicht in jenem Sinne, wie es sein müßte, wenn das Erkennen oder überhaupt der wahre Gottbegriff im Menschengeist sich regen würde.*

Bei der geringsten Ahnung von der Wirklichkeit würde es allen Menschen wie den Hirten gehen, ja, es könnte ob der Größe gar nicht anders sein: sie würden sofort auf die Knie sinken … aus Furcht! Denn im Erahnen müßte ja die Furcht als erstes machtvoll auferstehen und den Menschen niederzwingen, weil mit dem Erahnen Gottes auch die große Schuld sich zeigt, welche der Mensch auf Erden auf sich lud, allein in seiner gleichgiltigen Art, wie er die Gottesgnaden für sich nimmt und nichts im Dienste Gottes wirklich dafür tut!« (GB »Weihnachten«)

Doch wenn die Lichter auf dem Weihnachtsbaum verheißungsvoll die Dunkelheit erhellen, befällt wohl jeden, der nicht völlig abgestumpft ist, leise Wehmut. Man gedenkt der Kinderzeit, versucht sich an dem Weihnachtserlebnis der Kinder zu erfreuen. Weihnachten und Kindsein scheinen eng zusammenzugehören. Und so ist es auch, wenn auch aus anderen Gründen, als man gemeinhin annimmt.

Dieses wehmütige Erinnern ist die Trauer unseres Geistes um die verlorene Fähigkeit, noch kindlich zu empfinden. In diesen Augenblicken wird uns ein Ahnen davon, was der Hinweis: »Werdet wie die Kinder!« besagen will. Denn in der Kindlichkeit, die nichts mit Kindisch-Sein gemein hat, liegt vertrauensvolle Hingabe, liegt das Sich-Öffnen, das Empfangen-Können. Denn:

»*Das, was auf Erden kindlich heißt, ist ein Zweig der Wirkung aus der* Reinheit! *Reinheit in höherem, nicht nur irdisch-menschlichem Sinne. Der Mensch, welcher im Strahl göttlicher Reinheit lebt, welcher dem Strahl der Reinheit in sich Raum gewährt, hat damit auch das Kindliche erworben, sei es nun noch im Kindesalter oder schon als ein Erwachsener.*

Kindlichkeit ist Ergebnis der inneren Reinheit oder das Zeichen, daß sich ein solcher Mensch der Reinheit ergeben hat, ihr dient.« (GB »Kindlichkeit«)

So erwächst beim Weihnachtsfest ohne bewußtes Zutun, allein aus dem Verlangen unseres Geistes die Sehnsucht nach der Reinheit; der Reinheit, die Voraussetzung dafür war, daß Gottes Liebe in Menschengestalt die Erde betreten konnte und die auch heute noch nötig ist, um Weihnachten *recht* erleben zu können.

»*Und wo die wahre Reinheit ist, kann auch die echte Liebe Einzug halten; denn die Gottesliebe wirkt im Strahl der Reinheit. Der Strahl der Reinheit ist ihr Weg, auf dem sie schreitet. Sie wäre nicht imstande, einen anderen zu gehen.*

Wer nicht den Strahl der Reinheit in sich aufgenommen hat, zu dem kann sich niemals der Strahl der Gottesliebe finden!

Seid dessen immer eingedenk und bringt als Weihnachtsgabe Euch den festen Vorsatz, der Reinheit sich zu öffnen, daß zum Feste [...] der Strahl der Liebe auf dem Weg der Reinheit zu Euch dringen kann!

Dann *habt Ihr dieses Fest der Weihenacht so* recht *gefeiert, wie es nach dem Willen Gottes ist! Ihr bringt damit den wahren Dank für Gottes unfaßbare Gnade, die er mit der Weihenacht der Erde immer wieder gibt!«* (GB »Weihnachten«)

Der Druckausgleich

Der menschliche Körper ist so beschaffen, daß er nur innerhalb bestimmter Druckverhältnisse zu bestehen vermag. Werden diese Grenzwerte nach oben oder unten überschritten, so bedeutet dies für ihn den Tod. Der Widerstand, den seine Form der Umwelt entgegensetzt, muß zu dieser also in einem wohlabgewogenen Verhältnis stehen. In dieser einfachen, uns allen bekannten Tatsache zeigt sich ein Gesetz, das der Entstehung aller Dinge zugrunde liegt. Denn was immer in einem Bereiche der Schöpfung zur Form und damit zu eigenem Dasein gelangte, verdankt dies dem Umstand, daß es sich aus dem ihn umgebenden Druck herausdrücken konnte, so daß seine Eigen-Art Aus-Druck fand.

Stellen wir uns nun ein verschlossenes Gefäß vor, das von außen einem immer stärkeren Druck ausgesetzt wird. Es wird einmal der Augenblick kommen, an dem seine durch den inneren Gegendruck gestützte Form nicht mehr Widerstand zu leisten vermag und zusammenbricht. Erhöht man hingegen den Innendruck in dem Gefäß, etwa durch Erhitzung, so wird auch hier ein Moment eintreten, da die Form zersprengt wird und das Gefäß explodiert. Was liegt nun diesen Vorgängen zugrunde? Es wird durch Zufuhr von Energie die atomare Bewegung auf einer der beiden Seiten beschleunigt. Bei der Verstärkung des Außendruckes ist es dann, als würde ein feindliches Heer mit immer stärkeren Rammblöcken gegen einen Festungswall rennen, so lange, bis die Verteidiger erlahmen und die Mauer am Ende birst. Erhöht man hingegen den Innendruck, so ergeht es den atomaren Teilchen ähnlich wie einem Menschen, der in einem zu engen Raum immer schneller zu laufen gezwungen wird. Er wird, da er schon nach wenigen Schritten an eine der Wände anstößt, sich von diesen immer kräftiger abstoßen müssen.

Diese scheinbar naiven Bilder sollen veranschaulichen, daß zwischen den Vorgängen der Physik und den menschlichen Bezügen gar keine so großen Unterschiede bestehen. Es gelten auch hier die gleichen Gesetze, wenn auch in abgewandelter Art.

Nun besteht der Mensch aber nicht nur aus dem Körper. Sein eigentlicher, innerster Kern ist Geist. Was in der Physik für das Verhältnis zwischen äußerem und innerem Druck, was auch für den Menschenkörper in Beziehung zu seiner Umwelt Geltung hat, setzt sich immer weiter in den Innenbereich fort und gilt zuletzt auch für den menschlichen Geist.

Der heutige Mensch ist, mehr als dies jemals zuvor der Fall war, einer Fülle äußerer Eindrücke ausgesetzt. Unsere hochgezüchtete Leistungsgesellschaft stellt extreme berufliche Anforderungen an den, der weiterkommen oder sich auch nur behaupten will. Hinzu kommt die Menge der vermeintlich das Leben erleichternden technischen Einrichtungen, die letztlich bedient und gewartet sein wollen und durch diese Obsorgepflichten den Menschen einem weiteren Außendruck überliefern. Denken wir nur an die Reizüberflutung durch den Straßenverkehr, an den Kampf um den Parkplatz in den städtischen Ballungszentren. Aber auch der Ansturm der Massenmedien, die vielfachen Möglichkeiten der Freizeitgestaltung gehören dazu. Alle diese Einwirkungen rennen beständig von außen gegen den Menschen an, ähnlich dem vorhin zitierten Belagerungsheer, das mit Rammböcken gegen den Festungswall stürmt. Dieser äußere Druck erfordert nach dem Gesetze des Ausgleiches einen entsprechenden inneren Gegendruck. Die gleiche Gesetzmäßigkeit, welche es dem Menschengeiste ermöglichte, innerhalb des Schöpfungsganzen zu eigenständigem Leben zu kommen, wiederholt sich nämlich auf seinem Entwicklungsgange durch die dichteren und schwereren Regionen der Stofflichkeit. Stets muß er seine im Geiste wurzelnde Eigenpersönlichkeit der Umwelt entgegensetzen, um sich in dieser behaupten zu können. So ist es gerade der Zweck des Weges durch die stofflichen Seinsbereiche, den Menschengeist durch den stärkeren Druck, die intensiveren Reizanstöße, die sie von außen her auf ihn ausüben, zur Erhöhung des aus dem Geistigen kommenden eigenen Innendruckes zu veranlassen. Dabei muß freilich klargestellt werden, daß unter »geistig« nicht etwa verstandliche Tätigkeit, nicht der Intellekt gemeint ist. Der Geist spricht durch die Empfindung zu uns; hierdurch öffnet sich die Verbindung zu unserer höheren wahren Daseinsbestimmung. Über diesen Verbindungsstrang kann der geistige Innenraum gleichsam »aufgepumpt« werden. Der Mensch, der diese Verbindung verloren hat, leidet daher an »innerer Leere« – ein ungemein treffendes Wort. Die Folgen eines solchen inneren Leerraumes sind wie bei der belagerten Festung, bei dem unter äußerem Druck stehenden Gefäß: ein Eingedrücktwerden bis zum Zusammenbruch. Eben das erkennt man in der Gesellschaft von heute. Der unerläßliche geistige Innendruck fehlt den meisten Menschen. Sie werden dadurch »unausgeglichen«, ein Wort, das in seiner tiefsten Bedeutung nichts anderes meint als das Fehlen des Ausgleiches zwischen Außen- und Innendruck.

Diese Menschen finden »für nichts mehr Zeit«, sie werden von dem äußeren Druck überwältigt. Hierzu gehört auf der einen Seite der Manager, der schließlich dem beständigen »Streß« erliegt, auf der anderen Seite aber auch der zwar beruflich nicht ambitionierte, doch von Vergnügen zu Vergnügen eilende Mensch, dem im Grunde doch »immer nur fad ist«. Beide werden von den Reizen der Außenwelt, denen sie aus ihrem wahren Menschsein nichts entgegenzusetzen haben, erdrückt.

Die sensibleren Randschichten freilich in der einen wie der anderen Richtung versuchen dem Druck, dem sie nichts entgegenzustellen haben, auf ihre Art zu entgehen. Die Passiven flüchten in eine Welt ohne Reizüberflutung, ohne Leistungsdruck, ja selbst ohne Formenzwang; sie dösen als Gammler oder Hippies dahin, von außen her nicht gefordert, von innen her nicht aktiv. Ihre Sehnsucht sind »Silence, Tranquillity, Peace« – Stille, Ruhe und Frieden –, wie man ihnen in der Kurzform »STP« häufig begegnet. Das Extrem auf der anderen Seite bilden hingegen die Radikalen. Auch sie sind auf der Flucht vor dem sie bedrohenden Druck, allerdings mit dem Ziel, sich seiner durch die Beseitigung zu erwehren. Ihr Wahlspruch »macht kaputt, was euch kaputt macht« trifft daher tatsächlich ins Schwarze. Der geistig schlafende, in sich leere Mensch läuft ja wirklich Gefahr, vom Ansturm der äußeren Anforderungen kaputt gemacht, überwältigt zu werden. Auch hier aber ist, wenn auch auf anderem Wege, das Ziel ein Ausgleich tunlichst auf der Druckstufe Null. Während der Hippie, der Außenwelt abgekehrt, seine innere Leere bestarrt, bestarrt der Radikalist, der sich selbst nicht mehr findet, als Endziel das Chaos der Außenwelt. Letztere wird in dem einen Falle verleugnet, in dem anderen Falle zerstört, wodurch sie, so oder so, dem geistigen Leerraum nicht mehr gefährlich zu werden vermag.

Auch der Versuch so vieler Menschen, sich durch Zerstreuung, durch Betäubung, einen Ausgleich zu schaffen, ist in Wahrheit nur eine Kapitulation vor dem Ansturm der äußeren Reize. Wir brauchen nur auf den verborgenen Sinn der Sprache zu hören, um dessen bewußt zu werden. Denn »zerstreuen« heißt ja nichts anderes als sich in Splittern hierhin und dorthin verlieren. Es ist eine Art Selbstaufgabe, ein freiwilliges Schleifen der Festung, die das eigene Ich inmitten der Umwelt darstellen soll. Über die Brücke dieser Festung sollte nur hineingelangen, was von ihrer »Besatzung« genützt werden kann, um ihre eigene strategische Bedeutung im Rahmen eines Gesamtplanes zu erhöhen. Der Menschengeist sollte daher prüfend sichten und nur jenen Einwirkungen Einlaß in sein Inneres gewähren, die er zu seinem Aufstiege, zur Vervollkommnung seiner eigenen Persönlichkeit als Glied des Schöpfungsganzen verwerten kann. Ist aber – um bei dem Bilde von vorhin zu bleiben – jeder Widerstand aufgegeben, sind die Mauern einmal geborsten, so gibt es keinen Unterschied mehr zwischen drinnen und draußen; allem, auch dem Schädlichen, sind dann die Wege offen.

Betäubung wiederum ist, wie schon in dem Wort liegt, die Übersteigerung des als schädlich Erkannten, derart, daß man es gar nicht mehr wahrnimmt. Die überlaute, geradezu schmerzhaft verstärkte Musik, wie sie heute oft praktiziert (und konsumiert!) wird, ist eine sinnfällige Erscheinung der bis in die Tiefe des menschlichen Wesens reichenden Bemühungen, sich durch Lähmung der Sinne gefühllos zu machen. Dazu dient auch Alkohol und – in gewissem Sinne – das Rauschgift, wenngleich hier die Zielsetzung weiter reicht. Denn zugleich mit der Verzerrung der Außenwelt steigt ein neues Erleben auf, das dem Süchtigen dazu helfen soll, die quälende innere Leere zu füllen. Doch der Trug ist doppelter Art: Die verdrehte, verstimmte Schauung, die weder dem hier noch dem dort entspricht, kommt wiederum nur von außen her, sie läßt den eigenen Geist inaktiv und lähmt sogar sein Vermögen zur Selbstbehauptung.

Alle diese Versuche »etwas zu tun« bleiben also in der Außenwelt stecken. Sie sind ein wildes Um-sich-Schlagen des Menschen, der sich mit untauglichen Mitteln der dumpf empfundenen Bedrohung seines Ichs zu erwehren sucht. Dabei beschleunigt er vielfach gerade das, was er eigentlich zu verhindern bestrebt ist.

So ist es ein Irrtum zu glauben, das Unbehagen, das so viele Menschen erfüllt, könne dadurch behoben werden, indem man dem Leistungsdruck größere Freizeit gegenüberstellt. Zwar gilt das Gesetz des Ausgleiches in allen Belangen, es verlangt ein ausgewogenes Verhältnis zwischen Wachen und Schlaf, zwischen Arbeit und Muße. In der Beziehung zwischen Außen- und Innenwelt, zwischen Außen- und Innendruck, aber stehen sowohl Arbeit wie Freizeit auf der äußeren Seite, sind also einander *kein* Gegengewicht. Darin liegt auch die Erklärung dafür, daß die Gewährung größerer Freizeit die Probleme nicht gelöst, sondern vermehrt hat.

Worin also besteht der hier nötige Ausgleich? Was erzeugt den *inneren* Gegendruck? Da des Menschen Innerstes geistig ist, kann er auch nur aus dem Geiste kommen. Der Tätigkeit in der Außenwelt, der Arbeit ebenso wie dem Freizeit-»Konsum«, muß *geistige Lebendigkeit* gegenübertreten. Was aber ist Lebendigkeit im Geiste? Es ist nicht intellektuelles Gehabe, nicht unbedingt die Pflege »kultureller Interessen«. Auch dies bleibt meist nur der Außenwelt zugehörig, erfaßt oft nur den Verstand, nicht aber den Geist. Diese Beschäftigungen verlangen Zeit, sie konkurrieren darin mit den sonstigen Tagespflichten. Geistige Lebendigkeit aber ist nicht an Zeit gebunden, sie ist immer und überall, begleitet uns bei allem Tun, weil sie *in uns* und daher in allem ist, was wir machen, was wir erleben. Es ist das stets gegenwärtige unverlierbar gewordene Bewußtsein unserer *geistigen* Existenz sowie des Sinnes, den jeder Augenblick in dieser Einordnung gewinnt. Geistig lebendig sein also heißt, dem Sinn des Lebens im Denken, Wollen und Handeln Rechnung zu tragen und das auf uns Einströmende diesen höheren Bezügen entsprechend zu ordnen. Dann regt sich der durch diese Verbindung gestärkte geistige Kern in uns, wird lebendig, beginnt zu schwingen und – wie es die Gralsbotschaft fordert – zu glühen. Dieses Bild trifft mit physikalischer Richtigkeit jene Erscheinung, um die es hier geht. Denn Erwärmung beruht auf erhöhter Bewegung, führt zur Ausdehnung und damit zu vermehrtem Druck. Kommt also unser Geist zum Glühen, so entsteht jener Innendruck, der allein uns in die Lage versetzt, als *bewußter* Mensch im Sturme der Umwelteinflüsse zu bestehen.

Diese aus dem Geistigen stammende Kraft bewahrt uns davor, geistig ein Schicksal zu erleiden, wie es im stofflichen Kreislauf etwa der Fels in der Brandung erfährt, der, nach und nach seiner Form beraubt, schließlich zu Sand zerrieben wird. Eine solche Gefahr der Einebnung, der Vermassung, ist durch die

Gleichschaltung zahlreicher Lebensbereiche heute viel größer geworden als je. Sie beschränkt sich nicht nur auf äußere Konformität (Massenmedien, Massentourismus, Partner-Look etc.), sie greift schon nach dem inneren Daseinskreis. Der zur Entfaltung des Gegendruckes allein schon zu schwach gewordene Mensch sucht selbst eine Stütze im Kollektiv und verzichtet damit auf die Eigenpersönlichkeit. Geistige Kraftentfaltung aber kann jeder nur *in sich selbst* vollziehen, kein anderer kann ihm dies ersparen. Es macht ja gerade das Wesen des Menschen aus, sich selbst in seiner *Eigen*-Art verwirklichen und entwickeln zu können. Das Tier, das nichts Geistiges in sich trägt, entstammt der Gruppenseele und geht zumeist in *deren* Entwicklung auf. Ein menschliches Kollektiv wird also nur dann dem Gesetz der Schöpfung entsprechen, wenn es aus ausgeprägten Persönlichkeiten besteht, die sich gleich einem bunten Blumenstrauß, einem vollen Akkord im Zusammenschlusse ergänzen. In diesem Falle hat ein jeder in sich schon den Druckausgleich hergestellt. Anders – und das ist heute der Regelfall und die Zielvorstellung des Kollektivs – wird es zur menschlichen Gruppenseele. Es ist ein Zurückfallen auf die Bewußtseinsstufe des Tieres, weil der Geist, dessen Schöpfungsbestimmung es ist, nach Selbstverwirklichung zu verlangen, unerkannt und daher unbestätigt die ihm zur Reifung gegebene Zeit verdämmert.

Der Begriff dieses rechten Selbstbewußtseins wird freilich vielfach noch mißverstanden. Man kennt meist nur seine Zerrbilder: Dünkel und Ichsucht. Doch richtiges Selbstbewußtsein des Geistes ist nicht Ich-Sucht, sondern Ich-Sein. Ich-Sucht will den eigenen Vor-Teil zu Lasten des anderen, Ich-Sein will den eigenen Teil und ist bereit, ihn gewandelt weiterzugeben.

So wie jedes Wesen aus der Fülle der alles belebenden Kraft nur nimmt, was es verarbeitend nützen kann, nährt dann der sich selbst bewußt gewordene Mensch seinen Geist nur zu dem Zwecke, seine Aufgabe erfüllen zu können, jene Farbe in dem Gemälde der Schöpfung zu werden, die seiner Eigen-Art in reinster Vollendung entspricht. Nicht Stolz auf sich selbst, sondern dankbare Freude erfüllt ihn dann.

Der solcherart nach Selbstentfaltung strebende Mensch ist allein in der Lage, dem Gesetz des Druckausgleiches zu genügen, dessen Verletzung der Wirrnis unserer Zeit in weitem Maße zugrunde liegt.

Das große Kreisen

Sieh, dies ist der Schöpfung Weise:
Alles Leben lebt im Kreise!
Wann hat dieser Lauf begonnen?
Sonnen kreisen um die Sonnen
und um Sonnen ziehn nach Plan
die Planeten ihre Bahn,
diese hüten in der Ronde
kreisend wiederum die Monde
und so geht's im Lebensstrome
bis hinab in die Atome!
Auch die Zeit, so wunderbar,
rundet wieder sich im Jahr,
und des Tages flücht'ge Stunden
haben stets noch heimgefunden,
denn aus der Sekunden Schlag
formt sich immer neu der Tag!
Frucht will wieder Same werden,
ist der Kreislauf hier auf Erden;
kreisend strömt des Wassers Segen,
steigt empor und fällt als Regen;
wenn der Stromkreis fließen soll,
dann im Ring von Pol zu Pol –
alles, alles will sich drehen –,

meinst Du, Du kannst abseits stehen?
Blick in Dich: Die Lebenssäfte
kreisen wie des Kosmos Kräfte.
Strömt das Blut in alle Glieder,
kehrt es doch zum Herzen wieder,
und des Schöpfungskreises Bogen
ist durch Dich hindurchgezogen!
Nehmen, wandeln, weitergeben,
ist Dein Grundgesetz im Leben,
dem im Stoff Du dienen *mußt;*
dien' ihm auch im Geist *bewußt!*
Was Dir aus der Schöpfung Fülle
niederströmend wird, Dein Wille
heb' vergeistigt es empor
in den Dank und Jubelchor!
So nur kann der Kreis sich schließen,
ewiglich der Kraftstrom fließen!
Willst Du länger Dich vermessen,
wähnend, GOTT hätt' Dich vergessen?
Daß Du Dich in Nichts verlierst,
wenn von hier Du scheiden wirst?
Daß der Anfang und das Ende
niemals zueinander fände
und allein Du Strecke bist,
wo zum Ring sich alles schließt?
Lerne doch voll Gottvertrauen,
einfach-wahre Größe schauen:
Wisse denn: Es ist der Tod
nur der Stofflichkeit Gebot!

In ihm schließt der Gotteswille
nur den Kreis der Erdenhülle,
der auf Deines Daseins Ring
jeweils einen Punkt umfing!
Durch des Stoffes Ringe kreist
weiten Bogens doch der *Geist!*
Diesen zieht auf seiner Bahn
nur die Macht der Gleichart an.
So, durch der Empfindung Art
steuerst *Du* die große Fahrt!
Willst Du Aufstieg Dir erhoffen,
halte Dich dem Reinen offen!
Recht getan in allen Lagen,
wird Dich hoch und höher tragen,
bis dereinst äonenweit,
fern des Stoffs Vergänglichkeit,
wo Dein Dasein angefangen,
unbewußt Du ausgegangen,
kehrst dann voll Erkenntnisglück
Du gereift, *bewußt* zurück,
Abbild derer, die SEIN Ruf
sich als Ebenbild erschuf!
Wissend um das Schöpfungsweben
darfst für GOTT Du wirkend leben,
Glied im Ganzen, immerdar –
wie es Dir Bestimmung war!

Sieh:
Die Wahrheit liegt so nahe

SELBSTERKENNTNIS

BAND 2

Wann entsteht der Mensch?

Immer noch Ungewißheit

*I*st es nicht erschütternd, daß die Antworten auf diese uns alle berührende Frage bis heute noch höchst ungewiß sind? Da sehen die einen schon den Moment der Zeugung, die anderen erst jenen der Geburt als entscheidend an. Der Gesetzgeber schließlich, in dem Bestreben, für die Freigabe des Schwangerschaftsabbruches irgendwo eine Grenze zu finden, hat diese mit drei Monaten festgesetzt. Er hat damit die Groteske geschaffen, daß von einem Tage zum anderen etwas bestraft wird, was zuvor noch erlaubt war, ohne daß man eigentlich wüßte, was sich inzwischen geändert hat.

Doch die Entstehung des menschlichen Lebens vollzieht sich in gleicher Weise – gestern, heute und morgen. Muß den denkenden Menschen da nicht ein Schauder ergreifen ob des Geredes, das über diese Frage entstanden ist? Das unveränderlich in der Schöpfung Festgelegte ist Gegenstand der Tagespolitik geworden, die sich an kurzlebigen Interessen ausrichtet.

Auch die Wissenschaft, die wir zu Rate ziehen, läßt uns im Stich. Sie kann einen bestimmten Zeitpunkt nicht nennen, ab welchem das Werdende als Mensch zu bezeichnen wäre. Denn es handelt sich um eine beständige Fortentwicklung, die mit der Befruchtung beginnt und im Geburtsvorgang endet. Die Unterteilung, die vorzunehmen von der Wissenschaft verlangt worden ist, blieb unbestimmt, schwankend, mehr oder weniger willkürlich.

Das Gesetz, um dessen Inhalt die Auseinandersetzungen entbrannt sind, aber war und ist längst vorhanden. Es ist das Gesetz der Schöpfung, in dem der Wille Gottes zum Ausdruck kommt. Dieses der Menschwerdung zugrundeliegende Gesetz enthält die sich wiederholende, verkleinerte Nachbildung jenes großen Entwicklungsprozesses, der überhaupt zum Auftreten des Geschöpfes »Mensch« auf dieser Erde geführt hat. Es erscheint deshalb angezeigt, zunächst dieses Größere zu betrachten, das sich im Kleineren nur nachfolgend spiegelt. Fragen wir also, den Titel dieser Betrachtung abwandelnd und erweiternd: *Wie entstand* der Mensch?

Seit Darwins Lehre von der Entstehung der Arten stehen sich die Meinungen gegenüber, klafft ein unüberbrückter Gegensatz zwischen Glaube und Wissenschaft: Die einen folgern aus dem biblischen Schöpfungsbericht, der Mensch sei als solcher fertig erschaffen worden, die anderen leiten aus dem organischen Aufbau der Pflanzen- und Tierwelt die Ansicht ab, auch der Mensch sei als Ergebnis der Evolution aus der Artenentwicklung hervorgegangen. So sehr diese Ansicht durch die Forschung auch gestützt erscheint – an der Nahtstelle zwischen Tier und Mensch läßt sich das letzte, verbindende Glied noch immer nicht erkennen.

Jede der beiden Auffassungen enthält, wie dies bei Widerstreit meist der Fall ist, einen Teil der Wahrheit. Um das Folgende richtig verstehen zu können, müssen wir uns allerdings zwei unbestreitbare, einfache Grundwahrheiten wieder bewußtmachen; Grundwahrheiten, die der Mensch nur allzu leicht bereit ist, bei seinen Überlegungen zu vergessen.

Die Bedeutung der Strahlungsbrücke

Zunächst: Alles in der Welt beruht letzten Endes auf Strahlung. Die Physik hat uns bereits die Gewißheit verschafft, daß alles Wellen aufnimmt, umwandelt, aussendet – also strahlt. Darauf beruhen alle chemischen Reaktionen, Farben, Töne, die Erscheinungen. Die ganze uns sichtbare und unsichtbare Welt ist nichts anderes als eine unbegreiflich vielfältige Abwandlung von Strahlungen. Daraus ergibt sich ein Strahlungsnetz, von dem unsere Sinnesorgane nur einen verschwindend geringen Teil zu erfassen imstande sind.

Wie sehr auch der Mensch als Empfänger und Sender in dieses Netz eingebunden ist, können wir – um nur einige Beispiele zu nennen – aus den Veränderungen unseres körperlichen und seelischen Zustandes durch Strahlungseinflüsse ersehen, aus dem Gehirnstrom (der ja nichts anderes ist als eine körpereigene Strahlung), aus der Wärmestrahlung (die bereits zu diagnostischen Zwecken ausgewertet wird) und anderem mehr. Diese Tatsache gilt es im Auge zu behalten, wenn im folgenden wiederholt von Strahlungen und ihrer Bedeutung auch für das hier zu behandelnde Geschehen gesprochen wird. Der Hinweis auf solche Strahlungen darf daher nicht befremdlich erscheinen; er führt die Dinge nur auf ihre *eigentliche Ursache* zurück.

Die zweite, hier zu beachtende Grundwahrheit ist: Wenn Neues entstehen soll, muß stets ein bestimmter Reifezustand des Vorherigen gegeben sein, an den das Neue anschließen kann. Ich will dafür ein einfaches, sehr handfestes Beispiel geben: Wenn man ein Haus errichtet (freilich nicht aus Fertigteilen), so müssen zunächst die Wände stehen, ehe man die Installationen anlegen kann. Diese sind von ganz anderer Art als die Wände, haben mit diesen nichts gemein, doch die Verbindung der beiden führt zu einem Fortschritt des Baues, den zu erreichen die Wände allein nicht vermocht hätten. Was uns bei solchem menschlichen Tun ganz selbstverständlich erscheint, gilt auch für die Natur, für die ganze Schöpfung. Auch im Bereich des Lebendigen ist es nicht anders: Nur unter bestimmten Voraussetzungen ist der Boden bereit, der Saat die für ihr Gedeihen nötige Grundlage zu bieten; die Blüte muß entfaltet sein, um durch die Bestäubung zur Frucht zu gelangen; das Ei muß gereift sein, um befruchtet zu werden. Die Beispiele ließen sich zahllos vermehren, jeder wird weitere finden.

Wir brauchen diese beiden aufgezeigten Grundwahrheiten nur zu verbinden, um den Schlüssel zu erhalten zum Verständnis der hier zu behandelnden Vorgänge. Denn der besondere Zustand, von dem eben die Rede war, bringt ja eine bestimmte, diesem Zustand entsprechende, mit ihm unvermeidlich einhergehende Ausstrahlung mit sich. Darin liegt das Geheimnis aller Entwicklung.

Es sollte also klar sein, daß die Entstehung alles Geschaffenen auf dieser Erde – von den ersten Eiweißverbindungen über die Vielfalt der Pflanzen- und Tierwelt – eine ständige Abwandlung von Ausstrahlungen war. Jede dieser Ausstrahlungen bildete ihrerseits den »Schlüsselreiz«, um aus der Fülle des in der alles umfassenden Schöpfungskraft Bereitliegenden jene Strahlung »abzurufen« und damit ihre erdenstoffliche Formung zu ermöglichen, die ihr am nächsten kam und für welche sie solcherart die Brücke zu bilden geeignet war. Ähnliches ist ja auch heute immer noch zu beobachten: Hausfrauen können es zum Beispiel erleben, daß bei längerer Einlagerung von Lebensmitteln wie Mehl, Eingemachtem oder dergleichen Kleinlebewesen zum Dasein gelangen, die vorher nicht vorhanden waren. Die Bedingungen der Einlagerung haben ihnen die Möglichkeit dazu geschaffen. Sie bewirkten eine Veränderung der Zusammensetzung und damit der Ausstrahlung, so daß, was bisher nur keimhaft bereitlag, in Erscheinung treten konnte. Wenn etwa nach den Spielregeln von den noch verdeckten Dominosteinen nur jener angesetzt werden darf, der dem letzten, schon vorhandenen Stein entspricht; wenn etwa aus der Fülle der in einem Computer gespeicherten Daten durch eine bestimmte Fragestellung gerade jene abgerufen werden, die dieser Frage entsprechen, so handelt es sich nur um willkürliche oder technische Nachbildungen derartiger »Schlüsselreize«, die im Bereiche des Lebendigen eben durch die Ausstrahlung gebildet werden. Hoimar von Ditfurth kommt dem schon sehr nahe, wenn er – als Wissenschaftler – einräumt (in »Zusammenhänge«, Verlag Hoffmann & Campe, Hamburg):

»Das ›tote‹ Wasserstoffatom enthält bereits alle Informationen, die erforderlich waren, um unter den Bedingungen der Naturgesetze alles entstehen zu lassen, was existiert. Das ist vielleicht die großartigste Perspektive unseres heutigen Weltbildes.«

Gewiß spielen bei der Artenentstehung nach außen hin auch Mutation (Abwandlung) und Selektion (Auswahl des Bestangepaßten) eine Rolle, aber sie nehmen gewissermaßen nur die »Weichenstellung« vor für das jeweilige Zustandekommen jener veränderten Ausstrahlung, die dann eine neue Strahlungsbrücke bildet.

Das Erscheinen der Menschheit

Mit dem Hervorbringen des dem Menschen am nächsten kommenden Tierkörpers, eines in seiner Art höchstentwickelten Menschenaffen, hatte die »Natur« den gestalterischen Höhe- und Endpunkt *ihrer* Möglichkeiten erreicht. Hier müssen wir uns nun klarmachen, daß die ganze Schöpfung aus zwei Grundarten besteht, von ihnen durchzogen wird: dem *Wesenhaften* und dem *Geistigen*. Die in der Natur tätigen Geschöpfe gehören der wesenhaften Grundart an. Ihr formenbildend-belebendes Schaffen können wir zumeist nur in seiner *Auswirkung* erkennen, weil die *zartere* Beschaffenheit dieser Wesen für unsere nur Gröberem geöffneten Sinneswerkzeuge nicht faßbar ist. Sie verwirklichen den für die Wissenschaft unerklärlichen Plan, der allem natürlichen Geschehen zugrunde liegt. Das Wesenhafte handelt nämlich stets nach dem Gesetz der Schöpfung, das heißt nach dem Gotteswillen.

Das Wesenhafte hatte also den Endpunkt der ihm arteigenen Möglichkeiten erreicht: Es hatte Pflanzen und Tiere, kurz, alles hervorgebracht, was wir im weitesten Sinne unter »Natur« verstehen. Sollte die Entwicklung nicht stehenbleiben (und dies tut sie niemals), so mußte Neues hinzutreten. Neues aber konnte nur noch die andere große Schöpfungsart bringen: das Geistige.

Auch dessen Eintritt in die Erdenwelt vollzog sich streng nach der vorhin aufgezeigten Gesetzmäßigkeit, wonach nur Ähnliches die Strahlungsbrücke für das weiter in Erscheinung Tretende bilden kann. Der höchstentwickelte Tierkörper des Menschenaffen bot diese Voraussetzung, denn das Reifste des Wesenhaften kommt dem Niedrigsten des Geistigen am nächsten, ähnlich wie sich zwei übereinanderstehende Kreise in einem Punkte berühren. Und die mit dieser Ähnlichkeit einhergehende Ausstrahlung bildete die Brücke für den Eintritt des Geistes, ermöglichte dessen Angliederung.

So wurden nach einem Zeugungsakte solcher Tiere da und dort an Stelle einer Tierseele Geistkeime angezogen und belebten die Frucht. Das war der für die Wissenschaft nicht faßbare Beginn des erdenmenschlichen Daseins: die Inkarnation – die Einverleibung – des Geistigen in eine irdische Körperlichkeit. Es ist jenes Ereignis, das mit dem »Einhauchen des Atems Gottes« umschrieben wird: Der Funke des Unstofflichen wurde mit dem Stoffe verbunden.

Hier freilich ist der Punkt, an dem sich – im wahrsten Sinne des Wortes – »die Geister scheiden«. Denn es gibt Menschen, die den grundlegenden Unterschied zwischen der Seele des Tieres und dem Geiste des Menschen – die zwei verschiedenen Schöpfungs*arten* angehören – nicht erkennen wollen. Sie erachten sich selbst nur als weiterentwickeltes Tier. Doch ihre Haltung entspringt nicht der (vorgetäuschten) Demut, die es ablehnen will, etwas »Besseres« zu sein, sie ist vielmehr ein Sich-Verschließen vor der Wahrheit, deren sie nicht zu bedürfen glauben.

Ein fernes Ahnen dieses großen Geschehens findet sich auch heute noch bei manchen Naturvölkern. So gibt es etwa in Indonesien eine Schöpfungslegende, wonach einst zwei Affen aus dem Urwald gekommen seien. Einer davon habe sich zum Menschen entwickelt, der andere sei in den Wald zurückgekehrt. Darin kommt genau jene Höherentwicklung zum Ausdruck, die jener Teil des dazu vorbereiteten Tieres beginnen konnte, der mit dem Geistigen befruchtet worden war. Denn der Hinzutritt eines fördernden Neuen ist – losgelöst von allem Geschlechtlichen – stets ein Akt der Befruchtung.

So also war das Geistige, ihr von seinem Ursprung her nicht zugehörig, in diese Erdenwelt eingetreten. Es konnte sich zwar des von den wesenhaften Baumeistern entwickelten Gefäßes, eines tauglichen Körpers, bedienen, mußte jetzt aber seine eigene Entwicklung beginnen. Denn das Niedrigste des noch bewußtseinsfähigen Geistigen, das der Mensch in sich trägt, ist nur ein Geist*keim*, ein geistiges Samenkorn, entwickelungsbedürftig. Erst die Erkenntnis seiner Aufgabe im Schöpfungsganzen und der ihm zu ihrer Erfüllung geschenkten Fähigkeiten ermöglicht es dem Menschengeiste, *vollbewußt* heimkehren zu können in den seiner Art entsprechenden geistigen Teil der Schöpfung. Dazu bedarf es der vorherigen Reifung in der irdisch-stofflichen Dichte. Sie zwingt ihn zum Tätigsein und zur Wachsamkeit und hat dadurch weckende Wirkung. In der Inkarnation des Geistes auf Erden liegt also ein zweifacher Sinn: Im Zuge der eigenen Bewußtseinsentfaltung soll er, seiner Art nach das von der Natur Erreichte überragend, dieses stützend weiterführen und damit dem Grundgesetz der wechselseitigen Förderung dienen, das der ganzen Schöpfung zu eigen ist.

In seinen Anfängen war der Geistkeim aber noch dumpf, seiner selbst kaum bewußt. Langsam erst mußte er sich in dieser ihm fremden Erdenwelt zurechtfinden, die ja nur den hilfreichen Boden für sein Reifen abgeben sollte. Das verwischt die Übergänge zwischen Tier und Mensch und erweckt fälschlich den Anschein, als handle es sich auch hier nur um einen aus der schon vorhandenen Art weitergeführten Zweig der Evolution. Denn das hinzugekommene Neue, das Geistige, zeigte erst allmählich seine verändernde Wirkung. Daher ist die Wissenschaft kaum in der Lage, die verschiedenen Knochenfunde zuzuordnen: Wer war noch Tier? Wer war schon Mensch?

Jeder Weltenkörper freilich kann nur einmal, während der begrenzten Zeit der entsprechenden Entwicklungsreife, durch Geistkeime, wie geschildert, befruchtet werden. Ist diese Gelegenheit zur Verbindung vorüber, so sind dort – wie dies auch auf der Erde längst schon der Fall ist – in weiterer Folge nur noch *Wiedergeburten,* das heißt *weitere* Erdenleben solcher Menschengeister möglich, die hier schon zur Inkarnierung gelangt waren. Ähnliches finden wir ja auch im Kleinen wieder: Die Befruchtung eines Eies kann im Kreislauf des Werdens, Reifens und Vergehens nur während seiner Reife erfolgen.

Das Werden des Einzelmenschen

Damit kehren wir wieder zurück zum Ausgangspunkte unserer Betrachtung, zum Werden des *einzelnen* Menschen. Denn die Zeugung, die manche als den Beginn des erdenmenschlichen Lebens ansehen, gibt nur den Anstoß zur Bildung der *Körperhülle,* deren sich der Geist in seinem künftigen Erdenleben bedienen kann. Sie löst, im Wirkungsbereich des den Stoff belebenden Wesenhaften bleibend, jenen Prozeß aus, der – bezogen auf die einstige Menschheitsentstehung – der Heranbildung des zur geistigen Befruchtung bereiten Tierkörpers entspricht. So bildet in diesem ersten Abschnitt des Werdens der Embryo auch jetzt noch kurzzeitig Andeutungen von Kiemen, dann eines Lurchschwanzes und schließlich eines Fellkleides aus. Er wiederholt für sich im Zeitraffertempo die Vorgeschichte seiner Entwicklung im Tierreich, an die sich erst das Geistige anschließen konnte.

Für die meisten Menschen sind, da sie sich nur an das Stofflich-Sinnenhafte halten, Zeugung und Geburt die Pole der Menschwerdung. Das bedeutungsvollste Geschehen aber liegt *dazwischen:* die *Inkarnation.* Sie ist die Verbindung des Geistes mit dem in Entwicklung befindlichen Erdenkörper. Dazu ist es erforderlich, daß dieser bereits eine gewisse Reife erreicht hat, eine Reife, die zugleich den Höhepunkt dessen bildet, was wesenhaftes Wirken aus sich allein hervorbringen kann. Dieser Zustand ist etwa in der Mitte der Schwangerschaft gegeben. Er geht einher mit einer bestimmten Stärke der Ausstrahlung des bisher geformten Gebildes, und über die Brücke dieser Ausstrahlung kommt es zum Eintritt des Geistes.

Freilich: Die Inkarnation spielt sich im Verborgenen ab. Die Wissenschaft nimmt sie, da Geistiges sich stofflich nicht fassen läßt, nicht zur Kenntnis. Und doch sind die hierdurch bewirkten Veränderungen auffällig, denn jetzt setzen die Herztöne des Kindes ein und die Bewegungen des Kindeskörpers werden als Ausdruck eigenen Lebens für die Mutter deutlich spürbar. »Das Kind erwacht«, pflegt man zu sagen. Wie recht hat man doch mit dieser aus der Empfindung geformten Bezeichnung! Auch die Wissenschaft kann sich dem nicht mehr verschließen. So schreibt Dr. med. Thomas Verny (»Das Seelenleben des Ungeborenen«, Verlag Rogner und Bernhard, München 1981):

»Vor ein oder zwei Jahrzehnten hätte man die Vorstellung, daß ein sechs Monate alter Fetus ein Bewußtsein besitzen soll, lächerlich gefunden. Heute betrachten das viele als allgemein akzeptierte Tatsache [...].

Irgendwann im zweiten Schwangerschaftsdrittel ist der Fetus so weit entwickelt, daß – nach meiner Ansicht – in dieser Zeit auch sein Ich zu funktionieren beginnt [...].

Die Beweise für eine Art außerneurologisches Gedächtnissystem sind zu zahlreich, als daß die Wissenschaftler, die unvoreingenommen und bereit sind, für alle die beobachtbaren Phänomene eine Erklärung zu finden, sie ignorieren könnten [...].«

Dieses »außerneurologische Gedächtnissystem« aber ist nichts anderes als der jetzt bereits mit dem Fetus verbundene und als solcher wahrnehmungsfähige *Geist*. Die dadurch bewirkte Veränderung schildert Margret Shea Gilbert in »Biographie eines Ungeborenen« (»Das Beste« 11/62) wie folgt:

»Jetzt wird das Tempo der Entwicklung, die seit der Empfängnis so ruhig verlaufen ist, lebhafter. Der Fetus regt sich, streckt sich, stößt mit Armen und Beinen. Seine ersten Bewegungen kommen der Mutter noch wie ein schwaches Flattern vor. Nicht lange aber und seine Stöße gegen die Gebärmutter verraten ihr unmißverständlich, daß das Leben bei ihr anpocht.«

Diese Worte treffen genau den Kern, denn jetzt ist das werdende Gebilde in bestimmungsgemäßer Weise belebt. Und die Verbindung mit dem Geiste gestattet nun die zügige Weiterentwicklung des bisher nur Vorgeprägten zum Menschen, die mit der Geburt ihren Abschluß findet.

Der Mensch ist geboren – doch noch nicht fertig

Es wäre aber irrig zu meinen, die Menschwerdung sei damit beendet. Abgelaufen ist nur jener Teil davon, der sich in der schützenden Geborgenheit des Mutterleibes vollzogen hat. Noch ist das junge Geschöpf hilfe- und pflegebedürftig. Nach und nach erst beginnt es seinen engsten Umkreis – zunächst sogar im ganz wörtlichen Sinne – zu erfassen. Später werden ihm allmählich Blumen, Tiere, kurz, die Natur vertraut. Diese den Mühen des Erdenlebens noch weitgehend entrückte Unfertigkeit ist es, die sein Kindsein ausmacht. In gedrängter Form durchläuft das Kind auf diese Art die Frühstufen der Menschheit, setzt also die im Mutterleib begonnene Wiederholung der Entwicklungsgeschichte, nun schon als Geistgeschöpf, fort. Noch hat es, so wie einst die ersten zur Inkarnation gelangten Geistkeime, die Erdenwelt nicht voll im Besitz. Zunächst ist es im Begriffe, ihren wesenhaften Teil, das Wirken der Natur, zu erleben. Doch der Zeitpunkt kommt, an dem sich dies deutlich ändert: es ist der Eintritt der geschlechtlichen Reife. Jetzt erst schließt sich der

Kreis: Das neue Geschöpf hat nun selbst jene Befähigung erlangt, die es seinen Eltern ermöglichte, sein neues Erdenleben einzuleiten.

Die damit gewonnene Zeugungsfähigkeit aber ist nur ein Zeichen dafür, daß der Mensch nun imstande ist, schaffend in die Stofflichkeit hineinzuwirken. Dieses Schaffen beschränkt sich aber nicht auf das Geschlechtliche. Die Kraft, die ihm jetzt zugewachsen ist, ist die Lebenskraft schlechthin. Sie ist ab nun gegenwärtig in allem seinem Tun, sie ist der Schlüssel, durch den ihm erst das Tor geöffnet wird in die Erdenwelt.

Erst durch die Gralsbotschaft wurde die eigentliche Bedeutung der Sexualkraft geklärt (GB »Die Sexualkraft in ihrer Bedeutung zum geistigen Aufstiege«):

»*Das ist der* Hauptzweck *dieses rätselhaften, unermeßlichen Naturtriebes! Er soll das Geistige in dieser Stofflichkeit zu voller Wirkungskraft entfalten helfen! Ohne diese Sexualkraft wäre es unmöglich, aus Mangel eines Überganges zur Belebung und Beherrschung aller Stofflichkeit. Der Geist müßte der Stofflichkeit zu fremd bleiben, um sich darin richtig auswirken zu können.*«

Das wird leicht einsehbar, wenn wir uns der entscheidenden Rolle entsinnen, die in allen Lebensvorgängen der Ausstrahlung zukommt. Auf ihr beruht die von allen Naturwissenschaften bereits anerkannte Wechselwirkung, die vom Kleinsten bis zum Größten zwischen allem Geschaffenen besteht: Es ist ein Hinauswirken durch die der eigenen Art entsprechenden Wellen und ein Geöffnetsein für die von außen kommenden Einflüsse.

Diese Ausstrahlung wirkt als Sender wie als Filter; Verbindung erlangt nur, was auf gleicher oder zumindest ähnlicher Welle schwingt. Der noch unreife Erdenkörper schirmt daher den Geist gegenüber der irdischen Umwelt ab. Er ist ja noch nicht imstande, die ganze »Bandbreite« ihrer Ausstrahlungen aufzunehmen, da er dieser infolge seiner Unfertigkeit noch nicht gleichartig ist, sie noch nicht in sich trägt. Er verfügt vorerst nur über einen »Frequenzbereich«, der dem dem Geistigen untergeordneten Wesenhaften entspricht. Erst nach und nach vergrößert sich seine Spannweite, bis sie mit der erlangten körperlichen Reife ihren vollen Umfang erhält. Dadurch und jetzt erst ist der *Geist* mit der Erdenwelt *voll* verbunden und befähigt, *als solcher* in ihr zu wirken, aber auch ihre Wirkungen zu empfangen. Da es aber das Wirken des *Geistes* ist, des ureigensten Kernes des Menschen, das ihn erst zum Menschen macht, ist auch die Menschwerdung erst zu diesem Zeitpunkt abgeschlossen.

Ohne um die wahre Ursache zu wissen, trägt auch der Gesetzgeber diesem entscheidenden Umstand Rechnung: er entzieht den stufenweisen Schutz, den er zunächst dem Unmündigen und dann dem Minderjährigen gewährte. Mit erreichter Volljährigkeit – und dies meint ja nichts anderes als erlangte Reife – wird der Mensch zwar eigenberechtigt, aber auch voll verantwortlich. Jetzt ist er »erwachsen«, ist mit allen Rechten und Pflichten vollwertig geworden, vor dem Gesetz wie auch in der Schöpfung.

Die vier Stufen der Menschwerdung

Die Pubertät und ihre Bedeutung sind unbestritten, weil ihre Auswirkung äußerlich erkennbar ist. Sie muß demnach, will man die Menschwerdung als Ganzes betrachten, mit einbezogen werden. Erst dann, aus der Vierheit von Zeugung – Inkarnation – Geburt – Pubertät weht uns der große, ewige Atem des Lebendigen entgegen, jene harmonische Abfolge von innen und außen, von aktiv und passiv, deren Abbild der Wellenzug der Sinuskurve ist. Sie läßt uns mit aller Deutlichkeit die Menschwerdung als jenes *geistige* Geschehen erkennen, das sie ist.

Betrachten wir zu diesem Zweck einmal den Verlauf einer solchen Kurve:

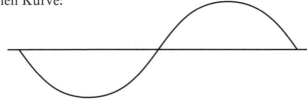

Eine ihrer Hälften befindet sich unterhalb, eine oberhalb der Trennlinie. Auf dieser liegen Anfang und Ende, dazwischen der Schnittpunkt des Seitenwechsels. Diese Punkte sind leicht erkennbar und deutlich begrenzt. Anders die beiden Scheitelpunkte. Sie sind unbestimmter, sind nicht ohne weiteres zu ermitteln. Um sie festzulegen, müßte man Hilfslinien ziehen.

Was aber geschieht gerade an diesen Scheitelpunkten? Der bisherige Verlauf hat seinen Höhe- und Endpunkt erreicht. Die ihm innewohnende richtunggebende Kraft hat sich geradezu sichtbar verbraucht, erschöpft. Ein *neuer* Abschnitt beginnt, der zwar nahtlos an das Bisherige anschließt, es aber nun mit neuem Antrieb neuen Zielen zuführt.

Vergleichen wir damit die Menschwerdung: Unschwer läßt sich der unterhalb der Trennlinie befindliche Teil der Kurve dem verborgenen, im Mutterleib ablaufenden Geschehen gleichsetzen. Es beginnt mit der Zeugung und endet mit der Geburt. Damit tritt, was sich im Stillen vorbereitet hat, ans Licht, vollzieht sich der Wechsel von innen nach außen. So wie die Schnittpunkte der Trennlinie sind auch Zeugung und Geburt als bestimmtes, auf einen Zeit-*Punkt* beschränktes Ereignis klar erfaßbar. So wie diese Schnittpunkte sind sie einander, wenn auch entgegengesetzt, verwandt: beide sind ihrem Wesen nach *aktiv,* verlangen ein *Tätigsein,* sowohl für die Begründung wie für die Ausstoßung der Frucht.

Aber dazwischen liegt jene Scheitelstelle, an der sich die vorhin beschriebene Wandlung vollzieht, an welcher die zunächst eingeleitete Entwicklung ihren Höhe- und Endpunkt erreicht hat, in dieser Richtung nicht mehr weitergeführt und ein neuer Abschnitt des ununterbrochen fortlaufenden Prozesses seinen Anfang nimmt. Dieses Geschehen – die Inkarnation – liegt, so wie es auch der Kurve entspricht, tatsächlich in der Mitte jenes verborgenen Werdens. So wie die Kurve im Scheitelpunkte ist es sanft verlaufend, fließend, nur schwer begrenzbar. Denn zum Unterschied von Zeugung und Geburt handelt es sich um einen *passiven* Vorgang. Kein Tätigwerden in der Außenwelt ist dazu nötig, nur ein Bereitsein für den stillen Hinzutritt des richtungverändernden Neuen, des Geistes. Von da ab verläuft die Entwicklung in stetiger Richtung, mit der Geburt nur die Seiten wechselnd, weiter bis zum Scheitelpunkt im äußeren Bereich.

Er entspricht der Pubertät: Der durch die Inkarnation des Geistes ausgelöste und irdisch weitergeführte Entwicklungsprozeß ist zu seinem körperlichen Endpunkt gelangt. Der Geist hat damit seine volle irdische *Wirkungsmöglichkeit* erhalten.

Auch die Pubertät ist, wie ihr Gegenstück, die Inkarnation, nicht auf einen bestimmten Zeitpunkt fixierbar. Sie vollzieht sich allmählich, gleitend, ist gleichfalls *passiv*. Niemand wird dabei tätig, es geschieht ...

Das Werden des Geschöpfes »Mensch« hat jetzt erst seinen Abschluß gefunden. Nun kann und soll der voll mit der Erdenstofflichkeit verbundene Geist durch das ihm dadurch geschenkte Erleben *seine* Entwicklung weiterführen. Der Körper hingegen, der ihm auf diesem Wege mitgegeben wurde und dessen Heranbildung wir an Hand der Sinuskurve verfolgten, hat damit seinen Höhepunkt erreicht. Allmählich wendet er sich nun dem nächsten Schnittpunkt der Trennlinie zu, der in unserem Bilde dem Tode entsprechen würde. Er bedeutet das Wieder-Abstreifen der Körperhülle, aber zugleich die Rückkehr des Geistes in die unseren Blicken verschlossene jenseitige Welt. Beim Vergleich der Menschwerdung mit der Sinuskurve mag es auffallen, daß demnach auf das voll verantwortliche Erdensein nur ein Viertelbogen entfällt, die gleiche Spanne also wie auf den Zeitraum zwischen Geburt und Pubertät, während die Zeit des Werdens im Mutterleib, die nach unserem Zeitmaß doch nur neun Monate umfaßt, die Hälfte der gesamten Strecke einnimmt. Eine solche Betrachtung übersieht das Entscheidende: Immer kommt es auf den *Fortschritt* an, der sich jeweils in dieser Spanne ergibt, nicht auf die dazu benötigte Erdenzeit. In der Verborgenheit des Mutterleibes hat die Entwicklung viele Jahrmillionen der Artgeschichte, während Geburt und Pubertät hat sie die Frühstufen der Menschheit durcheilt. Die Strecke zwischen Reife und Tod umgrenzt nur den *Zuwachs*, der uns in einem Erdenleben möglich wird, und so gesehen erweist er sich im Verhältnis als ungeheuer groß.

Betrachtet man nun den *gesamten* Wellenzug, der alle vier Phasen der Menschwerdung einschließt, so wird die Folgerichtigkeit dieser Schritte erkennbar, innerhalb welcher sich die Inkarnation als der nicht wegzudenkende Gegenpol der Pubertät erweist. Für den denkenden Menschen sollte dies ein *Beweis* für dieses unbeachtete, wenn nicht gar geleugnete Ereignis sein. Denn jetzt erst zeigt sich, wie sehr das Geschehen der Menschwerdung eingebettet ist in die Gesetzmäßigkeit allen Lebens. Immer wird durch die Verbindung mit etwas Neuem aufbauend die Entwicklung weitergeführt. Im inneren wie im äußeren Bereich schafft das Wesenhafte die Grundlage, an die das übergeordnete Geistige anschließen, seinen Weg fortsetzen kann, denn:

die *Zeugung*
    bringt die Verbindung
    zur Entstehung des *Erdenkörpers*

    nach *innen*
    wirkend *aktiv*

die *Inkarnation*
    bringt die Verbindung des *Geistes*
    mit dem *Erdenkörper*

    nach *innen*
    wirkend *passiv*

die *Geburt*
    bringt die Verbindung
    des geistbelebten *Erdenkörpers*
    mit der *Erdenwelt*

    nach *außen*
    wirkend *aktiv*

die *Pubertät*
    bringt die Verbindung des *Geistes*
    mit der *Erdenwelt*

    nach *außen*
    wirkend *passiv*

Damit erweisen sich diese vier Geschehensabschnitte als ein Kreuz der Polaritäten, eingeschrieben dem Kreislauf alles Lebendigen, das sich immer zum Ringe schließt.

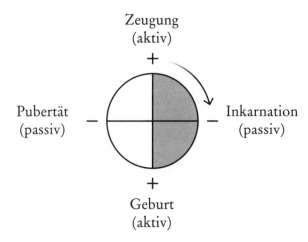

Jetzt ist auch die Frage, wann der Mensch entsteht, leichter zu beantworten. Haben wir nämlich eingesehen, daß es der *Geist* ist, der den Menschen erst zum Menschen macht, dann zeigt sich, daß die Antwort auf diese Frage verschieden lauten muß, je nachdem, ob sie sich auf das Mensch-Werden oder auf das Mensch-Sein beziehen soll. Im ersteren Falle war es die *Inkarnation*, die die Voraussetzungen geschaffen hat für die Heranbildung des Geistgeschöpfes »Mensch«; im zweiten Falle ist es die *Pubertät*, die diesem Geiste erst die Möglichkeit eröffnet, verantwortlich in dieser Erdenwelt zu wirken und damit »Mensch« im vollen Sinne des Wortes zu sein.

Die geknüpfte Verbindung

Selbst wenn man also das Geistige einbezieht, so könnte man meinen, der Gesetzgeber hätte mit der »Fristenlösung« eine durchaus sachgerechte Entscheidung getroffen. Auch die Natur scheint ihm recht zu geben, denn innerhalb der ersten drei Schwangerschaftsmonate ist ein Eingriff noch ohne allzu großes Risiko möglich. Der Erdenkörper befindet sich ja erst im Anfang seiner Heranbildung, der Eintritt des Geistes ist noch nicht erfolgt.

Doch dieser Anschein trügt. Der Geist fällt ja nicht von einem Augenblick zum anderen in den Körper hinein. Es handelt sich ja um einen Strahlungsvorgang, und die dadurch entstehende Brücke formt sich allmählich. Ihre Bildung beginnt, streng genommen, schon im Moment der Zeugung. Denn die Vereinigung der Eltern führt zu einer neuen, von deren Einzelpersönlichkeit verschiedenen Ausstrahlung, die bereits durch die verbundenen Chromosomen entsteht. Diese Ausstrahlung wirkt wie ein Lockruf in die jenseitige Welt. In der ihm eigenen Frequenz schwingend, wird er von dem aufgenommen, dessen Art auf diese Schwingung eingestellt ist. Dadurch kommt es zu einer Beziehung zu einem bestimmten, für eine weitere Inkarnation vorgesehenen Geist. Wir berühren damit das vermeintliche Geheimnis der Geburt. Viele halten es ja für eine Ungerechtigkeit, daß die Menschen in ungleiche Verhältnisse hineingeboren werden. Diese Fehlmeinung aber konnte nur entstehen, weil die Kenntnis, daß schon seit langem auf Erden nur noch *Wiedergeburten* (Re-Inkarnationen) erfolgen, noch nicht Allgemeinwissen geworden ist.

In Wahrheit führt die entsprechende Strahlungsverbindung jeden Geist in die ihm gemäßen Bedingungen, die er für seinen weiteren geistigen Fortschritt braucht. Der Geist und der sich für ihn entwickelnde Körper passen stets zusammen wie Schlüssel und Schloß. Nur das zu ihm passende Schloß ermöglicht es dem Schlüssel, seiner Zweckbestimmung gerecht zu werden. Auf die zahlreichen dabei möglichen Abwandlungen sei hier nicht eingegangen. Sie ändern nichts an den Grundtatsachen, die aufzuzeigen das Ziel dieser Betrachtung ist. Je mehr der Embryo sich nun entwickelt, desto stärker wird seine Ausstrahlung und desto näher zieht sie den davon erfaßten Geist heran, so etwa, als würde man einen an der Angelschnur hängenden Fisch heranholen. Diese sich verstärkende Ausstrahlung führt schließlich zu dem vorhin genannten Zeitpunkt etwa in der Mitte der

Schwangerschaft zu einem *magnetartigen* Zusammenschluß des Geistes mit dem werdenden Körper, zur Inkarnation. Damit haben wir diesen Begriff wieder um ein wesentliches Merkmal erweitert, das uns das Verständnis für diesen Vorgang erleichtern kann. Hier bewegen wir uns ja im Bereich des Bekannten und somit Vorstellbaren, beruht doch unsere ganze Welt auf derartigen magnetartigen Zusammenschlüssen. Die Materie ist ja nur die Folge der Strahlungskraft der Elementarteilchen, die diese magnetartig zusammenhält. Ebenso führt auch die Inkarnation, die Einverleibung des Geistes, nicht etwa zu einer Vermischung, sondern nur zu einem solchen magnetartigen Verbundensein. Auch sie folgt dem uns aus den Naturwissenschaften bekannten Gesetz.

Wer schon einmal beobachtet hat, wie etwa ein Nagel von einem Magneten angezogen wird, kann sich auch die unsichtbare Inkarnation leichter vorstellen: seine Ausstrahlung holt den »Nagel« zunächst langsam näher, bis er zuletzt mit einem Ruck herangerissen und festgehalten wird.

Es soll freilich nicht verschwiegen werden: Geist und Körper sind in ihrer Art viel zu verschieden, um sich *unmittelbar* aneinanderschließen zu können. Es bedarf dazu einiger Zwischenformen, um die vorhin genannte Strahlungsbrücke herzustellen. Auch in der Stofflichkeit unserer Erdenwelt benötigt eine Brücke Zwischenlager, wenn sie große Weiten überspannen soll.

Wenn wir es recht überlegen, so ist mit dem Wissen, daß es sich um eine *magnetartige Strahlungsverbindung* handelt, die bei der Inkarnation – und auch für das weitere Erdenleben – Geist und Körper zusammenschließt, zugleich auch das Rätsel des

Todes gelöst. Er ist nichts anderes als der Abbruch dieser Strahlungsbrücke, bedingt dadurch, daß die schon zu schwach gewordene Ausstrahlung eines verbrauchten, zerrütteten oder zerstörten Erdenkörpers den Geist nicht mehr länger festzuhalten vermag. Dadurch ergibt sich die Trennung, die uns als Tod erscheint.

Der ausgeladene Gast

Nochmals sei an dieser Stelle Dr. med. Thomas Verny zitiert, der zugeben muß:

»*Unsere Vorstellungen vom Fetus und vom Neugeborenen und davon, wie und wann Leben entsteht, werden sich [...] verändern. Und in der Folge davon werden sich uns einige provozierende, das Gesetz und die Moral betreffende Fragen stellen [...].*
Ein dramatisches Beispiel dafür ist die Abtreibung. In welchem Licht sollen wir sie angesichts dessen sehen, was wir über den Fetus erfahren haben?«

Jene Frauen, die mit dem wenig geschmackvollen Schlagwort »Mein Bauch gehört mir« für die Freigabe des Schwangerschaftsabbruches eingetreten sind, zeigten damit nur ihr Unverständnis. Welchem Eigentümer einer Werkshalle fiele es etwa ein, unter Berufung auf sein Eigentumsrecht das darin in Fertigung befindliche Werkstück zu zerstören, das bereits einem anderen zugesagt wurde? Er wäre sich jedenfalls im klaren darüber, daß er mit einer solchen Handlungsweise dessen Interessen verletzen und ihm gegenüber schadenersatzpflichtig werden würde. Ähnlich wie im Irdischen durch einen Vertrag aber, ist durch die Zeugung eine Bindung erfolgt, eine Bindung gegenüber einem bestimmten Geist, der nun erwarten darf, nach der vorgesehenen Zeit in die für ihn bestimmten Verhältnisse auf Erden aufgenommen zu werden. Der Abbruch der Schwangerschaft, gleich zu welchem Zeitpunkt er erfolgt, ist daher etwa so, als hätte man jemand eingeladen, den man nun wieder ausladen möchte. Für die Art, wie verletzend dies für den anderen ist, wird es gewiß eine Rolle spielen, zu welchem Zeitpunkt man ihm die geänderte Absicht zur Kenntnis bringt: ob ehebaldigst oder erst, wenn er sich schon vorbereitet hat, schon auf dem Wege ist, oder gar erst, wenn er schon anklopfend vor der Türe steht. Eine Ungehörigkeit gegenüber dem Gast bleibt es in jedem Fall. Dem harrenden Geiste aber wird durch den Schwangerschaftsabbruch noch viel größere Unbill zugefügt. Er wird fürs erste der Möglichkeit zu einem weiteren Erdenleben und damit zur Fortsetzung des ihm nötigen irdischen Reifungsprozesses beraubt. Dies macht den Handelnden, je nach den Umständen des Falles, diesem Geiste gegenüber mehr oder weniger schuldig.

Die sich daraus ergebende Verantwortung ist allerdings *geistiger* Art. Denn noch wird kein Mensch getötet, es werden nur Strahlungsfäden zerrissen, die es ermöglichen sollen, daß das stofflich Werdende in weiterer Folge zum Menschen wird. Der Gesetzgeber hat deshalb, so meine ich – wenn auch aus einem anderen als dem geltend gemachten Grunde – recht getan, wenn er für diesen ersten Abschnitt der Schwangerschaft die bisher bestandene Strafbarkeit des Abbruches aufgehoben hat. Er hatte damit nämlich seine *Zuständigkeit überschritten.* Seine Aufgabe ist es, das erdenmenschliche Leben zu schützen. *Vor* der Verbindung des Geistes mit dem im Entstehen begriffenen Körper, also vor der Inkarnation, aber fehlt der Leibesfrucht noch das entscheidende Merkmal des Menschlichen. *Nach* diesem Zeitpunkt freilich wäre ein Eingriff schon *Mord,* denn dieser liegt vor, wenn man »gegen einen Menschen auf solche Art handelt, daß daraus dessen Tod erfolgt.« Die Frage der Schwangerschaftsunterbrechung hätte also zu keiner Zeit einer gesonderten gesetzlichen Regelung bedurft – nur der Kenntnis, wann der Mensch entsteht.

»Was ist das überhaupt – eine Frau?«

*Dort, wo der Mann nicht aufzublicken fähig ist
zum Weibe in deren Weiblichkeit,
vermag keine Nation, kein Volk emporzublühen!*

*Da helfen nicht Gesetze oder neue Formen mehr.
Die Rettung liegt allein in dem Begreifen
aller Schöpfungsurgesetze.*

– Abd-ru-shin –

Mehr denn je ist in dieser Zeit die Frau auf der Suche nach sich selbst. Von vielen Seiten ist man bestrebt, sie in die Gesellschaft neu einzuordnen, wobei das Verlangen nach Modernität auch die Geschlechter verändern möchte. Doch weil dies gerade durch solche geübt wird, die selbst nicht die Grundbedingungen kennen, soll hier der Versuch unternommen werden, an Hand der Gralsbotschaft der Frau ein Selbstverständnis zu geben. Die Frage ist, ob ich als Mann denn überhaupt dazu geeignet bin. Bedenken Sie aber, daß sich kein Mensch zur Gänze selber beschauen kann. Jeder bedarf dazu eines Spiegels. So ist der Mann in der Ordnung der Schöpfung der Frau direkt gegenübergestellt. Indem er ihr Bild im Abstand empfängt, wird das Erkennen des Ganzen ihm leichter, weil Rechtes wie

Falsches ihn mitbetrifft. Er kann durch das Verhalten der Frau hinabgedrückt oder beflügelt werden. Die Frau aber wird im verwirrenden Schwalle der um sie besorgten Berater sich nur durch das Wissen um ihre Herkunft und ihre Daseinsbestimmung behaupten. Sie muß sich von falschen Begriffen lösen und die Verbindung zum Ursprung finden. Dazu ist ein weiteres Ausholen nötig, – denn bei Behandlung von Frauenproblemen bleibt meistens das Wichtigste ungesagt. Legen Sie aber das Heft nicht beiseite, wenn auch manches, das Sie hier hören, Ihnen neu und befremdlich erscheint. Prüfen Sie doch, ob dieses Befremden etwas gegen die Richtigkeit sagt. Gibt es nicht eher erschreckendes Zeugnis der Gleichgültigkeit, mit welcher die Menschen die wichtigsten Daseinsfragen behandeln? Selbst die Verschiedenheit der Geschlechter wird oft gedankenlos hingenommen, von manchen sogar als Laune des Schöpfers, die noch durch uns der Verbesserung harrt.

Die Entstehung der Weiblichkeit

Wie kommt es nun zu den Erscheinungsformen des Männlichen und der Weiblichkeit? Dies zu klären ist vorweg geboten, weil sich daraus die Notwendigkeit der klaren Unterscheidung ergibt.

Sie haben gewiß schon davon gehört, daß mitunter begnadeten Menschen das Bild einer himmlischen Frau erschien. Man hat sie als Maria gedeutet, als die irdische Mutter Jesu, weil man von dieser Kenntnis hatte, von jener hingegen, die hier im Abbild aus ewigen Fernen gezeigt worden war, nur durch höchste Kündung erfahren konnte: Elisabeth – die aus der Ausstrahlung Gottes als Erste Form gewinnend hervorging und als der Inbegriff weiblichen Wirkens die Brücke für alles Entstehende ist.

An allererster, an höchster Stelle steht also eine Frauengestalt. Liegt darin nicht schon ein deutlicher Auftrag an alles Weibliche, wo es auch sei?

Denn Weibliches muß auch in weiterer Folge immer wieder die Brücke bilden, wenn Neues werdend entstehen soll. So kann selbst hier in der Erdenwelt kein Geschöpf in das Dasein treten, würde Weibliches ihm nicht zuvor die Form für dieses Leben bereiten. Hier, bei der Bildung der stofflichen Körper, aber wirkt sich nur sichtbar aus, was Grundgesetz alles Weiblichen ist: geöffnet-spendendes Bindeglied in der Kette des Lebens zu sein; eine Aufgabe, die im *Geistigen* wurzelt und *deshalb* das Stoffliche mit erfaßt.

Denn die Verschiedenheit der Geschlechter, die sich bis in die Körper ausprägt, wird durch die Art ihres *Wirkens* bestimmt. Wirken: das heißt, seine Fäden schlagen von sich aus zu anderen, gebend, empfangend, in nimmerendender Wechselbeziehung, und erst aus dem Wirken aller Geschöpfe entsteht jenes Daseins- und Schicksalsgeflecht, das dann für jeden die Wirk-lichkeit ist.

Dieses Wirken ergibt sich nicht, wie neuerdings manchmal behauptet wird, als »anerzogenes Rollenverhalten«, es ist in den Schöpfungsgesetzen verankert, die jedem Geiste die Wahl überlassen.

Wir alle kennen ja aus der Physik den magnetischen Süd- oder Nordpol und Gegenpole der Elektrizität. Wir können forschen, wo immer wir wollen – überall werden wir ähnliches finden. Die Aufspaltung in die Polaritäten ist der gesamten Schöpfung zu eigen. Sie wird von zwei Arten durchzogen, getragen. Das Spannungsfeld der sich ergänzenden Kräfte hält allen Bau der Welten zusammen und ist auch die Ursache ihrer Bewegung.

Die eine Grundart ist spendend, betreuend. Die Gralsbotschaft spricht hier von »wesenhaft«. Wir finden sie in der irdischen Umwelt vor allem in der gesamten Natur. Die andere Grundart, das Geistige, dem auch der Menschengeist zugehört, ist seinem Wirken nach aktiv gestaltend. Innerhalb jeder der beiden Arten und aller ihrer Erscheinungsformen wiederholt sich nun abbildhaft diese Aufspaltung immer aufs neue. So gibt es auch in der geistigen Grundart passive und aktive Teile, die ihrerseits mehr oder weniger stark mit dem Wesenhaften verbunden sind. Die Frau gehört zu der ersteren Gruppe.

Es ist nun nicht etwa ein Spiel des blinden Zufalles, welches Geschlecht ein jeder erhält. Denn jedes Geschöpf, auch der Geistkeim des Menschen, entwickelt – und sei es auch unbewußt – im Augenblick seines Erwachens zum Dasein den Drang zu einer der Arten des Wirkens. Diese Entscheidung erfolgt für den Menschen lange schon vor seiner Erdgeburt, in fernen, höheren Schöpfungsstufen, in denen er noch nicht verbleiben kann, da er wie jeder andere Keimling vorerst der Reifung im Stoffe bedarf, um, was in ihm an Möglichkeit schlummert, in seiner Art zur Entfaltung zu bringen.

Will der zum Aktiven neigende Geist nun sein Verlangen reifend erfüllen, drängt es von selbst ihn tiefer hinein in diesen stofflichen Schöpfungsteil. Im Zwange der notwendigen Selbstbehauptung läßt er dabei aus der Schöpfungskraft von sich aus die zarteren Teile zurück; sie lösen sich, da er sie nicht benötigt, selbsttätig ab und verbleiben dem Weibe. Dies alles geschieht in natürlicher Folge unschaubar für den menschlichen Geist, einzig auf Grund des erwachenden Wunsches nach der entsprechenden Tätigkeit.

Wenn die Bibel hierzu berichtet, daß Eva aus Adams Rippe entstand, so wird uns damit dieser Vorgang geschildert. Es kommt die größere Zartheit der Frau in diesem Gleichnis dadurch zum Ausdruck, daß schon ein *Teil* aus der Dichte des Mannes für die Erschaffung des Weibes genügt.

Das alles mag Ihnen vielleicht zu abstrakt, jenseits des Vorstellbaren erscheinen; aber dem ist im Grunde nicht so. Nehmen Sie an, Sie bauen ein Haus. Indem Sie seine Wände errichten, entsteht auch unvermeidlich ein Zweites: der Innenraum, der sich dazwischen befindet. Ebenso wie das Baumaterial für die stofflich faßbaren Wände war auch er vom Beginn schon vorhanden, jedoch noch vermengt und unabgegrenzt, als eigenes Etwas noch nicht bestehend. Mit der Errichtung des Baues aber, dem schöpferischen, gestaltenden Akt, traten beide zugleich in Erscheinung, das eine durch das andere entstehend und Zartes vom Groben schützend umhüllt.

So sind schon vor ihrem Erdenleben der männliche und der weibliche Geist durch Schöpfungsgaben verschieden gewichtet. Diese ihre Beschaffenheit ist es, die dann den passenden Körper verlangt, weil ja der Geist sich den Körper bildet. So ist die Frau auch im Erdenkörper der irdischen Schwere etwas entrückt, denn das leichter Beeindruckbare, das dem weiblichen Geiste verblieb, steht der nächsthöheren Schöpfungsstufe artgemäß näher als männliche Stärke. Die Frau wird so zur Brücke nach oben in die verfeinerten Schöpfungsregionen.

Sie werden dies sicher noch leichter verstehen, wenn Sie sich einen Baum vorstellen. Da gibt es Blätter, Zweige und Äste und schließlich den Stamm mit den zahlreichen Wurzeln. All dies ist von dichter Grobstofflichkeit – und doch gestuft vom Zarten zum Groben. Während der Stamm in dem Erdreich wurzelt, um *daraus* die Nährstoffe zu gewinnen, wenden die ungleich zarteren Blätter sich dem Ungreifbaren entgegen und bringen so jenes Wunder zustande, das man als Photosynthese bezeichnet: Aus dem Lichte Kraft aufzunehmen und sie, ins Stoffliche umgewandelt, zum Nutzen des Ganzen weiterzugeben.

Das ist die *Sendung* auch der Weiblichkeit! Ihr Geist ist zum Empfang des Lichts bereitet.

Die Eigenschaften der Weiblichkeit

Auf Grund der Beschaffenheit ihres Geistes sollte die Frau in der Lage sein, all das zu schönster Entfaltung zu bringen, was sie vor dem Manne auszeichnen soll. Da ist allem voran die Reinheit. Sie tritt uns irdisch als Keuschheit entgegen. Für den Menschen von heute hat dieser Begriff nahezu jeden Inhalt verloren, so sehr hat die Entfernung davon und die Ersetzung durch falsche Deutung das wahre Bild der Keuschheit verhüllt. Sie steht weit außerhalb jener Verengung, die sie auf Körperliches bezieht. Keuschheit ist dem *Geiste* zu eigen, umfaßt sie doch schlechthin jegliches Denken, und dadurch erst spannt sich lebendig die Brücke zwischen der Frau und der höheren Welt. So stellt die reine Keuschheit des Geistes sich zwanglos zugleich als Kindlichkeit dar. Nicht einfältig ist sie, sondern nur einfach, schlicht geöffnet für Wahres und Schönes.

Das geringere Interesse der Frau für die verstandesmäßigen Wissensgebiete beruht nicht auf unterlassener Bildung, es wurzelt tief in dem weiblichen Wesen. Verstandesmäßiges dient nur dem Irdischen; sie aber weiß – viel mehr als der Mann – um die beglückenden höheren Werte, so daß die Bedeutung des Erdverstandes ihr nicht so groß wie dem Manne erscheint. Ihr Geist, der zarteren Höhen zustrebt, gewinnt dadurch die natürliche Anmut, die niemals – so wie äußere Schönheit – nachzuahmen versucht werden kann. Dem innersten Kerne des Menschen entstammend, kann sie nur echt sein und niemals trügen.

Diese Eigenschaften der Frau wirken anziehend auf den Mann. Auch sein gröberes, erdnahes Schaffen wird solcherart durch die Frau veredelt. Dem hat Rainer Maria Rilke in der »Weise von Liebe und Tod« ergreifend-wahre Gestaltung gegeben:

»*Denn nur im Schlafe schaut man solchen Staat und solche Feste solcher Frauen: Ihre kleinste Geste ist eine Falte, fallend in Brokat. Sie bauen Stunden auf aus silbernen Gesprächen, und manchmal heben sie die Hände so –, und Du mußt meinen, daß sie irgendwo, wo Du nicht hinreichst, sanfte Rosen brächen, die Du nicht siehst. Und da träumst Du: Geschmückt sein mit ihnen und anders beglückt sein und Dir eine Krone verdienen für Deine Stirne, die leer ist [...].*«

Man muß diese Verse aufblühen lassen, denn selten nur hat in der Literatur der zarte und erhebende Zauber, den Weibliches zu verbreiten vermag, ähnlich vollendeten Ausdruck gefunden. Die unerfüllte Sehnsucht des Mannes formt sich zur Klage in der Erkenntnis, der wahren Frau nur im Traum zu begegnen, wenn, von der Schwere des Körpers gelockert, der Geist in lichte Gefilde entschwebt. Nichts macht erhabene Anmut so deutlich, wie eine »Falte, brokaten fallend«, die hoheitsvoll in Natürlichkeit jede Bewegung fließend umkleidet. Fernab irdischer Banalität liegt auf den »Gesprächen aus Silber« der Abglanz einer lichteren Welt. Daß die Frau in Höhen hinaufreicht, die dem Manne verschlossen sind, wird durch die Rosen zum Ausdruck gebracht, die als Geschenk von drüben erscheinen. Sie wecken das Sehnen, würdig zu werden der Beglückung aus jenem anderen Reich und beflügeln den edelsten Tatendrang. Denn nur der stumpfe, verrohte Mann fühlt in sich nicht starkes Verlangen, schützend die hohen Werte zu hegen – wenn ihm seit je die Geschlechter gewogen.

So ist die *Wirkung* wahren Frauentums: es weckt die reine Sehnsucht nach dem Licht.

Die weiblichen Hauptaufgaben

Ein weitgespanntes Betätigungsfeld öffnet sich jeder wirklichen Frau: Alles Betreuende, Hegende, die Heranführung zu den inneren Werten entspricht – im weitesten Sinne verstanden –

der Neigungsrichtung des weiblichen Geistes. Vor allem aber erscheint sie berufen, Gattin, Hausfrau und Mutter zu sein. Diese besonderen Wirkungskreise sollen hier näher betrachtet werden, weil mangelnde Kenntnis der Schöpfungsgeschichte selbst diese Grundbegriffe verzerrte.

Die Gattin:
Vorerst gilt es die Kraft zu erkennen, die die Geschlechter zusammenführt, die eines das andere suchen läßt. Liebe ist viel zu allgemein, um eine Erklärung dafür zu geben. Sie kann, nicht an den Körper gebunden, sondern ihn letztlich nur einbeziehend, alles und jedes in sich schließen, vom Unscheinbarsten der ganzen Schöpfung bis zu Gott selbst, der die Liebe *ist*.

Es hängt die Bindekraft der Geschlechter aufs engste zusammen mit deren Entstehung. Vom Strome des Geistigen abgespalten und auf Grund ihres freien Entschlusses mit unterschiedlichem Rüstzeug versehen, tragen sie in sich das Anschlußverlangen nach dem ergänzenden anderen Teil. In dieser *Ergänzung* liegt das Geheimnis der schöpfungsgesetzlichen Partnerschaft.

Denn was sich ergänzend zusammenschließt, belebt und fördert sich wechselseitig. Das ist nicht beschränkt auf die Aufgabenteilung, auf irdischen Beistand oder Versorgung; es gilt in erster Linie dem *Geiste* und soll dessen Aufstieg hilfreich erleichtern. Denn werden in liebevoller Begegnung Selbstlosigkeit, Verständnis und Rücksicht zu freudig geübter Tugend entwickelt, gewinnt das Bestreben, sich zu veredeln, genährt durch beglückende Wechselwirkung von selbst bei beiden Partnern Gestalt.

Und um so mehr wird sich in der Gemeinschaft der Daseinszweck von Frau und Mann erfüllen, je klarer dann die beiden Ehegatten das hohe Ziel des Weges vor sich sehen und gleichem Gott ihr Leben dankbar weihen.

Um Förderung zu bieten, zu erfahren, genügt schon der Gedanke an den anderen. Die Frau kann durch ihr Dasein Rohes dämpfen und Edles in den Menschen auferwecken, auch ohne daß persönliche Begegnung und irdische Verbindung nötig wären.

Die Ehe freilich bietet ganz besonders Gelegenheit zu ständiger Bewährung. Sie soll das geistige Versprechen sein, gemeinsam aufwärts nach dem Licht zu streben. So wie das Waagrechte und Senkrechte, das Passive und Aktive verkörpernd, im Mittelpunkt des Kreuzes sich berühren, schweißt das Gelöbnis beide Ehegatten in ihrem Innersten, dem Geist, zusammen, damit des Lichtes hoheitsvolles Zeichen in ihrem Bund zur Erdenwahrheit wird.

Das mag vielleicht idealisiert erscheinen, wenn man die Ehen, wie sie sind, betrachtet. Und doch kann dieses Bild verwirklicht werden, wenn sich der Mensch nicht selbst im Wege stünde, indem – das Ziel im Geistigen verleugnend – er Irdischem allein Bedeutung gibt. Daraus entspringt der Irrtum, der die Ehe zur Fessel macht und manches Leid verursacht. So schützt das menschliche Gesetz die Form, auch wenn sie, ihres Inhaltes längst beraubt, nur Klammer ist für *irdische* Verpflichtung. Ja, manche halten es für gottgeboten, daß eine Ehe untrennbar verbleibt, anstatt sie auf dem Wege der Entwicklung des Geistes nur als Stufe anzusehen, die, wenn sie keinen Halt mehr bietet und schon der Absturz in die Tiefe droht, zu beider Rettung zu verlassen ist. Denn wenn die Gatten, anstatt sich zu fördern, durch Starrsinn sich an dem Geistesaufstieg hindern, ist die Verbindung wiederum zu lösen, vor welcher Stelle und in welcher Form auch das Gelöbnis einst gegeben wurde. Wenn gar ein haßerfülltes Sich-Zerreiben den Ehesinn ins Gegenteil verkehrt, erspart die Trennung beiden Gattenteilen, in neue Schuld sich geistig zu verstricken. Denn der Gedanke schon, nicht erst die Tat, kehrt, reich befrachtet mit der gleichen Art, einst unbedingt im Ring der Wechselwirkung auf den zurück, der ihn gezeugt, genährt.

Würde die Aufwärtsentwicklung des Geistes endlich zum Maß aller Ordnung gemacht, wäre kein Zweifel, daß auch die Ehe sich diesem Gebot zu fügen hat. So aber fordern die falschen Begriffe häufig zum Widerspruch heraus. Vielen Paaren erscheint die Ehe heute nicht mehr erstrebenswert. Im unformellen Zusammenleben wollen sie lieber die Selbstbestimmung, die vom Gesetze beschränkt wird, bewahren. Für manche freilich wäre es besser, sie blieben der Ehe überhaupt fern. Durch die Enthebung von Pflichten, die allgemein derzeit gefördert wird, stellt man auch in der Beziehung zum Partner leicht nur die eigenen Wünsche voran. Doch nur wer selbst zu geben bereit ist, kann auch wechselwirkend empfangen. Das Wesen der Ehe bleibt allen verschlossen, denen die selbstlose Liebe fehlt.

Die Hausfrau:
Hausfrau zu sein, erscheint vielen Frauen als ein höchst undankbares Geschick. Wenn – so wie jetzt – das menschliche Ansehen von Berufserfolg und -erträgnis bestimmt wird, tut diese Haltung alles dazu, eine Arbeit, die keine »Karriere« eröffnet, ja,

sogar unentgeltlich erfolgt, zur Wertlosigkeit herunterzudrükken. Für diese Ansicht erscheint es bezeichnend, daß immer noch die Sozialgesetzgebung hausfraulichem Tun gegenüber versagt, weil es mit ihrer Vorstellung dessen, was Arbeit ist, nicht vereint werden kann.

So wie die Leistung des schaffenden Künstlers sich kaum in Gesetze einordnen läßt, weil sie nicht nur dem Broterwerb dient, sondern Selbstverwirklichung ist, so läßt sich auch das Werden der Hausfrau nur aus dem weiblichen Geiste verstehen.

Hier sind wir nun an dem kritischen Punkt: Viele meinen, es werde den Frauen nur *eingeredet,* das Heim zu betreuen. Sie können die Irrigkeit dieser Behauptung unschwer in Ihrer Umwelt erkennen. Achten Sie doch auf innen und außen. Blicken Sie in den Kelch einer Blüte: Da ist in der Mitte der (weibliche) Stempel umstanden vom Kranze der Staubgefäße. Das reicht hinab in den Aufbau des Stoffes, denn die Materie besteht aus Atomen, die kleinen Sonnensystemen gleichen. Den Kern umkreisen die Elektronen, anders als dieser elektrisch geladen. Die Kernladung nennt man zwar positiv, negativ jene der Elektronen, doch hätte man früher die Eigenschaften dieser Elektrizitäten erkannt, so wären sicher, wie Einstein meint, ihre Bezeichnungen umgekehrt worden. Setzen wir jene Elektrizität, die in der *Eigenschaft* negativ ist – und die wir nur fälschlich positiv nennen – treffenderweise dem Weiblichen gleich, so steht auch im Stoffe das Weibliche innen. Das Männliche drängt hingegen nach außen und wird dennoch zugleich gehalten von der (weiblichen) Anziehungskraft, die von der Ladung des Kernes ausgeht.

Ähnliches wiederholt sich in uns. Man hat schon im alten China gewußt, daß unsichtbare, lebendige Ströme auf unverrückbar bestimmten Bahnen – genannt: Meridiane – den Körper durchziehen. Auf ihnen beruht die Akupunktur, die heute kaum mehr bestritten wird. Die Ströme sind zweifach, teils aktiv, teils passiv. Auch hier liegen nun an den Extremitäten die Bahnen der (weiblichen) Ying-Ströme innen, jene der (männlichen) Yang-Ströme außen, und selbst die Pulsdiagnostik ertastet die ersteren tiefer drinnen im Körper, die letzteren näher der Oberfläche.

Sie können die Reihe beliebig verlängern, überall waltet die nämliche Ordnung: Weibliches innen – Männliches außen. So ist es keineswegs Dichterfreiheit oder veraltetes Vorurteil, wenn wir bei Schiller die Verse finden: »Der *Mann* muß hinaus ins feindliche Leben«, doch: »*[...] drinnen* waltet die züchtige *Hausfrau [...]*.« Dies ist der natürliche Standort der Frau als Hüterin des *inneren* Kreises, wobei sogar die kindliche Reinheit, durch die allein das heilige Feuer der Lichtverbindung bewahrt werden kann, von dem Worte »züchtig« erfaßt wird.

Gerade das Innen-stehen-Dürfen sollte der Frau Beglückung bedeuten, liegt doch darin die Bestätigung, daß sie den höheren Werten des Lebens sich leichter zu nähern vermag als der Mann. Die Sprache bringt dies trefflich zum Ausdruck: »*Äußer*lichkeiten« erscheinen belanglos, »Ver*inner*lichung« gibt uns erst Wert.

Während der Mann durch den *äußeren* Schutz dem Weibe jene Geborgenheit bietet, die es im irdischen Dasein benötigt, um lichterem Wirken sich zuzuwenden, obliegt es der Frau, den *inneren* Frieden durch die Gestaltung des Heimes zu sichern. Wird Harmonie von hier aus verbreitet, wirkt sie veredelnd auf alles ein. Hier soll das irdische Abbild erstehen der wundersamen Geborgenheit, die durch das Leben im Schöpfungsgesetze den Geist nach gereifter Rückkehr erwartet. Unbewußt lebt ja in jedem die Sehnsucht nach dieser Heimat, dem Paradies.

Das Wirken der Hausfrau vollzieht sich im stillen, es wird ihr nur selten Beifall gezollt. Doch hat nicht, was sich so laut gebärdet, es nötig, sich bemerkbar zu machen? Echtes und Wahres drängt sich nie auf.

Und sollte Ihnen das Walten im Heim dennoch zu unbedeutend erscheinen, so möge zur Widerlegung dessen ein zeitnahpraktisches Beispiel dienen: Als im Vorjahr die Rohölverknappung zur Schließung vieler Tankstellen führte, wurden weite Bevölkerungskreise nahezu von einer Panik erfaßt. Und doch ging es nur um Motorentreibstoff, ein Mittel zur Maschinenbewegung! Als Hausfrau sind *Sie* der »Tankstellenwart« an der Zapfsäule eines besonderen Kraftstoffes, der der Bewegung des *Geistes* dient. *Sie* betreiben die »Servicestation«, ohne deren hilfreiche Dienste auch der schneidigste »Herrenfahrer« kaum wohlbehalten ans Ziel gelangte. Mag er sich in seinem »Fahrzeug« dann noch so überlegen gebärden, so steckt doch letztlich die Kraft dahinter, die er von Ihnen mitbekam.

Die Mutter:
Nirgendwo zeigt sich die Fehleinschätzung der weiblichen Schöpfungsbestimmung so deutlich wie bei der Wertung der Mutterschaft. Die dem naturnahen Wesenhaften verbundene weibliche Wirkungsart bringt als natürliche Folge mit sich, daß nur die Frau in der Lage ist, dem Geiste die Erdenhülle zu bilden. Die gleiche Aufgabe aber erfüllt – in seiner Art – das weibliche Tier. Auch die Obsorge für das hilflose Junge und seine Behütung vor frühen Gefahren sind hier wie dort den Müttern gemeinsam.

Mutterschaft und Mütterlichkeit sind nicht der Menschfrau vorbehalten, sie sind ebenso anzutreffen, wo Geistiges nicht vorhanden ist. Sie gehören zum Wesenhaften, das zwar bei dem Tiere das Höchste ist, doch Beigabe nur für den weiblichen Geist. Dieser Teil aus dem Wesenhaften findet in Mutterschaft schönste Erfüllung, denn er nur vermag die Brücke zu bilden für den Eintritt des Kindes ins irdische Leben. Dieses durchläuft in verkürzter Weise noch einmal die ganze Menschheitsentwicklung. So ist es bis zu dem Durchbruch des Geistes, der mit der geschlechtlichen Reife erfolgt, noch eng mit dem Wesenhaften verbunden, wie der noch unverbildete Mensch in seinen frühesten Schöpfungstagen. Es braucht also nach dem Gesetze der Gleichart sein Geist jenen Anteil des Wesenhaften, der dem weiblichen Geiste zu eigen ist, als unbedingt nötigen Übergang.

Doch den Lebensinhalt der Frau in Erfüllung der Mutterpflichten zu sehen, bedeutet eine Herabwürdigung ihrer *geistigen* Daseinsbestimmung. Wie jeder erst reifende Menschengeist hat sie dessen Entwicklung zu fördern und ist auch zu diesem Zweck inkarniert. Daß sie dabei junges Leben behütet und hebend auf ihre Umgebung einwirkt, liegt in ihrer dem Wesenhaften zugeneigten Betätigungsart. Es sind aber Ehe und Mutterschaft für die Frau nicht unbedingt nötig, um ihren *geistigen* Weg zu vollenden. Sie können dabei zwar förderlich sein, ebenso aber auch Hemmung bewirken, wenn die Frau in dieser vermeintlichen Pflicht ihre höchste und einzige Aufgabe sieht.

Die Überschätzung der Mutterschaft, aus frühen Fruchtbarkeitskulten erwachsen, stand dem Erfassen der Weiblichkeit in ihrem Kerne hindernd entgegen. Als Abd-ru-shin in der Gralsbotschaft in dieser Hinsicht die Klarstellung brachte, knüpfte er deshalb daran die Mahnung, hinreichend stark zu sein, dies zu ertragen. Denn der Frau ihre wahre Bestimmung zu zeigen, die das Erkannte weit überragte, hieß ja, das bisher vermeintlich Höchste auf seine rechte Bedeutung beschränken und seiner falschen Größe berauben. *Hier* hatte die Befreiung der Frau von altem Vorurteil einzusetzen, denn die Erkenntnis der geistigen Herkunft öffnet ihr und der Menschheit den Weg. Es spielt nämlich auch bei der Mutterschaft Geistiges sehr wohl eine Rolle, doch geschieht dies in einer Weise, die noch nahezu unbekannt ist. Denn die Eigenschaften des Geistes, der als Kind zur Einverleibung gelangt, werden in entscheidendem Maße vom Geiste der Mutter mitbestimmt. Sie bereitet die Körperhülle aus dem Strom ihres eigenen Blutes; ihres Blutes, dessen Zusammensetzung von *ihrem* geistigen Wollen geprägt ist. So kann die werdende Körperlichkeit nur einem ähnlich beschaffenen Geist die rechten Voraussetzungen eröffnen. Man hat bereits beim genetischen Code dieses »Matrizen-Prinzip« erkannt; es wiederholt sich in ähnlicher Weise beim Zusammenschlusse von Körper und Geist. Es wird bei der Blutübertragung beachtet, bewirkt die Abstoßung fremder Gewebe, die der Möglichkeit der Organverpflanzung eine natürliche Grenze setzt. Die Auswirkungen sind also bekannt, die Ursache hingegen noch nicht: Sie liegt in der Anziehung *geistiger* Gleichart, für welche das Blut nur die Brücke bildet.

So wird die geistige Haltung der Frau für die gesamte Menschheit bedeutend. Hebt sie, wozu sie vorbestimmt ist, ihren Geist dem Lichte entgegen, wird sie die Welt von innen erhellen und auch nur Lichtem Eingang gestatten. Denn sie allein ist als Mutter befähigt, dem neuen, dem gewandelten Menschen den

Weg auf diese Erde zu öffnen. Das wußte der Versucher genau, als er zuerst an die Frau herantrat.

Der Verlust des rechten Weges

Die Stellung des Mannes im irdischen Leben ist niemals ernstlich umstritten gewesen, oft hingegen jene der Frau. Sie reicht von der frühen Herrschaft der Mütter bis zum Ausgestoßenendasein, von der Abschließung bis zur führenden Rolle in Wissenschaft, Wirtschaft und Politik. Warum muß die Frau ihre Anerkennung, die eigentlich selbstverständlich sein sollte, erkämpfen?

Doch Selbstverständlichkeit kann nicht werden, wo Selbstverständnis als Grundlage fehlt. »Was ist das überhaupt – eine Frau?«, läßt der Autor Peter Turrini die weibliche Hauptdarstellerin fragen, nachdem diese in »Kindesmord« ihr Kind nur deshalb getötet hat, um sich aus männlicher Abhängigkeit durch eine *eigene* Tat zu befreien. Und ist es auch ein männlicher Autor, der für die Frau diese Frage stellt, macht doch die Sinnlosigkeit solcher »Lösung« vergröbernd die Not der Verlorenheit deutlich. Erkennt nicht die Frau ihren Daseinszweck, verursacht sie selbst ihre Fehleinschätzung.

Wo liegt der Beginn dieser falschen Entwicklung? Es mag vielleicht manchem seltsam erscheinen, den biblischen »Sündenfall« hier zu nennen, zumal ja bei vielen die Vorstellung fehlt, was denn mit diesem Bilde gemeint ist. Nun wurde die Frau, wie vorhin gesagt, als Brücke der Menschheit zum Lichte geschaffen. Sie sollte dem geistigen Kerne des Menschen durch diese Verbindung die Kraft vermitteln, erstarkend sich seiner bewußt zu werden und – durch die Sehnsucht nach Hohem beflügelt – den Geist immer weiter entfalten zu lernen.

Von allen Früchten im Garten der Schöpfung verlangte die Frau doch gerade nach jenen, die auf dem Baume der Stofflichkeit wuchsen. Es konnte dadurch die Gefahr entstehen, an diesen Früchten Geschmack zu finden, das heißt, sich an irdische Wünsche zu ketten. So faßt denn bildhaft das biblische Gleichnis ein langes Entwicklungsgeschehen zusammen: Die Frau setzte ihre natürliche Anmut für Erden- statt für Lichtziele ein und trachtete, zu deren Erreichung dem Manne begehrenswert zu erscheinen. An Stelle der Anziehungskraft ihrer Reinheit trat die gewollte, gezielte Verlockung. Da Lichtstreben nicht mehr die Zielsetzung war, die die Geschlechter zusammenführte, suchte der Mann auch durch *irdische* Güter die Aufmerksamkeit der Frau zu erwecken. Das war die Hinwendung an den Verstand, der – selbst erd- und körpergebunden – Höheres nicht zu erfassen vermag, so daß seine irdische Zweckmäßigkeit ihm als das höchst Erreichbare dünkt. So wurden die Weichen anders gestellt: Anstatt sich dem Lichte entgegenzuheben, grub sich der Mensch in die Stofflichkeit ein. Sein Geist, von der nährenden Quelle getrennt, mußte dabei allmählich verkümmern. Gar viele wissen nicht, was er ist, und verwechseln ihn mit dem Erdverstand, denn mit der Beschränkung auf dessen Grenzen verschloß hinter uns sich das Paradies.

Nun, da der Stoff als das Höchste galt, war weibliche Zartheit des Sinnes beraubt. Die leichtere stoffliche Ausrüstung, in der der Vorzug der Weiblichkeit lag, mußte aus erdverhafteter

Sicht dem Manne als unzulänglich erscheinen. Der irdischen Schwere besser gewachsen, glaubte er sich der Frau überlegen. So entstand das Schlagwort vom »schwachen Geschlecht«. Da aus lichtgewolltem Zusammenwirken der Kampf der Geschlechter geworden war, sollte die billige Fehleinschätzung den Herrschaftsanspruch des Mannes stützen. Denn mit dem Schwinden der Geisterkenntnis veränderte sich auch der Herrschaftsbegriff: Nun wurde als Machtausübung verstanden, was ursprünglich nichts als Obsorge war, so wie sie der – vergessene – HERR allen Geschöpfen zuteil werden läßt.

Weil dem Mann als dem stofflich Starken das Weiblich-Zartere *anvertraut* war, sollte er Herr sein, das heißt: für sie sorgen. Zerrbilder aber griffen um sich: Männer, die vom Stoffe befangen, sichtverengt ihren Geist verleugnen und daher unfähig sind zu erkennen, was wahre Frauen zu geben vermöchten; Frauen, die, vom Licht abgeschnitten, mit leeren Händen im Stoffe stehen und männlichem Überlegenheitsdünkel auf falschem Weg zu begegnen suchen. So verliert sich die Frau in den Gegensätzen: Teils treibt es sie bis zur enthemmten Entblößung, ihr Weibtum körperhaft darzustellen, teils meint sie, im beruflichen Leben es dem Manne überall gleichtun zu müssen. Und viele der so entarteten Frauen trachten die unbewußte Empfindung, irrezugehen, dadurch zu betäuben, daß sie den Irrtum so lange verbreiten, bis er den Schein des Normalen gewinnt. Von dem vermeintlichen Siege verblendet, merken sie nicht, wie die haltlosen Männer weibliche Selbstentwertung noch fördern und ihr hohnlachend Beifall entrichten.

Wer denn erzeugt die zahlreichen Hefte, die sich der weiblichen Reize bedienen; setzt diese als Lockung zum Warenkauf ein?

Wer ist es, der die Mädchen veranlaßt, sich zu befreien von allen Schranken der Sitte, des Anstandes, der Autorität? Wer hält ihnen falsche Leitbilder vor und lockt zur Enthemmung mit »klingelnder Kasse«? Wer letzten Endes beschließt die Gesetze, die gleiche Rechte den Frauen verheißen? In allen Fällen ist es der Mann! Was Selbstbefreiung der Frau zu sein vorgibt – und in Wahrheit ihre Zerstörung betreibt –, ist im ungeheuren Ringschluß unbewußt die Quittung des Mannes für den einstigen Sündenfall. Denn was sein Denken, verstandesmäßig begrenzt und irdischen Zweckmäßigkeiten verschrieben, an unsichtbardunklen Formen hervorbringt, wird von der dafür empfindsamen Frau nur allzu leicht fortzeugend aufgenommen. So stürzen, in Wechselwirkung verklammert, die beiden Geschlechter dem Abgrund zu. Es ist daher auch in der Literatur saubere Liebe kaum noch zu finden. Komplexbeladen, neurotisch, pervers, so spiegelt sich dort die Partnerbeziehung.

Auch die Musik gibt bezeichnenden Ausdruck für die Verkümmerung weiblicher Werte. Hatten einst Rhythmus und Melodie *gemeinsam* die Komposition bestimmt, herrscht heute nur noch der männliche Rhythmus, grell, vordergründig, ekstatisch, während die liebliche Melodie, dem Weiblichen in der Musik entsprechend, nahezu völlig verschwunden ist. Doch Rhythmus allein kann niemals erheben, er ist nur imstande, Enthemmung zu fördern, je lauter und wilder er sich gebärdet; so drängt nun alles dazu, sich zu zeigen, und der Verlust des richtigen Weges findet auch darin sein Spiegelbild.

Der Ruf nach Gleichberechtigung

Programmpunkt der neuen Gesellschaftsgestaltung ist es, der Frau gleiche Rechte zu geben. Dennoch wird dieses Grundgebot, das längst schon hätte *gelebt* werden sollen, durch die verstandesmäßig verengten Begriffe in falsche Bahnen geleitet, verbogen.

In Österreich hat der Justizminister kürzlich vor Pressevertretern erklärt, die Gleichberechtigung sei erst gegeben, wenn niemand mehr daran etwas findet, daß Männer daheim den Haushalt besorgen, die Frauen jedoch die Familien erhalten. Diese Vorstellung, durchaus nicht einzig, nur prägnant in der Formulierung, ist auch in anderen Staaten zu finden und dort zum Teile bereits verwirklicht.

Und – von den Massenmedien verbreitet – geht schon die Saat dieses Denkens auf: Kürzlich erklärten im Rahmen des Fernsehens durchschnittlich sechzig Prozent der Befragten in Deutschland, Österreich und der Schweiz, daß sie an vertauschten Aufgabenkreisen der beiden Geschlechter nicht Anstoß nähmen. Wer da nicht fest steht durch klares Wissen, wird leicht vom Sog der Masse verschlungen. Niemand wird ernstlich bestreiten wollen, daß auch die Frau im beruflichen Leben imstande ist, »ihren Mann« zu stellen, doch sucht sie, wie schon der Ausdruck besagt, nur männliches Tun darin nachzuahmen. Denn während der Mann auf dem Platze steht, der ihm nach seiner Beschaffenheit zukommt, muß sich die Frau im Berufe verleugnen, je weiter die Art ihrer Tätigkeit ins Gröbere oder Verstandesmäßige führt.

Daß die wuchernde Wirtschaft von heute ohne die Frau nicht mehr denkbar ist, darf ihrem Mißbrauch zu artfremden Zwecken nicht den Anschein der Richtigkeit geben. Wirtschaft, die nicht Bedürfnisse stillt, sondern ihre Erweckung zum Ziel hat, kann nicht Anspruch darauf erheben, daß man ihr – statt sie zurückzudämmen – ständig weitere Opfer bringt. Nicht der Mensch ist Diener der Wirtschaft, sie hat, maßvoll das Ganze beachtend, seinen Notwendigkeiten zu dienen.

Von weiblicher Seite wird nun behauptet, eine falsche Erziehung verschulde, daß Mädchen zu weiblichen »Rollenbildern« abgedrängt oder herangeführt werden. Schenkt einem Jungen die Puppenküche, dem Mädchen aber die Eisenbahn, so lautet, auf einfachen Nenner gebracht, die Formel, mit der diese Neunmalklugen die Umpolung der Geschlechter versuchen. Deutlicher kann man das Unverständnis für die Grundgesetze der Schöpfung, zugleich aber auch den Verstandesdünkel wahrlich nicht mehr zum Ausdruck bringen. Was solche Erziehung bewirken würde, könnte nur Vergewaltigung sein. Der Körper schützt sich durch Antikörper gegen fremde, schädliche Stoffe. In gleicher Weise würde der Geist geistige Gegenkräfte entwickeln. Mehr noch als im Körperbereich müßte der Kampf dieser Gegensätze die artgerechte Entwicklung hemmen und krisenhafte Folgen bewirken. Nur ein bereits »verbogener« Geist, der andersgeschlechtlichem Wirken schon zuneigt, wäre imstande, sich anzupassen, er würde aber dadurch nur tiefer in seine Verirrung hineingedrängt. Die Befürworter dieser Erziehung, selbst solcher Geistesart zugehörig, entnehmen von dort ihre Beispielsfälle.

Dennoch dürfen diese Versuche nicht nachsichtig lächelnd abgetan werden. Die vorhin zitierten Ministerworte, die Vertauschung der Wirkungskreise und erst recht eine dahin zielende Erziehung geben ja unverhüllt zu erkennen, daß nicht die gleiche *Berechtigung*, sondern die Gleichheit angestrebt wird, die selbst die geschlechtlichen Grenzen verwischt. Gleichberechtigung wäre ganz anders: Sie brächte die *Aufwertung weiblichen Wirkens* in seinem ihm gemäßen Bereich, der derzeit noch geringgeschätzt wird. Hier aber fällt die mangelnde Kenntnis der wahren weiblichen Schöpfungsbestimmung, von der Frau in langer Entwicklung verschuldet, wiederum auf sie selber zurück. Jene, die Frauen noch Frauen sein lassen, begrenzen sie mit dem Wesenhaften und sehen in ihrer Mutterschaft das höchste weibliche Daseinsziel. Andere sind in der Meinung befangen, dadurch ihr Lebensinhalt zu geben, indem sie ihr künftig uneingeschränkt das Tor ins berufliche Leben öffnen. Wie falsch diese »Gleichberechtigung« ist, läßt sich allein schon daraus ersehen, daß die Frau sie als Gnade des Mannes empfängt, anstatt sie aus sich selbst zu erreichen. Der Mann aber kann ihr als Bestes nur geben, was ihm selbst als das Höchste erscheint: das grobe, beruflich-verstandesmäßige Wirken. Doch damit geschieht das Gegenteil dessen, was der Frau und uns allen nützt: Denn wenn man die Entfremdung vom Heim und weibliches Wirken in Männerberufen als fortschrittliche Entwicklung preist, wird dadurch der frauliche Aufgabenkreis für die Allgemeinheit nur noch weiter entwertet. Der köstliche Sinn der »himmlischen Rosen«, die Frauen allein zu spenden vermögen, ist längst schon dem Gedächtnis entfallen. Es gälte, die Frauen dorthin zu stellen, wo sie diese Rosen erreichen können.

Die Gleichheit aber, nach der man trachtet, läuft den Gesetzen des Lebens zuwider. Lehrt uns denn nicht die Ökologie, daß die Vielfalt der Pflanzen und Tiere nicht nur durch ihre Buntheit entzückt, sondern ihr sinnvolles Sich-Ergänzen überhaupt erst ihr Bestehen ermöglicht? Zeigt nicht etwa der Fingerabdruck, daß auch die Menschen verschieden sind und keiner im Grunde dem anderen gleicht? Dennoch ist man jetzt im Begriffe, die menschliche Vielfalt zu unterbinden. Die Umklammerung durch die Vermassung, die wirtschaftlich, kulturell und sozial immer weitere Kreise erfaßt, macht die Behauptung der Eigenart dem einzelnen immer schwieriger. Nun sind aber die verkörperten Geister in vielen Leben verschieden gereift, wodurch sich als ganz natürliche Folge eine gestaffelte Ordnung ergibt. Diese senkrechte Aufgliederung wird nun gewaltsam zusammengedrückt. Werden dann noch die Geschlechter verwischt, so kommt auch in horizontaler Beziehung die Verschiedentlichkeit zum Verschwinden. Schon lassen sich oft in Gehaben und Kleidung Frauen von Männern kaum unterscheiden. Ergreift die Vereinheitlichung ihr *Wirken*, so trifft dies den entscheidenden Punkt, von dem die Verschiedenheit der Geschlechter vom Urbeginn her ihren Ausgang nahm.

Die »harmlos« erscheinenden Neuerungen sind also ein gefährlicher Angriff auf die natürliche Ordnung der Menschheit, deren verwirrter Verstand sich schon anschickt, den eigenen Untergang einzuleiten. Denn die Unterschiedslosigkeit ist ein untrügliches Merkmal der Endzeit; sie trägt schon den Anhauch des »geistigen Todes«. So geht auch, wie man beobachten konnte, beim Ende des Stoffes in kosmischen Fernen die Auslöschung seiner chemischen Vielfalt bereits dem letzten Abschnitt voraus. Nun entspricht dem chemischen Aufbau des Stoffes beim Menschen dessen Persönlichkeit, durch die er von anderen sich unterscheidet. Lebt denn nicht etwa gerade die Kunst als reifster Gestaltungsausdruck des Menschen von der persönlichen Handschrift des Künstlers? Das Lebensgesetz in den stofflichen Welten ist auf Entwickelung ausgerichtet. Es trachtet, alles Geschaffene in *seiner* Art zur Reifung zu bringen. Gleichheit, die das Persönliche auslöscht, wirkt diesem Ziele gerade entgegen.

Die Folgen

In Unkenntnis weiblicher Schöpfungsbestimmung glauben die Wortführer solcher »Befreiung« zukunftsweisend die Weichen zu stellen. Anders als im vermeinten Sinne kommt dem leider Richtigkeit zu. Denn was sich an Folgen daraus ergibt, trifft alle – nicht nur die Menschen von heute, auch jene von morgen und übermorgen.

Dies ist in der Schlüsselstellung der Frau für die Entwicklung der Menschheit begründet, sollte sie doch durch ihr zartes Walten dem Edlen leichter geöffnet werden. Aus diesem Grunde benötigt die Frau das klare, wissende Ruhen in sich. Doch wenn sie schwankend und ungewiß, wo ihre Aufgabe eigentlich liegt, die schutzgewährende Mitte verläßt, schwächt sie sich selbst und auch die Verbindung, die über sie zu dem Höheren führt. Auch wenn sie nicht sein will, was sie sein sollte, kann sie nicht werden, was sie sein möchte. So wächst daraus die Zerrissenheit und das Gefühl, überfordert zu sein. Denn der innere Lebensbereich, den zu verwalten der Frau obliegt, verlangt ja dennoch bestellt zu werden.

Am Ende steht dann die Dreifachbelastung: Beruf – neben Haushalts- und Mutterpflichten. Es ist dies aber die äußere Folge verlorenen *inneren* Gleichgewichtes. Die derart in sich zerrissene Frau kann auch für ihre Familie nicht länger spendenderquickende Mitte bilden. Das Weitere ist zur Genüge bekannt: Der Mann, die Wärme des Heimes entbehrend, sucht anderwärts nach Befriedigung, die Kinder werden von Fremden betreut oder bleiben sich selbst überlassen. Denn ohne die weibliche Bindekraft zerfällt von innen her die Familie. Auch wenn man bestrebt ist, durch dies oder jenes die gröbsten der Probleme zu mildern; – wo immer Schwierigkeiten erwachsen, ist schon vom Grund her etwas falsch, weil üble Auswirkungen nur zeitigt, was nicht dem Schöpfungsgesetze entspricht.

Dabei sind dies nur die äußeren Zeichen der einmal begonnenen Fehlentwicklung. Wer kann das Ausmaß dann noch begrenzen, kommt doch der Stolpernde leicht auch zum Sturz. Der Weg des auf Lockung bedachten Weibchens nähert sich schließlich der Prostitution, jener der männlich tätigen Frau endet bei Stahlhelm, Gewehr und Panzer.

Nun weiß man, daß der Körper bestrebt ist, sich an die Aufgaben anzupassen. Haben Sie Holz gehackt, Schweres getragen, werden Sie vorerst nicht schreiben können, weil Sie nur zitternd die Feder halten. Es ging also durch die Befassung mit Grobem die Fähigkeit für Feines verloren. Sie muß erst wieder gewonnen werden. Wird die Vergröberung beibehalten, durchdringt sie allmählich die ganze Person und schlägt sich in ihrer Wesensart nieder. Es wird für den Mann die Frau dann zum »Kumpel« oder zu einer verfügbaren Ware, wenn sie sich in andere Richtung verliert. Das Hohe, das Achtung gebieten sollte, besitzt sie in keinem Falle dann noch. So sind die Pariser Apachentänze bezeichnend für die Verachtung des Mannes, wenn sich die Frau dem Gemeinen verbindet.

Zugleich aber mit dem Verlassen der Mitte, des sorglichen inneren Lebensraumes, der der Entfaltung der Weiblichkeit dient, beginnt das Beste der Frau zu verkümmern. Denn jede Befähigung, die nicht genützt wird, bildet allmählich sich wieder zurück, wie ein Organ, das des Sinnes entbehrt. Vermag eine Frau nicht als solche zu wirken, so gleicht sie der Pflanze auf Kunstdüngerboden, dem Menschen, der nur von Konserven sich nährt. Es fehlen die unersetzlichen Kräfte des gottgewollten Zusammenwirkens, ohne deren Lebendigkeit nichts in der ganzen Schöpfung auf Dauer artgerecht zu gedeihen vermag. Damit verändert sich aber die Brücke, auf welcher zum Zwecke der Inkarnation die Seele des Kindes der Mutter sich nähert. Sie kann dann nur solchen als Übergang dienen, die sich in früheren Erdenleben in ähnliche Richtung verlaufen haben. Je weiter die sich verirrende Frau sich nun vom weiblichen Wirken entfernt, desto brüchiger wird die zarte Verbindung und desto verzerrter die Art jener Geister, denen sie dann noch den Eintritt ermöglicht – bis schließlich, über schwere Geburten, als letzte Folge die Brücke bricht. Es ist das organische Unvermögen dann Folge der *geistigen* Selbstaufgabe.

Ich hoffe, es beginnt sich vor Ihnen das Maß der Verantwortung abzuzeichnen, das Frauen für die Gesamtheit tragen. Die Frau steht niemals für sich allein. Ihr geistiges Wirken in rechter Weise hält die Verbindung nach oben geöffnet. Verläßt sie hingegen den richtigen Standort, beraubt sie mit der eigenen Wandlung zugleich auch den Mann jener strebenden Sehnsucht, die als ein Rettungsseil aus der Höhe ihn vor dem Versinken im Stoffe bewahrt. Und der Fehler, an dem *ihre* Geistigkeit leidet, breitet sich über die Nachkommen aus, denn durch die Anziehung geistiger Gleichart – die äußerlich wie Vererbung erscheint – stellt sie als Mutter zukunftsgestaltend die Weichen schon für die kommende Zeit.

Wer offenen Blicks durchs Leben geht, kann sich dem Eindruck nicht mehr verschließen, daß eine Wandlung sich vorbereitet und ein Entwickelungsabschnitt der Menschheit sich immer schneller dem Ende nähert. Die Auferstehung aus seinen Trümmern, aus dem Zusammenbruch alles Falschen, benötigt neuen gesunden Boden. Mehr denn je wird also die Menschheit in Zukunft der wirklichen Frau bedürfen, die, wissend um die Schöpfungsgesetze, den Sinn ihres Wirkens freudig erkennt. *Hier* liegt das Ziel der Frauenbefreiung: *geistig zu werden* – und damit die Quelle zum Ursprung der Menschheit wieder zu öffnen, für welche vor allem die Weiblichkeit von Anbeginn an den Schlüssel besitzt.

Es war die Aufgabe zu allen Zeiten vorhanden, war auch der Frau oft der Blick dafür getrübt. Goethe hat die Tragödie des »Faust«, den Menschheitsweg zwischen Licht und Dunkel, deshalb mit den richtungsweisenden Worten geschlossen:

»Das Ewig-Weibliche zieht uns hinan.«

Urwissen ist es aus fernsten Tagen; tragisch durch sein Vergessenwerden, doch hoffnungsvoll, wenn Sie jetzt erkennen: Das Schicksal der Menschheit erfüllt sich darin.

Die mißverstandene Gleichheit

*T*ief verwurzelt ist die Vorstellung, daß alle Menschen von ihrem Ursprunge her eigentlich gleich sein müßten. Die in der Folge unbestreitbar in Erscheinung tretende Verschiedenheit möchte man nur allzu gerne weitestgehend den Umwelteinflüssen zuschreiben, denen der Mensch im Laufe seines Lebens ausgesetzt ist. Jene Forscher, die auf Grund eingehender Untersuchungen vor allem die Vererbung als ausschlaggebend ansehen, wie etwa J. B. S. Haldane, Thomas H. Huxley und Hans-Jürgen Eysenk (»Die Ungleichheit der Menschen«, List-Verlag), wurden vielfach auf das heftigste angegriffen. Denn wenn der Vererbung der maßgebliche Anteil an der menschlichen Unterschiedlichkeit zukommt, dann ist der Mensch Umständen ausgeliefert, die sich seinem Willen entziehen und wie ein frivoles Spiel blindwütigen Schicksals erscheinen müssen. Die darin liegende Zufälligkeit rüttelt zutiefst an unseren Glaubensvorstellungen. Sie muß Zweifel erwecken am Wirken eines gerechten Gottes.

Wieder aber ist es nur der Mensch selbst, der durch sein falsches Denken Unklarheit und Verwirrung schafft. Wohl ist es richtig, daß die Menschen von ihrem Ursprunge her gleich geschaffen sind, das heißt gleiche Anlagen und Möglichkeiten zu ihrer Entwicklung in sich tragen, doch dieser Ursprung liegt für den einzelnen Menschen nicht in seiner jetzigen Erdgeburt.

Viele Leben auf dieser Erde sind ihr schon vorausgegangen. In diesen hat er die in ihm ruhenden Anlagen durch seinen Willen und durch Erfahrung schon in bestimmter Weise entfaltet. Mit dieser dadurch bereits gewonnenen Prägung, die in seinen Eigenschaften, Neigungen und Fähigkeiten Ausdruck findet, tritt er in sein jeweils neues Erdenleben. Der Mensch ist zu diesem Zeitpunkt also keineswegs mehr ein »unbeschriebenes Blatt«.

Diese Wiedergeburten – wohlgemerkt: stets als Mensch – sollten eigentlich für niemanden überraschend sein. Mehr als die Hälfte der Erdenmenschheit ist, wenn auch in mitunter etwas abgewandelten Vorstellungen, davon überzeugt. Für den abendländischen Menschen scheint dies allerdings dem fernöstlichen Glaubensgut zu entstammen. Aber dem ist nicht so.

Es sollen hier nicht die zahlreichen Zeugnisse auch westlicher Denker über die Wiedergeburt angeführt werden; darüber gibt es Schrifttum genug. Für unsere vorherrschend dem christlichen Glauben zugewandte westliche Welt muß es vor allem bedeutsam erscheinen, daß das Wissen von der Wiedergeburt einst auch an den Wurzeln dieser Lehre zu finden war.

Gerade die Bibel, die doch die Grundlage des christlichen Glaubens bildet, enthält nicht zu übersehende Hinweise auf das Wissen von der Wiedergeburt. So finden wir schon im Alten Testament im 90. Psalm den Vers:

»Ehe denn die Berge wurden und die Erde und die Welt geschaffen wurden, bist du, Gott, von Ewigkeit zu Ewigkeit. Der du die Menschen lässest sterben und sprichst: Kommt wieder, Menschenkinder!«,

und bei Maleachi (3, 23) finden wir die Verheißung der Wiederkunft des Propheten Elias. Elias aber lebte im 9. Jahrhundert vor Christus. Dennoch aber wurde, wie wir aus dem Neuen Testament erfahren, sowohl von Johannes dem Täufer wie auch von Jesus vermutet, daß sie der wiedergeborene Elias seien (Markus 6, 15; Matthäus 16, 13–14; Lukas 9, 18–19; Markus 8, 27–28). Man sprach, den genannten Evangelisten zufolge, im Volke von Jesus aber auch als einer Wiederkunft des Propheten Jeremias aus dem 7. vorchristlichen Jahrhundert oder des enthaupteten Johannes des Täufers. Zwar wies Jesus für seine Person diese Vermutungen zurück, keineswegs aber den Gedanken an die Wiedergeburt. Im Gegenteil: Er bestätigte, daß es sich bei Johannes dem Täufer um den wiedergeborenen Elias gehandelt habe! (Matthäus 17, 10–12; 11, 11–14)

Lassen schon diese Berichte deutlich erkennen, daß Jesus eine Wiedergeburt nicht ausdrücklich lehren mußte, weil sie zu seiner Zeit gar nicht bezweifelt wurde, so wird dieses Bewußtsein durch jene Schilderung besonders deutlich, die der Heilung des Blindgeborenen vorausgeht. Hier heißt es bei Johannes (9, 1–2):

»Und Jesus ging vorüber und sah einen, der blind geboren war. Und seine Jünger fragten ihn und sprachen: Meister, wer hat gesündigt, dieser oder seine Eltern, daß er ist blind geboren?«

Wer schon *vor* seiner Geburt gesündigt haben kann, muß aber schon vorher gelebt haben. Die Frage der Jünger schließt dies – nicht etwa zweifelnd, sondern als mögliche Ursache – ein. Der Evangelist bringt damit zum Ausdruck, daß auch für die

Jünger die Wiedergeburt außer Frage stand. Und Jesus hält ihnen nicht etwa die Unsinnigkeit einer solchen Annahme vor, sondern geht auf ihre Frage ein, indem er erklärt, daß »weder dieser gesündigt habe, noch seine Eltern«, sondern daß es sich hier, in diesem besonderen Falle, um ein Werkzeug Gottes handelt (Johannes 9, 3). Berücksichtigt man, daß das Evangelium ja erst geraume Zeit nach dem Tode Jesu niedergeschrieben wurde und dennoch diese Begebenheit nicht etwa weggelassen, anders gefaßt oder erläutert worden ist, so ergibt sich, daß jedenfalls auch über die Zeit Jesu hinaus der Wiedergeburtsglaube vorhanden war.

Es muß daher verwundern, daß das christliche Lehrgebäude, das sich doch auf diese biblischen Berichte gründet, das Wissen von der Wiedergeburt nicht mehr enthält, ja, diese sogar verneint.

Aber das war nicht immer der Fall. Noch bis zur Mitte des 6. Jahrhunderts war der Glaube an die Wiedergeburt auch im Christentum vorhanden. Er wurde vor allem von Origenes (185–254) vertreten, der als »der größte Gelehrte und weitaus fruchtbarste theologische Schriftsteller seiner Zeit, mehr noch, als der bedeutendste der Gesamtkirche vor Augustinus« bezeichnet wird. In seinem Hauptwerk »De principiis« (»Von den Ursprüngen«) gab er die erste systematische Darstellung der christlichen Glaubenslehre, die auch die Wiedergeburt umfaßte. Der ganze christliche Westen war, wie Basil Studer meint, um die Wende des 4. zum 5. nachchristlichen Jahrhundert mit der Lehre des Origenes vertraut.

Wie jede überragende Persönlichkeit rief freilich auch er Neider und Gegner auf den Plan. So wurden seine Lehren lange nach seinem Tode in die zahlreichen Glaubensstreitigkeiten hineingezogen, die damals die christliche Welt erschütterten.

Dazu gehörte unter anderem auch die Frage nach der Natur Jesu. Die sogenannten »Monophysiten« vertraten, vereinfacht ausgedrückt, den Standpunkt, Jesus sei »Gottmensch« in einer Person gewesen. Demgegenüber stand die Auffassung der »Dyophysiten«, die der Ansicht waren, Jesus habe *zwei* Naturen – Gott *und* Mensch – in sich vereinigt. Muß man sich allein schon über die Anmaßung wundern, daß Menschen sich für berufen erachteten, darüber zu befinden, so erscheint es für uns Heutige kaum glaublich, daß derartige Meinungsverschiedenheiten geeignet waren, das Gefüge des Römischen Reiches zu gefährden. Tatsächlich aber war es so, denn Staats- und Kirchenpolitik waren in diesen Jahrhunderten auf das engste miteinander verquickt.

Auf die zahllosen Wirren und Intrigen, die damit verbunden waren, sei hier nicht näher eingegangen. Sie sind ein düsteres Kapitel der Religionsgeschichte. Neben dem Streit zwischen Monophysiten und Dyophysiten tobte durch mehr als zwei Jahrhunderte auch ein Kampf über verschiedene andere Lehrmeinungen und Schriften, der als der sogenannte »Drei-Kapitel-Streit« in die Geschichte einging. Zur Zeit Justinians I. (527–565) erlebten diese Auseinandersetzungen einen neuen Höhepunkt. Justinian, der hervorragendste Vertreter *weltlicher* Kirchenmacht (»Caesaropapismus«), hielt sich, nicht zuletzt zur Erhaltung der Einheit des Reiches, berechtigt und verpflichtet, religiöse Belange bis ins kleinste selbst zu regeln und die Kirche den staatlichen Zwecken dienstbar zu machen. Nun war die politische Lage damals recht kritisch. Mehrere monophysitisch eingestellte Provinzen hatten sich gegen die Zentralmacht aufgelehnt; in Italien waren die Ostgoten eingefallen. Entschiedenes

SELBSTERKENNTNIS

Handeln tat not. Um den Glaubensstreitigkeiten ein Ende zu bereiten und die widerstreitenden Kräfte zu befrieden, berief Justinian im Jahre 553 eine ökumenische Synode – die fünfte ihrer Art – nach Konstantinopel ein. Um einem Verlangen der Dyophysiten zu entsprechen, trug er dieser Kirchenversammlung auf, einerseits die Lehren des Origenes zu verdammen, andererseits aber im erwähnten »Drei-Kapitel-Streit« eine Entscheidung zu treffen, die den Monophysiten genehm war, die ihrerseits den Lehren des Origenes anhingen. Beiden Teilen brachten die Beschlüsse also teilweise Zugeständnisse. Um diese Ausgewogenheit zu erreichen, schrieb der Kaiser selbst jene Punkte (Anathemata) vor, mit welchen die Verdammung der jeweiligen Lehrmeinungen auszusprechen war. Der Papst Vigilius I., der sich zunächst geweigert hatte, diese Beschlüsse zu bestätigen, durfte Konstantinopel erst verlassen, nachdem er sich hierzu bereit gefunden hatte. Damit erlangten die Ergebnisse jenes 2. Konzils von Konstantinopel für die Gesamtkirche Verbindlichkeit.

Es muß im Hinblick auf diese Tatsachen also festgehalten werden: Weder eine neue Offenbarung noch eine bessere Einsicht haben dazu geführt, daß der Glaube an die Wiedergeburt aus dem christlichen Bekenntnis ausgeschieden wurde. Vielmehr wurde mit dem Gesamtwerk des Origenes auch diese Lehre einer rein politischen Zweckmäßigkeit geopfert. Durch die vom Kaiser erzwungene Entscheidung aber wurde die abendländische Christenheit des Schlüssels zum Verständnis der Liebe und der Gerechtigkeit Gottes und ihres Daseinszusammenhanges beraubt. Seither schleppt sie dieses Erbe des Justinian und seiner Zeit als einengende Fessel mit.

Denn die Bedeutung dieses Ereignisses geht noch weiter. Auch die hier zu behandelnde Frage nach der Ursache der unbestreitbaren Ungleichheit der Menschen und der vermeintlich darin gelegenen Ungerechtigkeit des Schöpfers hatte nämlich in den Schriften des Origenes bereits eine Antwort gefunden:

»Da er [Gott] selbst der Grund war für das zu Schaffende und in ihm keine Verschiedenheit, keine Veränderlichkeit und kein Unvermögen war, schuf er alle Wesen, die er schuf, gleich und ähnlich, da es für ihn keinen Grund für Verschiedenheit und Mannigfaltigkeit gab. Aber da die Vernunftgeschöpfe selbst [...] mit der Fähigkeit der freien Entscheidung beschenkt sind, regte die Willensfreiheit einen jeden entweder zum Fortschritt durch Nachahmung Gottes an oder zog ihn zum Abfall durch Nachlässigkeit. Dies wurde für die Vernunftwesen [...] zur Ursache der Verschiedenheit; sie hat ihren Ursprung also nicht im Willen und der Entscheidung des Schöpfers, sondern im eigenen freien Entschluß [...]. Auf diese Weise wird der Schöpfer nicht ungerecht erscheinen, wenn er infolge vorausgehender Ursachen jedem nach Verdienst seine Stelle gibt; und man wird auch nicht glauben, Glück oder Unglück der Geburt und das besondere Geschick, das mit ihr gegeben ist, beruhten auf Zufall.« (De principiis II 9, 5–6)

Mag auf Grund des uns durch die Gralsbotschaft geschenkten Wissens hier manches noch zu ergänzen oder zurechtzurücken sein, so bleibt doch das Entscheidende: die Einsicht, daß die Verschiedenheit der Menschen sich als Folge ihrer in vorausgängigen Daseinswanderungen getroffenen Willensentscheidungen ergibt.

Heute noch sucht die Menschheit nach diesem achtlos weggeworfenen Wissensschatz. Die Forscher geraten in erbitterten Streit über die Bedeutung aufwendig erhobener Tatsachen, die sie zwar feststellen, aber nicht erklären können. Denn eine Wissenschaft, die das Geistige nicht einbezieht und es vom Stofflichen nicht zu trennen weiß, muß zu schiefen Ergebnissen gelangen und in Sackgassen münden.

Diese sind, wie stets, die äußersten Gegensätzlichkeiten:

»Heutzutage proklamieren die extremen Eugeniker, daß die Umwelt einen sehr geringen Einfluß hat, extreme Behavioristen hingegen, daß nichts außer ihr eine Rolle spielt«,

so kennzeichnete J. B. S. Haldane schon vor einem halben Jahrhundert die Lage (»The Inequality of Man«, Chatto & Windus).

Inzwischen hat sich freilich manches geändert. Selbst die verbissensten Verfechter der Milieutheorie können nicht länger behaupten, daß allein die Umweltbedingungen für die Unterschiedlichkeit der Menschen verantwortlich wären. Zu deutlich hat vor allem die Zwillingsforschung – insbesondere bei eineiigen Zwillingen, die getrennt unter gänzlich verschiedenen Bedingungen aufwuchsen – eine solche Auffassung widerlegt. Die bis ins einzelne reichende Gleichartigkeit auch solcher Personen in ihrem Gehaben, ihren Eigenheiten und Interessen verwies eindeutig auf eine Gemeinschaft der Anlagen schon von Geburt her. Wenn Eysenck demnach heute nur 20 Prozent der Verschiedenheit den Umwelteinflüssen zuordnet, 80 Prozent aber der Vererbung, dann ist er auf dem rechten Wege – und irrt dennoch.

Die Wissenschaft – und mit ihr der allgemeine Sprachgebrauch – bezieht nämlich den Begriff der Vererbung auf zwei völlig getrennte Erscheinungsformen: auf die körperliche Beschaffenheit, die dem Stofflichen zugeordnet ist, aber auch auf Eigenschaften, Neigungen und Fähigkeiten, die – zur *Persönlichkeit* des Menschen gehörig – Auswirkungen seines *Geistes* sind. Dieser Geist aber ist auf dem Wege vom Ausgangspunkt, an dem er noch allen anderen gleich war, durch vielerlei Leben zu jenem unverwechselbaren Ich geworden, das eben jene Verhaltensweisen – guter oder unguter Art – aus dem »Pfunde, mit dem es wuchern sollte« entwickelt und hervorgebracht hat. Dieses »Ich« bedarf nicht des »Erbguts« von seiten der Eltern, um seine Eigenart zu entfalten, es bringt sie schon mit.

Was der Mensch jedoch benötigt, ist jene Grundlage, die es ihm ermöglicht, dieser Beschaffenheit seines Geistes entsprechend dessen Entwicklung fortzusetzen. Die unverrückbaren Gesetzmäßigkeiten der Schöpfung sorgen dafür, indem sie den Geist bei seiner neuerlichen Erdgeburt in jene Verhältnisse führen, welche diese Voraussetzungen für ihn erfüllen. Ohne hier im einzelnen auf die sich dabei auswirkenden Einflüsse einzugehen, sei – um die von der Wissenschaft umstrittene Frage vom Grundlegenden her zur Klärung zu bringen – aus der Gralsbotschaft zitiert:

»*Der Volksmund sagt gar nicht mit Unrecht oft von dieser oder jener Eigenschaft des Menschen:* ›*Es liegt ihm im Blute!*‹ *Damit soll in den meisten Fällen das* ›*Ererbte*‹ *ausgedrückt werden. Oft ist es auch so, da* **grobstoffliche** *Vererbungen stattfinden, während geistige Vererbungen unmöglich sind. Im Geistigen* *kommt das Gesetz der Anziehung der Gleichart in Betracht, dessen Wirkung* äußerlich *im Erdenleben das Aussehen einer Vererbung trägt und deshalb leicht damit verwechselt werden kann.«* (Vortrag »Das Temperament«)

»Eigenschaften, die als ererbt angesehen werden, sind in Wirklichkeit nicht vererbt, sondern lediglich auf diese Anziehungskraft zurückzuführen. Es ist nichts geistig von Mutter oder Vater Ererbtes dabei, da das Kind ein ebenso abgeschlossener Mensch für sich ist, wie diese selbst, nur gleiche Arten in sich trägt, durch die es sich angezogen fühlte.« (Vortrag »Das Geheimnis der Geburt«)

Dieses große Schöpfungsgesetz der Anziehung der Gleichart also ist es, das auch bei Geburten *geistig* Verwandtes zusammenführt. Wir begegnen diesem Gesetz auch sonst, etwa in Gestalt der vielfältigen Interessengemeinschaften. Sie haben zu der sprichwörtlichen Erkenntnis geführt, daß »gleich und gleich sich gern gesellt«. Im Bereiche der Physik finden wir es als Resonanz, die Gleichgestimmtes zum Mitschwingen anregt. Dieses Gesetz bewirkt hier – grob beispielhaft –, daß etwa der Geizige bei Geizigen, der Herrschsüchtige bei Herrschsüchtigen geboren wird, wodurch er Gelegenheit erhält, unter *seiner* Art leidend, deren Fehlerhaftigkeit an sich selbst zu erleben und sich dadurch zu wandeln. In diesem Gesetz liegt auch die Erklärung für das Entstehen von Künstlergenerationen, die – angezogen durch die Gleichart ihrer Eltern – dem Gleichartigen immer wieder den Boden zur eigenen Entfaltung boten.

Daneben spielen freilich auch schicksalhafte Verflechtungen bei den Geburten eine Rolle. Aber auch dieses Schicksal, das den einen in diese, den anderen in jene Verhältnisse bringt, ihn arm oder reich, gesund oder bresthaft geboren werden läßt, bringt der Betreffende als Folge seiner Entschließungen aus den bisherigen Daseinswanderungen mit; es ist weder von den Eltern ererbt, noch liegen Zufall oder Willkür darin.

Von den Eltern stammend – oder besser gesagt: aus dem Wirken der Schöpfung bereitgestellt – ist nur der erdenstoffliche Körper, dessen der Geist sich in seinem neuen Erdenleben bedienen kann. Für diesen Körper – und nur für ihn – gelten die Mendelschen Vererbungsgesetze; sie begrenzen aber zugleich auch seine möglichen Abwandlungen.

Fassen wir also die Antwort auf die hier zu behandelnde Frage mit den Worten der Gralsbotschaft (Vortrag »Das traute Heim«) zusammen:

»*Kinder sind [...] alle ihren Eltern fremde Geister,* Eigenpersönlichkeiten, *welche nur durch ihre Gleichart oder irgendeine frühere Verbindung für die Inkarnierung angezogen werden konnten.*«

Mit der Einsicht, daß der weitaus größte Teil der menschlichen Vielfalt auf die »Vererbung« zurückzuführen ist, hat die Wissenschaft, so könnte man sagen, den Schlüssel schon zugefeilt, der das Tor zur Erkenntnis aufschließen könnte. Aber ihre Gebundenheit an nur Stoffliches im Verein mit einer unseligen Religionsentwicklung hat genau jenes Schloß vermauert, das zu öffnen er bestimmt wäre. Solange man bestenfalls die Zeugung als den Beginn des Lebens ansieht, gibt es ja hinter dem Begriff der »Vererbung« nichts mehr, was eine Deutung der festgestellten

Erscheinungen ermöglichen würde. So steht die Wissenschaft, wie Dr. med. Thomas Verny schildert, ziemlich ratlos vor einer Wand:

»Die Persönlichkeit läßt sich viel schwerer messen [Anm.: *als die Reaktion auf äußere Reize*], *und das ist vielleicht der Grund, warum die konventionelle Medizin generationenlang daran festgehalten hat, daß ein Neugeborenes keine besitzt. Man nahm an, daß es ein völlig unbeschriebenes Blatt sei und daß sich sein persönlicher Stil erst bilde, wenn es einiges an Lebenserfahrungen gewonnen hat. Neuere Forschungen stellen diese Ansicht in Frage. Alle 141 Säuglinge, die man in einer entsprechenden Untersuchung getestet hat, haben schon bald nach ihrer Geburt deutliche Unterschiede in Stil und Temperament erkennen lassen. Die Forscher haben nicht herausgefunden, wie und wo diese Unterschiede entstanden.«* (»Das Seelenleben der Ungeborenen«, Verlag Rogner & Bernhard)

Der Versuch einer Erklärung mit »Vererbung« allein vermag, wie man sieht, sogar die Forscher nicht ganz zu befriedigen. Diese Unklarheit über eine der Grundfragen des menschlichen Daseins aber ist – seien wir ehrlich – erschreckend. Denn das fehlende Wissen darüber, daß ein Erdenleben nur *einer* von vielen Abschnitten auf dem *geistigen* Entwicklungswege des Menschen ist, verhindert nicht nur eine überzeugende Erklärung der beobachteten Tatsachen, es führt auch in gesellschaftspolitischer Hinsicht zu gänzlich verfehlten Folgerungen. Denn auch die Gleichheit

»[...] ist immer noch die Parole derer – und es sind ihrer nicht wenige –, die mit Rousseau davon überzeugt sind, daß die Leiden

der Menschen eine Folge der unnatürlichen Einrichtungen der Gesellschaft sind und sie sämtlich durch politische Veränderungen gelindert, wenn nicht aufgehoben werden könnten.« (T. H. Huxley bei H. J. Eysenck, a. a. O.)

Niemand wird bestreiten, daß unsere aus menschlichem Irren erwachsene Lebensordnung weit davon entfernt ist, die »beste aller Welten« zu sein. Aber ihre Verbesserung muß Schritt für Schritt aus dem immer besseren Verständnis der Schöpfungsgesetze und der sich daraus ergebenden Zusammenhänge und Notwendigkeiten erfolgen. In dem Bestreben, der vermeintlichen Ungerechtigkeit entgegenzuwirken, die man in der ungleichen Ausgangslage des Einzelmenschen erblickt, glauben die Vertreter mancher politischen »Heilslehren« jedoch, mit Hilfe der Gesetzgebung eine Einebnung vornehmen zu müssen. Sie fühlen sich berufen, das ihrer Meinung nach mangelhafte Schöpfungswerk durch *ihre* Vorstellung von Gerechtigkeit zu verbessern.

Damit aber handeln sie den Schöpfungsgesetzen zuwider. Sie erschweren damit, ja, verhindern sogar die Erfüllung gerade jener Aufgabe, die der erdenmenschliche Daseinszweck ist: die *Weiterentwicklung des Geistes.* Das aber verlangt, daß der Geist von jener Stufe aus, bis zu welcher er als Ergebnis seines bisherigen Seins gelangt ist, fortschreiten kann. Diese Stufe *muß* auf Grund der schon vorausgegangenen Erlebnisvielfalt, die für jeden anders war, unterschiedlich sein. Hier eine Gleichart irdisch erzwingen zu wollen, bedeutet, den höher Entwickelten zurückzuhalten, den minder Gereiften aber auf eine Stufe heben zu wollen, auf der er sich infolge der fehlenden geistigen Voraussetzungen nicht zu halten vermag und die ihm daher keinen Nutzen bringt.

Zu welchen aberwitzigen Ergebnissen ein solcher dogmatischer Starrsinn führen kann, läßt sich aus den Äußerungen einer schwedischen Politikerin (»Myrdal-Report«) ersehen:

»Die Gesellschaft muß dort eingreifen, um das Gleichgewicht wieder herzustellen, wo die Natur allzu große Ungleichheiten geschaffen hat. Es gibt keine Berechtigung dafür, daß die mit Begabung und Leistungsvermögen extrem gut ausgerüsteten Menschen einen höheren Lebensstandard und größere Chancen bekommen sollen als die übrigen Menschen.«

Bildhaft wurde dieses Ziel dahingehend umschrieben, daß es gälte, »aus einer Wiese voll bunter Blumen einen einheitlichen Rasen zu machen.« Dabei lehrt doch schon jeder Blick in die Umwelt, daß gerade die Vielfalt der Farben, Töne und Arten die Lebendigkeit der Schöpfung ausmacht. Wie also könnte der Mensch davon ausgenommen sein. Gibt nicht schon die Fülle der Rassen, Völker und Sprachen – jeder Versuch einer »Einheitssprache« ist schon im Keim erstickt! – Zeugnis von einer grundlegend *unbehebbaren* Verschiedenheit, die sich dann eben – wie stets in der Schöpfung – bis zum einzelnen fortsetzt?

Jeder Versuch der Einebnung, Gleichschaltung, Vermassung bedeutet daher einen schädlichen Eingriff. Er führt die Menschen in die ihrer gottgewollten Entwicklung entgegengesetzte Richtung, denn

»[…] sie verlieren nach und nach das ausgesprochene Einzelpersönliche, *was sie als geistig seiend kennzeichnet und deshalb auch dazu verpflichtet. Damit schieben sie das in dem Gotteswillen*

für sie liegende Gebot achtlos zur Seite und machen sich zu einer Art von Gruppenseelen, die sie in ihrer Beschaffenheit nie wirklich werden können.« (GB »Familiensinn«)

Der Gruppenseele nämlich entstammt der belebende Kern der Tiere, die nichts Geistiges in sich tragen. Der eingeebnete, zum »Einheitsgeschöpf« gewordene, seiner ureigensten Persönlichkeit beraubte Mensch hätte damit genau das verloren, was ihn vom Tier – und von den übrigen Geistgeschöpfen – unterscheidet: den erreichten Entwicklungsstand *seines* Geistes. Es ist ja nicht von ungefähr, daß die Masse viel leichter zu beeinflussen ist als der einzelne, daß gerade im Massenwahn Taten begangen werden, zu denen der einzelne nie fähig wäre. Das Eingebettetsein in die Menge bringt Verantwortungslosigkeit – so meint man leichthin – ihrer Glieder mit sich.

In »Die Armut der Psychologie« (Scherz-Verlag) schreibt Artur Köstler:

»Die Mentalität der Gruppe ist also nicht die Summe individueller Geisteshaltungen; sie besitzt vielmehr ihr eigenes Muster und gehorcht ihren eigenen Gesetzen, die man nicht auf die Gesetze des individuellen Verhaltens ›reduzieren‹ kann. Der einzelne ist kein Killer, die Gruppe ist es, und indem er sich mit ihr identifiziert, wird er in einen Killer verwandelt.«

Deutlicher kann sich doch kaum noch erweisen, daß hier der Geist nicht mehr die Kontrolle ausübt!

Die Verfechter derart unsinniger Einebnungen machen sich daher – auch wenn sie meinen, das Beste zu tun – in Wahrheit zu einem Werkzeug des Dunkels. Geleitet nur vom erdgebundenen Verstand, verschließen sie sich der Einsicht, daß nicht die Gewähr für irdisches Wohlergehen, sondern für die unbehindert fortschreitende Geistesentwicklung die Aufgabe jener wäre, die für die Gestaltung der menschlichen Gemeinschaft verantwortlich sind. Aber:

»*Der Mensch kann sich nicht sträuben in den Dingen, denen er wie jede Kreatur insoweit unterworfen ist, daß er niemals etwas erreicht, wo er nicht den in diese Schöpfung eingewobenen, lebendigen Gesetzen Rechnung trägt. Wo er dagegen handelt und sie nicht beachtet,* muß *er Schiffbruch leiden früher oder später. Je später, desto heftiger. Dabei hat jeder Führer auch die Hauptverantwortung zu tragen für das, was er verfehlt durch seine falsche Einstellung.*« (GB »Schönheit der Völker«)

Wenngleich Eysenck zwar nur die »Vererbung« als die weitaus überwiegende Ursache der persönlichen Verschiedenheiten ansieht, legen seine Vorstellungen von der menschlichen Lebensgestaltung unbewußt genau jene Gegebenheiten und Notwendigkeiten zugrunde, auf die es bei der Entwicklung des Geistes ankommt:

»*Toleranz gegenüber anderen Ansichten, anderen Lebensgewohnheiten und anderen Vorstellungen von Recht und Ordnung ist nicht nur ein wünschenswerter Aspekt demokratischen Lebens; sie ist von entscheidender Bedeutung dafür, daß wir die spezifisch menschliche Fähigkeit bewahren, in Anpassung an wechselnde Umstände unsere Verhaltensweise zu ändern. Die*

Ungleichheit der Menschen braucht als Gegenmittel die Duldsamkeit gegenüber den individuellen Unterschieden.« (a. a. O.)

Die »anderen Ansichten, Lebensgewohnheiten und Vorstellungen« sind ja in Wahrheit das Ergebnis der höchstpersönlichen Geistesentwicklung, die der einzelne Mensch im Verlaufe seiner bisherigen Lebenswege vorgenommen hat. Diese weitgehend schon *mitgebrachte* Formung an die »wechselnden Umstände anzupassen«, bedeutet nichts anderes, als an ihr weiterzuarbeiten durch die aus beständig neuem Erleben gewonnene Erfahrung. Denn dadurch wird ihm auf Grund der unverrückbaren Schöpfungsgesetze die Antwort über Richtigkeit oder Unrichtigkeit seines Denkens, Wollens und Tuns.

Jedem Menschen diesen Lernprozeß zu ermöglichen, den er nach *seiner* Art zu durchlaufen hat, das heißt: ihn nicht zu behindern. *Darin* liegt die Gleichheit, die ihm hier auf Erden zu gewähren ist. Auf diese Gleichheit hat er Anspruch. Denn in der Achtung seiner Persönlichkeit erfüllt sich die wahre, geistige Bedeutung des grundlegenden Schöpfungsgebotes: *»Liebe Deinen Nächsten wie Dich selbst!«*

Wohin führt die Mode?

BAND 2

Viele Menschen sind bestrebt, als modern zu gelten, nicht zurückzubleiben hinter dem Fluß unserer Zeit. Die Werbung ist gezielt darauf abgestellt: Nur der moderne Mensch ist »in«, wie jetzt das Modewort lautet. In der Beengtheit ihres Denkens ahnen die derart Ansprechbaren gar nicht, wie sehr sie sich selbst den Stempel geistiger Armut aufdrücken. Denn für den geistig freien Menschen kann es kaum eine größere Beleidigung geben als den Vorwurf, modern sein zu wollen.

Das Wort »modern« ist abgeleitet von »Mode«. Nicht die kosmische Ordnung, nicht die Natur, weder Pflanzen noch Tiere kennen die Mode. Sie folgen den allgültigen Gesetzen des Wandels, die ihrerseits unverrückbar sind. Mode ist nichts als menschliches Machwerk. Es ist nicht von ungefähr, daß das Wort »modern« sich nur in der Betonung unterscheidet von »modern«. Als Menschenwerk trägt Mode die Vergänglichkeit schon in sich.

Dennoch ist sie nicht schlechthin zu verdammen. Schon die Römer wußten einst, daß sich nicht nur die Zeiten, sondern auch wir uns mit ihnen ändern. So betrachtet ist Mode als Ausdruck dieses Wandels, der auch nach *sichtbarer* Veränderung verlangt, durchaus berechtigt und hat ihren Platz in der Geschichte.

Was wir aber heute als Mode erleben, unterscheidet sich davon gewaltig. Diese Mode entspringt nicht einem inneren Wandlungsprozeß, sondern geschäftlichen Interessen. Sie gründet sich nicht auf echtes Bedürfnis, ist nicht gewachsen, sondern gewollt. Ihre Aufgabe ist es, durch eine künstliche Überalterung des noch vollauf Tauglichen unechte Bedürfnisse zu erwecken, um dadurch den Verbrauch zu erhöhen. Anders wäre es nicht zu erreichen, daß immer mehr Menschen damit befaßt sind, immer mehr Güter zu erzeugen, die kaum jemand wirklich benötigt. Dieses Suchtgift des Mode-Bewußtseins braucht unsere längst schon zum Selbstzweck entartete Wirtschaft.

So zwingt die Mode den Menschen immer tiefer in ein seiner wahren Bestimmung zuwiderlaufendes Dasein, sowohl durch die Herstellung wie durch das Streben nach dem Erwerb letztlich sinn- und nutzloser Güter. Deshalb ist der »moderne« Mensch so sehr zu bedauern. Die heutige Mode ist das Geschöpf einiger weniger, die sich gewerbsmäßig damit befassen, immer neue solcher Fetische zu liefern. Der Modebeflissene anerkennt diese Götzen als seine Herren. Er macht sich damit zum Sklaven fremden Wollens und bindet sich durch diese Abhängigkeit, anstatt seiner *eigenen* Überzeugung zu folgen.

Nun ist aber die Entwicklung des Selbst-Bewußtseins, der Eigenpersönlichkeit gerade der Zweck erdenmenschlichen Lebens. Man muß sich dies vor Augen halten, um die hintergründige Gefährlichkeit zu erkennen, die in dem Begriffe »Mode-Bewußtsein« liegt, das durch die Werbung als geradezu unerläßlich dargestellt wird. Beide Zielsetzungen wenden sich ja an das Bewußtsein, doch die eine verlangt Arbeit an sich selbst, die andere schmeichelt der Eitelkeit, dem Dünkel. Durch äußerliches Geltenwollen soll ersetzt werden, was an Gelten-Können der Persönlichkeit fehlt. Schein tritt an die Stelle von Sein, Tand an die Stelle unverlierbarer Werte. So werden die Wegweiser verstellt, so daß sie zu falschen Zielen leiten. Wie treffend erscheint es doch, von jenen, die diesen falschen Zielen zustreben, zu sagen, sie seien »in«. Dieses Wort zeigt ja die Begrenztheit, die Abhängigkeit auf, denn »in« etwas sein kann ja nur, wer umschlossen, also in seiner Bewegungsfreiheit eingeschränkt ist. »In«-Sein bedeutet schon sprachlich das Gegenteil von Freiheit, es klingt darin der Käfig, die Falle an, in die man hineingegangen ist. Der Eindruck der Geborgenheit, den das Wort zu vermitteln scheint, ist trügerisch. Die Anlehnung an andere, die es ebenso halten, von denen man sich nicht abhebt, ergibt sich zwar als logische Folge der Breitenwirkung modischer »Trends«, es ist aber in Wahrheit ein Aufgehen des einzelnen in der gestaltlosen Masse jener, die bereit sind, sich ohne eigenen Willen hierhin und dorthin gängeln zu lassen, so daß keiner dem anderen Stütze sein kann.

Der Zwang, im Interesse ständigen Wirtschaftswachstums in immer rascherer Folge Neues bringen zu müssen, aber führt letztlich dazu, daß wirklich Neues gar nicht mehr möglich ist. Immer mehr ist man genötigt, auf Schon-Dagewesenes aus vergangenen Epochen zurückzugreifen. So ergibt sich eine Art Zeitraffereffekt. Die Mode unserer Tage ist im Begriffe, streiflichtartig die Vergangenheit zu durcheilen. In gedrängter Form erleben wir in kurzer Spanne noch einmal einen Zweig menschlicher Entwicklungsgeschichte. Damit aber erhebt sich das heutige Modestreben über vermeintliche Banalität hinaus. Es wird darin das Walten einer Gesetzmäßigkeit spürbar, der die Modeschöpfer unbewußt gehorchen. Solche gedrängten Wiederholungen von schon Erlebtem stehen stets an besonderen Wendepunkten des Daseins. So wird auch das modische Kaleidoskop zu einem Zeichen der Besonderheit unserer Tage, deren Hindrängen auf eine gewaltige Umgestaltung unverkennbar ist. Mehr Menschengeister als je zuvor bevölkern heute die Erde. Doch keiner von ihnen ist zum erstenmal hier. Sie alle haben schon zu den unterschiedlichsten Zeiten gelebt. Das flirrende Spektrum modischer Erscheinungen führt daher zu Ringschlüssen vielfacher Art. Es bringt die Geister der heute lebenden Menschen mit ihrer Vergangenheit auch äußerlich nochmals in Berührung.

Doch der immer rascher werdende Wechsel zeitigt zugleich eine seltsame, neuartige Erscheinung. Daß der ältere Mensch nur zögernd bereit ist, sich modischen Richtungen anzupassen, kann nicht überraschen. Aber selbst die Jugend vermag dem Tempo der Veränderung heute kaum noch zu folgen. So kommt es, daß die Mode sich mehr überlagert. Was vorgestern neu war, wird noch getragen, die Mode von gestern hat eben Publikumsbreite gewonnen, und schon rollt die nächste Welle heran. Hinzu kommt die Uneinheitlichkeit zeitgleicher modischer Ideen, die die Verwirrung vervollständigt. Selbst der »modebewußte« Mensch weiß kaum noch, woran er sich halten soll. Jede Zeit hatte modisch bisher ihr Gesicht. Unsere Zeit hat keines mehr. Das allerjüngste Modeprogramm, bunte Flicken zusammenzusetzen und vorbedacht disharmonische Farben, unpassende Kleidungsstücke zu kombinieren und Stoffränder einfach abzureißen, ist wie ein letzter Aufschrei des Menschen, der den Einklang mit der Harmonie der Schöpfung und damit seinen Daseinshalt verloren hat. Die Stil- und Richtungslosigkeit, die Zerrissenheit der heutigen menschlichen Verfassung könnte kaum deutlicher Ausdruck finden.

Doch gerade diese Vielschichtigkeit öffnet dem einzelnen wieder den Weg in die Freiheit der persönlichen Entscheidung. Die Überlagerung vielfältigster Moden bringt es nämlich mit sich, daß zur selben Zeit praktisch alle Extreme und Zwischenstufen tragbar erscheinen, da kaum noch zu unterscheiden ist, was noch zur Mode von gestern oder vielleicht schon zu jener von morgen gehört.

Dies sieht man deutlich an allen Plätzen, an denen der modisch willfährigste Teil der Bevölkerung, die Jugend, zusammenkommt. Da ist vom Super-Mini bis zum bodenlangen Maxirock, von den hautengen Pullis und Hosen bis zum wallenden Gewand, von der Felljacke bis zum fast nackten Oberkörper alles zu sehen. Sie gehen ebenso barfuß wie in schenkelhohen Stiefeln, mit flachen Sandalen oder hochhackigen Schuhen. Da sieht man rückenlang wallendes Haar neben kahlgeschorenen Schädeln, glatte Strähnen neben Afro-Look. Das Modediktat hat sich überschlagen. Es wird befolgt und dadurch zugleich überwunden: Jeder trägt schließlich, was ihm gefällt. Darin aber zeigt der Mensch seine Art. Auf großen Umwegen muß er wieder dahin zurück, wohin das Gebot dieser außergewöhnlichen Zeit ihn zwingt: sich selbst – mag es auch ungewollt sein – zu verwirklichen. Denn alles muß jetzt an das Licht, so will es das Schöpfungsgesetz. Es muß sich zeigen, auswirken. Ob der Mensch in sich harmonisch oder zerrissen, in seinem Wesen aggressiv oder einfühlsam ist, ob schamlos oder zurückhaltend, jeder muß es schon in seinem Äußeren zeigen. Derjenige, der der Mode kritisch prüfend gegenübersteht und nur annimmt, was seiner Art gemäß ist, vollzieht diese Verwirklichung, so wie es sein soll, sich seiner selbst bewußt. Der fehlgeleitete »Modebewußte« hingegen verliert immer mehr dieses Bewußtsein, weil sich alles um ihn immer schneller im Kreise dreht. Er greift dann im Glauben, »modisch« zu sein, aus der Fülle der Möglichkeiten, dem inneren Gesetze *zwangsläufig* folgend, heraus, was zu ihm in wesensgemäßer Beziehung steht. Auch er verwirklicht sich solcherart – unbewußt.

So steht, ohne daß ihre Urheber dies beabsichtigt hätten, auch der Wirbel heutiger Modetorheit letztlich im Dienste jenes sichtenden und richtenden Strahles, der jetzt die Menschen trifft, so daß sie sich zeigen müssen, wie sie *sind*.

Der gutgemeinte Irrtum

Unter dem Titel »Wie Menschen eine Welt verbessern wollten – und sie dabei zerstörten« berichtet C. Dietrich Dörner, ehemals Professor für Psychologie an der Universität Gießen, in der Zeitschrift »Bild der Wissenschaft« (Nr. 2/75) von einem aufschlußreichen Versuch: Zwölf besonders qualifizierten Personen verschiedener Fachrichtungen war die Aufgabe gestellt worden, in einem angenommenen Entwicklungsland »bessere Lebensbedingungen« zu schaffen. Was darunter zu verstehen sei, wurde nicht gesagt. Die Ausgangslage nahm Verhältnisse an, wie sie tatsächlich angetroffen werden könnten. Die von den Versuchspersonen verfügten Maßnahmen wurden dann über Computer durchgespielt. Trotz der einhelligen Absicht, Vorteilhaftes zu bewirken, endete dies in elf Fällen mit einer – aus unterschiedlichen Ursachen hervorgerufenen – Katastrophe. Einem einzigen Teilnehmer gelang es, *»das System auf einem hohen Niveau zu stabilisieren.«*

Zweck des Versuches war die psychologische Durchleuchtung der Behandlung *wirtschaftlicher* Probleme. Seine Bedeutung aber reicht über den abgesteckten Rahmen hinaus. Im Kleinen spiegelt sich ja stets auch das Große. Die heute allgemein geübte »Hochrechnung« beruht auf dieser Erkenntnis. So läßt auch hier der winzige Ausschnitt Grundsätzliches sichtbar werden, zumal die Versuchspersonen als angehende Wissenschaftler zu jenen Kreisen zu zählen sind, die maßgeblich das Bild unserer Welt bestimmen. Das Experiment wird somit zu einem Blick in den Spiegel. Es gestattet, die Ursachen unserer heutigen Krise zu erkennen.

Dörner schreibt nämlich:

»Die Ereignisse hätten sich nicht notwendigerweise so vollziehen müssen, wie sie stattfanden. Es gab andere Möglichkeiten.«

Die Katastrophen, die elf von zwölf Versuchspersonen hervorriefen, waren demnach vermeidbar. Wie aber kam es zu dem Mißlingen?

An erster Stelle nennt Dörner die Nichtbeachtung der *wechselseitigen Abhängigkeit* innerhalb der vorgegebenen Bedingungen. Die Versuchspersonen trugen der *Lebendigkeit* des Systems nicht Rechnung. Wir können ergänzen: Sie übersahen, daß sie in einen Organismus eingriffen, der seinerseits bestimmte Bedingungen für sein Wohlergehen benötigt. So traten unbeabsichtigte Nebenwirkungen ein, die den angestrebten Erfolg zuletzt ins Gegenteil verkehrten.

Zur Kennzeichnung dieser Abhängigkeiten gebraucht Dörner den Ausdruck »Vernetztheit«. Mag es sich dabei auch nicht gerade um eine gefällige Wortschöpfung handeln, so ist sie doch vielsagender als das Modewort »komplex«.

»Vernetztheit« bezeichnet ein Verflochtensein durch Fäden und Verknotungen. Von einer solchen Verflochtenheit hat, auf die gesamte Schöpfung bezogen, Abd-ru-shin in seiner Gralsbotschaft gesprochen. Wir können sie sogar in unserem Körper feststellen. Denken wir etwa an die Verflechtung der Nervenfasern oder der Blutgefäße, im besonderen der »Netzhaut« des Auges. Heute muß die Wissenschaft im Rahmen ihres *gesamten* Erkenntnisbereiches eine solche Vernetztheit einräumen. Da ihr Wesen aber gerade in der mangelnden Abgrenzbarkeit der Zusammenhänge besteht, läßt sich dieses Bild getrost auch auf die jenseits unserer Sinneswahrnehmung liegenden Vorgänge erweitern. Die Vorstellung eines solchen Netzwerkes, innerhalb dessen wir Verbindungen knüpfen, muß sogar schon vor langer Zeit vorhanden gewesen sein. Wie käme unsere Sprache sonst dazu, menschliches Handeln als »Wirken« zu bezeichnen, sich also des gleichen Ausdruckes zu bedienen, den sie für das Ineinanderschlingen von Fäden verwendet. In weitem Bogen gelangt die Wissenschaft zu alten Einsichten zurück.

Als weiteren Grund für das Scheitern der gutgemeinten Bemühungen führt Dörner an, daß das »exponentielle Wachstum« nicht berücksichtigt wurde. Die Versuchspersonen gingen von der Annahme gleichmäßigen Zuwachses aus. Sie übersahen das sich aus der Rückwirkung ergebende Anschwellen, das eine immer schnellere Aufschaukelung bewirkt.

Die Wissenschaft hat diese Erscheinung erst in neuerer Zeit festgestellt. Sie ist aber nur die natürliche Folge des Schöpfungsgesetzes der Wechselwirkung in Verbindung mit jenem der Gleichart. Denn jeder Eingriff in ein »vernetztes System« schlägt oder belebt, wie man jetzt zu erkennen beginnt, »Fäden« in diesem von lebendiger Kraft erfüllten Wirkungsnetz. Ein solches aber entsteht ja nur dadurch, daß eine Mehrzahl von Fäden dann an einer *Knotenstelle* zusammenläuft.

Nun ist uns bekannt, daß etwa eine Stimmgabel nur eine gleichgestimmte zum Mitschwingen bringt; daß Sender und

Empfänger auf gleicher Welle arbeiten müssen; daß »gleich und gleich sich gerne gesellt«. Es sind dies Beispiele dafür, daß das Aufeinander-abgestimmt-Sein eine Grundlage für das Zusammenwirken, Zusammenschließen ist. Dieses Gesetz der Anziehung der Gleichart führt also das einander Entsprechende zusammen. So mündet jeder von uns ausgehende »Wirkungsfaden« in einem seine Gleichart zusammenfassenden Knoten, der für diese eine Zentrale darstellt. Die heute nicht mehr bezweifelte Wechselwirkung, die jedes Verhalten hervorruft, wird von dort gespeist und dadurch verstärkt.

Schon in der Bibel wurde gesagt, daß »wer Wind sät, Sturm ernten werde«. Auch die Gralsbotschaft hat auf diese Auswirkung der Schöpfungsgesetze verwiesen. Das mit Überraschung festgestellte »exponentielle Wachstum« hätte demnach längst schon bekannt sein müssen.

Wir sehen also: Ursache für das Fehlschlagen der hier behandelten Bemühungen war mangelnde Kenntnis der Schöpfungsgesetze, von denen zu erfahren der Mensch bereits die Möglichkeit hatte.

Hinzu kommt, wie Dörner feststellte, das Fehlen einer klaren Zielvorstellung. Alle Versuchspersonen wollten zwar, daß es den Menschen des imaginären Landes »besser gehe«, sie wußten aber selbst nicht, worin dieses bessere Leben bestehen sollte. Ihre Entscheidungen entbehrten weitschauender Planung. Sie waren auf Nahziele ausgerichtet.

Auch damit wird Allgemein-Menschliches aufgedeckt. Denn wie viele – oder besser gesagt: wie wenige – Menschen kennen wirklich den Sinn ihres Lebens? Wer aber kann sinnvoll handeln ohne Kenntnis des Zweckes? Dörners Bemerkung wächst sich zu einer erschütternden Feststellung aus: Die Unkenntnis unserer Daseinsbestimmung führt rundum Katastrophen herbei. Denn jeder Versuch, unsere Welt zu gestalten, krankt ja an der Verhülltheit des Zieles, dem alle Bemühungen, sich vereinigend, zustreben sollten. Wir maßen uns an, die Welt zu verbessern – ohne zu wissen weshalb und wozu.

Jene elf Versuchspersonen, die Katastrophen ausgelöst haben, beriefen sich entschuldigend darauf, daß sie doch nur »das Beste wollten«. Es mag zunächst erschreckend sein, daß die gute Absicht offenbar bedeutungslos ist. Sind sittliche Werte also wirklich nur unnötiger Ballast? Betreibt man ihren Abbau demnach zu Recht? Fast sieht es aus, als müßte man dies bejahen. Aber die Frage geht von einer falschen Annahme aus. Sie unterstellt, daß der Mensch *weiß,* was das Beste ist. Wie aber kann ein Geschöpf, das seine eigene Bestimmung innerhalb des »Systems« nicht kennt, zu einer solchen Beurteilung fähig sein? Niemand kann daher selbstherrlich sagen: »Ich habe das Beste gewollt«, sondern nur: »Ich habe gewollt, was *ich* für das Beste hielt.« Damit aber verliert dieser Satz die Eignung, als Entschuldigung zu dienen. Wird er nicht von der Demut des Suchenden getragen, entlarvt er sich als Ausdruck des Dünkels, der das eigene begrenzte Begreifenkönnen zum Maßstabe der Richtigkeit nehmen will.

Welches Chaos aber wäre die Welt, würde das Beste darin bestehen, was der einzelne dafür hält! Beglückende Weisheit ist es doch, daß wir gezwungen sind, ein für uns *alle* verbindliches Richtmaß außerhalb unserer Selbst zu suchen. Daß es nicht darauf ankommt, das Beste zu *wollen,* sondern allein darauf, das Rechte zu tun! Denn richtig oder falsch hat nur *einen* Maßstab:

des Allewigen heiligen Willen. In seiner Vollkommenheit hält er für jedes Geschöpf das Beste bereit.

Die Unbedingtheit der Schöpfungsgesetze, in denen dieser Wille lebendig ist, hebt die sittliche Wertung unseres Handelns aber nicht auf. Sie wirkt sich nur anders aus, als jene meinen, die sich darauf berufen. In der Rechtsordnung erachten wir es als selbstverständlich, daß ein Strafmilderungsgrund (wie etwa Unerfahrenheit, Gelegenheit, Verleitung und andere), der dem Täter zugute kommt, die *Tat* und ihre Folgen unberührt läßt. Wie also kann es uns wundern, daß auch in der allgültigen Ordnung der Schöpfung ein gutes Wollen nichts am *Ergebnis* verändert, das sich in Auswirkung des gefaßten Entschlusses zwangsläufig – das heißt nach dem zwingenden Laufe der Schöpfungsgesetze – einstellen *muß*. Die gute oder böse Absicht, der Innenwelt zugehörig, findet nur dort ihren Niederschlag. Will jemand das Böse, so handelt er bewußt dem Rechten entgegen; will er, wenn auch irrend, das Gute, so wird es ihm leicht, aus seinem begangenen Fehler zu lernen, weil er für die Einsicht des Rechten sich nicht selbst verschlossen hat. Der Beweggrund des Handelns ist also *für den Handelnden* sehr wohl von Bedeutung. Der Wunsch, es nächstens besser zu machen, führt nämlich zur Lösung aus der selbstbewirkten Verstrickung.

Ist der Mensch aber bereit, sich, aus der Erfahrung lernend, leiten zu lassen? Die Lebendigkeit des Systems, in das er hineingestellt ist, verlangt auch von ihm, sich den Rückwirkungen seiner Entschlüsse anzupassen, um nicht durch seine Starrheit zu stören. Der hier behandelte Versuch erbrachte auch dazu ein leider sehr bezeichnendes, wenngleich auch nicht überraschendes Ergebnis. Dörner schreibt:

»Die Versuchspersonen waren in den ersten zwei bis drei Sitzungen zwar intensiv darum bemüht, sich ein Gedächtnisbild unserer Modellwelt zu schaffen; nachdem dieses aber einmal entstanden war, machten sie kaum noch Anstrengungen, es zu korrigieren. Ganz im Gegenteil zeigte sich in der zweiten Versuchshälfte eine gewisse ›Einkapselungstendenz‹.

Dementsprechend betrafen die Überlegungen der Testpersonen nun nicht mehr so sehr das Gesamtsystem, sondern eher die von ihnen in Gang gesetzten Projekte. Die eigenen Maßnahmen, die ursprünglich im Hinblick auf die Gesamtsituation geplant worden waren, verselbständigten sich oft und nahmen dann die Stelle des eigentlichen Problems ein.«

Ist es nicht, als würde aus höherer Sicht das Geschöpf »Mensch« unter die Lupe genommen? Selbst in diesem winzigen Ausschnitt zeigt er sich in seiner erschreckenden Armseligkeit: Unwissend um den *wirklichen* Nutzen, ohne Einblick in das Getriebe der Schöpfung, dickköpfig-dünkelhaft, sucht er durchzusetzen, was ihm *für den Augenblick* wünschenswert erscheint.

Doch nicht nur das Modell, die dem Menschen anvertraute Welt ist es ja, die er in dem Bestreben, sie zu verbessern, stets weiter zerstört. Im inneren wie im äußeren Lebensbereich muß sie sich mit Fieberschauern seines törichten Handelns zu erwehren suchen. Die Wiederherstellung der verletzten natürlichen Ordnung durch die unabdingbaren Schöpfungsgesetze bezeichnet der Mensch dann als »Katastrophe«, weil er unfähig ist, die *Hilfe* zu sehen, die das Scheitern seiner Pläne in Wahrheit bedeutet. –

Dörner findet eine Erklärung darin, daß die Vernetztheit komplexer Systeme für den Menschen eben unüberschaubar sei. In seine Resignation aber mischt sich eine – von ihm noch gar nicht erkannte – Hoffnung, wenn er beifügt:

»*Das Unvermögen, mit dem System fertig zu werden, schien eher ein Effekt der Tatsache zu sein, daß die Versuchspersonen nicht über die ›Denkwerkzeuge‹ verfügten, die für den Umgang mit komplexen Systemen entscheidend sind.*«

Diese Feststellung ist für den Kenner der Gralsbotschaft besonders bemerkenswert. Die ausgewählten Kandidaten besaßen nämlich – wie Dörners Bericht hervorhebt – einen Intelligenzquotienten, der höher war als jener von 93 Prozent der Gesamtbevölkerung. Sie gehörten demnach zu einer intellektuellen Elite. Wenn sie dennoch nicht in der Lage waren, ihre Aufgabe sachgerecht zu lösen, so beweist dies, daß der Verstand allein nicht das geeignete Mittel ist, um jene weiter ausgreifenden Zusammenhänge zu erfassen, deren Berücksichtigung im Rahmen des Netzwerkes der Schöpfung unerläßlich ist. In dem vorstehend wiedergegebenen Satz leuchtet daher etwas wie das Morgenrot einer neuen Erkenntnis auf. Sie könnte geeignet sein, dereinst den Verstand von seinem angemaßten Throne zu stürzen.

Denn der Mensch hat die Möglichkeit, auch in das Zusammenwirken »komplexer Systeme« Einsicht zu gewinnen; er macht aber kaum Gebrauch davon. Im vorstehenden Zitat wurden ja nur die *Denk*werkzeuge als unzulänglich befunden. Denken aber ist Verwertung gespeicherter Information zum Zwecke ihrer *irdischen* Anwendung. Diese Art der Betätigung unseres Gehirns, die auch von Maschinen ausgeübt werden kann, darf nicht *allein* die Richtung unseres Lebens bestimmen.

Eine verläßliche Richtungsanzeige wird heute schon von vielen vermißt. So schreibt etwa in einem Massenblatt wie der »Bunten Illustrierten« (Nr. 14/75) der ehemalige deutsche Bundeskanzler Prof. Dr. Erhard:

»Nicht die Welt selbst ist in den letzten Jahren aus den Fugen geraten. Vielmehr will mir scheinen, daß uns – den Erdenbürgern – der innere Kompaß abhanden gekommen ist und dies auch der Grund dafür ist, daß wir so oft in die Irre laufen.«

Einen solchen Kompaß aber muß es geben. Dörner selbst räumt, obwohl er unsere Denkwerkzeuge für nicht ausreichend hält, ja ein, daß »es andere Möglichkeiten gab«. *Möglichkeiten* aber sind sie doch nur, wenn man von ihnen auch Gebrauch machen kann, was wiederum voraussetzt, sie auch erkennen zu können.

In den sachlich-nüchternen Worten des Wissenschaftlers, wonach »die Ereignisse auch anders hätten verlaufen können«, aber ist die Tragik der menschlichen Artgeschichte enthalten. Dörners Bericht wird in »Bild der Wissenschaft« mit den Worten eingeleitet:

»Die Krisen der Gegenwart haben ihren Ursprung in den Entscheidungen der Vergangenheit. Denn bis vor kurzem wurde – auch bei Entscheidungen nach bestem Gewissen – rein ›linear‹ gedacht. Heute hat man erkannt, daß Einzelentscheidungen

fast immer negative Nebenwirkungen auslösen. Notwendig ist deshalb das Denken in ›Wirkungsnetzen‹. Wie wenig selbst bei hochintelligenten Menschen solch mehrschichtiges Denken präsent ist, hat ein Versuch mit Studenten erbracht [...].«

Zunächst: Die Wissenschaft hat damit – auf ihre Art – den Begriff des Schicksals ergründet. Es ist die Folge menschlicher Willensentscheidung! Sie ist sogar in der Lage, den Grund zu nennen, durch den mit schicksalhafter Unausweichlichkeit Katastrophen heraufbeschworen wurden und werden. Dörner führt nämlich aus:

»Von allen Verhaltensweisen ist die Einkapselungstendenz wahrscheinlich ausschlaggebend für die negativen Wirkungen der Eingriffe. Alle anderen erwähnten Defizite hätten während des Versuches beseitigt werden können, wenn die Versuchspersonen in größerem Maße bereit gewesen wären, nicht ihre Vorstellung von den Ereignissen, sondern den Gang der Ereignisse selbst zur Richtschnur ihres Handelns zu machen.«

Mit anderen Worten: Würde der Mensch sich nicht in seiner Gedankenwelt »einkapseln«, so wären die schädlichen Folgen seines Tuns behebbar. Seine mangelnde Bereitschaft, aus der Erfahrung zu lernen, sein eigensinniges Besserwissenwollen sind die *eigentliche* Ursache aller Fehlentwicklung.

Gerade weil die Versuchspersonen verstandesmäßig besonders qualifiziert waren, trat dieser Eigensinn bei ihnen mit aller Deutlichkeit in Erscheinung. Es ist ja das Merkmal des der Kontrolle durch den Geist entglittenen Erdverstandes, sich selbst für das Höchste zu halten und zu meinen, alles beherrschen zu können. Das Ersetzen intellektueller Denkprozesse durch Maschinen hätte uns längst bewußt machen sollen, daß der Verstand nur Irdisches in Betracht ziehen kann.

Schon das Erlebnis eines Musikstückes, die Freude oder der Schmerz, können, weil sie für jeden Menschen verschieden sind, nicht objektiv nachvollzogen werden. Sie wurzeln im ureigensten Wesen des Menschen, in seinem *geistigen Kern*. Das Instrument, das bis zum Ursprung dieses Geistkernes hinaufreicht und deshalb auch viel mehr zu überschauen vermag als nur die irdische Grobstofflichkeit, ist die Empfindung. Der durch den intellektuellen Hochmut sich »aufgeklärt« wähnende Mensch aber begann, sich dieser Empfindung zu schämen. Er hat sie in den hintersten Winkel verbannt, so daß ihr körperliches Werkzeug zum »*Klein*hirn« geschrumpft ist. Es wurde, anstatt eine gleiche Entwicklung zu nehmen, vom bloßen Denkwerkzeug, das sich zum »Großhirn« aufgebläht hat, beiseite gedrängt und überwuchert.

Die mangelnde Fähigkeit, die Vernetztheit komplexer Systeme überschauen und sich darin richtig verhalten zu können, ist also nicht in einem Ausstattungsmangel begründet. Es handelt sich um einen *selbstbewirkten*, ständig anwachsenden, fortvererbten Defekt. Durch Jahrtausende haben wir den Computer Gehirn vorwiegend mit Daten aus der stofflichen Welt gefüttert. Wir dürfen uns nicht wundern, wenn er uns jetzt Ergebnisse liefert, die an der Oberfläche bleiben. Mangels entsprechender Einspeicherung ist es seinem feineren Teile kaum möglich, sich daran zu beteiligen. Diese Verkümmerung des uns geschenkten Instrumentes ist die »Erbsünde« der Menschheit.

Daß es dennoch anders sein kann, hat der einsam gebliebene Erfolg des zwölften Teilnehmers bewiesen. Wenden wir uns jetzt ihm zu. Dörner schreibt, diesem Kandidaten sei es gelungen, »das System auf hohem Niveau zu stabilisieren.«

Das Wort »stabilisieren« enthüllt bereits das Geheimnis des Erfolges. Es macht deutlich, daß eine Veränderung nur in abgewogenen, kleinen Schritten erfolgen kann. Es ist eine klare Absage an die Gewalt: Evolution, nicht Revolution. Immer wieder muß den Gliedern des komplexen Systems Gelegenheit gegeben werden, sich anzupassen. Die Grenzen ihres Spielraumes sind abzutasten. Keines von ihnen darf überfordert werden, wenn nicht als Folge der Vernetztheit das System als Ganzes zusammenbrechen soll. Dieses Gleichgewicht ist etwas Kostbares, es ist das Ergebnis des rechten Maßes aller Belange. Wie ein Seiltänzer müssen wir also stets um Gleichgewicht bemüht bleiben. Es hat seine Bedeutung für unseren Körper wie für die Gestirne. Versteht sich da nicht von selbst, daß es in dem Wirkungsnetze der Schöpfung nirgendwo gefährdet werden darf?

Überall endet nämlich die Entfaltungsfreiheit des einzelnen dort, wo sie das Recht des anderen verletzt. Abd-ru-shin hat in der Gralsbotschaft dieses Grundgesetz in den Worten zusammengefaßt, daß wir unserem Nächsten keinen Schaden zufügen dürfen um eines eigenen Begehrens willen. Das Gebot verlangt die Beachtung des natürlichen Gleichgewichtes. Wir müssen uns aber von der Vorstellung lösen, daß unter dem »Nächsten« nur der Neben*mensch* zu verstehen ist. Die ganze Schöpfung ist ja belebt. Mit jedem Eingriff, der den ihm gewährten Freiheitsraum überschreitet, verletzt der Mensch aus Eigensucht oder Geltungsdrang, kurz, »um seines Begehrens willen«, die gleichberechtigten Interessen der an dem Netzwerk des Schöpfungswebens beteiligten anderen Wesenheiten.

Ein Blinder ertastet mit seinem Stock den Weg durch die Umwelt, um nicht Schaden zu stiften oder sich zu verletzen. Nun haben die hier wiedergegebenen, von *wissenschaftlicher* Seite getroffenen Feststellungen erkennen lassen, daß der Mensch als Geschöpf gegenüber der großen Weltenordnung noch blind ist. Müßte nicht auch er seine feineren Sinne leitend vor sich hergehen lassen, um durch ihre Rückmeldung seinen Raum in der Schöpfung zu erkunden? Eines Tages wird er dann in der Lage sein, sich sicher in der ihm durch das Erleben vertraut gewordenen Umgebung zu bewegen, womit er praktisch sehend geworden ist.

Im Grunde ist also alles ganz einfach. Was hier den Erfolg herbeigeführt hat, war die Beachtung der Schöpfungsgesetze: In der Lebendigkeit des Systems, in welcher sich das Gesetz der Bewegung auswirkt, wurde den Gesetzen der *Wechselwirkung* und der *Gleichart* (Vernetztheit und exponentiellem Wachstum) nach dem Gesetze des *Ausgleiches* Rechnung getragen. Den Grundgesetzen des Schöpfungswebens wurde also nicht entgegengehandelt – und der Erfolg stellte sich ein.

Dieses Ergebnis ermöglicht es uns, auch die Frage nach dem vermeintlich verborgenen Sinn unseres Lebens zu beantworten. Er liegt in der steten Suche nach diesem Ausgleich. Diese Suche verlangt Achtung vor dem kostbaren Instrument dieser Schöpfung, auf dem zu spielen selbst uns Stümpern erlaubt ist. Wer blindwütig darauf herumschlägt, wird, wie bei jedem Instrument, meist nur Dissonanzen erzeugen. Darauf zu spielen kann nur erlernen, wer mit Eifer übt und die Gesetze der Harmonie zu beachten bereit ist. Wir müssen also, jeder in seiner Art, uns zu einem Künstler entwickeln. Es gilt, mit der zarten Antenne der Empfindung sorgsam die große Harmonie zu erlauschen, um sie dann in unbegrenzter Verschiedenheit hier wiedererklingen zu lassen.

Sehen wir dies als den Daseinszweck an, so wird klar, daß der hier behandelte Versuch, wie alles rein Verstandesmäßige, eine falsche Zielsetzung hatte. Nicht das »bessere Erdenleben« ist anzustreben, sondern die Einfügung in die Schöpfungsgesetze. Dann fällt, wie der Versuch gezeigt hat, uns das »bessere Leben« nämlich selbsttätig zu. Es ist die Frucht vom Baume der Erkenntnis. Sie darf nicht in stürmischem Angriff unreif gepflückt werden. Den Baum gilt es zu pflegen, der sie reifen läßt, damit er sie zur Zeit uns schenken kann. Diese Früchte erquicken dann den Menschen in seiner Ganzheit.

Denn das sogenannte »bessere Leben« besteht nicht nur aus materiellem Vorteil, gesichertem Brot, Wohlstand, Bequemlichkeit. Der dabei unbefriedigt bleibende Teil unseres Verlangens macht es ja gerade so schwierig, diesem Begriffe Gestalt zu geben. Denn der Mensch, der diesen Namen noch verdient, will nicht nur Nutzen, er will auch nützen. Er braucht auch innere Befriedigung, Achtung vor sich selbst, vor seinem Menschsein. Erdengüter und Erdenmacht sind nur Ersatzmittel solcher Selbstbestätigung; sie sind Zeugnis des Unvermögens, die wahren Werte finden zu können. Das Verlangen nach Nützlichkeit ist wiederum die natürliche Folge des Stufenbaues der Schöpfung. Alles Seiende ist nämlich sowohl ein in sich abgeschlossener Lebenskreis wie auch Teil einer größeren Ordnung. Diese Doppelstellung treibt jedes Geschöpf, bewußt oder unbewußt, zur Eingliederung, derart, daß es diene und daß ihm gedient werde. Dabei ist aber die Reihenfolge wichtig: Sie verlangt vorerst den eigenen Dienst an der Ganzheit, der die Einfügung in die Gesetzmäßigkeiten voraussetzt. Die solcherart segensreich verwendete Kraft begünstigt dann *rückwirkend* jedes Geschöpf. Erst diese Beglückung, die im Austausch von Geben und Nehmen liegt, hebt auch den Menschen, weil sie von innen, vom *Geiste,* her kommt, zu wirklich besserem Leben empor.

Mancher Leser mag nun denken: Das sind schöne Worte; was aber soll man im Alltag, der ständig von uns Entscheidungen fordert, damit beginnen?

So allgemein das hier Gesagte zunächst aussehen mag, so läßt es sich doch stets verwirklichen.

Gerade der *Einzelfall* verlangt ja die Frage, ob das Beabsichtigte den Schöpfungsgesetzen entspricht. Er ist es also, der uns mit ihnen vertraut machen soll.

Jenen, die eingehendere Empfehlung vermissen, liefert aber der hier behandelte Versuch die Erklärung, weshalb es derzeit kaum möglich ist, bestimmte Verhaltensweisen für einzelne Sachgebiete zu entwickeln. Einerseits stehen wir noch in den Rückwirkungen bereits getroffener Entscheidungen, die unabdingbar ablaufen *müssen*. Andererseits entbehrt die heutige Welt schon so weitgehend des unerläßlichen Gleichgewichtes, daß sie taumelnd kurz vor dem Falle steht.

Die Vielzahl der ineinander verflochtenen Probleme und Gefahren zeigt, daß auf einem Teilgebiet Abhilfe nicht mehr möglich ist. Wollte man, um ein Beispiel herauszugreifen, ernsthaft Umweltschutz betreiben, so hieße dies, weitgehend auf Energie zu verzichten. Die Wirtschaft würde rückläufig und Arbeitslosigkeit wäre die Folge. Kein Verantwortlicher kann es wagen, solche Einschränkungen zu verfügen. Ebensowenig können die in der Gesellschaftsordnung, in der Gesetzgebung, in den meisten praktischen Lebensfragen beharrlich verfolgten Irrtümer einfach wieder behoben werden. Hat jemand sein Haus auf einen Rutschhang gebaut, so nützt es nichts, die entstandenen Schäden ausflicken zu wollen.

Er wird das Haus abtragen müssen, um auf sicherem Fundament neu zu beginnen. Zum Abtragen ihrer falsch gegründeten Ordnung aber ist die Menschheit freiwillig nicht bereit. Sie wird daher deren Zusammenbruch erleben müssen, damit sie *dann*, klüger geworden, von Neuem beginnen kann.

Heute gleicht diese Menschheit einem Kranken, der unwillig von einem Arzt seine Leiden feststellen läßt, keinesfalls aber bereit ist, sein gesundheitsschädigendes Verhalten zu ändern. Wohin dies führt, wissen wir aus Erfahrung; der Versuch hat es bestätigt: Die Katastrophe *muß* schließlich kommen, auch wenn man es nicht wahrhaben will.

Die Frage kann daher jetzt nicht lauten: Was sollen *wir* tun? Sie muß heißen: Was kann *ich* tun? Der »wahre Aufbau« hat im Inneren jedes Menschen zu beginnen. Solange er in der Einkapselung seines Eigenwollens verharrt, kann ihn die hilfreiche Mahnung, die als Rückwirkung seines Fehlverhaltens ihm die Gefahren bewußt machen will, nicht erreichen. Er selbst muß die Verkrustung seines Besserwissenwollens durchbrechen – dann stehen auch außerhalb die Hilfen für ihn bereit.

Beginnen Sie zu diesem Zwecke mit einem einfachen Versuch: Begeben Sie sich in die Natur, fernab von menschlichen Einrichtungen. Lassen Sie langsam in sich das Bewußtsein einziehen, daß alle Kräfte, die das Wachsen, Blühen und die lebendige Vielfalt dieser Erdenwelt hervorbringen, nur von einem einzigen Ziele geleitet werden: durch ihr Wirken dankbar den Schöpfer zu ehren. Überlegen Sie dann, wie beseligend auch unser Dasein sein könnte, läge das gleiche Bestreben dem menschlichen Handeln zugrunde. Prüfen Sie, ob irgend etwas daran hindert – außer wir selbst. Wird es da nicht klar, daß hier – und *nur* hier – die Wandlung zum Neuaufbau einsetzen muß?

Wenn Sie tief in sich zu erkennen beginnen, daß dieses wundervolle Netzwerk, in das Sie als Mensch fordernd eingreifen wollen, in seiner Harmonie, seinem weisen Sich-Ergänzen, ein Jubelchor zum Preise des Schöpfers ist; wenn Sie sich scheuen, diesen Hymnus zu stören, der einzige Mißton darin zu sein; wenn in Ihnen vielmehr das Verlangen entsteht, freudig einzustimmen in diesen Chor – dann, in dieser Einstellung, gehen Sie an Ihr Werk. Die Gralsbotschaft – und ein wenig auch dieses Buch – wollen Ihnen bei diesem Bestreben behilflich sein.

Mag es bei manchem durch Selbstverhärtung jetzt noch einem zweifelnden Lächeln begegnen, wenn jene, die die Gralsbotschaft kennen, in der Sicherheit dieses Wissens behaupten, daß ihnen mit dem Werke »Im Lichte der Wahrheit« der verlorene Kompaß wiedergeschenkt worden ist. Er wird den Weg zu zeigen haben, wenn die Frage nach der wahren Ausrichtung von allen zwingend gestellt werden muß. Denn:

»In der Erfüllung der Verheißung: ›Es soll alles neu werden‹, liegt nicht der Sinn des Umformens, sondern des Neuformens nach dem Zusammenbrechen alles dessen, was der Menschengeist verbogen und vergiftet hat. Und da es nichts gibt, was der Mensch

in seinem Dünkel noch nicht angetastet und vergiftet hätte, so muß alles stürzen, um dann wieder neu zu werden, aber nicht im Menschenwollen wie bisher, sondern im Gotteswillen, der noch nie begriffen worden ist von der im Eigenwollen angefaulten Menschenseele.« (GB »Ein neu Gesetz«)

AIDS – die unterlassene Abwehr

»Seele und Abwehr scheinen mehr
miteinander zu tun zu haben,
als die klassische Schulmedizin glauben mag.«
(Dr. Joachim Fischer in »Ökosystem
Mensch«, Geo-Wissen Nr. 1/88)

Seit einigen Jahren wird die Menschheit von einer neuen Seuche heimgesucht: der Immunschwäche mit der abgekürzten Bezeichnung AIDS (Acquired Immune Deficiency Syndrome). Herkunft und Entstehung liegen noch im Dunkeln, ebenso die Möglichkeit wirksamer Bekämpfung. Manchen erscheint sie als gottgesandte Geißel, als Strafe für auswuchernde geschlechtliche Freizügigkeit.

Was ist, was bewirkt AIDS? Ohne auf Einzelheiten einzugehen, sei hier das Grundsätzliche zusammengefaßt: Die Weisheit des Schöpfers hat den Menschenkörper mit einer Art Schutzpolizei, dem Immunsystem, ausgestattet. Wachsam nimmt es schädigende Einflüsse wahr und ist bestrebt, sie abzuwehren. Eine wesentliche Rolle spielen dabei die sogenannten »Freßzellen«, die Makrophagen. Sie stürzen sich sofort auf alles, was ihnen fremd erscheint, bekämpfen es und lösen in weiterer Folge gleichsam eine Kettenreaktion der Abwehrmaßnahmen aus.

Grundvoraussetzung für ihre Ingangsetzung ist freilich die Fähigkeit, die schädigende Fremdartigkeit erkennen zu können. Genau hierin besteht nun die besondere Gefährlichkeit des HI (Human Immunodeficiency)-Virus, des – wie die Fachleute meinen – tückischsten Virus, dem die Menschheit je ausgesetzt war.

Dieser AIDS-Erreger muß sich, um eine Zelle zu infizieren, an dieser verankern können. Eine Struktur der Zelloberfläche, die normalerweise für die Verständigung der Immunzellen eine Rolle spielt (CD-4-Rezeptor) wird vom HI-Virus nachgeahmt. So getarnt, täuscht er die Abwehr, und wie mit einem Nachschlüssel öffnet er sich den Zugang zur Zelle und ruft dort die verheerendsten Wirkungen hervor. Durch molekulare Veränderungen zerstört er die Signale, die die Abwehr organisieren. Die Wachsamkeit gegenüber dem schädlichen Einfluß geht dadurch verloren. Darüber hinaus sorgt er in der betroffenen Zelle für seine eigene Vermehrung und somit für die Aufschaukelung des Befalls.

Obwohl er nur an wenigen Stellen zuschlägt, legt der HI-Virus praktisch das ganze Immunsystem lahm, denn es verschwinden im Verlaufe der Erkrankung alle jene Zellen, die das erwähnte CD-4-Molekül an ihrer Oberfläche tragen, ein Vorgang, für den die Immunologie bis heute noch keine Erklärung gefunden hat.

Im Grunde aber spielt sich hier nur ab, was in der Gralsbotschaft (Vortrag »Erwachet!«) in bezug auf die Ganzheit der Schöpfung gesagt wird, nämlich, daß *»wenn ein Teil krankt, sich die Wirkung auch in anderen Teilen fühlbar macht – wie bei einem Körper.«*

Diese kurze Betrachtung beschränkt sich freilich auf das körperlich-grobstoffliche Geschehen. Der Leser der Gralsbotschaft aber will weiterblicken. Er will Zusammenhänge herstellen und die sich daraus ergebenden Ursachen erkennen können. Nun wird uns in diesem Werke (Vortrag »Das Schweigen«) gesagt, daß alles eigentliche Leben *geistig* ist:

»*Was Dir dann sichtbar wird, sind immer nur die letzten Auswirkungen eines vorangegangenen geistig-magnetischen Prozesses, der sich nach feststehender Ordnung dauernd gleichmäßig vollzieht.*«

Das ist ein Satz, der zu ungewohnten Überlegungen zwingt. Er besagt, daß wir bei der Suche nach dem Ausgangspunkte jedes Geschehens außerhalb der uns sichtbaren Welt beginnen müssen.

Aber kann uns das eigentlich überraschen? Niemand, der auch nur ein wenig nachdenkt, wird ernstlich bestreiten können, daß all sein Wollen aus seinem lebendigen Kern, dem Geiste, stammt. Jede Handlung ist – mag uns dies durch die Schnelligkeit des Ablaufs oft auch kaum bewußt werden – zuvor ja *geistig* gewollt. Von dort her, aus dem Unstofflichen also, gehen jene Wirkungen aus, die – wie die Gralsbotschaft erklärt – sich nach und nach verdichten und zunächst als Gedanken im Bereiche der feinen Grobstofflichkeit, dann als Worte im Bereiche der mittleren Grobstofflichkeit und schließlich als Tat in der gröbsten uns sichtbaren Grobstofflichkeit in Erscheinung treten. In jeder dieser Ebenen hat dabei das geistige Wollen das seiner Art Entsprechende Form werden lassen: Gedanken – Worte – Taten. Das bedeutet: Der Mensch

»[...] kann nichts wollen, ohne gleichzeitig zu formen! Gleichviel, was es ist! Damit kann er sich auch dieser Verantwortung für alles von ihm Formgeschaffene niemals entziehen. Sein Wollen, Denken und sein Tun, alles nimmt Form an im Getriebe dieser Welt. Daß es der Mensch nicht wußte oder auch nicht wissen wollte, liegt an ihm, ist seine Schuld. Sein Nichtwissen verändert nicht die Wirkung.« (GB »Das Reich der Tausend Jahre«)

Auch die Wissenschaft sieht heute schon diesen Zusammenhang. *»Der Geist erzeugt auf irgendeine Weise Kräfte, die auf die Materie einwirken«*, schreibt der britische Physiker Paul Davies (in »Prinzip Chaos, die neue Ordnung des Kosmos«, Goldmann-Verlag) und fährt fort: *»Damit wird geistigen Vorgängen eindeutig Kausalwirkung zugeschrieben. Sie bewirken, daß etwas geschieht.«* Schon Max Planck hat ja gesagt: Nicht die sichtbare und vergängliche Materie ist das Wirkliche, Reale, Wahre, sondern der unsichtbare, unsterbliche Geist, und der berühmte Physiker Sir Arthur Eddington hat kurzweg erklärt (»Physik und Transzendenz«, Scherz-Verlag): *»Ich behaupte, daß das Wesen der Wirklichkeit geistig ist.«*

Nun ist aber die Wirklichkeit unserer Erdenwelt unbestreitbar stofflich faßbar. Das bedeutet: Es muß zwischen der geistigen Entstehungsursache und ihrem stofflichen Erscheinungsbild eine Verdichtung stattgefunden haben, die unsere ganze Erdenwelt als Niederschlag des Geistigen erscheinen läßt. Der Nobelpreisträger Roger Sperry (zitiert bei P. Davies »Prinzip Chaos ...«) hat dies treffend als *»Abwärtsverursachung«* bezeichnet.

Wie und wodurch aber kommen diese Formungen zustande? Es muß ja eine Kraft dahinter stehen, die sie bewirkt. Die Gralsbotschaft (Vortrag »Verantwortung«) hat für uns auch dieses Geheimnis gelüftet. Es ist die reine, schöpferische Gotteskraft, die fortwährend die ganze Schöpfung durchfließt.

»Und wie sie alles durchflutet, so durchströmt sie auch ohne Unterlaß den Menschen. Dieser ist nun derart beschaffen, daß er einer Linse gleicht. Wie eine Linse die sie durchströmenden Sonnenstrahlen sammelt und konzentriert weiterleitet, so daß die wärmenden Strahlen auf einen Punkt vereinigt sengen und zündend Feuer entflammen, so sammelt der Mensch durch seine besondere Beschaffenheit die durch ihn strömende Schöpfungskraft durch seine Empfindung und leitet sie konzentriert weiter durch seine Gedanken.

Je nach der Art dieses Empfindens und der damit zusammenhängenden Gedanken lenkt *er also die selbsttätig wirkende schöpferische Gotteskraft zu guter oder zu böser Auswirkung!«*

Machen wir uns also, ehe wir leichtfertig den Schöpfer anklagen, bewußt: Immer ist es der *Mensch,* der durch sein Wollen ineinanderwirkend jene Verhältnisse schafft, unter denen wir leben. Welche Möglichkeiten sind uns damit eingeräumt, aber auch welche Verantwortung ist uns damit auferlegt.

Der Mensch hat die Wahl, gut zu denken oder böse. Was aber ist gut, was ist böse? An diesen Begriffen wird seit Menschengedenken herumgerätselt – und doch ist alles so einfach! Karl Steinbuch hat das so oft schon umschriebene »Sittengesetz« erst kürzlich (in »Maßlos informiert«, Goldmann-Verlag) in einem Satz zusammengefaßt: *»Das Verhalten des Einzelnen muß mit den Grundsätzen des Gemeinwesens, des Gesamtsystems ver-*

träglich sein.« Das »Gesamtsystem« aber ist die Welt, ist die Schöpfung, in der wir leben. Sie ist unbestreitbar geprägt von unveränderlichen Gesetzmäßigkeiten. Diese Gesetze tragen den Willen ihres Schöpfers, also den Gotteswillen, in sich. Ihm muß, um »verträglich« zu sein, unser Denken, unser Wollen und Tun entsprechen.

Alles Übel begann nun damit, daß der Mensch dieses selbstverständliche Gebot nicht beachtete. Dünkelhaft den nur kurzfristigen vermeintlichen Vorteil vor Augen, meinte er, alles besser ordnen zu können. Er setzte sein Eigenwollen an die Stelle des Gotteswillens und muß nun nach dem Grundgesetz der Wechselwirkung, das alles auf seinen Ausgangspunkt zurückkehren läßt, die Folgen dafür tragen.

Wie leicht war es doch dem Menschen von Anbeginn an gemacht! Sein Geist ist in der Lage, gut oder böse sehr wohl zu unterscheiden. Er würde, ließe man ihn unbehindert, stets den Weg nach oben finden, getrieben von der ihm eingewurzelten Sehnsucht nach bewußter Rückkehr in den jenseits alles Stofflichen gelegenen Ursprung, seiner geistigen Heimat, die er, noch unbewußt, zum Zwecke seiner Reifung verlassen mußte. Darüber hinaus wurde für das Erkennen und die rechtzeitige Abwehr allen üblen Wollens von der Schöpfung weise vorgesorgt. Ein Teil der Menschheit, die Weiblichkeit, ist durch ihre verfeinerte Empfindungsfähigkeit gleich einem wachsamen Vorposten hiefür besonders ausgestattet. Zudem ist jedem Menschen noch ein jenseitiger Helfer beigegeben, der vor gefährlichen Wegen warnt und dessen mahnende Stimme wir als »Gewissen« empfinden. Ein einziger Willensakt würde demnach jeweils genügen, um den Lockungen des Dunkels – denn mehr als Locken kann es nicht – zu widerstehen. Das alles stellt ein *geistiges Immunsystem* dar, dessen Bedeutung – da ja alles vom Geiste ausgeht – nicht hoch genug geschätzt werden kann. Gewaltsam muß der Mensch diesen ihm gewährten Schutz durchbrechen. Er muß sich dazu zwingen, das Falsche nicht zu sehen, den Rat des Gewissens nicht hören zu wollen, denn, so ist in der Gralsbotschaft (Vortrag »Verantwortung«) zu lesen:

»*Das Übel kann nicht nahen, wenn Ihr es nicht ruft! Wie Ihr es wollt, so wird es Euch geschehen!*«

Gehen wir nicht leichthin über die fürchterliche Anklage hinweg, die diese beiden Sätze enthalten. Denn

»*die ursprüngliche Schönheit, Reinheit und Gesundheit, welche stets die Folge eines Schwingens in den Schöpfungsurgesetzen ist, wurde durch falsches Wollen dieser Menschen nach und nach verbogen und entstellt. Es konnten sich nur Zerrbilder noch formen in der unaufhaltsamen Entwickelung, anstatt gesundes Reifen der Vollkommenheit entgegen!*« (GB »Das Reich der Tausend Jahre«)

Welches Paradies könnte diese Erdenwelt sein, hätte der Mensch diese ihm geschenkten Möglichkeiten in rechter Weise zu nützen gewußt! Alle Völker hätten sich in ihrer Art entwickeln können zu förderlichem Zusammenschluß. Aber wie sieht es tatsächlich aus: Schon die Zugehörigkeit zu einer anderen Volksgruppe genügt, um einen Feind darin zu sehen, so als machte nicht gerade die bunte Vielfalt die Herrlichkeit der Schöpfung aus. Erschüttert von Kriegen, Aufruhr, Unterdrückung, Folterungen, Hunger und Massenelend ist diese Erde für weite Teile der Menschheit schon zu einer Hölle geworden. Zerstörerisch hat der Mensch es darüber hinaus fertiggebracht, die eigenen Lebensgrundlagen in Frage zu stellen. Muß man noch Einzelheiten anführen? Die Liste ist lang, und wir kennen sie alle. Tagtäglich mehren sich die Zeugnisse menschlicher Unvernunft. Niemand wird bestreiten wollen: Da ist in weiten Bereichen etwas geschehen, das nicht hätte geschehen sollen. Es sind die Früchte des dunklen, des falschen, dem Gotteswillen widersprechenden Menschenwollens, die wir nun zu ernten gezwungen sind.

Wie können wir uns da wundern, daß AIDS entstand? Vergessen wir doch nicht, daß alles wahre Leben geistig ist, aus dem Geiste kommt. Gerade hier im Geiste aber hat der Mensch auf das schwerste gesündigt. Mutwillig hat der Menschengeist die ihm geschenkte Abwehr von innen her durchbrochen, hat sein geistiges Immunsystem ungenützt gelassen und sich *willentlich* mit dem Krankheitskeim des Bösen infiziert.

Und das Erschreckende ist: Das einmal begonnene Fehlverhalten, genährt von Eitelkeit, Geltungssucht, Streben nach Erdenmacht mit all den unzähligen Folgeerscheinungen hat sich aufgeschaukelt, hat sich nach dem Gesetz der Anziehung der Gleichart verstärkt und vermehrt.

Aber nicht genug damit: Auch die Fähigkeit, das Schöpfungswidrige zu erkennen, ging und geht immer mehr verloren. So breitet das Lichtfeindliche sich immer mehr aus, und zuletzt beginnt man Gefallen daran zu finden. Nehmen wir doch nur einige Erscheinungen unserer Gegenwart: Man berauscht sich an Brutalität, an Verbrechen und Perversion, ekstatischer Höllenlärm gilt als Musik, Gekreische als Gesang, sinnlose Häßlichkeit als Kunst, Schamlosigkeit als Selbstverwirklichung, Sex als Liebe, die bloß »gemacht« wird, und viele ähnliche Entartungen. Zerrbilder sind es, die das Echte vortäuschen und verdrängen. Und immer mehr Menschen geraten in den Sog dieser Erscheinungen, wollen nicht zurückstehen und als »unmodern« gelten. Sie machen deshalb jede Torheit mit, die ihnen als Neuheit oder Fortschritt zunächst von einigen wenigen buchstäblich aufgezwungen wird, dann aber mit rasender Schnelligkeit um sich greift. Wer fragt noch darnach, ob ihm dergleichen nützt, ob es ihn erhebt, ob es ihn fördert zur Erhaltung seines Menschentums? Das allein aber ist das Maß, an dem gemessen werden sollte.

Halten wir hier einen Augenblick inne. Besinnen wir uns: Wir haben zuletzt immer nur von der *geistigen Immunabwehr* gesprochen, dem uns gewährten Schutz gegen Fehlverhalten. Aber welch' auffallende Übereinstimmung besteht zwischen den Auswirkungen der freiwilligen Preisgabe dieses geistigen Schutzes und jenen, die die Wissenschaft in bezug auf AIDS festgestellt hat! Da sind – hier wie dort – die Täuschung durch das ähnliche Falsche, die Vermehrung und Ausbreitung des Befalls, die Unfähigkeit, das Schädliche noch zu erkennen, und schließlich der Zusammenbruch der Abwehr, ausgelöst durch die Erkrankung zunächst nur eines Teiles. Als »acquired« (= erworben) bezeichnet man die Immunschwäche AIDS. Wie treffend, wie wahr – freilich in einem anderen als dem vermeinten Sinne. Wir haben uns diese Krankheit erworben durch die Unterlassung der Abwehr des Falschen, des Dunklen, des Bösen.

Wir haben das geistige Immunsystem zerstört. Nun spielt sich im körperlichen Immunsystem ab, was wir dadurch angerichtet haben: Es hat sich im Wege der »Abwärtsverursachung« jener zerstörerische Niederschlag gebildet, der dem vorangegangenen geistigen Fehler entspricht.

Nun ist AIDS freilich nicht die einzige Erkrankung, bei welcher das Immunsystem durcheinandergerät. Es ist nur eines der vielen Übel, die uns jetzt von allen Seiten bedrohen und deren Ursache ganz allgemein in der Preisgabe des *geistigen* Immunsystems liegt. Aber AIDS spiegelt in seiner Art dies mit besonderer Deutlichkeit wider.

Nun, niemand ist gegen eine AIDS-Ansteckung gefeit, doch nicht jeder HIV-Infizierte erkrankt tatsächlich. Dennoch aber gibt es zwei Personengruppen, bei welchen die Wahrscheinlichkeit unverhältnismäßig größer ist: Drogensüchtige und Homosexuelle. Damit bestätigt sich der Hinweis der Gralsbotschaft, daß das Übel stets zunächst die Schwächen trifft. Sie bieten den Weg des geringsten Widerstandes, öffnen den Ankergrund.

Bei den beiden genannten Gruppen liegt eine solche Schwäche vor, und zwar – da ja alles wahre Leben geistig ist – eine *geistige* Schwäche hinsichtlich eines entscheidenden Punktes: der Bedeutung des Erdenlebens. Es dient dazu, dem sich entwickelnden Geistkeim des Menschen durch die Anstöße und Erlebnisse dieser grobstofflichen Erdenwelt jene Erfahrungen zu vermitteln, deren er als unumgänglicher Stufe für seinen geistigen Aufstieg bedarf. Was aber macht der Drogensüchtige? Er flüchtet aus der irdischen Wirklichkeit in eine Scheinwelt, für die er nicht gerüstet ist und die ihm deshalb auch kein echtes Erleben bieten kann. Er lebt an dem Sinn dieses Erdendaseins vorbei. Er wird in neuerlicher Verkörperung diesen »Lehrstoff« nachholen müssen.

Um eine Schwäche anderer Art, wenngleich ebenfalls geistig im gleichen entscheidenden Punkt, nämlich der Bedeutung des Erdenlebens, handelt es sich bei jener der Homosexuellen. Die Gralsbotschaft erklärt, welche Bewandtnis es mit dieser umstrittenen Neigung hat, und stellt klar, daß auch das Geschlechtliche im *Geiste* wurzelt. Frau und Mann unterscheiden sich demnach durch die Art ihres vorwiegend passiven oder aktiven Wirkens in der Schöpfung. Der Körper ist nur das der jeweiligen Wirkungsform entsprechende Werkzeug. Das Bemerkenswerteste in diesem Zusammenhang aber ist: Schon mit dem ersten Erwachen des Geistkeims regt sich in ihm der Drang nach dieser oder jener Art der Betätigung. Das vollzieht sich bereits in höheren Schöpfungsstufen, noch vor Beginn seiner Erdenwanderung. Ohne auf weitere Einzelheiten dieses in der Gralsbotschaft näher geschilderten Vorgangs einzugehen, sei hier nur das für den vorliegenden Zusammenhang Bedeutsame herausgehoben:

Diese solcherart ein- und erstmalig getroffene Entscheidung ist endgültig, unwiderruflich, sie bestimmt in weiterer Folge das Geschlecht des seine Reifung beginnenden Menschengeistes für das gesamte weitere Sein. Nur in dieser einmal gewählten Betätigungsart kann er sein Ziel, bewußt dienend ein nützliches Glied der Schöpfung zu werden, erreichen.

Nun kann es allerdings sein, daß die Neugier einen Menschengeist dazu treibt, auch die andere Geschlechterrolle erlebend kennenlernen zu wollen. Wird ein solches Verlangen entsprechend stark, so kann dies dazu führen, daß er das nächste Mal bei einer Wiederverkörperung tatsächlich den erwünschten

Körper erhält. So kommt es, daß in einem weiblichen Körper ein eigentlich männlicher Geist, in einem männlichen Körper hingegen ein weiblicher Geist enthalten sein kann. Es ist dies die Folge eines Fehlverhaltens. Die Gralsbotschaft spricht von einer »Abirrung«. Denn der geschlechtliche Widerspruch zwischen Geist und Körper erlaubt es dem Betreffenden nicht, entweder ganz Frau oder ganz Mann zu sein.

Der Homosexuelle also ist ein Menschengeist, der seine eigentliche Bestimmung aus dem Auge verloren hat. Er gleicht einem Wanderer, der, anstatt geradewegs dem Ziele zuzustreben, sich in eine Sackgasse verlaufen hat, die nur dazu dienen kann, noch zeitgerecht die Einsicht zur Umkehr auszulösen. Für den Homosexuellen steht wie für den Drogensüchtigen die wahre Entwicklung still. Begrenzen wir unser Blickfeld nicht fälschlicherweise mit dem derzeitigen Erdenleben, sondern behalten wir das Ziel unseres Geistesweges im Auge, so erhält AIDS – wie letztlich jedes noch so schmerzliche Geschehen – für diese Personen den hilfreichen Sinn, einen Irrweg zu beenden.

Damit kommen wir zum Ende dieser Betrachtung. Sie kann nicht begründen, weshalb in manchen Gegenden, so etwa in Afrika, AIDS besonders häufig auftritt. Zu vielfältig und unüberschaubar sind die schicksalsmäßigen Zusammenhänge. Sie kann und will auch nicht erklären, wodurch sich grobstofflich schließlich gerade der AIDS-Virus bilden konnte. Wir wissen aber aus der Entwicklungsgeschichte der Erde und der Beobachtung der Natur: Alles Entstandene und Entstehende konnte und kann immer erst dann Form gewinnen, wenn die Voraussetzungen dafür gegeben waren. Und das eben galt es aufzuzeigen. AIDS also ist keine »Geißel Gottes«, der Mensch hat sie sich in vieltausendjährigem Fehlverhalten selbst geflochten. Jetzt, in der Zeit der Auslösung aller Geschehen, in der sich alles Falsche ausleben muß, trifft uns ihr Schlag. Denn

»*Gott* will, *daß Menschen diese Warnungen erkennen, welche deutlich sprechend in den vorwärtsschreitenden Geschehen liegen!* Sie sollen *aufwachen aus ihrem leichtfertigen Geistesdämmern, um nachdenkend noch rechtzeitig den Weg zur Umkehr zu beschreiten [...]*.« (GB »Das verbogene Werkzeug«)

Sieh:
Die Wahrheit liegt so nahe

IRRWEGE

BAND 3

Der unwillkommene Geist

Gedanken zur Geburtenregelung

Die Geburtenregelung ist seit einiger Zeit Gegenstand weltweiter Auseinandersetzung. Das explosive Anwachsen der Erdbevölkerung und die immer hemmungsloser werdende Sexualisierung heizen, wenn auch aus unterschiedlichen Gründen, die Debatte immer aufs neue an.

Angesichts der Verantwortung für das irdische Sein zeigt sich aber, daß der Mensch noch nicht ganz ertaubt ist für die mahnende Stimme des Gewissens. Hier fühlt er sich einbezogen in ein lebendig-schöpferisches Geschehen, dessen Bedeutung an Verborgenes rührt. Manchem erscheint deshalb eine regelnde Maßnahme als vorgeburtlicher Mord, und er fragt sich, ob sie nicht Sünde sei.

Was aber ist Sünde? Sie ist, kurz gesagt, Verstoß gegen das Schöpfungsgesetz, das uns als Naturgesetz – im weitesten Sinne – erkennbar wird. Als einziges Geschöpf vermag der Mensch infolge der dem Geiste eigenen Willensfreiheit diesem Gesetze auch zuwiderzuhandeln. Da er darin zu *bewußter* Mitwirkung berufen ist, muß er erst reifend lernen, sich in freudiger Freiwilligkeit diesem Gesetze einzufügen, wenn er sein Ich als unbrauchbar nicht wiederum verlieren will.

Für das Kleinkind sind »Messer, Gabel, Scher' und Licht« noch voll der Gefahren. Es kennt ihre Zweckbestimmung nicht und weiß sie daher nicht richtig zu gebrauchen. Doch mit jeder schmerzlichen Erfahrung wächst das Verständnis. So müssen auch wir das Schöpfungsgesetz verstehen lernen, denn »*einfügen kann sich nur der, der die Naturgesetze kennt*« (GB »Weltgeschehen«). Wird dieses Gesetz mißbraucht, seinem Zwecke entfremdet, so schlägt es früher oder später selbsttätig zurück, um uns zwar leidvoll, aber heilsam zu belehren. Erst die Kenntnis der Gesetze in der Schöpfung ermöglicht es uns also, die Sünde und ihre Folgen zu meiden.

Dieses Schöpfungsgesetz aber, nach dem wir uns ausrichten müssen, ist von immerwährender Gültigkeit. Es ist der lebendig wirkende Wille Gottes. Nichts hat sich seit der Erschaffung der Welten daran geändert. Erst in der Anerkennung dieser Unveränderlichkeit liegt wahre Ehrfurcht. Was gestern Sünde war, kann daher nicht heute erlaubt sein. Fortschritt liegt nur in dem besseren Verständnis des göttlichen Willens, niemals aber darin, ihn unseren wechselvollen Anschauungen anpassen zu wollen.

Mancher Leser mag sich gefragt haben, warum zu der brennenden Frage der Geburtenregelung hier bisher nicht Stellung genommen wurde. Die Gralsbotschaft sollte auch darauf eine Antwort bieten, zeigt sie uns doch die Gesetze der Schöpfung auf, wodurch sich alle Fragen lösen. Da sie sich aber an den einzelnen Menschen wendet und *ihn* zu eigener Regsamkeit aufruft, wird jede Antwort stets das Ergebnis der Suche des einzelnen sein. Es ist aber nicht Schwäche, sondern Stärke einer Lehre, wenn sie uns zwingt, *selbst* nachzudenken, denn nur dadurch erstarken wir.

Wenn ich im folgenden meine zu diesem Thema angestellten Überlegungen vortragen will, so wird es nötig werden, manche verschobenen Begriffe zurechtzurücken und in neuer Bedeutung darzustellen. Es wird auch weiter auszuholen sein, als es bei Behandlung dieser Frage bisher geschah. Die Geburtenregelung kann nicht für sich allein betrachtet werden, zu tief ist sie eingebettet in die Gesamtheit und Zweckbestimmung des menschlichen Daseins.

In den Jahrtausenden seines Wandelns über dieses Gestirn hat der Mensch es noch nicht vermocht, sich selbst und seine Aufgabe zu ergründen. Wie sollte er also in der Lage sein, über die rechte Anwendung der ihm vom Schöpfer verliehenen Gaben Aufschluß zu geben, da er doch gar nicht weiß, *wozu* sie ihm geschenkt worden sind?

Diese Wissenslücke schließt die Gralsbotschaft. Sie lehrt uns, daß des Menschen Art *geistig* ist. Dadurch unterscheidet er sich von allen anderen Geschöpfen dieser Erde. Doch seine Geistigkeit – sie ist scharf zu trennen von Verstand, Intellekt und erlernter Bildung – ist nur Anlage, sie bedarf der Entwicklung, um zur Vollendung zu kommen. So dient diesem geistigen Samenkorn die dichte, stoffliche Welt, in die es mit seinem Erdenkörper gestellt ist, als Mittel, um lichtwärts reifen zu können. Der Geist soll hier im Erleben immer regsamer, bewußter, lebendiger werden – das ist der Sinn eines Erdenseins. Doch die Art des Geistes und die Grobstofflichkeit sind voneinander zu sehr verschieden. Es bedarf daher einer Reihe von Brücken. Die letzte, unterste derselben ist die so umstrittene Sexualkraft.

Durch die Gralsbotschaft wird der Sinn dieses Naturtriebes klar gemacht. Sein *Hauptzweck* ist es, dem Menschengeiste die voll wirksame Entfaltung in der Stofflichkeit zu ermöglichen (Vorträge: »Der Mensch und sein freier Wille«, »Die Sexualkraft in ihrer Bedeutung zum geistigen Aufstiege«). Die darin liegende

Hilfe umfaßt *alle* Formen irdischen Wirkens, sie ist nicht auf das Geschlechtliche beschränkt. Erst mit dem Durchbruch der Sexualkraft steht der Geist voll befähigt, aber auch voll verantwortlich in dieser Erdenwelt. Selbst unsere irdischen Gesetze tragen dem Rechnung, und die alten Riten, die bei manchen Völkern und Religionen diesen Zeitpunkt als besonders bedeutsam hervorheben, haben eine weit über die bloße Geschlechtsreife hinausreichende Berechtigung. Die Gralsbotschaft gebraucht in diesem Zusammenhange das Bild von dem Herablassen einer Zugbrücke, über welche nicht nur die eigenen Kräfte nach außen dringen können, sondern auch die Außenwelt ihre Einwirkung geltend macht.

Die Zeugungsfähigkeit ist nur *eine* der möglichen Betätigungen der Sexualkraft. In Wahrheit bedienen wir uns ihrer bei *allem* irdischen Tun. Nur die Verkennung der *geistigen* Art und Aufgabe des Menschen führte zur Gleichsetzung der Sexualkraft mit dem Geschlechtstrieb. Doch das Wort ist treffend: Läßt man sich vom geschlechtlichen Verlangen treiben, anstatt kraft des Geistes darüber zu herrschen, so ist es nicht verwunderlich, daß man die wahre Bedeutung dieser Kraft verkennt. Wer selbst seinen Gesichtskreis verengt, dessen Überlegungen müssen im Niedrigen bleiben.

Aus dem schöpfungsgesetzlichen Bestehen zweier Geschlechter erwächst ganz natürlich ein Zueinanderstreben und Sicherergänzensuchen, dem das Anschlußverlangen zugrunde liegt. Beim Menschen soll daraus die Liebe erblühen. Sie bietet stärkste Hilfe zum geistigen Aufstieg, da sie freudige Rücksichtnahme und Selbstlosigkeit zu bewirken vermag und uns lehrt, das eigene Ich hintanzusetzen. Diesem hohen Gnadengeschenk haftet nichts

Unsauberes, Unsittliches an. Nur der Mensch zerrt es durch seine irrige Art des Denkens oftmals hinab in den Schmutz seiner eigenen Fehler und Schwächen. Niemals aber kann es Unrecht sein, die uns vom Schöpfer verliehenen Gaben in *natürlicher* Weise zu nützen.

Um uns klar zu werden, worin diese natürliche Betätigung liegt, müssen wir die Bedeutung der Sexualkraft im Verhältnis der Geschlechter näher betrachten. Die ganze Stofflichkeit, so auch der Erdenkörper, wird belebt und durchdrungen von naturnahen (wesenhaften) Kräften. Diese aber sollen – das erhebt den Menschen über das Tier – beherrscht und geleitet werden vom Geist. Aus *geistiger* Verbundenheit, die allein das untrügliche Zeichen harmonischer Ergänzung der Geschlechter ist, muß der Wunsch nach größtmöglicher Nähe zum anderen erwachsen. Dann wird er, die *Ganzheit* des Menschen umfassend, durch den Erdenkörper nur seine *Auslösung* finden, da der Menschengeist nun einmal stoffliche Hüllen trägt. Bei einer solchen Verbindung im schöpfungsgesetzlich richtigen Sinne kommt es zu einem Austausch der Fluide der Partner, der für deren geistige Entwicklung förderlich und notwendig ist.

Die Sexualkraft hat also im Verhältnis der Partner eine auch dem Geistigen dienende Aufgabe. Daß von dieser hohen Zweckbestimmung heute nur noch selten Gebrauch gemacht wird und der Mensch sich mit Niedererem begnügt, ändert nichts an der bestehenden Möglichkeit. Für den allein auf die Körperlichkeit bezogenen »Sex« mußte freilich die grobstoffliche Organfunktion in den Vordergrund der Betrachtung rücken. Es bedeutet jedoch eine Verkleinerung der schöpfungsgemäßen Bestimmung, anzunehmen, die Vereinigung der Geschlechter habe ausschließlich die Begründung grobstofflichen Daseins zum Ziele. Die Gralsbotschaft sagt mit aller Deutlichkeit: *»Der Zeugungszweck kommt erst in* zweiter *Linie«* (Vortrag: »Die Sexualkraft in ihrer Bedeutung zum geistigen Aufstiege«).

So ist die Mutterschaft zwar eine hohe, doch nicht die höchste Aufgabe der Erdenweiblichkeit. Mutterschaft wurzelt im Wesenhaften, sie ist nur höchste Erfüllung jener naturnahen Kräfte, die der Mensch mit dem Tiere gemeinsam hat.

Des Menschen Aufgabe aber liegt viel höher als die des Tieres. Stoffliches und Wesenhaftes sind ihm nur *beigegeben* zur Entwicklung des Geistes. Zwar gibt es Weiblichkeit in allen Stufen der Schöpfung, Fortpflanzung aber *nur* in der Grobstofflichkeit. Daraus läßt sich erkennen, daß es keineswegs zum Wesen der Weiblichkeit schlechthin gehört, Gefäß der Fortpflanzung zu sein. Mit der Überbewertung der Mutterschaft wird die Erdenfrau in Wahrheit also nicht geadelt, sondern ihrem *geistigen* Daseinszweck entfremdet (GB »Die Aufgabe der Menschenweiblichkeit«).

Irrigerweise meinen viele Eltern, sie könnten mit einer Zeugung Leben erschaffen. Das Leben aber ist GOTT allein. Alles Seiende ist nur *Auswirkung* jener unbegreiflichen Kraft, die allein aus sich selbst heraus lebendig ist. Durch die Zeugung wird nur die Ausbildung der grobstofflichen *Körperhülle* eingeleitet, deren sich ein Menschengeist zu seinem *Erdenleben* bedienen kann. Dieser Geist *lebt* schon längst in anderen Sphären, denn

»die irdische Geburt bildet stets nur den Beginn eines besonderen Abschnittes in dem ganzen Sein eines Menschen, nicht aber dessen Anfang überhaupt.« (GB »Das Geheimnis der Geburt«)

Durch Gleichart oder Schicksalsfäden angezogen, vollzieht sich etwa um die Mitte der Schwangerschaft bloß ein *Anschluß* des Geistes an den im Aufbau begriffenen Körper, der sich erst dadurch weiterentwickeln kann.

»Die Zeugung soll für einen geistig freien Menschen nichts andres sein als der Beweis seiner Bereitwilligkeit, einen fremden Menschengeist als Dauergast in die Familie aufzunehmen, ihm Gelegenheit zu geben, auf der Erde abzulösen und zu reifen. Nur wo auf beiden Seiten der innige Wunsch für diesen Zweck *vorhanden ist, soll die Gelegenheit zu einer Zeugung erfolgen.«* (GB »Das Recht des Kindes an die Eltern«)

Wie wenige Eltern aber sind sich dieser Bedeutung einer Zeugung bewußt. Selbst jene, die Nachkommenschaft ersehnen, »wünschen *sich* ein Kind«. Darin zeigt sich die auf die eigene Person bezogene Absicht. Denn fast immer erhoffen die Eltern etwas für *sich,* seien es nun Freude, Unterstützung oder gar Rechte. Daraus folgt dann die große Enttäuschung, ja der Vorwurf der Undankbarkeit, wenn das Kind eigene Wege geht, worauf es als selbständiger Menschengeist ein unbestreitbares Anrecht hat. Der Fehler liegt nicht bei dem Kinde, er lag bei den Eltern, die den Sinn einer Zeugung nicht begriffen haben. Denn *Dienen* wird dazu gefordert, Opferbereitschaft um eines anderen willen. Mag *dann* auch *wechselwirkend* Freude und eigener geistiger Fortschritt den Eltern ausgleichend zufallen, so gilt es doch in erster Linie nicht Rechte zu erwerben, sondern Pflichten auf sich zu nehmen, Pflichten, deren Inhalt *erkannt* sein will. *Nur* wenn aufrichtiges Verlangen darnach besteht, soll eine Zeugung erfolgen. In anderen Fällen also nicht.

Die vorstehend wiedergegebenen Worte der Gralsbotschaft bieten den Schlüssel zu der hier zu behandelnden Frage. Es wäre mit dem von den Eltern geforderten Bewußtsein der Verantwortung unvereinbar, die Zeugung dem arteigenen Vorrecht des Geistes entziehen und allein dem Walten der wesenhaften Kräfte überlassen zu wollen. Das Wort »Bereit*willigkeit*« bringt ja zum Ausdruck, daß eine Entscheidung zu treffen ist. Die Steuerung der Organfunktion für diese oder jene ihrer mehrfachen Aufgaben ist daher kein Mißbrauch derselben. Wir schöpfen ja auch sonst die uns gegebenen körperlichen Möglichkeiten nicht stets zur Gänze aus, sondern passen sie sinnvoll dem angestrebten Zwecke an. Es ist vielmehr die gedankenlose, gleichsam beiläufige Zeugung, die der geistigen Art des Menschen unwürdig ist. Eine Zeugung nur im Vollbewußtsein ihrer wahren Bedeutung zuzulassen, ist nicht nur ein Recht, sondern die Pflicht des *freien* Menschengeistes.

Ob, wann und in welchem Umfange sie von der ihnen gnadenvoll gewährten Möglichkeit Gebrauch machen wollen, einem Menschengeist ein neues Erdensein zu eröffnen, können und müssen *nur* die Beteiligten *selbst* entscheiden. Sie müssen dabei auch bedenken, daß »*die Menschen nicht in der* ersten *Linie für Kinder hier auf Erden sind, sondern für* sich selbst, *damit sie geistig reifen und erstarken können*« (GB »Das traute Heim«), denn nur dann wird ihnen das Kind zum Segen werden und sie nicht vom eigenen Aufstiege abziehen. Bei dieser Entscheidung darf keiner der Partner dem anderen seinen Willen aufzuzwingen suchen, es muß *auf beiden Seiten* die Bereitschaft gleichermaßen vorhanden sein.

Kaum schien es, als hätte sich eine Antwort auf unsere Frage ergeben, so zerflattert sie also wieder in die unüberschaubare Vielfalt der nur für den einzelnen bestimmenden Umstände und Beweggründe. Das aber ist durchaus richtig so. Denn es gibt keine *allgemein* verbindlichen Normen außer den Zehn Geboten Gottes. In der Deutung, die sie durch Abd-ru-shin gefunden haben, zeigen sie ihren umfassenden Sinngehalt. Nur dort heißt es: »Du sollst ..., Du sollst nicht ...« Darüber hinaus soll nur das Schöpfungsgesetz uns leiten. Es wurde uns durch Christi Worte und durch die Gralsbotschaft erklärt; bei rechter Beobachtung können wir es stets deutlicher erkennen. Gleich einem Richter müssen wir im Einzelfalle trachten, den Sachverhalt dem richtigen Gesetz zu unterstellen, das allein den Knoten gerecht zu lösen vermag. Das ist der Lehrstoff unseres Erdenseins, er kann uns nicht erspart werden, wenn wir das Klassenziel erreichen wollen. Auch wer ein Rätsel nicht selbst lösen will, sondern sogleich die Auflösung zur Hand nimmt, hat nichts davon. Lassen wir uns also nicht das höchstpersönliche Erlebnis des Wachsens und Werdens einer Entscheidung von anderen abnehmen. Das Abwägen des Für und Wider ist es ja, das uns zur Reifung hilft, das uns erfahrener, bewußter werden läßt.

Die Auseinandersetzung um die Geburtenkontrolle konnte nur deshalb so heftig aufbranden, weil es unternommen wurde, allgemein verbindliche Gebote aufzustellen in einem Bereiche, der dem Willen und der Verantwortung des einzelnen vorbehalten ist und bleiben muß. Mag geistige Trägheit auch darnach verlangen, der eigenen Überlegung durch eine verbindliche Weisung enthoben zu werden, so bedeutet diese in Wahrheit nicht Hilfe, sondern Schädigung bei der Erfüllung unseres Lebenszweckes.

Es bleibt nun noch die Frage, wie die Entscheidung auch verwirklicht werden kann. Zu den bisher bekannten Möglichkeiten ist vor einiger Zeit »die Pille« gekommen. Erst durch sie erhielt das Problem seine weltweite Bedeutung und wurde ins allgemeine Blickfeld gerückt.

Legen wir das Naturgesetz zugrunde, so sollte es keinen Zweifel geben, daß »die Pille« auf das entschiedenste abzulehnen ist. Um so erschütternder ist ihre bedenkenlose Verbreitung. Es ist, als *wollte* der Mensch wieder einmal nicht sehen, wohin sein Verhalten zwangsläufig führen *muß*. Entgegen der ärztlichen Aufgabe, Krankes zu heilen, hat die medizinisch-pharmazeutische Wissenschaft sich hier für das Gegenteil hergegeben: Ein bislang gesundes, zur Erfüllung seiner Aufgabe taugliches Organ wird auf chemischem Wege zeitweilig unbrauchbar gemacht, der natürliche Ablauf gewaltsam gestört – welch' ein Fortschritt der ärztlichen Kunst!

Die Pille – nennen wir es nur beim richtigen Namen – ist chemische Selbstverstümmelung. Daran vermögen alle verstandesklugen Argumente ihrer Befürworter nichts zu ändern, deren mangelnde Kenntnis schöpfungsgesetzlichen Wirkens darin nur deutlich zum Ausdruck kommt. Dabei sollte schon längst aus Erfahrung bekannt sein, daß ein Eingriff in die natürliche Ordnung nie ohne Folgen bleiben kann. Mögen sie auch nicht sogleich sichtbar werden, so kommen sie doch eines Tages hervor, denn die unvermeidbare Wechselwirkung liegt im allgültigen Schöpfungsgesetz. Was berechtigt uns anzunehmen, es würde hier etwa anders sein? Die da und dort vorgebrachten Bedenken, die unbestreitbaren körperlichen und psychischen Veränderungen, die dazu zwingen, die Einnahme der Pille zeitweilig auszusetzen, die danach verzeichneten Mehrlingsgeburten sprechen schon jetzt deutlich gegen die vorgespielte Harmlosigkeit. Erscheint nicht schließlich das Verlangen so vieler Menschen, gerade der Pille wegen eine Entscheidung von höchster Stelle zu hören, als Zeichen der eigenen Zweifel und Unsicherheit?

Doch die Auswirkungen beschränken sich nicht nur auf körperliche Nachteile. Die Pille ist geeignet, das gesamte geschlechtliche Leben naturwidrig zu verändern. Gerade in den natürlichen Gegebenheiten aber liegt Sinn und Schutz zugleich.

»Es ist nichts in der Schöpfung, das Ihr nicht genießen dürftet in dem Sinne, wie es Euch die Schöpfung gibt, das heißt, zu gleichem Zwecke, zu dem es entwickelt ist. Aber Ihr kennt die eigentlichen Zwecke in so vielen Dingen nicht, macht den Fehler mancher Übertreibungen, die Schaden bringen müssen anstatt Nutzen. Es wird dadurch so oft das Kostenwollen, Kennenlernenwollen und Genießen anwachsend zu einem Hange, *welcher Euch zuletzt in Banden hält, das freie Wollen schnell versklavt, so daß Ihr* Knechte *anstatt Herren werdet durch Euch selbst!«* (GB »Ein neu Gesetz«)

Dieser Absatz der Gralsbotschaft, dessen Aussage auch für das Geschlechtliche gilt, zeigt die Gefahr ganz deutlich auf. Sie wird unterstrichen durch den Hinweis, daß nur natürliches Verlangen des gesunden Körpers zur Vereinigung Anlaß geben soll, was durchaus nicht allzu häufig der Fall ist. Gerade unsere sexverseuchte Zeit, die auf Beseitigung allen Schamgefühles abzielt, führt durch künstliche Anregung der Phantasie zu unnatürlicher

Anreizung. Hier räumt nun die Pille die letzte Schranke beiseite und erleichtert die totale Enthemmung. Anstelle der Mäßigung, die Schutz vor Sucht und Niedergang bietet, wird das frevlerischleichtfertige Spiel mit einer Naturkraft begünstigt, die – ihres geistigen und wesenhaften Hauptinhaltes (Liebe – Zeugung) beraubt – dann noch als stofflich-roher Trieb verbleibt. Es sollte zu denken geben, daß die Entdeckung der Pille und die neue Befürwortung sexueller Freizügigkeit sich zeitlich aneinanderreihen.

Die Frau entfremdet sich durch die Pille aber auch der Natur, also gerade dem Wesenhaften, mit dem sie besonders verbunden ist. Der Rhythmus des Lebendigen, der die Weiblichkeit sichtbar umschließt, ist ja nicht nur ein körperliches Geschehen, er ist Auswirkung einer kosmischen Ordnung. Den organischen Rhythmus beachten, heißt, *mit* den wirkenden Kräften schwingen. Die chemische Einflußnahme aber hebt diesen Rhythmus auf, macht ihn praktisch bedeutungslos. Der Einklang zur Schöpfung wird damit zerstört. Es ist, als ob das Meer nicht mehr in Flut und Ebbe atmen würde.

Im Sinne der Schöpfungsharmonie sind Weib und Mann verschiedene Aufgaben zugewiesen: der empfindungsstärkeren Frau die Sorge um den inneren Lebensbereich, dem nach tätigem Wirken drängenden Mann die Sicherung des irdischen Daseins nach außen. Auf diese Weise ergänzen sich die beiden Polaritäten zu förderlicher Gemeinsamkeit. Die Verbindung zu den zarteren Kräften läßt die Frau dabei etwas höher stehen, wogegen der Mann in der Erdenwelt fester verankert ist. Dieser Ordnung entspricht es, daß auch bei einer grobstofflichen Zeugung der dieser Schöpfungsart näher stehende Mann als ausführender Teil in Erscheinung tritt. *Ihm* hat die naturgemäße Bestimmung die Verwirklichung der Willensentscheidung der Partner übertragen. Dazu bedarf es der Beherrschung des Körpertriebes in jedem Augenblick durch den Geist, kurz, der Erfüllung der menschlichen Seinsaufgabe. Auf diese Aufgabe hat schon Goethe treffend hingewiesen. Faust verfällt nur dann dem Mephisto, wenn er zum Augenblicke sagen sollte: »*Verweile doch! du bist so schön!*« Er aber vertraut darauf, daß der vom Teufel verhöhnte, nach Wahrheit suchende Menschengeist nie der Versuchung unterliegen werde, sich *ganz* dem irdischen Genuß zu überlassen und seine geistige Bestimmung zu vergessen. Richtig erkennt er, daß das Dunkel nur dann Macht über ihn gewinnen kann.

Auch hier wird von uns nichts anderes gefordert als die Selbstbestimmung des Geistes, sich sieghaft gegenüber Tierischem und Stofflichem zu behaupten. *Darin* liegt die uns gewährte Möglichkeit, dem eigenen Willen gemäß zu handeln, denn dieser Wille wurzelt ja im Geiste. Dem Manne ist zugleich damit Gelegenheit gegeben, die der Frau schuldige Rücksichtnahme zu üben, denn diese Tugend am Weibe zu entfalten, ist der ihm vorgezeichnete Entwicklungsweg. Diese Rücksichtnahme allein ist Ausdruck *wahrer* Männlichkeit und *wahrer* Liebe. Durch die Pille wird dieses Verhältnis der Partner aber ins Gegenteil verkehrt: Männliche Selbstsucht triumphiert zu Lasten der körperlichen und seelischen Gesundheit der Frau.

Aber schon genügt die nur kurzfristig wirksame Pille nicht mehr, schon werden dauerhafte Mittel entwickelt. Professor Dr. Barnell aus Houston/Texas prophezeite in diesem Zusammenhange:

»Es scheint eine Zeit der Gefahrlosigkeit, Zuverlässigkeit und Bequemlichkeit auf dem Gebiet der Empfängnisverhütung anzubrechen.«

Diese Worte zeigen deutlich die Schädlichkeit der Zielsetzung auch in *geistiger* Hinsicht auf.

Bequemlichkeit ist *»rein irdisch der ärgste Feind des Menschen«* (GB »Auferstehung des irdischen Körpers Christi«), da sie seinem Geist das tödliche Faulbett bereitet. Denn jede Kreatur kann nur bestehen durch Wachsamkeit, die in der Gefahr geschult wird. Nur so kann sie lebenstüchtig bleiben. Die große Versuchung für den Menschengeist liegt ja gerade darin, sich diesem Gebote zu entziehen, das ihn zu *wachem* und damit *bewußtem* Leben zwingt. Nur dadurch aber kann er seinen Geist entwickeln und zum Bewußtsein seiner selbst gelangen. Man opfert der Sicherheit und der Bequemlichkeit gerade jene Daseinswerte, um derentwillen man ein Erdenleben führt. Die Pille und ähnliche Nachfolgepräparate sind daher nicht nur Gift für den Körper, sie sind es viel mehr noch für den Geist.

Man mag nun einwenden: Mäßigkeit, Beachtung des natürlichen Rhythmus und Rücksichtnahme von seiten des Mannes bieten alle nicht völlige Sicherheit. Das ist nun genau jener Punkt, von welchem die allgemeine Fehlhaltung ihren Ausgang nimmt. Es sei die Gegenfrage erlaubt: Wo gibt es vollkommene Sicherheit? Macht nicht die Summe unzählbarer Unwägbarkeiten, der unvermeidliche Rest an Unsicherheit gerade das Wesensmerkmal des erdenmenschlichen Lebens aus? Wir dürfen, ja wir sollen Entscheidungen treffen, denn jede ist ein Reifungsprozeß im Kleinen. Wir können zwar *versuchen*, sie in die Tat umzusetzen, doch wir müssen es hinnehmen, daß nicht immer *unser* Wille geschieht. Gerade auf dem Gebiete der Empfängnisverhütung aber verlangen wir weitergehendere Absicherungen, als das Leben uns sonst zu gewähren bereit ist. Hier wollen wir unseren Willen *erzwingen* und sei es durch ein Abwürgen der Natur. Lassen wir ihr getrost die Möglichkeit einer Korrektur, die die Gesetze unseres Schöpfers ihr wohlweislich eingeräumt haben. Nur selten weiß der Mensch, was ihm in Wahrheit nützt. Oft ist es gerade das Ungewollte, dessen er am nötigsten bedarf, mag ihm dies auch viel später erkennbar werden. Auch wenn uns in bezug auf die Geburtenregelung die Freiheit unseres Willens unbenommen ist, muß ihre Verwirklichung in den Gesetzen Gottes bleiben. Sie werden uns nie etwas anderes bringen als die Früchte unseres eigenen Tuns und Denkens, die manchmal allerdings so weit zurückliegen, daß wir sie jetzt nicht überschauen können.

So vermögen auch jene die Bedeutung ihres Tuns nicht zu ermessen, die den geburtenreichen Völkern eine staatliche Kontrolle aufzuzwingen suchen, um der drohenden Überbevölkerung der Erde zu begegnen. Die Haltung dieser Kreise verrät gänzliche Unkenntnis der größeren Zusammenhänge. Gewiß, die Erdbevölkerung ist in letzter Zeit in einem Maße angewachsen, wie es noch nie der Fall gewesen ist. Manche sich daraus ergebenden Besorgnisse erscheinen sachlich durchaus berechtigt. Doch steht diese Tatsache im engsten Zusammenhange mit der Endzeit, in die unser Gestirn schon eingetreten ist. Denn alles Stoffliche unterliegt dem Wandel. Er umfaßt Werden, Sein und Vergehen, wie wir überall beobachten können. So wie unser Körper ist auch unsere Erde als stoffliches Gebilde davon nicht ausgenommen. Ist der Stoff in die Überreife gekommen, so treibt er dem Zerfall und neuer Formung entgegen. Der Menschengeist, dem diese Stofflichkeit bis dahin zu seiner eigenen Entwickelung gedient hat, muß dann zu jener Reife gelangt sein, die es ihm ermöglicht, sich vom Stoffe zu lösen. Er würde sonst, aus eigenem Verlangen daran gebunden, in dessen Zersetzung hineingezogen. Von allen Menschen, die die Erde je bevölkerten, haben nun viele selbst im Zuge wiederholter Erdenleben dieses Reifeziel noch nicht erreicht. Sie würden auch in den unseren körperengen Sinnen unzugänglichen Teilen der stofflichen Schöpfung von der auch dort vor sich gehenden Zersetzung ihrer jeweiligen Stoffesart mit erfaßt werden.

In den gerade jetzt so zahlreich erfolgenden Erdgeburten scheint mir eine letzte Gnade des Schöpfers gegenüber diesen vielen noch nicht fertig entwickelten Geistern zu liegen. Durch ein nochmaliges Erdenleben wird ihnen Gelegenheit geboten, doch noch auf den Weg zur notwendigen Vervollkommnung zu gelangen, ehe es unwiderruflich zu spät ist. Denn ein Erdenleben ist stets ein bedeutsamer Abschnitt des menschengeistigen Seins. Hier kann der Geist rascher reifen, Versäumtes nachholen und sich aus Verstrickungen lösen. Durch die dichte Körperhülle ist hier Gelegenheit gegeben, mit Menschengeistern aller Reifestufen zusammenzukommen, die in den weniger dichten Ebenen der Schöpfung nach dem Gesetz der Schwere getrennt verbleiben müssen. Ungeahnte Möglichkeiten des Erfahrens und Erlebens eröffnen sich hier daher für ihn.

Die Vielzahl der aus allen Erdengenerationen stammenden Menschengeister mit derartigem Nachholbedarf vermag das außerordentliche Ansteigen der Bevölkerung in dieser beginnenden

Endphase zu erklären. Klagen wir nicht darüber, wenn viele von ihnen unter traurigen sozialen Verhältnissen, ja in Elend aufwachsen müssen. Es wäre ebenso unangebracht, schlechthin die Menschen hinter den Gittern der Gefangenenhäuser zu bejammern, ohne Kenntnis der Taten, die sie dorthin brachten. Gerade die jetzt inkarnierten Geister haben oft in kurzer Zeit sehr vieles abzulösen. Liegt es daher nicht im Sinne der allgerechten Wechselwirkung, daß die Folgen ihrer früheren Erdenleben nun ein schweres Los bedingen? Es wird zu ihrem Aufstieg, ihrer Rettung nötig sein, denn Aufholen, Nachholen erfordert stets vermehrte Mühe.

Weisheit der wirkenden Gottgesetze aber waltet zugleich darin, daß diese Geburtenüberschüsse vorwiegend solche Völker treffen, die in der irdischen Fruchtbarkeit die höchste Gnade sehen und den Symbolen dieser Fruchtbarkeit geradezu göttliche Ehren erweisen. Sie erhalten durch die selbstgeschaffenen Schwierigkeiten der Überbevölkerung Gelegenheit, das Irrige ihrer Ansicht zu erkennen und dadurch geistig gehoben zu werden, was nur im *Erleben* geschehen kann.

Wie kurzsichtig erscheint demgegenüber vielfach der so gepriesene »Fortschritt«. Nehmen wir an, es würde jemand ohne alle Kenntnis der technischen Vorgänge in einem Lastkraftwagen fahren. Plötzlich würde er den Motor abstellen, um den mit seinem Lauf verbundenen Erschütterungen zu entgehen. Er weiß ja nicht, daß gerade die Summe dieser kleinen Erschütterungen die Bewegung ausmacht, die ihn vorwärts bringt. Sie beenden, heißt stille stehen. Wäre es da nicht lächerlich, wollte er sich seiner »Entdeckung« als Fortschritt rühmen? Für den Menschengeist ist die dichte Grobstofflichkeit so wie ein schwerer Lastkraftwagen, Erschütterungen gehören nun einmal zur Fahrt. Dennoch handelt der Mensch oft nicht anders als der törichte Fahrgast im obigen Beispiel. In seiner eng begrenzten, bestenfalls dieses eine Erdenleben, doch meist sogar nur den Augenblick umfassenden Sicht bekämpft er die Erscheinung, die ihn gerade ärgert, ohne zu überlegen, daß alles nur Teil einer größeren Ordnung ist, in deren sinnvollen Gang er störend eingreift.

Viele gebärden sich heute so, als wäre die Pille eine unbedingte Notwendigkeit. Doch diese scheinbare Notwendigkeit entsteht aus mangelnder Selbstbeherrschung. So wie ein Fresser oder Säufer sich zunächst gehen läßt und dann von Arzneien die Beseitigung der Folgen erwartet, so wie ein Verbrecher meint, gerade seine Tat werde unentdeckt bleiben, und er zuletzt noch auf einen guten Verteidiger hofft, so möchte auch hier der Mensch, daß ihm von außen her Hilfe für sein verfehltes Verhalten wird. Doch nichts außer seiner eigenen Willensschwäche läßt ihn auch im Bereiche des Geschlechtlichen die naturgegebenen, schützenden Grenzen mißachten. Wer gegen die Pille ist, muß deshalb nicht fortschrittsfeindlich sein. Doch Vorsicht ist am Platze bei der Beurteilung dessen, was Fortschritt ist. Auch wer dem Abgrund zueilt, schreitet fort. Für den, der in die Irre gegangen ist, liegt wahrer Fortschritt allein darin, dorthin *zurück*zufinden, wo er vom Wege abgewichen ist.

»Dein ist mein ganzes Herz!«

Gedanken zur Organverpflanzung

»Dein ist mein ganzes Herz!« – vor wenigen Jahren noch war dies eine Liebeserklärung, heute könnte es der Inhalt einer letztwilligen Verfügung sein. Denn wieder ist eines der großen Tabus der Menschheit gefallen. Nur wenige wissenschaftliche Großtaten der jüngeren Zeit aber haben so weltweite Beachtung gefunden wie die Herzverpflanzung. Sie hat den Anstoß gegeben, den gesamten Problemkreis der Organentnahme aufzurollen. Denn so sehr man staunen mag, was der Medizin schon alles möglich ist, so wird man dieses Fortschritts nicht recht froh. Das Bewußtsein, daß selbst das pulsierende Zentrum unseres Leibes, dessen Schlag fühlbares Leben ist, austauschbar sein soll wie der Motor eines Kraftfahrzeugs, greift uns – im vollen Sinne des Wortes – ans Herz.

Die medizinischen, rechtlichen und ethischen Gesichtspunkte dieser »Errungenschaft« sind schon reichlichst erörtert worden. Sie sollen hier nur am Rande Erwähnung finden. Gerade die Herzverpflanzung wirft Fragen auf, die tief in das Wesen menschlicher Natur und menschlichen Daseins führen. Die Wissenschaft und die Berichterstattung haben hierum einen großen Bogen gemacht, sie betäuben uns mit dem vermeintlichen Erfolg. Die dahinterstehenden, aus dem Zusammenhang der Allnatur aufsteigenden Bedenken wollen sie nicht sehen. In dieses Niemandsland fehlender Überlegungen sei hier vorzustoßen versucht.

Wir wissen, daß unser Blut, ja daß unsere Organe innerhalb gewisser Grenzen austauschbar sind. Woraus also ergibt sich das besondere Interesse, das die Ausweitung dieser Erkenntnis auch auf das Herz hervorgerufen hat? Liegt die Ursache etwa in der romantischen Verklärung, die das Herz seit frühester Zeit umgab? Dichtung und Vorstellung haben es zum Sitz der Empfindung gemacht, stets galt es als Inbegriff des Wertvollen, Hohen. Schon die alten Ägypter bezeichneten den »vollkommenen Geist« mit dem gleichen Worte wie »das Herz«, und auf den Tempelpyramiden des Aztekenreiches wurde das zuckende Menschenherz den Göttern als Opfer dargebracht. Zahlreich sind noch heute die sprachlichen Bilder, die in Beziehung zum Herzen stehen: »Es kommt von Herzen«, »es geht uns zu Herzen«, es ist uns »leicht oder schwer ums Herz«, wir »beherzigen einen Rat« oder »handeln beherzt«, und Herzlichkeit ist schönster Ausdruck aufgeschlossenen Menschentums.

Die Sprache hat stets einen feinen Sinn für das Verborgene bewiesen. Hat sie sich diesmal täuschen lassen? Sind wir, was das Verhältnis zum Herzen betrifft, zu sehr belastet von jahrtausendealter Tradition, von fortgeschlepptem Aberglauben und Unwissenheit, von denen wir uns endlich freiringen müssen? Denn das Zeitalter der Ernüchterung ist angebrochen – ist es da nicht Zeit, auch den Mythos des Herzens zu zertrümmern?

Fragen wir zunächst: Was ist denn das Herz? Für den Mediziner ist es ein Hohlmuskel mit Pumpenfunktion. Gegliedert in rechte und linke Seite, deren jede Vorkammer und Kammer umfaßt, dient es der Blutversorgung des Körpers. Aus der linken

Herzkammer wird das reine, sogenannte arterielle Blut, das dünnflüssig ist, ausgepreßt. Es verästelt und verzweigt sich von dort bis in die feinsten Kapillaren, wobei es die Zellen versorgt und nährt. Dabei nimmt es die Rückstände ihres Stoffwechsels auf, wird solcherart dunkler und dickflüssiger und kehrt als sogenanntes venöses Blut in die rechte Vorkammer zurück. Doch noch ist sein Weg nicht zu Ende. Über die rechte Herzkammer wird es neuerlich ausgepreßt, gelangt in die Lunge, wird dort gereinigt und mündet, wieder hell und arteriell geworden, in die linke Vorkammer ein. Jetzt erst ist der Kreis geschlossen; es kann seinen Lauf erneut beginnen.

Mit der Betrachtung dieses Körpergeschehens sind wir schon inmitten des Wunderbaren. Denn was sich uns hier zeigt, ist ein gewaltiges Schöpfungsgesetz, das da lautet: Alles Lebendige bewegt sich im Kreise, alles muß wieder in den Ursprung zurück. Diesen Kreislauf sehen wir im Wandel der Gestirne, in den Jahreszeiten, in Tag und Nacht. Wir kennen ihn vom Fluß des elektrischen Stromes und vielen weiteren Tatsachen der Naturwissenschaft. Dieses Gesetz in uns wiederzufinden, zeigt uns, daß wir zwar Teil im Ganzen, doch zugleich ein in sich kreisender Kosmos sind.

In unserem Körper gliedert sich der Blutumlauf nun in zwei deutlich voneinander geschiedene Teile, die erst zusammen ein Ganzes ergeben: in den sogenannten »großen« Körperkreislauf, der der Versorgung der Zellen dient, und den sogenannten »kleinen« Lungenkreislauf, der der Reinigung des Blutes dient. Die Bezeichnungen »groß« und »klein« machen freilich die ichbezogene Beengtheit unserer Betrachtungsweise, unser Verhaftetsein am Stofflichen deutlich. Denn während der vermeintlich »große«

Körperkreislauf durch das Leibliche begrenzt ist, öffnet sich der scheinbar »kleine« Kreislauf über die Lunge ins Unendliche. Von allen Elementen ist es aber gerade die Luft, die – schon ihrer Beschaffenheit nach – etwas vom Atem des Ewigen trägt, seine Wesenlosigkeit ahnen läßt. Über den Lungenkreislauf also nimmt unser Ich teil an einem unbegreiflichen Kraftstrom – und siehe: er reinigt und erneuert die kreisenden Säfte unseres Leibes.

Sehen wir das in uns abrollende Geschehen so, in seinen richtigen Größenverhältnissen, so wird uns zugleich ein Ahnen von der Winzigkeit des eigenen Ichs gegenüber den unermeßlichen Weiten, in die wir gnädig eingebettet sind.

Versuchen wir deshalb, uns ein wenig von dem stofflichen Bild zu lösen und den geistigen Hintergrund des in uns wirkenden Gesetzes zu erkennen.

In der Gralsbotschaft wird unter anderem auch erklärt, was unter dem Heiligen Gral zu verstehen ist. Er sei, so heißt es dort (Vortrag »Der Heilige Gral«), nicht die Abendmahlschale, in der das Blut Christi gesammelt wurde. Diese Deutung sei nur entstanden, weil man eben Heiligstes, das es auf Erden gab, mit dem Heiligen Gral in Verbindung brachte. Tatsächlich befinde sich die Gralsburg an der Spitze der – begrenzten – Schöpfung; sie stelle, teils zum einen, teils zum anderen gehörig, die Verbindung zum ewigen Strahlungsbereich des Allmächtigen her, und durch sie, über den Heiligen Gral, in dem es »*ununterbrochen wallt und wogt wie rotes Blut*«, ergießt sich immer wieder aufs neue die lebenserhaltende Gotteskraft bis in die fernsten Weiten der Schöpfung.

Müssen wir nicht, wenn wir es recht überlegen, zugeben: Unser Herz hat innerhalb unseres Körpers – vergröbert – eine ähnliche Stellung. Es verbindet den ins Unendliche weisenden Lungenkreislauf mit der begrenzten Schöpfung des Körpers und dessen Kreislauf. Auch im Herzen ist ein ständiges Wogen und Wallen, mit jeder seiner Bewegungen treibt es den nährenden Blutstrom hinaus in den Kosmos unseres Leibes, dessen Erschauern wir noch im Pulsschlag fühlen können. Nun wissen wir schon aus der Parzival-Sage, daß alles Lebendige welken, verdorren und sterben müßte, wenn der Segensstrom aus dem Grale ausbliebe. Erginge es unserem Körper nicht ebenso, würde der Blutstrom nur zögernd fließen oder letztlich versiegen? Ist nicht jeder Schlag unseres Herzens eine erneute Ausgießung heiliger, lebensspendender Kraft? Eine Kreislaufstörung, ein Kreislaufversagen, ein Herzinfarkt – was sind sie für die betroffenen Teile anderes als Unterbrechung der Verbindung zur Quelle des Lebens?

Auch im Abbild setzt gerade im Herzen das unbegreifliche Wunder des Lebens ein. Denn erst sein abwechselndes Zusammenziehen und Erweitern bewegt das Blut, hält den Kreislauf in Gang. Was aber veranlaßt das Herz zu seinem Schlagen? Hier stehen wir vor dem Unergründlichen: Was immer wir erkennen, begreifen können, sei es der Schlag unseres Herzens, der Strom unseres Blutes, seien es chemische Vorgänge verschiedenster Art, sie alle sind nur Bewegung, nichts als Bewegung. Diese Bewegung aber ist ihrerseits nur sichtbare Auswirkung einer außerhalb unserer selbst, ja außerhalb aller Schöpfungen seienden Ursache, die allein »das Leben« ist, weil nur sie es in sich trägt. Das Herz nun ist es, das die Verbindung zu ihr hält, das ihre Kraft für uns in jedem Erdenaugenblicke sichtbar, fühlbar macht.

Und wie sind wir doch den Gesetzen dieser Urkraft eingeordnet! Rund 72mal in der Minute schlägt unser Herz, das ist

103.680mal am Tag. 103.680 aber ist 4mal 25.920, das ist jene Anzahl von Jahren, die die Sonne benötigt, um einmal den Tierkreis zu umwandern. Man nennt diese Zeit das »kosmische Jahr«. Im Verlaufe eines einzigen Tages hat unser kleines, hastiges Menschenherz gleichsam vier kosmische Jahre lang geschlagen.

Über das Herz aber steuern wir auch den uns anvertrauten Kosmos unseres Körpers, prägen wir ihm unser Empfinden auf. Sinnenhaft werden unsere Seelenregungen am Herzen fühlbar, wird das Strömen des Blutes dadurch gedrosselt oder erleichtert. So krampft sich im Leid »das Herz zusammen«, so macht die Freude »das Herz uns leicht«. Unsere Sprache hat nicht gelogen: Wir öffnen oder verschließen uns der erhaltenden Kraft durch die Art dessen, was uns zuinnerst bewegt. Wunder über Wunder begibt sich um das menschliche Herz.

Welchen weltentiefen Sturz bedeutet es, wenn wir uns nun wieder dem Ausgangspunkt unserer Betrachtung zuwenden: der Tatsache, daß sein Herz nicht mehr allein dem Einzelmenschen gehören soll, daß es vielleicht in fremder Brust einmal schlagen kann.

Es hat doch alles so »harmlos« begonnen mit der Übertragung von Haut, Knochen, der Hornhaut, der Niere – jetzt wurde eben auch das Herz mit erfaßt. Aber ist damit das Ende solcher Vorgehensweisen erreicht? Schon vertauscht man die Köpfe von Hunden und Affen, schon züchtet man doppelköpfige Monstren. Auch diese entartete Wissenschaft leitet die Rechtfertigung für ihre Versuche und das damit verbundene Leid der geschändeten Kreatur von der künftigen Anwendbarkeit auf den Menschen ab. Schon finden wir etwa bei Gordon Rattrey Taylor (»Die biologische Zeitbombe«, S. Fischer Verlag) Sätze wie diesen:

»*Die Aufgaben der technologischen Zivilisation erfordern Hände mit Fingern, die einen Knopf drücken. Es erscheint daher logisch (!), Affen mit menschlichen Abfallhänden auszurüsten. Wenn dann vielleicht auch weniger hochstehende Tiere – wie Hunde – sich für solche Aufgaben geeignet erweisen sollten, könnte man diese Tiere mit menschlichen Armen und sogar mit Füßen versehen.*«

Der gleiche Autor scheut nicht davor zurück, die Vision der Kreuzung von Menschen und Tieren, der mechanisierten Menschen, ja sogar von in Maschinen eingebauten menschlichen Gehirnen als erstrebenswerte Forschungsziele hinzustellen und daran die zynische Feststellung zu knüpfen:

»*Eines Tages wird es vielleicht unmöglich sein zu unterscheiden, ob man zu mechanisierten Menschen oder zu humanisierten Maschinen spricht. Und man wird nur mit Schwierigkeiten wissen, wer man selber ist.*«

Wenngleich uns auch die unverrückbare Ordnung der Schöpfung vor der Verwirklichung solchen Wahnsinns schützt – ist es nicht entsetzlich genug, daß dergleichen überhaupt gedacht wird, daß Menschen auf dieses Ziel hinarbeiten?

Diese Entwicklung zwingt uns gebieterisch zur Frage: Sind wir, die wir meinen, eigene, vom anderen verschiedene Persönlichkeiten zu sein, wirklich nicht mehr als die Summe unserer körperlichen Teile, die Stück für Stück immer mehr für Allgemeingut gehalten werden?

Der Streit um die Zweiheit von Geist und Körper reicht bis in unsere Tage. Mehr denn anderswo gilt hier das Goethewort:

»Wenn ihr's nicht fühlt, ihr werdet's nie erjagen.« Aber immer weniger wird uns erlaubt, diese Frage einfach beiseite zu schieben, uns hinter der vermeintlichen Unmöglichkeit ihrer Lösung zu verschanzen. Selbst der Gehirnforscher und Nobelpreisträger Sir John Eccles bekennt sich zu der Überzeugung,

»daß es etwas gibt, was ich den übernatürlichen Ursprung meines einmaligen, sich seiner selbst bewußten Geistes oder meiner einmaligen Individualität oder Seele nennen möchte« (Eccles/Zeier: »Gehirn und Geist«, Kindler-Verlag).

Wenn Gordon Rattrey Taylor in dem schon genannten Buche die Meinung äußert: *»Der Körper ist nur eine Maschine, die wir fahren«*, so ist ihm damit das Zugeständnis entschlüpft, daß unser eigentliches Ich nicht mit diesem Körper gleichzusetzen ist, und Sir Charles Sherrington, der als einer der bedeutendsten Neurologen unseres Jahrhunderts gilt, räumte ein:

»Daß unser Wesen aus zwei fundamentalen Elementen bestehen soll, hat – wie ich glaube – keine größere Unwahrscheinlichkeit für sich als die Ansicht, es bestehe nur aus einem solchen Element. Wir müssen wohl davon ausgehen, daß die Beziehung zwischen Geist und Körper ein immer noch ungelöstes Problem ist.«

Das ist ein sehr einsichtsvolles Wort, es genügt vollauf für diese Betrachtung. Es würde erfordern, daß wir danach handeln. Die Rechtsordnung kennt den Grundsatz »Im Zweifel zugunsten des Angeklagten«; er soll uns davor bewahren, aus mangelnder Kenntnis Unrecht zu tun. Hier in der Medizin aber begibt sich das Ungeheuerliche: Ohne jegliche Scheu vor dem Zweifel experimentieren wir an dem uns zugänglichen Teil einer – zumindest nicht ausschließbaren – viel weiter reichenden menschlichen Ganzheit herum.

Ein Eingriff wie die Herztransplantation ist ein Balanceakt auf schmalem Grat: Innerhalb weniger Minuten nach dem Stillstand des Spenderherzens muß die Entnahme erfolgen. Hier muß sich doch die Frage stellen: Ist der Mensch, dessen Herz noch vor Minuten den Dienst versah, wirklich schon tot?

Wir werden solcherart gezwungen, über das Wesen des Todes nachzudenken. Was aber wissen die Menschen wirklich davon? Wie einfach war es doch früher einmal gewesen: Das Herz stand still, die Atmung setzte aus – folglich war der Mensch tot. Inzwischen hat man erkennen müssen, daß selbst »klinisch Tote« wieder ins Leben zurückkehren können. Jetzt unterscheidet man drei Stadien des Todes: Neben dem schon erwähnten »klinischen Tod«, durch Stillstand von Herzschlag und Atmung gegeben, kennt man den »cerebralen Tod«, der bereits Dauerschädigungen des gegen Sauerstoffmangel besonders empfindlichen Gehirns bewirkt, und schließlich den »biologischen Tod«, das endgültige und unbehebbare Darniederliegen des Kreislaufs.

Aber ist damit das Rätsel des Todes gelöst? Keineswegs! Professor Nissen faßte dies in der Zeitschrift »Bild der Wissenschaft« mit den Worten zusammen:

»Der scharfe, eindeutige Übergang vom Leben zum Tod ist mit den modernen Erkenntnissen von Medizin, Biologie und Technik wieder unscharf und problematisch geworden. Wie bei den

antiken Griechen stößt der Lebensnachen diesseits des Lebens ab und legt einen dunklen, unüberschaubaren Weg zurück.«

Der Mensch erscheint für die Wissenschaft also wie ein Eisberg: nur der kleinste Teil ist sichtbar, das meiste liegt im Verborgenen. Doch so wie bei einem Eisberg müssen wir auch hier versuchen, den Verlauf jenseits des Sichtbaren zu ergründen, wenn wir nicht Schiffbruch erleiden wollen.

Nach unserem Sprachgebrauch tragen wir die »sterbliche Hülle« eines Abgeschiedenen – also nicht diesen selbst – zu Grabe. Mag dies für viele auch zu einer sinnentleerten Redensart geworden sein, so steckt in solchen Bildern oft ein verlorenes Wissen.

In den Schilderungen derer, die sich mit dem Phänomen des Todes befaßten, findet sich seit urdenklichen Zeiten die wiederkehrende Behauptung von einem gleichsam verfeinerten Menschenbild. Solche nebelhaften Körper wurden wiederholt erschaut, sie liegen dem Begriff des »Gespenstes« zugrunde. Es wäre zu bequem, sie einfach in das Gebiet des Okkulten abzuschieben und damit aus allen Erwägungen auszuklammern. Wenn »okkult« alles ist, vor dem wir die Augen verschließen, dann wäre für den Vogel Strauß jeder Gegner »okkult«, vor dem er den Kopf im Sande versteckt. Ist aber schlechthin »okkult«, was wir mit unseren Sinnen nicht wahrnehmen können, dann waren Magnetismus, Elektrizität, Wellenlehre, Plasmaphysik durchwegs Erscheinungen der okkulten Welt, ehe wir die Mittel zu ihrer Entdeckung fanden. Die Grenze ist also ständig fließend.

Nach der Begriffsbestimmung des Lexikons ist Okkultismus »*die Lehre von den* noch *verborgenen Dingen, richtiger das*

Bestreben, Verborgenes wissenschaftlich zu erforschen und aufzuklären«. Nehmen wir diesen Begriff also nicht zum Vorwand, verschanzen wir uns nicht hinter dem Wort »okkult« wie hinter einem Rolladen, der das Licht hindern soll, zu uns zu dringen. Geben wir zu, daß es dem Menschen unangenehm ist, an die einzig feststehende Tatsache seines Erdendaseins, den Tod, gemahnt zu werden und daß er deshalb – auch aus Scheu vor der Verantwortung – zumeist gar nicht erfahren *will,* was jenseits dieser Schwelle liegen mag.

Die stets gleichbleibenden Hinweise auf verfeinerte Körperformen sollten uns also zumindest zu denken geben. Schon oft hat der Mensch erfahren müssen, daß alte, belächelte Vorstellungen und Mythen sich als richtig erwiesen haben. Liegt die erwähnte Behauptung nicht auf der gleichen Linie wie die heute schon unbestrittene Verwandlung der Materie in immer leichtere Zustände? Selbst wenn man den Zweiflern weitergehend entgegenkommen wollte, so müßte man sagen: Die Wahrscheinlichkeit, daß es auch beim Menschen – wie bei der Materie – hinter der äußeren Erscheinungsform »noch etwas gibt«, ist zumindest um nichts geringer als jene des Gegenteils. Wäre man daher nicht verpflichtet, dies wenigstens in die Überlegungen einzubeziehen?

Wir wissen doch, daß jedes Ding seine eigene Strahlung hat. Strahlung ist das Wesen unseres Sehens, auf Strahlung beruht die Photographie. Die Natur aber macht bekanntlich keine Sprünge, eines reiht sich bruchlos ans andere. Als sinnfälligster Ausdruck dieses Naturgesetzes kann uns der Regenbogen erscheinen. Denn das Licht, aus dem alles und jedes wird, geht – muß es sein Geheimnis enthüllen – fließend in vielerlei Zwischenstufen von einer Farbe zur anderen über. Und gerade im körperlichen Bereich erleben wir doch bei der Bluttransfusion, bei der noch zu behandelnden Reaktion der Anti-Körper, daß sich nur Ähnliches miteinander verbinden kann. Es widerspricht daher keinem unserer Erfahrungsbilder, wenn unser Erdenkörper eines ihm ähnlichen, etwas verfeinerten Mittlers bedarf, um so Erdenfernes wie den Geist durch Strahlung an sich binden und halten zu können.

Im Schlafe wird nun diese Strahlungsverbindung gelockert. Die Lebensfunktionen und die Körpertemperatur sind herabgesetzt, was zwangsläufig auch seine veränderte Ausstrahlung bewirkt. Ähnlich ist es bei Krankheit und erst recht in Agonie. Und hat der Kreislauf aufgehört, ist also der Tod eingetreten, so beginnt die Körpertemperatur unaufhaltsam zu sinken, der Leichnam wird kalt und erstarrt. Wer will daran zweifeln, daß die Ausstrahlung dieses erkaltenden Körpers sich ständig verändert, immer schwächer und kraftloser wird? Von den Bindekräften gelöst, strebt dann der Geist als einzig lebendiger Teil in seiner verfeinerten Umhüllung von diesem Erdenkörper weg, ähnlich einem Luftballon, dessen Leichtigkeit ihn steigen läßt, wenn die Hand ihn nicht mehr hält.

Bei vielen hochstehenden alten Völkern sowie bei den Naturvölkern gibt es genaue Vorschriften über die Zeit, die zwischen dem Tode eines Menschen, der Beisetzung und gar der Zerstörung seines Leibes, zumeist durch Feuer, vergehen muß. Diese Frist erstreckt sich mitunter auf mehrere Wochen, ja sogar Monate. Das erscheint bemerkenswert, denn gerade jene Völker, die ihr Leben den Gesetzen der Natur eingeordnet haben, wissen manchmal mehr als der so »moderne« westliche Mensch, für den nicht existiert, was er nicht kennt. In der Beachtung derart bestimmter Fristen steckt jedenfalls die Kenntnis davon, daß der Vorgang des Sich-Ablösens des eigentlichen Menschen vom Erdenkörper, wie alles im Naturgeschehen, allmählich erfolgt, seine Zeit benötigt. Diese Zeit wird um so länger sein, je mehr der Menschengeist, seiner eigenen Beschaffenheit entgegenwirkend, sich an den Erdenkörper anzuklammern sucht. Da heute der Großteil der Menschen unserer Zonen seine Ziele vorwiegend im Irdischen sieht, kann angenommen werden, daß die Trennung vom Erdenkörper meist nur zögernd vor sich gehen kann.

Kehren wir nach dieser Abschweifung wieder zurück zur Organverpflanzung. Nur wenige Minuten stehen nach dem Aussetzen des Kreislaufs für eine Entnahme zur Verfügung. In dieser Zeit ist *in keinem Falle* schon die Lösung des Geistes in seiner zarteren Hülle von dem Erdenkörper erfolgt. Gerade der Umstand, daß die Zellen erst *nachher* abzusterben beginnen und eben dies noch nicht eingetreten sein darf, beweist, daß ein zwar nicht mehr in Funktion befindliches, aber doch noch belebtes Organ entnommen werden muß, um anderweitig seinen Zweck noch erfüllen zu können. Selbst der nicht zimperliche Gordon Rattrey Taylor spricht in diesem Zusammenhang von »Kannibalen-Methoden«.

Doch diese »Kannibalen-Methoden« wurden inzwischen gesetzlich verankert: So dürfen etwa in jedem Krankenhaus Österreichs Verstorbenen beliebig Organe entnommen werden, die für andere nötig sind, sofern der Verstorbene oder sein gesetzlicher Vertreter dem nicht ausdrücklich widersprochen hat. Doch wer weiß schon darüber Bescheid und wer kann dies noch zeitgerecht tun?

Mit dem ärztlicherseits festgestellten Tod ist ja erst jener Augenblick erreicht, ab welchem die stofflich faßbaren Bewegungsvorgänge im Erdenkörper zum Ende gelangen. Verbunden aber ist der Geist noch immer damit und fühlt mehr oder weniger stark einen solchen Eingriff. Die Wissenschaft aber hält sich nicht einmal diese »Möglichkeit« vor Augen: Sind die Behauptungen über den Vorgang des Todes richtig – und nichts außer menschlichem Eigensinn spricht dagegen –, so werden noch fühlenden Menschen die Herzen entnommen. Die vielgerühmten Helden der Medizin besitzen, so betrachtet, eine peinliche Ähnlichkeit mit den Priestern des Quetzalcoatl und Tetzcatlipoca. Jene opferten die zuckenden Menschenherzen den Göttern, diese dem Moloch blindwütiger Wissenschaft.

Nun mag man vielleicht einwenden: Was wiegt das alles gegenüber der Rettung eines Menschenlebens? Aber kann die Sorge um dieses Leben überhaupt noch ernst genommen werden von einer Menschheit, die den millionenfachen Tod für sich bereithält und schon den Eintritt ins Erdenleben chemisch »vermint«?

Nur wenige von den Patienten, denen fremde Herzen eingepflanzt wurden, haben für längere Zeit überlebt. Ursache dessen ist vor allem, daß der Körper das fremde Organ wieder abstoßen möchte. Das scheint mir das erfreulichste Ergebnis auf diesem Gebiete zu sein. Es zeigt, daß der Mensch nicht beliebig vermengt werden kann. Unser ureigenstes Wesen findet sich nicht nur in unserem geistigen Ich, es ist jedem Tropfen unseres Blutes, jeder Zelle unseres Körpers eingeschrieben. Schon die Alten wußten dies: Es ist der unaustauschbare, unterschiedliche Geist, der sich den *ihm* gemäßen Körper bildet. Haben wir das unverwechselbare Merkmal jedes Menschen im Fingerabdruck nicht schon längst erkannt? Wissen wir nicht, daß nur sehr ähnliches Blut übertragen werden kann? Weshalb denn wohl?

Keinem Automechaniker käme es in den Sinn, in einen Mercedes einen VW-Motor einzubauen. Er wird nicht nur die Marke, sondern auch Modell und Typ beachten und bedacht sein, das rechte Ersatzteil zu nehmen. Nur beim Menschen, meint man, spiele dies keine Rolle. Und wenn die Natur sich gegen eine solche Vergewaltigung aufbäumt, so knüppelt man sie zum zweiten Male nieder. Mit chemischen Mitteln bekämpft man die Abwehrreaktion, zwingt man den Körper, etwas anzunehmen, was er nicht haben *will*. Ein solcher »Sieg« über die Natur gilt dann als wissenschaftliche Großtat.

Doch auch für den Patienten selbst ist dieser »Erfolg« sehr fragwürdig. Der Mercedes mit dem VW-Motor, mag er auch recht und schlecht fahren, wird eben doch kein Mercedes mehr sein. Und wenn die Persönlichkeit unseres eigenen Ichs in der Anordnung des »genetischen Codes« jeder Zelle unseres Körpers eingeprägt ist, so geraten Geist und Körper in Widerspruch, wenn der Geist, um des fremden Organes willen, nicht mehr den *ihm* entsprechenden Körper bilden darf. Ehe der Kugelschreiber erfunden wurde, galt es als Grundsatz, man solle eine Füllfeder nicht verborgen. Die von einer Person geformte Feder könnte in fremder Hand Schaden leiden, es sei denn, der neue Benützer würde seiner Schrift, die Ausdruck der Persönlichkeit ist, Gewalt antun, nur um die fremde Feder zu schonen. Genau das aber erzwingt man, indem man die Abwehrkräfte bekämpft.

Die Frage nach dem Wert der Organverpflanzung mündet in die Frage nach dem Sinn des Lebens. Besteht er nur in der größtmöglichen Verlängerung irdischen Genusses? Der Menschengeist ist es, dem das Erdenleben die Entwicklungsmöglichkeit bietet. Die geistige *Eigenpersönlichkeit* des Menschen muß dadurch zu immer klarerem Bewußtsein gelangen, um durch immer bessere Erkenntnis der Schöpfungsgesetze *in ihrer Art* dem Ganzen stets nützlicher werden zu können. Wird dem Geiste aber nicht erlaubt, *er selber* zu sein, so kann er diesem Ziele nicht näherkommen.

Wie will nun die Wissenschaft beurteilen, was – nicht nur im Sinne irrender »Humanität« – dem Menschen *wirklich* nützt? Im Grunde ist sie doch ahnungslos: Sie weiß nicht, was eigentlich »Leben« ist; sie weiß nicht, was beim Tode geschieht; sie weiß nicht, wozu er sein Dasein führt. Dennoch aber wagt sie es, an diesem Geschöpf, dessen Wesen und Zweckbestimmung sie gar nicht kennt, zu experimentieren. Sie erweist sich damit im Grunde als verantwortungslos.

Mag es auch in letzter Zeit um die Herzverpflanzung wieder recht still geworden sein, mag auch das »Kunstherz« sie schließlich ersetzen, so ist und bleibt sie doch ein besonders bemerkenswertes Beispiel einer viel weiter reichenden Entartung. Das Verlangen, die Welt um uns zu ergründen, ist dem Menschen tief eingewurzelt. Die Entdeckungen, die wir machen dürfen, sollten uns dahin führen, die Weisheit des Schöpfers immer besser verstehen zu lernen, um in bewußter Einordnung zu geistigem Aufstieg zu gelangen. Wir dürfen die Naturgesetze nützen, nicht aber sie zu verändern oder gar zu verbessern suchen. Bei Gordon Rattrey Taylor finden wir die banale Feststellung:

»In einer menschlichen Gesellschaft sind so gut wie alle Einzelgebiete miteinander verknüpft, so daß man nicht irgend etwas ändern kann, ohne auch andere Bereiche zu treffen.«

Ja, gilt das für die Natur etwa nicht? Wie ein Kind im Ameisenhaufen stochern wir in dem feinstens abgestimmten Ablauf des Naturgeschehens herum und haben in uns und um uns seine Ordnung gestört. Dann wundern wir uns, wenn die gepeinigte Natur zurückschlägt und wir aus der Wirrnis selbstgeschaffener Probleme keinen Ausweg mehr finden.

Im Norden gibt es Tiere, die Lemminge, die aus ungeklärter Ursache plötzlich als ganzes Rudel dem Abgrund zurennen und sich unaufhaltsam zu Tode stürzen. Es hat den Anschein, als wäre die Menschheit im Begriffe, es ihnen gleichzutun. Denn wir allein waren und sind es, die uns selbst und unser künftiges Leben auf dieser Erde in Frage stellen und nun die Rückwirkung dessen erfahren:

Wir zerstören die natürlichen Grundlagen unseres Daseins, wir fordern Enthemmung, nehmen Rauschgift, wir manipulieren unsere Körper und unsere Gefühle und träumen davon, die Geschöpfe »umzumontieren«. Wir beugen uns dem Götzen technischer Fertigkeit und bringen uns selbst ihm zum Opfer dar. Wir fliegen zum Mond, nicht weil wir wüßten, was wir dort sollen, sondern weil es so herrlich den Dünkel nährt, der selbstgefällig sich blähen kann. Seht her, wer ich bin! Seht her, was ich kann! Bald ist mir, dem Menschen, nichts mehr unmöglich!

Doch nicht Hochmut, sondern Demut tut uns not. Die Menschheit von heute gleicht dem Schüler im »Faust«, der nicht erkennt, daß er den Teufel zum Lehrmeister hat. Wie dieser

Schüler lesen wir mit stolzgeschwollener Brust, was der Lehrer ins Stammbuch schrieb: »*Eritis sicut Deus*« – Ihr werdet sein wie Gott! Aber wir überhören die Worte, die Mephisto im Hintergrund dazu murmelt:

»*Folg nur dem alten Spruch und meiner Muhme, der Schlange!*
Dir wird gewiß einmal bei deiner Gottähnlichkeit bange!«

Der Schritt über die Schwelle

*Ihr alle, die Ihr Euch zu Gottgläubigen zählt,
prüft Euch einmal, ob Euer Glaube,
den Ihr in Euch tragt, wirklich der rechte ist!
Ich meine damit nicht, in welcher Form Ihr glaubt,
ob nun als Katholik oder als Protestant,
ob als Buddhist oder Mohammedaner
oder in irgendeiner Form, ich meine Eure Art zu glauben,
inwieweit diese lebendig ist! Denn Gott ist Gott!
Und wie Ihr Ihm Euch naht in Eurem Inneren,
das ganz allein ist für die Stärke und die Echtheit
Eures Glaubens maßgebend!*

– Abd-ru-shin –

Beziehungen zwischen Schizophrenie und Rauschgiften

Die Sucht nach dem Rauschgift hat in den letzten Jahren immer weitere Kreise erfaßt. Die Injektionsnadel wurde abgelöst von der Marihuana-Zigarette und diese vom LSD, den sogar in Eigenerzeugung herzustellenden Lysergsäuredrogen. Die »künstliche Geisteskrankheit« ist nicht nur salonfähig, sie ist geradezu zu einem Gesellschaftsspiel geworden. Wie aber kommt es zur geistigen Verrückung – und was kann der Mensch dabei gewinnen?

In der Gralsbotschaft (Vortrag »Das Blutgeheimnis«) wird *»die mangelhafte oder falsche Ausstrahlung des Blutes«* als Hemmnis für den Geist bezeichnet. Betrachten wir daneben eine Notiz aus der Zeitschrift »Bild der Wissenschaft«, die in Nr. 2/65 berichtet, Schizophrenie sei auch als Stoffwechselkrankheit erkannt worden: Schizophrene haben einen artfremden Eiweißstoff im Blut, ihre Ausscheidungen sind anders als bei normalem Stoffwechsel, in ihren Geweben bilden sich Substanzen ähnlich dem Rauschgift Mescalin.

Die Notiz führt weiter aus, daß Injektionen meist nur vorübergehende Änderung brachten; es sei jedoch dem russischen Mediziner Professor Y. Nikolajew nach langjährigen Versuchen gelungen, durch Umstellung der Ernährung endgültige Heilungen von Schizophrenie zu erzielen. Genau das ist in dem Vortrag »Das Blutgeheimnis« schon längst gesagt worden.

Der geistige Zustand und die Zusammensetzung des Blutes stehen demnach in enger Wechselbeziehung. Nach seiner Eigenart bildet der Geist das Blut, und über diese Brücke wirkt er sich auf den Körper aus. Eine Brücke aber kann man in beide Richtungen begehen. Es kann daher auch durch äußere Einwirkung die Blutzusammensetzung verändert und dadurch der Geist beeinflußt werden. In natürlicher Weise geschieht dies auf dem Wege der Ernährung, was sich in den obigen Fällen auch bewährt hat. Der heutige Mensch aber ist auch weitgehend einer künstlich-chemischen Beeinträchtigung ausgesetzt. Sie beginnt bei der »harmlosen« Zigarette und führt über den Alkohol und zahlreiche Präparate der pharmazeutischen Industrie bis zu den

Rauschgiften. Stets wird hier im Wege einer Blutveränderung der Geist mehr oder weniger nachhaltig an seiner natürlichen Auswirkung gehindert und in eine seiner tatsächlichen Beschaffenheit nicht entsprechende Stimmungslage oder Umweltbeziehung gebracht.

Besonders intensiv erfolgt diese künstliche Einflußnahme durch die »psychotropen Drogen«, die *»jeden auch absolut gesunden Menschen vorübergehend und ohne bleibende Schädigung geistig derart verändern können, daß seine Persönlichkeit, sein Sensorium, sein Intellekt oder sogar seine Ideenwelt tiefgreifend verwandelt werden.«* (Prof. Dr. Hans Haas in »Bild der Wissenschaft«, Nr. 2/65).

Auf Grund des vorhin Gesagten wird bereits verständlich, wieso diese Umgestaltung der Persönlichkeit bei einem gesunden Menschen ohne bleibende Schädigung abläuft. Da der gesunde Körper auch einen gesunden Geist umhüllt, beide also in harmonischem Zusammenwirken stehen, kann der künstlich eingeführte Giftstoff bald wieder ausgeschieden werden, weil das eigene neu erzeugte Blut frei ist von solch einer schädlichen Zusammensetzung. Ein bekanntes und anschauliches Beispiel hierfür bietet uns der Abbau des Alkoholspiegels im Blut. Es ist dies der umgekehrte Fall zu dem Versuch, Geisteskrankheit durch Injektionen zu heilen. Während bei gesundem Blut die künstliche Schädigung vorübergehend bleibt, muß dort, wo das schädliche Stoffe enthaltende Blut stets erneut geschaffen wird, der künstlich bewirkte Heilerfolg nach kurzer Zeit wieder schwinden. Das Rauschgift vermag daher, wie die medizinische Erfahrung lehrt, seine volle Wirkung nur dort zu entfalten, wo die schwache, halt- und ziellose Art der betreffenden Person das Verlangen nach der »Flucht aus der Wirklichkeit« überhaupt aufkommen läßt.

Schon vor unbestimmt langen Zeiten pflegten die Azteken Mittelamerikas vorwiegend bei kultischen Anlässen bestimmte Pilze und eine Kakteenart, Peyotl genannt, zu sich zu nehmen, um Entrückungszustände zu erleben. Wie man festgestellt hat, enthalten diese Pflanzen eben jenes Rauschgift Mescalin, das man ähnlich auch im Körper Schizophrener fand. Das aztekische Ritual zielte somit auf eine Art künstlicher Schizophrenie. Hier also berühren sich die vom Geistigen und die vom Körperlichen her bewirkte Verrückung und machen die Wechselwirkung zwischen Geist und Körper und die beiderseitige Begehbarkeit der Blutbrücke vollends deutlich.

Wir wollen uns im folgenden näher mit dem Mescalin befassen. Diese Substanz unterbindet die Erzeugung bestimmter Enzyme, die die Zuckerversorgung des Gehirns regeln. Der Körper, dessen sich der Geist zu seiner irdisch-grobstofflichen Auswirkung bedienen muß, wird in einem entscheidenden Belange beeinträchtigt, das dem Geiste gegebene Werkzeug also verändert, verbogen.

Seitdem es der Wissenschaft gelungen ist, das Mescalin als Rauschgift zu erkennen und herzustellen, hat es nicht an Bemühungen gefehlt, durch Experimente und Selbstversuche in die Erlebniswelt der Geisteskranken Einblick zu gewinnen. Die zunächst angestellten Tierversuche zeigten allerdings keinen Erfolg. Man war deshalb der Meinung, die in Europa gezüchteten Pflanzen seien unwirksam. Die Ursache liegt aber anderswo: Mensch und Tier unterscheiden sich nämlich gerade in jenem Punkte, auf den es hier ankommt, denn das *»Tier hat Seele, aber* *der Mensch Geist«* (GB »Seele«). Man kann daher am Tier nicht Geistiges erforschen, dies muß zwangsläufig ins Leere gehen.

Unter den Personen, die sich für Experimente mit Mescalin zur Verfügung stellten, befand sich auch der englische Dichter und Philosoph Aldous Huxley. Er hat über seine Erlebnisse in dem Bändchen »Die Pforten der Wahrnehmung« (Piper-Verlag, München) berichtet. Ein Werk der Literatur ist ungleich mehr als fachwissenschaftliches Material bestimmt und geeignet, einem breiteren Publikum zugänglich zu werden. Es soll daher in weiterer Folge besonders darauf eingegangen werden.

Huxley kommt nämlich beim Ausgangspunkt seiner Betrachtung der Wahrheit sehr nahe, wenn er schreibt:

»[...] jeder von uns ist vielleicht fähig, in sich eine chemische Substanz zu erzeugen, von der, wie man nun weiß, winzige Mengen tiefgreifende Veränderungen des Bewußtseins bewirken [...]. Ist an der geistigen Störung eine chemische schuld? Und ist die chemische Störung ihrerseits durch seelische Leiden verschuldet [...]? Wir können noch nicht mehr sagen, als daß ein begründeter Verdacht besteht.«

Dieser Verdacht wurde durch die Forschung inzwischen verdichtet. Solange die Wissenschaft freilich nur grobstofflich sichtbare Auswirkungen aufzeichnet, die geistigen Zusammenhänge aber unbeachtet läßt, wenn nicht gar leugnet, wird es ihr nicht möglich sein, von bloßer Vermutung zu wahrem Wissen zu gelangen. Diese Einsicht läßt sich auch aus den Worten des Wissenschaftlers Hans Haas herauslesen, der schreibt (»Bild der Wissenschaft«, siehe oben):

»Mit biochemischen Interpretationsversuchen, welche der komplizierten inneren Wirklichkeit des Menschen nur vage gerecht werden und das Leib-Seele-Problem ausklammern, wird man das eigentliche Geschehen nie lüften können, warum ein Mensch nach dem Genuß einer chemischen Substanz vorübergehend geisteskrank wird.«

Zum wahren Wesen der Dinge und ihrer Zusammenhänge wird man erst vordringen, wenn man die Ganzheit alles Seienden in ihrem stufenweisen Ineinandergreifen erkennt. Die Gralsbotschaft gibt die dazu nötigen Erklärungen. Versuchen wir also, die jenseits der grobstofflichen Auswirkungen liegenden Ursachen und Zusammenhänge aufzuzeigen.

Allen Experimentalberichten ist gemeinsam, daß ungeachtet der Wirkungen des Mescalin der Sinn für das Gegenständliche nicht verlorengeht. Die Versuchspersonen sahen nach wie vor ihre irdische Umwelt, wenngleich verändert und in verzerrten Proportionen; sie hatten keine »Gesichte«.

Das genannte Rauschgift vermittelt also keinen Blick in höhere Sphären. Wir können vielmehr feststellen, daß die Erlebniswelt eines solcherart »Geisteskranken« noch immer an der Schwelle der dichten Grobstofflichkeit liegt und eng mit ihr verbunden ist. Die chemisch bedingten Veränderungen im Körper ähneln einem der bekannten Kunstgriffe in der Photographie: Durch den Vorsatz von Filtern, durch Eingriffe in die Entwicklung oder auf andere Weise können das Auge der Kamera oder der Wiedergabeprozeß so beeinflußt werden, daß die Wirklichkeit verändert erscheint. Auch durch das Mescalin wird die ursprünglich bestehende Harmonie zwischen dem Gegenstand und dem zu seiner »Aufnahme« (man beachte den eigentlichen Wortsinn) bestimmten Werkzeug gestört. Es wird ein Teil seiner Funktionen, hier die Zuckerversorgung des Gehirns, gehemmt, wodurch – wie in der Photographie – bestimmte Eigenschaften überbetont, andere hingegen unterdrückt werden, so daß eine Art Zerrbild entsteht.

So ist auch die Mescalin-veränderte Schau voll fremdartiger Farbigkeit. Die Versuchspersonen berichten von einem Farbenrausch, in welchem selbst die unscheinbarsten Gegenstände grell leuchtend aufglühen. *»Mescalin verleiht allen Farben erhöhte Stärke und macht den Wahrnehmenden unzählige feine Abschattungen bewußt, für die er zu gewöhnlichen Zeiten völlig blind ist«*, beschreibt Huxley diesen Zustand.

Diese Beobachtung ist nicht überraschend. Wir wissen ja, daß

»die ganze Schöpfung ein wundervolles Bild herrlichster Farbenstrahlungen« zeigt.

»[…] sogar ein jeder Einzelkörper, sei er auch noch so klein und winzig, kommt einem feingeschliffenen Prisma gleich, das jeden Strahl, den es empfängt, vielfältig andersfarbig strahlend weitergibt.« (GB »Grobstofflichkeit, Feinstofflichkeit, Strahlungen, Raum und Zeit«)

Farbe aber ergibt sich aus unterschiedlicher Frequenz des Lichtes, sie ist im Grunde also nichts als Schwingung. In dem gesteigerten Farbensehen liegt der Beweis dafür, daß durch das Rauschgift die Aufnahmefähigkeit für Schwingungen eine Veränderung erfährt. Während solcherart ein neuer Sinneseindruck erschlossen wird, leidet aber zugleich die Wahrnehmung der irdisch-gewohnten Wirklichkeit, insbesondere durch eine Verschiebung der Proportionen. Der Betroffene steht in einer Zwischenwelt oder besser: zwischen den Welten. Sein Wahrnehmungsbereich ist nicht erweitert, er ist nur ver-rückt. Er gleicht einem Rundfunkempfänger, der, anstatt eine Station rein und trennscharf aufzunehmen, bereits einen zweiten Sender mitklingen läßt, so daß das eine Programm nicht mehr, das andere noch nicht zur vollen Wirkung gelangen kann. Diese Eindrücke bestätigen die dem Leser der Gralsbotschaft bekannte Tatsache, daß andere Welten nur andere Schwingungsebenen sind. Auf diese müssen wir freilich *ganz* eingestellt, ihnen also entsprechend sein, um sie voll erleben und in ihnen wirken zu können.

Die Aufzeichnungen über Mescalin-Versuche liefern aber noch weitere aufschlußreiche Einzelheiten. So wird berichtet, daß »*durch jeden Ton und jedes Geräusch ein entsprechend farbiges Bild, in Form und Farbe kaleidoskopartig wechselnd, ausgelöst wurde*«. Es wird daraus erkennbar, daß Farbe und Ton tatsächlich aus der gleichen Wurzel, der Schwingung, stammen. Dies ist zwar der Naturwissenschaft längst bekannt – bezeichnenderweise sprechen wir ja auch von »Farbton« und »Klangfarbe« –, in unserer grobstofflichen Schwingungsebene erleben wir Ton und Farbe aber noch als getrennte Erscheinungsformen.

Eine Versuchsperson schildert weiter:

»*Ich kann einen beliebigen Fleck ansehen, so kommen mir sogleich alle anderen ähnlichen Flecken ins Bewußtsein. Ich habe einen gesteigerten Blick für alles Gleiche und Ähnliche.*«

Das große Schöpfungsgesetz der Anziehung der Gleichart wird also in verstärktem Maße deutlich. Dieses Gesetz ist zwar auch in unserer irdischen Daseinswelt wirksam (»gleich und gleich gesellt sich gern«), aber durch die Dichte des Stoffes abgeschwächt. Außerhalb der groben Stofflichkeit gelangt dieses Gesetz hingegen zu voller Auswirkung und stellt selbsttätig die Verbindung der Gleichart her.

Dies konnten die Betroffenen demnach sogar schon in dem von ihnen betretenen Grenzbereich auffällig erleben.

Insbesondere aber erfährt die Beziehung zu den Dingen eine tiefgreifende Wandlung. Sämtliche Gegenstände gewinnen eine erhöhte Bedeutung, einen besonderen Sinn. Ohne die Zusammenhänge überschauen, die Ursachen erkennen zu können, erscheint dem Mescalin-Beeinflußten alles außerordentlich und bedeutsam. Der faltige Fall seiner Flanellhose wird für Huxley zu einem noch nie geschauten Erlebnis, das ihm den Sinn des Faltenwurfs Boticellischer Madonnen zu erschließen scheint; sein altvertrauter Schreibtischstuhl will vor Bedeutung geradezu bersten. Dies, so meint Huxley, habe der schon von geistiger Umnachtung befallene van Gogh wiedergeben wollen, als er sein Gemälde »Der Sessel« schuf und Blumen malte, die von ihrem eigenen, inneren Licht

»*leuchteten und unter dem Druck der sie erfüllenden Bedeutung fast erbebten*«. Es ist »*ein wiederholtes Fluten von Schönheit zu erhöhter Schönheit*«, ein »*Teilhaben an der offenkundigen Herrlichkeit der Dinge*«; das »*sich von Augenblick zu Augenblick erneuernde Wunder bloßen Daseins!*«

Was ist es nun, was hier geschaut wird? Es ist ein Ahnen von der schwingenden und daher farbigen Lebendigkeit alles Seienden. Denn auch die anscheinend »tote« Materie ist in Wahrheit erfüllt von lebendiger Bewegung. Und in der Harmonie alles Gesetzmäßigen ist jedes Ding eine Welt für sich, die ihrerseits unzählige andere Welten umschließt; ist es eingebunden in das Wirken pulsierender Ströme und wahrhaft randvoll erfüllt von Bedeutung. Die dahinterstehenden Kräfte als solche werden zwar noch nicht geschaut, doch ihr Weben ist deutlicher erkennbar geworden. Eben darum führt diese Schau zurück zum Einfachen, Unkomplizierten, in dem allein wahre Größe liegt, und man *»gewinnt einiges von der unbefangenen Wahrnehmungsweise der Kindheit wieder«* (Huxley).

Fassen wir die äußeren Sinneseindrücke zusammen, so hat es den Anschein, als würde durch das Mescalin der Wahrnehmungsapparat »verdreht« und eine Kleinigkeit angehoben. Es ist, als wollte der Mensch sich auf Zehenspitzen stellen, um über einen Zaun zu blicken. Dabei verliert er aber weitgehend den Boden unter den Füßen und schwächt seine Standfestigkeit auf der Erde. Verblüfft erkennen wir, wie treffend unsere Sprache dies erfaßt hat, indem sie einen solchen Menschen als ver-rückt bezeichnet: Er ist von der Stelle gewichen, auf der er stehen sollte.

Wie aber erlebt der Mensch sich selbst in der veränderten Umgebung? Beginnen wir mit der Feststellung, daß das Gefühl für den Raum eine deutliche Beeinträchtigung erleidet. Wohl sind die Versuchspersonen noch in der Lage, sich in ihrer Umwelt zu bewegen, die Bedeutung des Raumerlebens aber ist eingeschrumpft. Eine Fahrt im schnell bewegten Fahrzeug erweckt den Eindruck, als käme man nicht von der Stelle. Noch krasser ist die Veränderung im Bezug auf die Zeit. Es tritt völlige Gleichgültigkeit, ja geradezu ein Verlust des Zeitgefühls ein.

In der Gralsbotschaft (»Grobstofflichkeit, Feinstofflichkeit, Strahlungen, Raum und Zeit«) ist zu lesen:

»Der Raum- und Zeitbegriff liegt sogar in der ganzen Schöpfung, doch ist er stets an die bestimmte Art gebunden!«

Wir hatten vorhin nun erkannt, daß die Wahrnehmungen der unter Mescalin-Einfluß Stehenden in einen anderen Schwingungsbereich hinübergreifen. Dieser durch andere Schwingungen bedingten anderen Art ist daher auch ein anderes Raum- und Zeitgefühl angemessen. Warum aber wird dann nicht dieser veränderte Raum-Zeitbegriff empfunden? Die Antwort finden wir in dem Satz:

»Der verschiedenartige Zeit- und Raumbegriff ersteht durch die mehr oder weniger dehnbare Aufnahmefähigkeit des Erlebens durch das Menschenhirn, das wiederum dem Grad der Dichtheit der jeweiligen Umgebung angepaßt ist, also der Art des Weltenteiles, in dem der Körper sich befindet.« (Aus dem Vortrag »Und tausend Jahre sind wie ein Tag!«)

Auf das *Erleben* also kommt es an, erst dieses läßt den Raum- und Zeitbegriff entstehen. Die gewaltsam umgestellten Sinnesorgane reichen jedoch in eine Welt, die der Geist – wie noch besprochen werden soll – nicht wahrhaft zu erleben vermag, weil er sich darin nicht auswirken kann. In der Disharmonie dieses Zustandes hat der Mensch das Raum- und Zeitgefühl seiner bisherigen Umwelt weitgehend verloren, ohne das jener »anderen Welt« gewonnen zu haben. Er gleicht etwa einem mit Taucherbrille und Schnorchel ausgerüsteten Schwimmer. Auch dieser bewegt sich an der Grenze zweier Seinsbereiche. Zwar vermag er mit Hilfe der künstlichen Hilfsmittel in die Welt des Wassers zu schauen, wird aber dadurch noch kein Teil von ihr. Mit dem Blick in die fremde Welt aber verliert er zugleich die Beziehung zur festen Erde, der er als Mensch nun einmal zugehört.

Die weiteren Wirkungen des Mescalin bestätigen diese Deutung. Hand in Hand mit den geschilderten Zuständen geht nämlich ein Verlust des Persönlichkeitsgefühls. An seine Stelle tritt eine Gleichsetzung mit den Dingen, ein Aufgehen in ihnen, ein Gefühl brüderlicher Verwandtschaft bloßen Seins. Der Wille wird ausgelöscht. Er erfährt eine tiefgreifende Veränderung zum Schlechten, einfach dadurch, daß er zum Besseren nicht mehr fähig ist.

»Wer Mescalin nimmt, fühlt sich nicht veranlaßt, irgend etwas Bestimmtes zu tun, und findet die meisten Zwecke, für die er zu gewöhnlichen Zeiten zu handeln und zu leiden bereit war, äußerst uninteressant. Er kann sich nicht mit ihnen abgeben, aus dem guten Grund, daß er über Besseres nachzudenken hat«, ist bei Huxley zu lesen. Dieses »Bessere« aber besteht nach dem gleichen Autor *»in einer Kontemplation, die mit Tätigkeit und sogar mit dem Willen zu ihr, ja schon mit dem Gedanken an sie unvereinbar ist«.*

Der Mensch verbleibt somit in völliger Passivität, er erschöpft sich in seiner Seinsgemeinschaft mit allen Dingen.

Untätigkeit kann nicht vorwärts, schon gar nicht aber aufwärts führen. Sie verstößt gegen das Grundgesetz der Schöpfung, das von allem, was da lebt, Bewegung und immer wieder Bewegung verlangt. Damit wird der furchtbare Preis offenkundig, der für den »Schritt über die Schwelle«, für den Blick in die andere Welt zu bezahlen ist. Was die Wissenschaft nämlich umschreibend das verlorene »Persönlichkeitsgefühl« nennt, ist in Wahrheit nichts anderes als das dem Menschengeiste eigene, in einer langen Seinsentwicklung erwachte Selbstbewußtsein.

Dieses Wort hat hier nichts gemein mit dem vielfach zugeschobenen, verzerrten Begriffsinhalt, der es dem Stolze, dem Hochmut nahebringt. Es bezeichnet ganz einfach das Bewußtsein seiner selbst, der menschen*geistigen* Existenz. Es steht eine volle Entwicklungsstufe über dem bloßen Daseinsbewußtsein, das etwa den Tieren als Höchstes eigen ist. Das als glückhaftes Erlebnis erscheinende Aufgehen in den Dingen ist demnach ein Zurücksinken auf die schon längst durchlebte Stufe anderer Schöpfungsarten, über welche der Menschengeist sich führend weiterentwickeln sollte. Diese Entwicklung besteht gerade in der Erweckung des Ich-Bewußtseins. Verliert es der Mensch, bleibt er nur noch dem bloß Daseinsbewußten in der Schöpfung als gleichartig verbunden.

Der durch das Rauschgift erzielte vermeintliche »Fortschritt« erweist sich daher als entsetzlicher Rückschritt, der die Preisgabe gerade dessen fordert, was den Menschen zum Menschen macht. Dies wird besonders deutlich durch die gänzliche Erschlaffung des Willens. Der Wille, der vielumstrittene freie Wille, der anziehend und gestaltend in die Maschen des Schöpfungswebens greift, ist nämlich das dem *Geiste* Ureigene.

Es ist also tatsächlich das *Bewußtsein* des Geistes, das durch die chemische Beeinflussung tiefgreifend verändert wird. Bisher haben wir diesen Begriff allerdings im landläufigen Sinne verstanden. Jetzt erst gelangen wir zu seiner eigentlichen Bedeutung und erkennen einmal mehr, wie sehr unsere Sprache um den verborgenen Kern der Dinge weiß.

Die dem veränderten Zustand entsprechende geistige, willensmäßige Passivität aber hat etwas Verführerisches, kommt sie doch der Trägheit so sehr entgegen, die allenthalben die Menschen daran hindert, sich um die Wahrheit zu *bemühen.* So wird das Nur-Schauen und Nicht-Tun zu einer seltsamen Seligkeit. Das Sich-eins-Wissen mit allem Lebendigen erscheint – dem verminderten Bewußtsein angepaßt – als das Höchst-Erreichbare. Dieser Zustand liegt so weit zurück auf dem Entwicklungswege, daß er für neu gehalten wird. Huxley ist es, als erlebe er darin die »Seins-Gewahrseins-Seligkeit« der Inder, den »allumfassenden Dharma-Leib des Buddha«, den Inhalt der Zen-Philosophie.

Wir sehen aber noch mehr: Hier liegt der Ursprung der Nirwana-Vorstellung. Die verheißene Auflösung des Ichs im alles belebenden Weltgeist entspringt der verzerrten, entarteten Schau des an rechter Auswirkung gehinderten Menschengeistes. Nicht als Offenbarung höherer Mächte hat das Ziel der Entpersönlichung in die menschliche Vorstellungswelt Eingang gefunden; es ist die Frucht künstlichen Eingriffs in die Geist-Körper-Harmonie, des *gewaltsamen* Schrittes über die Schwelle der irdischen Grobstofflichkeit.

Es ist bezeichnend, daß dieses Jenseitsziel der Passivität, des Aufgehens im Seienden gerade in den Religionen des Ostens entstand, dort also, wo der Gebrauch berauschender Mittel, die

»Kontemplation«, die Inaktivität, die verkrampfte Abkehr vom tätigen Leben und die Unterdrückung der Körperlichkeit als irregeleitete Religiosität weit verbreitet sind und das naturgewollte Zusammenwirken zwischen Geist und Körper stören mußten. Die auf solche Art gewonnene verzerrte An-schau-ung entstellte nach und nach die auch diesen Völkern zuteil gewordene Kündung der Wahrheit und gaukelte dem Menschengeiste das trügerische Paradies des Nirwana vor.

Denn wie könnte es sich um ein Paradies handeln, wenn der Menschengeist fürchtet, darin verbleiben zu müssen? Auch bei Huxley wandelt sich die anfängliche Beseligung nach der Dauer in »*Furcht vor dem Zerfallen unter dem Druck der Wirklichkeit*«. Dumpf dämmert die Erkenntnis, daß »*der auflösende Zerfall schrecklich gefährlich sei. Wie, wenn man nicht mehr zurückfände aus dem Chaos?*« Hierin zeigt sich die gesunde Reaktion des vergewaltigten Geistes. Es ist ein Sich-Aufbäumen gegen einen Weg, dessen tödliches Ziel er schaudernd erahnt.

Um so mehr muß es verwundern, daß Huxley ungeachtet dieser mahnenden Empfindung die Einnahme von Mescalin geradezu empfiehlt. Im Schutze der Feststellung, daß der Gebrauch toxischer Substanzen für religiöse Zwecke außerordentlich weit verbreitet ist, gelangt er nämlich zu dem Ergebnis, Mescalin sei zwar »*nicht zum Seelenheil nötig, aber potentiell hilfreich und, wenn zugänglich gemacht, dankbar anzunehmen*«. Dieser Ansicht kann nicht entschieden genug entgegengetreten werden.

Wir konnten erkennen, daß jene Zustandsbilder, die man als Geisteskrankheit bezeichnet, auf ein vermindertes oder verlorenes Sich-selbst-Bewußtsein des Geistes zurückzuführen sind, wobei der Begriff »Bewußtsein« im schöpfungsgesetzlichen

Entwicklungssinne, nicht aber als bloße Bezeichnung irdischen Wachseins zu verstehen ist. Der Geist sinkt mehr oder minder weit auf die Stufe bloßen Daseinsbewußtseins zurück, er verliert damit die Erkenntnis der geistigen Eigenpersönlichkeit und dadurch das Wesensmerkmal des Menschen. Die Persönlichkeit des betreffenden Geistes ist also zu schwach entwickelt, seine Ausstrahlung zu gering. Er steht nicht fest genug auf dem Boden dieser Erde, um durch den Erdenkörper zur vollen Entfaltung gelangen zu können. Durchaus zutreffend spricht man von Geistes-*Schwäche*, meint allerdings damit üblicherweise die mangelnde Leistungsfähigkeit des erdgebundenen Verstandes. Wieder einmal sehen wir, welchen Schlüssel zur Wahrheit unsere Sprache enthält, wenn wir nur die entstellten Begriffe wieder auf ihren ursprünglichen Sinn zurückführen.

An dem hier behandelten Beispiel des Mescalin wurde die Berührung einerseits der aus dem Geiste entstandenen und andererseits der ihm aufgezwungenen Bewußtseinsveränderung besonders deutlich, da Schizophrenie und Mescalin zu einer ähnlich anormalen Blutbeschaffenheit führen. Das aufgezeigte Ergebnis gilt jedoch, mehr oder weniger abgewandelt, für jede Art von Rauschgift, insbesondere auch das in seinen Wirkungen verwandte LSD. Wie könnte nun ein Zustand, der ein *Schwächezeichen* des Geistes ist, den wir als Krankheit, somit als eine Störung der Harmonie und Ordnung ansehen, jemals ein Mittel sein, dem Geiste zum Aufstieg zu verhelfen? Die Verwendung jedweder toxischer Substanz für (pseudo-)religiöse Zwecke kann daher nur ein Dienst im Sinne des Dunkels sein.

Fast scheint es, als hätte auch Huxley dies dumpf empfunden. Es ist, als wollte er eine Rechtfertigung suchen für seinen Standpunkt, wenn er von Bergsons Theorie ausgeht, wonach unsere Sinnesorgane »nicht produktiv, sondern eliminativ« sind. Von der Gesamtheit alles Geschehens lassen sie nur einen ausgewählten Teil zu uns gelangen, sie sind nicht Fenster in die Welt, sie wirken vielmehr wie ein Filter. Es handelt sich hier um die richtig erkannte Folge unserer stofflichen Dichte. Nach dem Gesetz der Gleichart können wir tatsächlich nur erkennen, was von der unserer Daseinswelt zugehörigen Schwingungsart ist. Die Sehnsucht nach dem Erlebnis der Jenseitswelten aber ist zutiefst im Menschen verwurzelt. Diese Sehnsucht ist Ausdruck des dem Menschengeiste innewohnenden Strebens nach Rückkehr zu seinem Ursprunge, seiner Heimat, welches Streben durch die Anziehungskraft höherer Schöpfungsebenen noch gefördert wird. Hüten wir uns davor, diese reine Sehnsucht in die trüben Kanäle des Dunkels einströmen zu lassen, das uns mit Zerrbildern der Wahrheit locken will. Wir sind auf der Erdenwelt, um *hier* zu leben und zu *er*leben. Unsere Sinne sind gerade recht für unseren derzeitigen Daseinszweck, trachten wir nicht darnach, sie künstlich umzustellen!

Welch ungeheuerliche Anmaßung ist doch darin gelegen zu wähnen, das Erlebnis höherer Daseinsstufen falle uns ganz ohne eigene Mühe in den Schoß! Sollen chemische Präparate das Mittel sein, uns eine Autobahn in den Himmel zu bauen? Soll der Griff nach der Tablette in Zukunft das geistige Bemühen, soll er Gesittung und Selbstbeherrschung ersetzen? Soll der Schlüssel zum Himmelreich nicht mehr im eigenen Geiste geschmiedet, sondern in jeder Apotheke wohlfeil sein? Müßten diese Überlegungen nicht schon jedermann erkennen lassen, welcher Art das »Paradies« sein wird, das er auf diesem Wege finden kann?

Jene, die glauben, auch die Erkenntnis der Wahrheit sei nur ein chemischer Prozeß, und meinen, die Droge enthebe sie von allem, werden ein bitteres Erwachen erleben; denn das alte Sprichwort »Ohne Fleiß kein Preis« gilt nicht nur in der Stoffeswelt, es gilt viel mehr noch für den Weg des Geistes.

In der verstandesmäßigen Ausbildung haben wir irdisch dieses Gesetz verwirklicht. Nur jener Schüler steigt in die nächsthöhere Klasse auf, der das Ziel der unteren erreicht und damit bewiesen hat, daß er den Lernstoff in sich aufnahm. Würden wir ernstlich einen Bildungsfortschritt dadurch erwarten, daß wir uns heimlich in eine höhere Klasse einschleichen, um deren Aufgaben zu erfassen uns noch die Voraussetzungen fehlen? Das Ergebnis könnte nur sein, daß ein solcher Schüler sich weder in der höheren Klasse betätigen kann, deren Stoff er nicht versteht, noch in der niederen, da er den Unterricht in dieser ja versäumte. Es sollte nicht schwerfallen, diese Einsicht in das Geistige zu übertragen.

Die Folgen eines solchen Fehlverhaltens sind hier freilich ungleich weitgehender. Der Versuch, die »Pforten der Wahrnehmung« gewaltsam aufzustoßen, fügt nämlich nicht nur dem betroffenen Menschengeiste schweren, vielleicht nicht wieder gutzumachenden Schaden zu, er gefährdet die Entwicklung der gesamten Menschheit, weil er geeignet ist, sie falsche Wege zu führen. Ein solches Handeln ähnelt dem gewalttätigen Unterfangen, des Meisterwortes teilhaftig zu werden, ohne seiner durch Fleiß und wahres Wissen würdig geworden zu sein. Eine alte Legende lehrt uns, daß hierbei das Wort verlorenging. Auch der Versuch, die Schwelle unserer Erlebniswelt unreif überschreiten zu wollen, entfernt uns immer mehr von der Wahrheit und macht es für den einzelnen immer schwieriger, sie unter den vielen falschen Spuren noch zu erkennen.

Ergänzung:
In meinem Aufsatze »Der Schritt über die Schwelle« mußte ich in Beschränkung auf den eigentlichen Gegenstand einige weitere wissenschaftliche Feststellungen beiseite lassen, die die Bedeutung des Blutes für die Wechselbeziehung zwischen dem Geiste und seiner Auswirkungsmöglichkeit durch den Erdenkörper unterstreichen. Die Ausführungen des Herrn Frey, Lima, geben mir Gelegenheit, dies nachzutragen.

So berichtete die Wiener Zeitung »Kurier« am 18. April 1966, der bekannte Spezialist für gehirngeschädigte Kinder, Dozent Dr. Andreas Rett, habe einen Zusammenhang zwischen Erkrankungen des Gehirns und Stoffwechselveränderungen festgestellt, wobei das Blut solcher Patienten den rund vierfachen Gehalt an Ammoniak aufwies.

Ähnlich sind die Erfahrungen von Prof. Dr. Hans Asperger der Wiener Universitätskinderklinik, über welche die Illustrierte »Stern« vom 27. März 1966 berichtete: Durch Ansammlung giftiger Stoffwechselprodukte, die über das Blut das Gehirn von Kindern vergifteten, sei es zu unheilbarem Schwachsinn gekommen. Bei zeitgerechter Blutuntersuchung konnte durch entsprechende Diät die Stoffwechselstörung behoben und damit die Gehirnschädigung vermieden werden.

Dies deckt sich auch mit der Notiz in »Kristall«, Nr. 1/66, die gleiche Erfahrungen aus den Krankenhäusern Nordrhein-Westfalens anführt. Der amerikanische Kinderneurologe Dr. John Churchill ging, wie der »Kurier« am 10. Februar 1966 aus

Detroit zu berichten wußte, sogar noch einen Schritt weiter und betonte die Wichtigkeit der Ernährung der Mutter während bestimmter Perioden der Schwangerschaft für die Entwicklung des Gehirnes beim Embryo. Die Bedeutung dieser Feststellung geht über die rein grobstoffliche Ausbildung des Organes weit hinaus. Sie betrifft die ganze Geistesart des Menschen und steht in engem Zusammenhang mit den Worten der Gralsbotschaft »Im Lichte der Wahrheit« von Abd-ru-shin, wonach

»sogar die Art der Blutausstrahlung einer werdenden Mutter für die Art des bei ihr inkarnierenden Geistes mit ausschlaggebend werden kann, der dem Gesetz der Anziehung der Gleichart folgen muß; denn jede der verschiedenen Arten der Blutausstrahlungen wird nur einer ganz ihr entsprechenden Seelenart Annäherung und Eintritt vorbereiten, ebenso wie es verständlich ist, daß gleiche Seelenarten auch gleiche Blutzusammensetzungen hervorzurufen bemüht sein müssen.« (GB »Das Blutgeheimnis«)

Hier sei auch nochmals auf die in meinem Aufsatz genannte Notiz aus »Bild der Wissenschaft«, Nr. 1/65 zurückgekommen. Es hieß dort: »*Bevor Schizophrenie zu einer Geisteskrankheit wird, ist sie eine Stoffwechselkrankheit. Die Veranlagung ist erblich; aber in den meisten Fällen kann das verantwortliche Gen seine unheilvolle Wirkung nicht entfalten*«.

Mangels Kenntnis der geistigen Zusammenhänge ist die Wissenschaft beim Begriffe »Vererbung« noch nicht bis zur Ursache vorgedrungen und begnügte sich bislang damit, die Gene als Träger der Erbanlagen anzusehen. Doch die scheinbare »Vererbung« der die Geisteskrankheit begünstigenden Blutzusammensetzung ist in Wahrheit nichts anderes als die natürliche Folge des Gesetzes der Anziehung der Gleichart. Diese Beschaffenheit bringt der inkarnierende Geist als Summe seines bisherigen Seins aus vielfachen Existenzen mit. Er kann aber nur dort zur Wiederverkörperung – und nur solche finden auf der Erde statt – gelangen, wo die für ihn erforderlichen Voraussetzungen gegeben sind und schon der werdende Körper jene Blutzusammensetzung erhält, die dem Geiste überhaupt erst den Anschluß an den Körper und die ungehinderte Auswirkung seiner Art ermöglicht. Eine Änderung der Blutausstrahlung der werdenden Mutter durch Umstellung der Ernährung vermag daher der Inkarnierung schwacher, anfälliger Geister vorzubeugen, weil diese keine Gleichart mehr finden. Andererseits aber liegt es auch an dem inkarnierten Geiste selbst, sich in weiterer Folge dank seiner Willensfreiheit so zu verändern, daß auch eine Umstellung der Blutbeschaffenheit erfolgt. Der Geist ist dann in seinem neuen Erdendasein von seiner früheren Einstellung abgekommen, ist erstarkt und dadurch gesundet. Die entsprechende Ernährung vermag ihn von der äußerlichen Seite her dabei zu unterstützen. Hieraus erklärt sich, daß – wie in der letztgenannten Notiz behauptet – »*das verantwortliche Gen in den meisten Fällen seine unheilvolle Wirkung nicht entfalten kann*«.

Die zitierten Berichte zeigen, daß die Erkenntnis der Bedeutung des Blutes für die geistige Beschaffenheit des Menschen immer weitere Fortschritte macht. Diese Entwicklung wird zwangsläufig dahin führen, den so oft geleugneten, weil unsichtbaren Geist endlich als den wahren Menschen und Herrn aller seiner körperlichen Funktionen anzuerkennen.

Das »trojanische Pferd«

*Allein wie die Natur in ihrem wesenhaften
und schöpfungsgesetzmäßigen Wirken
die Verbindungen der Stofflichkeiten schafft,
nur darin liegt eine aufbauende Kraft
und Ausstrahlung, während bei anderen, diesen
Gesetzen nicht genau entsprechenden
Verbindungen, durch Menschensinn erdacht,
sich gegenseitig schädigende, vielleicht sogar
zerstörende, zersetzende Ausstrahlungen bilden,
von deren eigentlichen Endauswirkungen
die Menschen keine Ahnung haben.*
– Abd-ru-shin –

Die Geschichte vom Fall Trojas ist hinlänglich bekannt: Geschützt hinter den Mauern ihrer Stadt vermochten die Trojaner den Angreifern zu trotzen. Besitz und Neugier aber verlockten sie, ein vor diesen Mauern zurückgelassenes hölzernes Pferd in ihre Stadt zu ziehen. Ihm entstiegen heimlich die feindlichen Krieger und überwältigten die Bewohner. Das »trojanische Pferd« wurde zum Inbegriff jenes selbstschädigenden Verhaltens, das mutwillig dem Schädiger die Möglichkeit einräumt, sich innerhalb des wohlweislich bestehenden Schutzes zerstörend auswirken zu können.

Diese Verhaltensweise der einstigen Trojaner ist zeitlos dem irrenden Menschengeiste zu eigen. Sie ändert nur ihre Formen.

In seinem Buch »Das anthropische Prinzip« (Verlag Meyer, Wien/München) hat Reinhold Breuer, Physiker der Universität München, eine Betrachtung dieser unserer Erdenwelt vom Standpunkte der Bedürfnisse des Menschen (griech: anthropos = der Mensch) vorgenommen. Er ist dabei zu dem keineswegs überraschenden, jedoch von der sorgenden Weisheit des Schöpfers zeugenden Ergebnis gelangt: Dieser Kosmos, diese Erde sind für uns, für unser Dasein und seine Notwendigkeit gewissermaßen »maßgeschneidert«. Schon die kleinste Veränderung in der Wechselbeziehung der vorgegebenen Größen würde Entstehung oder Fortbestand des Menschengeschlechtes nicht mehr gestatten.

Zu diesen Bedingnissen gehört es, daß die lebenserhaltende Strahlung der Sonne in einer Entfernung von rund 150 Millionen Kilometern entsteht. Ihre Wirkung erreicht uns nur abgeschwächt, zusätzlich noch gefiltert durch die Schutzhülle der Atmosphäre, die jene Teile der Strahlung fernhält, die unser Leben ernstlich bedrohen könnten.

Dort, in der Sonne, spielt sich der ungeheure Verwandlungsprozeß ab, der am *Beginn* der Elementenreihe steht: Wasserstoff, das in seinem Aufbau einfachste Element, der Ur-Stoff schlechthin, wird zu Helium, dem nächsten in der Abfolge stofflichen Aufbaues. Der bei dieser Umwandlung freiwerdenden Strahlung verdankt alles Irdische Licht, Wärme und Dasein.

In wunderbar geordneten Stufen entstand durch zunehmende Verdichtung auf der Erde die Vielfalt der Elemente. Aber alles Stoffliche durchläuft einen großen Kreis des Werdens und Vergehens. So setzt am *Ende* der irdischen Elementenreihe mit dem Uran der Zerfallsprozeß ein. Im Zuge der langsamen Rückverwandlung wird dabei wiederum energiereiche Strahlung frei. Die jenseits dieser Schwelle liegenden Trans-Urane haben in unserer Erdenwelt nur noch zeitlich begrenzten Bestand, sie wandeln sich laufend in Strahlung um. Gerade dies aber kann sie gefährlich machen.

Doch wo und wie geschieht diese Rückführung der irdisch-materiellen Substanzen? Tief unter der Oberfläche der Erde und je nach Art des Stoffes ganz allmählich, in Jahren, Jahrzehnten, Jahrhunderten.

Die eine wie die andere Strahlung, die der Sonne wie jene der stofflichen Rückverwandlung, würde, gäbe es nicht den natürlichen Schutz, das irdische Leben bedrohen, zerstören. Wir können durch das in der Gralsbotschaft und in den »Fragenbeantwortungen« von Abd-ru-shin vermittelte Wissen auch verstehen, weshalb dies so ist. Denn was wir als »Energie« bezeichnen, sind Stäubchen der großen geistigen Grundart, die höheren Schöpfungsstufen entstammen. Im Strahlungsdruck dieser Seinsbereiche vermöchte der Mensch nicht zu bestehen, er müßte verglühen, verbrennen. Selbst ihre schwächsten Auswirkungen, die den innersten Kern der Materie bilden, sind für uns nur in jener Umhüllung und in jenen Mengen verträglich, die sich aus den vorgegebenen Grenzen irdisch- naturhaften Wirkens ergeben. Deshalb schützt uns vor den Strahlungsprozessen am *Anfang* der Elementenreihe – der Kernverschmelzung im Innern der Sonne – die Weite des *Raumes* im Verein mit der atmosphärischen Hülle; vor der Strahlung am *Ende* des irdischen Stoffes bei dessen Zerfall schützen uns die Erdschicht und die Schranken der *Zeit*.

Was aber hat der Mensch getan: Das strahlende Material wurde aus der Tiefe heraufgeholt. Neugier und Ehrgeiz trieben die Wissenschaftler dazu, es nicht beim natürlichen, langzeitigen Verfall bewenden zu lassen. Auf ihren Befehl sollte dies von einem Augenblick zum anderen erfolgen. Anstatt zu forschen, wozu der Mensch auf dieser Erde lebt, verstieg sich der irregeleitete Verstand dazu, die schöpfungsgegebenen Voraussetzungen seines Daseins zu verändern: Der Atomkern wurde gespalten, die Kettenreaktion ausgelöst.

Aber damit nicht genug. Die aus der Kern*spaltung* erzielte Vernichtungskraft der Atom-Bombe war noch immer zu wenig. Das nächste Ziel war die Wasserstoff-Bombe. Damit sollte der Kern*verschmelzungs*prozeß, der in der Sonne abläuft, hier im Irdischen nachvollzogen werden.

Damit hat der Mensch den todbringenden Feind atomarer Strahlung – gleich dem trojanischen Pferd – hinter die schützenden Mauern gezogen. Mit der Kernspaltung durchbrach er den Schutzwall der Zeit, mit der Kernverschmelzung jenen des Raumes. Prozesse, die sich wohlweislich *in dieser Form* auf der Erde nicht abspielen, hat er hierher verlegt und auf Sekunden zusammengedrängt.

Die Trojaner wußten einst nicht, was sie taten. Sie ahnten nicht, welche Gefahr sich im Inneren des von ihnen bestaunten Pferdes verbarg. Ahnungslos wurden sie vom Feind überrascht. Jene aber, die die Kernspaltung, die Kernverschmelzung hier auf der Erde verwirklichen wollten, die Physiker sowie die Politiker, die ihre Arbeit bestellten, sie wußten, was und wozu sie es taten. Der »Erfolg« bestätigte ihre Erwartung: Freigelassen hat die geballte Kraft atomarer Prozesse ihre ungeheure

Vernichtungswirkung schon beim Abwurf der ersten Bombe erwiesen.

Doch jene, die sich »wissend« dünkten, meinten in maßloser Selbstüberschätzung, die von ihnen entfesselte Kraft würde nun ihren Befehlen gehorchen. Nun stand das »trojanische Pferd« zwar hinter den Mauern, aber das feindlich-bedrohliche Heer sollte wieder in seinem Bauche verschwinden und, dort eingeschlossen, friedliche Sklavenarbeit verrichten. Das gefiel. Bald wollte man überall solch ein trojanisches Pferd besitzen. Man ließ seine Besatzung sich laufend vermehren und baute ihr immer neue Behausungen. Dort sollten sie nach dem Willen der »Herren« brav und gezähmt ihre Arbeit leisten, um die unersättliche Gier dieser Generation nach mehr, immer mehr an Lust und vergänglichen Gütern zu stillen. Da stehen sie nun, die Atomreaktoren, die schnellen Brüter, die Aufbereitungsanlagen, in denen man den sagenhaften »Geist in der Flasche« eingeschlossen zu haben glaubte. Das Rütteln an den Behältnissen, das da und dort schon vernehmbar war, wollte man geflissentlich überhören. Diese Behältnisse seien – so wurde beteuert – sicher und fest, wie nur ein Produkt des Menschenverstandes ...

Doch »Irren ist menschlich« besagt eine alte Erfahrungsweisheit. Wie also kann ein Geschöpf, das seine Fehlbarkeit zugibt, imstande sein, Unfehlbares zu schaffen? Allein diese unbestreitbare Logik entlarvt alles Gerede von Sicherheit als überheblichen Selbstbetrug.

An einer Stelle gelang es schließlich der verheerenden Kraft, sich zu befreien. Verängstigt, hilflos steht nun der Mensch vor der erstmals erlebten fremden Gefahr. Denn das ist das unbegreiflich Neue: Man kann den Feind nicht sehen, man kann ihn nicht fassen. Er metzelt nicht, wie einst die Griechen, die überrumpelten Einwohner nieder. Weitaus tückischer hat er ein unsichtbares, dauerhaft giftiges Netz über die Erde, die Wohnstatt der Menschen, gespannt. Die Notwendigkeit des täglichen Lebens, die Nutzung der uns von der Natur gebotenen Früchte, ist mit einem Male in Frage gestellt, mehr noch, sie sind zur Bedrohung geworden. Der Feind braucht seinerseits nichts mehr zu tun. Wir müssen, indem wir leben wollen, uns ihm bedingungslos überliefern.

Denn mit der Verseuchung der Nahrungsmittel ist auch der letzte Schutzwall gefallen, der manche Strahlung noch abschirmen könnte. Sie greift uns jetzt nicht nur äußerlich an, wir müssen sie einlassen in uns selbst. Die Selbstzerstörung des Menschenkörpers ist nun von innen in Gang gesetzt ...

In *einem* Falle erst hat der Feind ahnen lassen, wozu er imstande ist. Doch die Verantwortlichen *wollen* nicht sehen; sie fahren fort auf dem einmal beschrittenen Wege. Auf Grund der ihnen kurzzeitig gewährten politischen Macht maßen sie sich Macht an über die Erde. Gnadenvoll wurde dieses Gestirn dem entwicklungsbedürftigen Menschengeiste als geliehene Wohnstätte überlassen, damit er durch das Erleben im Stoffe zu seiner Reifung gelangen könne. Einige wenige aber sind im Begriff, diese Bestimmung zunichte zu machen.

Soll nun in erdumspannender Größe Trojas Schicksal sich wiederholen? Zwar mehren sich die mahnenden Stimmen – doch hat man einst auf Kassandra gehört?

Das einst Erlebte

Umfragen haben ergeben, daß nahezu ein Viertel der Angehörigen der großen christlichen Religionsgemeinschaften – entgegen der Lehrmeinung ihrer Kirchen – an die Wiedergeburt glauben. Eigentlich sollte man richtiger von Wiederverkörperung (Re-Inkarnation) sprechen, denn Wiedergeburt meint, genau betrachtet, ein geistiges Geschehen, wogegen es sich hier um die Annahme eines neuen Erdenkörpers handelt. Da diese Unterscheidung im allgemeinen Sprachgebrauch aber kaum getroffen wird, sei der Geläufigkeit wegen der Ausdruck »Wiedergeburt« im Sinne von Wiederverkörperung im folgenden beibehalten.

Durch das Wissen von wiederholten Erdenleben wird auch für viele Menschen der westlichen Welt der Zusammenhang ihres Daseins und damit der Sinn ihres Lebens sichtbar. Viele Fragen, die ohne dieses Wissen unbeantwortbar erscheinen, finden hierdurch eine logisch-sinnvolle Erklärung, so vor allem die Ungleichheit der Menschen in Anlage und Möglichkeit sowie die örtlichen und sozialen Bedingungen der Geburt. Sie alle erscheinen mit einem Male als die natürliche Folge des bereits Erworbenen, der erreichten Reife der Persönlichkeitsentwicklung. Aus ihr ergeben sich in folgerechter Aneinanderreihung jene Umstände und Gegebenheiten, deren der Geist zu seiner Fortentwicklung bedarf.

Verständlicherweise weckt dieses Wissen bei vielen Menschen den Wunsch, Näheres über ihre früheren Erdenleben zu erfahren. Zum Teil ist ihr Glaube an die Wiedergeburt noch nicht so gefestigt, daß sie ihn nicht durch das eigene Erleben bestätigt finden wollten, zum anderen veranlaßt sie Neugier, gepaart mit dem Ruch des abenteuerlich Geheimnisvollen, dazu, den Schleier heben und Verborgenes schauen zu wollen. Bei manchen gesellt sich dazu noch die Erwartung, durch eine frühere Bedeutung glänzen zu können. Wie können wir schließlich die Erlebnisse und Erfahrungen aus früheren Leben nützen, wenn wir von ihnen nichts wissen?

Vielerorts haben sich nun Therapeuten bereit gefunden, diese »Marktlücke« zu schließen. Seitdem zögernde Versuche ergeben haben, daß es möglich ist, Vergangenes aus dem Dunkel des Unbewußten heraufzuholen, sind »Rückführungen« im Gespräch. Im Grunde handelt es sich dabei um die Fortsetzung der von Sigmund Freud entwickelten Vorgehensweise zur Erforschung unbewußter Erlebnisinhalte. Während jener in Unkenntnis bereits vorausgegangener Erdenleben über frühkindliche Erlebnisse nicht hinausging, überschreiten die rückführenden Therapeuten nun bewußt diese Grenze. Sie veranlassen die rückgeführte Person zur Erweckung von Erinnerungen, die vor dieser letzten Erdgeburt liegen.

Wie dies geschieht, hat die amerikanische Psychologin Helen Wambach, die sich rühmt, mehr als zweitausend derartiger Sitzungen einzeln oder in Gruppen durchgeführt zu haben, offen dargelegt, indem sie ihrem hierüber veröffentlichten Buch »Seelenwanderung« (Goldmann-Verlag) den Untertitel gab: »Wiedergeburt durch Hypnose«. Es ist also der Befehl des Therapeuten, der die ihm unterworfene Person dazu zwingt, bislang Verborgenes preiszugeben. Im Hinblick auf die Fragwürdigkeit dieser Methode, sowohl was ihre Art wie auch das Ergebnis betrifft, erklären neuerdings viele der mit Rückführungen befaßten Psychologen, sie würden nicht mehr mit Hypnose arbeiten. Dabei handelt es sich aber nur um ein Spiel mit Worten. Wäre die Beeinflussung durch eine andere Person nicht nötig, so könnte sich ja jedermann jederzeit selbst in einstige Leben zurückversetzen, und der Therapeut wäre überflüssig. Die veranlassende Mitwirkung einer anderen Person ist also jedenfalls nötig.

Gerade diese von außen kommende Einwirkung auf den Rückzuführenden aber wirft die Frage nach der Zulässigkeit, der Sinnhaftigkeit und dem Nutzen eines solchen Eingriffs auf. Ihr gilt es im folgenden nachzugehen.

Die Gralsbotschaft bietet auch dafür eine wertvolle Hilfe. Mit ungewöhnlich scharfen Worten trifft sie bereits das von der Psychoanalyse angewendete Prinzip der seelischen Entblößung, und für die Anwendung der Hypnose gebraucht sie sogar das Wort »Verbrechen«. Um diese krasse Anprangerung zu verstehen, muß man freilich von der Daseinsaufgabe des Menschengeistes ausgehen, die leider für die Mehrzahl aller Menschen immer noch mit zahlreichen Fragezeichen behaftet ist. Er muß, kurz gesagt, die Gesetze der Schöpfung, in der er lebt und die er demnach beachten muß, Stufe um Stufe erlebend kennenlernen. Daraus ergibt sich ein immer mehr erweitertes Bewußtsein in Bezug auf seine geistigen Möglichkeiten, die er letztlich gereift zum Nutzen und Wohle seiner Mitwelt einsetzen kann und soll. Das, oder besser gesagt, die Erdenleben stellen dabei die Grundschule dar, deren Lehrstoff als erster erarbeitet werden muß. Aber der Unterricht erfolgt anders als in unseren Schulen. *Wir müssen die Fragen stellen durch unser Denken, Wollen und Tun*, und die selbsttätig wirkenden Schöpfungsgesetze geben uns dann die Antwort, sagen uns durch die Folgen des Gewollten, ob es recht war oder nicht. Es ist also der Geist, der durch den ihm eigenen freien Willen sein persönliches Lernprogramm entwirft. Und genau hier, an diesem für die gesamte Entwicklung entscheidenden Punkt, greift nun die Hypnose ein, denn – so erklärt die Gralsbotschaft im Vortrag »Das Verbrechen der Hypnose«:

»*Wenn ein Mensch seinem Nebenmenschen gegenüber Hypnose anwendet, so bindet er damit dessen Geist! Diese Bindung an sich ist geistiges Vergehen oder Verbrechen.* […] *Nur was ein Geist aus vollkommen freiem und unbeeinflußtem Wollen heraus vornimmt, kann ihm den Gewinn bringen, den er zu einem wirklichen Aufstiege braucht.* […] *Jede Bindung des Geistes, gleichviel zu welchem Zwecke sie geschehen ist, bleibt ein unbedingtes Aufhalten in der Möglichkeit des notwendigen Fortschrittes.* […] *Auch wenn es alles mit der besten Absicht geschieht, Gutes damit stiften zu wollen, so ändert dies nichts an dem unermeßlichen Schaden, den diese Ausübung* in jedem Falle *anrichtet.*«

Diese Worte sind klar und unmißverständlich, sie dulden keine Deutelei, keine Ausnahme. Auch wenn die Unterwerfung freiwillig erfolgt, so bleiben die Gefahren bestehen, die für *beide* Teile damit verbunden sind. Angesichts der Einmaligkeit jeder

Persönlichkeit vermag ja niemand abzuschätzen, wie weit die einmal geschaffene Abhängigkeit reicht und sich auswirkt. Sie kann weit über die ursprüngliche Zielsetzung hinausgehen. Der Therapeut bindet sich damit selbst in unüberschaubarer Weise an den Hypnotisierten. Der Schaden ist also zweiseitig. Der Letztgenannte ist nicht nur an der freien Entfaltung seines Geistes zumindest teilweise gehindert, auch seine Abwehrkräfte gegenüber jenseitigen Einflüssen werden durch diese Bindung geschwächt. Andererseits bleibt auch der Hypnose Anwendende als der dafür Verantwortliche an seinem eigenen Aufstieg gehemmt, bis die Folgen seines Tuns wieder gelöst sind.

Wenn man das weiß, ist es geradezu erschreckend, bei Raymond Moody (»Das Leben vor dem Leben«, Rowohlt-Verlag) zu lesen:

»Ich selbst wende die Hypnose seit langem bedenkenlos in meiner Praxis an – und staune immer wieder aufs neue über die Ängste und das irrationale Mißtrauen, die ich zuvor bei den Patienten ausräumen muß.«

Diese Ängste sind allerdings alles andere als ein Grund zum Staunen, sie sind der natürliche Widerstand des Geistes gegen derartige Praktiken! Aus gutem Grund führt die Gralsbotschaft deshalb (im zuvor genannten Vortrag) aus:

»Berufene Hände sind es nicht, *die Hypnose anwenden. Berufen kann nur jemand sein, der auf dem Gebiete vollkommen bewandert ist, in das alles das gehört, was er anwendet. Das wäre bei Hypnose das feinstoffliche Gebiet! Und wer dieses wirklich kennt, ohne es sich in Vermessenheit nur einzubilden,* wird niemals Hypnose anwenden.«

Damit ist klargestellt, daß alle jene, die hier tätig sind, die Gesetze der feinstofflichen Welt gar nicht kennen. Sie sind selbst erst Lernende, die ihre immer wieder überraschenden Erfahrungen machen. So gibt die vorhin erwähnte Helen Wambach rückhaltlos zu, sie habe keinerlei Kenntnis von der jenseitigen Welt gehabt, ja diese sogar bezweifelt. Erst im Zuge von Rückführungen habe sie Forschungsprogramme entwickelt mit dem Ziel, die Wiedergeburt beweisen zu wollen. Andere Therapeuten sehen hier einfach die Möglichkeit, Publikumswünsche zu befriedigen mit dem damit verbundenen wirtschaftlichen Nutzen. Besonders deutlich kam diese Ahnungslosigkeit bei einer Gesprächsrunde im Fernsehen zum Ausdruck, die sich mit der Re-Inkarnation befaßte. Eine der Teilnehmerinnen berichtete von Rückführungen, die mit ihr vorgenommen wurden: Sie sei irgendwo im Orient vor einem Zelt gestanden, wollte hinein, habe dann aber einen fürchterlichen Schmerz verspürt und sei daraufhin aus der Hypnose erwacht. Ihr Therapeut aber habe ihr versichert, nach zwei oder drei weiteren Sitzungen werde es ihr möglich sein, in das Zelt zu gelangen. Welches Zeugnis völligen Unverständnisses! Das geschilderte Erlebnis betraf den Zeitpunkt ihres gewaltsamen Todes. Der Therapeut aber meinte, Erinnerungen an nicht Erlebtes wecken zu können.

Damit kommen wir zu der letztlich entscheidenden Frage: Wozu sollen diese Rückführungen gut sein? Was nützt die Kenntnis von Bruchstücken früherer Leben den Betroffenen? Die erwähnte Teilnehmerin an der Gesprächsrunde erwachte in dem einen Fall durch den körperlichen Todesschmerz; nach einer Rückführung in ein anderes früheres Leben befand sie sich, wie sie berichtete, viele Tage in tiefer Traurigkeit. Raymond Moody schildert den Fall eines Mannes, dem noch Stunden nach einer Rückführung übel wurde, weil er auf den seinerzeitigen Tod durch Erhängen gleichsam »fixiert« wurde und ihn nochmals erlebte. Die Amerikanerin Lea Sanders, die selbst in frühere Leben versetzt worden war, kommt in ihrem Buch »Die Farben Deiner Aura« (Goldmann-Verlag) zu dem Ergebnis:

»Bei dieser Art von Rückführung zwingt man das Bewußtsein oft in sehr schockierende Umstände. Deshalb arbeite ich nicht auf diese Weise, denn einmal mußte der Therapeut sogar den Arzt rufen, als ich in ein besonders schockierendes Erleben hineingeriet.«

Gerade die »schockierenden« Erlebnisse aber sind es, die allem voran aus der Erinnerung auftauchen. Es sind jene, deren Ring sich noch nicht geschlossen hat, sonst würden wir sie ja nicht mehr als schockierend empfinden. So aber spüren wir, daß nach dem Gesetz der Wechselwirkung noch etwas Unerfreuliches auf uns zukommt, daß hier noch »eine Rechnung auszugleichen ist«. Das ängstigt manche. Es sind die geistig noch offenen Wunden, von denen man durch die Rückführung den schützenden, heilenden Verband wegreißt.

Auch die »Massenhypnotiseurin« Helen Warnbach gelangte letztlich zu der ihre gesamte Arbeit abwertenden Meinung:

»Aus der zwölf Jahre später gewonnenen Perspektive und nachdem ich zahlreiche hypnotische Regressionen (Rückführungen) in vergangene Leben beobachtet habe, glaube ich auch noch heute, daß es klüger ist, wenn nur Menschen, die reif genug sind, damit fertig zu werden, die Erinnerung an ihr vergangenes Leben zurückrufen. Eine vorzeitige intensive Beschäftigung mit Erfahrungen, die vielleicht traumatisch gewesen sind, erschwert nur die Einordnung in das gegenwärtige Leben.«

Deutlicher kann man den Irrweg derartiger Rückführungen wohl kaum zum Ausdruck bringen. Wenn man will, daß ein Apfel reift, muß man ihn am Baume belassen, bis er die nötige Reife erreicht hat, dann fällt er uns sogar von selbst in den Schoß. Weshalb beachten wir nicht diese natürliche Gesetzmäßigkeit, die wir doch überall beobachten können? Sogar im scherzhaften Wortspiel wird uns bewußt gemacht, daß man ein Kind nicht »großziehen« kann, man muß es wachsen lassen. Alles braucht seine Zeit. Auch der Versuch, Obst oder Gemüse vorzeitig zur Reife zu bringen, liefert uns zwar äußerlich ansehnliche Ergebnisse, aber die Früchte faulen rasch und haben nicht den rechten Geschmack. Es ist ein Scheinerfolg, der nicht den wahren Wert vermittelt.

Wenn wir bei Raymond Moody lesen:

»Unter meinen Patienten hat es bisher noch keinen gegeben, in dessen Rückführungserlebnis sich nicht an irgendeiner Stelle ein vergleichbarer Sinnzusammenhang mit einem seiner akutesten Lebensprobleme ergeben hätte«,

dann zeigt dies doch deutlich, daß eine Beziehung zwischen diesen verschiedenen Leben besteht. Dennoch hält der Genannte die Frage, ob es sich dabei tatsächlich um frühere Erdenleben handelt, für »nicht wichtig«. Vielmehr sieht er in den Rückführungen einfach ein Mittel zur Behebung psychischer Störungen. Selbst wenn dies manchmal gelungen sein mag, so rechtfertigt dies in keinem Falle das vorzeitige Aufdecken des Sinnzusammenhanges.

Jeder Mensch muß durch das *Erleben* zur Einsicht gelangen. Durch die Rückführung aber wird jene Spanne Leben, die noch nötig ist, um den Ring zu schließen, übersprungen, das »Karma« ist noch nicht ausgelebt. Wir wissen doch sehr wohl, daß man etwa bei einem Kriminalroman nicht vorzeitig die Lösung verraten soll. Das macht die weitere Lektüre uninteressant und regt die Kombinationsfähigkeit des Lesers nicht mehr an, der bei einem guten Kriminalroman die Lösung ja selbst finden sollte. Weshalb also macht man es sinngemäß hier in einer ungleich bedeutsameren Größenordnung? Dazu kommt, daß die Deutung des Sinnzusammenhanges zumeist durch den Therapeuten oder zumindest mit dessen Hilfe nach vom Verstand bestimmten und erlernten Regeln erfolgt. Sie kann demnach nur allzu leicht zu völlig verfehlten Ergebnissen kommen. Aber selbst im Falle annähernder Richtigkeit: Was hilft es einem Schüler, ihm die Antwort auf eine gestellte Frage vorzusagen? Er hat, weil er es nicht selbst erlernte, keinen bleibenden Nutzen davon. Es ist ein kurzfristiger Scheinerfolg, nicht mehr.

Die Rückführungen, mögen sie auch in der vermeintlich besten Absicht erfolgen, sind eine der vielen selbstherrlichen Verhaltensweisen, mit denen der Mensch glaubt, die Ordnung der Schöpfung verbessern zu können.

Weshalb denken denn jene, die sich rückführen lassen, nicht zuvor darüber nach, ob nicht ein Sinn darin liegt, daß uns die Rückschau auf Vergangenes noch verhüllt ist? Ist diese Schöpfung wirklich so unvollkommen und lückenhaft, daß der Mensch berechtigt wäre, mit seinem Anders-Wollen verändernd einzugreifen? Das gerade Gegenteil ist doch der Fall! Wohin wir blicken, ist alles von höchster Weisheit erfüllt, ist jedes Geschöpf mit dem ausgestattet, dessen es für dieses Erdenleben bedarf. Also muß es doch wohl einen Grund haben, weshalb uns das einst Erlebte noch nicht bewußt sein soll. Es will uns vor dem bewahren, was durch die Rückführung mutwillig aufgewühlt wird: der *vorzeitigen* Wiederbegegnung mit zumeist schmerzlichen Erfahrungen.

Auch Dr. Moody ist schließlich zu der Feststellung gelangt:

»*Was in früheren Leben des Regressanden (Rückgeführten) in erster Linie zum Vorschein kommt, ist nicht so sehr die äußere Rolle [...], sondern vielmehr sein innerer, sein psychologischer und spiritueller Entwicklungsgang und -grad.*«

Das zeigt doch – sogar wissenschaftlich erfaßbar –, daß der Sinn aller unserer Erdenleben in diesem geistigen Entwicklungsgang, in der Erlangung immer höherer geistiger Reife liegt.

Wer sich rückführen läßt, beweist damit, daß er diese nötige Reife noch nicht erreicht hat, denn, mit Worten der Gralsbotschaft: »*Innerlich Gereiften wird es stets zu rechter Stunde zufallen.*« (Vortrag: »Ist okkulte Schulung anzuraten?«)

Von selbst zufallen! Denn innerlich gereift sein bedeutet, die nötige Einsicht bereits gewonnen, sich zu eigen gemacht zu haben und dadurch *über* der auslösenden Ursache zu stehen. Lächelnd und dankbar erkennt man dann die uns darin gebotene Hilfe – aber das Geschehen selbst schmerzt nicht mehr.

Es ist auch gar nicht nötig, schon jetzt nach dem einst Erlebten suchen zu wollen. Es ist ja in uns, ist – nur hinsichtlich seiner Herkunft noch unbewußt – immer gegenwärtig. Wir, so wie wir jetzt sind, wie jeder einzelne heute ist, sind ja das Ergebnis alles bereits Erlebten. Es zeigt sich in allem unserem Tun, es lebt in unserer Persönlichkeit sowie der daraus gewonnenen Verschiedenheit von anderen Menschen. Für dieses »Ich« gilt es, jetzt die Erfahrungen *dieses* Lebens zu machen. Widmen wir uns also voll dieser Aufgabe, sie verlangt uns ganz. Tagtäglich gilt es, Neues zu erleben, zu verarbeiten. Heben wir nicht mutwillig den Schleier, der fürsorglich noch über Vergangenes gebreitet ist, leben wir der Gegenwart!

Aus der Erkenntnis, eigentlich etwas Falsches getan zu haben, ist auch Helen Wambach zu der Auffassung gelangt:

»Ich bin überzeugt, daß es klüger ist, im Hier und Jetzt zu leben. Vielleicht ist die Erinnerung an ein vergangenes Leben für uns am nützlichsten, wenn wir die Realität unseres Hier und Jetzt und unseres Lebens in der zeitlichen und örtlichen Gegenwart gemeistert haben.«

Diese späte Einsicht gewinnt dadurch besondere Bedeutung, daß sie von einer Therapeutin stammt, die selbst offenbar in vielen Fällen die Folgen ihres Tuns beobachten und erleben konnte. Es ist die Summe ihrer daraus gewonnenen Erfahrung. Macht sie nicht deutlich, wie weise es ist, daß vorerst der Vorhang über dem einstigen Geschehen gefallen ist und weshalb es derzeit so bleiben soll?

Das »gefälschte« Grabtuch

Seit dem Jahre 1694 befindet sich im Dom von Turin ein 4,30 Meter langes, 1,20 Meter breites Linnen, das schon in den Jahrhunderten davor besondere Verehrung genoß. Es zeigt in leichter Sepia-Tönung das ein wenig verschwommen wirkende Abbild der Vorder- und der Rückseite eines nackten, offensichtlich ausgepeitschten und gekreuzigten Mannes. Es wird von vielen für jenes Tuch gehalten, das einst den Leichnam Jesu bedeckte. Von einem solchen Tuch ist ja in den Evangelien die Rede. Josef von Arimathia hüllte nach der Kreuzabnahme den Leib Jesu darin ein; die Jünger fanden es als einziges in dem leeren Grab. Die Annahme, daß sie dieses wertvolle Andenken an ihren Meister an sich nahmen, liegt nahe. – Aber erst als man im Jahre 1898 eine photographische Aufnahme dieses Grabtuches machte, kam seine eigentliche verblüffende Besonderheit zu Tage: Das darauf befindliche Abbild erwies sich nämlich als Negativ, das photographische Negativ hingegen als Positiv, ähnlich einem Abzug. Deutlich traten auf diesem nun weiß auf schwarzem Grund alle Einzelheiten hervor.

Die in unserem Jahrhundert stürmisch voranschreitende Wissenschaft ermöglichte in der Folge eine Vielzahl von Untersuchungen verschiedenster Art, um Hinweise über die Echtheit dieses Grabtuches zu erlangen. Ihre wesentlichsten Ergebnisse seien im folgenden kurz zusammengefaßt:

Ärztlicherseits konnte festgestellt werden:

– Die von den Schultern bis zu den Waden reichenden Wundmale an der Rückseite zeigen deutlich die Spuren einer von zwei Seiten ausgeführten Geißelung. Sie entsprechen genau der bei den Römern zur Zeit Jesu in Verwendung gestandenen Geißel. Sie bestand aus drei Riemen, die Bleikugeln trugen.

– Das Gesicht weist eine schwere Schwellung unter dem rechten Auge und andere Mißhandlungsspuren auf. (Die Evangelisten berichten, daß Jesus mit einem Rohr auf das Haupt geschlagen wurde und Backenstreiche erhielt.)

– Blutspuren am Schädel lassen auf eine Art »Stachelhaube« schließen. (Jesus wurde bekanntlich mit Dornenzweigen »gekrönt«. Dies war bei Gefangenen keineswegs allgemein üblich. Es entsprang bei Jesus der Spottlust der Kriegsknechte über den »König der Juden«.)

– Die Geißelwunden auf der Schulter erscheinen aufgewetzt wie vom Tragen einer schweren Last.

– Die Knie weisen schwere Verletzungen auf, wie von wiederholten Stürzen. (Jesus brach bekanntlich mehrmals unter der Last des Kreuzes zusammen.)

– Hände und Füße zeigen deutlich die Spuren der Annagelung genau an den anatomisch dafür in Betracht kommenden Stellen.

– Bei Kreuzigungen bestand die Gepflogenheit, den Eintritt des Todes, falls er bei Sonnenuntergang noch nicht erfolgt sein sollte, durch das Zerschlagen der Schienbeine zu beschleunigen. Die Gebeine des Mannes, dessen Abbild das Grabtuch zeigt, wurden jedoch (siehe Johannes 19, 31–34) nicht gebrochen. Hingegen weist die rechte Körperseite eine Wunde auf, aus welcher eine Flüssigkeit austrat. Die Form der Wunde paßt zu der von den römischen Kriegsknechten damals verwendeten Lanze.

Sämtliche Verletzungsspuren decken sich demnach in allen Einzel- und Besonderheiten mit dem Leidensweg Jesu, wie dieser von den Evangelisten berichtet wird.

Eingehende *chemische Untersuchungen* ergaben eine weitere Besonderheit:

Die Verletzungsspuren stammen weder von Blut noch von einem Farbstoff. Sie sind nicht in das Gewebe eingedrungen, sondern nur an dessen Oberfläche vorhanden. Es ergaben sich auch keine Hinweise darauf, daß sie durch ein Werkzeug (zum Beispiel Pinsel) aufgetragen worden wären.

An Hand von *Dichtegleichheitskurven* zeigten sich unterschiedliche Abstände des Tuches von den abgebildeten Körperpartien. Dies ermöglichte es, in weiterer Folge mittels eines Bildanalysegeräts zu einer Reliefdarstellung zu gelangen. Bei bloß zweidimensionalen Abbildungen führt ein solcher Versuch hingegen zur Verzerrung. Das Abbild kann also nicht flächig geschaffen worden sein.

Mikroskopische Untersuchungen der Webart des Leinens und des hierfür verwendeten Materials verwiesen darauf, daß es sehr wohl aus der Zeit Christi und aus dem mittleren Orient stammen dürfte.

Haar- und Barttracht des abgebildeten Mannes entsprechen jener, wie sie damals im jüdischen Volke üblich war.

Geschichtsforschungen über den Weg, den das Tuch – im Falle seiner Echtheit – genommen haben könnte, ergaben:
Bald nach Jesu Tod brachte einer seiner Jünger ein geheimnisvolles »Porträt des HERRN« (entsprechend gefaltet bietet das Tuch tatsächlich nur das Antlitz dar) zu König Abgar V. von Edessa, dem heutigen Urfa im südlichen Anatolien. Dieser hatte wegen einer Krankheit nach Jesus gerufen. Er wurde geheilt und bekehrte sich zum Christentum. Seine Nachfolger wandten sich hiervon jedoch wieder ab, und so geriet das Linnen in Vergessenheit. Es wurde erst beim Wiederaufbau der im Jahre 525 durch eine Überschwemmung zerstörten Stadtmauern von Edessa wieder aufgefunden, wo es in einer Mauernische versteckt gewesen war. Als ein »nicht von Hand gemachtes Bildnis Christi« genoß dieses in der Folge als »Mandylion« bezeichnete Tuch so hohe Verehrung, daß Kaiser Romanos Lakapenos von Konstantinopel sogar einen Feldzug unternehmen ließ, um die Aushändigung dieses Tuches von Edessa zu erzwingen. So kam es 944 nach Konstantinopel, wo es, weiterhin hochverehrt, bis zum Jahre 1204 verblieb.

Mit der in diesem Jahre erfolgten Eroberung und Plünderung der Stadt durch die Kreuzritter verliert sich zunächst seine Spur.

Erst im Jahre 1352 taucht das heute als »Turiner Grabtuch« bekannte Linnen im Besitze eines gewissen Geoffrey (II.) de Charny in Lirey in Frankreich auf. Unter der Voraussetzung, daß dieses Tuch mit dem vorhin genannten »Mandylion« ident ist, läßt sich die Zwischenzeit von nahezu 150 Jahren durch eine Schlußfolgerung überbrücken, für die es begründete Anhaltspunkte gibt. Dem im Jahre 1307 von König Philipp dem Schönen aufgelösten Templerorden wurde nämlich unter anderem auch vorgeworfen, er betreibe Götzendienst; er verehre als Idol das geheimnisvolle Abbild eines Männerkopfes. Es könnte sich hierbei um das »Mandylion« gehandelt haben, das nach der Einnahme Konstantinopels in den Besitz der Templer gelangt sein mag. Für diese Annahme spricht auch ein weiterer bemerkenswerter Umstand: Zugleich mit dem Großmeister des Templerordens Jacques de Moulay endete im Jahre 1314 auch der Ordensmeister der Normandie Geoffrey (I.) de Charnay auf dem Scheiterhaufen. Es erscheint auffällig, daß wenige Jahrzehnte danach das Grabtuch just in der Familie eines Mannes auftaucht, dessen Namensgleichheit mit dem hingerichteten Ordensmeister – sieht man von einer geringfügigen Abweichung der Schreibung ab – ein Verwandtschaftsverhältnis wohl annehmen läßt. Die Vermutung, daß das als so kostbar erachtete Tuch von den Ordensoberen noch zeitgerecht in Sicherheit gebracht worden war, liegt nahe.

Als Reliquie verehrt, kam es über die Witwe Geoffrey de Charnys an das Haus Savoyen. In der Folge befand es sich einige Zeit in Chambéry, wo es 1532 durch einen Brand leicht beschädigt wurde, und gelangte schließlich nach Turin.

Ein Kriminalist und Fachmann für Pollenkunde stellte fest, daß sich auf dem Grabtuch nicht nur Blütenpollen von Pflanzen aus Frankreich befinden, sondern auch solche, die in der Türkei und insbesondere nur im Raume von Jerusalem beheimatet sind. Einige der letzteren, die dem Fachmann bislang unbekannt waren, wurden von ihm erst an Ort und Stelle entdeckt. Der historische Weg, den das Tuch genommen haben dürfte, erscheint also durch die darauf befindlichen Blütenpollen bestätigt.

Soweit – zur Einführung des Lesers – in großen Zügen die bis zum Herbst 1988 vorliegenden Untersuchungsergebnisse. Wer sich hierüber näher unterrichten will, sei auf das Buch von Ian Wilson »Eine Spur von Jesus« (Verlag Herder, Freiburg/Basel/Wien) verwiesen, das wohl auch der Fernsehdokumentation »Der stumme Zeuge« zugrunde lag. Es enthält eine Fülle weiterer Einzelheiten und überzeugender Überlegungen.

Hier soll es jedoch um jene dramatische Wendung gehen, die die Grabtuchforschung neuerdings erfahren hat. Sie ist der Anlaß der vorliegenden Betrachtung.

Schon die bisherigen Prüfungen sollten geeignet sein, die Vermutung, es könne sich hier um eine Fälschung handeln, praktisch auszuschließen. Sie hatten nicht nur eine Vielzahl von Hinweisen für die Echtheit des Grabtuches erbracht, sondern mehr noch, auch eine Reihe für die Wissenschaften unerklärlicher Besonderheiten aufgezeigt. Die meisten der damit befaßt gewesenen Fachleute scheuten sich nicht, ihrer Überzeugung von der Echtheit Ausdruck zu geben.

Dennoch gab es Kreise, die eine Altersbestimmung des Gewebes auch nach der Radiokarbon-Methode für angezeigt hielten. Nach dem damaligen Stande der Wissenschaft hätte dies jedoch die Entnahme verhältnismäßig großer Stoffproben erfordert, wodurch das Tuch unwiederbringlich beschädigt worden wäre.

Der seinerzeitige Erzbischof von Turin, Kardinal Pellegrino, verweigerte deshalb die Zustimmung. Erst als die Methode so weit verbessert wurde, daß auch schon kleinere Entnahmen genügten, willigte sein Nachfolger, Kardinal Ballestrero, im Frühjahr 1987 in diese weitere Untersuchung ein. Er, der noch im Jahre 1978 eine mehrwöchige feierliche Ausstellung des Grabtuches veranstaltet hatte, erwartete sich vermutlich hierdurch ein weiteres Zeugnis für dessen Echtheit.

Die – erstmals von William Libby entwickelte – Radiokarbon-Methode beruht darauf, daß durch die in die Atmosphäre einfallende kosmische Strahlung (Höhenstrahlung) unter anderem auch ein radioaktives Kohlenstoff-Isotop (C-14) erzeugt wird. Es zerfällt in einer Halbwertszeit von 5.730 (± 40) Jahren. Erzeugung und Zerfall bleiben in der Atmosphäre im Gleichgewicht. Dies gilt auch für jeden lebenden Organismus, der mit dem Kohlendioxyd der Luft auch dieses Isotop aufnimmt. Stirbt er ab, so erfolgt keine weitere Aufnahme mehr. Dies erlaubt es, aus der Menge des noch vorhandenen C-14 rückrechnend das Alter eines Gegenstandes beziehungsweise des hierfür verwendeten Materials im Rahmen einer Toleranz von ± 100 Jahren zu bestimmen. Unabhängig voneinander nahmen drei Laboratorien in Zürich, Oxford und Tucson (Arizona) diese Prüfung vor.

Ende September 1988 sickerte das Ergebnis durch: Es war überraschend, mehr noch, sensationell. Übereinstimmend hatten die Untersuchungen eine Entstehungszeit des Leinentuches zwischen 1260 und 1390 ergeben. In dicken Schlagzeilen berichteten die Zeitungen: »Das Grabtuch von Turin ist eine mittelalterliche Fälschung«.

Erzbischof Kardinal Ballestrero von Turin beeilte sich wenige Tage später vor der Weltpresse zu erklären, die Kirche werde das Urteil der Wissenschaftler anerkennen und nicht in Zweifel ziehen. Das Tuch solle künftighin nur noch als ein Bildnis, nicht aber als Reliquie Verehrung genießen.

Dies muß als eine ebenso unbegreifliche wie voreilige Folgerung erscheinen. Zu Gunsten einer einzigen Untersuchungsmethode wurden alle bisherigen Ergebnisse hinweggefegt. Die Zweifel wurden damit nicht beseitigt, sondern im Gegenteil nur vermehrt und verlagert. Hatten demnach alle bisherigen Prüfer geirrt? Waren alle ihre gutachtlichen Erkenntnisse, ihre darauf gegründeten Überzeugungen falsch? Vor allem aber: Welche – alle modernen Wissenschaften übersteigende – Kunstfertigkeit müßte der mittelalterliche »Fälscher« besessen haben, dem es möglich war, ohne feststellbare chemische Substanz jenes Negativ-Abbild zu schaffen, das allen ärztlichen und geschichtlichen Bedingungen der Passion des Heilands entsprach, das, die Abstände der Körperpartien berücksichtigend, Jahrhunderte später eine dreidimensionale Projektion ermöglicht und bloß auf der Oberfläche eines Linnens hätte aufgebracht werden müssen, auf dem sich Blütenpollen just aus dem Raume Palästinas befanden?

Fragen über Fragen bleiben also offen. Doch sie bestehen in Wahrheit gar nicht. Denn die Ergebnisse der Gewebsuntersuchung nach der Radiokarbon-Methode fügen sich zwanglos in alles Bisherige ein. Sie ergänzen und bestätigen dieses vielmehr – sofern man sie richtig, das heißt unter Berücksichtigung der Besonderheit des hier in Betracht kommenden Geschehens deutet.

Die Zeitbestimmung nach der Radiokarbon-Methode unterliegt nämlich Schwankungen. Sie ist insbesondere abhängig von der Stärke der Höhenstrahlung, die das C-14-Isotop erzeugt. Diese war nicht in allen erdgeschichtlichen Perioden gleich. Ein hierdurch bedingter hoher Radiokarbongehalt der Luft täuscht dann ein zu geringes Alter vor, besonders auffällig, wenn es sich nur um kurzfristige Schwankungen handelt. Abweichungen des Radiokarbongehalts von nur 10 Prozent veränderten die Altersberechnung bereits um etwa 800 Jahre! (So der Fachmann für Radiokarbondatierung Prof. Dr. Hans E. Suess in dem Aufsatz »Die Eichung der Radiokarbonuhr« in »Bild der Wissenschaft«, Nr. 2/69, S. 121 ff.)

Damit soll nun nicht gesagt sein, daß die Ergebnisse der drei Anstalten, die die Untersuchung des Grabtuches vorgenommen hatten, in dieser Hinsicht fehlerhaft wären. Die Wissenschaft ist längst in der Lage, diese Schwankungen der Höhenstrahlung zu berücksichtigen. Um eine solche geht es hier auch gar nicht. Die obigen Ausführungen zeigen jedoch, daß nach wissenschaftlicher Einsicht die *Menge* des erzeugten Radiokarbons von der *Stärke* der Strahlung abhängig ist, und daß dies die Datierung beeinflußt.

Genau das aber ist der Punkt, auf den es hier ankommt: Die Prüfungsergebnisse sind zwar *meßtechnisch* richtig, aber falsch in Bezug auf die Altersbestimmung. Doch niemand kann den Wissenschaftlern deshalb einen Vorwurf machen. Sie konnten nicht Bedacht nehmen auf einen Umstand, den in die Betrachtung einzubringen, Sache der Theologen gewesen wäre.

Denn: Ist das Grabtuch echt, so ist das darauf befindliche Abbild doch nicht jenes eines gewöhnlichen Menschen. Das Christentum geht ja davon aus, daß Jesus der *Sohn Gottes* gewesen war, daß also Göttliches in ihm Fleisch geworden ist. In dem bloß äußerlich umhüllenden Erdenkörper muß also eine weit über das Menschliche hinausreichende Art ihre Wirkung entfaltet haben. Die Gralsbotschaft, die die Notwendigkeit für das Kommen des Gottessohnes und die Voraussetzungen für seine Menschwerdung näher erklärt, spricht in diesem Zusammenhang von einem »*Strahlungsvorgang*« (Vortrag »Weltgeschehen«) und weiters davon, daß bei der Menschwerdung Jesu »*diese sonst als Rüstung dienenden Hüllen*« nur dünn geblieben waren, so daß »*das innerlich Göttliche leichter und stärker durchstrahlte, also hervorbrach [...].*«

Die Evangelisten konnten es ja erleben: Matthäus (17, 1–8), Markus (9, 2–8) und Lukas (9, 28–36) berichten übereinstimmend von einer Verklärung Jesu, wobei »*sein Aussehen sich veränderte, sein Antlitz strahlte wie die Sonne und seine Gewänder leuchtend weiß wurden, wie der Schnee, wie das Licht*«. In der Hinwendung nach oben durchdrang ihn also diese göttliche Strahlungskraft.

Beim Tode Jesu trennte sich nun dieser göttliche Kern von dem zerstörten Erdenkörper, durchstrahlte ihn letztmalig im Freiwerden und ließ ihn zurück.

Göttliche Strahlung – welche Wirkung war damit verbunden, mußte damit verbunden sein! Der Mensch kann Göttliches nicht erfassen, wie die Gralsbotschaft erklärt, aber es kann niemals Willkür sein. Es bewegt sich im Rahmen der vollkommenen und deshalb unverrückbaren Gottgesetze, die in allen Schöpfungsstufen gleich verbleiben. Das ermöglicht es uns, Schlußfolgerungen nach Art einer »Hochrechnung« zu ziehen. Wiederum ist uns die Gralsbotschaft dabei hilfreich. Denn in dem Vortrag »Geistkeime« ist zu lesen:

»Doch bringt die Hülle eines reifen Geistes neue Kräfte mit sich und erfrischt und stärkt die gleiche Art, weil sie von dem im rechten, aufsteigenden Sinn sichselbstbewußten Geiste stark durchglüht gewesen ist und dieses Glühen in sich trägt!«

Um wieviel mehr muß jene Hülle, die – nur durch dünn gebliebene Zwischenstufen getrennt – *Göttliches* hier umschlossen hat, von dessen Strahlungskraft »durchglüht« worden sein! Wie sich nun aus der Lage des Abbilds ersehen läßt, war der Leichnam von dem Tuche nicht etwa umwickelt gewesen. Er lag vielmehr auf diesem und wurde – über das Haupt hinweg – davon auch bedeckt. So erklärt sich nun die für die Wissenschaft nicht deutbare Entstehung des Bild-Negativs beider Körperseiten: Wie ein Filmmaterial wurde das Linnen durch die hiervon ausgehende einzigartige Strahlung »belichtet«. Das Bildnis wurde ihm aufgebrannt!

Dieser Einsicht sind einige der hier tätigen Forscher sogar schon recht nahe gekommen. In dem vorhin genannten Buche von Ian Wilson wird nämlich gesagt:

»Nichtsdestoweniger ist der Eindruck unausweichlich, daß das Bild eher durch die Einwirkung von Strahlen als durch das Aufbringen von Farbstoffen entstand [...] daß das, was es geschaffen hat, weder die Fasern durchdrungen hat noch in die Zwischenräume zwischen den Fasern gesickert ist; es ist unauflöslich und gegen Säuren resistent [...]. Das Grabtuch wurde [...] anscheinend eher von innen als von außen her versengt [...].«

Die gleichen Forscher verweisen auf Erfahrungen, die man in Hiroshima nach der Explosion der ersten Atombombe machen konnte: Gegenstände, ja sogar Personen, hatten an manchen Stellen gleichsam eingebrannte Schatten auf einem benachbarten Hintergrund hinterlassen. Das aber beweist: Eine das irdische Maß übersteigende Art von Strahlung ist sehr wohl in der Lage, bildhafte Spuren hervorzubringen, zurückzulassen, wo man dies sonst nicht erwarten würde.

Die *Entstehung* des Abbilds auf dem Grabtuch erscheint also dadurch verständlich. Aber noch ist zu klären, wieso die Altersbestimmung nach der Radiokarbon-Untersuchung so überraschende Ergebnisse liefern konnte.

Berücksichtigt man auch hierbei die Göttlichkeit Jesu, so ergibt sich die Antwort als logische Folge:

Verstärkte Höhenstrahlung bewirkt, wie man weiß, einen höheren Gehalt der Luft an Radiokarbon. Nun ist aber diese ins Irdische wirkende Strahlung nur eine weit, weit abgeschwächte Erscheinungsform der alles erschaffenden Gottausstrahlung. Diese muß also – ein durchaus zulässiger Größenschluß – um so eher imstande sein, das C-14-Isotop entstehen zu lassen. Die Annahme erscheint demnach geradezu zwingend: Durch den Austritt des göttlichen Kernes aus dem zerstörten Erdenleib Jesu wurde gleichzeitig in dessen Umkreis weiteres Radiokarbon aus der Luft geschaffen.

Freilich: Mit dessen Entstehung allein ist es nicht getan. Ein Einfluß auf die Datierung kann sich nur dann ergeben, wenn das Grabtuch dieses Mehr an Radiokarbon auch aufgenommen hat. Hier liegt nun – anscheinend – das Problem. Denn nur ein lebender Organismus ist in der Lage, radioaktiven Kohlenstoff einzubauen. Das Linnen aber, das den Leichnam Jesu umhüllte, war nicht länger ein solcher. Die hierfür verwendeten Pflanzen waren ja von ihren Lebensprozessen getrennt und für das Gewebe verarbeitet worden. Die Frage also ist: Konnte dieser Stoff – wenngleich auch nur kurzzeitig – die nötige Lebendigkeit wieder erlangen?

Schon die Erfahrungen innerhalb unserer Erdenwelt erlauben es uns, dies zu bejahen. Denn Strahlung ist Licht – und Licht ist Energie. Sie ist – mit physikalischen Begriffen beschrieben – in der Lage, die kleinsten Bausteine unserer Materie, die Atome, »anzuregen«, das heißt, ihre Elektronen auf ein höheres »Energieniveau« zu heben.

Die Auswirkung von Strahlung aber geht weiter. Erinnern wir uns: In dem zuvor schon wiedergegebenen Absatz aus dem Vortrag »Geistkeime« der Gralsbotschaft war die Rede davon, daß die (letzte) Hülle eines gereiften Geistes ihre Gleichart »stärkt und erfrischt«. Erfrischen aber bedeutet Belebung. Wieder ergibt sich die Folgerung: Muß der grobstoffliche Erdenleib Jesu, jene Umhüllung also, die Göttliches in sich trug, nicht erst recht ihrer Umgebung neue Lebensimpulse zugeführt haben?

Und finden wir bei dem Evangelisten Johannes (11, 29–45) nicht ein höchst eindrucksvolles Zeugnis solcher Belebung durch göttliche Kraft? Lazarus, schon vier Tage im Grabe, kehrte auf Jesu Befehl wieder in seinen Erdenkörper zurück. Dies konnte nur dadurch geschehen: Die Ausstrahlung dieses Körpers muß durch den von Jesus gegebenen Impuls so sehr verstärkt, so sehr neu belebt worden sein, daß sie die durch die »silberne Schnur« noch immer mit ihr verbundene Seele heranziehen und wieder festhalten konnte.

In dem Vortrag der Gralsbotschaft »Ich bin die Auferstehung und das Leben, niemand kommt zum Vater denn durch mich!« heißt es:

»*Mit der Verankerung des Lichtes durch das Kommen eines Gottgesandten wird die Lichtkraft ohne Zutun der Menschengeister so verstärkt, daß eine Reinigung erfolgt, welche den damit begnadeten Teil der Stofflichkeit noch im letzten Augenblicke emporreißt nach lichteren Höhen [...].*
Es ist auch dieses außergewöhnliche Geschehen vollkommen in den Schöpfungsgesetzen schwingend und weicht in seinen Auswirkungen nicht um Haaresbreite davon ab. Die mit der Lichtverankerung verbundene gewaltsame Reinigung kommt einer vollkommenen Neuerstehung gleich.«

In letzter Konsequenz wird damit gesagt, was die Erdverankerung göttlicher Strahlung vermag: Neuwerdung, neues Leben hat sie zur Folge! –

Fassen wir das Ergebnis dieser Betrachtung zusammen: Stärker als jede Schwankung der Höhenstrahlung hat nach dem Erdentod Jesu das Freiwerden göttlicher Strahlungskraft die Umweltbedingungen plötzlich verändert. Es entstand in ihrem Nahbereich zusätzliches Radiokarbon, das dem Leichentuch aufgeprägt wurde. Seine »Atomuhr« trat dadurch aus dem Gleichgang mit der übrigen Erdenwelt. Ihre Zeiger wurden – wie die Untersuchungsberichte ergaben – um rund dreizehn Jahrhunderte vorgerückt.

Nun ja, werden die Zweifler sagen, das alles sind nur Vermutungen. Sie sind unwissenschaftlich, denn wer kann das heute noch überprüfen? Sie haben damit sicherlich recht. Denn die Nachprüfbarkeit ist unerläßlich für alles, was Anspruch darauf erheben will, als wissenschaftlich gesichert zu gelten. Das aber bedeutet das Eingeständnis der Ohnmacht, des Unvermögens der Wissenschaft, hier jemals Klarheit schaffen zu können. Denn das Mensch-Sein Gottes war – gerade in jener Art, wie dies bei Jesus der Fall war – ein einmaliger, unwiederholbarer Vorgang, eine »Singularität« im wissenschaftlichen Sinne, ähnlich dem »Urknall«, von dem man meint, daß er der Entstehung des Weltalls zugrunde lag.

Das Ergebnis der Radiokarbon-Untersuchung erscheint – so betrachtet – in neuem Licht: Es liefert nicht den Beweis einer Fälschung, vielmehr bezeugt es die Echtheit des Grabtuchs! Hätte sich – wie man erwartet hatte – eine Datierung des Linnens etwa um die Zeit Christi ergeben, so hätte dies nur sein Alter durch einen weiteren Umstand bestätigt. Die Frage, wer der Abgebildete war und wie dieses Abbild zustande kam, wäre weiterhin offen geblieben. Gerade der auf »normalem« Wege unerklärliche Widerspruch zu allen anderen Prüfungsberichten aber trägt in sich das Merkmal der durch die Göttlichkeit Jesu bedingten Einmaligkeit des Geschehens. Soweit dies überhaupt möglich ist, liegt darin die Bestätigung dafür, daß dies nicht das Leichentuch irgendeines gegeißelten und gekreuzigten Mannes, sondern tatsächlich jenes von Jesus war.

Man muß sich nun fragen: Wie kann eine Kirche, die lehrt, daß in Jesus Göttliches Mensch geworden ist, diese entscheidende Tatsache bei ihren Überlegungen völlig vergessen? Wie kann sie so tun, als hätte es sich hier schlichtweg um »Herrn Jedermann« gehandelt?

Durch die übereilte Erklärung, das »Turiner Grabtuch« sei eine Fälschung, wurde die kostbarste »Reliquie«, die die Menschheit besitzt, das einzige *wahre* Abbild von Jesus als solches aus deren Bewußtsein gelöscht. Die zahlreichen Kreuze mit dem gemarterten Heiland stellen nur das grobstofflich-körperliche, das menschliche Leiden vor uns hin. Das Abbild auf dem Grabtuch hingegen vereinigt die Spuren des um der Wahrheit willen ertragenen Leidens mit dem Ausdrucke einer Verklärung, die zeitlos kündet: »Es ist vollbracht!«

Ein Glaube freilich, der verständliche Zweifel allein von der Wissenschaft ausräumen läßt, verkümmert zur Wissenschaftsgläubigkeit. Der Mensch besitzt doch in der Empfindung, der Sprache des Geistes, ein Instrument, das ihn befähigt, abwägend auch erkennen zu können, was jenseits der Begrenztheit des Irdischen liegt. Durch die Wirkung auf unser Gemüt, *dadurch* scheidet sich Echtes vom Falschen. In allen Jahrhunderten hat es kein Künstler vermocht, ein solches Bildnis von Jesus zu schaffen: so voll der Güte, der Trauer und der Hoheit, wie Jesus selbst es uns als das Zeugnis göttlichen Mensch-Seins hier hinterließ. Wer es erblickt, den erschüttert die Erkenntnis: Dies war der HERR!

Fühllos, wer da noch von Fälschung spricht.

Sieh:
Die Wahrheit liegt so nahe

ES HAT
SICH ERWIESEN

BAND 4

LASER

(Licht aus Seinem Ewigen Reich)

Sie haben, auch wenn Sie sich nicht mit Physik befassen, vom Laser-Licht sicherlich schon gehört. Dieses Licht war vor rund einem Jahrzehnt noch unbekannt, es kommt in der uns sichtbaren Natur nicht vor, sondern wird auf technischem Wege erzeugt. Kaum erweitern wir auf diese Weise ein wenig die Grenzen unserer irdischen Umwelt, begegnen wir einer Fülle von Seltsamkeiten.

Unsere körpergebundenen Sinne sind zwar nur dazu bestimmt und befähigt, Grobstoffliches wahrzunehmen. Doch Sie kennen gewiß den Begriff des »Tanagra-Theaters«: Das Geschehen auf der wirklichen Bühne wird durch Spiegelung so sehr verkleinert, daß es uns erscheint, als würde es in einem Guckkasten von winzigen Figürchen gespielt. Für uns Menschen ist die Natur eine solche Guckkastenbühne. Sie zeigt die gleichen Vorgänge wie auf der großen, uns unsichtbaren Szene in allen ihren Abspiegelungen.

»Der Mensch, der aufmerksam um sich schaut, kann in seiner nächsten Umgebung vielfach das Grundbild alles Geschehens in der Schöpfung genau beobachten, da sich in dem Kleinsten immer auch das Größte spiegelt.« (GB »Schöpfungsentwicklung«)

Wir müssen nur die Proportionen entsprechend weiten und von einer Schöpfungsart in die andere übertragen, dann enthüllt die Natur uns auch die für den lebendigen Kern des Menschen gültigen *geistigen* Gesetze, denn so wie es in der Schöpfung ist, so ist es auch in uns, da wir zu ihr als ein Teil gehören. Wir sind daher trotz der Beschränkung unserer Sinne auf das Grobstoffliche in der Lage, alles Grundlegende im Gleichnis zu erkennen. Welch beglückende Möglichkeit!

Wir sehen zwar die Naturgesetze innerhalb unserer grobstofflichen Welt nur deren Verdichtung entsprechend; doch da sie aus dem lebendigen Urquell Gottes kommen, »*liegt es klar, daß sie in gleicher unerschütterlicher Logik und Straffheit auch auf dem weiteren Wege zu ihm zu finden sein müssen, sogar noch reiner und klarer, je näher sie dem Ausgangspunkte stehen.*« (GB »Ich bin der Herr, Dein Gott!«)

Im Laser ist uns nun eine neue Art des Lichtes bekannt geworden. Hier zeigen sich die Gesetze noch deutlicher. Manches, das für uns sonst kaum faßbar wäre, wird uns dadurch begrifflich näher gebracht. Deshalb wollen wir uns ein wenig mit diesem seltsamen Licht befassen.

Das Wort LASER stammt aus dem Englischen. Es ist eine Abkürzung, gebildet aus den Anfangsbuchstaben von »Light Amplification by Stimulated Emission of Radiation«, was etwa »Lichtverstärkung durch angeregte Strahlenaussendung« bedeutet. Vom Physikalischen her ist das Wesen des Lasers damit umrissen. Sehen wir uns den Vorgang nun näher an.

Um den Kern jedes Atoms kreisen bekanntlich Elektronen. Sie bewegen sich in bestimmten Bahnen mehr oder weniger weit vom Kern, je nach der ihnen innewohnenden Energie. Die

Wissenschaft kann zwar noch nicht sagen, was Energie eigentlich ist, doch weiß man, daß sie mit dem Licht zusammenhängt. Die kleinste, nicht mehr unterscheidbare Menge an Lichtenergie nennt man daher Lichtquant oder Photon. Je mehr solcher Photonen ein Elektron in sich aufnimmt, desto energiereicher wird es.

Hier beginnt schon das Gleichnis. Denn hat es uns etwa nichts zu sagen, daß selbst die winzigsten Bausteine unserer Welt wirksamer, kraftdurchglühter werden, wenn sie Licht in sich eingelassen haben? »*Licht belebt*«, heißt es in der Gralsbotschaft (»Was sucht Ihr?«). Hier werden diese Worte zur beobachtbaren Wirklichkeit.

Licht ist seinserhaltende Strahlung von ungeheurer Lebendigkeit (Billionen Schwingungen pro Sekunde!). Es ist Ausdruck der Schöpferkraft innerhalb unseres Lebensbereiches. Zeigt uns das Beispiel des Elektrons also nicht, daß es nötig ist, sich dem Lichte zu öffnen, wenn man Kraft gewinnen will? Da des Menschen Art geistig ist, müssen wir freilich »Licht« im geistigen Sinne verstehen, um für uns die Nutzanwendung zu ziehen. Diese Umsetzung wird jeden Anschein einer Willkür verlieren, wenn wir uns daran erinnern, daß die geheimnisvolle Energie, die uns mit dem Lichte erreicht, selbst – wenn auch von anderer – geistiger Art ist. Sie ist ein Niederschlag aus dem gezielten Willensstrome, der von den höchsten Bereichen der Schöpfung ausgeht (Abd-ru-shin »Fragenbeantwortungen«).

Auch irdisch können wir etwa bei einem zielgerichteten Wasserstrahl oder im »Fallout« der Atomexplosionen einen Niederschlag als feinstes, niederrieselndes Versprühen erkennen. Wir brauchen auch hier nur die Ergebnisse der Naturbeobachtung für andere Schöpfungsbereiche gelten zu lassen, um die

Herkunft der Energie zumindest bildhaft zu erfassen. Während das geistige Stäubchen, das für uns als Energie in Erscheinung tritt, keiner Entwicklung mehr fähig ist, besitzt das dem Menschen eigene geistige Samenkorn die Anlage, zum »Sich-selbst-Bewußtsein« zu reifen. Diesen Unterschied werden wir bei unseren Vergleichen zu beachten haben.

Da nun die Bahn der Elektronen von ihrer Energie abhängt, nennt man sie auch »Energieniveaus«. Die Summe der Energie seiner Elektronen bestimmt schließlich den Energiezustand des Atomes. In dem Aufsatz »Laser« in der Zeitschrift »Bild der Wissenschaft«, Nr. 6/1966, schreibt Prof. Dr. Herbert Böhring: *»Nun kann aber ein Atom immer nur einen seiner möglichen Energiezustände einnehmen. Welchen Zustand es gerade hat, hängt von seiner ›Vorgeschichte‹ ab. Erst in einer Ansammlung gleichartiger Atome werden Atome mit allen möglichen Zuständen vorhanden sein.«*

Würde ein Wesen, das von höherer Warte auf unser Menschengewimmel herabblickt, nicht ähnliche Worte gebrauchen müssen? Auch wir können von allen Stufen der Geistesreife jeweils nur *eine* innehaben, sie entspricht stets unserem gegenwärtigen Zustand, unserer geistigen Beweglichkeit. Dieser Zustand hängt auch bei dem einzelnen Menschen von seiner Vorgeschichte ab, von allem, was er im Laufe des Seins erlebte und Teil seiner selbst geworden ist. Unter einer Menge von Menschen finden sich solche der verschiedensten geistigen Reifestufen und können – darin liegt die besondere Bedeutung des Erdenseins – hier mit- und nebeneinander leben. Der Blick in die Materie zeigt uns also eine mikroskopische Welt, deren Gesetze der menschlichen ähnlich sind, denn »*Wie die Erfahrungen im Kleinen, nicht anders ist es mit des Menschen ganzem Sein, nicht anders mit ihm selbst!«* (GB »Gottanbetung«)

Wir dürfen das Gleichnis also wagen und wollen beginnen, es zu verfeinern. Setzen wir die verschiedenen chemischen Stoffe etwa den Völkerschaften gleich; so wie jede von diesen ihre besondere Eigenart hat, so haben auch die einzelnen stofflichen Substanzen ein nur ihnen eigenes Frequenzspektrum. Wir hörten schon, daß jedes Atom innerhalb einer Substanz immer nur einen Energiezustand haben kann. In der Gesamtheit dieses Stoffes sind nun üblicherweise die Atome mit niederem Energieniveau weit zahlreicher als jene mit hohem. Leider ist dies auch in der geistigen Schichtung innerhalb der Völker ähnlich. Es wird daraus erschreckend deutlich, wie wenig es der Mensch bisher verstanden hat, von der ihm eigenen geistigbewußten Entwicklungsmöglichkeit Gebrauch zu machen und damit die Gesetze der Materiewelt zu überwinden.

Das Laser-Prinzip unternimmt nun gleichsam von außen her einen solchen Versuch für unsere Stofflichkeit. Wir hörten ja schon, daß es sich dabei um »angeregte« Strahlenaussendungen handelt. Diese Anregung besteht darin, das Verhältnis der Energieniveaus umzukehren, so daß die *Mehrzahl* der Atome des betroffenen Stoffes auf ein *höheres* Energieniveau gelangt. Zu diesem Zwecke wird das geeignete Material – zum Beispiel ein Rubin – mit Lichtquanten »beschossen«. Die Schwingung dieser Bestrahlung muß allerdings im rechten Verhältnis zur arteigenen Schwingung des Stoffes stehen, nur dann kann sie ihre Wirkung entfalten. Veranschaulicht dies nicht in gleichnishafter Weise, weshalb die Verschiedenartigkeit der Religionen nötig ist? Sie entsprechen gleichsam verschiedenen Frequenzen des Lichtes, denn auch die Völker können das (geistige) Licht nur in der *ihnen* gemäßen Art aufnehmen.

Werden die Atome nun mit dem rechten Licht bestrahlt, so saugen einige der auf der innersten Bahn kreisenden Elektronen zusätzlich Lichtenergie in sich auf. Dadurch geschieht etwas Merkwürdiges: sie springen in die äußerste Bahn; es reißt sie geradezu weg vom Kern, der innerhalb des Atoms die größte Verdichtung bildet. Sie sind energiereicher, freier geworden. Besteht nicht eine verblüffende Übereinstimmung zur Fähigkeit menschlichen Wollens?

Eine wirklich (das heißt im schöpfungsgesetzlichen Sinne richtige) große Tat schafft eine lebendige Verbindung mit dem Licht. Eine solche Lichtverbindung hat unser Elektron auf seine Weise in einen höheren Zustand versetzt. Doch:

»Sobald also ein Mensch emporgestiegen ist, so muß er sich auf seiner Höhe halten! Er kann und darf nicht ausruhen und denken, daß er für eine Zeit genug getätigt hat [...].« (GB »Schöpfungsgesetz ›Bewegung‹«)

Hier zeigt sich der Unterschied zwischen dem geistigen Stäubchen unserer Materiewelt und dem sich *bewußten* Menschengeist. Dieser kann und soll das »höhere Energieniveau« halten, weil er des *Wollens* fähig ist. Die durchstrahlende Geistigkeit, die größere Beschwingtheit, kann ihm verbleiben, wenn er nur *will.* Er kann damit auf die Umgebung wirken, ohne selbst zu verlieren; im Gegenteil, er wird stets nur gewinnen. Unser Elektron hingegen kann in Ermangelung eines Willens seine Energie nicht behalten. Es muß sie wieder abgeben und fällt auf eine niederere Bahn zurück. Durch den dauernden Beschuß mit Lichtquanten aber tritt schließlich der Zustand ein, in dem die Mehrzahl aller Atome auf dem höheren Energieniveau steht. Das frühere Verhältnis ist umgewandelt. Die Voraussetzung für die durchdringende Laser-Strahlung ist geschaffen.

Bei diesem »Anregen« oder »Hochpumpen«, wie die Physik es nennt, spielt der Mensch, so scheint es mir, sich auf dem mikrokosmischen Theater ahnungslos seine eigene Aufgabe vor. Für die Materie erzwingen wir, was wir für uns selbst erstreben sollten. Denn auch wir unterstehen den gleichen Gesetzen, nach denen wir die Elektronen zu leiten suchen. Für die Atome verwenden wir als Anregung das Licht. Uns aber suchen wir durch Aufputschmittel (Nikotin, Alkohol, Rauschgift und so weiter) in »angeregten Zustand« zu versetzen.

Diese Art einer Anregung läßt sich nicht halten. Versuchen wir es dennoch, so führt dies zur Sucht, die die Zerstörung von Körper und Geist bewirkt. Das winzige Atom, das den Naturgesetzen gehorchen muß, lehrt uns, daß Anregung nur durch das Licht zu gewinnen ist.

Stellen wir uns nun vor, es würde in einem Volk – so wie in dem bestrahlten Stoff – das »Energieniveau« umgekehrt werden, so daß Menschen von hoher Geistigkeit dauernd in der Überzahl wären. Meinen Sie nicht, es ginge von diesem Volke eine bezwingende, sich stets verstärkende geistige Strahlung aus? Wie nötig wäre es der ganzen Menschheit, das beim Laser bekannte Prinzip geistig auf sich selber anzuwenden und das Licht der Wahrheit in sich aufzunehmen.

Die weiteren Vorgänge beim Laser seien kurz zusammengefaßt: Die durch das »Hochpumpen« bewirkte Strahlung wird durch gegenüberliegende Spiegel in Bruchteilen von Sekunden achsenparallel vieltausendmal hin und her reflektiert. Sie wird dadurch weiter aufgeschaukelt. Einer dieser Spiegel besitzt in der Mitte ein kleines Loch. Hier tritt nun, eng begrenzt, gebündelt und zielgerichtet, ein Licht aus, das seit seiner Entdeckung stets neue, erstaunliche Eigenschaften enthüllt.

Es legt trauriges Zeugnis von der menschlichen Geisteshaltung ab, daß man auch in diesem Licht – seiner durchdringenden Wirkung wegen – vorerst nur die Vernichtungsmöglichkeit sah, und der Laser zunächst als »Todesstrahl« bekannt geworden ist. Neuerdings arbeitet man daran, Wasserstoffbomben durch Laser-Strahlung zu zünden. Doch die Lichtkraft als solche ist völlig neutral. Der Mensch ist es, der sie zum Bösen wie zum Guten lenken kann, so wie er dies auch mit den anderen Kräften der sichtbaren und unsichtbaren Welt – unwissend oft – beständig tut.

Worin bestehen nun die Besonderheiten des Laser-Lichtes?

Die von der Sonne oder einer sonstigen Energiequelle ausgehende Strahlung umfaßt verschiedene Wellenlängen, die sich nach allen Seiten verstreuen. Solche Wellen können miteinander »interferieren«, das heißt sich überlagern, wodurch sie sich verändern, schwächen, ja sogar gänzlich aufheben können. Der Laser-Strahl hingegen besteht fast nur aus Schwingung von *einer* Frequenz, er ist monofrequent oder monochromatisch. Er ist daher von bisher unvergleichbarer Reinheit, schwingt in einer fast vollendeten Sinuskurve. Sein Licht läßt sich auf kleinste punktförmige Ziele zusammenfassen. Die Wellen *»verlassen den Laser wie ein Regiment Soldaten im Gleichschritt«*, schreibt Brotherton in »Maser und Laser« (Umschau Verlag).

Vom Standpunkte der Gralsbotschaft können wir das als zusammengefaßte Strahlung der Gleichart ansehen. Denn nur die Gleichart schwingt auf gleicher Welle. Für diese Erscheinung fehlt im irdischen Bereich eine menschengeistige Entsprechung. In der Menschheit gibt es keine allumfassende Gleichart. Es ist ja gerade das Wesentliche dieses Daseins im dichten Stoffe, daß Geister unterschiedlicher Reifestufen, somit auch unterschiedlicher Ausstrahlungen, hier miteinander zu leben vermögen.

Selbst wenn sich Gruppen der Gleichart bilden, wird ihre Ausstrahlung vermischt und überlagert werden von solcher anderer Beschaffenheit. Erst nach dem Ablegen des Erdenkörpers schließen die Gleicharten sich zusammen und bleiben voneinander gesondert. Was dem Laser physikalisch zugrunde liegt, findet sein geistiges Gegenstück also erst ab dem Bereiche der Astralebene, die schon zur mittleren Grobstofflichkeit gehört. So können wir mit diesem Licht, das von uns in die grobe Grobstofflichkeit dieser Erde erst hineingezwungen werden muß, einen Blick über eine Grenze tun in eine anders beschaffene Welt.

Das Durcheinander des erdenmenschlichen Wollens, dem die zerflatternde, sich vielfach überlagernde Ausbreitung des uns umgebenden Lichtes entspricht, steht hier deutlich dem zielklaren Wollen der Gleichart gegenüber, wie es uns in der durchdringenden Wirkung des Laser-Lichtes abbildhaft in Erscheinung tritt. Führt uns dies nicht den Wert gleichgerichteten Strebens, etwa gemeinsamer Andacht, vor Augen?

Bezogen auf seine eng begrenzte Fläche kann der Laser-Strahl hundertmal heller sein als das Licht der Sonne. Die Oberflächentemperatur der letzteren beträgt etwa 6.000 Grad Celsius, der

Impuls des Lasers hingegen mag 10 Billionen Grad entsprechen. Er ist von bisher unbekannt gewesener Dichte der Energie, man verwendet ihn deshalb zum Schneiden, Schweißen, Bohren feinster Löcher, denn wohin er trifft, verglüht schlackenlos jedwede irdische Substanz. Eben diese Wirkung aber zeigt meines Erachtens die Lichtkraft höherer Weltenstufen.

Dies wird uns hier an der Erdenstofflichkeit, deren Strahlung weit träger und energieloser ist als jene des Laser-Lichtes, deutlich gemacht. Hier zeigt sich, daß jeder Bereich der Schöpfung nur in der *ihm* entsprechenden Lichtkraft bestehen kann. Allein dem Menschengeiste ist es vergönnt, die Schöpfung zu durchwandern. Er vermag in sich selbst nach dem Lichte zu streben und bei diesem Entwicklungsgang Stufe um Stufe zu erklimmen, um so jeweils gleichartig in der erhöhten Lichtkraft zu bestehen.

»Nichts bleibt unbeleuchtet«, heißt es im Vortrag der Gralsbotschaft »Es soll erwecket werden alles Tote in der Schöpfung, damit es sich richte!« von der reinen Klarheit des lebendigen Lichtes. Tatsächlich ist schon der Laser-Strahl imstande, viel mehr Einzelheiten und viel kleinere Objekte aufzuzeigen, als dies den bisher verwendeten Strahlen, selbst dem Radar, möglich war. Wiederholt wird in der Gralsbotschaft auch von dem Druck des Lichtes, der um so stärker wird, je reiner die Strahlung ist, gesprochen. In dem für irdische Begriffe unvergleichlich reinen Strahl des Lasers erreicht dieser Lichtdruck schon mehrere Kilogramm pro Quadratzentimeter und übertrifft damit alle bisher bekannten Werte. Er ermöglicht es sogar (nach Brotherton), die Bahnkorrektur eines Satelliten *»wie durch einen stupsenden Finger«* vorzunehmen.

Diese Wirkung erstreckt sich nach irdischen Maßstäben auf unvorstellbare Weiten. Der Laser ist imstande, im interplanetarischen Verkehr Impulse zu Raumsonden oder anderen Gestirnen zu senden, wobei selbst nach einer solchen Reise sein Licht vom Hintergrund des Sonnenlichtes noch zu unterscheiden wäre (Brotherton, »Maser und Laser«). Auch auf dem Mond wurde als erstes ein Laser-Reflektor aufgebaut.

Zugleich aber vermag dieses Licht Informationen in nahezu unbegrenzter Fülle aufzunehmen. Die Nachrichtentechnik kennt zwar längst die Möglichkeit der gleichzeitigen Übertragung vieler Gespräche, sie hat im Mikrowellenbereich schon erstaunliche Ausmaße erreicht. Der Laser aber hat alles Bisherige weit übertroffen. Ein Laser-Strahl könnte praktisch die Gespräche der fünffachen Einwohnerzahl der USA *gleichzeitig* übermitteln (Brotherton).

Diese scheinbar nüchtern-technischen Angaben liefern einen Schlüssel zum Geheimnis von Raum und Zeit. *»Der Raum- und Zeitbegriff liegt sogar in der ganzen Schöpfung, doch ist er stets an die bestimmte Art gebunden«*, heißt es in der Gralsbotschaft (»Grobstofflichkeit, Feinstofflichkeit, Strahlungen, Raum und Zeit«), und weiter: *»Der verschiedenartige Zeit- und Raumbegriff ersteht durch die mehr oder weniger dehnbare Aufnahmefähigkeit des Erlebens«* und er vergrößert sich bei ausgedehnter *»Erlebensmöglichkeit im vollen Bewußtsein«* (»Und tausend Jahre sind wie ein Tag!«).

Der Laser-Strahl ist nun von einer Bewegung, die weit über menschlichen Vorstellungen liegt. Er vollführt einige Billionen Schwingungen in der Sekunde. Und siehe: seine Aufnahmefähigkeit ist hierdurch so weit gespannt, daß er die Gespräche mehrerer hundert Millionen Erdenmenschen *gleichzeitig* zuerfassen und in ungeheure Weiten zu übermitteln vermag. Wird uns das nicht zum ergreifenden Gleichnis? Wir lernen verstehen, weshalb die Gralsbotschaft von uns verlangt, in der uns eigenen Art des Geistes regsamer, lebendiger, durchglühter zu werden: Vor der schnellen Beweglichkeit schwinden die Begriffe von Raum und Zeit und gewinnen andere, größere Dimensionen. Die Natur beweist uns in ihrer Art: Dies allein ist der Weg nach oben!

Sein schönstes, am tiefsten berührendes Gleichnis aber zeigt uns der Laser in der *Holographie.* Es ist dies eine neue Art der Photographie ohne Kamera und Linsen. Sie erleichtert uns das Verständnis für die »Schrift im Buche des Lebens« und die Art des großen Gerichtes.

Im Bereiche der irdischen Erscheinungen wissen wir, daß jedes Ding das Licht in der ihm eigenen Weise zurückstrahlt. Dazu sagt Prof. Dr. Emmet N. Leith, Minnesota (in »Bild der Wissenschaft« 6/1969): *»Die Lichtwellen, die von einem beleuchteten Gegenstand ausgehen, bestimmen alles, was man überhaupt von diesem Gegenstand sehen kann: Gestalt, Lage, Oberflächenschattierungen und so weiter. Wenn es nun gelingt, diese Lichtwellen aufzuzeichnen und später wieder genauso zu erzeugen, dann ist es klar, daß der Gegenstand gänzlich ›echt‹ wieder erscheinen muß.«*

Während die übliche Photographie sich mit Aufzeichnungen von Helligkeitsunterschieden begnügt, werden bei der Holographie *alle* von dem Objekte reflektierten Lichtwellen festgehalten. Man benötigt dazu allerdings ein gleichförmiges Licht von nur *einer* Wellenlänge, das möglichst punktförmig zusammengefaßt werden kann. Der Laser erfüllt diese Voraussetzungen in idealer Weise.

Bei der Aufnahme wird nun sein Strahl in zwei Bündel gespalten; das eine fällt direkt auf die photographische Platte (es wird »Referenzwelle« genannt), das andere trifft den aufzunehmenden Gegenstand und wird erst von diesem als »Objektwelle« auf die Platte geworfen. Dabei wird der ursprüngliche Wellenzug in der dem Objekte entsprechenden Weise verändert, dessen Eigenschaften werden ihm aufgeprägt. Die Platte hält nun beide Wellenzüge oder, besser gesagt, ihre Unterschiedlichkeiten, in Art eines Strichmusters, dem »Hologramm«, fest. Bei einfacher Betrachtung und den herkömmlichen Vorstellungen von Photographie hat dieses Hologramm nichts mehr mit dem abgebildeten Objekt gemein.

Vergleichen wir damit, was die Gralsbotschaft sagt: Die ganze Schöpfung wird von einer geistigen Kraft durchzogen, die auch »neutrale Hauptkraft« genannt werden kann. Sie ist weder gut noch böse, steht außerhalb dieser Begriffe und ist einfach »lebendige Kraft«. Läßt uns das nach dem vorhin Gesagten nicht an den Strahl des Lasers denken, der die Urform aller Schwingungen, die Sinuskurve, nahezu rein verkörpert und folglich fast frei von Verformung ist? Das echt empfundene Wollen, in dem sich der Menschengeist betätigt, ist der einzige Hebel zur Auslösung dieser Kraft. Die *Art* des Wollens gibt der Mensch an, die Kraft belebt sodann, was der Mensch gewollt hat. Er hat die Kraft nicht in sich, doch er kann sie benutzend lenken.

Der Mensch zweigt also aus dem Strahl der neutralen geistigen Kraft einen Teil für sich ab und verformt ihn nach seinem

Wollen. Auf stofflicher Ebene geschieht ähnliches im Prinzip der Holographie durch die Zweiteilung in den Referenzstrahl, der der unverändert bleibenden Kraft entspricht, und dem Objektstrahl, der durch das Objekt verändert wird.

»*Die beschriebenen Blätter aber, die zu dem großen Buch des Lebens gehören, die das Für und Wider eines jeden Gedankens und eines jeden Tuns des einzelnen zeigen, sind* die Seelen selbst, *denen sich alles aufgeprägt hat, was sie im Wandel ihres Seins erlebten oder wirkten.*« (GB »Das Buch des Lebens«)

Die Holographie ist ein Mittel, uns dies anschaulich zu machen. Hier werden, wie wir hörten, die Unterschiede zwischen der unverändert gebliebenen und der vom Objekte verformten Lichtkraft in Form eines Hologramms festgehalten. Das Objekt wird also an der gleichbleibenden Strahlung »gemessen«. Aufgezeichnet wird, wie sehr es sich von ihr unterscheidet. Können wir uns da nicht vorstellen, daß auch auf unserer Seele verzeichnet erscheint, wie und zu welchem Zwecke wir die neutrale geistige Kraft verwendet haben? Jedes wie immer geartete Wollen führt zu einer Formung und damit zu einer Abweichung von der ursprünglich ungeformten Kraft.

Das Grundsätzliche dieses Vorganges erscheint nur abgewandelt nach der Schöpfungsart: In der Grobstofflichkeit wird durch die dem Gegenstande entsprechende Verformung der Lichtwellen Art und Form dieses Gegenstandes der photographischen Platte als Hologramm aufgeprägt. Das geistige Wollen, dessen Wirkung bis in die Feinstofflichkeit, ja sogar bis in das Geistige reicht, verformt die geistige Kraft nach Art und Form der Gedanken und prägt sie dabei der Seele auf. Trägt die photographische Platte solcherart das Hologramm des Körperhaften, so trägt die Seele gleichermaßen das »Hologramm des Geistigen«. Es stellt die »Schrift im Buche des Lebens« dar.

Das Sichtbarmachen des Bildes in der Holographie ahmt diesen Vorgang im Stofflichen nach. Das Hologramm, jenes Gewirr von Strichen und Kurven, wird mit dem Laser-Licht beleuchtet. Es wird wieder dem »Referenzstrahl« ausgesetzt, dem reinen, unverändert gebliebenen Licht, das jede Abweichung schonungslos aufzeigt. Die Folge ist: Plastisch entsteht im Raume der abgebildete Gegenstand mit sämtlichen seiner Eigenheiten. Er lebt auf und gelangt zur Auswirkung!

Ob Objekt oder Subjekt, im Strahl des reinen Lichtes wird die an diesem Lichtstrahl vorgenommene Veränderung, die als »Wellenfront« aufgezeichnet worden war, wiederum sichtbar. Grobstofflich sehen wir den Gegenstand wieder; feinstofflich läßt die »Schrift im Buche des Lebens« das Wollen des Menschengeistes sichtbar erstehen, wenn der Strahl der hohen Lichtkraft die Seele trifft und sie damit ins Gericht gestellt ist. Es wird dadurch offenkundig, in welcher Weise sie von der »neutralen Hauptkraft« Gebrauch gemacht hat. Die Seele erntet dann die Früchte ihres Wollens, wie immer sie auch sein mögen, allein durch dessen Auswirkung. Es richtet also letztlich nicht der Strahl des Lichtes, es richtet sich die Seele selbst an ihm.

Verändert nun ein Körper, der holographiert wird, seine Stellung, Farbe, Form oder Beleuchtung, so ändert sich sofort auch das Hologramm, da ja stets die gegenwärtige Wellenfront aufgezeichnet und *deren* Unterschied zur Referenzwelle festgehalten wird. Das Hologramm gibt also immer nur den zuletzt bestehenden Zustand wieder. Das gleiche gilt aber auch für das sogenannte »Hologramm« der Seele:

»Was eine solche Seele in dem Wandel ihres Seins schon abzulegen fähig war an Falschem oder Üblem, durch schöpfungsgesetzmäßige Auslösungen im Erleben, ist gelöscht und so, als ob es nie vorhanden war; es hängt dadurch nicht mehr an ihr, ist ihr dann nicht mehr aufgeprägt.« (GB »Das Buch des Lebens«)

Nicht »wie warst du?«, sondern »wie bist du?« ist also im Stofflichen wie im Geistigen entscheidend.

Die Betrachter holographischer Reproduktionen konnten es meist nicht glauben, daß es sich nur um Abbilder handelte, nicht um den Gegenstand selbst. Das Bild ist nämlich dreidimensional, unter gewissen Voraussetzungen sogar farbig, es zeigt jegliche Einzelheit des Objektes, ja es verändern sich – geht man daran vorbei oder darum herum – Perspektive, Licht und Schatten so wie bei dem Gegenstande selbst. Erinnern wir uns in diesem Zusammenhang, daß die Gralsbotschaft die fälschlich als Marienvisionen angesehenen Erscheinungen der Urkönigin Elisabeth als »bewegliche Bilder« erklärt.

Die Holographie läßt uns jetzt erkennen, daß die lebendige Kraft reinen Lichtes, welcher – von uns aus betrachtet – der Laser-Strahl nahekommt, tatsächlich Bilder zu liefern vermag, deren Originaltreue weitaus verblüffender ist als jeder uns bisher bekannte Film.

So wie aber der Film aus einer Fülle einzelner Bilder besteht und eine fortlaufende Aufnahme darstellt, so steht auch der Menschengeist *ständig* im Strahle der »geistigen Hauptkraft«, die er zum Teil durch sein Wollen verformt. Auch wenn diese Vorgänge sich innerhalb der uns nicht sichtbaren Welt abspielen, so erzeugen sie in den ihnen zugehörigen Sphären doch immer wieder »Hologramme«. Nach den mit der Holographie gemachten Erfahrungen kann es uns nicht mehr schwer fallen, uns vorzustellen, daß die Fülle der von der gesamten Menschheit andauernd aufsteigenden derartigen »Wellenschriften« ganze Schöpfungsebenen mit Gebilden zu bevölkern vermag, die zwar dem Gewollten als dessen sichtbare Form genau entsprechen, aber doch nur Abbilder, Schemen sind. Treten die entkörperten Seelen dann in diese Bereiche der Schöpfung ein,

»[...] *so erleben auch im Jenseits Menschengeister alles als ganz echt in den verschiedenen Umgebungen, Formen und den Gebilden [...] und doch befinden sie sich dabei gar nicht in dem Reiche des wirklichen Lebens,* sondern das einzig wirkliche Lebendige dabei sind nur sie selbst! *Alles andere, ihre ganz verschiedenartige und sich verändernde Umgebung, kann nur bestehen durch sie selbst und ihre Gleichgesinnten hier auf Erden.«* (GB »Im Reiche der Dämonen und Phantome«)

Bemerkenswert ist nun, daß die vom Laser bestrahlte Wellenschrift *zwei* Bilder liefert: das richtige (virtuelle) Bild hinter dem Hohlraum und ein anderes Bild (»reelles« genannt) davor, das einige Abweichungen zeigt. Es ist, als würde nicht nur der Gegenstand selbst erweckt, sondern als stelle er auch zugleich sein Abbild vor sich hin, als projiziere er sich, geringfügig abgewandelt, selbst in seine Umgebung hinaus.

»Durch das Lebendigwerden in der eigenen Ausstrahlung der betroffenen Seele prägt der dieser Seele innewohnende Geist seiner neuen Umgebung [...] eine gewisse eigenpersönliche Note auf [...].« (GB »Eine Seele wandert«)

Geistiges und Stoffliches lassen auch hier, jeweils in der ihnen eigenen Art, das gleiche große Gesetz erkennen.

Eine phantastisch anmutende Eigenschaft der Holographie sei abschließend noch erwähnt: ihre Ergänzungsfähigkeit. Wir kennen dergleichen schon bei der lebenden Zelle; beim Regenwurm ist sie seit altersher besonders bekannt. So entsteht auch aus jedem kleinsten Bruchstück eines Hologramms im Strahle des Lasers wiederum das Abbild des Ganzen, als wüßte das Licht von sich aus, wie der – nicht vorhandene – übrige Teil des Hologramms aussieht. Wird dadurch nicht verständlich, daß auch für uns das letzte Stäubchen einer Schuld von der Seele abgefallen sein muß? Solange ihr noch *irgend* etwas anhaftet vom Üblen, ist es im Lichte immer noch so, als wäre das Ganze vorhanden.

Fassen wir also zusammen: Die Atome geeigneter Substanz wurden mit Licht angereichert, ihre Energie gehoben, sie wurden dadurch gegenseitig angeregt und gleichgerichtet. Das Ergebnis war ein Licht von hoher Lebendigkeit, nahe der höchsten stofflich erreichbaren Reinheit, und siehe: Es zeigte uns in seiner Art eine Fülle von Eigenschaften und Wirkungen, die die Gralsbotschaft vom Lichte berichtet und die uns bislang praktisch unbekannt waren.

Auch wenn es sich dabei freilich nur um eine weit untergeordnete Energie handelt, so kann selbst diese von oben her gesehen niedere, von unserem Blickpunkt aber außerordentliche Kraft uns im Abbild manches von den allgültigen Gesetzen erkennen lassen. Mögen die Bilder auch nicht immer so trennscharf sein wie in höheren Schöpfungsstufen, mögen die Gleichnisse sich manchmal überlagern, so sollten wir den Versuch, die Ähnlichkeiten zu sehen und zu deuten, doch wohl unternehmen, denn nur in Bildern können wir die Schöpfung verstehen.

So betrachtet mag Laser-Licht für uns eine neue Bedeutung gewinnen. Sein Strahl vermittelt uns ein äonenfernes Ahnen vom Licht aus Seinem ewigen Reich.

Kybernetik –
der unerkannte Schlüssel

Als Norbert Wiener, der »Vater der Denkmaschinen«, im Jahre 1948 seine Entdeckung der Kybernetik einer breiteren Öffentlichkeit vorstellte, leitete er damit einen neuen Abschnitt technischer Entwicklung ein. Von den einen gepriesen, von den anderen verwünscht, hat der Computer sich seither weitgehend der menschlichen Einrichtungen bemächtigt. Aber nie ist es ja die Entdeckung selbst, die Fluch oder Segen bringt, stets nur die Art und das Ausmaß ihrer Verwendung.

Das Wort »Kybernetik« ist abgeleitet vom griechischen »kybernetes«; so nannte man dort den Steuermann. Wiener prägte diesen Begriff, weil seine Entdeckung selbsttätige Steuerungen zum Gegenstand hatte. Man spricht daher auch von Steuerungstechnik, Regeltechnik und Regelkreisen. Darin zeitigt jede Ursache eine Wirkung, die ihrerseits Ursache einer Rückwirkung wird. Diese gegenseitige Abhängigkeit durch die »rückgeführte Information« gestattet es nicht, eine vorbestimmte Ordnung zu durchbrechen.

Der alten Volksweisheit, wonach »die Bäume nicht in den Himmel wachsen«, lag schon das Wissen von einer diese Ordnung sichernden Selbstregelung zugrunde, und auch Aischylos schrieb:

»*Wer mehr will, als ihm zugemessen ist, wer über sein Maß hinausstrebt, der verfällt der Hybris und wird furchtbar gestraft.*«
(H. Kramer, Wörterbuch der Antike, Stuttgart 1933)

In der bedrohlichen Umweltlage beginnt man Wahrheit und Schrecklichkeit dieses Wortes zu ahnen. Durch die Entdeckung der kybernetischen Grundgesetze wurden nun gleichsam die Nervenstränge jenes Geschehens bloßgelegt. Bisher waren ja nur seine Auswirkungen, nicht aber sein ineinandergreifender Ablauf bekannt gewesen. Wieners Veröffentlichung trug den Titel »Kybernetik oder die Nachrichtenübertragung in Lebewesen und Maschinen«. Schon die darin enthaltene Gleichsetzung von natürlichen und künstlichen Organismen hätte aufhorchen lassen müssen. Sie ließ ja erkennen, daß es nicht allein um Technisches ging.

Tatsächlich kam es in der Folge zu ungewöhnlichen Weiterungen: Die Technik, sonst wissenschaftliche Ergebnisse *verwertend*, lieferte mit der Kybernetik selbst den Schlüssel zum Verständnis der Vorgänge vieler anderer Sachgebiete. Obwohl man aber in der Biologie, Ökologie, Soziologie, Psychologie, Ökonomie, Geschichte und vielen anderen Bereichen kleinere und größere Regelkreise und ihr Zusammenspiel als die bestimmenden Grundlagen alles Geschehens feststellen konnte, starrt man immer noch wie gebannt vor allem auf die *nachbildende* technische Anwendung dieser Gesetzmäßigkeiten. Allmählich erst wird die Einsicht reifen, daß uns damit eine Offenbarung geschenkt worden ist. Denn Norbert Wiener hat an einem winzigen Zipfel das Gesetz der Schöpfung zu fassen bekommen.

Der Regelkreis der Schöpfung

Der Techniker sagt: »*Kybernetik tritt auf in wechselwirkenden Systemen, die auf einer Kreiskausalität beruhen.*« Zwei Voraussetzungen sind demnach für selbsttätige Steuerung nötig: *Wechselwirkung* – also gegenseitige Beeinflussung – und ein *Ringschluß*, durch welchen eine Wirkung auf ihre Ursache zurückgeführt wird.

Die Gralsbotschaft – geschrieben zwischen 1924 und 1937, also erhebliche Zeit vor dem Bekanntwerden der Kybernetik – beschreibt bereits »Das Gesetz der Wechselwirkung«:

»*Ein Gesetz, das in der ganzen Schöpfung von Urbeginn an liegt, das in das große, nimmer endende Werden unlösbar hineingewoben wurde als ein notwendiger Teil des Schaffens selbst und der Entwickelung. Wie ein Riesensystem feinster Nervenfäden hält und belebt es das gewaltige All und fördert dauernde Bewegung, ein ewiges Geben und Nehmen!*« (GB »Schicksal«)

Und über die zweite Voraussetzung selbsttätig wirkender Regelkreise kann man ebendort lesen:

»*Alles Geschehen in der Schöpfung [...] muß in seinem Kreislauf einen richtigen Abschluß erhalten, oder, wie man auch sagen kann, es muß sich als Ring schließen. Deshalb kehrt nach den Schöpfungsgesetzen auch alles unbedingt auf seinen Ausgangspunkt zurück, wo allein es sein Ende finden kann, also gelöst, aufgelöst, oder als Wirkendes ausgelöscht wird. So ist es mit der ganzen Schöpfung selbst, wie auch mit jedem einzelnen Geschehen. Daraus entsteht die unbedingte Wechselwirkung [...].«* (GB »Symbolik im Menschenschicksal«)

Wenn also die beiden Grundlagen selbsttätiger Steuerungen *im Schöpfungsganzen verwirklicht* sind, so erscheint es nur folgerichtig, auch dieses als Regelkreis anzusehen. So erklärt sich auch, weshalb man bei näherer Betrachtung ineinandergreifende Regelkreise überall findet. Sie alle sind nur Teile einer größeren Ordnung und folgen einheitlichen Gesetzen. Daher muß auch der Techniker diese Gesetze in seinen Geräten verwirklichen, wenn er darin ein lebendiges Geschehen nachzugestalten versucht.

Vieles, das uns bisher unbegreiflich erschien, kommt unserem Verständnis dadurch näher. Wir wissen, daß man einen Computer »programmieren« muß. Dieses Programm enthält alle Anweisungen für die selbsttätige Zielerreichung durch die Maschine. Der Wille einer außerhalb bleibenden Macht wird ihr also, wie man sagt, »eingespeichert«.

Allmählich beginnt man hinter dem weisen, sich selbst regelnden Haushalt der Natur ein solches Computerprogramm zu vermuten (Anthony Smith »Die programmierte Natur«, Axel Juncker-Verlag). Die Gralsbotschaft (»Die Welt«) aber hat schon vor langem gesagt, daß sich in den Naturgesetzen der Schöpfungswille Gottes zeigt, und weiter ausgeführt:

»Gott wirkt den Kreaturen gegenüber, also auch Euch, in dieser Schöpfung überhaupt nur durch die ehernen Gesetze, welche darin fest verankert sind von Anfang an! Unverbiegbar sind sie, unantastbar, und ihr Wirken erfolgt stets mit unfehlbarer

Sicherheit. Es ist auch unaufhaltsam und zermalmt, was sich ihm in den Weg zu stellen sucht, anstatt sich wissend einzufügen *in ihr Schwingen.*« (GB »Es ist vollbracht!«)

In diesen Worten ist alles enthalten, was das Wesen eines Regelkreises ausmacht. Ins Technische übersetzt, erscheint hier Gott als der Programmierer des Riesen-Computers »Schöpfung«, sein Wille als das Programm, das sich darin unabdingbar verwirklicht. Auch die – noch zu besprechende – selbsttätige Störungsbekämpfung wird aufgezeigt.

So löst sich auch der alte Widerstreit zwischen Philosophien und Religionen. Aus der Selbstregelung glaubte der Materialismus folgern zu können, die Schöpfung sei aus sich entstanden, sie habe keines Schöpfers bedurft. Nun erweckt ein Computer zwar den *Eindruck* des Automatenhaften, doch auch er braucht eine ihn schaffende und programmierende Kraft. Manche Bekenntnisse wiederum meinten, Gott kümmere sich willkürlich regelnd um alles persönlich. Der *selbsttätige* Lauf eines Computers aber macht klar, daß dies unnötig ist. Er bestätigt die Worte der Gralsbotschaft (»Schicksal«):

»*Aber Gott greift in alle diese kleinen und großen Menschensorgen, Kriege, Elend und was Irdisches noch mehr ist, gar nicht direkt ein! Er hat von Anfang an in die Schöpfung seine vollkommenen Gesetze gewoben, die selbsttätig ihre unbestechliche Arbeit durchführen, so daß sich alles haarscharf erfüllt, ewig gleich sich auslöst, wodurch eine Bevorzugung ebenso ausgeschlossen ist wie eine Benachteiligung, jede Ungerechtigkeit unmöglich bleibt.*

Gott braucht sich also darum nicht besonders zu kümmern, sein Werk ist lückenlos.«

Der Materialismus, der der Automatik wegen den Schöpfer leugnet, und die ihn zwar anerkennende Theologie, die aber die Selbsttätigkeit seines Werkes nicht wahrhaben will, erweisen sich vor dem Bilde des Regelkreises der Schöpfung als Teilwahrheiten, gleichermaßen richtig wie falsch. Es widerlegt sich darin aber auch die Weltsicht des Pantheismus, denn der Hersteller sowie der Programmierer eines Computers geht nicht selbst in diesem auf. Er steht *außerhalb* seines *begrenzten* Werkes.

Diese Begrenztheit wird von der Naturwissenschaft zwar schon erahnt, denn was uns unendlich *erscheint,* muß es in Wahrheit ja keineswegs sein. Im vergleichenden Bild wird es nun möglich, unsere engen Grenzen der Überschaubarkeit zu sprengen. –

Um einen Computer zu betreiben, benötigt man elektrischen Strom. Er ist ein Ausläufer jener urewigen Kraft, die den Riesencomputer der Schöpfung in Gang hält:

»Diese reine, schöpferische Gotteskraft durchfließt fortwährend die ganze Schöpfung, liegt in ihr, ist untrennbar von ihr. Überall ist sie zu finden: in der Luft, in jedem Wassertropfen, in dem wachsenden Gestein, der strebenden Pflanze, dem Tier und natürlich auch dem Menschen. Es gibt nichts, wo sie nicht wäre.«
(GB »Verantwortung«)

Steuer-Computer werden gebaut, weil sie durch ihre Selbststeuerung die ihnen eingegebenen Ziele stets *bestmöglich* zu erreichen suchen und entgegenstehende Hindernisse selbsttätig unwirksam machen. Wenn es nun unter den genannten Voraussetzungen sogar uns gelingt, die Durchsetzung unseres Willens innerhalb eines von uns geschaffenen maschinellen Getriebes zu gewährleisten, so darf man annehmen, daß der große Regelkreis der Schöpfung in gleicher Weise für die unbedingte Verwirklichung des Gotteswillens sorgt.

Dadurch erscheinen alte Begriffe in neuem Licht. Hat man sich etwa göttliche Allmacht nicht stets als unbeschränkte Willkür gedacht, als das höchste Ziel kleinen Menschendenkens: alles tun oder lassen zu können? Kybernetische Gesetzmäßigkeit aber zeigt den in die Schöpfung einprogrammierten Gotteswillen als Macht, der sich auf Dauer *nichts entgegenzustellen vermag.* Der Begriff der Allmacht löst sich so aus der verengenden menschlichen Vorstellung und erlangt überwältigende Größe.

Was versteht man schließlich unter Allweisheit? Sie ist, so sagt die Gralsbotschaft, zur Tat geworden in den göttlichen Gesetzen dieser Schöpfung.

Sind diese Gesetze als das Programm eines Regelkreises zu verstehen, das bestmögliche Zielverwirklichung sichert, so folgt daraus zwingend deren Allweisheit und Vollkommenheit. Die Anwendung kybernetischer Erkenntnisse auch auf das Schöpfungsganze hebt also Schleier um Schleier. Es bestätigt sich, daß auch Religionswissenschaft und Naturwissenschaft in lückenloser Klarheit und Folgerichtigkeit eins sein müssen, wenn sie die *Wahrheit* wiedergeben sollen.

Der Mensch – ein geistiger Regelkreis

Der Körperhaushalt des Erdenmenschen umfaßt eine Vielzahl verflochtener Regelkreise, die selbsttätig für die nötige Anpassung sorgen (Zellgeschehen, Atmung, Herzschlag, Kreislauf, Hungergefühl, Stoffwechsel, Pupillenreaktion, Temperaturausgleich und andere). Aber auch in geistiger Hinsicht ist der Mensch als Regelkreis angelegt.

Gehen wir davon aus, daß der Techniker alles, was in bestimmter Weise geregelt werden soll, als »Regelgröße« bezeichnet. Ihr entspräche im vorliegenden Falle der Mensch in seinem innersten Kern, dem Geist. Um zu bewirken, daß sich eine Regelgröße dem Programme entsprechend verhält, muß der Techniker die Bedingungen natürlicher Regelkreise – Ringschluß und Wechselwirkung – durch geeignete Einrichtungen ersetzen. Es sind dies:

a) ein Meßfühler, der den Ist-Wert feststellt und ihn dem Regler meldet;

b) ein Regler, der Ist-Wert und Soll-Wert vergleicht und im Falle einer Abweichung das Programm zu deren Behebung entwirft;

c) ein Stellglied, das dementsprechend die Steuerung durchführt.

Mit allen diesen Einrichtungen ist auch der Menschengeist ausgestattet. Sein Meßfühler ist das Gewissen. Der Aufgabe eines Fühlers entspricht es – wir sehen es im Stoffe etwa bei den Insekten –, daß er als vorgeschobener Beobachter wirkt. So ist auch das Gewissen des Menschen im Außerirdischen angesiedelt. Es ist die Stimme seines geistigen Führers, der einem solchen vorgeschobenen Beobachter gleicht. Die Wirkungsweise ist ähnlich jener, die wir beim Tasten eines Insektenfühlers beobachten können.

Ein geistiger Nervenstrang verbindet diesen Meßfühler mit dem Regler des Menschen, seiner Empfindung. Sie, das zarte Organ des Geistes, muß die Meldung des Gewissens beachten und dafür sorgen, daß jener Kurs nicht verlassen wird, den sie selbst als richtig erachtet. Zu diesem Zwecke muß sie dann dem Stellglied des Geistes, dem Willen, mit welchem der Mensch in die Umwelt hineinwirkt, die entsprechende Richtung geben.

Die Übereinstimmung zwischen der Technik und diesen geistigen Regelkreisen aber reicht weiter. So weist Oskar Jursa in seinem Buch »Kybernetik, die uns alle angeht« (Bertelsmann-Lexikon-Verlag) darauf hin, daß »*das Signal durch einen bestimmten Energiebetrag (Impuls) gegen die Störeinflüsse der Umgebung durchgedrückt werden müsse*«.

Gleichermaßen müssen auch die vom Gewissen ausgehenden Signale sich gegen jene Störungen behaupten, die insbesondere von dem Verstande ausgehen. Infolge seiner Erdgebundenheit vermag er nur irdischen Vorteil zu sehen. Er trübt dadurch oft die Empfindung für die aus höherer Sicht stammende Mahnung des Gewissens. Schließlich aber müssen auch wir unserem *Willen* den entsprechenden Nachdruck verleihen, um das als recht Erkannte zur Ausführung bringen zu können.

Weshalb ist nun der Mensch in seinem außerstofflichen Ich mit diesen Einrichtungen versehen? Es liegt darin ein deutlicher Hinweis auf eine das Irdische überragende Zweckbestimmung.

Nehmen wir, um die Antwort darauf zu finden, wieder das Abbild des Computers zu Hilfe. Ein Computer hat eine sehr große Anzahl von Schalt- und Speicherstellen. So wie jede unserer Körperzellen in sich den genetischen Code speichert, sind sie die winzigen Träger der Information, aus welcher das Programm und das Gedächtnis des Computers besteht. Die vielfältigen Kreaturen der Schöpfung, deren jede in ihrer Weise zu der Verwirklichung des Programmes beiträgt, könnte man etwa mit diesen Schalt- und Speicherstellen vergleichen. Das Aufnahmevermögen der letzteren für die ihnen im Ablauf des Computers zugemittelten Signale aber hängt, wie der Techniker ausführt, entscheidend von deren Reinheit ab. Man verwendet daher für diese »integrierten Schaltungen« nur fehlerfreie Siliciumkristalle, deren Reinheit so groß ist, daß auf 10^9 Siliciumatome nur ein einziges Fremdatom kommt.

Der Mensch aber besitzt jene Reinheit noch nicht, die ihn zum störungsfreien Empfang der Schöpfungssignale und dadurch zur sinnvollen Mitwirkung befähigen würde. So erscheint die wiederholte Mahnung der Gralsbotschaft *»Haltet den Herd Euerer Gedanken rein!«* geradezu als technische Notwendigkeit! Denn der Mensch ist nur ein Geistkeim. Er besitzt – um zum Vergleichsbild zurückzukehren – zwar das Schalt*schema*, muß aber, da sein Material zur Aufnahme der Information vom Ursprunge her noch nicht rein genug war, sich diese Reinheit durch Veredelung erst allmählich erwerben.

Ehe darauf eingegangen werden kann, wie dies geschieht, muß allerdings die Wirkungsweise von Regelkreisen noch näher betrachtet werden.

Das binarische System

Schon Leibniz hat sich in mathematischer und philosophischer Hinsicht mit dem Dual-Prinzip auseinandergesetzt, das nur den Aussagewert »wahr« oder »unwahr« kennt. Er hatte damit bereits die Hand an den Puls der Schöpfung gelegt. Auf diesem »binarischen System« der gegensätzlichen, nur zwei Möglichkeiten eröffnenden Entscheidung, beruhen nämlich auch die Einzelschritte eines Computers. Es gibt nur Strom oder keinen Strom. Daß nun gerade eine solche Maschine, in welcher allumfassende Gesetze nachgebildet werden, in dieser Weise arbeitet, muß zu denken geben.

Schon Christus hat ja erklärt, wer nicht für ihn sei, sei gegen ihn. Dieses Wort erschreckte, es klang nach Unterwerfung und entsprach so gar nicht dem ins Weichliche entstellten Bilde der Christusliebe. Läuft aber die Schöpfung als Regelkreis grundsätzlich in der gleichen Weise wie ein Computer ab, so erhält dieses Christuswort eine neue Bedeutung. Jesus, der gleichen Quelle wie das Gesetz der Schöpfung entstammend, gab damit Kenntnis von deren Wirkungsweise. Gibt es darin, wie in einem Computer, nur ein Entweder-oder, ist ein »Drum-Herum-Reden« ausgeschlossen, so wird es auch einsehbar, weshalb Jesus sagte: *»Eure Rede sei: Ja, ja, nein, nein; was darüber ist, ist vom Übel.«*

Die Gralsbotschaft hat hier beigefügt, daß in diesen Worten mehr liegt, als wir es dachten, weil sie für die Menschheit Aufbau oder Niedergang bergen, und ihr Verfasser erklärte seinerseits unmißverständlich: »*Es gibt [...] allein* falsch *oder* recht«. (GB »Es muß alles neu werden!«)

Wir haben demnach Grund zur Annahme, daß das binarische System auch in dem Regelkreise der Schöpfung gilt!

Rückwirkung und Rückkopplung

Zahllose solcher Ja-Nein-Steuerungen machen nun den Lauf eines Computers aus und bedingen einander in wechselseitiger *Rückwirkung*. Bei Eintritt einer Störung aber setzt *Rückkopplung* ein.

»*Rückkopplung tritt auf in Systemen, die erstens zielorientiert und zweitens bestimmten Störungen ausgesetzt sind, durch welche die Zielerreichung in Frage gestellt wird.*

Die Rückkopplung ermöglicht die Zielerreichung, indem sie die jeweilige Abweichung vom Ziel sogleich an den Regler meldet und diesen zur Reaktion auf die Störung veranlaßt [...]«,

lautet die abstrakte Beschreibung dieses Vorganges durch den Techniker (Oskar Jursa in »Kybernetik, die uns alle angeht«).

Schon in der Bezeichnung Rück-Kopplung kommt die unentrinnbare Verbindung von Ursache und Wirkung zum Ausdruck. Man kannte die selbst erregte Rückkopplung schon seit langem in der Radiotechnik. Sie tritt auf, wenn das Eigenschwingen eines Empfängers zu groß wird. Er wird dadurch selbst zum Sender und überschreitet damit die Grenzen der ihm zugedachten Aufgabe. Der häßliche Pfeifton, der dabei entsteht, ist das Alarmzeichen der Abweichung.

Die Gesetzmäßigkeiten dieses technischen Vorganges gelten aber sinngemäß auch für den Menschen. Zwar nimmt er die Steuerungen, die beim Computer selbsttätig infolge der Programmierung geschehen, auf Grund einer *Willensentscheidung* vor, die das Merkmal des Geistigen ist. Dann aber gilt auch für ihn die gleiche Rückwirkungsautomatik, die im Wesen aller kybernetischen Systeme liegt.

Zwei Beispiele von Regelkreisen aus menschlichen Lebensbereichen sollen dies verdeutlichen. Betrachten wir einmal einen *Staat*. Auch er ist ja ein begrenztes, lebendiges, in allseitiger Wechselwirkung stehendes Gebilde. Die Ziele seiner inneren Ordnung sind ihm durch ein »Programm« in Gestalt der Gesetze eingespeichert.

Innerhalb dieses Rahmens kann jeder sich nach Belieben verhalten. Sein Tun und Lassen wird freilich nicht ohne Auswirkung auf andere und rückwirkend auf ihn selber bleiben. Es wird ihm Anerkennung oder Ablehnung, Vor- oder Nachteil, Zuneigung oder Feindschaft bringen. Wird aber die gesetzliche Ordnung gestört, dadurch, daß jemand sich mehr an Rechten herausnimmt, als ihm von Gesetzes wegen eingeräumt ist, so erfolgt eine Anzeige. Sie ist gleichsam die Rückkopplung in diesem Regelkreis. Der Anzeigende übernimmt damit die Rolle eines Meßfühlers, durch welchen der Regler – Verwaltungsbehörde oder Justiz – von der Störung in Kenntnis gesetzt wird. Dieser Regler vergleicht dann den Ist-Wert (die Tat) mit dem Soll-Wert (dem Gesetz). In Gestalt des Urteiles entwirft er das Programm zur Beseitigung der Störung, indem er dadurch auf den Willen (das Stellglied) des Täters derart einzuwirken sucht, daß dieser die Störung künftighin unterläßt.

Der Spielraum der denkmöglichen Maßnahmen reicht dabei vom bloßen Verweis bis zur Todesstrafe. Sie haben die Besserung des Täters zum Ziel. Nur die Todesstrafe ist unwiderruflicher Ausschluß aus der Gemeinschaft.

Ähnlich verhält es sich mit der *Sprache*. Auch sie ist ein selbständiges, lebendiges System, dessen *Zweck* gerade in der Wechselwirkung liegt. Ihre Worte entsprechen den Informationseinheiten eines Computers, ihre Grammatik seinem Programm. In Beobachtung der sprachlichen Regeln kann man seinen Gedanken vielfältig Ausdruck verleihen. Je nach der Art aber, wie dies geschieht, werden sich unterschiedliche Rückwirkungen von seiten des Hörers oder des Lesers ergeben. Verletzen wir jedoch die Sprachgesetze, weil wir ihrer nicht mächtig sind (Fremdsprache), so wird die Verständigung, das Ziel aller sprachlichen Programmierung, gestört. Es werden Rückfragen zur Beseitigung dieser Störung nötig. Bleiben schließlich auch diese vergeblich, weil der Gesprächspartner nicht willens oder nicht fähig ist, sich den Gesetzen der Sprache zu fügen, so führt dies selbsttätig seinen Ausschluß aus der Gemeinschaft jener herbei, die sich dieser Sprache als Verständigungsmittel bedienen.

Diese Beispiele sollen nicht nur zeigen, daß wir es – ohne uns dessen bewußt zu werden – laufend mit Regelkreisen zu tun haben; sie sollen vor allem deren Stufenbau sichtbar machen: Da ist zunächst der Freiheitsraum innerhalb des Programmes, der zahllose Möglichkeiten enthält. Aber sogar nach einer Störung verbleibt nochmals ein anderer Freiheitsraum, der Gelegenheit bietet, die Einfügung wiederum vorzunehmen. Erst wenn diese nicht erfolgt, kommt es zu Vernichtung, Abtrennung, Ausschluß.

So wie nun bei einem Rundfunkgerät das Eigenschwingen zu groß werden kann, kann auch bei einem Menschen dessen Eigenwilligkeit ihn in Widerspruch zum Schöpfungsprogramm geraten lassen. Aus dem technischen Abbild und den vorherigen Beispielen wissen wir bereits, daß im Falle einer solchen Abweichung der Meßfühler die Rückkopplung auslöst. Es kann uns daher nicht überraschen, in der Gralsbotschaft (»Weltgeschehen«) zu lesen:

»Den göttlichen Willen, der sich in den feststehenden Naturgesetzen wie Schienenstränge durch das Stoffliche zieht, kann man auch die Nerven in dem Schöpfungswerke nennen, die den Ausgangspunkt, den schöpferischen Urquell, jede Unebenheit in dem gewaltigen Körper des Werkes fühlen lassen oder ihm melden.«

Dieser hier beschriebene »Meßfühler« im Regelkreise der Schöpfung aber macht es nötig und möglich, auch den Begriff »Allwissenheit« richtigzustellen. Es ist nicht das von uns gedachte kleinliche Wissen von jedem Wohl und Wehe des Menschen. Für dieses ist im Ablauf der Schöpfung ohnehin selbsttätig vorgesorgt. Sie ist vielmehr die Kenntnis von jeder *Störung* in diesem Getriebe, von welcher, gleich dem Kontroll-Lichte eines technischen Apparates, der Meßfühler sofort Kunde gibt.

Dieser Rückkopplungsalarm leitet die Störungsbekämpfung ein. So ergibt sich folgerichtig nach der unbeirrbaren kybernetischen Gesetzmäßigkeit:

»Lohn und Strafe für den Menschen liegen in dem Schöpfungsweben, das durch Gottes Willen selbst andauernd gleichbleibend

geleitet wird. Darin liegt auch Verwerfung oder die Erlösung! Es ist unerbittlich und gerecht, stets sachlich, ohne Willkür.« (GB »Kult«)

Von dem rechten Begriff der Strafe soll später noch gesprochen werden. Hier interessiert vor allem, daß in den obigen Worten die ganze *Spannweite der Rückwirkung* aufgezeigt wird: Sie reicht von der Zielerreichung, der Erlösung, bis zur Verwerfung, die sich auch in den angeführten Beispielen als unvermeidlich letzte Folgerung ergab. Die Menschheit hat durch das große Naturgeschehen bereits mehrfach erfahren, daß es tatsächlich auch dort solche Endpunkte gibt, die eine Umkehr nicht mehr gestatten. In der Atomphysik war es der Begriff der »kritischen Masse«, mit deren Erreichen die sich aufschaukelnde Kettenreaktion unaufhaltsam den Zerfall der Masse bewirkt. Auch die im Auftrage des »Club of Rome« vom Massachusetts Institute of Technology angestellten Untersuchungen haben zu dem gleichen Ergebnis geführt.

Alle durch Computer theoretisch durchgespielten Entwicklungen liefen auf solche Kipp-Punkte zu, ab welchen die anwachsende wechselseitige Rückwirkung nur noch in die Vernichtung mündet. Die Bedrohlichkeit unserer Lage ist ja gerade darin begründet, daß wir uns von vielen Seiten diesem kritischen Punkte nähern, ohne praktisch in der Lage zu sein, dem wirksamen Einhalt gebieten zu können. Es ist, als triebe die Menschheit in einem nahezu steuerlos gewordenen Boot dem immer reißender werdenden Sog eines Kataraktes entgegen. Es ist die Folge einer langen Fahrt in die falsche Richtung, denn *»das Verstandesmenschentum muß nunmehr ernten, was es in Jahrtausenden* *erzeugte, nährte, großzog und umschwärmte.*« (GB »Es war einmal …!«)

Die selbsttätige Störungsbeseitigung, die jedem kybernetischen System wesenseigen ist, kann daher auch im Regelkreis der Schöpfung zu keinem anderen Ergebnis führen:

»*Alles muß versagen und zusammenbrechen, was nicht in dem Sinn und den Gesetzen dieser Schöpfung schwingt; denn dann verliert es nicht nur jede Unterstützung, sondern es schafft sich Gegenströmungen, die stärker sind als jeder Menschengeist und ihn und sein Werk zuletzt immer niederringen.*« (GB »Weib und Mann«)

Die Zielerreichung durch Erlangen der Information

Doch nicht nur die Gefahren, die bei falschem Verhalten dem Menschen drohen, auch sein Weg zur Zielerreichung wird aus der Steuerungstechnik ersichtlich. Es ist auffällig, daß gerade in einer Zeit, welche die bisherige Entwicklung der Menschheit als höchst bedenklich erkennen läßt, der Begriff der »Information« eine so große Bedeutung erlangt hat. Das bezieht sich nicht nur auf das Nachrichtenwesen; es beruht darauf auch die Computertechnik. Das Programm ist ja die Information für die Tätigkeit, das Verhalten der Maschine. Träger dieser Information sind bekanntlich die einzelnen Schalt- und Speicherstellen.

Da Regelkreise nicht nur in technischen Apparaten, sondern in vielerlei Art auch anderweitig zu finden sind, sei auch hierzu vorerst ein einfaches Beispiel gegeben. Die gleichen Gesetzmäßigkeiten gelten nämlich auch für ein *Wirtschaftsunternehmen*. Auch dort herrscht lebendige, wechselseitige Abhängigkeit; es ist nach bestimmten Zielsetzungen und Erfordernissen ausgerichtet, im technischen Sinne somit »programmiert«.

Von den Angehörigen eines solchen Betriebes erwartet man nun, daß sie sich die Kenntnis dieser Ziele wenigstens so weit verschaffen, als es für ihre Tätigkeit erforderlich ist. Das beginnt mit der Handhabung der Werkzeuge, der Maschinen, deren unsachgemäße Bedienung Gefahren nach sich zieht, und führt weiter zum Verständnis der Aufgaben und des Zusammenspieles der einzelnen Abteilungen des Betriebes. In dem ungeheuren Betriebe der Schöpfung wird daher von den Menschen letztlich nichts anderes verlangt als von jedem aufgeschlossenen Angehörigen eines Unternehmens.

Es muß also das dringendste Bedürfnis eines jeden Menschen sein, die lebendig wirkenden, unverrückbaren Gesetze der Schöpfung – deren Auswirkungen er in jedem Falle preisgegeben bleibt – restlos zu erkennen. Hier mag sich nun die Frage ergeben, weshalb denn der Mensch diesen so mühevollen Weg zurückzulegen hat und nicht – gleich dem Tiere mit seinem Instinkt – durch eine Art Automatik auf das »Programm« der Schöpfung eingestellt ist. In einer Zeit, in welcher die Mitbestimmung innerhalb der Betriebe auf eine immer breitere Grundlage gestellt wird, beantwortet sich eigentlich diese Frage von selbst. Denn mitbestimmen soll richtigerweise nur, wer auf Grund seiner Kenntnis der Gesamtinteressen zu *zielbewußter* Mitwirkung fähig ist.

Der Wunsch, dahin zu gelangen, wurde dem Menschengeiste in der Schöpfung schon von Anbeginn an erfüllt; denn der Mensch ist Träger einer geistigen Art, die durch Sichselbstbewußtwerden »*zur* Hebung *und Weiterentwicklung der ganzen Schöpfung beitragen soll. Dazu gehört jedoch, daß er die Naturkräfte richtig verwenden lernt und zur konzentrierten Förderung benützt.*« (GB »Geist«)

Der Mensch ist also gleichsam noch Lehrling im Schöpfungsbetrieb. Wie ein solcher muß er durch das Entfalten seiner Fähigkeiten und die Einsicht in die Betriebserfordernisse zu seiner Aufgabe heranzuwachsen trachten. Durch Beobachtung, Erfahrung und Belehrung wird er sich nach und nach die nötigen Kenntnisse erwerben.

In der Schulungsreihe »Management«, die kürzlich im Österreichischen Fernsehen lief, wurde auch die Menschenführung den Gesetzen der Kybernetik unterstellt. Jeder Mensch erwartet, so wurde ausgeführt, eine Rückäußerung auf seine Leistung, sei es als Lob, sei es als Tadel. Diese Erwartung erfüllt sich in höherem Sinne auch im Regelkreise der Schöpfung. Der außerhalb seines Werkes stehende Schöpfer kann sich mit uns nicht direkt verständigen. Er spricht zu uns durch seinen Willen, der das Programm dieser Schöpfung ist. Seine Anleitungen erfolgen nach den gleichen kybernetischen Regeln, deren sich auch der Mensch in ähnlichen Fällen bedient. Ihre Auswirkungen nennen wir Schicksal.

Es ist, wie der Techniker sagen würde, »rückgeführte Information«, denn jedes Wollen, Denken oder Tun des Menschen löst in verschiedenartiger Weise Wirkungen im großen Computer der Schöpfung aus. Es wird dadurch zu einer Frage an diesen, die – je nachdem, ob es dem Programme entspricht oder nicht – Zustimmung oder Ablehnung in entsprechenden Rückwirkungen finden wird. Auf diese Art wird uns von höherer Stelle Kenntnis darüber vermittelt, ob wir recht oder unrecht gehandelt haben.

Daß der Mensch zumeist diese Rückwirkung seines Wollens fürchten muß, hat er allein sich selbst zuzuschreiben, denn Not, Verzweiflung und sogar Untergang sind nur immer schöpfungsgesetzmäßige Wechselwirkungen falschen Tuns.

Dennoch ist die Furcht vor Vergeltung, die Religionen und Mythen durchzieht, verfehlt. Sie ängstigt den Menschen mit Strafen, die ihn im Diesseits oder Jenseits erwarten, denn die große Einheit des Daseins beschränkt sich ja nicht nur auf dieses Erdenleben. Aber durch einen derart verzerrten Begriff von Strafe geht der Informationswert unter, den das Schicksal vor allem besitzt. In menschlicher Sicht nämlich haftet der Strafe meist etwas von Rache und Willkür an. Wie aber könnte »Strafe« sein, was uns zu unserem Besten anleiten will?

»*Gott straft überhaupt nicht! [...] Strafen verhängt nur der Mensch in seiner gesellschaftlichen Ordnung. Wie alles durch ihn Erdachte aber leider in falscher Weise, unvollkommen, mit noch viel unvollkommenerer Ausübung. Das Wort Strafe hat überhaupt nur der Mensch aus sich selbst heraus erdacht in seiner beschränkten Auffassung.*« (Abd-ru-shin »Fragenbeantwortungen«)

Erst im Lichte der Schöpfungskybernetik wird dies deutlich. Denn jeder Computer sorgt selbsttätig für die *bestmögliche*

Erreichung des Zieles. Gerade darin liegt ja sein besonderer Zweck. Bei den von Menschen geschaffenen Einrichtungen aber kann es sich stets nur um kleine Teilziele handeln, die wir, fälschlich oft, für erstrebenswert halten. Bei dem größten aller denkbaren Regelkreise, der Schöpfung hingegen, sind die vom Gotteswillen vorprogrammierten Ziele allein schon auf Grund dieser Bestimmung jedes Computers zwangsläufig für jedwede Kreatur von unfehlbarer Zweckmäßigkeit. Jede Abweichung von diesem Programm kann daher nur zu unserem Nachteil sein.

Die im Ringschluß des großen Schöpfungscomputers auf uns rückgeführte Information über unser Verhalten bringt uns demnach nicht nur gerechten Ausgleich, sondern auch *liebende Unterweisung,* die uns vor Schaden bewahren soll. So wie die automatische Steuerung eines Flugzeuges dieses von seinem Kurse nicht abweichen läßt, sucht auch die Kybernetik der Schöpfung uns auf dem richtigen Weg zu halten. Verstehen wir die als Schicksal auftretende Rückwirkung so, dann ergibt sich daraus die Erkenntnis:

»*Göttliche Liebe ist untrennbar von der größten Strenge göttlicher Gerechtigkeit. Sie ist sie sogar selbst. Gerechtigkeit ist Liebe, und Liebe wiederum liegt nur in der* Gerechtigkeit.« (GB »Was trennt so viele Menschen heute von dem Licht?«)

Jeder Tadel aber kann nur dann seinen Zweck erfüllen, wenn seine Berechtigung eingesehen wird und den Wunsch erweckt, es in Zukunft besser zu machen. Auch dies wurde in der Fernsehreihe über das Management ausdrücklich betont. Warum nun sollten für die Menschenführung im Betriebe der Schöpfung andere als nur größenordnungsmäßig verschiedene Grundsätze gelten? So betrachtet enthält das einfache Berufsratespiel des Fernsehens »Was bin ich?« einen sehr lehrreichen Kern. Seine Beliebtheit mag sich unbewußt auch darauf gründen, daß es auf binarischen, der Schöpfung gemäßen Steuerungsgesetzen beruht. Denn als Antwort auf die Frage gibt es nur Ja oder Nein. Bei jedem Nein sind die Fragenden gezwungen, gedanklich bis zur letzten Übereinstimmung von Frage und Antwort zurückzugehen und die Folgerungen aus ihrem Irrweg zu ziehen.

Widersetzt sich nun ein Mitarbeiter eines Betriebes im Falle des Tadels seiner Leistung beharrlich der Einsicht, so wird dies unvermeidlich zuletzt zu seiner Entfernung aus dem Betriebe führen. Es ist dies ja die äußerste steuerungstechnische Möglichkeit, um eine in diesem Regelkreise aufgetretene, unbehebbar gewordene Störung auszuschalten. Es darf sich daher auch der Mensch nicht darüber beklagen, wenn im grundsätzlich gleichgelagerten Falle ihn dieselbe Gesetzmäßigkeit vom Verbleib in der Schöpfung ausschließt.

Dieser sich heute schon abzeichnenden Gefahr aber steht in diesem Regelkreis die *Zielerreichung* für den Menschengeist gegenüber. Sie liegt in der Verwertung der uns durch die Rückwirkung zukommenden Information. Deshalb sagt die Gralsbotschaft ja auch in schlichter Eindringlichkeit, daß es für uns darauf ankommt, die Schöpfung in ihren Gesetzen richtig kennenzulernen, weil darin der Weg hinauf zum Licht ruht.

Betrachten wir nochmals den Zusammenhang, wonach Geist der Wille Gottes ist und der Mensch als teilweiser Träger dieses Geistes im Sichselbstbewußtwerden die Kenntnis der Naturgesetze erlangen soll, um zur Förderung der Schöpfung beizutragen. Deutlicher konnte man es zu einer Zeit, in der die kybernetischen Gesetzmäßigkeiten noch unbekannt waren, nicht sagen, um die Stellung des Menschen im Regelkreise der Schöpfung zu beschreiben: Als ein anlagegemäßer, integrierter Schaltkreis, der sich allerdings die nötige Information selbst verschaffen, sich also gleichsam selbst programmieren muß! Erst die Erlangung dieser Information ermöglicht es dann dem winzigen Teilchen des großen Ganzen, sich dessen sinnvoller Ordnung einzufügen und – nun selbst zu einem Teil des Programmes geworden – davor bewahrt zu bleiben, diesem entgegenzuhandeln. Der sich daraus ergebende Ausschluß der Vernichtungsgefahr bedeutet zugleich das ewige Leben. Selbst dieser, bislang kaum faßbare Begriff ergibt sich aus der Kybernetik als Folgerung.

Der Schlüssel in unserer Hand

Im Jahre 1964 meinte Bronowski (nach Bertalanffy, »Aber vom Menschen wissen wir nichts«, Econ-Verlag):

»Der Tod Norbert Wieners gibt eine Gelegenheit festzustellen, daß der heroische Traum [Anm.: von der Einheit der Wissenschaft durch Kybernetik] *ausgeträumt ist. Kybernetik ist im besten Sinne eine fundamentale, wie auch populäre Idee; aber es zeigt sich, daß sie weniger umfassend und auch merkwürdigerweise weniger interessant ist, als wir es bei ihrer Aufstellung vor 20 Jahren hofften.«*

Karl Steinbuch hingegen meint:

»*Der betrüblichste Sachverhalt in unserem Wissenschaftsgebäude ist wohl die schreckliche Trennung zwischen Geisteswissenschaft und Naturwissenschaft [...]. Diese Trennung zu überwinden, das scheint mir eine wichtige Möglichkeit der Kybernetik zu sein.*« (Kosmos Nr. 2/1969)

Und Hans Schäfer, Heidelberg, schreibt:

»*In der Tat hat sich in der Kybernetik etwas vollkommen Neues entwickelt, eine Wissenschaft jenseits von Grundlagen und Anwendungen [...]. Sie zeigte, daß man Lebensprozesse einfacher beschreiben kann, wenn man die in sich geschlossene Rückführung von Wirkungen beachtet [...]. Alle Mechanismen, welche in Form eines Kreisvorganges bei rückgeführter Information angeordnet sind, werden in der Art ihrer Anordnung verständlicher, indem man das Zusammenspiel verschiedener Mechanismen zu einem größeren Ganzen als ein auf die Lösung bestimmter Ziele hin entworfenes Gebilde sieht.*« (Frankfurter Allgemeine Zeitung vom 7.6.1972)

Diese hier beispielhaft wiedergegebenen, unterschiedlichen Auffassungen lassen erkennen, daß die Wissenschaft sich über den möglichen Umfang der Kybernetik keineswegs schon im klaren ist. Ihre eigentliche Bedeutung ergibt sich erst durch die Gralsbotschaft. Manche haben einst daran Anstoß genommen, daß darin immer wieder auf die »selbsttätig wirkenden Gesetze in der Schöpfung« und ihre Unerbittlichkeit hingewiesen wurde.

Dieses neuartige und dadurch befremdlich erscheinende Weltbild hatte so gar nichts gemein mit der bisherigen Wunschvorstellung. Durch die Entdeckung der Steuerungstechnik und ihrer Gesetze aber wird es jetzt sichtbar: Die Gralsbotschaft gab schon seinerzeit von der Schöpfung das Bild eines Regelkreises! In unantastbarer Wahrheit zeigt es das bisher menschlich Verzerrte in seiner wahren Bedeutung und Größe. Es ist ein Bild, das heute durch die Technik verständlich und in seinen Grundgesetzen nachvollziehbar geworden ist.

Wäre zu der Zeit, als die Gralsbotschaft niedergeschrieben wurde, Kybernetik bekannt gewesen, hätte ihr Verfasser es leichter gehabt. So aber war er genötigt, sich Vergleichen aus der Mechanik wie »Räderwerk, Maschinerie, Getriebe« zu bedienen, um Vorgänge anschaulicher zu machen, die damals noch weitgehend unbekannt waren. Alles, was er zu sagen hatte, mußte er erst in eine Form pressen, die dem Auffassungsvermögen von uns Menschen angepaßt war.

Diese anpassende Umformung ist in der Regeltechnik als das »*Codierungstheorem*« bekannt. Es besagt, »*[...] daß man den Verlust an Information dadurch beliebig klein halten kann, daß man einen Code wählt, der einen Informationsfluß ergibt, der wesentlich geringer ist als die Kanalkapazität.*« (»Kybernetik, die uns alle angeht«, Bertelsmann Lexikon-Verlag)

Die »Kanalkapazität« des Menschengeistes, sein Aufnahmevermögen, könnte durch die Entdeckung der Kybernetik eine Erweiterung erfahren, die auch über das irdische Blickfeld hinausreicht. Denn mit ihr ist uns ein Schlüssel in die Hand gegeben zum Verständnis wesentlicher Vorgänge in der Schöpfung und zur Erkenntnis der Bedeutung der Gralsbotschaft. Er erscheint geeignet, die großen Daseinsfragen der Menschheit aus der erdrückenden Umklammerung von Zweifel und blindem Glauben zu lösen, in welche Philosophie und Religion sie brachten. Denn:

»*Es ist die Zeit, daß nun die Menschen zu dem* Wissen *davon kommen müssen, um mit voller Überzeugung zur Erkenntnis von dem* Wirken Gottes *zu gelangen, das in seinem* Werk *zum Ausdruck kommt!*« (GB »Kult«)

Das Unbegreifliche
– hier wird's Ereignis

Was uns die »Schwarzen Löcher« sagen

> »Ewig und ohne Ende, also unendlich, ist nur
> der Kreislauf der Schöpfung in dem
> dauernden Werden, Vergehen und sich wieder Neubilden.
> In diesem Geschehen erfüllen sich auch
> alle Offenbarungen und Verheißungen.
> Zuletzt wird sich darin für die Erde auch
> das ›Jüngste Gericht‹ erfüllen!«
> – Abd-ru-shin –

Das »Jüngste Gericht«

Der Begriff eines »jüngsten« – das heißt: letzten – Gerichtes ist in dieser oder jener Gestalt in vielen Glaubenslehren zu finden. In den christlichen Bekenntnissen verbindet sich damit die Vorstellung von Posaunenschall und der Auferstehung der Toten aus ihren Gräbern. Wieder einmal hat sich der Mensch damit ein falsches Bild gemacht von Hinweisen, die ihm zum Verständnis seines Weges durch die Schöpfung gegeben wurden. Die Gralsbotschaft »Im Lichte der Wahrheit« hat diese teils naiven, teils phantasievollen Deutungsversuche, die einen wundersamen Willkürakt des Schöpfers erwarten, durch eine klare Schilderung der Geschehen ersetzt. Demnach ist auch das »Jüngste Gericht« ein in den Schöpfungsgesetzen begründeter *ganz natürlicher* Vorgang.

Denn die stoffliche Welt, die uns umgibt, ist nicht ewig; sie hat Anfang und Ende. So wie die einzelne Form sich bildet und wieder zerfällt, ergeht es – in einem viel größeren Kreislauf – dem Stoffe als solchem. Auch er bedarf der Erneuerung durch Verwandlung, die ihn reinigt und erfrischt zu neuem Beginn. In diese stoffliche Welt ist nun der Menschengeist als ein geistiges Samenkorn eingepflanzt. Gleich einem solchen bedarf er der Reifung durch die fördernden Einwirkungen der Umwelt. Ehe der Stoff aber seinem scheinbaren Ende zutreibt, muß sich der geistige Same darin bis zu jener Stufe entwickelt haben, die es ihm – ähnlich der Frucht vom Stamme – ermöglicht, sich wieder davon zu lösen. Andernfalls wird er mit in jenen Vorgang hineingezogen, den die Gralsbotschaft die »Zersetzung des Stoffes« nennt.

Die volle Größe dieses Geschehens entzieht sich aller menschlichen Vorstellungskraft. Allein schon der Begriff der »Zersetzung« ist der Erfahrung unzugänglich, vermögen wir doch nur zwischen Anfang und Ende des Stoffes darin ein bewußtes Leben zu führen. Zersetzung ist ja nicht etwa Verwesung. Diese beendet den kleinen Kreislauf der Form, jene den großen des Stoffes. Zersetzung führt zurück in den *Urzustand,* jenseits materieller Beschaffenheit. Nun wissen wir, daß sich Materie wieder in Strahlung verwandeln kann, aus der sie hervorgegangen ist, doch ist es dabei ihr *Leichterwerden,* das eine Verflüchtigung bewirkt. Zersetzung hingegen ist – wie die Gralsbotschaft ausführt – eine Folge *überschwerer Verdichtung* des Stoffes. Sie muß also gerade in der entgegengesetzten Richtung zu suchen sein.

Vor rund einem Jahrzehnt begann man damit, den bislang nur mit optischen Geräten beobachteten Himmel auch mit Radioteleskopen zu durchforschen. Sie sind imstande, Wellen auch außerhalb jener des sichtbaren Lichtes aufzunehmen. Dabei machte man eine Vielzahl umstürzender Entdeckungen: In den unseren Blicken verschlossenen Fernen des Alls gibt es Gestirne, deren Zustand und Verhalten ohne bisher bekanntes Beispiel sind.

So ist in einschlägigen Betrachtungen jetzt nicht nur die Rede von »weißen Zwergen«, »roten Riesen« und »Supernovae«, sondern auch von Quasaren, Pulsaren und Neutronensternen. Auf die Lebensgeschichte der Sterne, die sich darin abzuzeichnen scheint, soll hier nicht näher eingegangen werden, zumal die Wissenschaft in bezug auf die Abfolge der Entwicklungsphasen über Vermutungen kaum hinausgelangt ist. Uns interessiert hier nur der *letzte* Abschnitt dieses Geschehens. Denn was sich in den galaktischen Weiten ergibt, mutet an wie ein Zaubertrick: Ein Stern verschwindet aus dieser Welt! Die Umstände aber, unter denen sich dies vollzieht, zeigen eine bemerkenswerte Übereinstimmung mit den Schilderungen der Gralsbotschaft von der »Zersetzung des Stoffes« und dem »Jüngsten Gericht«.

Die »Entartung« des Stoffes

Im folgenden werde ich weitgehend Fachleuten das Wort überlassen. Ich beschränke mich darauf, ihre Darlegungen gelegentlich mit eigenen Worten zusammenfassend wiederzugeben und die Verbindung zur Gralsbotschaft vorzunehmen. Die Gegenüberstellung spricht, so meine ich, deutlich genug.

Schon die erste wissenschaftliche Bezeichnung dieser Objekte als »quasistellare Radioquellen« – wovon die Kurzform »Quasare« herrührt – läßt erkennen, daß nur noch entfernte Ähnlichkeit mit Sternen im bisher bekannten Sinne besteht.

Gustav Andreas Tamann, Mitarbeiter der Laboratorien auf Mount Wilson und Mount Palomar, bezeichnete in »Bild der Wissenschaft«, Nr. 3/1965 (Deutsche Verlags-Anstalt), die Quasare als »[...] *die rätselhaftesten und revolutionierendsten Objekte, die das physikalische Weltbild der letzten Jahre am meisten erschüttert haben«,* und noch in Heft Nr. 11/1970 der gleichen Zeitschrift erklärt Felix Jurewitsch Zigel, Kosmobiologe des Luftfahrtinstitutes Moskau: *»Wir sind noch weit davon entfernt, das Phänomen der Quasare auch nur teilweise zu begreifen.«*

Das Rätsel dieser Weltenkörper besteht zunächst in ihrer ungeheueren Massendichte. Ihre Materie ist so kompakt zusammengedrängt, daß – so der wissenschaftliche Autor Hoimar von Ditfurth in »Kinder des Weltalls« (Verlag Hoffmann und Campe, Hamburg) – »[...] *ein Stück von der Größe einer Streichholzschachtel, würde es auf der Erdoberfläche deponiert, sofort die ganze Erdkruste durchbräche und von dort aus fast ungebremst in die Tiefe des Erdinneren weiter abstürzen und erst im Erdmittelpunkt zur Ruhe kommen würde.«*

Die hier in Betracht kommenden Werte sind also für uns schlechthin unvorstellbar. Die Wissenschaftler sprechen daher in diesem Zusammenhange sowohl von »überdichter« wie auch von »*entarteter Materie*« (Volker Weidemann, Ordinarius der Universität Kiel in »Bild der Wissenschaft«, Nr. 7/1971).

Schon vor rund vierzig Jahren aber wurde in der Gralsbotschaft gesagt, daß es in der Grobstofflichkeit Abstufungen gibt, die weit schwerer und viel dichter sind als die Erde, und daß es schließlich die »Überreife« des Stoffes ist, die zu seiner Zersetzung führt (siehe Vorträge »Das Wesenhafte« und »Ich bin die Auferstehung und das Leben, niemand kommt zum Vater denn durch mich!«)

Die Bezeichnungen »überdichte, entartete Materie« und »Überreife des Stoffes« entstammen also ganz verschiedenen Quellen. Dennoch besteht zwischen ihnen eine bemerkenswerte begriffliche Ähnlichkeit: Beide meinen sie einen Zustand, der schon jenseits einer Normschwelle liegt. Wissenschaft und Gralsbotschaft haben also bei den folgenden Betrachtungen eine im wesentlichen gleiche stoffliche Beschaffenheit im Sinn.

Der Menschengeist und der Stoff

In der Gralsbotschaft ist zu lesen:

»*Solange der Menschengeist sich nun in der Stofflichkeit befindet, macht er mit dieser einen Teil des ewigen großen Kreislaufes mit, natürlich ohne es selbst zu bemerken. Und so kommt er eines Tages endlich auch mit an jene Grenze, wo der Weltenteil, in dem er sich befindet, langsam der Zersetzung entgegentreibt.*« (GB »Ich bin die Auferstehung und das Leben, niemand kommt zum Vater denn durch mich!«)

Das Schicksal des Menschengeistes ist also auf einem Teil seines Weges mit jenem des Stoffes verknüpft. Nun umfaßt die Gesamtheit stofflicher Welten nach den Worten der Gralsbotschaft nicht nur die uns sichtbare Grobstofflichkeit, sondern auch die ganz anders beschaffene Feinstofflichkeit. Der ersteren entstammt unser Erdenkörper, der letzteren hingegen der Seelenkörper, der nach dem Ablegen der irdischen Hülle dem Geiste als dessen Umkleidung verbleibt. Die Wissenschaft vermag nur das Grobstoffliche zu betrachten, die Gralsbotschaft aber schildert das grob- und *feinstoffliche* Geschehen, vor allem aber dessen Auswirkung auf den noch stofflich umhüllten Geist. Ihre Aussagen gehen viel weiter. Diesen Unterschied gilt es zum Verständnis des Folgenden zu beachten.

Der zu behandelnde Gegenstand bringt es freilich mit sich, daß der beglückende, lichtwärts weisende Weg, den die Gralsbotschaft durch die Kenntnis der Schöpfungsgesetze eröffnet, hier kaum Erwähnung finden kann. Deshalb sei betont: Es ist nicht ihr Sinn, mit »ewiger Verdammnis« zu drohen, einem Begriff, an dem auffallend viele Menschen sich stoßen. Sie wollen von solchen Schrecknissen nichts hören, obwohl – oder vielleicht gerade weil – es nur an ihnen liegt, sie zu vermeiden. Anstatt die ihnen damit überlassene Verantwortung freudig zu tragen, belügen sie sich selbst mit der Wunschvorstellung von einem alles verzeihenden Gott, dessen »Liebe« dergleichen nicht zulassen könne. Sie übersehen, daß diese Liebe schon darin besteht, ihnen durch wiederholte Leben im Stoffe Gelegenheit zum Reifen und zur Wiedergutmachung begangener Fehler zu geben. Nachsicht ohne Ende aber würde jeder Entwicklung entgegenstehen. Wer sie erwartet, gibt damit zu erkennen, daß es ihm an dem Willen zur Erreichung des Zieles gebricht.

Die Gesetze Gottes, die seinen Willen tragen und die in Gestalt der Naturgesetze in einem Teilbereich sichtbar werden, müssen sich auf Grund ihrer Vollkommenheit unabdingbar erfüllen.

Der Menschengeist, dem freier Wille untrennbar arteigen ist, führt nun durch seine Entschlüsse, sei es zum Guten, sei es zum Bösen, gesetzmäßige Auswirkungen herbei. Wer also erschrickt vor dem Grauen, das diese Gesetze unerbittlich jenem bereiten müssen, der sich ihnen beharrlich entgegenstellt und sich damit unwert erwies, ein bewußtes Leben in dieser Schöpfung führen zu dürfen, bedenke, daß dies nicht in der Absicht des Schöpfers liegt. Nur sein gewolltes, fortdauernd lichtabgewandtes Verhalten vermag den Menschengeist dahin zu bringen, wohin er bei Einhaltung des für ihn vorgesehenen Weges niemals würde gelangen können. Nur dadurch aber kann es geschehen, daß er, unbrauchbar geworden, an sich die Zersetzung erleiden muß. Denn:

»Je nach dem geistigen Zustande des Menschen in der grobstofflichen wie auch in der feinstofflichen Welt muß sich der geistige Mensch, das eigentliche ›Ich‹, entweder nach oben zu bewegen oder an die Stofflichkeit gekettet bleiben.

Der ernste Drang nach Wahrheit und Licht wird jeden durch seine damit verbundene Veränderung geistig reiner und damit lichter machen, so daß dieser Umstand ihn naturgemäß von der dichten Stofflichkeit mehr und mehr lockern und seiner Reinheit und Leichtigkeit entsprechend in die Höhe treiben muß.

Der aber nur an die Stofflichkeit Glaubende hält sich selbst durch seine Überzeugung an die Stofflichkeit gebunden und bleibt daran gekettet, wodurch er nicht aufwärts getrieben werden kann. Durch selbstgewollten Entschluß jedes einzelnen erfolgt deshalb eine Scheidung zwischen den nach dem Lichte Strebenden und den dem Dunkel Verbundenen, nach den bestehenden natürlichen Gesetzen der geistigen Schwere.« (GB »Die Welt«)

Dies vorausgeschickt, wenden wir uns wieder den »quasistellaren Radioquellen« zu. Sie sind – so Gustav A. Tamann – »[...] *die hellsten Objekte im Universum und strahlen trotz ihrer geringen Größe hundertmal mehr Licht aus als ein helles Milchstraßensystem.«*

Im Hinblick auf das Kommende mutet dies an, als wolle das Licht noch beizeiten dem überschwer gewordenen »entarteten« Gestirne entweichen. Lichtaustritt ist ja Loslösung einer an die Materie gebunden gewesenen Energie. Energie aber ist, wie Abd-ru-shin aufgezeigt hat, zwar von weit schwächerer Abstufung als der Menschengeist, aber dennoch auch von *geistiger* Grundart (siehe »Fragenbeantwortungen«). Geistiges also ist es, das hier in Menge den sterbenden Weltenkörper verläßt:

»Dann aber ist es für alle noch in der Stofflichkeit befindlichen Menschengeister hohe Zeit, sich zu beeilen, so zu werden, daß sie emporsteigen können nach dem sicheren, lichten Hafen des ewigen Reiches, also den rechten und vor allen Dingen auch kürzesten *Weg zu finden, um aus dem Bereiche der einsetzenden Gefahren in der Stofflichkeit herauszukommen, bevor diese ihn mit ergreifen können.«* (GB »Ich bin die Auferstehung und das Leben ...«)

Welcher Art sind nun die Gefahren, die schließlich in der Stofflichkeit drohen? Die Gralsbotschaft sagt:

»Das Gleichgewichtsgesetz [...] hält und läßt bestehen auch die ganze Welt; denn nur im Gleichgewichtsausgleiche können Sterne, können Welten ihre Bahnen ziehen und sich halten!« (GB »Das Kind«)

Zur gleichen Erkenntnis ist auch der Wissenschaftler Felix J. Zigel gelangt:

»Schließlich muß jeder Stern als eine Art Gleichgewichtssystem betrachtet werden, das nur so lange existieren kann, so lange sich die Schwerkraft und der Druck der inneren atomaren Reaktio-

nen die Waage halten: *Sucht die Schwerkraft den Stern zu komprimieren, ist die gewaltige Gasspannung aus seinem Inneren bestrebt, ihn auseinanderzureißen.*«

Hier wird die Ähnlichkeit stofflicher und seelisch-geistiger Vorgänge deutlich: Auch der Mensch bedarf des seelischen Gleichgewichts. Wenn Beschwernisse ihn bedrücken, so kann dies zum Zusammenbruch führen. Andererseits aber könnte er manchmal vor Seligkeit – oder Wut – »zerspringen«, weil der Innendruck einfach zu stark geworden ist. Es ist daher wohl berechtigt, Parallelen zu ziehen.

Verdichtet sich der Stoff nun immer mehr, so erhöht sich zugleich seine Schwerkraft, während die atomare Eigenbewegung ihr schließlich nicht mehr standhalten kann. Der Gleichgewichtszustand wird also gestört, was nur bis zu einer bestimmten Grenze noch tragbar ist. Von einer solchen Grenze war auch in dem zu Beginn des Abschnittes »Der Menschengeist und der Stoff« angeführten Zitat aus der Gralsbotschaft die Rede.

»Der Zusammenbruch«

Selbst die Fachgelehrten haben Scheu, die folgenden Vorgänge zu schildern. So schickt Felix Jurewitsch Zigel seinen Ausführungen voraus: »*Wenn wir nun den Versuch machen, den Quasar zu erklären, so haben wir Angst, daß das mit einer Science-Fiction-Story verwechselt werden könnte.*«

Erst nach dieser Einleitung setzt er fort:
»*Die Wissenschaftler kamen zu der Erkenntnis, daß bei äußerst großen Massen die Schwerkraft so groß wird, daß sie durch keinen Strahlungsdruck mehr zu sprengen ist. Sie bestimmt dann allein das Schicksal eines solchen Himmelskörpers. Unter ihrer Einwirkung erlebt der Stern einen ›Gravitationskollaps‹, der ihn wie ein Kartenhaus ›in sich selbst zusammenfallen‹ läßt und zu einer Dichte von etwa 10^{30} Gramm pro Kubikzentimeter zusammengepackt, einer wahrhaft unglaublichen Verdichtung, die man nur begreifen kann, wenn man weiß, daß die ganze Erde nur $5{,}87 \times 10^{27}$ Gramm auf die Waage bringt.*«

Hoimar von Ditfurth beschreibt in »Kinder des Weltalls« dieses Geschehen wie folgt:

»*Die Vorgänge, die sich abspielen, sobald die Masse eines Sternes diese ominöse [...] Grenze überschreitet, lesen sich geradezu phantastisch: Sie sind heute aber längst nicht mehr bloße Theorie. Die Berechnungen [...] zeigen, daß die Masse eines solchen Sternes so groß ist, daß seine eigene innere Anziehungskraft ausreicht, um die atomare Struktur der Materie zu zerstören [...].*
Dies ist der Augenblick des sogenannten Gravitationskollapses: Innerhalb von etwa einer Sekunde bricht der ganze, noch immer reichlich planetengroße Stern auf ein Volumen von nur noch zehn bis zwanzig Kilometern Durchmesser zusammen.«

Wissenschaftler haben errechnet, daß die kritische Grenze, auf welche der Zusammenbruch folgt, bei 1,44 Sonnenmassen liegt. Nun ist unsere Sonne gewiß nicht das Maß aller kosmischen

Prozesse. Dennoch scheint hinter diesem Verhältnis eine Gesetzlichkeit zu walten, die einer kurzen Betrachtung wert ist. Denn 1,44 ist 1,2 mal 1,2, also die hundertfache Verkleinerung von zwölf mal zwölf. Wir begegnen der Zahl Zwölf nun gerade dort, wo es sich um ganzheitliche Ordnungen handelt: Zwölf Zeichen umfaßt der Tierkreis, auf der Zwölf beruht unsere Zeiteinteilung. Mit zwölf Aposteln umgab sich Jesus; in der Offenbarung des Johannes wird die Zahl der Versiegelten mit zwölf mal zwölftausend genannt (Kapitel 7, Vers 4–8); bei der Beschreibung des »himmlischen Jerusalem« (Kapitel 21, Vers 10–21) kehrt die Zwölf immer wieder, und »seine Mauern messen einhundertvierundvierzig Ellen«.

In der Gralsbotschaft ist davon die Rede, daß es – mit allen Abstufungen – zwölf Temperamente gibt (siehe »Das Temperament«), zwölf »Meridiane« durchziehen den menschlichen Körper (darauf beruht die Akupunktur). Diese wenigen Hinweise mögen zeigen, daß es sich bei der Zwölf, und erst recht bei ihrem Quadrat, demnach um eine Begrenzung handelt, ein in sich geschlossenes, unübersteigbares Maß der Ganzheit. Auf diesem alten Wissen beruht wohl auch die eingewurzelte Scheu vor der Dreizehn. Der Zwölf mal Zwölf hier nun tatsächlich als einem astrophysikalischen, »wissenschaftlich« festgestellten Grenzwert zu begegnen, gestattet nicht nur einen Ausblick in die Gesetzlichkeit aller Schöpfung, sondern rückt auch die zitierten Stellen der Schrift aus dem Symbolischen in eine denkmöglich echte Deutung.

Auch die Beziehung zur Dreizehn verliert den Anschein des Aberglaubens, wenn sie in kosmischen Verhältnissen ruht. Denn mit der Überschreitung der Zwölf mal Zwölf – und sei es auch nur in ihrem verkleinerten Abbild – beginnt tatsächlich die Katastrophe: Im Gravitationskollaps, physikalisch als »Implosion« bezeichnet, stürzt die überdichte Materie in sich zusammen. Damit ereignet sich im Stoffe, was die Gralsbotschaft in weiterreichender Bedeutung sagt: Das Falsche bricht in sich selbst zusammen und zerfällt.

Wie die Wissenschaft ausführt, spielt dieser Zusammenbruch sich »innerhalb einer Sekunde«, also von einem Augenblick zum anderen ab. Wird davon auch der im Grob- oder Feinstofflichen weilende Mensch berührt, wie dies die Gralsbotschaft schildert, so wird verständlich, daß es dort heißt: »*Ihr seid gerichtet, noch bevor Ihr ein Wort der Entschuldigung zu stammeln fähig werdet [...].*« (GB »Das Buch des Lebens«)

Denn was sich beim Gravitationskollaps abspielt, erscheint tatsächlich wie eine endgültige Trennung. Lesen wir darüber bei Hoimar von Ditfurth:

»*Dabei wird rund ein Zehntel der gesamten Masse des zusammenbrechenden Sternes in einem gewaltigen atomaren Explosionsblitz [...] mit Geschwindigkeiten bis zu zehntausend Kilometern in der Sekunde [...] in den Weltraum geschleudert.*

Das ist der Mechanismus, der einen Fixstern explodieren läßt und damit zum Aufleuchten eines scheinbar ganz neuen Sternes, einer Super-Nova führt, die einige Wochen so hell strahlen kann wie zweihundert Millionen Sonnen.

Was bei der Katastrophe einer Super-Nova-Explosion übrigbleibt, ist ein Stern, dessen Masse noch immer etwa so groß ist wie unsere Sonne, die aber jetzt zusammengepreßt ist auf das Volumen einer Kugel mit einem Durchmesser von nur noch zehn bis zwanzig Kilometer.«

Die Trennung vom Licht

Das Weitere klingt so ungeheuerlich, daß ich hierzu *mehrere* Wissenschaftler zitieren möchte. Gerade an diesem so bedeutsamen Punkte soll nicht der Eindruck entstehen, als handle es sich nur um Vermutungen eines phantasievollen Außenseiters.

Hoimar von Ditfurth setzt fort: »*Die Anziehungskraft der auf einen vergleichsweise so winzigen Raum zusammengeballten Sonnenmassen ist so ungeheuer groß, daß es selbst den Photonen des Lichtes nicht mehr möglich ist, das Schwerefeld eines solchen Himmelskörpers noch zu verlassen.*«

J. Brian Dance von der Universität Birmingham schreibt in »Bild der Wissenschaft«, Nr. 11/1970: »*Wenn [...] ein Stern unter der Wirkung seines eigenen Gravitationsfeldes in sich zusammenfällt, kann die gewaltige Gravitation an seiner Oberfläche sogar das Licht zurückhalten, das er bislang aussendete. Es vermögen also nicht einmal mehr die Lichtquanten gegen sein Schwerefeld anzulaufen. Damit wird der Stern unsichtbar, zu einem ›schwarzen Loch‹. Da weder Licht noch Materie aus den ›schwarzen Löchern‹ entweichen kann, sind sie nur durch ihre Gravitationswirkung nachzuweisen.*«

Bei Felix Jurewitsch Zigel liest sich das so: »*Der Stern versinkt dann gleichsam in einem Gravitationsgrab der Unsichtbarkeit. Nur seine Masse, die sich durch die Schwerkraftwirkung offenbart, gibt noch Lebenszeichen.*«

Und Volker Weidemann schreibt: »*Es entsteht ein schwarzes Loch, in das der sterbende Stern für immer eingeschlossen wird [...].*

Der Stern im schwarzen Loch verfügt über eine so gewaltige Oberflächenschwerkraft, daß keinerlei elektromagnetische Strahlung ihn mehr verlassen kann.
Die Verbindung zwischen dem zusammenbrechenden Objekt und der Außenwelt ist damit unmöglich geworden [...].«

Kehren wir noch einmal zurück zu dem Beginn dieses kaum vorstellbaren Geschehens und fassen wir es mit einfachen Worten zusammen: Während der über den Grenzwert verdichtete Stern in sich zusammenbricht, schleudert er noch einen kleinen Teil seiner Masse aus und in einem letzten, gigantischen Aufleuchten, wissenschaftlich als Super-Nova-Ausbruch bezeichnet, verläßt, was noch kann an Licht das Gestirn, ehe über dem verbleibenden Rest das Dunkel für immer zusammenschlägt.

Es ist dies also – rein astrophysikalisch – eine endgültige Scheidung von Licht und Dunkel. Genau das aber sagt die Gralsbotschaft über das »Jüngste Gericht«: »*Dann ist die Spaltung zwischen Licht und Dunkel endgültig vollbracht und das Gericht erfüllt.*«

Dieses grobstoffliche Geschehen aber bedeutet auch für den noch im Stoffe befindlichen Menschengeist

»[...] eine letzte Entscheidung! Die Menschen in beiden Welten [Anm.: der Grob- und Feinstofflichkeit] sind entweder so weit veredelt, daß sie emporgehoben werden können zu den Gebieten des Lichtes, oder sie bleiben in ihrer niederen Art nach eigenem Wollen gebunden und werden dadurch zuletzt hinabgestürzt in die ›ewige Verdammnis‹, das heißt, sie werden mit der

Stofflichkeit, von der sie nicht los können, der Zersetzung entgegengerissen [...].« (GB »Die Welt«)

Der mit der Gralsbotschaft weniger Vertraute mag hier einwenden, daß ja auch die Inkarnation in den Erdenkörper eine Bindung des Geistes an den Stoff darstellt. Dies geschieht aber nur für begrenzte Zeit und zu dem vorgesehenen Zweck der Reifung. Das Verhaftetbleiben mit dem vergehenden Stoff ergibt sich hingegen als Folge einer zu beendenden Fehlentwicklung.

Die Astrophysik steht jetzt vor dem bisher Unvorstellbaren: Es sieht aus, als würde das Licht an den Stoff gefesselt durch dessen übergroß gewordene Schwere. Dem Lichte würde demnach widerfahren, was die Gralsbotschaft in bezug auf den Geist beschreibt: Während der eine Teil strahlend entweicht, bleibt der andere im Stoff gebunden.

Dabei erscheint es bezeichnend, daß das abgestrahlte Licht den noch – relativ lockeren – äußeren Schichten entstammt, während im Inneren des kollabierten Sternes das »schwarze Loch« sich immer mehr ausdehnt. Von einer solchen *Lockerung* spricht auch die Gralsbotschaft.

Aber nicht nur das *Entweichen* des Lichtes ist schließlich aus dem »schwarzen Loch« nicht mehr möglich, der ungeheure Sog seiner Schwerkraft *verschluckt* auch das ihm zu nahe kommende Licht.

Jakow Seldowitsch, Astrophysiker der Akademie der Wissenschaften der UdSSR, schreibt darüber im »Bild der Wissenschaft«, Nr. 3/1974: *»Der Name selbst – schwarzes Loch – bedeutet, daß ein Lichtstrahl oder ein Teilchen, also alles, was sich* der Oberfläche des schwarzen Loches nähert, unwiderstehlich durch die Schwerkraft angezogen wird und im Loch verschwindet.«

Auch das innere Licht des Menschen, sein Geist, ist in gleicher Weise bedroht (GB »Das Geheimnis Luzifer«):

»Läßt er sich abtreiben, dem Dunkel zu, so läuft er Gefahr, über den äußersten Kreis seines normalen Laufes nach der Tiefe zu hinausgezogen zu werden und sich dann nicht mehr zurückzufinden zum Aufstiege [...] und wird deshalb in dem gewaltigen Kreislaufe der stofflichen Schöpfung dauernd mit fortgezogen bis zuletzt mit in die Zersetzung hinein [...].«

Die Gralsbotschaft spricht im Vortrag »Erstarrung« auch von der »Schwere des Dunkels«. Tatsächlich zeigen die Vorgänge in den zusammengebrochenen Sternen, daß übergroße Schwere Dunkel bewirkt, ja, die enge Zusammengehörigkeit dieser beiden Begriffe erweist sich in den kosmischen Weiten sogar bis zur letzten Endgültigkeit.

Der englische Astronom Sir Fred Hoyle umreißt dies dahin, daß *»ein derartiger Weltenkörper sich durch seine eigene gewaltige Schwerkraft gewissermaßen aus dem Universum ausgeschlossen«* habe (zitiert nach Hoimar von Ditfurth in »Kinder des Weltalls«).

Macht dies nicht verständlich, weshalb Abd-ru-shin den Unbelehrbaren zugerufen hat:

»Sinkt hinab in jenes todbringende Grauen, das Ihr Euch bereitet habt in hartnäckigstem Streben!«

»*In unentrinnbarer Umklammerung sollt Ihr darin gebunden sein [...].*« (GB »Ein notwendiges Wort«)

Es war dies keine schreckliche Drohung, sondern eine aufrüttelnde Warnung vor dem Unentrinnbaren, dem sie bei Fortsetzung ihres Weges zutreiben müssen.

So lesen wir bei John Taylor in dessen Buch »Die schwarzen Sonnen« (Scherz-Verlag), das sich mit den schwarzen Löchern befaßt: »*Befindet der Mensch sich erst einmal im Innern dieses fürchterlichen Gebildes, dann gibt es für ihn keine Möglichkeit, es je wieder zu verlassen, ganz gleich, wie sehr er sich auch bemüht.*«

Die Unterschiedslosigkeit

Was geschieht nach der endgültigen Trennung vom Licht nun weiter in dem seinem Ende entgegentreibenden Stoff? Die Gralsbotschaft spricht von der Zersetzung, in der alles Stoffliche die Form verliert, wobei es hinsichtlich der an den Stoff gebunden gebliebenen Menschengeister heißt:

»*Das Schicksal solcher ist dann so, daß ihr feinstofflicher Leib den nun einsetzenden Veränderungen in der Stofflichkeit unterworfen bleibt und darin unter tausendjähriger schmerzhaftester Zersetzung leiden muß. Die Größe solcher Qual greift zuletzt auf den Menschengeist derart über, daß dieser das Sichbewußt-*

sein verliert. Damit zerfällt auch wieder die in dem Bewußtsein gewonnene Form des Ebenbildes Gottes, die Menschenform.« (GB »Ich bin die Auferstehung und das Leben ...«)
Und:

»Die Zersetzung löst dann seine in dem Laufe durch die Schöpfung gewonnene geistige Persönlichkeit als solche mit auf, so daß er den geistigen Tod erleidet und in geistigen Ursamen zerstäubt wird.« (GB »Das Geheimnis Luzifer«)

Computer haben rechnerisch weitergeführt, was sich in der – in Dunkelheit versunkenen – Sternmasse abspielt. Hoimar von Ditfurth berichtet darüber: *»Dabei wird schließlich ein Punkt erreicht, an dem nicht nur die Elektronenschalen aller Atome zusammenbrechen (dies geschah schon im Zuge der Überdichtung), sondern sogar das aus Elementarteilchen gebaute Gerüst des Atomkernes selbst.«*

Williard Frank Libby, Nobelpreisträger für Chemie, sagt in »Bild der Wissenschaft« Nr. 10/1971: *»Durch die gewaltige Schrumpfung des Sternvolumens werden die Elektronen und Protonen seiner Materie gezwungen, sich in Neutronen umzuwandeln. Alle chemische Vielfalt hört damit auf.«*
Und:

»Damit ist durch den extremen Druck aus den verschiedensten Elementen eine einheitliche Materie ›Neutronium‹ entstanden, in deren Gleichförmigkeit alle chemische Vielfalt unserer eigenen Welt versunken ist.«

Vergleichen wir die Darstellungen von hier und dort: In der Gralsbotschaft ist davon die Rede, daß »alles Stoffliche seine Form verliert«. Genau das geschieht durch die gänzliche Zerstörung des atomaren Aufbaus.

Hinsichtlich des Menschen heißt es in der Gralsbotschaft, die Zersetzung erfasse zunächst »den feinstofflichen Leib«, also die nach dem Ablegen des Erdenkörpers verbliebene Hülle und erst in weiterer Folge den Geist, den Kern. Auch im Stoff zerbricht zunächst die aus den Elektronenschalen gebildete Hülle und später erst der Atomkern selbst.

Die Gralsbotschaft spricht schließlich von der »Auflösung des persönlichen Ich«. Im Stoffe vollzieht sich, wie man jetzt festgestellt hat, im wesentlichen der gleiche Vorgang. Auch er erleidet – in seiner Art – eine völlige »Entpersönlichung«. Es gibt zuletzt nicht mehr verschiedene Elemente, nicht einmal mehr positiv oder negativ geladene Teilchen, sondern nur eine unterschiedslose Masse ohne jedwede Differenzierung. Auch der Stoff wird also aller Eigenarten entkleidet und in einen Urzustand zurückversetzt.

Dieser Abschnitt des Geschehens will mir der ergreifendste erscheinen. Denn die Vielfalt der Elemente beruht ja auf der unterschiedlichen Anzahl ihrer Elementarteilchen, die das Atomgewicht, also die Schwere, bedingen. Zugleich mit dieser *senkrechten* Reihung verläuft aber – gleich einer *waagerechten* Achse – durch die Bausteine der stofflichen Welt die Aufspaltung durch positive oder negative elektrische Ladung. In dieser zweifachen Aufgliederung des Stoffes nach der Vertikalen und Horizontalen zeigt sich ein Kreuz, das die ganze stoffliche Fülle umfaßt, ja, aus dem sie überhaupt erst hervorgeht. So wird denn auch das Sterben des Stoffes zu einem Bild von erschütternder Größe: Denn mit dem Verlust seiner Gliederung erlischt ja dieses ihm eingeschriebene Kreuz. Jetzt, nach dem Entzug des Lichtes, dessen Reste vom Dunkel verschlungen wurden, spannen seine Arme sich nicht mehr aus; es fällt gleichsam nach der Mitte zusammen. Das Kreuz zeigt sich damit in seiner wahren Bedeutung: als Ausdruck der bewegenden, formenbildenden Kraft! Mit seinem Zusammenbruch, seinem Entschwinden, endet auch die uns vertraute stoffliche Welt.

»Zerrissen und zermahlen...«

Verweilen wir noch bei der Art und Weise, in welcher die Auflösung des aus dem geistigen Samenkorn falsch entwickelten persönlichen »Ich« erfolgt. Sie wird in dem vorhin zitierten Abschnitt der Gralsbotschaft mit »zerrissen«, an anderer Stelle (»Die Welt«) mit »zermahlen« beschrieben. Es kann demnach nicht nur der Druck der Schwerkraft sein, der dies bewirkt; es muß noch eine von außen kommende Bewegung hinzutreten. Nun befinden sich die von Dunkelheit umschlossenen Sterngebilde nach den Feststellungen der Astrophysik tatsächlich in »*unvorstellbar schneller Rotation*« (Willard Frank Libby in »Akut«, Nr. 2/1971).

Während also die innere Bewegung der Atome in der überdichten Materie immer mehr abnimmt und schließlich im Zerfall ihres Aufbaus überhaupt zum Erliegen kommt, steigert sich die äußere zum rasenden Wirbel. Es ist dies die schöpfungsgesetzliche Folge des durch einseitige Verschiebung verletzten Gesetzes des Ausgleichs, dem Herausfallen aus dem Gleichgewicht.

Daß sich auch nach der Gralsbotschaft der in Zersetzung befindliche Weltenkörper in schneller Drehung befinden muß, läßt sich daraus erschließen, daß darin von der *Saugkraft* des Strudels der Zersetzung gesprochen wird. Die Wissenschaft liefert jetzt die Bestätigung dessen: »*Das schwarze Loch kann also auch weiterhin Materie und Licht aus dem All an sich reißen und in sich aufsaugen*«, schreibt Volker Weidemann.

So wie sich nun der Sog strudelnden Wassers zu einem Trichter öffnet, scheint dies auch bei den schwarzen Löchern der Fall zu sein. Die Gralsbotschaft spricht ja auch im Zusammenhange mit der Zersetzung von einem »Trichter«. Dieser Hinweis gewinnt hier Bedeutung über die bloße Bildhaftigkeit hinaus. Denn die schnelle Drehung der Sternenmasse ähnelt in ihrer Art der Bewegung des Mahlgutes, wie wir es im kleinen etwa in dem Trichter einer alten Kaffeemühle beobachten können: Es wird hinunter ins Mahlwerk gezogen und durch dessen Drehung zerrissen, zermahlen ...

Das Zeiterlebnis

Die Wissenschaft hat sich mit diesem Geschehen auch unter dem Gesichtspunkte der Relativitätstheorie befaßt. Unter der

Annahme eines »Beobachters«, der sich innerhalb beziehungsweise außerhalb dieses Prozesses befände, gelangt Felix Jurewitsch Zigel zu folgendem Ergebnis: »*Interessant ist auch, daß bevor der innere Beobachter für den äußeren unsichtbar wird, vor dem inneren in wenigen Augenblicken die ganze Zukunft* [!] *seines äußeren Kollegen in beschleunigtem Tempo vorüberzieht.*«

Es ist hier nicht der Ort, auf die wissenschaftliche Ableitung dieser erstaunlich erscheinenden Tatsache einzugehen. Halten wir aber fest: Der »innere Beobachter« würde demnach noch im Moment seines Sturzes ins Dunkel erfahren, wie sich das Schicksal dessen gestaltet, der davon verschont bleiben kann, was er verspielt hat. Die wissenschaftliche Betrachtung deckt sich auch hier mit den Worten der Gralsbotschaft, die von dem Betroffenen sagt (Vortrag »Die Hüterin der Flamme«), daß er zum entsetzlichen Erkennen seines Sturzes in die bodenlose Tiefe der Zersetzung, des Verworfenseins, aufgerüttelt wird.

In den vorhin angeführten Auszügen aus der Gralsbotschaft war weiters die Rede von einer »langsamen« Zersetzung, von einer »tausendjährigen Qual«. Hören wir auch hierzu eine Stimme der Wissenschaft: »*Da bei einem solchen Schrumpfungsprozeß die Gesetze der Allgemeinen Relativitätstheorie die tragende Rolle spielen, kann man auch sagen, daß alle Vorgänge auf einem solchen Körper für einen äußeren Beobachter unendlich lange dauern.*« (Iosif Schklowski, Professor am Sowjetischen Raumforschungsinstitut, in »Bild der Wissenschaft«, Nr. 10/1972)

Nun ist hier von dem »äußeren Beobachter« die Rede. Uns aber kommt es darauf an, wie derjenige, der selbst von dem Vorgang erfaßt wird, diesen an sich erleben würde. Darüber lesen wir bei Felix Jurewitsch Zigel: »*Ein Beobachter auf dem zusammenbrechenden Weltenkörper wird aber an seiner Uhr ablesen können, daß der ganze Vorgang nur etwa zehn Minuten dauert.*«

Hier scheint nun erstmals ein Widerspruch zu den Worten der Gralsbotschaft vorzuliegen. Seine Aufklärung erfordert eine Überlegung grundsätzlicher Art:

Die Relativitätstheorie befaßt sich ja, auf das Einfachste reduziert, mit dem Verhältnis unterschiedlicher Bewegungsabläufe. Sie bleibt dabei aber ausschließlich den *äußeren,* das heißt *stofflichen* Vorgängen zugewandt. Der Kette ihrer Überlegungen fehlt, soweit sie den Menschen einbezieht, das letzte, innerste Glied. Denn der Mensch ist nicht gleichzusetzen dem Körper, sein wirkliches Ich, sein Kern, ist Geist. Auch dieser Geist ist ein selbständiges »bewegtes System«, dessen Bewegung – sie besteht in der Aufnahmefähigkeit für das Erleben – mit jener des Körpers keineswegs gleichlaufen muß. Im Verhältnis zwischen den unterschiedlich bewegten Systemen »Körper« und »Geist« ist daher auch das *Bewußtsein* des letzteren mit zu beachten. Diese Unterlassung spielt dort keine Rolle, wo Körper und Geist gleichsam zu einer Einheit fixiert sind, wie im vorhin erwähnten Falle bei dem »äußeren Beobachter«, der selbst an dem Geschehen nicht teilnimmt.

Sofern der Mensch aber in seine Bewegung miteinbezogen ist, führt die Vernachlässigung des Geistes als eines eigenen »bewegten Systems« zu verzerrten Ergebnissen. Im vorliegenden Zitat wird dies dadurch deutlich, daß von einem »Beobachter« – also unbeteiligten Zuseher auf dem zusammenbrechenden Stern – gesprochen wird, für dessen *Uhr* (!) die rasende Rotation des Neutronensternes in wenigen Minuten beendet ist. Die Uhr dieses Beobachters mißt den Bewegungsablauf ihrer unmittelbaren Umwelt, nicht aber das bewußte *Erleben* des davon betroffenen Geistes.

Ein in der Auflösung des Stoffes noch an diesen gebundener Geist aber ist schon fast in Erstarrung verfallen, er kann der rasenden Außenbewegung eine Eigenbewegung kaum noch entgegensetzen. Die seine Hülle erfassende, wirbelnde Drehung muß ihm daher als relativ *unendliche* Größe erscheinen.

Das Ende wird zum Anfang

Was jetzt noch folgt, ist nur der letzte Vollzug. Hören wir ihn in der Schilderung durch Hoimar von Ditfurth:

»Auch das Stadium des Neutronensternes, so melden die Computer, ist noch immer nicht der Endpunkt in der Biographie eines Sternes [...].

Jedenfalls kommt nach einer kurzen Unterbrechung die Kontraktionsbewegung selbst in dieser bereits unvorstellbar dichten Kugel wieder in Gang, und dann gibt es kein Halten mehr: Der Neutronenstern zieht sich zu einem mathematischen Punkt, zu einem völligen Abstraktum zusammen [...].

Wie wir diese letzte Auskunft zu verstehen haben, sei dahingestellt. Jedenfalls gibt es jetzt keine Kraft mehr, welche der Selbstkontraktion bis zu dieser äußersten Grenze des rechnerisch Möglichen entgegenwirken könnte [...]. Der Stern tritt jedenfalls, so melden die Computer, von der Bühne ab. Auf irgendeine unvorstellbare Weise verschwindet er jetzt offenbar tatsächlich aus dem Universum.«

Entspricht dieses Sich-Verengen bis zum Verschwinden nicht dem Auslaufen durch den »Trichter der Zersetzung«, von dem die Gralsbotschaft spricht? Aber: *»Zersetzung ist, wohlgemerkt, nicht etwa gleichbedeutend mit Vernichtung. Vernichtet kann nichts werden. Es ist nur ein Zurückversetzen in den Urzustand.«* (GB »Ich bin die Auferstehung und das Leben ...«)

Dieser Kreis stofflichen Werdegangs, der sich in der Berührung von Ende und Anfang schließt, beginnt sich jetzt auch für die Wissenschaft abzuzeichnen, wenn Volker Weidemann schreibt: *»Es ist hochinteressant, daß der Urknall, der die Entstehung des Weltalls eingeleitet haben soll, im mathematischen Sinne der Allgemeinen Relativitätstheorie nahezu eine Umkehrung des Gravitationskollaps ist.«*

Die Entdeckung der schwarzen Löcher warf zwangsläufig ja die Frage auf, was denn mit der darin versunkenen Materie geschieht, wohin sie entschwindet. Die Gralsbotschaft hatte von dem »Riesentrichter« gesprochen *»[...] wo die Zersetzung vor sich geht, um an der anderen Seite als Ursamen wieder zu neuem Kreislaufe ausgestoßen zu werden.«* (GB »Die Welt«)

Das Bild eines solchen Doppeltrichters finden wir jetzt auch bei John Taylor. Im Gegensatz zu dem verschlingenden »schwarzen Loch« bezeichnet er dessen spendend-erschaffende Gegenseite als »weißes Loch«, und er meint dazu:

»Die Entwicklung eines solchen Weißen Loches kann man sich genau umgekehrt zu der eines Körpers, der einen Kollaps durchmacht, vorstellen; es würde so aussehen, als wäre vom Kollaps eines rotierenden Sternes ein Film aufgenommen worden, der jetzt rückwärts läuft. Aber wir haben bereits bemerkt, daß dieser Kollapskörper aus einem anderen Universum stammen müßte [...].«

Wie großartig-einfach wurde der ungeheure Bogen dieses Geschehens in der Gralsbotschaft (»Ich bin die Auferstehung und das Leben ...«) bereits zusammengefaßt:

»Nun kommt die Stofflichkeit aus Überreife in Zersetzung, damit gleichzeitig ihrer Neugeburt entgegentreibend.«

In gleicher Weise erfüllt sich aber auch das Schicksal des Geistes, soweit er sich vom Stoffe nicht lösen konnte:

»Nach vollständiger Zersetzung des Stofflichen zurück in den Urstoff wird auch das nun unbewußt-geistig Gewordene wieder frei und schwebt seiner Art entsprechend empor. Doch kehrt es dann nicht als bewußter Menschengeist zurück, sondern als unbewußter Samen, der einst seinen ganzen Lauf durch neu erwachenden Wunsch in einem neuen Weltenteile von vorn beginnt.«

Bleibt schließlich noch die letzte, bange Frage: Wann? Die Gralsbotschaft sagt dazu: *»Das jüngste, das heißt, das letzte Gericht kommt einmal für jeden stofflichen Weltenkörper, aber* *es geschieht nicht gleichzeitig in der ganzen Schöpfung.«* (GB »Die Welt«)

Diese mangelnde Gleichzeitigkeit hat es uns überhaupt erst ermöglicht, die einzelnen Abschnitte des Geschehens feststellen zu können. Auch Hoimar von Ditfurth räumt jetzt daher ein:

»*Die Sterne, die wir am Himmel sehen, sind nicht nur verschieden weit von uns entfernt und von unterschiedlichem Alter, sie gehören auch verschiedenen, aufeinanderfolgenden Sterngenerationen an. Bis zu dieser Erkenntnis war es ein weiter Weg [...].*

Es ist heute so gut wie sicher, daß [...] auch die Sterne eine Entwicklung durchmachen, eine regelrechte, nach ganz bestimmten Gesetzen ablaufende Biographie.«

Für jedes Gestirn kommt also einmal die Zeit, denn »*[...] auch in dem Geschehen vieler Jahrmillionen ist einmal* ein bestimmtes Jahr *als ausschlaggebende Begrenzung einer notwendigen Scheidung alles Brauchbaren vom Unbrauchbaren.*« (GB »Ich bin die Auferstehung und das Leben ...«)

Bei John Taylor können wir heute lesen: »*Milliarden Jahre werden vergehen, aber am Ende verschlingen uns die schwarzen Löcher.*«

Wohl dem Menschengeiste, dessen Entwicklung es ihm gestattet, sich zeitgerecht aus dem Stoffe zu lösen! Denn die Rettung aus der Gefahr, in die stoffliche Zersetzung mit hineingezogen zu werden, bedeutet das Eingehen in das ewige Leben.

Die Folgerung

»Ewig und ohne Ende, also unendlich, ist nur der Kreislauf der Schöpfung in dem dauernden Werden, Vergehen und sich wieder Neubilden«,

wurde in der Gralsbotschaft (»Die Welt«) schon vor Jahrzehnten gesagt. Nun ist auch die Wissenschaft so weit: Sie hat den ewigen Kreislauf des Stoffes erkannt. Hierzu John Taylor aus jüngster Zeit: *»In diesem Falle würde die ganze Entwicklung wieder von vorn anfangen – Expansion, Verlangsamung, maximaler Expansionspunkt, Kontraktion und zuletzt Zerstörung aller zusammenhängenden Strukturen um uns herum. Ein derartiger Zyklus könnte ewig sein – es war immer so, es wird immer so sein.«*
Vergänglich ist also nicht nur die Form, vergänglich ist auch der Stoff als solcher. Sein Ende verläuft in jener Weise, wie die Gralsbotschaft es längst schon geschildert hat. Da sind:
– die Entartung durch Überreife;
– der dadurch bewirkte Zusammenbruch bei Überschreitung eines bestimmten Grenzwertes;
– die endgültige Scheidung von Licht und Dunkel;
– der gänzliche Zerfall des inneren Aufbaues;
– der Verlust aller Unterschiedlichkeit;
– das schließliche Wegschrumpfen aus dieser Welt, das dem Auslaufen durch einen Trichter gleicht.
Freilich: Wenn auch die Wissenschaft, so wie hier, vor allem nur noch Schwingungen mißt, so bleibt dies doch immer noch im Bereiche der – wenn auch verfeinerten – Grobstofflichkeit.

Anderes vermöchten die grobstofflichen Geräte und unsere körperhaften Sinne infolge mangelnder Gleichart gar nicht wahrzunehmen. Denn Feinstofflichkeit ist und bleibt eine für unseren menschlichen Verstand fremde Art, er kann zu ihr keine Verbindung aufnehmen. Aber: *»Diese feinstoffliche Welt nun, das Jenseits, zur Schöpfung gehörend, ist den gleichen Gesetzen der dauernden Entwicklung und des Zersetzens unterworfen.«* (GB »Die Welt«)

Es gehört daher nicht mehr viel dazu, einen grundsätzlich gleichartigen Verlauf auch für diese, außerhalb unserer Erkennbarkeit liegende Schöpfungsart anzunehmen. Die entscheidende Schranke für das Verständnis – die Unvorstellbarkeit der »Zersetzung« – ist gefallen. Das Unbegreifliche wurde Ereignis: meßbar, berechenbar – physikalisch unbestreitbare Wirklichkeit! Was hier als »Sternkatastrophe« bezeichnet wurde, ist keine spektakuläre Einzelerscheinung, sondern ein »ganz natürlicher Vorgang« im Zuge eines Entwicklungskreislaufes. Das ermöglicht uns, auch das »jüngste Gericht« als solchen Vorgang verstehen zu können. Es ergibt sich als *Auswirkung* dieser Geschehen auf den noch im Stoffe befindlichen Geist, dabei den gleichen Gesetzen folgend, die in der beobachtbar-stofflichen Welt von der Wissenschaft jetzt staunend erkannt worden sind.

Die Entdeckungen der Astrophysik sind daher nicht nur für Fachgelehrte bestimmt, sie gelten vielmehr der ganzen Menschheit. Auch damit sind uns »Zeichen am Himmel« erschienen, nicht ohne Grund gerade jetzt. Als eindringliche Mahnung verdienten sie, von uns allen beachtet zu werden.

Schon dämmert diese Erkenntnis auf: *»Das schwarze Loch versetzt nicht nur die Wissenschaften in Aufruhr, es stellt auch* *alle Anschauungen in Frage, die sich der Mensch über die Welt und den Platz, den er darin einnimmt, macht. Für ihn sind die Konsequenzen, die sich aus der Existenz der schwarzen Löcher ergeben, zumindest ebenso bedeutsam, wenn nicht von noch größerer Bedeutung, wie für die Wissenschaft. Beim Versuch des Menschen, das Unbekannte zu ergründen und die letzte aller Fragen zu beantworten, die Frage nach Leben und Tod, nach lebender und toter Materie, spielen sie eine wichtige Rolle«*, schreibt John Taylor in seinem Buche »Die schwarzen Sonnen«.

Erwägend, wie dieser Sternenprozeß den menschlichen *Geist* berühren würde, kommt er – vom Physikalischen her – zuletzt der Gralsbotschaft ahnungsvoll nahe: *»Daher muß der Geist während des schicksalhaften Sprunges* [Anm.: in ein »anderes« Universum] *von der Materie völlig getrennt weiterexistieren [...]. Anderenfalls müßten wir annehmen, daß der Geist während des Sprunges zusammen mit der Materie stirbt.«*

Schlagen wir zum Vergleich noch einmal das Buch »Im Lichte der Wahrheit« auf. Dort wurde gesagt:

»*Was sich bis dahin aus dem Grob- und Feinstofflichen noch nicht lösen konnte, um über die höchste, feinste und leichteste Grenze, alles Stoffliche zurücklassend, in das Geistig-Wesenhafte einzutreten, das wird unweigerlich in die Zersetzung mit hineingezogen, wodurch auch seine Form und das Persönliche an ihm vernichtet wird.*« (GB »Die Regionen des Dunkels und die Verdammnis«)

Die Übereinstimmungen – bis in die Einzelheiten – sollten aufhorchen lassen. Denn in der Gralsbotschaft wurde ja schon vor rund vierzig Jahren eingehend beschrieben, was erst die Radioastronomie und die Computertechnik im Verlaufe des letzten Jahrzehnts nach und nach zu entdecken erlauben. Die Frage, wie ihr Verfasser dies konnte, wer er denn war, drängt sich auf. Selbst heute noch sind die Wissenschaftler von dem kaum Begreiflichen überwältigt. Es klingt fast entschuldigend, wenn Volker Weidemann schreibt: »*In vielen Belangen der Forschung ist man eben auf Vorgänge gestoßen, für die man weder Worte noch Vorstellungen finden konnte.*«

Was den Fachleuten noch Schwierigkeiten bereitet, hat aber Abd-ru-shin schon lange zuvor vermocht: Er hat – sogar weit über das Stoffliche hinaus – eine Beschreibung dieses Geschehensablaufes gegeben und uns von der letzten Entscheidung gekündet, der wir alle dadurch entgegengehen.

Nun zeugen die Zeichen am Himmel für ihn und für die Wahrheit seines Wortes.

Die »Entdeckung« der Erbsünde: Das verkrüppelte Gehirn

Wissenschaft auf den Spuren der Gralsbotschaft

»Noch immer ist die Wissenschaft weit davon entfernt, alle Geheimnisse des Gehirns zu kennen.«
– Theo Löbsack –

Erbsünde – was ist das?

Viele Menschen der christlichen Welt kennen den Begriff der »Erbsünde«, haben zumindest im Religionsunterricht davon gehört. Doch fragt man sie, was sie sich darunter vorstellen, sind die Antworten zögernd und unbestimmt. Die einen wissen damit überhaupt nichts anzufangen, andere bringen ihn in Beziehung mit der Geschlechtlichkeit, und nur wenige erinnern sich der biblischen Erzählung von der Versuchung durch die Schlange. Aber auch von denen weiß kaum einer den Sinn des Gleichnisses zu deuten. Das Essen der verbotenen Frucht und die nachfolgende Austreibung aus dem Paradies sind

auch für sie ohne vorstellbar-faßlichen Inhalt, aus dem sie eine
»Erbsünde« ableiten könnten. Sie müssen diese vielmehr als unbegreifliche Ungerechtigkeit empfinden, zumal dann, wenn sie
– kirchlicher Lehrmeinung folgend – nur von *einem* irdischen
Leben ausgehen und glauben, die Wiedergeburt verneinen zu
müssen. Wie also kommen sie dazu, schon mit einer Sünde höchst
unbestimmter Art geboren zu werden, an deren Begehung sie
keinen Anteil hatten?

Abd-ru-shin hat in der Gralsbotschaft endlich diesen Schleier
der Verständnislosigkeit zerrissen. Die Erbsünde gibt es demnach tatsächlich. Der biblische Bericht umschreibt bloß bildhaft
eine höchst betrübliche Wirklichkeit, nämlich eine vom Menschen verschuldete organische Fehlentwicklung. Sie besteht in
der Überzüchtung des Verstandes, was eine unnatürliche und
vererbliche Vergrößerung des Vorderhirns zur Folge hatte.

Geistesträge und Übelwollende, die die Bedeutung des von
ihnen so hochgeschätzten Verstandes nicht vermindern lassen
wollten, spotteten darüber und meinten, Kritik daran üben zu
müssen. Abd-ru-shin »verbietet das Denken«, so folgerten sie,
um die blindgläubige Hinnahme seiner Behauptungen erzwingen
zu können – gerade er, der schon im Geleitwort seiner Botschaft
die Menschen zu rücksichtslosem Abwägen und Prüfen aufgefordert hatte!

Seit der Niederschrift der Gralsbotschaft sind mehr als fünfzig Jahre vergangen. Neben allen anderen Wissenschaften hat
gerade in den letzten Jahrzehnten die Neurologie und Neurophysiologie, im besonderen die Gehirnforschung, eine Fülle
neuer Erkenntnisse gewonnen. Sie haben auf der ganzen Linie
– trotz der ihnen zwangsläufig anhaftenden Unzulänglichkeit

und mangelnden Endgültigkeit – die von Abd-ru-shin gegebenen Erklärungen bestätigt.

Im folgenden soll versucht werden, an Hand zusammenfassender Aussagen einiger namhafter Wissenschaftsphilosophen und Sachbuchautoren diese Übereinstimmung aufzuzeigen. Haben Sie Verständnis dafür, wenn ich selbst mit eigenen Worten dabei weitgehend in den Hintergrund trete und mich mit Zitierungen begnüge. Sie sprechen, so meine ich, für sich.

Die Wucherung

Sieben Achtel (7/8) des Rauminhaltes unserer Schädelkapsel nimmt das Vorderhirn ein, das deshalb auch als »Großhirn« bezeichnet wird. Die Wissenschaftler haben dies mit nicht geringem Befremden vermerkt, denn dieses Wachstum ist – so der verstorbene Wissenschaftsphilosoph Arthur Köstler (»Der Mensch – Irrläufer der Evolution«, Scherz Verlag):

»*[...] mit einer geradezu explosionsartigen Geschwindigkeit erfolgt, die in der Geschichte der Evolution ohne Beispiel ist – manche Anatomen haben den Vorgang mit dem rapiden Wachstum eines Tumors verglichen.*

Es scheint, als sei diese Gehirnexplosion auf der Bahn jener Exponentialkurven verlaufen, die uns in jüngster Zeit so vertraut geworden sind.«

Andere Autoren sprechen von einem infolge seiner Schnelligkeit geradezu »pathologischen Riesenwuchs« dieses Vorderhirns (Theo Löbsack, »Der Mensch – Fehlschlag der Natur«, Verlag C. Bertelsmann), von einer »Aufpfropfung« (Arthur Köstler), die sich »wie eine Kappe über die älteren Gehirnteile ausgebreitet habe.« (Gordon Rattrey Taylor, »Die Geburt des Geistes«, S. Fischer Verlag)

Im gleichen Zeitraum aber sind die letzteren – wie Köstler es formuliert – *»von den flinken Fingern der Evolution kaum berührt worden«*, haben also so gut wie keine Veränderung erfahren.

Nun steht auch für die Wissenschaft außer Frage, daß das Vorder- oder Großhirn unsere Denkprozesse besorgt, Sprache und rechnerische Überlegungen steuert, kurz, uns den unmittelbar sinnenhaften Kontakt mit dieser irdischen Welt ermöglicht. Das Großhirn also ist es, das jene sachliche Auseinandersetzung mit der Umwelt vornimmt, die man unter dem Begriff des Verstandes zusammenfaßt.

Dieser Verstand ist demnach das wichtigste Werkzeug zur irdischen Einbindung des Menschen, aber es ist ihm – nach der Gralsbotschaft – auch zu eigen, daß er *»[…] als Produkt des menschlichen Gehirnes die Beschränkung in sich tragen muß, der alles Körperlich-Grobstoffliche durch seine eigene Beschaffenheit stets unterworfen bleibt […]. Das ergibt für den Verstand naturgemäß das engste, nur irdische Begriffsvermögen, dicht an Raum und Zeit gebunden.«* (GB »Es war einmal …!«)

So schwer es manchen Menschen noch fallen mag, diese Begrenztheit des Verstandes einzusehen, die Wissenschaft kann nicht umhin, sie zuzugeben.

Man könnte dies kaum treffender zum Ausdruck bringen, als durch die Gegenüberstellung der Worte des Biologen Heinrich K. Erben (zitiert nach Hoimar von Ditfurth, »Unbegreifliche Realität«, Verlag Rasch und Röhrig): »*Intelligenz, vor allem die technisch orientierte, manifestiert sich [nur] (!) auf der materiellen Grundlage des menschlichen Gehirns*« und jener des bekannten Wissenschaftspublizisten Hoimar von Ditfurth selbst, der sagt, wir hätten, »*[...] ob wir uns das nun vorstellen können oder nicht, ein für allemal zur Kenntnis zu nehmen, daß die wirkliche Beschaffenheit der Welt unserem Verstand definitiv unerreichbar und jedenfalls total anders ist, als der Augenschein sie uns präsentiert*« (»Unbegreifliche Realität«).

Denn – so meint Herbert Gruhl: »*Die unübersehbaren Erscheinungsformen des Lebens beweisen, daß hier steuernde Kräfte am Werke sind, deren Wesen und Ziel der Mensch mit seinem Verstande nicht erfassen kann.*« (»Das irdische Gleichgewicht«, Erb Verlag)

Der Grund dieses Unvermögens ist auch der Wissenschaft klar. Ihre knappe Aussage lautet:

»*Da das Denken durch die Zeit eingegrenzt wird, kann es nicht erfassen, was jenseits des raum-zeitlichen Rahmens liegt.*« (Renée Weber in »Das holographische Weltbild«, hrsg. von Ken Wilber)

Wie aber kam es zu diesem unharmonischen Wachstum gerade dieses in seinem Fassungsvermögen nur auf Irdisches beschränkten Gehirnteiles, das Köstler an einen »Konstruktionsfehler« (»Das Gespenst in der Maschine«, Verlag Fritz Molden) denken ließ?

Da finden wir bei dem zuvor schon genannten Wissenschaftspublizisten Theo Löbsack einen bezeichnenden Satz:

»*Es laßt sich nämlich folgern, daß auch die Neugier ein starker stammesgeschichtlicher Impuls für die Großhirnentwicklung gewesen sein muß.*«

Neugier ist Wissenwollen. Das wäre an sich nichts Schlechtes, denn »*[...] wir sollen prüfen, forschen. Der Drang dazu liegt nicht umsonst in uns*« (GB »Erwachet!«), wird uns in der Gralsbotschaft gesagt.

Der Wunsch, zu einem unserem Fassungsvermögen angemessenen, immer besseren Verständnis dieser Welt zu gelangen, ist uns eingewurzelt als notwendige Voraussetzung zur Nutzung irdischer Möglichkeiten. Aber der Schritt vom Wissenwollen, das in demütigem Staunen vor dem wunderbaren Wirken des Schöpfers seine freiwillig gezogene Grenze findet, zum selbstherrlichen Besserwissenwollen ist nur klein – und genau ihn hat die Menschheit getan. Sie hat der in der Bibel geschilderten Versuchung nachgegeben »zu sein wie Gott und über Gut und Böse selbst entscheiden zu wollen« (1. Mose 3, 5). Dieses Ziel war, so meinte man, durch den Verstand zu erreichen, der nicht nur vermeintlich die Welt erschloß, sondern eine bessere zu schaffen geeignet schien.

Dieses Werkzeug also galt es einzusetzen, zu erweitern, zu verfeinern. Damit wurde jener unheilvolle Prozeß eingeleitet, dessen Einseitigkeit der berühmte Biologe Ludwig von Bertalanffy aufgezeigt hat: »*Was man allgemein als menschlichen Fortschritt bezeichnet, ist eine rein intellektuelle Angelegenheit, die durch das enorme Wachstum unseres Vorderhirns ermöglicht wurde.*« (zitiert nach A. Köstler, »Das Gespenst in der Maschine«)

Den Preis, den wir dafür zu bezahlen hatten, nennt Theo Löbsack: »*Die Natur verlor beim Menschen nach und nach mehr* den Rang, der Maßstab aller Dinge zu sein. Ihren Platz übernahm das Großhirn des Menschen und mit ihm die von ihm geschaffene Umwelt, von der er zuletzt immer stärker abhängig wurde.«

Damit schlitterte der Mensch immer tiefer in die verstandesmäßige Selbstbezogenheit, von welcher schon in der Gralsbotschaft gesagt worden war:

»*Daß die Verstandestätigkeit auch Besserwissenwollen in sich trägt, das trotzige Beharren auf allem, was eine solche Tätigkeit für richtig hält, ist leicht begreiflich; denn der Mensch hat ja dabei ›gedacht‹, was er zu denken fähig war. Er hat seine Höchstgrenze im Denken erreicht.*

Daß diese Grenze durch das Erdgebundensein des vorderen Gehirnes niedrig ist, der Mensch deshalb mit dem Verstand nicht weiter kann, vermag er nicht zu wissen und wird aus diesem Grunde immer denken und behaupten, mit seiner Grenze auch das Richtige erreicht zu haben.« (GB »Das verbogene Werkzeug«)

Heute stimmt der Physiker David Bohm (»Implizite und explizite Ordnung«) dem in vollem Umfang zu, wenn er feststellt, das verstandesmäßige Denken »*[...] vergegenständlicht sich selbst und bildet sich dann ein, es gebe nichts als das, was es über sich selbst denken kann und worüber es nachdenkt.*« (zitiert nach »Das holographische Weltbild«)

Wohin hat dies nun geführt?

»*Die offenbarsten Triumphe feierte die Wissenschaft. Sie ist das Gegenüber des angebeteten Verstandes und einer Welt, die nicht mehr göttliche Schöpfung ist, sondern den Charakter einer gewaltigen Denksportaufgabe für die Menschheit trägt«*, lesen wir bei Hoimar von Ditfurth (»Unbegreifliche Realität«).

Wegen dieser selbstherrlichen Abwendung vom Schöpfer hat Abd-ru-shin den Verstand als das Werkzeug des Antichristen bezeichnet. Und siehe: Nicht etwa ein religiöser Eiferer, ein sachlich urteilender Wissenschaftler wie Hoimar von Ditfurth (»Unbegreifliche Realität«) gelangt heute zur Ansicht:

»*Der menschliche Verstand demaskiert sich als der* Widersacher Gottes, *und aus dem menschlichen Streben nach Ausschöpfung der menschlichen Möglichkeiten ist ein Totalitätsanspruch geworden.*

Der Ausdruck ›Gott‹ ist lediglich der terminus technicus für den vorläufig noch unerklärten Rest eines Kosmos, der prinzipiell mit dem Verstande völlig erklärt werden kann. Die höchste Intelligenz ist der reine Verstand.«

Nun wissen wir doch aus Erfahrung und Beobachtung, daß der Gebrauch eine Fähigkeit oder ein Organ stärkt und vergrößert, der Nichtgebrauch es hingegen verkümmern läßt. Die immer stärkere Hinwendung zum Verstand *mußte* demnach das Vorderhirn zu jenem »Katastrophenorgan« werden lassen, als welches Löbsack es leider allzu berechtigt bezeichnet.

Zurückgeblieben...

»Es gibt für jede Struktur, Organisation und Institution eine optimale Größe; versucht man irgendeine einzelne Variable dieses Systems zu maximieren [...], wird man unweigerlich das umfassendere System zerstören«, mit diesen Worten beschreibt der Atomphysiker Fritjof Capra (»Wendezeit«, Scherz Verlag) eine heute als allgemein gültig erkannte Gesetzmäßigkeit. Ihre Auswirkung auf die Gehirnentwicklung, die die Wissenschaft jetzt mit Erschrecken erkennt, war schon von Abd-ru-shin aufgezeigt worden:

»Die Höchstanspannung nur des Vorderhirns Jahrtausende hindurch trieb dessen Wachstum weit über alles andere hinaus.
Die Folge ist Zurückdrängung der Tätigkeit aller vernachlässigten Teile, welche schwächer bleiben mußten in geringerer Benutzung. Dazu gehört in erster Linie das Kleingehirn, welches das Instrument des Geistes ist.« (GB »Empfindung«)

Eben diese Folgewirkung sieht nun auch der Biologe Rupert Riedl:

»Heute ist das Gehirn des Menschen ein Extremorgan. Es hat sein Volumen in nur vier Jahrmillionen exponentiell wachsend verdreifacht [...]. Es unterdrückt mit seiner Spezialisation die Evolution fast aller anderen Organe.« (»Die Strategie der Genesis«, Piper Verlag)

Nun war in der Gralsbotschaft vorhin vom »Geist« die Rede gewesen. Damit wird ein Begriff hier eingeführt, der für die Wissenschaft in ihrer Selbstbeschränkung auf Raum und Zeit nicht faßbar ist. Indem sie nur das Wäg- und Meßbare gelten läßt, bindet sie sich an das den körperlichen Sinnen und ihren verlängerten Hilfseinrichtungen Zugängliche, kurz also an den erdverhafteten Verstand. Es können deshalb hier nur persönliche Bekenntnisse an die Stelle wissenschaftlicher Feststellungen treten.

Gerade jene Wissenschaftler, die sich der natürlichen Schranken ihres Forschenkönnens bewußt sind, sind es, die ein solches Bekenntnis nicht scheuen. Einige davon seien hier – stellvertretend für viele andere – angeführt.

So spricht etwa der britische Neurologe und Nobelpreisträger Sir John Eccles die Überzeugung aus vom außermateriellen Ursprung des »*seiner selbst bewußten Geistes*« (»Gehirn und Geist«, Kindler Verlag), und der Wissenschaftspublizist Gordon Rattrey Taylor gelangt zum Schlusse seines Buches »Die Geburt des Geistes« zur Ansicht: »*Der Mensch ist eine wunderbare Maschine, doch er ist keineswegs nichts als eine Maschine. Er ist eine Maschine* plus *etwas.*«

Eben dieses zusätzliche »Etwas« ist es, das Arthur Köstler in seinem so benannten Buche als »Das Gespenst in der Maschine« bezeichnet hat, das in dieser stofflichen Körperlichkeit sein unergründliches Wesen treibt.

Aus ganz anderer Richtung kommend erkennt C. G. Jung genau die Beschränkung, die den Verstand von dem lebendigen Kern des Menschen, dem Geiste, unterscheidet: »*Ich glaube einfach, daß irgendein Teil des menschlichen Selbst oder der Seele den Gesetzen von Raum und Zeit nicht unterliegt.«* (zitiert nach Paul Davies »Gott und die moderne Physik«, Verlag C. Bertelsmann)

Und Hoimar von Ditfurth (»Der Geist fiel nicht vom Himmel«, Verlag Hoffmann und Campe) meint gerade in bezug auf das Gehirn: *»Deshalb dürfen wir vermuten, daß unser Gehirn ein Beweis ist für die reale Existenz einer von der materiellen Ebene unabhängigen Dimension des Geistes.«*

Der Neurologe Wilder Penfield schließlich kommt den Worten der Gralsbotschaft, wonach es allein der Geist ist, der den Menschen zum Menschen macht, verblüffend nahe mit der für einen Wissenschaftler ungewöhnlich freimütigen Aussage: *»Der Geist ist der Mensch, den man kennt.«* (nach J. Eccles/Hans Zeiser »Gehirn und Geist«, Kindler Verlag)

Für die vorliegende Betrachtung aber genügt bereits jener Satz, mit welchem Ken Wilber, der Herausgeber des Sammelbandes »Das holographische Weltbild«, der Beiträge bedeutendster zeitgenössischer Physiker enthält, diese Problematik vorsichtig zusammengefaßt hat: *»So oder so – die moderne Naturwissenschaft* leugnet *den Geist nicht mehr. Und das ist nun wirklich epochal.«*

Was aber weiß die Wissenschaft nun vom »Kleinhirn«, das – der Gralsbotschaft zufolge – das Instrument dieses zumindest nicht mehr geleugneten Geistes ist? Bei Hoimar von Ditfurth (»Der Geist fiel nicht vom Himmel«) lesen wir schlicht und einfach: *»Das Kleinhirn, unter dem Hinterhaupt gelegen [...] hat mit psychischen Funktionen nichts zu tun. Es bildet eine zentrale Steuerungs- und Verrechnungsstelle für alle Bewegungsabläufe.«*

Löbsacks knappe Beschreibung lautet: »*Im Hinterhaupt befindet sich ein faustförmiger Gehirnteil, das Kleinhirn oder Cerebellum. Es enthält die Regulationszentren für die Erhaltung des Gleichgewichts und ist für die Bewegungskoordination zuständig.*«

Gerade im Zusammenhang mit der Bewegungskoordination hat die Wissenschaft allerdings schon etwas ganz Entscheidendes herausgefunden: daß das Kleinhirn jedenfalls nichts mit verstandesmäßigen Überlegungen zu tun hat. So führte Wolf-Dieter Heiss, der Direktor des Max-Planck-Instituts für neurologische Forschung, im Zuge eines Fernsehgespräches (ORF Wien) aus:

»*Wenn man motorische Abläufe lernt, sollen diese aus der bewußten Großhirntätigkeit abgeschoben werden. Zum Beispiel beim Tanzen: Zuerst macht man die Schritte sehr unbeholfen, holprig, und dann werden sie ›rund‹ – sobald das Kleinhirn lernt, diese Bewegungen richtig abzuspielen. Die Aussteuerung besorgt dann das Kleinhirn, ohne aktive Beanspruchung des Bewußtseins.*« (»Neue Welt aus Null und Eins«, Verlag Franz Deuticke)

Dennoch widmet Gordon Rattrey Taylor (»Die Geburt des Geistes«) diesem Teil unseres Gehirns – einer »weiteren, faltigen, zweilappigen Struktur«, die er als »automatischen Piloten« bezeichnet – bei einem Buchumfang von 455 Seiten nicht mehr als die folgenden Zeilen:

»*Dieses kleine Gehirn besteht aus einander ähnlichen langen Datenbanken, die, einem Computer nicht unähnlich, von einem*

Satz von Nerven mit Daten gefüttert und überwacht werden. – Gleichwohl sind sich einige Wissenschaftler nicht sicher, ob das Cerebellum nicht auch andere, bislang einfach noch nicht entdeckte Funktionen hat. *Es empfängt nicht nur Informationen vom Cortex* [Anm.: Großhirn], *sondern auch vom Mittelhirn, das mit Emotionen befaßt ist. Das ist recht sonderbar. Warum sollte ein automatischer Pilot irgendetwas mit Emotionen zu tun haben? Wie dem auch sei, ich will es dabei bewenden lassen und über das Cerebellum* weiter nichts mehr sagen.«

Das Zusammenwirken

Trotz des darin zum Ausdruck gekommenen offensichtlichen Unvermögens, mit dem Kleinhirn »etwas anfangen zu können«, enthalten die vorstehenden Aussagen doch einige recht bemerkenswerte Hinweise. Da ist die Rede von einem »Steuerungszentrum« der Bewegungsabläufe, das eine »Überwachung« gelieferter Daten vornimmt, ja sogar von einem »automatischen Piloten«. Verweisen nicht allein schon diese Worte auf eine in Wahrheit *übergeordnete* Bedeutung gerade dieses Gehirnteiles? Welchem Fahrzeug etwa nützte allein die darin enthaltene Kraft, die es zur Fortbewegung in seiner Umwelt befähigt, würde diese nicht in sinnvoller Weise gelenkt und gezügelt werden?

Dieses Kleinhirn ist, wie es weiter heißt, für die Erhaltung des Gleichgewichts zuständig. Könnte es, angesichts der auch für die Wissenschaft nicht auszuschließenden Möglichkeit des

Bestehens eines außerhalb des irdischen Raum- und Zeitbegriffes stehenden Geistes nicht sein, daß dieser Aufgabe eine viel weiterreichende Bedeutung zukommt, denn – so Viktor K. Wendt (»Polarität«, Sphinx-Verlag, Basel): *»Geistige Kräfte und Energien lassen sich nicht begrifflich oder bildlich erfassen.«*

Etwas von dieser Schwierigkeit kommt in den ahnungsvollen Worten Arthur Köstlers (»Das Gespenst in der Maschine«) zum Ausdruck, mit welchen er die Tätigkeit dieses von ihm als »Althirn« bezeichneten Gehirnteiles zu beschreiben versucht: *»Es hat seine eigenen geistigen Funktionen, es fühlt und denkt, wenn auch nicht in verbalen Begriffen [...], aber auf eine entwicklungsgeschichtlich überholte Art und Weise, die von Psychiatern als infantil oder primitiv bezeichnet wird«*,

und er fügt an anderer Stelle bei:

»Der Glaube ist eine Art des Wissens, bei welcher das emotionale Althirn dominiert.«

»Primitiv«, fernab der klugseinwollenden Geltungssucht, »infantil«, kindlich (nicht kindisch!) also ist die Denkweise dieses kleinen Gehirns. Welch wunderbar reine Unverbildetheit tritt uns hier doch entgegen! Erinnern wir uns da nicht der Mahnung Jesu: »Werdet wie die Kinder!« – geöffnet, vertrauensvoll, aufnahmebereit? So ist es nur folgerichtig, daß der dem innersten Kern des Menschen entspringende, dem Schöpfer zustrebende Glaube erkennen läßt, daß hier der *Geist* sein Wirkungsfeld hat.

Und so ist es auch. Die Forschung hätte sich vieles erleichtern können, würde sie endlich – als eine zwar nicht faßliche, aber in ihrem Wirken erkennbare Größe – den Geist in ihre Betrachtungen einbeziehen. In der Gralsbotschaft war nämlich schon vor mehr als einem halben Jahrhundert die Aufgabe des Kleinhirns dargelegt worden:

»*Die Tätigkeit des Menschengeistes ruft in dem Sonnengeflecht die Empfindung hervor und beeindruckt dadurch gleichzeitig das kleine Gehirn. Die Auswirkung des Geistes. Also eine Kraftwelle, die von dem Geiste ausgeht [...].*

Dieses kleine Gehirn formt je nach der bestimmten Art der verschiedenartigen Beeindruckung einer photographischen Platte gleich das Bild des Vorganges, den der Geist gewollt hat, oder den der Geist in seiner starken Kraft durch sein Wollen formte. Ein Bild ohne Worte! Das Vorderhirn nimmt nun dieses Bild auf und sucht es in Worten zu beschreiben, wodurch die Zeugung der Gedanken vor sich geht, die in der Sprache dann zum Ausdruck kommen [...].

Bei diesem Weitergeben ist bereits eine kleine Veränderung durch Verdichtung erfolgt, da ja das kleine Gehirn die ihm eigene Art beimischt.« (GB »Empfindung«)

Halten wir hier einen Augenblick inne. War nicht zuvor bei Köstler die Rede davon gewesen, das Kleinhirn fühle und denke, doch nicht verbal – also in wortlosen Bildern? Die Wissenschaft erkennt also sehr wohl den Unterschied gegenüber der *sodann* wortformenden Arbeit des Vorderhirns – aber da sie den Geist, den Ausgangs- und Endpunkt aller Gehirntätigkeit aus ihren Betrachtungen noch ausgeklammert läßt, sieht sie nicht die verdichtende Umwandlung, die dessen Wollen hier *erstmals* erfährt.

Lesen wir nun in der Gralsbotschaft weiter:

»Wie ineinandergreifende Glieder einer Kette arbeiten die Instrumente in dem Menschenkörper, die dem Geiste zur Benützung zur Verfügung stehen. Sie alle betätigen sich aber nur formend, *anders können sie nicht. Alles ihnen Übertragene formen sie nach ihrer eigenen besonderen Art. So nimmt auch das Vorderhirn das ihm vom Kleinhirn zugeschobene Bild auf und preßt es seiner etwas gröberen Art entsprechend erstmalig in engere Begriffe von Raum und Zeit, verdichtet es damit und bringt es so in die schon greifbarere feinstoffliche Welt der Gedankenformen.*

Anschließend formt es aber auch schon Worte und Sätze, die dann durch die Sprechorgane in die feine Grobstofflichkeit als geformte Klangwellen dringen, um darin wiederum eine neue Auswirkung hervorzurufen, welche die Bewegung dieser Wellen nach sich zieht.« (GB »Empfindung«)

Greifen wir jenen Schlüsselsatz heraus, der die Wirkungsweise von Hinter- und Vorderhirn (Klein- und Großhirn) am knappsten beschreibt: *»Alles ihnen Übertragene formen sie nach ihrer eigenen besonderen Art.«* Mit dieser von Abd-ru-shin dargebotenen Erklärung wird nämlich keineswegs verlangt, Unvorstellbares hinzunehmen.

Derartige Umwandlungsprozesse sind nicht nur der Wissenschaft, sondern ganz allgemein sowohl vom lebenden Organismus als auch aus der Technik bekannt. So werden etwa die Bilder, die die Netzhaut des Auges aufnimmt, durch deren winzige Zapfen und Stäbchen in mikroelektrische Nervenimpulse verwandelt. Auf immer noch unerklärliche Weise entstehen daraus im »Sehzentrum« sodann jene Eindrücke, die uns als die Wirklichkeit dieser Welt erscheinen.

Schallwellen schließlich, bewegte Luft, werden erst nach der im Ohr erfolgten Verwandlung durch mechanische und mikroelektrische Übertragungssysteme im Großhirn zu akustischer Wahrnehmung.

Und haben wir eine solche stufenweise Verdichtung nicht etwa bei Rundfunk und Fernsehen nachgebildet? Die von einem Sender ausgehende, ebenso unsichtbare wie unhörbare Schwingung wird zunächst von einer Antenne aufgenommen, die sie jenem Apparateteil zuleitet, welcher sie – seiner Art entsprechend – in elektrische Impulse verwandelt. Damit ist die erste, immer noch schwache, weil den groben Sinnen noch nicht unmittelbar bemerkbare Verdichtung erfolgt. Erst in der nächsten Verwandlungsstufe durch die Bildröhre und den Lautsprecherteil wird das bislang für uns Unfaßliche sicht- und hörbar.

Übertragen wir nun das gleiche Prinzip auf die Vorgänge in unserem Gehirn, wie diese von der Gralsbotschaft aufgezeigt wurden: Der Geist wäre demnach der Sender, von dem ein bestimmtes Wollen als unsichtbare Schwingung, als »Kraftwelle«, ausgeht. Das Sonnengeflecht entspräche dann der Antenne, das von dieser Schwingung angeregt, sie dem Kleinhirn zur ersten Umwandlung zuführt, durch welche es in weiterer Folge dem Vorderhirn erst ermöglicht wird, sie letztendlich umzusetzen in erdenstofflich wahrnehmbare Auswirkungsformen.

Dazu hat die Wissenschaft erst vor wenigen Jahren einige höchst bemerkenswerte Erkenntnisse gewonnen. Man hat nämlich entdeckt, daß die beiden Hälften des *Vorder*hirns – deren linke die rechte, deren rechte hingegen die linke Körperseite steuert – noch viel weitergehende unterschiedliche Aufgaben haben. In der linken Seite sind die sprachlichen, logischen, rechnerischen Fähigkeiten, das zerlegende, schrittweise Denken angesiedelt, während in der rechten Hälfte die gestaltenden schöpferischen Kräfte, musisches Vermögen und zusammenfassende Ganzheitsschau zu finden sind (dargestellt in »Das holographische Weltbild«, bei Capra, Eccles, Taylor, »Bild der Wissenschaft« Nr. 1/1985, u. v. a.).

Es ist also auch noch innerhalb der Gesamtheit des Großhirns eine deutliche Abstufung vorhanden. In dem vergleichbaren Beispiel mit der Wirkung eines Fernsehapparates entspräche dies etwa der Trennung der ankommenden Stromimpulse in die lebhafteren Schwingungen des Lichtes und die trägeren, mehr der irdischen Grobstofflichkeit zugehörigen des Klanges. Diese Unterteilung hat Köstler (»Der Mensch – Irrläufer der Evolution«) zu der Auffassung veranlaßt, daß die beiden Vorderhirnhälften »[...] *einander ergänzen wie Yin und Yang* [Anm.: nach altchinesischer Weltsicht die Polaritäten der Ganzheit]. *Die beiden Hemisphären müssen offenbar zusammenarbeiten, damit [...] der Mensch seine Möglichkeiten voll ausschöpfen kann.*«

Liegt es da nicht nahe, diese schon innerhalb des Großhirns erkannte Notwendigkeit noch weiter zurückzuverfolgen und diese Ergänzung zu einer übergeordneten Einheit auch im Verhältnis zwischen Groß- und Kleinhirn anzunehmen? Eine in diese Richtung weisende Vorstellung zeichnet sich in der Wissenschaft tatsächlich ab. Nach Köstler (in »Das Gespenst in der Maschine«) nimmt das von ihm so bezeichnete »Althirn« nämlich »[...] *eine strategisch zentrale Position ein, von der aus es innere Empfindungen mit Wahrnehmungen aus der Außenwelt in Verbindung bringen und auf sie nach eigenem Ermessen reagieren kann.*«

Oder, wie bei Gordon Rattrey Taylor zu lesen: »*Das neue Gehirn sagt ihnen, was es ist, das alte Gehirn sagt ihnen, ob es wichtig ist.*«

Betrachtet man diese beiden Aussagen näher, so zeigt sich, daß die erstere mehr ein Wirken von innen nach außen, die letztere ein solches von außen nach innen zum Gegenstand hat. Es erkennt also auch die Wissenschaft die nach beiden Richtungen offene Mittlerrolle des Kleinhirns, von welcher schon in der Gralsbotschaft gesagt worden war, es

»*[…] fällt einem Teile der Gehirnmasse die Aufgabe zu,* Geistiges aufzunehmen wie eine Antenne, *während der andere Teil, der den Verstand erzeugt, das Aufgenommene dann zur Benutzung für die Grobstofflichkeit umarbeitet. Ebenso soll umgekehrt das vordere Gehirn, das den Verstand erzeugt, alle Eindrücke aus der Stofflichkeit aufnehmen, zur Empfangsmöglichkeit des hinteren Gehirnes umarbeiten, damit dessen Eindrücke zur weiteren Entwickelung und Reife des Geistes dienen können. Beide Teile aber sollen* gemeinschaftliche *Arbeit leisten. So liegt es in den Bestimmungen des Schöpfers.*« (GB »Das verbogene Werkzeug«)

Wo aber nicht nur Meldungen gesammelt, sondern – nach den obigen Worten der Wissenschaftler – auf ihre Bedeutung *geprüft* und nach *Ermessen* verwertet werden, dort ist eine richtende, ordnende *Führung* am Werke. Die Wissenschaft, so möchte man sagen, »erspürt« geradezu das Walten des offiziell noch nicht allgemein anerkannten Geistes. Und Köstler, der in diesem Zusammenhang von »inneren Empfindungen« gesprochen hatte, ahnte gar nicht, wie nahe er damit der klärenden Wahrheit gekommen war.

Denn die Empfindung – eine körperunabhängige Regung – ist nach der Gralsbotschaft jene »Kraftwelle«, die vom *Geiste* als »Sender« ausgeht. Sie ist die »innere Stimme«, die als Sprache des Geistes sein Wollen trägt.

Die unselige Erbschaft

»Die alten und die neuen Strukturen wirken ständig aufeinander ein, trotz ihrer mangelhaften Koordination und Abwesenheit jener Kontrollen, die einer wohlausgeglichenen Hierarchie Stabilität verleihen«, beschreibt Köstler (»Das Gespenst in der Maschine«) den notwendigen, aber höchst unvollkommenen Zustand, wobei der Ausdruck »Hierarchie« bemerkenswert ist, da er ein Verhältnis von Über- und Unterordnung umschließt.

»Würden wir nicht wissen, daß das Gegenteil der Fall ist, dann hätten wir eigentlich erwartet, daß die evolutionäre Entwicklung das primitive alte Gehirn allmählich in ein verfeinertes Instrument verwandelt haben würde«, fügt Köstler bei. Damit bestätigt er, was die Gralsbotschaft betont hat:

»Die beiden Teile des Gehirnes hätten ganz gleichmäßig großgezogen werden müssen, zu gemeinsamer harmonischer Tätigkeit, wie alles in dem Körper. Führend der Geist, ausführend hier auf Erden der Verstand.« (GB »Es war einmal ...!«)

Zum besseren Verständnis dafür, wie es dazu kommen konnte, daß die Entwicklung nicht gleichmäßig verlief, wollen wir uns nochmals den beiden Hälften des *Vorderhirns* zuwenden. Auch sie haben, wie man heute weiß, unterschiedliche Aufgaben. Aber:

»Die meisten Menschen in westlichen Gesellschaftssystemen neigen dazu, sich eher der Funktionen der linken als derjenigen der rechten Hälfte zu bedienen. Doch diese Dominanz ist nicht angeboren, sondern möglicherweise das Ergebnis der kulturellen und pädagogischen Systeme, die jene Fähigkeiten betonen, die der linken Hälfte zugeordnet sind«,

meint Peter Russell (»Der menschliche Computer«, Heine-Buchreihe »Kompaktwissen«). Er steht mit dieser Ansicht, die keineswegs bloße Vermutung ist, nicht allein, denn

»Untersuchungen lettischer Wissenschaftler haben eine sehr unterschiedliche Belastung der beiden Gehirnhälften ergeben. Krauklis [Anm.: so der Name des Forschers] *stellte fest, daß die linke Seite, die Sprachfunktionen und abstraktes Denken steuert, wesentlich stärker beansprucht wird als die rechte Seite, die mehr die bildhaften Vorgänge des Erkennens lenkt.*
Es ließ sich angeblich sogar nachweisen, daß eine allzu intensive Tätigkeit der linken Gehirnhälfte zu einer Verkümmerung *der potentiellen Anlagen der rechten Gehirnhälfte führt.«*
(»Bild der Wissenschaft«, Nr. 2/1982, S. 21)

Krauklis macht sodann, »*um das Allgemeinbefinden zu heben*«, Vorschläge zur besseren Betätigung der rechten Vorderhirnhälfte und kommt damit der Ansicht Russells entgegen, der meint: »*Im Idealfall sollte man beide Hälften gleichmäßig benutzen.*«

Hier also hat man – und das erscheint besonders bedeutsam – die Folge unzureichender Beanspruchung, die *Verkümmerung* und die Notwendigkeit einer Verhaltensänderung eingesehen. Man ist sich auch der Ursache bewußt geworden, die dazu geführt hat. Sie sei ihrer weitreichenden grundsätzlichen Bedeutung wegen mit den Worten einer Buchankündigung in »Bild der Wissenschaft« (Nr. 9/1982) nochmals kurz zusammengefaßt: »*In unserer Gesellschaft wird eindeutig die linke Gehirnhälfte, der Verstand gefordert. Es ist uns abgewöhnt worden, die schöpferischen Kräfte der rechten Gehirnhälfte zu nutzen.*«

Wohlgemerkt: Noch sind wir innerhalb des Bereiches des *Vorder*hirns. Aber es ist nicht nur naheliegend, sondern geradezu selbstverständlich, daß sich die Auswirkungen solcher Einseitigkeit erst recht im Verhältnis zwischen dem Vorderhirn und dem zu ungleich verfeinerten und weiterreichenden Aufgaben berufenen Hinterhirn zeigen müssen, zu welchem allein schon durch die Verkümmerung der rechten Großhirnseite die wechselseitig begehbare Brücke wenig tragfähig geworden war.

Damit sind wir wieder bei der Gralsbotschaft als der schon längst vorhandenen Quelle für die Einsicht in die Tragweite dessen, was die Wissenschaft erst jetzt nach und nach auf Umwegen zu erkennen beginnt:

»*Der Menschheit größte Schuld aber ist es von Anfang an, daß sie diesen Verstand, der doch nur Lückenhaftes ohne Leben schaffen kann, auf einen hohen Sockel setzte und förmlich anbetend um-*

tanzte. Man gab ihm einen Platz, der nur dem Geiste vorbehalten werden durfte [...].
Die damalige umstellende Handlung der Menschen, die sich so einschneidend gegen den Schöpferwillen, also gegen die Naturgesetze, richtete, war der eigentliche ›Sündenfall‹, dessen Folgen an Furchtbarkeit nichts zu wünschen übrig lassen; denn er wuchs sich dann zur ›Erbsünde‹ aus, weil die Erhebung des Verstandes zum Alleinherrscher auch wieder die natürliche Folge nach sich zog, daß die so einseitige Pflege und Betätigung mit der Zeit auch das Gehirn einseitig stärkte, so daß nur der Teil, der die Arbeit des Verstandes zu verrichten hat, heranwuchs, und der andere verkümmern mußte.« (GB »Es war einmal ...!«)

Prüfen wir nun an Hand heutiger wissenschaftlicher Erkenntnisse, wieso dieser Defekt vererblich werden konnte.

Auf die Möglichkeit der Vererbung der durch Gebrauch oder Nichtgebrauch von Organen entstandenen Veränderungen hatte schon Lamarck hingewiesen. Darwinisten und Neodarwinisten hatten derartige Mutationen schließlich mit den Genen in Verbindung gebracht, und die Entdeckung des genetischen Codes gestattete ein noch tieferes Eindringen in die Zusammenhänge. Demnach ist die DNS (Desoxyribonukleinsäure) jenes Molekül, »*[...] mit dessen Hilfe die Natur die genetische Information einer Art im Zellkern speichert*«, was Hoimar von Ditfurth (»Unbegreifliche Realität«) den »*Mechanismus der Vererbung*« nennt.

Wir wissen also heute, daß und wie Veränderungen im Aufbau einer Art an ihre Abkömmlinge weitergegeben werden.

In jüngster Zeit hat schließlich die Entdeckung der Kybernetik zu einem neuerlich verbesserten Verständnis geführt. Die dieser Gesetzmäßigkeit zugrunde liegende »Kreiskausalität« führt dazu, daß die aus einer Ursache hervorgehende Wirkung wiederum auf die Ursache zurückwirkt. Es handelt sich dabei um das schon in der Gralsbotschaft beschriebene Gesetz der Wechselwirkung, dessen *umfassende* Bedeutung die Wissenschaft erst jetzt nach und nach zu erkennen beginnt:

»Das Gesetz der Wechselwirkung!
Ein Gesetz, das in der ganzen Schöpfung von Urbeginn an liegt, das in das große, nimmer endende Werden unlösbar hineingewoben wurde als ein notwendiger Teil des Schaffens selbst und der Entwickelung. Wie ein Riesensystem feinster Nervenfäden hält und belebt es das gewaltige All und fördert dauernde Bewegung, ein ewiges Geben und Nehmen!« (GB »Schicksal«)

Dies hat auch in bezug auf die Entstehung genetischer Veränderungen des Erbgutes zu vertieften Einsichten geführt:

»Zwischen dem Verhalten und seiner biologischen Grundlage besteht also ein Rückkopplungsprozeß: Verhalten ist nicht nur Ursache für Veränderungen in den Genfrequenzen, Verhalten ist auch die Folge solcher Veränderungen. Der Evolutionsprozeß erhält damit eine Eigendynamik und läßt sich nicht auf einfache Ursache-Wirkung-Mechanismen zurückführen; er ist als ein fortschreitendes, das heißt sich ständig entfaltendes System zu erklären [...].
Dadurch gewinnen Umweltbedingungen und eigenes Verhalten zusätzlich an Bedeutung, indem sie morphologische [Anm.: Morphologie = Wissenschaft vom Bau der Lebewesen und ihrer

Bestandteile] *Entwicklungsprozesse einleiten, fördern oder auch unmöglich machen«,* lesen wir bei John Eccles. (»Gehirn und Geist«)

Vereinfacht gesagt: Erbgut – Verhaltensweisen – Umweltbedingungen – Verhaltensweisen – Erbgut, sind ein einander bedingender, dauernde Veränderung bewirkender Kreislauf, durch welchen auch bestimmte Erbanlagen gefördert oder unterdrückt werden können. So macht etwa der Biologe Rupert Riedl die *Schulen* für die gezielte Beanspruchung der linken, betont Verstandes-Belangen dienenden Seite des Vorderhirns verantwortlich, wogegen sie die schöpferische rechte vernachlässigen. Niemand, der die Lehrpläne der allgemeinen Unterrichtsanstalten kennt, wird die Richtigkeit dieses Vorwurfs bestreiten, dem Riedl beifügt: »*Das ist nicht gut. Vielleicht wird es einmal umgekehrt sein!*« (Fernsehgespräch ORF/Wien 30.8.1983)

Die sich verstärkende Auswirkung ungehemmter Verstandesbetonung sei hier an einigen Beispielen veranschaulicht:

Nachdem Forscherdrang die künstliche Befruchtung auch beim Menschen ermöglicht hat, wurden sogenannte »Samenbanken« errichtet: Ungenannt bleibende Spender stellen ihr Erbgut – nach Katalog zu bestellen – empfängniswilligen Frauen gegen »wertentsprechenden Kaufpreis« zur Verfügung! Robert Graham, Gründer des »Repository for Germinal Choice« in Lakeside/Kalifornien preist sein Unternehmen mit den Worten an: »*Wir beliefern nur verheiratete Paare mit unserem erstklassigen Gen-Material von Nobelpreisträgern und anderen ausgezeichneten Wissenschaftlern. Wir wollen unseren Kindern die bestmöglichen Startbedingungen geben.*« (»Bild der Wissenschaft«, Nr. 11/1984)

Das also ist es, was man als die rechte Voraussetzung eines sinnerfüllten Erdenlebens ansieht! Aber welche Eitelkeit der Wissenschaftler steckt doch dahinter, die sich so wichtig nehmen, daß sie sich wie eine Ware zu erbbiologischer Vervielfältigung anpreisen lassen!

Und eine Frau, die von diesem Angebot Gebrauch macht, um sich auf diese, aller höheren Bindekräfte entbehrenden Weise ein Kind »anzuschaffen«, muß ihrerseits betont verstandesmäßig eingestellt sein.

Das österreichische Fernsehen brachte vor einiger Zeit einen Bericht über eine solche Mutter. Er zeigte unter anderem, wie sie das erst zweijährige »Intelligenz-Wunderkind« Computer-Aufgaben lösen ließ!

Nicht weit davon liegt der Bericht einer Wiener Zeitung über ein »Institut zur Verbesserung menschlicher Leistungsfähigkeit«. Nach Ansicht seines Leiters *»müsse mit der Stimulation des Gehirns sofort nach der Geburt begonnen werden. Wie einen Computer müsse man es mit Daten füttern, auf daß es durch Training wachse [!]«.* Diejenigen, die die Dienste dieses Instituts in Anspruch nehmen, sind, dem Bericht zufolge, meist Akademiker (»Kurier«, Wien 2.8.1981).

Ein anderes Beispiel: In einer Fernsehreihe, in welcher vier- bis achtjährige Kinder bestimmte Begriffe beschreiben sollten, war ein sechsjähriger Junge in der Lage, den Begriff »Computer« mit allen notwendigen Eingaben und ihren Auswirkungen geradezu »fachmännisch« darzulegen.

Was wird aus solchen Kindern werden? Welche Werte werden sie weitervermitteln? Die Ausbildung, die Schule, ist nur die Folge des verbreiteten Wahns, der Verstand allein sei in der Lage, das Heil der Welt zu bewirken. Sie fördern freilich und sie verstärken diesen Wahn.

Machen wir uns aber klar, daß es sich dabei nur um die uns heute sichtbare »Spitze des Eisbergs« handelt. Verstandliche Überbetonung hat ja nicht erst mit dem Auftreten der Wissenschaften und der Technik eingesetzt. Sie hat ihre Wurzeln bereits in der menschlichen Frühgeschichte, als rücksichtslose Selbstbehauptung mit allem ihrem erklügelten Zweckverhalten an Stelle dankbarer Einfügung in die Schöpfungsordnung die Richtung der Menschheitsentwicklung bestimmte. Wieder sei hierzu Hoimar von Ditfurth (»Unbegreifliche Realität«) zitiert:

»Die Neigung zu der gegen Mitglieder der eigenen Art gerichteten Aggressivität fand unter dem Einfluß der ›natürlichen Selektion‹ Schritt für Schritt Eingang in die erbliche Konstitution unseres Geschlechts.«

Greifen wir andererseits wieder zur Gralsbotschaft:

»Das hatte zuletzt wiederum den Nachteil, daß schon seit Jahrtausenden ein jeder Kindeskörper, der geboren wird, durch immer weitergreifende Vererbung das vordere Verstandesgehirn so groß mit auf die Erde bringt, daß jedes Kind von vornherein durch diesen Umstand spielend wieder dem Verstande unterworfen wird, sobald dieses Gehirn die volle Tätigkeit entfaltet.«
(GB »Es war einmal …!«)

Heute sind uns diese Worte der Gralsbotschaft, ist uns die »immer weitergreifende Vererbung« der einmal begonnenen Fehlentwicklung durch die kybernetische, sich in den Genen niederschlagende Aufschaukelung, die man auch als »positive Rückkopplung« bezeichnet, verständlich geworden. Sie führte zu jenem rapiden Wachstum des Vorderhirns, das Köstler mit einer Exponentialkurve verglichen hat, einer Kurve, die nicht dem gleichförmigen Anstieg der Zahlenreihe 1, 2, 3, 4 und so weiter, sondern deren Quadratzahlen 1, 4, 9, 16 ... folgt, sich also sprunghaft steigert. Die einmal eingeschlagene Richtung hat die Geschicke der ganzen Menschheit beeinflußt, denn – so Viktor K. Wendt (»Polarität«): »*Jeder Mensch wirkt als eine autonome Zelle des Ganzen, also der Menschheit, und somit ist sein Schicksal mit dem der Ganzheit verbunden und verwoben.*«

Die Folgen

Das »Althirn«, so meint Köstler (»Das Gespenst in der Maschine«), »*[...] läßt sich mit einem primitiven Fernsehschirm vergleichen, der Projektionen aus der inneren Umwelt mit solchen aus der äußeren Umwelt kombiniert, häufig aber beide miteinander verwechselt.*«

Mit der beiläufigen Erwähnung einer solchen »Verwechslung« trifft er eine der schlimmsten Folgen des ungleichen Gehirnwachstums, von welcher schon in der Gralsbotschaft gesagt worden war:

»*Das im Verhältnis viel zu kleine hintere Gehirn macht es den heute wirklich ernsthaft Suchenden auch schwer, zu unterscheiden, was echte Empfindung in ihm ist, und was nur lediglich Gefühl [...].*

Hier haben wir den Unterschied zwischen dem Ausdruck der Empfindung als Folge einer Tätigkeit des Geistes, und den Ergebnissen des aus den körperlichen Nerven hervorgehenden Gefühles. Beides bringt Bilder, die für den Nichtwissenden schwer oder überhaupt nicht zu unterscheiden sind, trotzdem ein so gewaltiger Unterschied darin vorhanden ist [...].

Bei den Empfindungsbildern, der Tätigkeit des Kleingehirns als Brücke für den Geist, erscheint zuerst *das Bild unmittelbar, und dann erst geht es in Gedanken über, wobei durch die Gedanken das Gefühlsleben des Körpers dann beeinflußt wird.*

Bei den durch das Vorderhirn gezeugten Bildern aber ist es umgekehrt. Da müssen Gedanken vorausgehen, *um die Grundlage der Bilder abzugeben. Das geschieht aber alles so schnell, daß es fast wie eins erscheint. Bei einiger Übung im Beobachten jedoch kann der Mensch sehr bald genau unterscheiden, welcher Art der Vorgang ist.«* (GB »Empfindung«)

Dieses Unterscheidungsvermögen: hier Empfindung – da Gefühl, aber ist von ungeheuerer Wichtigkeit. Denn der Mensch sollte vor allem Empfindungsmensch sein. Die Empfindung ist ja die Sprache des *Geistes,* durch die er uns führen soll. Wie aber kann der Geist führen, wenn wir den Klang seiner Stimme nicht erkennen?

Mit dem ungleichen Wachstum, mit der Verkümmerung des hinteren Gehirns, hat der Mensch den Kompaß gestört, der die wichtigste aller Richtungen weisen sollte: jene nach oben, in die geistige Heimat.

»Alle Anzeichen sprechen dafür, daß das Unheil begann, als der Neocortex [Anm.: Großhirn] *anfing, sich plötzlich mit einer Schnelligkeit auszudehnen, für die es in der ganzen Evolutionsgeschichte kein Beispiel gibt«*, vermutet Köstler ganz richtig, denn nun, so meint der gleiche Autor, sind seine Funktionen *»[...] der normalen Kontrolle entglitten, so daß sie dahinrasen wie eine Dampfmaschine, bei der der Regler abhanden gekommen ist.«*

Genau so ist es! Der Regler, der die Abwägung vornimmt zwischen Soll-Wert und Ist-Wert, zwischen richtig und falsch, ist nicht mehr verläßlich, denn:

»Der Teil des Gehirnes, der die Brücke zum Geist bilden soll, oder besser die Brücke vom Geist zu allem Irdischen, ist also damit lahmgelegt, eine Verbindung abgebrochen oder doch sehr stark gelockert, wodurch der Mensch für sich jede Betätigung des Geistes unterband und damit auch die Möglichkeit, seinen Verstand ›beseelt‹ zu machen, durchgeistet und belebt.« (GB »Es war einmal ...!«)

Diese in der Gralsbotschaft geschilderte mangelhafte Verbindung stellt jetzt auch Köstler (»Der Mensch – Irrläufer der Evolution«) resignierend fest: *»Explosionen haben nun einmal keine harmonischen Ergebnisse, und in diesem Fall war das Ergebnis offenbar, daß die Denkhaube, die sich so rasant entwickelte und dem Menschen seinen Verstand bescherte, mit den älteren, emotionsgebundenen Strukturen nicht richtig verbunden wurde.«*

Verirrt, im irdischen Dickicht verstrickt, sieht sich die Menschheit in vielfacher Hinsicht heute scheinbar auswegslos von den Folgen dieser Fehlentwicklung umklammert.

»Allein den erdgebundenen Verstand zum Götzen zu erheben, genügte, um den ganzen Weg des Menschen umzustellen, den der Schöpfer ihm in seiner Schöpfung vorgezeichnet hatte.« (GB »Das verbogene Werkzeug«)

Haben diese Worte der Gralsbotschaft – nochmals sei daran erinnert: vor mehr als einem halben Jahrhundert niedergeschrieben – sich inzwischen nicht furchtbar bewahrheitet? Erleben wir ihre Richtigkeit in den Schreckensmeldungen nicht täglich aufs neue? Das Menschenhirn hat, so führt Theo Löbsack aus, *»[…] grundlegende Naturgesetzlichkeiten, an die sich viele Tiere und Pflanzen hielten, im Laufe der Zeit systematisch zu umgehen gelernt und lauter Aktionen provoziert, die für den Menschen tödlich verlaufen können […].*

Einst ein Organ mit der Funktion, die Überlebenschancen seiner Träger im Daseinskampf zu erhöhen, ist das Großhirn mittlerweile zu einem Katastrophenorgan geworden, dem es nicht mehr gelingen will, seine eigenen Werke unter Kontrolle zu halten, um sie mit den Lebensgrundlagen auf der Erde in Einklang zu bringen.«

Eben das aber erfüllt den von vielen Menschen mißverstandenen, oft fälschlich mit der Nichterfüllung von Formvorschriften in Verbindung gebrachten Begriff der »Sünde«. Es ist der Verstoß gegen die weise Ordnung der Schöpfung, die Nichteinfügung in die darin unverrückbar und selbsttätig wirkenden Gesetze, in denen der Wille Gottes zum Ausdruck kommt. Die Gralsbotschaft hat hierzu unmißverständlich gesagt: *»Wer gegen Gottes Willen handelt, also in der Schöpfung sündigt, ist den*

Folgen dieser Übertretung unterworfen. Gleichviel, wer es auch sei, und unter welchem Vorwande es ausgeführt wurde.« (GB »Es war einmal ...!«)

Halten Sie dies nicht für eine bloß religionsphilosophische Betrachtung der Welt. Sie deckt sich bereits mit wissenschaftlicher Einsicht, etwa des Biologen Rupert Riedl (»Der Gottheit lebendiges Kleid«, Verlag Franz Deuticke): »*Gott hält sich auch an die von ihm geschaffenen Gesetze. Und diese Gesetze sind unverbrüchlich.* Sie sind einzuhalten *und mit dieser Gesetzmäßigkeit entstehen zumindest die Zwecke im Lebendigen, vielleicht aber sogar der Sinn.*«

Was dieser Sinnhaftigkeit nicht entspricht, entbehrt der Schönheit, hat keinen Bestand. So erkennt auch Hoimar von Ditfurth (»Unbegreifliche Realität«): »*Die Folgen des Verstandesglaubens, des Rationalismus als Religion, sind nicht nur häßlich und würdelos. Wie dem König Midas sich alles in Gold verwandelt, so verwandelt sich dem homo sapiens alles, was er anpackt, in Verderben.*«

Dieses Verderben – die unvermeidliche, durch das Gesetz der Wechselwirkung ausgelöste Folge schöpfungsgesetzwidrigen Verhaltens – aber beschränkt sich nicht nur auf grobstofflich-irdische Auswirkung. Es reicht viel weiter. Denn durch die verfehlte Gehirnentwicklung steht der Mensch »*[...] nun einsam, unbrauchbar in der Schöpfung. Abgeschnitten von der Möglichkeit geistigen Erkennens und Aufstieges, damit abgeschnitten auch von Gott!*« (GB »Das verbogene Werkzeug«)

Für den, der den unverrückbaren Wahrheitsgehalt der Gralsbotschaft noch nicht erfaßt hat, mögen diese Worte als überspitzte

Folgerung erscheinen, mit dem Ziel, »uns bange zu machen«. Doch jetzt, mehr als fünfzig Jahre danach, bestätigt auf Grund des Zustandes der heutigen Welt Hoimar von Ditfurth dieses Ergebnis der unbeschränkten Herrschaft des Verstandes mit seiner Feststellung: »*Alle Formen des Glaubens, die sich nicht wissenschaftlich ausweisen konnten, wurden zerstört. Der Mensch ist mit dem Diesseits und seiner Vernunft endlich allein. Die Kälte hätte größer nicht sein können.*«

Kommt uns da nicht der Bibelbericht von der Vertreibung aus dem Paradies in den Sinn? Es ist das durch eigene Schuld herbeigeführte Herausfallen aus der Geborgenheit der sorgenden, fördernden Ordnung der Schöpfung.

Ein neues Verständnis

Der tiefste Talgrund, in dem sich die Menschheit als Folge der Fehlentwicklung befindet, erzwingt aber letztlich auch eine Umkehr. Und wenn auf diesem Wege nach unten »jene Glaubensvorstellungen zerstört worden sind, die sich nicht wissenschaftlich ausweisen konnten«, so könnte dies manchem zum Segen gereichen. »Blinder« Glaube, der den Schöpfungsgesetzen zuwiderläuft, die Wirklichkeiten verleugnet und Unmögliches hinzunehmen verlangt, kann nämlich nur in die Irre führen.

Deshalb heißt es in der Gralsbotschaft,

»[...] daß auch Religionswissenschaft und Naturwissenschaft in jeder Beziehung eins sein müssen in lückenloser Klarheit und Folgerichtigkeit, wenn sie die Wahrheit wiedergeben sollen.« (GB »Weltgeschehen«)

Dieser Satz ist von ungeheuerer Bedeutung. Er räumt auf mit der bisherigen Trennung in eine Welt erklügelter Glaubensvorstellungen und eine ihr widerstreitende der Naturerkenntnis. Der Mensch vermag endlich sehend zu werden. Denn hier wurde ein Weltbild entrollt, das nicht nur auf allen Gebieten von den Naturwissenschaften bestätigt wurde und wird, sondern das, wo diese, nur im Besitze vereinzelter Fakten, an die Grenzen ihrer Möglichkeiten stoßen, die vereinigenden Erklärungen liefert.

Dies sei am Beispiel der hier behandelten Erbsünde noch einmal kurz zusammengefaßt:

Das unverhältnismäßig schnelle Wachstum des Vorderhirns, das Zurückbleiben der übrigen Hirnpartien und die sich daraus ergebende Unausgeglichenheit des menschlichen Handelns sind heute unbestritten. Auch die Ursache ist bekannt: Es ist die betonte Hinwendung an den Verstand, der nur jene Gehirnteile genützt und dadurch gefördert hat, die verstandesmäßige Aufgaben lösen. Auch hat die jüngste Forschung ergeben, daß unser Erbgut dadurch geprägt worden ist. Bestürzt sieht man sich jetzt den Folgewirkungen ausgeliefert. Alles das aber hatte die Gralsbotschaft schon längst aufgezeigt.

Doch schon ist derselbe Verstand bestrebt, sich von der Schuld daran zu entlasten und – wie immer bei Unangenehmem – den Schöpfer verantwortlich dafür zu machen. Zwar sei, so meint Köstler (»Das Gespenst in der Maschine«), bei der Entwicklung jedenfalls »*etwas schiefgelaufen*«, doch müsse der Mensch einen »*Konstruktionsfehler*« haben, der ihn zum »*Irrläufer der Evolution*« oder – so Löbsack – zum »*Fehlschlag der Natur*« werden ließ.

Dem hält die Gralsbotschaft die unerbittliche Wahrheit entgegen:

»*Die Sünde, also die falsche Handlung, war das Zugroßziehen des Verstandes, die damit verbundene freiwillige Kettung an Raum und Zeit und die dann eintretenden Nebenwirkungen der strikten Verstandesarbeit, wie Gewinnsucht, Übervorteilung, Unterdrückung und so weiter, die viele andere, im Grunde eigentlich alle Übel in Gefolgschaft haben [...].*

Das Mitbringen dieses freiwillig großgezüchteten Vordergehirnes, in dem die Gefahr der reinen Verstandesherrschaft liegt, mit den dann unvermeidlichen üblen Nebenerscheinungen, ist die Erbsünde!« (GB »Erbsünde«)

Wird der Begriff der Erbsünde dadurch nicht aller Unbestimmtheit entkleidet? Es ist ein einsehbares, erweisliches, weil längst schon verwirklichtes Geschehen!

Heute sehen wir in der vielfältigen Gefährdung aller Lebensbelange, in welchen Wahnwitz uns diese schrankenlose Vorherrschaft des Verstandes geführt hat und in Verblendung ihrer Anhänger weiterhin zu führen gewillt ist!

Jetzt erst wird die Menschheitstragödie ersichtlich, auf die in dem verschlüsselten biblischen Gleichnis vom Sündenfall mahnend verwiesen wurde. Das Gleichnis aber geht, so meine ich, weiter, als wir es bisher gedeutet haben. Ist Kain, der seinen Bruder Abel erschlägt, nicht Sinnbild für den Verstandesmenschen, der im Verlaufe der Menschheitsgeschichte immer das Geistige unterdrückt hat, weil er neidvoll nicht zu begreifen vermag, weshalb der Rauch vom Feuer des Bruders, nicht aber der seine zur Höhe steigt? Und schreit die zerstörte, vergiftete Welt uns nicht: »Kain, was hast Du getan?« entgegen?

Spät, fast unwillig, kommt nun – so Löbsack – die Einsicht: *»[…] so stehen wir vor der beleidigenden Erkenntnis, daß unser Überleben auf längere Sicht vermutlich eher durch das Wirken sogenannter blinder Kräfte gewährleistet worden wäre als durch unsere Gehirntätigkeit.«*

Und doch: Ist das nicht eigentlich selbstverständlich? Die selbsttätig wirkenden »blinden« Kräfte sind ja die von der Weisheit Gottes allüberall zeugenden Schöpfungsgesetze. So wie beim Bade im Meer die Welle den trägt, der sich ihr anschmiegt, aber gefährlich wird dem, der, ihr widerstrebend, nur auf dem Grunde Sicherheit sucht, verlangen auch sie, ihnen mehr zu vertrauen als der eigenen Selbstherrlichkeit. Denn: *»Die göttlichen Gesetze sind in allem wahre Freunde, sind helfende Gnaden aus dem Willen Gottes, der die Wege zu dem Heile damit öffnet jedem, welcher sich darum bemüht«*, sagt die Gralsbotschaft (»Die Sprache des Herrn«).

Wir aber stehen nun vor dem Schrecknis der nach *unseren* Wünschen gestalteten Welt. Wozu es also länger verleugnen, was schon die Gralsbotschaft (»Es war einmal …!«) gebrandmarkt hat:

»Der jetzige Verstandesmensch ist nicht mehr ein normaler Mensch, sondern ihm fehlt jede Entwickelung des Hauptteiles seines Gehirnes, der zum Vollmenschen gehört, durch das Ver-

kümmernlassen seit Jahrtausenden. Jeder Verstandesmensch hat ausnahmslos nur ein verkrüppeltes *Normalgehirn!«*

Diese Worte finden bei Köstler (»Der Mensch – Irrläufer der Evolution«) jetzt dem Sinne nach ihre Entsprechung:
»*So ließ das explosive Gehirnwachstum eine* geistig unausgeglichene *Spezies entstehen, bei der sich altes Gehirn und neues Gehirn, Gefühl und Intellekt, Glaube und Vernunft in den Haaren liegen.*«

Und Löbsack zieht daraus die Folgerung: »*Nur dann gäbe es Hoffnung auf eine günstigere Entwicklung, wenn wir Menschen uns radikal umstellen könnten, wenn wir ganz anders denken und handeln könnten, als unsere Großhirne uns diktierten.*«

Dem Leser der Gralsbotschaft klingt dieses nun erkannte Erfordernis sehr bekannt:

»*Will er* [Anm.: der Mensch] *erwachen, so ist er gezwungen, vorher erst ›die Lichter umzustellen‹. Was jetzt oben ist, den Verstand, an seinen ihm von Natur aus gegebenen Platz zu setzen, und den Geist wieder an oberste Stelle zu bringen. Diese notwendige Umstellung ist für den heutigen Menschen nicht mehr so leicht. –*«
(GB »Es war einmal …!«)

Doch er kann sie schaffen, obwohl er erblich belastet ist, denn:

»*Die Feststellung einer erblichen Disposition ist eben nicht identisch mit der Feststellung der Ohnmacht des disponierten Subjekts und damit seiner Entschuldigung*«, lesen wir bei Hoimar von Ditfurth (»Unbegreifliche Realität«).

Es ist fast, als spräche er Abd-ru-shin nach, der hinsichtlich dieser Beschränkung auch schon den Weg zur Befreiung aufgezeigt hat:

»*Doch das entzieht ihn* [Anm.: den Menschen] *nicht etwa einer Verantwortung. Diese bleibt ihm; denn er ererbt nur die Gefahr, nicht die Sünde selbst. Es ist durchaus nicht notwendig, daß er bedingungslos den Verstand herrschen läßt und sich ihm dadurch unterwirft. Er kann im Gegenteile die große Kraft seines Verstandes wie ein scharfes Schwert benutzen und sich in dem irdischen Getriebe damit den Weg freimachen, den ihm seine Empfindung zeigt, die auch die innere Stimme genannt wird.*« (GB »Erbsünde«)

Wie nach dem homöopathischen Grundsatz, daß Schädliches durch die Gleichart geheilt wird, wenn nur die Verdünnung entsprechend ist, kann auch der Verstand *als Werkzeug des Geistes* sinnvoll und somit maßvoll verwendet, den Menschen wieder ins Gleichgewicht bringen.

Nicht der Prediger einer Kirche, ein Mann der Wissenschaft ist es heute, der – so Hoimar von Ditfurth – das Bild dieses neuen Menschen entwirft:

»*Wir können wieder auf einen Menschen hoffen, der sich nicht innerlich beziehungslos einem kosmischen Riesenwerk gegenübersieht, sondern der in dem Bewußtsein handelt, einer übermenschlichen Macht verantwortlich zu sein, die gewillt ist, mit ihm nach Verdienst zu verfahren.*«

Welche Sehnsucht nach dem Erringen wahren Menschentums spricht doch daraus! Wüßte man doch endlich um die Zusammenhänge der im Gesetze der Wechselwirkung *selbst* verursachten Auslösungen!

Der Weg dahin freilich verlangt, um den Begriff der »Erbsünde« länger nicht scheu herumzuschleichen, sondern sie endlich als jene Erscheinung zu verstehen, als welche sie sich heute in aller Klarheit und mit allen ihren Folgen erkennen läßt, denn *»[...] es ist gerade die Einsicht in die genetische Komponente unserer Verhaltensweisen [...] eine unumgängliche Voraussetzung jeglicher Chance auf eine Besserung der Lage«,* betont Hoimar von Ditfurth in »Unbegreifliche Realität«.

Ein gestaltloser Religionsbegriff und jüngste Einsichten der Forschung verbinden sich »Im Lichte der Wahrheit« der Gralsbotschaft mithin zu einem *neuen Verständnis.* Hier *sind* Wissenschaft und richtig verstandener Glaube eins geworden. Nun wissen wir, was es mit dieser »Erbschaft« auf sich hat, wie sie entstanden ist und wie wir uns ihrer wieder entledigen können.

So findet diese Betrachtung doch noch ein hoffnungsvoll-tröstliches Ende: Einer *erkannten* Gefahr kann man entgegenwirken! Möge jeder bei sich – im eigenen und im Interesse der Menschheit – in diesem Bestreben erfolgreich sein!

»Der Gottes-Ausweis«

– Gedicht –

Zu Ende litt der lang verheiß'ne Christ,
erfüllend das Gesetz im Erdenkleide;
die Menschen aber höhnten seinem Leide:
»Steig' doch vom Kreuz, wenn Gottes Sohn
Du bist!«
Durch Wunder nur, mit Ruch von Zauberei,
sollte ihr Gott sich ihnen offenbaren –
und hatten doch das Wunder längst erfahren
in Jesu Wort – und hörten dran vorbei.
Denn dieses Wort war ihnen unbequem,
weil seinetwegen sie sich ändern sollten;
ihr Gott doch mußte sein, wie sie ihn wollten:
der Trägheit und dem Dünkel angenehm.
So wurde Christi Wort verdreht, entstellt,
die Gottesweisheit menschlich zugerichtet,
der Mord in die Erlösung umgedichtet,
denn wahr sein darf allein, was uns gefällt!
Und als der Menschensohn zur Erde kam,
da schrie – als er die *reine* Wahrheit brachte –
man wieder nach Beweisen und verlachte
erneut die Botschaft, die man nicht vernahm.

Denn dies allein ist Ausweis für das Licht:
Wer es in sich erlebt, wird neu geboren.
Die blinden Seelen und ertaubten Ohren
erreicht durch eig'ne Schuld die Kunde nicht.
Doch Gottes Wort schließt nun der Menschheit Kreis
und richtend wird es Spreu vom Weizen trennen,
denn der nur kann Imanuel erkennen,
der Gottes Zeugnis wohl zu lesen weiß.

Sieh:
Die Wahrheit liegt so nahe

WAS UNS GOETHE SAGEN WOLLTE

BAND 5

*»Über allen anderen Tugenden steht eins:
das beständige Streben nach oben,
das Ringen mit sich selbst,
das unersättliche Verlangen nach größerer Reinheit,
Weisheit, Güte und Liebe.«*

– J. W. von Goethe –

BAND 5

Vorbemerkung des Verfassers

Zum Verständnis der nachfolgenden Gedankengänge ist es nicht erforderlich, Goethes »Faust« zu kennen; gehen Sie nur ohne Scheu an diese Ausführungen heran. Denn die Goethesche Dichtung bildet nicht den eigentlichen Gegenstand der Betrachtung, sondern die *Wahrheit,* die uns darin vermittelt wird. Diese Wahrheit spricht für sich allein und ist jedem aufgeschlossenen Menschen zugänglich. Sie aus dem Rahmen der Faust-Dichtungen herauszuheben, zu einem Weltbild zu ordnen und den Weg zu weitergehender Einsicht zu weisen, ist das Anliegen der folgenden Ausführungen.

– Richard Steinpach –

Anmerkung: Die Zitate aus Goethes »Faust« folgen dem Text der Ausgabe in Reclams Universalbibliothek Nr. 1 und Nr. 2 (Philipp Reclam jun. GmbH & Co., Stuttgart, 1993). Die in Klammern gesetzten Ziffern bei den Zitaten geben den jeweiligen Fundort des Zitats innerhalb der beiden »Faust-Gedichte« an.

Die zersplitterte Wahrheit

Goethes »Faust« gilt als das Drama des nach Erkenntnis verlangenden Menschen. Was wurde nicht alles darüber geschrieben: So viele Zitate sind uns geläufig, daß man schon glaubt, die Dichtung zu kennen und nicht mehr nach weiteren Schätzen sucht.

Auch ich war der Meinung, den »Faust« zu verstehen. Doch dann begann ich tiefer zu schürfen und stieß auf die verborgene Schicht eines inneren, neuen Zusammenhanges, der den Sinn der Tragödie viel deutlicher macht. Hier geht es nicht um ein Einzelschicksal; Goethe wollte, so will es mir scheinen, dem ernsthaft um Wahrheitsfindung Bemühten ein Weltbild und eine Wegweisung geben.

Dies aufzuzeigen ist deshalb nötig, weil immer wieder moderner Ungeist sich, durch Bearbeitung vieles entstellend, auch an der Goetheschen Dichtung vergreift.

Goethe ist, das steht außer Zweifel, ein wahrhaft begnadeter Dichter gewesen. Doch Gnaden müssen *erworben* werden durch Würdigkeit für ihren Empfang. So weist denn dieses Empfangen-Können die hohe geistige Reife aus, die Goethe zur Schauung des Wahren befähigt. Und sollten Sie selbst nach der Wahrheit suchen, so lassen Sie sich eine Wegstrecke führen und hören Sie sich seine Verse an …

Schon in der »Zueignung« sagt uns der Dichter:

»*Und mich ergreift ein längst entwöhntes Sehnen*
Nach jenem stillen, ernsten Geisterreich, [...] (25 f.)

Was ich besitze, seh ich wie im Weiten,
Und was verschwand, wird mir zu Wirklichkeiten.« (31 f.)

Klingt das nicht so, als kehrte hier jemand in höhere Welten des Geistes zurück, um bleibende Werte empfangen zu können? Wir wollen aus dieser erweiterten Schau die Verse der Dichtung zu deuten versuchen, denn vielfach werden uns *geistige* Bilder, die Irdisches weit überragen, gezeigt.

Goethe hat ja das Wesentliche ver-dichtet, aufs Knappste zusammengedrängt. So sind sogar manchmal schon einzelne Worte von einer geballten Aussagekraft.

Wie sehr wird allein das erhabene Reich des sich seiner selbst gewiß gewordenen Geistes durch die Beschreibung als »still und ernst« der albernen irdischen Schwatzsucht entrückt! Verwechseln wir Ernst nicht mit Freudlosigkeit; es ist ein *bewußtes* Erleben des Seins. Doch wer versucht schon, ins Innerste lauschend, den Sinn seines Lebens bewußt zu erspüren? So formt sich von selbst, ganz natürlich, die Schranke, die Goethes Kündung für jene verschließt, die solches Verlangen nicht in sich tragen. –

Ich werde nun in weiterer Folge Verse aus beiden Teilen des »Faust« – ohne Beachtung des Szenengefüges – nur ihrem *Sinn* nach zusammenstellen. Das scheint mir kein Grund, daran Anstoß zu nehmen. Hier steht ja an Stelle des Bühnengeschehens die Goethesche *Weltsicht* im Vordergrund. Und welche seiner

Gestalten er immer im Spiele die Botschaft verkünden läßt, so bringt sie doch immer nur *seine* Gedanken – und ordnet man sie, ergibt sich das Bild.

Ich will Ihnen aber gerne auch sagen, weshalb diese Art, den »Faust« zu betrachten, nach meiner Meinung Berechtigung hat:

»Was soll euch Wahrheit? – Dumpfen Wahn
Packt ihr an allen Zipfeln an. –« (5.735 f.)

klagt Goethe. Er ist sich also bewußt: Nahezu hoffnungslos, aber gefährlich ist es, die Wahrheit bringen zu wollen, denn

»Wer darf das Kind beim rechten Namen nennen?
Die wenigen, die was davon erkannt,
Die töricht gnug ihr volles Herz nicht wahrten,
Dem Pöbel ihr Gefühl, ihr Schauen offenbarten,
Hat man von je gekreuzigt und verbrannt.« (589 ff.)

Doch finden wir andererseits auch die Worte:

»[...] denn welcher Lehrer spricht
Die Wahrheit uns direkt ins Angesicht?« (6.750 f.)

Gibt uns das nicht einen deutlichen Hinweis, daß Goethe die Wahrheit zwar sagen will, doch indirekt, verschlüsselt, versteckt? Er hat, wie ich meine, mit Vorbedacht das klare Bild der Wahrheit zerschlagen. Wir sollen den Ernst unseres Strebens beweisen, indem wir uns mühen, die Splitter zu suchen und sie zum Ganzen zusammenzufügen.

Das Bild der Schöpfung

Goethe gibt uns in seiner Dichtung zunächst eine Ahnung des Weltenbaues. Der Auftrag gilt doch auch Hörern und Lesern:

»So schreitet in dem engen Bretterhaus
Den ganzen Kreis der Schöpfung aus,
Und wandelt mit bedächt'ger Schnelle
Vom Himmel durch die Welt zur Hölle.« (239 ff.)

Sagt nicht der Ausdruck »bedächtige Schnelle«: Ich gebe das Bild nur in großen Zügen, doch haltet an seinen einzelnen Plätzen ein wenig inne und überlegt? Wir wollen nach dieser Weisung verfahren.

Stellen wir vorerst die uralte Frage, die Anfang und Ende des Suchens ist: Durch welche Macht wurde alles erschaffen?

Die Antwort, die Goethe uns bietet, scheint einfach:

»So ist es die allmächtige Liebe,
Die alles bildet, alles hegt.« (11.872 f.)

Und dennoch ist es die einzige Wahrheit! Gibt nicht allein das Bestehendürfen alles Geschaffenen Zeugnis davon? Wer aber, wer verströmt diese Liebe?

*»Ich habe keinen Namen
Dafür! Gefühl ist alles;
Name ist Schall und Rauch,
Umnebelnd Himmelsglut.«* (3455 ff.)

lautet die Antwort. Es wird uns verdichtet hier *alles* gesagt, was gesagt werden *kann*. Denn *wesenlos* ist die Quelle der Schöpfung, für niemanden faßbar, nur seiende Glut. – Nichts vermag *mehr* als sich selbst zu erfassen, – das lehrt uns die »Informationstheorie«. Da aus der »Himmelsglut« alles entstand, kann nichts, was da wurde, ihr gleichrangig sein und nichts sie umfassend, gestalthaft erschauen. Wir freilich, nur in Begriffen denkend, benötigen Namen und sprechen von »Gott«.

Doch Name ist Schall, er hat eigene Schwingung. Mit dieser stellt alles, was Form und Namen gewonnen hat, sich neben und gegen die Strahlung, aus der es soeben entstand. So wird uns in diesem Verse durch Goethe ein Schlüssel zur Weltentstehung gereicht. Denn alles, was aus der erschaffenden Strahlung der Himmelsglut sich zu formen beginnt, macht seinerseits durch diese Schwächung die Strahlung für weitere Formungen lösungsbereit – und dadurch erst können dann Welten um Welten aus der sich verändernden Strahlung entstehen.

»Himmelsglut« sagt, daß das Licht und die Wärme als Strahlung, Bewegung, dem Urgrund entquillt. *Dort* nur ist *Leben*, denn überall sonst löst nur der Druck der erschaffenden Strahlung Bewegung und dadurch Lebendigkeit aus:

»Das ist die Welt;
Sie steigt und fällt
Und rollt beständig; [...]« (2.402 ff.)

Das sagt uns: Es ist die Bewegung der Welten aus *zweierlei* Richtung zusammengesetzt. Die eine verläuft von oben nach unten, die andere rollend, horizontal. Es hat sich demnach die treibende Kraft zum Kreuze aus Senkrecht und Waagrecht gespalten, in welchem der Gegensatz aktiv und passiv, positiv-negativ ausgeprägt ist. So lehrt uns der Vers, daß – und weshalb – das Schöpfungsgetriebe sich *kreisend* bewegt. Denn kreisend zwischen den ungleichen Polen entsteht der pulsierende Wellenzug der Sinuskurve, die unentwegt rollend, zugleich aber immer steigend und fallend das Wechselspiel alles Lebendigen trägt.

Wie vielsagend wird da der einfache Satz:

»Dem Leben frommt die Welle besser; [...]« (8.315)

Hier sind die Gesetze von Sommer und Winter, von Tag und Nacht, von Wachen und Schlafen, von Ebbe und Flut, von Landwind und Seewind, den Füll- und den Streckungsperioden des Wachstums, des Herzschlags, der Atmung zusammengefaßt!

Doch fragen wir uns: Wieso kann die Kraft der »Himmelsglut« denn zur Spaltung gelangen?

Sie kennen doch sicher auch Photographien, auf denen die Sonne als leuchtendes Kreuz an einem verdunkelten Himmel steht. Sobald man ihre zerfließende Strahlung durch kleine Blende und kurze Belichtung räumlich und zeitlich zum Punkte verengt, spaltet ihr dauerndes Leuchten sich zum Kreuz!

So wird man auch zwischen der »Himmelsglut« und aller Schöpfung – der kreisenden »Welt« – sich eine Verengung vorstellen müssen, durch welche – *gewollt* seit dem Lichtwerdungsakte – sich andauernd spaltend der Strahlungsdruck drängt. Den Menschen zu ferne, um mehr als Legende von Ausgießung heiligster Urkraft zu sein, strömt hier im Mysterium des Heiligen Grales

»*Das Werdende, das ewig wirkt und lebt, [...]*« (346)

erneuernd den dürstenden Schöpfungen zu.
Als erstes erstehen daraus die Gestalten, von denen jubelnd das Dichterwort sagt:

»*O fühle dich vom höchsten Gott entsprungen,
Der ersten Welt gehörst du einzig an.*« (9.564 f.)

Wir können sie »Urgeschaffene« nennen, denn wo es ein *erstes* Reich – *Urschöpfung* – gibt, muß es auch nachfolgend weitere geben, die eins aus den andern wie Stufen entstehen.
Und hier sagt uns Goethe:

»*Doch fassen Geister, würdig, tief zu schauen,
Zum Grenzenlosen grenzenlos Vertrauen.*« (6.117 f.)

Was steckt doch nicht alles in diesen zwei Zeilen! »Geister« meint ja nicht etwa Gespenster; wir lernen die *Grundart des Geistigen* kennen, innerhalb welcher der Erdenmensch – wie wir noch später besprechen werden – nur eine keimhafte Ausformung ist. Auch hören wir hier, daß die *Würdigkeit* die Tiefe der Schau – das ist umgekehrt die *Höhe* der Stellung im Kosmos – bestimmt. Geister von solcher Weitsicht vertrauen, weil sie es beständig *erleben,* dem Walten dessen, der *in sich* unendlich, urewig, der unerschöpflich – kurz: grenzenlos ist. Denn höchste Stufe der Gotterfahrung ist, selbst im Vertrauen so grenzenlos zu sein, daß keinerlei eigenes Anders-Wollen die Einheit mit Gottes Willen mehr stört.

Der Vers gibt uns auch zugleich die Erklärung, weshalb dies das höchste Erreichbare ist: Denn wenn in dem Grenzenlos-Sein dieses Einen der ihn bezeichnende *Unterschied* liegt, so muß selbst die Schöpfung als Ganzes begrenzt sein. Dann ist sie ein Werk; nur des Schöpfers Wille – doch nicht er selbst – ist erkennbar darin. Es ist deshalb seinen Willen zu erleben die seligste Art des Ihm-Nahe-Seins.

Durcheilen wir jetzt die Riesenweiten der Schöpfung in nur wenigen Zeilen:

»Gib nach dem löblichen Verlangen,
Von vorn die Schöpfung anzufangen!
Zu raschem Wirken sei bereit!
Da regst du dich nach ewigen Normen,
Durch tausend, abertausend Formen,
Und bis zum Menschen hast du Zeit.« (8.321 ff.)

»Rasches Wirken« ist dort nur zu finden, wo die geringe Dichte der Hülle nicht wie das Fleisch unseres Erdenkörpers dem willigen Geiste zum Hemmnis wird. Das sagt: Die Reise geht nicht von der Erde, sondern von höheren Welten aus. Und ist es von dort auch noch weit bis zum Menschen, weil vieles *zuvor* schon Gestalt werden konnte, so hören wir, daß dieses Weltengebäude von unwandelbaren Gesetzmäßigkeiten des göttlichen Willens getragen wird.

Sie grenzen die einzelnen Stufen der Schöpfung selbsttätig ab:

»Wer sich zu nah herangedrängt,
Ist unbarmherzig gleich versengt. – [...] (5.745 f.)

Doch solcher Ordnung Unterpfand
Zieh ich ein unsichtbares Band.« (5.761 f.)

So, wie eine Schneeflocke schmilzt bei Erwärmung, zergeht und verliert seine Eigenform, was sich im Drucke der höheren Strahlung nicht gleichgeartet behaupten kann. Dadurch entstehen Lebensbereiche aus Stufen von Druck und Temperatur. Sie bilden sowohl eine Grenze nach oben, wie auch ein Band, das die Gleichart umschließt.

Dennoch fließt alles zur Einheit zusammen:

»Wie alles sich zum Ganzen webt,
Eins in dem andern wirkt und lebt!
Wie Himmelskräfte auf und nieder steigen
Und sich die goldnen Eimer reichen!
Mit segenduftenden Schwingen
Vom Himmel durch die Erde dringen,
Harmonisch all das All durchklingen!« (447 ff.)

Das ist nicht poetisch verklärte Erfindung; hier ist jedes Wort von Bedeutung erfüllt! Es ist die »Vernetztheit komplexer Systeme«, die Goethe rund einhundertfünfzig Jahre vor ihrer Entdeckung beschrieben hat! Greift aber eines dabei in das andere, so sind doch auch Diesseits und Jenseits verwoben und nur durch die Schranke der Sinne getrennt. Und alle Geschöpfe der höheren Stufen fassen beseligt die Ströme des Lichtes und reichen als »goldene Eimer« sie weiter der nächsten, ihrer schon harrenden Welt. Welch ein Gemälde des Schöpfungsgetriebes! Des Gebens und Nehmens im ewigen Kreis! Als spendende Mittler des göttlichen Willens *schwingen* die Wesen auch sichtbar darin und schließen, als Feines das Grobe durchdringend, die Erde sogar in die Segnungen ein.

Doch Schwingung ist Ton. So sind alle Welten – wie Kepler schon ahnte – von Klängen erfüllt. Und ohne vom Ultraschall Kenntnis zu haben, sagt Goethe, daß dieser kosmische Klang den menschlichen Sinnen nicht wahrnehmbar ist:

»Tönend wird für Geisterohren
Schon der neue Tag geboren. [...] (4.667 ff.)

Welch Getöse bringt das Licht!« (4.671)

Der farbenprächtige Sonnenaufgang muß ja ein brausendes Tönen sein, weil Farbe und Ton zwei Erscheinungsformen der gleichen Ursache – Schwingung – sind!

So wird es verständlich, daß jedenfalls auch

*»Die Sonne tönt nach alter Weise
In Brudersphären Wettgesang,
Und ihre vorgeschriebne Reise
Vollendet sie mit Donnergang.«* (243 ff.)

Wer hatte bislang bei der letzten Zeile die *Wirklichkeit* des Geschehens bedacht? Vor wenigen Jahren erst wurde erkannt, daß Weltenkörper, infolge der Schwerkraft in sich zusammenstürzend, tatsächlich ein Ende finden »mit Donnergang«. Und dieses Ende ist *vorgeschrieben!* Das heißt, daß im Stoffe für *alle* Gestirne einmal die Zeit des Vergehens kommt!

Verständnislos ätzt darob Mephisto:

*»Was soll uns denn das ew'ge Schaffen!
Geschaffenes zu nichts hinwegzuraffen! [...]*

Und treibt sich doch im Kreis, als wenn es wäre.« (11.598 ff.)

Hier ist der Kreislauf der stofflichen Welten, der – wie wir hörten – der Astrophysik erst jetzt allmählich erkennbar wurde, in wenigen Zeilen zusammengefaßt. Ich sage mit Absicht »der *stofflichen* Welten«, denn

*»Alles Vergängliche
Ist nur ein Gleichnis; [...]«* (12.104 f.)

Ein Vers von ungeheurer Bedeutung. Er kündet von unvergänglichen Reichen, denen Vergängliches abbildhaft gleicht. Das heißt aber, daß sich die Ordnung der Schöpfung im Abbild des Stoffes beobachten läßt. Nur die Beschaffenheit scheidet die Welten, doch waltet in ihnen das gleiche Gesetz.

So wird wie der Makro- der Mikrokosmos noch immer von geistiger Grundart durchzogen:

»*Wer will was Lebendigs erkennen und beschreiben,*
Sucht erst den Geist heraus zu treiben,
Dann hat er die Teile in seiner Hand,
Fehlt, leider! nur das geistige Band.« (1.936 ff.)

Denn Geistiges winzigster Stufenordnung steckt zwar verwandel-, doch unzerstörbar in aller Materie – als Energie.

Hier ist die Antwort auf Faustens Frage

»*[...] was die Welt*
Im Innersten zusammenhält, [...]« (382 f.)

Die *Anziehungskraft* dieser Geiststäubchen bildet, wie Goethe es nennt, das »geistige Band«. Es wird uns dadurch der Unterschied der stofflichen Welten von anderen deutlich: Dort gibt es ein *unmittelbares* Entstehen, hier ist es ein letzter, geistiger Rest, der, niemals mehr der Bewußtwerdung fähig, nur noch den Bodensatz göttlicher Strahlung, den leblosen Stoff, zu den Formungen zwingt. Man kann also nach der Art der Entstehung die Stofflichkeit auch die »Nachschöpfung« nennen.

Wie Geist sich mit stofflichen Hüllen umkleidet, schildert uns Goethe prägnant in dem Vers:

*»Dem Herrlichsten, was auch der Geist empfangen,
Drängt immer fremd und fremder Stoff sich an; [...]«* (634 f.)

Er »drängt sich an«, weil das Geistige *anzieht.* Alles, was als Materieteilchen schließlich in unsere Sinnenwelt tritt, entsteht wie im obigen Verse geschildert: Stoff, der dem Geistigen fremd ist, umhüllt – mit größerer Dichte stets fremder werdend – das Geiststäubchen, bis es durch solche Befrachtung immerfort schwerer geworden und sinkend ein Baustein der irdischen Formbildung wird.

Die Bestimmung des Menschen

So ist auch der Körper des Erdenmenschen seinerseits nur eine stoffliche Hülle, doch

»*In dieser Hülle*
Ist auch Geistes Mut und Kraft; [...]« (9.800 f.)

Wo aber steht nun der dieser Hülle innewohnende Menschengeist im Rahmen der geistigen Stufenordnung, die von den urgeschaffenen Geistern herab bis zu Stäubchen des Geistigen reicht?

Aufschluß geben die Worte Mephistos:

»*Ein wenig besser würd er leben,*
Hättst du ihm nicht den Schein des Himmelslichts gegeben;
Er nennt's Vernunft und braucht's allein,
Nur tierischer als jedes Tier zu sein.« (283 ff.)

Vom *Schein* des Himmelslichts« ist hier die Rede; ein Abglanz nur, ein glimmender Funke, der erst entfacht zu erhellen vermag. Und das ist die Tragik des Menschengeschlechtes: Das Nicht-Erkennen der eigenen Art! Fragen Sie jemand: »Was ist denn der Geist?« Die Antwort wird sein: »Der Verstand ... die Vernunft ...«, doch keiner wird sagen: »Das bin ich doch selbst!«

So läßt, anstatt mit dem Pfunde zu wuchern, *bewußt* sich zu werden seines Gebrauchs, der Mensch gar oft die Natürlichkeit des Tieres, dem nichts Geistiges eigen, vermissen – weil er sich selbst nicht begreift!

Es scheint – von höherer Warte betrachtet – den Fünkchen Geistes dann so zu ergehen:

»*Gar selten aber flammt's empor,*
Und leuchtet rasch in kurzem Flor;
Doch vielen, eh man's noch erkannt,
Verlischt es, traurig ausgebrannt.« (5.636 ff.)

Denn so wie der Funke den Stoff benötigt, um sich zur Flamme entwickeln zu können, zugleich aber auch den Atem der Höhe, den Sauerstoff, nicht zu entbehren vermag, da sonst ihn der Stoff, statt zu nützen, erstickt – so braucht auch der Geist die Verbindung zum Lichte, damit er im Stoffe sich kräftigen kann. Herrlich wird dieser Entwickelungsgang von Goethe im folgenden Verse beschrieben:

»*Steigt hinan zu höherm Kreise,*
Wachset immer unvermerkt,
Wie, nach ewig reiner Weise,
Gottes Gegenwart verstärkt.
Denn das ist der Geister Nahrung,
Die im freisten Äther waltet:
Ewigen Liebens Offenbarung,
Die zur Seligkeit entfaltet.« (11.918 ff.)

Das Bild verlangt, sich von innen zu weiten, um immer mehr erfassen zu können, bis endlich dann, im leichtesten Zustand, nur Gottes Liebe erlebbar wird. Immerwährend ist diese Beglückkung des reifen Geistes im »Paradies«, obwohl er auch dort nur der Gegenwart Gottes – doch niemals ihm selbst – zu begegnen vermag.

Das sind nicht nur Bilder. Das gleiche Gesetz wirkt im Verdampfen des siedenden Wassers, wenn durch die Steigerung innerer Wärme seine Lebendigkeit, Grenzen bezwingend, es – leichter geworden – sich ausweiten läßt. Was wir im Stoffe beobachten können, gilt – in der *Art* nur verändert – im Geist: Der Mensch, der das glimmende Feuer des Geistes bis an die Grenze der Daseinsform steigert, bereitet schon seine Verwandelung vor.

Wenige Verse schon haben genügt, in Fernen das Ziel uns erkennbar zu machen. Gehen wir jetzt auf das Einzelne ein.

Wie wird denn der Geist, der dem Stoffe doch fremd ist, mit diesem verbunden?

»[...] *noch niemand konnt es fassen,*
Wie Seel und Leib so schön zusammenpassen,
So fest sich halten, als um nie zu scheiden, [...]« (6.893 ff.)

Die Frage scheint offen – und doch wird die Antwort versteckt schon in diesen Zeilen gegeben: Die Seele – der Geist in zarter Umhüllung – ist eine Brücke, ein Übergang. Sie wird von der Strahlung des Körpers gehalten – und daraus erklärt sich zuletzt auch der Tod. Ist diese Strahlung durch Schwächung des Körpers oder Zerstörung nicht kraftvoll genug, so lösen die leichter beschaffene Seele und mit ihr der Geist sich vom Körper ab:

»*Das ist das Seelchen, Psyche mit den Flügeln, […]* (11.660)
Im Nabel ist sie gern zu Haus –
Nehmt es in acht, sie wischt euch dort heraus.« (11.668 f.)

Wie wahr! In Nabelnähe, im Sonnengeflecht, mündet die manchmal erschaute Verbindung, die »silberne Schnur«, die als letztes sich trennt. Doch Sterben ist nur ein Geborenwerden zum Dasein in einer anderen Welt:

»*Sieh! wie er jedem Erdenbande*
Der alten Hülle sich entrafft,
Und aus ätherischem Gewande
Hervortritt erste Jugendkraft.« (12.088 ff.)

Es altert demnach nur die stoffliche Hülle; der Geist bleibt derselbe – *die* Leben hindurch, denn alles ist Einheit, hüben wie drüben:

»*Geburt und Grab,*
Ein ewiges Meer,
Ein wechselnd Weben,
Ein glühend Leben, […]« (504 ff.)

»Ein« muß man hier in der letzten Zeile als Zahlwort, nicht als Artikel, verstehen, als Ausdruck des Wissens um Wiedergeburten. Sie bieten uns gnädig die Möglichkeit, uns durch das

Erleben begangener Fehler zu wandeln und aus der Verstrickung zu lösen – kurz, uns

»[...] *zu seligem Geschick*
Dankend umzuarten.« (12.098 f.)

Denn anders als fehlerhaft-menschlich zu werden durch volle Entfaltung der geistigen Art, ist ja der Zweck aller irdischen Wege. Hören wir, wie er erfüllt werden kann:

»*Wer immer strebend sich bemüht,*
Den können wir erlösen.« (11.936 f.)

Das klingt so bekannt, daß man keine Gedanken sich über den Sinn dieses Verses mehr macht. Und doch hat uns Goethe ein Schöpfungsgesetz von größter Bedeutung hier nahegebracht. Da ist nicht von »wollen«, von »dürfen« die Rede, – »können« bedeutet die *Unmöglichkeit* des Anders-Handelns, weil göttlicher Wille – die Ordnung der Schöpfung – dies niemals erlaubt. Hier wird der unerbittliche Ausschluß der Geistesträgen klar aufgezeigt, denn

»*Liebe nur Liebende*
Führet herein.« (11.751 f.)

Fünf Worte umschließen das ganze Geheimnis, enthalten den Schlüssel zur Seligkeit! Die schöpfungtragende göttliche Liebe vermag nur für jenen die Tore zu öffnen, der ganz in sie eingeht. Wie logisch das ist! Denn Gottes Liebe hat uns erschaffen, – ihn wiederzulieben mit ganzem Verlangen heißt, einfach in seinem Willen zu wirken durch Reinheit des Denkens und freudige Tat.

So können wir schon auf Erden beginnen, Verbindung zu suchen zu höherer Kraft:

»*Heilige Gluten!*
Wen sie umschweben,
Fühlt sich im Leben
Selig mit Guten.« (11.817 ff.)

Den, der sich derart veredelt hat, führt das Gesetz gleicher Arten beim Tode in die seinem Geist schon vertraute Umgebung, weil er ihr, artgleich geworden, entspricht:

»*Vom edlen Geisterchor umgeben,*
Wird sich der Neue kaum gewahr,
Er ahnt kaum das frische Leben,
So gleicht er schon der heiligen Schar.« (12.084 ff.)

Die Unabdingbarkeit der Gesetze muß dem, der vor ihnen schuldig geworden, freilich als strafende Härte erscheinen:

»*Hier kein Markten, hier kein Handeln,*
Wie er es beging', er büßt es.
Singe keiner vom Vergeben!« (5.387 ff.)

Hier zeigt sich, daß wir uns ein falsches Bild von göttlicher Liebe zu machen pflegen. Achten Sie aber genau auf die Worte: Nicht *was* er beging, hat der Mensch nur zu büßen, auch *wie* er es tat – in der nämlichen Art! Unfehlbar ist diese Wechselwirkung, die jeden die Früchte des eigenen Wollens, streng abgewogen, zu ernten zwingt. Hier ist die – nichtsahnend von manchem vermißte – stets absolute Gerechtigkeit!

Was können wir anderes als die gerechte – nur selbstverschuldet als Strafe erscheinende – Wechselwirkung von Gott denn erwarten?

»*Ein Richter, der nicht strafen kann,*
Gesellt sich endlich zum Verbrecher.« (4.805 f.)

Er würde durch Nachsicht das Übel nur fördern. Doch Gottes Gesetze sind das Gefüge, das uns, ja die Schöpfung, am Leben erhält. Im Nachdruck, der uns durch Erleben des Falschen endlich zur Einsicht des Rechten veranlaßt, liegt also letztlich nur helfende Liebe, die uns vor Schaden bewahren will. Erkennen Sie jetzt, wie die Wechselwirkung Gerechtigkeit Gottes mit Liebe vereint? Gott straft nicht; er leitet durch seine Gesetze uns nur auf die Wege des Lebens zurück.

Entwicklung und Hemmnis

*E*s kann bei den nicht zu verrückenden Normen im Weben der Schöpfung nie Willkür geben. So geißelt Goethe den *blinden* Glauben, der »Wunder« erwartet, mit folgenden Worten:

»*Das Wunder ist des Glaubens liebstes Kind.*« (766)

– die Frucht des »Alles-für-möglich-Haltens«! Hier rät der Dichter:

»*Wer Wunder hofft, der stärke seinen Glauben.*« (5.056)

Er stärke ihn, weil er noch nicht erkennt, daß Gottes Gesetze vollkommen sind und Vollkommenheit keine Veränderung duldet. Was Menschen zumeist als Wunder erscheint, verbleibt stets im Rahmen der Schöpfungsgesetze, indem ein vertrauensvolles Sich-Öffnen der höheren Hilfe den Zugang gewährt.

Wie selten aber ist solche Demut! Die meisten fragen genauso wie Faust:

»*Was bin ich denn, wenn es nicht möglich ist,*
Der Menschheit Krone zu erringen, [...]« (1.803 f.)

»Der Menschheit Krone« – das ist die Entfaltung der vollen Fähigkeiten des Geistes, für welche wir keimhaft die Anlage haben. Jedermann, der seine Möglichkeiten zur Geistesentwicklung zu nützen weiß, kann diese »Krone der Menschheit« erringen, doch schwingt in der Frage »Was bin ich denn?« auch deutlich der Dünkel und Hochmut mit, der selbst sich die Wege nach oben verschließt. Deshalb ist Faust von der Antwort des »Erdgeists« zutiefst getroffen, als dieser sagt:

*»Du gleichst dem Geist, den du begreifst,
Nicht mir!«* (512 f.)

Und doch wollen diese Worte nur sachlich die einzig treffende Aufklärung geben und dreifach zu rechter Erkenntnis verhelfen. Der erste Hinweis: »Du gleichst – nicht mir!« stimmt, denn ein *Wesen* spricht diese Worte, eine geformte Elementarkraft. Sie wird hier nur fälschlich »Erd*geist*«genannt. Besser wäre für diese Geschöpfe der Ausdruck »wesenhaft« angebracht. – Der zweite Hinweis: »Du gleichst dem Geist« reiht Faust in dessen Schöpfungsart ein und mit dem dritten »[...] den du begreifst« wird einzig genau jener Punkt bezeichnet, an welchem – stets abgegrenzt durch die Gleichart – der Geist sich jeweils befinden muß.

Doch ist dieser Standort nicht fix, absolut, er hängt von dem Grad der Entwickelung ab. Uns selbst ist stets die Veränderung möglich. Für dieses begrenzte Begreifenkönnen verwendet die Wissenschaft unserer Tage – wie ich zuvor schon ausgeführt habe – den Fachbegriff »Informationstheorie«.

Doch Faust will darin Geringschätzung sehen, beweist aber

nur die Verständnisbegrenzung, indem er dem Erdgeist voll Hochmut entgegnet:

»*Wem denn?*
Ich Ebenbild der Gottheit!
Und nicht einmal dir!« (515 ff.)

Er kann nicht erkennen, daß jedes Geschöpf, das seinen Platz in der Schöpfung erfüllt, im Dienste des Ganzen gleich wertvoll ist. Fausts Dünkel braucht Über- und Unterordnung. Und weil er selbst eben dünkelhaft ist, kann er die Antwort auch nur so verstehen, denn

»*Ein jeder sieht, was er im Herzen trägt.*« (179)

So stellt sich – im Spiegel des eigenen Geistes: durch seine Weltsicht – ein jeder zur Schau!
Wir sind – und darin liegt alles umschlossen –

»*Gebilde, strebsam, Götter zu erreichen,*
Und doch verdammt, sich immer selbst zu gleichen.« (8.096 f.)

Hier wird Fausts Dünkel richtiggestellt: Niemals kann jener bloße »*Schein* des Himmelslichtes« der Gottheit gleichen. Er kann nur, Stufe um Stufe erklimmend, die »Götter« (beachten Sie: Mehrzahl!) erreichen, das heißt zum Abbild der Ebenbilder, – zum Abbild der »Urgeschaffenen« – werden.
Wir müssen, um uns diesem Ziele zu nähern, im Stoffe zunächst die Entwicklung beginnen. Der Erdenkörper dient hier

als Mittel, den Geistkeim wie eine Taucherglocke am Grunde der Stofflichkeit festzuhalten. Der Tod hebt dann diese Verankerung auf:

»*Nun bist du los der allzulästigen Schwere,
Bist frei und frank, nun frisch zu deiner Sphäre!*«
(5.689 f.)

Zu *deiner* Sphäre – das will uns sagen, daß die vom Körper sich lösenden Seelen sofort nach der Gleichart geschieden werden. Es ist also nur durch den Erdenkörper möglich, das *Ungleiche* hier zu vereinen. Das macht ein Erdenleben so wertvoll: Es bietet uns fördernd die Möglichkeit, durch solche Erlebnisvielfalt zu reifen.

Nützen wir diese Möglichkeit, den trägen Geistkeim beschwingter zu machen:

»*Und sind wir leicht, so geht es schnell hinauf; [...]*«
(2.071)

Denn die Beweglichkeit unseres Geistes bedingt die Dichte des Seelenkörpers und dessen »Auftrieb« entsprechend der Schwere ... Wir lernen nach dem Gesetz der Bewegung, der Gleichart und jenem der Wechselwirkung hier das Gesetz der Schwere noch kennen. Es sind diese vier, die als Grundgesetze das ganze Gebäude der Schöpfung durchziehen. Sie werden das Ineinandergreifen von Schwere, Gleichart und Wechselwirkung jetzt schon erkennen und werden bemerken, daß letztlich alles Bewegung ist.

In Kenntnis dieser Gegebenheiten wird uns der Pakt zwischen Faust und Mephisto in einem ganz neuen Lichte erscheinen:

»Ich will mich hier zu deinem Dienst verbinden,
Auf deinen Wink nicht rasten und nicht ruhn;
Wenn wir uns drüben wiederfinden,
So sollst du mir das Gleiche tun.« (1.656 ff.)

lautet das Angebot Mephistos an Faust. Das scheint wie ein Handel, wie ein Vertrag – beruht aber auf dem Schöpfungsgesetz. Verwirklicht Faust mit der Hilfe des Bösen irdische Wünsche, gelangt nach dem Tode er unvermeidlich in jene Umgebung, in der er alles begangene Üble *an sich* zu erleben gezwungen ist. Der Pakt erfüllt sich also von selbst, auch ohne Bereitschaft von seiten des Faust. Mephisto schildert dem Faust nur die Folgen, die dessen Verlangen nach sich ziehen muß.

Wie »Abhängigkeiten« – im Wortsinn! – entstehen, läßt sich der Rede des »Erdgeists« entnehmen:

»So schaff ich am sausenden Webstuhl der Zeit,
Und wirke der Gottheit lebendiges Kleid.«
(508 f.)

Es gibt in der Vielfalt der »Wesenhaften« nämlich auch solche, die menschliches Wollen mit feinen Fäden am Orte verankern, wohin es nach Art seines Inhaltes zielt. An diesem »Webstuhle« unentwegt werkend, erfüllen – indem sie dem Menschenverlangen entsprechend die Muster der Schicksale weben – sie doch nur den Auftrag nach *Gottes* Gebot.

So steht der Mensch seinem geistigen Aufstieg selbst durch sein irrendes Wollen im Wege:

»Ach! unsre Taten selbst, so gut als unsre Leiden,
Sie hemmen unsres Lebens Gang.« (632 f.)

Denn da sich im Ringschluß ein jedes Geschehen nur in der gleichen Art aufheben läßt, ergibt sich aus allem, das hier nicht gelöst ist, der Zwang zur irdischen Wiedergeburt. Doch selbst die Leiden – die Wechselwirkung aus früherer eigener Übeltat – belasten dann den, der in mangelnder Einsicht Zweifel an Gottes Gerechtigkeit hegt.

Jetzt aber gilt es, die Frage zu lösen: Ist unser Wille denn überhaupt frei? Vollziehen wir nicht nur die vorausbestimmten Geschehen wie Marionetten am Draht? Hören Sie Goethes verblüffende Antwort:

»'s ist ein Gesetz der Teufel und Gespenster:
Wo sie hereingeschlüpft, da müssen sie hinaus.
Das erste steht uns frei, beim zweiten sind wir Knechte.«
(1.410 ff.)

Es scheint, als wäre die erste Zeile zur Tarnung über die Wahrheit geworfen. Denn erdgebundene Geister (Gespenster) und Teufel haben kein Sondergesetz. Sie sehen aus ihrer niederen Sicht nichts anderes eben als ihren Bereich. Was also in der stofflichen Tiefe für diese dunklen Formungen gilt, muß durch die Einheit der Schöpfungsgesetze auch überall anderswo Gültigkeit haben. Im folgenden Verse wird uns dann alles über die

Freiheit des Willens gesagt: Denn jeweils mit einem Entschlusse verbraucht sich, verengt sich die Freiheit im Sinn des Gewollten, wir »schlüpfen« in dessen Zielrichtung ein. Nun bleiben wir an die Folgen gebunden, bis uns die Rückkehr zum Ausgangspunkte – das ist der Ringschluß von Anfang und Ende – von neuem die Freiheit des Wollens erlaubt.

Der Mensch spricht von »Schicksal«. Er ahnt dabei nicht, daß nur er selbst es herbeigeführt hat:

»Doch du ranntest unaufhaltsam
Frei ins willenlose Netz,
So entzweitest du gewaltsam
Dich mit Sitte, mit Gesetz; [...]«
(9.923 ff.)

Was wir als »Gesetz und Sitte« empfinden, die Ordnung der Schöpfung, will uns nur fördern. »Gewaltsam« – durch Mißbrauch der Willensfreiheit – muß jeder Mensch ihr entgegenhandeln, der sich im Netzwerk der Folgen verstrickt. Denn »willenlos« – in diesen Folgen gefangen – macht uns erst immer der *freie* Entschluß.

Umgrenzen wir diesen Begriff nicht zu eng. Was immer gewollt in Erscheinung tritt, muß ja zuerst als Gedanke entstehen – und mit dem Gedanken beginnt die Verflechtung:

»Zwar ist's mit der Gedankenfabrik
Wie mit einem Weber-Meisterstück,
Wo ein Tritt tausend Fäden regt,
Die Schifflein herüber hinüber schießen,

*Die Fäden ungesehen fließen,
Ein Schlag tausend Verbindungen schlägt.«* (1.922 ff.)

Hier wird die Gedankenkraft bildhaft geschildert. Denn jeder Gedanke schlingt sich ins Netz der Gleichart, die schon vorhanden ist, ein, bis er, durch diese vielfach verstärkt, dann irgendwo zur Auswirkung kommt. So können wir durch die Gedankenvernetzung auch geistige Mitschuld an Handlungen haben, die ferne von anderen ausgeführt werden und uns vielleicht niemals zur Kenntnis gelangen. Man halte deshalb die Gedanken stets rein! Sehr rasch entstehen daraus nämlich Formen, denn

*»Mit leisem Finger geistiger Gewalten
Erbauen sie durchsichtige Gestalten; [...]«* (10.433 f.)

So wie beim Tonband die Eisenfeilspäne den Tönen entsprechend geordnet werden, können wir uns – in verfeinerter Weise – die Formungskraft der Gedanken erklären. Hier wie dort rafft die Schwingung zusammen, was ihrem formenden Einfluß gehorcht, nur sind eben jenseits der Sinnesschranken »leisere Finger« unmerklich am Werk. Denn geistig ist die bewegende Kraft, die die verfeinerte Stofflichkeit formt. Es trägt für die *ungeteilt* stoffliche Welt demnach unser Geist die Verantwortung.

Die Lebenskraft solcher Gedankengebilde ist unterschiedlich. Da heißt es zunächst:

*»Es ist ein Zauberbild, ist leblos, ein Idol.
Ihm zu begegnen, ist nicht gut; [...]«* (4.190 f.)

Das sind »Phantome«, aus flüchtiger Kraft ihrer Erzeuger zu Schemen geformt. Anders hingegen, wenn echte Empfindung, die Vollkraft des Geistes, das Denken durchdringt. Ein übles Wollen erzeugt dann »Dämonen« und

»Dämonen, weiß ich, wird man schwerlich los,
Das geistig-strenge Band ist nicht zu trennen; [...]« (11.491 f.)

Denn Geist bewegt die lebendige Kraft der Schöpfung und bringt die üble Gestaltung zu eigenem, unabhängigem Leben, wenngleich sie auch – bis dieser gewandelt für ihre Art keinen Halt mehr bietet – mit ihrem Erzeuger verbunden bleibt. Das – und nicht irdischer Protektionismus – verbirgt sich hinter dem Goethe-Wort:

»Am Ende hängen wir doch ab
Von Kreaturen, die wir machten.« (7.003 f.)

Mit ihnen hat diese Erdenmenschheit die uns umgebende Feinstofflichkeit so angereichert, daß Goethe ausruft:

»Nun ist die Luft von solchem Spuk so voll,
Daß niemand weiß, wie er ihn meiden soll.« (11.410 f.)

Und was ist seit damals hinzugekommen! Das Erbe der niederen Leidenschaften vieltausendjähriger Menschheitsgeschichte schaukelt sich, rückwirkend Böses gebärend, jetzt zu den Krisen der Gegenwart auf. So wird es Zeit, von Mephisto zu sprechen.

Mephisto

Schon im »Prolog im Himmel« zeigt Goethe deutlich Mephistos Gottferne auf. Ihr Zwiegespräch ist ja keine Begegnung, denn nur die *Stimme* – die Willensbekundung – des Herrn dringt bis zu Mephisto hinab. Zuvor aber haben, das Schöpfungswerk preisend, die Erzengel jene Weite umrissen, die Gott von Mephisto in Ewigkeit trennt. Er sagt ja, man sähe ihn »unterm Gesinde«, Personen, die zwar im Haushalte leben, doch nicht zum Verband der Familie gehören. Sein Abseits-Stehen ist damit geklärt. Und schnell wird auch seine Verlogenheit deutlich, sagt er doch nach dem geführten »Gespräch«, er »*sähe*« den »Alten« von Zeit zu Zeit gern – und hat nur von ferne die Stimme gehört!

Doch war es einst anders. Es schwingt in den Worten Mephistos noch die Erinnerung mit an eine Zeit vor dem Luzifer-Sturze:

»*Und du mich sonst gewöhnlich gerne sahst, [...]*« *(273)*

Denn Erzengel Luzifer, Lichtträger Gottes, war ausgesandt in die stoffliche Welt, um bei der zagen Bewußtseinsentfaltung den Geistkeimen stützender Helfer zu sein. Doch bei Erfüllung des göttlichen Auftrags gab er der *eigenen* Vorstellung nach und führte – anstatt den Schwachen zu helfen – das falsche Prinzip der Versuchungen ein, das die Vernichtung des Schwachen bezweckt.

Wie treffend kommt dies in dem Verse zum Ausdruck:

»*Wenn ich zu meinem Zweck gelange,*
Erlaubt Ihr mir Triumph aus voller Brust.
Staub soll er fressen, und mit Lust, [...]« (332 ff.)

Mephisto genügt nicht Erniedrigung, hier spricht das kalte Vernichtungsbestreben, denn »Staub fressen« meint, sich durch Erdengenuß von stofflichen Dingen so abhängig machen, daß letztlich der Geist, für Entwicklung verloren, sich nicht aus dem Stoff zu erheben vermag.

Durch das Verlassen des Gotteswillens, das Luzifer erst in der großen Entfernung vom Ursprunge überhaupt möglich war, blieb er nun lichtabgewandt und verdichtet, durch Schwere gebunden, der Stofflichkeit nah. Hier kann er einzig Einfluß entfalten:

»*So lang er auf der Erde lebt,*
So lange sei dir's nicht verboten.« (315 f.)

Das ist keine »Sondererlaubnis« des Herrn, es ist in der Freiheit des Willens begründet, die allem Geistigen – bis zu dem Menschen – *notwendig* und daher arteigen ist. Denn der zum Bewußtsein noch fähige Geist braucht ausgleichend zu seiner Anziehungskraft, von der wir schon sprachen, die Möglichkeit, aus dem, was »sich andrängt«, die Auswahl zu treffen. So kann dem Versucher und auch seinem Opfer der freie Entschluß nicht »verboten« werden. Uns aber werden in diesem Verse die Grenzen der Wirkung des Bösen gezeigt. Sie bleibt auf die Stofflichkeit – hier ist die Erde als Beispiel für diese genannt – beschränkt. –

Ich habe mit Absicht unterschiedslos von Luzifer und von Mephisto gesprochen. Goethe hat nämlich in dieser Gestalt das *Falsche* schlechthin zusammengefaßt:

»*So ist denn alles, was ihr Sünde,*
Zerstörung, kurz, das Böse nennt,
Mein eigentliches Element.« (1.342 ff.)

umreißt Mephisto sein Wirkungsfeld und sagt von sich ferner:

»*Mit vielen Namen glaubt man mich zu nennen [...]*« (7.117)

und auch:

»*Ich bin der Geist, der stets verneint!*« (1.338)

Sämtliche Gründe der Lichtabgewandtheit – Eigensinn, Dünkel und Zweifelsucht – sind im Begriff der Verneinung enthalten. Während der suchende, strebende Mensch sich jeder Erfahrung öffnet, schließt der Verneinende sich gegen Belehrung und Hilfe ab. So spannt sich der Bogen, in welchen Mephisto als Sinnbild des Bösen hineingestellt ist, von hämischer Freude an der Vernichtung bis zu der dümmlichen Scherzhaftigkeit, die – unbekümmert um Daseinsfragen – die Zeit für die Reifung des Geistes vertändelt; doch

*»Von allen Geistern, die verneinen,
Ist mir der Schalk am wenigsten zur Last.«* (338 f.)

weil er nur sich selbst, kaum den anderen schadet.

Doch sehen wir nun, wie solche Verneinung den Sichtbereich des Geistes verengt:

*»Von Sonn' und Welten weiß ich nichts zu sagen,
Ich sehe nur, wie sich die Menschen plagen.«* (279 f.)

Der Blick, nur auf Irdisches ausgerichtet, erfaßt auch hier nur das äußere Bild. Der Sinn der Plage bleibt ihm verschlossen: daß Fortschritt nämlich, physisch wie geistig, im Stoffe immer der Reibung bedarf. Leistungen fordern heißt Fähigkeit fördern bei allem, was wachsend erstarken will. Denn

*»Des Menschen Tätigkeit kann allzu leicht erschlaffen,
Er liebt sich bald die unbedingte Ruh;
Drum geb ich gern ihm den Gesellen zu,
Der reizt und wirkt, und muß, als Teufel, schaffen.«* (340 ff.)

Der »Teufel« ist hier das Gesetz der Bewegung. Sein forderndes Drängen mag manchmal dem Geist im stofflich bedingten Beharrungsverlangen beschwerlich, lästig, kurz »teuflisch« erscheinen. Doch segensreich wirkt es durch die Bewahrung vor dem Versinken in Untätigkeit, denn Austreten aus der Bewegung der Schöpfung führt rasch zu Erstarrung und geistigem Tod ...

Ist nun Mephisto das falsche Prinzip, so scheint es, als läge ein Widerspruch in seinen Worten:

»[Ich bin] ein Teil von jener Kraft,
Die stets das Böse will und stets das Gute schafft.« (1.335 f.)

Klingt das nicht so, als wäre das Böse als Mittel zur Förderung eingeplant? Der Sinn dieser Worte ist anders: Die Gleichart führt letztlich stets Böses mit Bösem zusammen, so daß es in Auswirkung seines Verlangens sich wechselseitig vernichten muß. Zugleich aber wird durch den Ekel und die Abscheu, die übles Tun noch bei Guten erregt, die Abwehrbereitschaft des Geistes gekräftigt, so daß der Versucher nicht einhaken kann. Freilich muß nun der Menschengeist aus dem durch Luzifers Eigenwollen entstandenen Dickicht den Ausweg suchen. Das hat zur Folge:

»Nur zickzack geht gewöhnlich unser Lauf.« (3.862)

Denn:

»Es irrt der Mensch, solang er strebt.« (317)

»Streben« heißt, das Ziel schon zu kennen, doch des Weges nicht kundig zu sein, was manchmal auch Umkehr notwendig macht. Doch haben wir nicht einen inneren Kompaß?

»Ein guter Mensch in seinem dunklen Drange
Ist sich des rechten Weges wohl bewußt.« (328 f.)

Der *gute,* der Geistführung folgende Mensch wird nämlich von seinem Gewissen geleitet. Er hört auf die Stimme des geistigen Führers. Sie reicht ihm, so wie Ariadne dem Theseus, zu allen Zeiten den rettenden Faden, um aus der labyrinthischen Wirrnis des »dunklen Dranges« ans Licht zu gelangen ...

Wer aufwärts strebt, dem sind alle Hilfen vom Schöpfer in seinen Gesetzen geboten:

»Wenn er mir jetzt auch nur verworren dient,
So werd ich ihn bald in die Klarheit führen.
Weiß doch der Gärtner, wenn das Bäumchen grünt,
Daß Blüt und Frucht die künftgen Jahre zieren.« (308 ff.)

Achten Sie hier auf die Reihung der Worte: Die *erst*genannte Bereitschaft zum Dienen meint, *zu* etwas dienen, – als nützliches Glied des Ganzen an seinem Platze zu wirken. Wer dies erstrebt, dem wird das Bewußtsein der eigenen geistigen Fähigkeit wachsen. Und wenn die im Innern gesammelte Kraft, so wie beim Grünen des Bäumchens, schon sichtbar nach außen in die Gestaltwerdung drängt, dann stehen auch allzeit die fördernden Helfer für Reifung und für Vollendung bereit.

Das Erdensein

Verfallen wir aber beim strebenden Mühen nicht etwa in Eile und Ungeduld. Reifung ist ein allmählicher Vorgang.

»Ihm hat das Schicksal einen Geist gegeben,
Der ungebändigt immer vorwärts dringt,
Und dessen übereiltes Streben
Der Erde Freuden überspringt.« (1.856 ff.)

Wir *sollen* die irdischen Freuden genießen, sie sind uns ja vom Schöpfer geschenkt! Doch Freude erwächst nur aus maßvollem Kosten, das nie das Genießen zur Gier werden läßt. Nur dann nämlich steigt aus der reinen Empfindung als Gegengabe die innige Freude als jubelnder Dank zu dem Schöpfer empor.

Der Auftrag an uns ist unüberhörbar:

»Er stehe fest und sehe hier sich um;
Dem Tüchtigen ist diese Welt nicht stumm.
Was braucht er in die Ewigkeit zu schweifen!
Was er erkennt, läßt sich ergreifen.« (11.445 ff.)

Hier muß das geistige Wachstum beginnen, denn diese Erdenwelt hält uns – vergröbert – im Abbild die Vielfalt der Schöpfung bereit. Stofflich wie geistig, im zweifachen Sinne, läßt sie sich also auf Erden »begreifen«.

Doch bleibt unser irdisches Leben verbunden dem Boden der Heimat, dem Raum der Geburt:

»*Dies Land, allein zu dir gekehrt,*
Entbietet seinen höchsten Flor;
Dem Erdkreis, der dir angehöret,
Dein Vaterland, o zieh es vor!« (9.522 ff.)

Das ist nicht ein wohlfeiler Patriotismus; es handelt sich um ein Entwicklungsgebot: Denn durch die Anziehung geistiger Gleichart formt sich allmählich ein Volkstumscharakter, und so kehrt das Land sich den artgleichen Geistern als günstigster Platz ihrer Menschwerdung zu. Hier findet der Geist den geeignetsten Boden zur weiteren Hebung der eigenen Art.

Mit dieser Eigenart steht auch der Name des Menschen in engem Zusammenhang:

»*Bei euch, ihr Herrn, kann man das Wesen*
Gewöhnlich aus dem Namen lesen, [...]«
(1.331 f.)

sagt Goethe und hat damit grundsätzlich recht. Denn jeder Name ist ein Gewirke, das sich sein Träger im Laufe der Wege durch diese Schöpfung gewoben hat. So wird durch die Führung allweiser Gesetze dem Menschengeist dort seine Wiedergeburt, wo die Art, und beim Namen die Schicksalsverbindung, die Fäden am stärksten zusammenführt.

So ist es beileibe kein leeres Wort, wenn Goethe uns – lange schon vor der Zeit des Wissens um alle die Unterschiede – vom Blute des Menschen bedeutungsvoll sagt:

»Blut ist ein ganz besondrer Saft.« (1.740)

und:

»Des Menschen Leben lebt im Blut, [...]« (6.776)

Denn die Zusammensetzung des Blutes wird immer vom Zustand des Geistes bestimmt. So prägt jeder Mensch durch Vermittlung des Blutes dem Körper die eigene Wesensart auf.
Beachten Sie deshalb für Ihre Ernährung:

»Dich reizt nicht Fern und Früh, womit die Tafel prangt, Einfach und kräftig ist's, wonach dein Sinn verlangt.« (10.907 f.)

und:

»Der Lieblingsspeisen Wahl laß mir zu allen Zeiten, Wie sie der Monat bringt, und sorgsam zubereiten.« (10.901 f.)

Denn die Ernährung trägt ja von außen die Stoffe zur Bildung des Blutes bei; sie muß zu dem Ort und der Jahreszeit passen, wenn Körper und Geist übereinstimmen sollen. Denn unser Körper ist ja das Mittel zum Wirken des Geistes im Erdensein. So wie dem Tier und der Pflanze erwächst ihm die Vollkraft allein aus dem heimischen Grund.

Doch hat das Gebot noch viel mehr zu umfassen:

»Was euch nicht angehört,
Müsset ihr meiden,
Was euch das Innre stört,
Dürft ihr nicht leiden.« (11.745 ff.)

Das gilt auch der Wahl des persönlichen Umgangs, ja mehr noch: Es soll auch sogar jedes Volk die *eigene* Art bis zum Reinsten veredeln; Verfremdung erschwert die Erreichung des Ziels. –

Wir haben durch wenige Verse erfahren, was unser Erdensein gründet, ihm nützt. Der weitere Hinweis, den Goethe uns gibt, gemahnt uns an das Gesetz der Bewegung:

»Dieweil ich bin, muß ich auch tätig sein.« (6.888)

Das Wort »dieweil« reicht in der Bedeutung über ein bloßes »solange« hinaus. Es ist sowohl zeitlich, wie auch begründend. Es sagt uns, daß sich das Sein überhaupt vom Zwang zur Bewegung nicht abtrennen läßt. Im Geiste aber bedeutet Bewegung bewußtes Erleben des Augenblicks, denn

»Die Gegenwart allein – ist unser Glück.« (9.382)

Der Vers berührt das Geheimnis der Zeit. Vergangenheit ist schon gehabtes Erleben und Zukunft enthält nur Erlebniserwartung. Lebendig ist stets nur die Gegenwart. Wir tasten mit ihr die stehende Zeit, das ewige Wirken der Gotteskraft, ab.

Ermessen Sie nun die Bedeutung der Verse:

»Sei es Wonne, sei es Plage,
Schiebt er's zu dem andern Tage,
Ist der Zukunft nur gewärtig,
Und so wird er niemals fertig.« (11.463 ff.)

Hier wird nicht nur von Pflichten gesprochen, die Nennung der Wonnen erweist, daß der Vers die Tragik versäumten Erlebens behandelt. Nicht nur die Arbeit bleibt solcherart liegen; der Sinn geht viel weiter: Der Geist wird »nicht fertig«, das heißt, er wird niemals zur Reifung gelangen. So gilt es vor allem: Der Gegenwart leben.

»Nur was der Augenblick erschafft, das kann er nützen.«
(685)

Der Mensch muß der Unwiederbringlichkeit des Augenblickes sich immer bewußt sein. Denn

»Werd ich zum Augenblicke sagen:
Verweile doch! du bist so schön!
Dann magst du mich in Fesseln schlagen,
Dann will ich gern zugrunde gehn!
Dann mag die Totenglocke schallen,
Dann bist du deines Dienstes frei,
Die Uhr mag stehn, der Zeiger fallen,
Es sei die Zeit für mich vorbei!« (1.699 ff.)

Beachten Sie bitte, wie sehr diese Verse den Urgesetzen der Schöpfung entsprechen: »Verweile doch« will, anstatt Vielfalt empfangen, die Dauer bestimmter Gegenwart fordern. Dieses Verlangen, das der Bewegung, die Leben bedeutet, zuwiderläuft, hemmt auch den Fortschritt der Geistesentwicklung, der das Erwandern der Schöpfung verlangt. Sein eigenes Wollen schlägt Faust dann in Fesseln. Die Zeit, die nur durch Erlebnisfülle von uns als solche empfunden wird, steht für ihn still, sie ist – mehr noch – vorbei, denn nicht im irdisch-menschlichen Sinne muß Faust dann sterben (weshalb denn wohl?); ihm läutet, wenn er auf Entwicklung verzichtet, die Glocke den ewigen, geistigen Tod!

Verstehen Sie jetzt, daß die Worte des Dichters:

»*Nur der verdient sich Freiheit wie das Leben,*
Der täglich sie erobern muß.« (11.575 f.)

sich nicht nur auf irdische Freiheit beziehen? Im täglichen Kampf mit den stofflichen Dingen der Umwelt uns auseinandersetzend, ringen wir uns für die Ewigkeit frei. Denn frei ist nur, wer nach Gottes Gesetzen, den fördernden Normen des Daseins, lebt und alle hemmenden Bindungen meidet. Es ist, wie wir hörten, der Wellenschlag, der Wechsel, den diese Entwicklung benötigt, denn

»*[...] Und euch taugt einzig Tag und Nacht.*« (1.784)

Und:

»*Wie ich beharre, bin ich Knecht, [...]*« (1.710)

Den, der sich selbst in die Abhängigkeit von stofflichen Wünschen begeben hat, verhöhnt dann Mephisto:

»Er soll mir zappeln, starren, kleben,
Und seiner Unersättlichkeit
Soll Speis und Trank vor gier'gen Lippen schweben;
Er wird Erquickung sich umsonst erflehn,
Und hätt er sich auch nicht dem Teufel übergeben,
Er müßte doch zu Grunde gehn!« (1.862 ff.)

Hier bleibt kein Zweifel mehr übrig, daß Goethe das Schöpfungsgesetz – und nichts anderes – meint, denn »müssen« sagt doch: Nach zwingenden Normen treten die Folgen dann selbsttätig ein. Wer seinen Geist ans Vergängliche bindet, muß mit dem Stoff auch zugrunde gehen.

Deshalb der Anruf:

»Reißet von Banden
Freudig euch los!« (799 f.)

Freudig! Das heißt, sich der täglichen Gnade des Reifen-Dürfens bewußt zu sein. Und diese Freude schwingt uns empor, weil sie der schönste und ehrlichste Dank für Gottes unfaßbare Liebe ist.

Das Werkzeug

Doch welche Mittel sind uns gegeben, um richtig das irdische Dasein zu nützen? Da murmelt in ihrer Sudelküche die Hexe den wirr erscheinenden Spruch:

»*Die hohe Kraft*
Der Wissenschaft,
Der ganzen Welt verborgen!
Und wer nicht denkt,
Dem wird sie geschenkt,
Er hat sie ohne Sorgen.« (2.567 ff.)

und Faust meint verärgert:

»*Was sagt sie uns für Unsinn vor?*
Es wird mir gleich den Kopf zerbrechen.
Mich dünkt, ich hör ein ganzes Chor
Von hunderttausend Narren sprechen.« (2.573 ff.)

Ich will Ihnen später noch näher erklären, wie sehr gerade die Hexen-Szene für Faustens Unvermögen, das Rechte vom Falschen unterscheiden zu können, bezeichnend, ja mehr noch: entscheidend ist. Der Vers ist nur Unsinn, solange man fälschlich »Die hohe Kraft der Wissenschaft« hört. Man muß nur die Tarnung, die sich aus der Gleichheit des zweiten und dritten Falles ergibt, durchschauen, damit sich der Sinngehalt zeigt:

Die hohe Kraft (des Weltenschöpfers)
(bleibt) *der Wissenschaft,*
der ganzen Welt verborgen!
Und wer nicht denkt, (sondern ihr sich öffnet),
dem wird sie geschenkt,
er hat sie ohne Sorgen (denn sie strömt ihm mühelos, selbsttätig, zu).

Die Richtigkeit dessen kann jedermann an diesem verkleinerten Beispiel erleben: Solange wir denkend das eigene Wollen entgegenstellen, flieht uns der Schlaf; erst wenn wir uns willenlos ihm überlassen, wird seine erneuernde Kraft uns zuteil. Goethe hat also ganz scharf eine Trennung zwischen Verstand und Empfindung gemacht. Der Erstere *kann* nicht Verbindung erlangen mit Gottes schöpfungserhaltender Kraft, weil er, im Stofflich-Organhaften wurzelnd, nur Artgleiches – Stoff – zu erfassen vermag:

»*Daran erkenn ich den gelehrten Herrn!*
Was ihr nicht tastet, steht euch meilenfern,
Was ihr nicht faßt, das fehlt euch ganz und gar,
Was ihr nicht rechnet, glaubt ihr, sei nicht wahr,
Was ihr nicht wägt, hat für euch kein Gewicht,
Was ihr nicht münzt, das, meint ihr, gelte nicht!«
(4.917 ff.)

So setzt sich die Wissenschaft selbst ihre Grenzen, indem ihre Welt mit dem Sinnenbereich – in dem sich nur auswirkt, was jenseits sich formte – schon endet – und sie darauf noch beharrt.

»Wir sind so klug, und dennoch spukt's in Tegel.« (4.161)

steht hier als Beispiel für solche Verengung. Für Spuk hat bis heute die Wissenschaft noch keine rechte Erklärung gefunden. Und doch ist sie einfach: Gebundene Seelen erhalten mitunter durch Blutausstrahlung bestimmter Personen die Möglichkeit, sich erdensinnlich bemerkbar zu machen. Es sind daher Spukerscheinungen meist von deren Anwesenheit nicht zu trennen und enden, sobald die Zusammensetzung des Blutes der Mittelsperson sich verändert.

So fragen wir und erhalten die Antwort:

»Das Pergament, ist das der heil'ge Bronnen,
Woraus ein Trunk den Durst auf ewig stillt?
Erquickung hast du nicht gewonnen,
Wenn sie dir nicht aus eigner Seele quillt.« (566 ff.)

Beachten Sie bitte den Unterschied der beiden Begriffe »Brunnen« und »Quelle«: Ein Brunnen ist künstlich, das sprudelnde Wasser zwingt er in eine verengende Form; was »quillt« aber, kommt noch voll inneren Lebens, durch niemand verändert vom Ursprunge her. Aus solcher Quelle soll jedermann schöpfen, nicht aber aus fremdem Gedankengut, das andere verformt und bereitet haben, für sich die befreiende Weltsicht erhoffen.

Doch welche Möglichkeit haben wir denn, die Welt von uns aus begreifen zu können?

*»Umsonst, daß trocknes Sinnen hier
Die heil'gen Zeichen dir erklärt.«* (426 f.)

klagt Faust, denn »trockenes Sinnen« – Verstandesarbeit – ist nicht in der Lage, den Zugang zu finden zu den nur durch Bildhaftigkeit von Symbolen auszudrückenden höheren Werten. Die Kombination von gespeicherten Daten – denn das und nichts anderes ist der Verstand – läßt durch Maschinen sich besser vollziehen. Wo bleibt da die menschliche *Eigen*-Art?

Seit langem aber hat man vor allem der Führung dieses Verstandes vertraut.

Nun haben wir reichlichen Grund zu dem Ausruf:

*»O glücklich, wer noch hoffen kann,
Aus diesem Meer des Irrtums aufzutauchen!
Was man nicht weiß, das eben brauchte man,
Und was man weiß, kann man nicht brauchen.«* (1.064 ff.)

Verstand beruht ja auf Einlagerungen von Eiweißverbindungen durch das Gehirn; es bleibt mit dem stofflichen Erdenkörper daher das verstandliche Wissen zurück. Unwissend ist, wer zur Stunde des Todes Erlerntes statt wahrhaft Erlebtem besitzt! Denn

*»Grau, teurer Freund, ist alle Theorie,
Und grün des Lebens goldner Baum.«* (2.038 f.)

Grün oder golden? Ein Widerspruch? Erinnern Sie sich der in »goldenen Eimern« im All sich verzweigenden Ströme des Lichts? Sie sind in Gesamtheit der Baum allen Lebens, an welchem beständig das Werdende grünt. Mit ihm muß der Geist die Verbindung erlangen, der ernstlich zur Wahrheit emporfinden will!

Sie denken doch nicht, daß der Vers Goethes

»*Was du ererbt von deinen Vätern hast,*
Erwirb es, um es zu besitzen.« (682 f.)

sich nur auf irdische Güter bezieht? Wir wissen doch, daß unser Körper im Werden die Artentwicklung gerafft wiederholt. Er hat – und sei es auch andeutungsweise – die tierischen Vorformen nachzuvollziehen, und dann muß noch jeder das vorgeschichtlich Jahrtausende während Menschheitserwachen an sich neu erleben, zur Kindheit verkürzt. So nützt auch der Schatz an Erkenntnis dem Geiste nur dann, wenn er ihn zum *Erleben* gebracht, denn nur das Erlebte ist geistig uns eigen.

Auch *stofflich* freilich verlangt dieser Vers von jedem die Anspannung eigener Kräfte. Eltern, die ihre Kinder mit allem, damit »sie es besser haben«, versorgen, hemmen dadurch deren Geistesentwicklung, für welche die Regsamkeit grundlegend ist.

Alles, was Wert hat, muß in uns wachsen, da

»*[...] Wir im eignen Herzen finden,*
Was die ganze Welt versagt.« (9.693 f.)

Und:

»*Wenn ihr's nicht fühlt, ihr werdet's nicht erjagen, [...]*« (534)

»Herz« und »Gefühl« – das sind zwei Begriffe, die beide, dem Sinn nach, »Empfindung« besagen. Empfindung ist aber – als Stimme des Geistes – viel zarter beschaffen als der Verstand. Nur sie kann Verbindung zur höheren Kraft, zum wirklichen Leben der Schöpfung erhalten. Sie weiß diesen Weg schon von sich aus zu finden:

»*Doch ist es jedem eingeboren,*
Daß sein Gefühl hinauf und vorwärts dringt, [...]« (1.092 f.)

Beachten Sie wieder die Reihenfolge. Ganz einfach, doch deutlich wird da gesagt: Fortschritt ist dort, wo man aufwärts gelangt.

Geben wir also der Sehnsucht des Geistes nach Heimkehr zum Ursprung die Wege frei:

»*Ich aber, frei, wie mir's im Geiste spricht,*
Verfolge froh mein innerliches Licht,
Und wandle rasch, im eigensten Entzücken,
Das Helle vor mir, Finsternis im Rücken.« (6.803 ff.)

Nur auf dem Wege der reinen Empfindung erschließt sich dann auch die Erfahrung des Höchsten, denn wer darf

»*[...] empfinden,*
Und sich unterwinden
Zu sagen: ich glaub ihn nicht?« (3.435 ff.)

Die erste Stufe

*H*ier nochmals die Mahnung: Nichts übereilen!

*»Ein stiller Geist ist jahrelang geschäftig,
Die Zeit nur macht die feine Gärung kräftig.«* (2.372 f.)

Wer sich dem stillen Reiche des Geistes, dem Walten der zarteren Mächte verbindet, lernt, immer mehr nach innen gewendet, den Wert des sammelnden Schweigens zu schätzen. Nach außen beherrscht, doch im Geiste lebendig im Reichtum des allzeit bewußten Erlebens, heißt dies: In Tätigkeit warten können. Denn Gärung braucht die entsprechende Stärke, um plötzlich die Trübung zur Klarheit zu wandeln.

Beginnen wir also, Verbindung zu fassen zunächst mit der Welt, die uns nährend umgibt:

*»Gabst mir die herrliche Natur zum Königreich,
Kraft, sie zu fühlen, zu genießen [...]
[...] lehrst mich meine Brüder
Im stillen Busch, in Luft und Wasser kennen.«* (3.220 ff.)

Denn es ...

»Sind Liebesboten, sie verkünden,
Was ewig schaffend uns umwallt.
Mein Innres mög es auch entzünden,
Wo sich der Geist, verworren, kalt,
Verquält in stumpfer Sinne Schranken, [...]« (11.882 ff.)

Wir hatten schon von dem »Erdgeist« gesprochen. Auch er gehört zu den ungezählten, die ganze Natur erbauenden Wesen. Die Riesen, Zwerge, Nixen und Elfen wurden ja nicht von den Menschen erfunden, sie wurden, als sie in naturnaher Schlichtheit geöffneter waren, von ihnen erschaut. Doch liegt dies so ferne, daß uns die Kunde jetzt nur noch im Kleide der Märchen erreicht. Anknüpfend an dieses uralte Wissen, beginnen wir erst der Lebendigkeit des Schöpfungsgetriebes bewußter zu werden.

So werden – als nächste – diese Geschöpfe, die uns hier auf Erden die Heimstatt bereiten, für uns zu Verkündern der göttlichen Liebe. Durch das Erkennen, von dieser Liebe umgeben, ja darin geborgen zu sein, kann der im Stoffe verflackernde Geist, zur Flamme erwachend, den Ursprung erahnen ...

»[...] Und wenn Natur dich unterweist,
Dann geht die Seelenkraft dir auf,
Wie spricht ein Geist zum andern Geist.« (423 ff.)

Goethe hat auch die Wesenhaften, wie wir schon wissen, »Geister« genannt, doch wollen zur Unterscheidung wir besser die erste Bezeichnung hier beibehalten. Das »Sprechen« mit diesen Geschöpfen beginnt schon mit der Beachtung ihres Bedürfens, denn einfühlend geht uns die »Seelenkraft« für diese zartere Daseinsform auf, die sich dem gröberen Zugriff entwindet:

»*Geheimnisvoll am lichten Tag*
Läßt sich Natur des Schleiers nicht berauben,
Und was sie deinem Geist nicht offenbaren mag,
Das zwingst du ihr nicht ab mit Hebeln und mit Schrauben.«
(672 ff.)

Nur die Empfindung schlägt eine Brücke, denn:

»*Ihr alle fühlt geheimes Wirken*
Der ewig waltenden Natur, [...]« (4.985 f.)

Und:

»*Die Geisterwelt ist nicht verschlossen;*
Dein Sinn ist zu, dein Herz ist tot!
Auf, bade, Schüler, unverdrossen
Die ird'sche Brust im Morgenrot!« (443 ff.)

Der geistige Funke wurde schon früher der »Schein des Himmelslichtes« genannt. Entspricht diesem Gleichnis nicht irdisch erschaubar das zaghafte Strahlen des Morgenrots? »Im Morgenrot baden« will daher sagen, daß wir, von allem, was einengt, befreit, ganz in den Geistfunken eintauchen sollen, weil uns sein Schein die Erleuchtung verheißt.

Und hier, bei dem spendenden Wesenhaften, soll unser Geist die Verbindung erfassen:

»*Denn wo Natur im reinen Kreise waltet,
Ergreifen alle Welten sich.*« (9.560 f.)

Hier mündet sie nämlich, die Kette der Mittler, die – sich die »goldenen Eimer« reichend – herab von der Spitze der Schöpfung kommt. Im »reinen Kreise«, im Gotteswillen schwingend, erfüllen sie nur sein Gesetz. Welch Gegensatz zu der Verstandesbegrenzung!

»*Natürlichem genügt das Weltall kaum,
Was künstlich ist, verlangt geschloßnen Raum.*« (6.883 f.)

Künstlich ist jedes Werk des Verstandes. Stofflich erfaßbar, bleibt es gebunden an Erdenbegriffe von Raum und Zeit. So streifen wir mit dem Natürlicher-Werden zwanglos die Fesseln des Irdischen ab.

»*Such Er den redlichen Gewinn!
Sei Er kein schellenlauter Tor!
Es trägt Verstand und rechter Sinn
Mit wenig Kunst sich selber vor;
Und wenn's euch Ernst ist, was zu sagen,
Ist's nötig, Worten nachzujagen?*« (548 ff.)

Es müssen – das ist der Sinn dieses Verses – Verstand und Empfindung zusammenwirken. Der »rechte Sinn«, der durch die Empfindung der Weisung des Geistes zu folgen weiß, muß führend sich dem Verstande gesellen, damit dieser Sinnvolles ausführen kann. Denn Zweck des Erdverstandes ist einzig, dem

Geiste ein dienendes Werkzeug für dessen irdisch nützliches Wirken zu sein. Herr der Entscheidungen bleibe der Geist. Gewinn, der als redlich dem Nächsten nicht schadet, kann nur durch die Führung des Geistes uns werden. Denn Teil-Nehmen an den Freuden der Schöpfung erlaubt nicht, sich vorbedacht Vor-Teil zu sichern. Nur was sich zwanglos, natürlich verwirklicht, bringt bleibenden Nutzen, ist wirklich von Wert:

»*Was glänzt, ist für den Augenblick geboren,*
Das Echte bleibt der Nachwelt unverloren.« (73 f.)

Gibt nicht gerade die heutige Welt laufend Zeugnis der Kurzlebigkeit des nur auf Geltung gerichteten Strebens? Anders das aus der lebendigen Kraft der Schöpfung durch die Empfindung Geformte. Durch diese Kraft erst trägt wahres Kunstwerk irdisch wie geistig Dauer in sich und nur dieses Echte vermag zu ergreifen,

»*Denn es muß von Herzen gehen,*
Was auf Herzen wirken soll.« (9.685 f.)

Durch die erwähnte lebendige Kraft wird die Empfindung auch anderer Menschen nämlich zum Mitschwingen angeregt. Anders hingegen die Phantasie. Diese, nur aus den Körpertrieben und sinnenhaften Gefühlen entstehend, führt zu gedanklicher Vorstellung, ist bestes Ergebnis verstandlichen Wirkens. Der, den sie – außer ihrem Erzeuger – mitreißen soll, muß sie nachvollziehen. Ihr mangelt der unmittelbare Zugang zum Geiste; sie kann uns daher nicht »erwärmen« – ein Wort, das doch überaus treffend *Bewegung* voraussetzt, die Wärme erzeugt. Doch leider wird oft die Warmherzigkeit von vielen Menschen als »kindisch« belächelt. Goethe versucht deshalb richtigzustellen:

»Das Alter macht nicht kindisch, wie man spricht,
Es findet uns nur noch als wahre Kinder.« (212 f.)

Der Vers entstammt einer Zeit, die noch im Alter die Krönung des Lebens sah. Der Mensch hat, weise und abgeklärt, dann wieder zur dankbaren Freude gefunden, so wie ein Kind sie täglich aufs neue den Wundern der Schöpfung entgegenbringt. *Kindlich,* nicht kindisch ist solche Haltung, bereit, statt zu verlangen empfangen zu wollen, und selbstgefällig zu sein, ist ihr fremd:

»Ach, daß die Einfalt, daß die Unschuld nie
Sich selbst und ihren heil'gen Wert erkennt!« (3.102 f.)

Ist mit dem »heiligen Wert« nicht verdichtet die ganze Bedeutung der Schlichtheit erfaßt? Sie allein öffnet weithin die Tore den Strömen des Lichtes, der hebenden Kraft. Das erst erklärt die geflügelten Worte:

»Das Ewig-Weibliche
Zieht uns hinan.« (12.110 f.)

Denn Weibliches ist, dem Empfangen geöffnet, Zarterem nähergerückt als der Mann. So bildet die Frau im Sorgen, Betreuen, unbewußt eine starke Verbindung zum spendenden Wirken der alle Schöpfung durchziehenden Kette des Wesenhaften.

Denn das ist der Sinn der Geschlechterrollen: So wie die Empfindung und der Verstand zusammenwirkend ein Ganzes ergeben, so soll die empfindungsstärkere Frau das gröbere Schaffen des Mannes veredeln. Verwirklichtes Frauentum trägt dann erhebend Schönheit und Harmonie in die Welt. Das alles umschließen die Goetheschen Verse:

»*Leget Anmut ins Empfangen,*
Lieblich ist's, den Wunsch erlangen.
Und in stiller Tage Schranken
Höchst anmutig sei das Danken.« (5.301 ff.)

Denn hier ist rundweg alles enthalten, was rechtem Dasein die Grundlagen gibt: In stillem Wirken und Wunschbeschränkung freut sich der Mensch aller Gottesgaben, so daß ihm der Dank zum Bedürfnis wird. Er fügt sich dadurch völlig natürlich dem Kreislauf des Gebens und Nehmens ein, und diese Natürlichkeit trägt dann die Anmut als Ausdruck harmonischen Einklangs in sich.

Die Welt des Verstandes

Aber der Mensch ist nicht so, wie er sein sollte:

»*Denn, geht es zu des Bösen Haus,*
Das Weib hat tausend Schritt voraus. [...]
Doch, wie sie auch sich eilen kann,
Mit einem Sprunge macht's der Mann.« (3.980 ff.)

Begreifen Sie jetzt – nach dem vorhin Gesagten –, daß für die Fehlentwicklung auf Erden vor allem die Frau verantwortlich ist? Sie war der irdischen Lockung erlegen. An Stelle der dadurch verlorenen Anmut suchte Gefallsucht das künstliche Scheinbild. Die Brücke nach oben war abgebrochen. Die zur Erweckung der Sehnsucht nach Hohem dem Weibe geschenkte Anziehungskraft riß nun den Mann mit in die Tiefe, da er jetzt seinerseits darnach strebte, auf Weibliches *irdisch* Eindruck zu machen. So haben alle Übel der Menschheit, von Neid über Unterdrückung zum Mord, in Geltungssucht ihre gemeinsame Wurzel. Daraus erwuchs – statt beglückenden Lebens – auf Erden die kalte Welt des Verstandes. Doch Erdenverlangen läßt unbefriedigt:

»*So tauml ich von Begierde zu Genuß,*
Und im Genuß verschmacht ich nach Begierde.« (3.249 f.)

Es wuchert der Wunsch, alle Einsicht mißachtend, sich unstillbar aus:

»*Wir wollen alle Tage sparen*
Und brauchen alle Tage mehr.« (4.853 f.)

Klingt dieser Vers nicht wie heute geschrieben?
Einmal aber auf falscher Bahn, *will* der Mensch die Wahrheit nicht hören:

»*Was Rat! Hat Rat bei Menschen je gegolten?*
Ein kluges Wort erstarrt im harten Ohr.
So oft auch Tat sich grimmig selbst gescholten,
Bleibt doch das Volk selbstwillig wie zuvor.« (8.106 ff.)

Das »harte« Ohr, der »erstarrende« Rat, lassen bereits den Bewegungsmangel des Geistes als Ursache sichtbar werden. Denn nur der *lebendige* Geist ist imstande, das menschliche Handeln sinnvoll zu machen. Geöffnet nur hat er Verbindung zum Lichte, und Licht ist nun einmal, physisch wie geistig, die Quelle von Wärme, Bewegung und Leben!

Doch hier will der Mensch im Eigendünkel die Wechselwirkung, die ihn die Früchte des eigenen Handelns zu ernten zwingt, verbissen verleugnen. Sie – und die Stimme des geistigen Führers, die uns als »Gewissen« zu leiten sucht – »schelten« die Tat zwar von außen und innen, aber – erleben wir es nicht heute vielfach in Wirtschafts- und Umweltproblemen – unbeirrt setzt man, die Mahner verlachend, dann doch das verderbliche Tun einfach fort.

»*Wir sind gewohnt, daß die Menschen verhöhnen,*
Was sie nicht verstehn,
Daß sie vor dem Guten und Schönen,
Das ihnen oft beschwerlich ist, murren; [...]«
(1.205 ff.)

Denn wo der Verstand, der geistigen Trägheit des Menschen schmeichelnd, die Herrschaft errungen, muß sein begrenztes Begreifenkönnen begeifern, was rettende Umkehr verlangt:

»*Sprach ich vernünftig, wie ich's angeschaut,*
Erklang der Widerspruch gedoppelt laut, [...]« (6.233 f.)

bestrebt, die Menschen irre zu machen:

»*Natur ist Sünde, Geist ist Teufel,*
Sie hegen zwischen sich den Zweifel,
Ihr mißgestaltet Zwitterkind.« (4.900 ff.)

Deutlicher könnte die Lichtfeindlichkeit der nur vom Verstande ersonnenen Lehren und ihre Gefahr kaum aufgezeigt werden. Hier werden durch Umkehrung aller Begriffe die Richtungsweiser zur Wahrheit verstellt, so daß selbst jene, die schon auf dem Wege zu diesem Ziel sind, der Zweifel befällt.

Man will mit vielen hochtönenden Worten die Leere verdecken, der Menge gefallen:

»*Ja, eure Reden, die so blinkend sind,*
In denen ihr der Menschheit Schnitzel kräuselt,

Sind unerquicklich wie der Nebelwind,
Der herbstlich durch die dürren Blätter säuselt!« (554 ff.)

Entsinnen Sie sich noch des »stillen Geistes«, der innerlich voller Lebendigkeit ist? Kaum herrscht der Verstand, sind die Pole vertauscht: Trotz äußerlich aufdringlich lautem Gehaben schleicht innerlich lichtferne Kälte sich an. Und nochmals der nämliche Gegensatz: Obwohl nur das Selbsterlebte uns nützt, wendet sich hier aller Eifer nach außen:

»Denn jeder, der sein innres Selbst
Nicht zu regieren weiß, regierte gar zu gern
Des Nachbars Willen, eignem stolzen Sinn gemäß [...]«
(7.015 ff.)

Das ist das Zeichen der Trägheit des Geistes! An Stelle still-innerer Arbeit am Ich tritt fordernd das äußere Geltungsverlangen. Es schließt die Knebelung jeglicher Meinung, die eigenem Dünkel zuwiderläuft, ebenso ein wie das »Manipulieren«, denn

»Die Menge schwankt im ungewissen Geist,
Dann strömt sie nach, wohin der Strom sie reißt.«
(10.381 f.)

»Er stehe fest [...]«, mahnte Goethe. Doch wenn der Geist, seiner ungewiß, nicht die Persönlichkeit formt und bewahrt, vermag er sich nur noch als Teilchen im Strom geborgen zu fühlen; denn dann ist er »in«. Was heute so vielen wie ein Gebot des Auf-der-Höhe-der-Zeit-Seins erscheint, hat Goethe schon längst als Entwicklungsmangel, als Armutszeugnis des Geistes entlarvt! Beim Tiere, dem nichts Geistiges eigen und das nicht sich selbst, nur sein Dasein begreift, gibt es die Rückkehr zur Gruppenseele. Ihr ähnelt die halt- und persönlichkeitslose lenkbare Masse; der Mensch gibt sich auf:

»*Und auf vorgeschriebnen Bahnen*
Zieht die Menge durch die Flur;
Den entrollten Lügenfahnen
Folgen alle. – Schafsnatur!« (10.403 ff.)

Schildern die hier zusammengefaßten Verse nicht unsere Gegenwart? Das Bild einer von dem Verstande beherrschten, der geistigen Führung entratenden Welt? Ist jetzt nicht das Falsche gesteigert zu finden: Verwischen der Art- und Wesensunterschiede zwischen Frau und Mann, Begriffsverwirrung, Geschwätzigkeit, die »Wellen« und »Trends«, die, Irrlichtern gleich, die haltlose Menge ins Grundlose locken – so zeigt sich, dem Leben der Schöpfung entfremdet, der Mensch, der in Maßlosigkeit seines Hochmuts die Wurzeln des eigenen Daseins zerstört. Doch:

»*Den Teufel spürt das Völkchen nie,*
Und wenn er sie beim Kragen hätte.« (2.181 f.)

Weshalb das so ist, wird uns jetzt schon verständlich: Immer reicht das Begreifenkönnen ja nur bis zur Höhe der eigenen Art. Ist jemand selbst schon dem Bösen verfallen, so wird ihm der Teufel als Gleichart verwandt.

Getrost kann Mephisto die gottlose Welt, in der alles Streben zum Lichte erstickt ist, den Folgen des menschlichen Tuns überlassen:

*»Das Heidenvolk geht mich nichts an,
Es haust in seiner eignen Hölle; [...]«* (6.209 f.)

Wie klärend sind doch diese beiden Sätze. Die »Hölle« ist nicht von Gott geschaffen; sie ist, geformt durch das Übelwollen der irregegangenen Menschengeister, der Ort, an dem nach dem Körpertode diese, durch gleiche Verstrickung vereint, an ihresgleichen sich ausleben müssen. Seine Verworfenheit an sich erleidend, erlebt so der Gottesleugner entsprechend der eigenen Art die persönliche Hölle.

Die große Scheidung

So kommt der Zeitpunkt, zu welchem Mephisto die endliche Scheidung herannahen fühlt:

»*Zum Jüngsten Tag fühl ich das Volk gereift,*
Da ich zum letztenmal den Hexenberg ersteige,
Und weil mein Fäßchen trübe läuft,
So ist die Welt auch auf der Neige.« (4.092 ff.)

Der »jüngste Tag« ist hier eine »Neige«, ein Kipp-Punkt, an dem die Belastbarkeitsgrenze für Schädliches schon überschritten wird. Man kennt dies schon aus den Umweltbelangen, doch gilt es für alle Lebensprozesse. »Mephistos Fäßchen« – das ist die Probe aus dem Gebräu allen Menschenwerks – »läuft trübe«, das heißt, der Punkt ist erreicht, wo alles Klare vom Schmutze durchdrungen und Reinheit verlorengegangen ist.

Doch so, wie beim Krankheitsverlaufe die Krise dem Eintritt in die Genesung vorausgeht, bedeutet auch hier das Jüngste Gericht die Reinigung, die Überwindung des Übels. Zum letzten Male gewinnt das Dunkel, »den Berg ersteigend«, die Oberhand, doch was sich noch auslebt, ist nur sein Gefolge:

»*Den Bösen sind sie los, die Bösen sind geblieben.*« (2.509)

Und diese müssen – Mephisto erkennt es – sich letztlich gegenseitig vernichten:

»*Sie kommen gleisnerisch, die Laffen! [...]*
Bekriegen uns mit unsern eignen Waffen;
Es sind auch Teufel, doch verkappt.« (11.693 ff.)

Für jene, die dann noch den Süchten verfallen sind, wird es für innere Wandlung zu spät:

»*In die Schwachheit hingerafft,*
Sind sie schwer zu retten;
Wer zerreißt aus eigner Kraft
Der Gelüste Ketten?« (12.024 ff.)

Zu spät kommt ihnen die furchtbare Einsicht: Sie haben die Zeit zur Entwicklung versäumt.

»*Ich fühl's, vergebens hab ich alle Schätze*
Des Menschengeists auf mich herbeigerafft,
Und wenn ich mich am Ende niedersetze,
Quillt innerlich doch keine neue Kraft;
Ich bin nicht um ein Haar breit höher,
Bin dem Unendlichen nicht näher.« (1.810 ff.)

Nun werden sie aufgeweckt zum Erkennen all dessen, was ihre Geistesentwicklung durch irdische Lockung verhindert hat:

*»Verflucht voraus die hohe Meinung,
Womit der Geist sich selbst umfängt!
Verflucht das Blenden der Erscheinung,
Die sich an unsre Sinne drängt!
Verflucht, was uns in Träumen heuchelt,
Des Ruhms, der Namensdauer Trug!
Verflucht, was als Besitz uns schmeichelt,
Als Weib und Kind, als Knecht und Pflug!«*
(1.591 ff.)

Verfluchen sie jetzt auch die falschen Werte, nach denen zu streben sie ausgefüllt hat, so können sie doch nicht den Folgen entgehen, soferne nicht bis zur entscheidenden Stunde das letzte Stäubchen des Erdenverlangens als Bindung des Geistes gewichen ist:

*»Uns bleibt ein Erdenrest
Zu tragen peinlich,
Und wär er von Asbest,
Er ist nicht reinlich.«* (11.954 ff.)

Mit dem »Asbest« wird uns angedeutet, daß nichts im Gericht uns zu schützen vermag, denn

*»Du bist am Ende – was du bist.
Setz dir Perücken auf von Millionen Locken,
Setz deinen Fuß auf ellenhohe Socken,
Du bleibst doch immer, was du bist.«* (1.806 ff.)

Und ganz allein dieses »Wie bist du, Mensch?« ist es, das – allen Beiwerks entkleidet – jetzt zählt. Denn unerbittlich muß abgetrennt werden, was nicht zur Reinheit des Geistes gelangte:

»Ihr Antlitz wenden
Verklärte von dir ab.
Die Hände dir zu reichen,
Schauert's den Reinen.« (3.828 ff.)

Das ist nicht mangelnde Hilfsbereitschaft, nicht Hochmut, kein Pharisäertum. Reines kann durch die ungleiche Art bei Unreinem einfach den Halt nicht gewinnen.

Und wer mit dem geistigen Pfund nicht gewuchert, ist schon zu schwer, um gehoben zu werden, denn

»Was man nicht nützt, ist eine schwere Last; [...]« (684)

Die rettende Hilfe wurde der Menschheit einst schon gegeben im Christuswort:

»Christ ist erstanden!
Freude dem Sterblichen,
Den die verderblichen,
Schleichenden, erblichen
Mängel umwanden.« (737 ff.)

Ein mehrfach höchst bedeutsamer Vers. »Erstanden« heißt nicht nur »auferstanden«, vielmehr auch *geboren* in diese Welt! Denn nicht in dem Tod, in der Auferstehung –, daß Jesus hierher auf die Erde kam und uns die Botschaft der Wahrheit brachte, *darin* liegt sein Erlösungswerk. Doch allzu lange hat Menschensinn an dieser Botschaft herumgedeutet. Nun muß sie gereinigt, erneuert werden, damit Gottes Wort wieder Klarheit gewinnt.

Beachten Sie aber: Die Erbsünde wird hier als ein »schleichender Mangel« erklärt. Sie ist also nicht eine Augenblickshandlung – das Essen der Frucht vom Baum der Erkenntnis –, sondern stets wachsend, bedrohlicher werdend, ein *körperlich* weitervererbter Defekt.

Gemeint ist damit das quellende Wuchern des durch Verstandes-Tätigkeit überbeanspruchten Vordergehirns, wodurch die Organbrücke für die Empfindung, das Hinterhirn, zum »Klein«-Hirn verkümmern mußte. Das Aufnahmevermögen für *geistige* Schwingung wurde zugleich damit ständig verengt.

Dieses verstümmelte Werkzeug nun wurde als furchtbare Folge des menschlichen Dünkels in jedermanns Erbmasse einprogrammiert, und das hat fortzeugend weiter und weiter das Übergewicht des Verstandes verstärkt. Um diesem Prozesse entgegenzuwirken, gab Gottes Liebe uns Jesu Wort:

»Die sich verdammen,
Heile die Wahrheit;
Daß sie vom Bösen
Froh sich erlösen,
Um in dem Allverein
Selig zu sein.« (11.803 ff.)

Wer sich irrend verstrickte, muß sich selbst daraus retten. Hören Sie wohl! Jesus hat nicht die Sünden genommen; die

Wahrheit – sein recht verstandenes Wort – hilft nur, sich ändernd davon zu befreien. Doch muß dies noch *vor* der Scheidung geschehen, denn diese wird

»*[...] In einer frischgeschaffnen Welt
Fried und Gerechtigkeit vermählen.*« (10.283 f.)

Das ist der Morgen der Auferstehung zu neuem, gottgefälligem Sein:

»*Alle vereinigt
Hebt euch und preist!
Luft ist gereinigt,
Atme der Geist!*« (11.821 ff.)

Hier ist ganz klar die Entfaltung des Geistes, sein freies Atmen zum Ziele erklärt. Befreit vom vergiftenden Einfluß des Dunkels wird der verbliebene Teil dieser Menschheit dankbar im Dienst des Allewigen stehen.

»*Selig der Liebende,
Der die betrübende,
Heilsam' und übende
Prüfung bestanden.*« (758 ff.)

Wie spiegelt sich doch in den Worten »betrübend« und »heilsam-übend« der irrende Weg des Menschengeists, der durch Stofferfahrung erst liebend zu werden erlernen muß. Ein Ringschluß von ungeheurer Weite erfüllt sich in dieser Heimfindung:

Unbewußt aus der göttlichen Liebe ausgegangen, fügt nun der Mensch, reifend des Geistes sich *bewußt* geworden, dienend in dieser Liebe sich ein.

Jetzt erst wird uns die weitere Zeile des eingangs zitierten Verses verständlich:

»*Das Werdende, das ewig wirkt und lebt,*
Umfass' euch mit der Liebe holden Schranken, [...]«
(346 f.)

Die holden Schranken der Liebe nämlich sind freiwillig-liebende Anerkennung des Daseinsrechtes aller Geschöpfe. Ihnen soll durch kein Eigenverlangen Leid oder Nachteil bereitet werden. Es steht, wer sich so in den Gotteswillen einfügt, in seiner ewigen Kraft:

»*Des Herren großen Sinn zu fördern, bringt zu Gnaden:*
Den Besten hülfreich sein, den Schlechten selbst nicht schaden,
Dann klar sein ohne List und ruhig ohne Trug!
Wenn du mich, Herr, durchschaust, geschieht mir schon genug.«
(10.889 ff.)

Dem vollbewußt gewordenen Geist ist das Verständnis für alles erwachsen, was seiner Höhe eingefügt ist. Kein Widerstreben und keine Dichte trennen den Willen jetzt von der Tat:

»*Alles kann der Edle leisten,*
Der versteht und rasch ergreift.« (4.664 f.)

Und wo er auch dann, der Vergänglichkeit der stofflichen Welten für immer entrückt, am Werk des Allewigen mitwirken darf, so hat sich an ihm die Verheißung erfüllt:

»*Ein jeder ist an seinem Platz unsterblich: […]*« (9.552)

Das zweifache Ende

Sind wir damit am Ende des Weges, der unterschwellig die Dichtung durchläuft? Ich meine, daß auch der Schluß der Tragödie – die »Rettung« des Faust – noch der Klärung bedarf. Gerade hier wird die Absicht des Dichters, fast möchte ich sagen: mit Willen verkannt.

Wissensdrang des Verstandes war es, der Faust zu seinem Pakt mit Mephisto bewog, Neugier, die glaubte, erzwingen zu können, was reifend sich nur der Demut erschließt.

So finden wir Faust am Ende der Tage zerfressen von Gier:

»Die wenig Bäume, nicht mein eigen,
Verderben mir den Weltbesitz«. (11.241 f.)

klagt er verbittert, denn nur noch das Grundstück der friedlichen Nachbarn Philemon und Baucis, des alten Paares, ist noch nicht sein. Der Glockenton ihrer kleinen Kapelle mahnt quälend: Das hast du noch nicht unterjocht! Doch die Gewalt, die nach Faustens Befehlen die alten Leute vertreiben soll, läßt sich, einmal entfesselt, nicht zügeln: Da wird das gesamte Besitztum zerstört, und in ihrer niedergebrannten Behausung finden Philemon und Baucis den Tod.

Faust selbst aber, der durch Dämme und Deiche das Antlitz der Erde verändern will, erlebt nun den Augenblick höchster

Beglückung in der Erwartung, es werde sein Name durch diese Werke nie untergehen. Doch die ihn verzückenden Arbeitsgeräusche gelten in Wahrheit nicht seinen Projekten, sondern dem Schaufeln des eigenen Grabes – aber erblindet erkennt er es nicht.

Wie weit ist dieser Faust doch von jenem, der nichts als Erkenntnis suchte, entfernt! Ehrgeizgetrieben jagt er irdischen Zielen, rücksichtslos bis zur Grausamkeit, nach. Symbolhaft steht hier das Schicksal der Alten für jenes des Guten in dieser Welt. Ihr stiller Friede bleibt aller Machtgier ein unerreichbar fremder Besitz. So soll denn das Glöckchen – der Klang des Gewissens – zum Schweigen kommen durch blanke Gewalt.

Es ist die kalte Verstandesherrschaft, die Welt entgotteter Erdenmacht, die Goethe beklemmend dicht uns hier schildert. Wer Umschau hält, wird fraglos erkennen, wie gegenwärtig sie heute ist. Goethe hat in prophetischer Schau den fortschrittsbesessenen Menschen gezeichnet: Wie Faust opfert er das friedvolle Leben, Natur und stille Beschaulichkeit den Werken der Technik, blind für die Einsicht, daß er sein Grab sich nur schaufeln läßt.

Kann dieser Faust nun, der irdische Lüste in vollen Zügen genossen hat und mehrfach mit Blutschuld beladen am Ende die Nachwelt zur Stillung des Ehrgeizes braucht, – kann dieser Faust beim Abscheiden dennoch in lichte Gefilde getragen werden? Muß, da er keine Voraussetzung bietet, uns diese »Erlösung« nicht sinnwidrig scheinen?

Goethe hat doch die allzeit gerechte Gesetzmäßigkeit allen Waltens betont. Er lehrte, daß wir nur aus *eigener* Kraft uns reinigend *selbst* zu erlösen vermögen und nur die erreichte Veredelung zu höherer Gleichart uns eingehen läßt.

Und hat er nicht unmißverständlich gesagt, daß der, der in irdischer Gier sich gefangen, weil es sein *muß*, dann zu Grunde geht? Sollte Goethe am Schluß der Tragödie dies alles vergessen, verleugnet haben, um liebedienernd dem Publikum ein glückliches Ende bieten zu können?

Wir müssen, um diese Frage zu prüfen, erst klären, wer Faust denn eigentlich ist. Er sagt es ja selbst mit den folgenden Worten:

»*Und was der ganzen Menschheit zugeteilt ist,*
Will ich in meinem innern Selbst genießen, [...]
Und so mein eigen Selbst zu ihrem Selbst erweitern, [...]«
(1.770 ff.)

Faust ist demnach keine Einzelperson, in ihm ist die ganze Menschheit verkörpert, und jener uns so geläufige Vers enthält den Schlüssel zum *Menschheits*drama:

»*Zwei Seelen wohnen, ach! in meiner Brust,*
Die eine will sich von der andern trennen;
Die eine hält, in derber Liebeslust,
Sich an die Welt mit klammernden Organen;
Die andre hebt gewaltsam sich vom Dust
Zu den Gefilden hoher Ahnen.« (1.112 ff.)

Mit diesen Worten wird doch das Ende der Faust-Tragödie schon vorgezeichnet, sofern man hinter der herkömmlichen verkleinernden Deutung das Große sieht: Nicht die Zerrissenheit *eines* Menschen – darin sich im Kleinen das Große nur spiegelt –, sondern die Stellung der *Menschheit als Ganzes* im irdischen Spannungsfeld wird hier gezeigt.

Kein Mensch kann in Wahrheit zwei Seelen haben, da Seele ja doch – nur in zarter Umhüllung – der einzelpersönliche Geistfunke ist. Den Ausdruck »Seele« gebraucht hier der Dichter zu einer Umschreibung der Teile der Menschheit, die entweder vorwiegend irdischen Zielen oder dem Geistigen zugeneigt sind. Die Unterschiedlichkeit des Gebrauches, den diese dadurch von der Möglichkeit des Reifendürfens im Stoffe machen, *muß* letztlich zu einer Trennung führen, da nur im Reifungsprozesse des *Geistes* die menschliche Selbstverwirklichung liegt.

In diesem Sinne soll weiterhin hier das Wort »Seele« verstanden werden: als Sinnbild der gegensätzlichen Gruppen der Menschheit, die Faust als Ganzes umschließt. Goethe schildert uns in der Gestalt des Faust das Schicksal der *beiden* »Seelen«, der Menschen also, die – kurz gesagt – Licht oder Dunkel den Vorzug gaben.

Jede erleidet als Menschheitsgruppe das Ende, das sich ihr Verhalten erzwang. Die Wege dieser symbolhaften »Seelen« trennen sich schon mit dem »Teufelspakt«. Von da ab tritt das Böse nach außen, und wir verfolgen im Bühnengeschehen das Handeln der irdischen Leidenschaften sich geöffnet habenden »Seele« des Faust; ist es doch immer der gottesferne, laut sich gebärdende Erdverstand, dem, weil er szenenbeherrschend sich breit macht, die Aufmerksamkeit des Publikums gilt.

Macht nicht in Fernsehen, Film oder Presse das Böse auch heute noch Sensation? Der Schaulust dient, daß der Handlungsfaden von Übeltat sich zu Übeltat schlingt.

Die Reifung der lichtwärts strebenden »Seele« vollzieht sich hingegen verschwiegen und still. Erdrückt vom äußeren Handlungsgeschehen, darob fast vergessen, läßt sich ihr Weg nur aufblitzend aus den hier angeführten erkenntnistragenden Versen ersehen. Ihn zu entdecken, ihm nachzugehen, erfordert Mühe – und das ist gewollt.

Faust – oder besser gesagt: jene Seele –, die sich Mephisto zum Ratgeber wählte, ist in der letzten Szene erblindet. Hier soll doch im Gleichnis zum Ausdruck kommen:

Sein Sinn für das Licht hat sich so sehr verschlossen, daß er von diesem schon abgetrennt ist und nicht mehr die Wahrheit zu schauen vermag. Doch halb schon im Jenseits, nehmen die Sinne bereits die *dort* geformte Umgebung wahr: Der Sumpf, dessen Trockenlegung Faust vorschwebt, faßt für ihn bildhaft im letzten Momente die Summe begangener Untat zusammen: Das ist es, was er der Welt hinterläßt! Sein Pesthauch, der frohe Entwicklung gefährdet, wird Faust zwar zuletzt noch erschreckend bewußt, doch ist es zu spät, jetzt noch Wandel zu schaffen. Dem Toten gibt klärend Mephisto den Nachruf:

»Ihn sättigt keine Lust, ihm gnügt kein Glück,
So buhlt er fort nach wechselnden Gestalten;
Den letzten, schlechten, leeren Augenblick,
Der Arme wünscht ihn festzuhalten.« (11.587 ff.)

Das ist doch ein Richtspruch: Nichts nimmt die Seele, was Wert hat, als Ernte des Lebens mit! Ihr, die sich über den Tod hinaus noch Nachruhm heischend hier angeklammert, wird – wie dies szenisch zum Ausdruck kommt – das ewige Grab nun im Stoffe geschaufelt, mit dem dieses Ich, durch sein Wollen gebunden, im Kreislauf dereinst auch vergehen muß.

Dazwischen liegt dauerndes Unerfülltbleiben mit seiner allmählich zerreibenden Qual – wie es Mephisto der Seele verkündet.

Doch wie mancher Karstfluß nach heimlicher Sammlung mit einem Mal rauschend ans Tageslicht tritt, erhebt sich – getrennt nun – die andere Seele, im Stillen gewachsen, »gewaltsam vom Dust« (1.116). *Sie* allein ist es, die dem Mephisto bei seinem Kampf um den Leichnam entwischt, denn dieser Kampf verdeutlicht die Trennung der beiden Seelen durch Gottes Gericht.

Den letzten Zweifel an dieser Deutung beseitigt an dieser Stelle der Vers:

»Kein Engel trennte
Geeinte Zwienatur
Der innigen beiden,
Die ewige Liebe nur
Vermag's zu scheiden.« (11.961 ff.)

Mußte denn Goethe noch deutlicher sagen, daß jetzt die Trennung der Seelen erfolgt? Infolge der Dichte der Erdenkörper sind Gut und Böse hier nicht geschieden, weil darin die Möglichkeit schnellerer Reifung der ungleich entwickelten Geistfunken liegt. Selbst reinste Vollstrecker des Gotteswillens, die Engel, vermögen daran nichts zu ändern. Nicht menschliche, nur die *ewige* Liebe – Gott selbst – kann im Gange der Schöpfungsgesetze die Scheidung der beiden für immer vollziehen.

Dabei geschieht es den Menschheitsgruppen, die – lichtstrebend oder dem Stoffe verhaftet – den »beiden Seelen« des Faust entsprechen – so, wie sie es selbst als ihr Wollen erklärten: Die eine, die nur nach Erdenlust gierte, findet im Stoffe ihr ewiges Grab; die andere hebt sich zur Heimat des Geistes, zu den »Gefilden hoher Ahnen« (1.117) empor.

Ihr gilt die Fürbitte, die – mißverstanden – so leicht den Sinn dieser Szenen verzerrt:

»*Gönn auch dieser guten Seele,*
Die sich einmal nur vergessen,
Die nicht ahnte, daß sie fehle,
Dein Verzeihen angemessen!«
(12.065 ff.)

Das kann sich doch nicht auf die Seele beziehen, die eben in Sünden verharrend, verschied. Gedankenlos hat man die »gute Seele« schon so sehr zur Redensart abgewertet, daß uns die Unterscheidung vom bösen Gegenstück gar nicht mehr auffällig wird. Diese, die *gute* Seele des Faust, hat sich tatsächlich *einmal* vergessen: Als sie, statt eigener Reifung zu harren, Erkenntnis sich durch die Beschwörung des Erdgeists vermittels Magie zu erzwingen versuchte. Doch daß selbst Verzeihung nicht Willkür bedeutet, sehen Sie hier, denn die Fürbitterin beachtet voll Demut die »ewigen Normen«: »Angemessen« sei das Verzeihen – so wie die Seele es sich *verdient!*

Goethe ist also bis zuletzt der Kündung der Wahrheit nicht untreu geworden, läßt er die lichten Helfer doch sagen:

»Gerettet ist das edle Glied
Der Geisterwelt vom Bösen:
›Wer immer strebend sich bemüht,
Den können wir erlösen!‹« (11.934 ff.)

Das »edle Glied«, das sich wahrheitsgeläutert sinnvoll dem Ganzen einfügen will, wird dadurch auch von dem Bösen gerettet: Es ist ja, hat es den Stoff überwunden, der irdischen Zwangsgemeinschaft mit Bösen und Luzifers Einfluß für immer entrückt.

Nun hat aber das Verlangen nach weichlicher Nachsicht im Falle des »Faust« dazu geführt, die Absicht des Dichters nicht sehen zu wollen. Die Wahrheit freilich läßt sich nicht ändern. Es gilt daher, endlich das irrige Bild von göttlicher Liebe richtigzustellen. Sie gibt durch die Vielzahl der irdischen Leben uns lange zur Reifung Gelegenheit, doch einmal wird – auf Grund *unserer* Entscheidung, so oder so diese Spanne zu nützen – die Scheidung im Weltgericht durchgeführt. –

Das »Faust«-Drama will vor Dünkel und Hochmut eindringlich warnen und insgeheim uns durch das Schildern der Schöpfungsgesetze ein hilfreicher Führer zum Lichte werden. Goethe hat mit dem größten Geschick für jeden etwas – das Seine – gebracht und zwingt so die Menschen, sich zu bekennen: Wer – trotz der Verweisung auf Gottes Gesetze – sich mit der Erlösung des sündigen Faust durch unverdiente Verzeihung belügt, zeigt, daß er, besserer Einsicht verschlossen, dem Wunschdenken willig den Vorrang gibt. Sie aber sehen vielleicht jetzt das Ende der Faust-Tragödie in anderem Licht: Es schildert statt der Verklärung des Sünders die *Scheidung der Menschheit* im Letzten Gericht.

Das entschlüsselte Hexen-Einmaleins

Sie wollen – ich sehe es – lange schon fragen, was mir ermöglicht, den »Faust« so zu deuten. Ich will Ihnen gerne die Antwort geben. Es ist das Buch »*Im Lichte der Wahrheit*«, das sein Verfasser die »Gralsbotschaft« nennt. Die hohe Quelle, der es entstammt, ist mit diesem Titel schon angedeutet. Was wir versuchten, aus Goethes Versen zusammenzustellen – und noch viel mehr – finden Sie dort in verständlicher Sprache offen für alle Menschen gesagt. So schreibt der Verfasser, der künden *mußte:*

»*Um den Menschen solches Wissen zu vermitteln, das ihnen übersichtliche und verständliche Überzeugung von dem Wirken Gottes in seiner Gerechtigkeit und Liebe gibt, schrieb ich das Werk ›Im Lichte der Wahrheit‹, das keine Lücke läßt, auf jede Frage Antwort in sich birgt, den Menschen Klarheit bringt, wie wunderbar die Wege in der Schöpfung sind, die viele Diener seines Willens tragen.*« (GB »Kult«)

Es ist deshalb dieses Werk auch geeignet, Klarheit in Goethes Dichtung zu bringen, weil Wahrheit sich immerdar gleichbleiben muß. Goethe freilich, noch voller Bedenken, hatte sein Ahnen der Wahrheit versteckt, doch hier, weil die Zeit der Erfüllung gekommen, erhält sie der Suchende ganz und direkt.

Das Mißverstehen, dem Goethes Schauspiel, vor allem sein Ende, begegnet ist, läßt leider den Zweifel berechtigt erscheinen, ob man die Wahrheit denn hören will. Wird sie nicht meistens so lange verbogen, bis sie den menschlichen Wünschen entspricht?

So scheint es, als hätte der Dichter das letzte Geheimnis besonders verwahrt:

»*Das Beste, was du wissen kannst,*
Darfst du den Buben doch nicht sagen.« (1.840 f.)

Was ist nun im »Faust« am meisten verborgen, am unzugänglichsten, rätselvoll? Das sind ohne Zweifel die seltsamen Worte des Einmal-Eins, das die Hexe spricht. Man hat sie als magisches Zahlenquadrat, als Spielerei ohne Aussagewert gedeutet, sofern man überhaupt darin einen Sinn zu sehen vermeint.

Doch hier hat Goethe, so will es scheinen, tatsächlich das Beste durch Ziffern verhüllt. Und nicht einmal das scheint ihm sicher genug. So wie in Ägypten die Königsgräber durch Irreleitung geschützt worden sind, versucht Mephisto von diesen Worten der Hexe sofort wieder abzulenken:

»*Gewöhnlich glaubt der Mensch, wenn er nur Worte hört,*
Es müsse sich dabei doch auch was denken lassen.« (2.565 f.)

Hier zeigt sich wieder die Goethesche Absicht: Wer auf Mephisto als Ratgeber hört, *soll* an der Wahrheit vorübergehen, für ihn ist sie ohnedies nicht bestimmt. Er soll hier erst gar nicht zu suchen beginnen; Mephisto beruhigt sein Selbstwertgefühl:

*»Denn ein vollkommner Widerspruch
Bleibt gleich geheimnisvoll für Kluge wie für Toren.«* (2.557 f.)

Uns soll das nicht hindern, den heimlichen Sinn der seltsamen Verse ergründen zu wollen:

*»Du mußt verstehn!
Aus Eins mach Zehn,
Und Zwei laß gehn,
Und Drei mach gleich,
So bist du reich.
Verlier die Vier!
Aus Fünf und Sechs,
So sagt die Hex,
Mach Sieben und Acht,
So ist's vollbracht:
Und Neun ist Eins,
Und Zehn ist keins.
Das ist das Hexen-Einmaleins.«* (2.540 ff.)

So freilich entzieht sich der Text dem Verständnis; wir brauchen den Schlüssel zur Zahlenbedeutung. Es gibt einen solchen, und ihn hat vermutlich Goethe, der Wissende, gleichfalls gekannt. Die Ziffern entsprechen darin den Begriffen:

1 = Kraft	2 = Schöpfung	3 = Licht
4 = Natur	5 = Liebe	6 = Macht
7 = Wille	8 = Geist	9 = Glaube

Und nun, mit diesem Werkzeug versehen, wollen wir die Entschlüsselung wagen:

»*Aus Eins* (der Kraft) *mach Zehn!*«

Nimm alle Kraft – verzehnfacht – zusammen! Doch

»*Und Zwei* (die Schöpfung) *laß gehn,*«

Du, Mensch, kannst darin nur Unordnung stiften. Wie zeitnah ist doch dieser Goethesche Rat! Doch was soll

»*Und Drei mach gleich,*
So bist du reich.«

bedeuten? Die Drei – das Licht – eben dreifach zu nehmen, als des höchsten Lichtes Dreifaltigkeit. Und liegt in der Gleichheit des dreifachen Lichtes nicht auch zugleich die Dreieinigkeit, das Einssein trotz dreifacher Auswirkung? Das allerheiligste Gottesgeheimnis umschließt in geballter Dichte der Vers!

So sagen uns also die ersten Zeilen: Erkenne als deine Bestimmung, Mensch, mit ganzer Kraft – ohne selbstgefällig die Ordnung der Schöpfung stören zu wollen – Verbindung mit Gottes Licht zu erstreben, denn das nur macht dich in Wahrheit reich!

Wurden zunächst der Sinn und das Ziel des menschlichen Daseins zusammengefaßt, so zeigen uns nun die folgenden Verse den kürzesten Weg zur Erreichung auf.

»*Verlier die Vier!*«

Die schwierigste Zeile! Soll denn der Mensch die Natur verlieren? An dieser Stelle muß sich entscheiden, ob jemand beharrlich und ernsthaft sucht, gilt es doch stets den Beginn seines Weges im Dickicht der irrigen Lehren zu finden. Als einzige steht diese Zeile allein. Es ist, als müßte sie vollständig lauten:

»*Verlier die Vier!*«
So spricht das Tier.

Denn gleich darauf, bei der Fünf oder Sechs, heißt es ja wieder: »So sagt die Hex«. Da *alles* aber die Hexe sagt, wäre die Rückleitung überflüssig, spräche zuvor nicht ein anderes Geschöpf. Es gibt ja ein »Tier« in der Hexenküche. Vielleicht war Goethe der *falsche* Rat, spräche das Tier ihn, zu offenkundig – Sie wissen, das »Tier« in der Apokalypse ist ja das Sinnbild der Sünde, des Bösen –, so daß er die zweite, die reimende Zeile in diesem Verse gestrichen hat. Es ist, als sollte die Ungereimtheit der Zeile genügen, um auszusagen, daß sie auch inhaltlich ungereimt ist.

In dieser Welt der Polaritäten hat alles nämlich ein Gegenstück. Es kann die Bedeutung der einzelnen Ziffern sich folglich auch in die Umkehrung wandeln. Wir sollen die *Un-natur* demnach verlieren, natürlich werden in allen Belangen, weil uns dies näher zum Wesenhaften, der ersten Brücke zum Aufstiege, führt.

Jetzt rollt sich – nach dieser Entschlüsselungshürde – der weitere Text ohne Schwierigkeit auf:

»*Aus Fünf und Sechs,*
So sagt die Hex,
Mach Sieben und Acht,
So ist's vollbracht:«

Aus Liebe und Macht mache Wille und Geist: Schöpfe aus der all*mäch*tigen Liebe (die ja doch »alles bildet und hegt«) den festen Willen zur Geistesentwicklung! Denn in diese Liebe hineinzuwachsen, bewußt ihrer *Macht*, sich aus freiem *Willen* als *Geist*geschöpf dienend ihr einzuordnen – das ist der Sinn deiner Wanderung!

»*Und Neun ist Eins,*«

Der Glaube ist Kraft, Überzeugung geworden! Und damit beginnst du zum »Grenzenlosen« stets tiefer und weiter Vertrauen zu fassen. Und nun darf man freilich nicht lesen wollen:

»*Und Zehn ist* keins.«

sondern:

»*Und Zehn* ist *keins.*«

denn es gibt wahrlich nichts mehr darüber! Wem endlich der Glaube zur Antriebskraft, zur innersten Überzeugung geworden, der lebt auch danach und behält die Verbindung mit Gottes lebendiger Schöpfungskraft. Mehr kann der Erdenmensch nicht verlangen, als deutlich den Weg und das Ziel zu sehen und durch den lebendig gewordenen Glauben die Kraft zu erhalten, ihn freudig zu gehen. –

So wie im genetischen Code verschlüsselt der Zellkern den Bauplan des Ganzen enthält, ist hier in dem Kernstück verschlüsselt die Botschaft an alle Menschheit zusammengedrängt. Doch diese Botschaft ist nicht nur verschlüsselt, sie ist auch der Schlüssel zum Goetheschen »Faust«. Sie wissen doch: Schon in der ersten Szene ruft der zum Selbstmord entschlossene Faust beim Klange der Glocken der Auferstehung:

»*Die Botschaft hör ich wohl, allein mir fehlt der Glaube; [...]*« (765)

Erkennen Sie jetzt dieses Spannungsverhältnis? Der Mangel des Glaubens an hilfreiche Führung, die jeder, der demutsvoll sucht, auch erfährt, hat Faust ja bewogen, Mephisto zu folgen. Doch ehe er noch durch den Trank der Verjüngung die Erdverklammerung Tat werden läßt, erfährt er aus dem Munde der Hexe die Botschaft, die ihm den Aufstieg des Geistes durch *kraftvoll-lebendigen Glauben* verheißt. Faust wird noch einmal vor die Entscheidung des künftigen Lebensweges gestellt. Doch von dem Trugbilde Gretchens betört und irdischen Lüsten schon zugewendet, bleibt dieser Seele die Kündung verschlossen. Jetzt erst erhält jene erste Zeile des Hexenspruches ihre Bedeutung:

»*Du mußt verstehn!*« (2.540)

Hier wird das Unverständnis verhöhnt, das Faust den verdunkelten Sinn der Rede nicht mehr begreifen läßt. Denn wer da sucht, muß immer bereit sein, die Wahrheit in jedem Kleid zu erkennen, in dem sie sich endlich ihm nahen will. Wird nicht erst dadurch die Tragik der Szene in ihrer vollen Größe erkennbar? Hier – mit dem Nicht-mehr-begreifen-Können, das Wahrheit verblendet für Narrheit hält (»*Was sagt sie uns für Unsinn vor [...]*«) – beginnt schon die *geistige* Blindheit des Faust, die dann zuletzt auch das Körperauge das Licht und die Wahrheit nicht schauen läßt.

So lehrt uns Goethe: Die Art, wie wir glauben, verschließt oder öffnet den inneren Sinn. Der *blinde* Glaube wird niemals die Welt – wie schon sein Name sagt – richtig erkennen. *Sehend* zu werden, dadurch, daß der Glaube *erlebt* uns zur Überzeugung erwächst, das ist der Kerngedanke des Stückes, das ist die Botschaft des Goetheschen »Faust«! –

Nun schlagen Sie bitte die erste Seite des Buches »Im Lichte der Wahrheit« auf. Schon das Geleitwort beginnt mit den Sätzen:

»*Die Binde fällt, und Glaube wird zur Überzeugung. Nur in der Überzeugung liegt Befreiung und Erlösung!*«

Die Gralsbotschaft beginnt also dort, wo Goethes Dichtung – dem Sinne nach – endet. Was jener verschlüsselt den Menschen empfahl, hier wird es von Anfang an endlich ermöglicht. »Die Binde fällt [...]«, ist das nicht Verheißung, nach langer Nacht endlich sehend zu werden? Hier wird uns nämlich das Wirkungsgefüge der Schöpfung so eingehend dargelegt, daß durch das Verständnis für alle Geschehen der Glaube erlebte Wirklichkeit wird.

Und blättern Sie einige Seiten weiter, so wird uns das Forschen zur Pflicht gemacht:

»[...] wir sollen prüfen, forschen. Der Drang dazu liegt nicht umsonst in uns.« (GB »Erwachet!«)

Haben Sie dergleichen schon je in formerstarrten Lehren gefunden? Das faustische Ringen um Weltverständnis findet – bleibt es auf richtigem Wege – hier endlich Erfüllung und Rechtfertigung.

Beachten Sie aber: Auch hier ist der Neugier des Unbefugten der Zugang verwehrt, sagt im Geleitwort doch schon der Verfasser:

»Ich spreche nur zu denen, welche ernsthaft suchen.«

Das ist nicht nur Mahnung, es ist eine Sperre, die nur den Suchenden *finden* läßt. Nun prüfen Sie sich – und entscheiden Sie dann. Sie wissen – wenn Sie ein Suchender sind – wie oft Sie schon irrend im Dunkeln tappten. Ich war mit der Hilfe Goethes bestrebt, das Weltbild für Sie etwas aufzuhellen. Das konnte nur bis zur Grenze gelingen, die Goethes Schauen gesetzt worden war. Nun liegt es an Ihnen, den Weg zur Erkenntnis »Im Lichte der Wahrheit« weiterzugehen ...

Zum Geleite!

Die Binde fällt, und Glaube wird zur Überzeugung. Nur in der Überzeugung liegt Befreiung und Erlösung!

Ich spreche nur zu denen, welche ernsthaft suchen. Sie müssen fähig und gewillt sein, sachlich dieses Sachliche zu prüfen! Religiöse Fanatiker und haltlose Schwärmer mögen ferne davon bleiben; denn sie sind der Wahrheit schädlich. Böswillige aber und die Unsachlichen sollen in den Worten selbst ihr Urteil finden.

Die Botschaft wird nur solche treffen, die noch einen Funken Wahrheit in sich tragen und die Sehnsucht, wirklich Mensch zu sein. Allen denen wird sie auch zur Leuchte und zum Stab. Ohne Umwege führt sie heraus aus allem Chaos jetziger Verwirrung.

Das nachstehende Wort bringt nicht eine neue Religion, sondern es soll die Fackel sein für alle ernsten Hörer oder Leser, um damit den rechten Weg zu finden, der sie zur ersehnten Höhe führt.

Nur wer sich selbst bewegt, kann geistig vorwärts kommen. Der Tor, der sich dazu in Form fertiger Anschauungen fremder Hilfsmittel bedient, geht seinen Pfad nur wie auf Krücken, während die gesunden eignen Glieder dafür ausgeschaltet sind.

Sobald er aber alle Fähigkeiten, welche in ihm seines Rufes harrend schlummern, kühn als Rüstzeug zu dem Aufstiege verwendet, nützt er das ihm anvertraute Pfund nach seines Schöpfers Willen und wird alle Hindernisse spielend überwinden, die ablenkend seinen Weg durchkreuzen wollen.

Deshalb erwacht! Nur in der Überzeugung ruht der rechte Glaube, und Überzeugung kommt allein durch rücksichtsloses Abwägen und Prüfen! Steht als Lebendige in Eures Gottes wundervoller Schöpfung!

Abd-ru-shin

Sieh:
Die Wahrheit liegt so nahe

DIE VORTRÄGE

BAND 6

Wieso wir nach dem Tode leben

»Wieso wir nach dem Tode leben« ist der vielleicht seltsam klingende Titel dieses Vortrages, denn er setzt etwas voraus, das für die meisten Menschen ja keineswegs feststeht, nämlich, daß es ein Fortleben nach dem Tode gibt. Es gibt zwar manche, die daran glauben, aber ihre Vorstellungen davon gehen weit auseinander und bei näherer Prüfung stellt sich heraus, daß es sich oft nur um eine Hoffnung, nicht aber um wissende Überzeugung handelt. Andere, die zeigen wollen, wie furchtlos sie der Begrenztheit ihres Daseins gegenüberstehen, erklären hingegen, mit dem Tode sei alles aus. Zwischen diesen beiden Lagern steht schließlich noch die große Anzahl jener, die aus Angst, sie könnten an etwas glauben, das noch nicht hinlänglich bewiesen ist, den Tod einen großen Unbekannten sein lassen, in dessen unbegreifliche Unausweichlichkeit man sich eben zu fügen hat.

Aber wir müssen nicht in dieser Ungewißheit verbleiben. Die Wahrheit liegt zum Greifen nahe vor uns – wenn wir uns nicht selbst davor verschließen.

In den letzten Jahren hat man den Tod gewissermaßen »wieder entdeckt«. Eine eigene Wissenschaft befaßt sich jetzt mit dem Sterben, die Thanatologie, abgeleitet von dem griechischen Wort »thanatos« (= der Tod). Von den zahlreichen, in dieser Hinsicht exakt wissenschaftlich tätigen Forschern war es vor allem der amerikanische Arzt Dr. Raymond Moody, dessen Buch vom »Leben nach dem Tod« (Rowohlt-Verlag GmbH, Hamburg) ein Verkaufsschlager geworden ist. Das zeigt doch, daß die Menschen nach einer Antwort auf diese Frage verlangen. Aber wie weit konnten die in den letzten Jahren hierüber so zahlreich erschienenen Bücher diese Antwort geben?

Dr. Moody hat ebenso wie andere Forscher Berichte Sterbender zusammengetragen, darunter vielfach auch solcher Personen, die bereits als klinisch tot galten und dennoch wieder ins irdische Dasein zurückgeholt werden konnten. Das Interesse galt hier aber nicht diesem medizinischen Ereignis, sondern der verblüffenden Gleichartigkeit der Erlebnisse, die jene Personen in der Spanne zwischen Leben und Tod hatten. Es waren dies Menschen von verschiedenem Bildungsgrad und sozialem Stand, sie lebten teils auf dem Lande, teils in Städten, entstammten verschiedenen Völkern, ja sogar anderen Kulturkreisen. Sie hatten unterschiedliche religiöse Vorstellungen, litten an verschiedenen Krankheiten oder Verletzungen und wurden ärztlich anders versorgt. Dennoch hatten sie bei ihrem Pendeln um die Todesschwelle nahezu gleichartige Stationen durchlaufen. Bei ihnen allen stand am Beginn ein neuartiger Zustand, den Dr. Moody die »Ausleibigkeit« nennt. Die befragten Personen befanden sich außerhalb ihres Körpers. Sie sahen sich selbst – oder besser gesagt, diesen Körper, mit dem sie sich nicht mehr ident fühlten – auf dem Bette oder der Unfallstelle liegen, sie sahen die Bemühungen der Umstehenden und hörten deren Worte. Jene Personen, die – nach Moody – »tiefer in das Reich des Todes eingedrungen waren«, hatten das Gefühl, durch eine dunkle Enge gezogen zu werden. Dann sahen sie ein helles, nicht blendendes Licht, fühlten die Nähe eines liebevollen Wesens und erfuhren eine Rückschau auf ihr Leben. Ihr Zeitbegriff und ihr Wissen hatte sich verändert, erweitert, sie meinten, die wahren Zusammenhänge zu verstehen.

Mit den Zweifeln, die gegen Dr. Moodys Bericht vom »Leben nach dem Tode« geltend gemacht wurden, brauche ich mich hier nicht zu befassen. Dr. Moody hat die Zweifler selbst hinlänglich widerlegt. Hier soll es um etwas anderes gehen: So wertvoll, so bedeutungsvoll die Forschungsergebnisse der Thanatologen auch sind, so haben sie doch nur Erlebnisschilderungen zusammengetragen. Den Vorgang des Sterbens haben sie damit noch nicht erklärt. Zum Verständnis der Bedeutung dieses so wichtigen Wendepunktes aber müssen wir doch wissen, wieso es überhaupt geschehen kann, daß wir nach dem Tode weiterleben.

Diese Lücke zu schließen, ist der Zweck meiner Niederschrift. Sie sollen hier jene Erklärungen erhalten, die Sie in keinem der Bücher, die über das Sterben in den letzten Jahren veröffentlicht wurden, gefunden haben. Dann erst sind Sie nämlich in der Lage, die Berichte, die die Wissenschaftler zusammengetragen haben, zu verstehen und einzuordnen. Diese Berichte haben nämlich nichts Unheimliches oder Sensationelles an sich. Es sind Bruchstücke, Momentaufnahmen aus einem Geschehen, das Sie in einem viel weitergehenden Maße zu überschauen in der Lage sein sollen. Denn auch der Tod ist ein ganz natürlicher Vorgang, der nach feststehenden, klaren und – das scheint für uns das Wichtigste – einsehbaren Gesetzen abläuft. –

Ich schicke voraus: Die Erklärungen, die Sie hören sollen, fußen auf der Gralsbotschaft »Im Lichte der Wahrheit«, ein Werk, von dem noch zu sprechen sein wird. Daß es seinen Titel zu

Recht trägt, werden Sie allein schon daraus ersehen können, daß das darin Gesagte in der Lage ist, zum Beispiel alle im weitesten Sinne mit dem Tode zusammenhängenden Vorgänge verständlich zu machen. Ich lade Sie daher ein, zunächst vorurteilsfrei aufzunehmen, was ich Ihnen darüber darlegen möchte.

Wenn ich sage »vorurteilsfrei«, dann meine ich damit: Sie sollen, wenn Sie etwas lesen oder hören, das Ihnen neu oder erstaunlich erscheint, nicht gleich bei sich ein »das gibt es nicht« entgegenhalten oder es an Ihren bisherigen eigenen Vorstellungen messen. Sie sollen vielmehr darüber nachdenken und das Gehörte prüfen. Prüfen aber können und sollen Sie es in der Folge dadurch, daß Sie es auf uns bekannte Tatsachen und auf die vorliegenden Schilderungen anwenden.

Und ich meine schließlich damit noch ein Zweites: Wir sollten uns endlich abgewöhnen, Unsichtbares als unbegreiflich oder gar unnatürlich anzusehen. Diese Haltung entbehrt jeder Berechtigung. Nur zu gut wissen wir Bescheid über die Unzulänglichkeit unserer Sinne. Schon das Infrarot, das Ultraviolett oder den Ultraschall können wir nicht mehr wahrnehmen. Ständig sind wir, ohne es zu merken, umgeben, ja durchdrungen von Wellen verschiedenster Art. Es wäre also unsinnig, wollte man leugnen, daß es auch Wirklichkeiten jenseits unserer Sinne gibt. Allein, daß wir überhaupt einen Begriff wie den des »Jenseits« haben, sagt doch schon, daß wir uns des Bestandes solcher Welten durchaus bewußt sind.

Beginnen wir zum besseren Verständnis des Folgenden gleich damit, diese Bereiche begrifflich abzugrenzen. Das Irdische will ich im weiteren Verlauf als Grobstofflichkeit, das Jenseitige als Feinstofflichkeit bezeichnen, wobei wir uns darüber klar sein müssen, daß es sich dabei nur um eine großflächige Unterscheidung handelt, die Übergangsstufen vorerst unberücksichtigt läßt.

Die erste Voraussetzung für die weitere Betrachtung ist, daß wir Klarheit gewinnen über uns selbst, über die Frage: Was ist denn der Mensch? Die Erkenntnisse der Darwinisten, der Neo-Darwinisten, der Verhaltensforscher und Evolutionswissenschaftler sind ja nur Halbwahrheiten, richtig und falsch zugleich. Sie betreffen nämlich nur die Entwicklung unseres Körpers und seiner Einrichtungen. Aber der eigentliche Mensch ist nicht dieser Körper. Das wäre so, als wollte man zwischen dem Lenker eines Fahrzeuges und dem Fahrzeug selbst nicht unterscheiden. Denn da ist doch etwas in uns, das fähig ist, sich seiner selbst bewußt zu sein, das über sich selbst nachdenken kann, etwas, das uns allein schon vom Tier unterscheidet. Dieses Etwas kann nicht nur Freude und Trauer, Liebe und Haß, sondern auch so Abstraktes wie Kunst, Schönheit, Erhabenheit empfinden. Und mit diesem Worte »empfinden«, das sich hier wie selbstverständlich anbietet, treffen wir genau das eigentlich Menschliche in uns. Dieses eigentlich Menschliche ist Geist! Seine Stimme, seine Sprache, durch die er sich für uns bemerkbar macht, ist die Empfindung. Sie ist jene Aufwallung, die nicht von äußeren Sinnenreizen abhängig ist, sondern spontan der innersten Tiefe unseres Wesens entquillt.

Damit haben wir zwar den Weg zum Erspüren, zum Erleben unseres Geistes gefunden, aber es erscheint mir erforderlich, diesen Begriff noch schärfer abzugrenzen. Hören Sie also, was in der Gralsbotschaft »Im Lichte der Wahrheit« darüber gesagt wird:

»*Geist ist nicht Witz und nicht Verstand! Geist ist auch nicht erlerntes Wissen.* Mit Irrtum nennt man deshalb einen Menschen ›geistreich‹, wenn er viel studierte, las, beobachtete und sich darüber gut zu unterhalten weiß. *Oder wenn er durch gute Einfälle und Verstandeswitz brilliert.*
Geist ist etwas ganz anderes. Er ist eine selbständige *Beschaffenheit, aus der Welt seiner Gleichart kommend, die anders ist als der Teil, dem die Erde und damit der Körper angehört. Die geistige Welt liegt höher, sie bildet den oberen und leichtesten Teil der Schöpfung* [...].
Geist hat mit irdischem Verstande nichts zu tun, nur mit der Eigenschaft, die man als ›*Gemüt*‹ *bezeichnet. Geistreich ist also gleichbedeutend mit* ›*gemütvoll*‹*, aber nicht verstandesvoll.*« (GB »Es war einmal ...!«)

Es ist ein trauriges Zeichen dafür, wie sehr wir den Geist in uns schon verschüttet haben, daß wir ihn überhaupt, wie es leider so oft geschieht, mit dem Verstande verwechseln können. Das einzige, das der Verstand vermag, nämlich eingegebene Erfahrungen und Informationen zu verknüpfen und daraus Schlüsse zu ziehen, das können heute die Denkmaschinen schon viel besser als wir. Der Verstand ist ja nur ein körpergebundenes Werkzeug, das es dem Geiste ermöglichen soll, sich in dieser irdischen Welt sinngerecht auszuwirken.

Unser wahres Ich ist also Geist. Er ist das einzig Lebendige, das in diesem Erdenkörper steckt, das ihn als solchen am Leben erhält. Aber dieser Geist steckt nicht unmittelbar darin, dazu ist seine Art von der des Erdenkörpers zu verschieden. So besitzt der Geist ihm in der Stufenordnung der Schöpfung näherkommende, feinere, leichtere, durchlässigere Hüllen, so auch eine aus Feinstofflichkeit. Dieses Erscheinungsbild, der Geist in seiner feinstofflichen Körperhülle, ist es, das schon von vielen hellsehenden Menschen geschaut wurde, und auf das der Begriff »Seele« – unter dem man sich leider so wenig vorzustellen pflegt – paßt. Die »Seele« ist also nichts Selbständiges, das neben dem Geiste besteht; es ist der feinstofflich umkleidete Geist.

Für das Vorhandensein eines solchen feinstofflichen Leibes finden wir einen geradezu dramatischen Bericht im Neuen Testament. Da erschien Jesus nach der Grablegung sowohl Maria Magdalena wie auch mehrfach seinen Jüngern. Er ging neben ihnen, sie sprachen mit ihm, aber sie erkannten ihn nicht. Er trat ein in Räume, deren Türen verschlossen waren – und erst, als er mit ihnen bei Tisch das Brot brach, merkten sie, daß es Jesus war. Das sagt doch ganz deutlich, daß er in anderer, veränderter leiblicher Gestalt zu ihnen kam, eben in jenem feinstofflichen Leib, den zu schauen sie, aufgerüttelt durch die erlebnistiefen Geschehen der vergangenen Tage, damals befähigt waren. Wäre es anders, so hätten sie ihn doch gleich erkannt. Jesus aber wollte ihnen damit nicht nur sagen, daß er auferstanden war; er wollte ihnen zeigen, daß das Leben weitergeht, nicht erst nach einem fernen Jüngsten Tag, sondern sogleich nach dem Erdentode.

Aber auch dieser feinstoffliche Leib, von dem eben die Rede war, ist von dem irdischen noch zu artverschieden. Deshalb ist zwischen dieser feinstofflichen Seele und dem grobstofflichen Erdenkörper noch ein notwendiger Übergang eingeschoben, der sogenannte Astralkörper. Er kommt in seiner Beschaffenheit dem Erdenkörper schon sehr nahe; er ist dessen unmittelbares Vorbild, gleichsam sein Modell. Das mag, wenn man es so sagt, vielleicht befremdlich erscheinen. Aber wir wissen heute, daß die kleinsten Bausteine unserer Materie, die Neutronen, Protonen und Elektronen immer unstofflicher werden, je tiefer man in ihre Eigenschaften eindringt. Und nun überlegen Sie bitte: Wie alles Stoffliche besteht doch auch unser Körper nur aus solchen Elementarteilchen.

Wenn wir weiter in Betracht ziehen, daß alles, was uns als festgefügter Stoff erscheint, wissenschaftlich erwiesen aus Strahlung entsteht, aus jenem Unbegreiflichen, aus dem einst das Universum entstand, daß hier ein unaufhörlicher Wechselprozeß im Gange ist, der Strahlung in Teilchen und Teilchen in Strahlung verwandelt, dann, meine Damen und Herren, sagt uns das doch ganz deutlich: Unsere gesamte irdische Welt formt sich – so könnte man sagen – von oben nach unten, sie ist schlechthin das Ergebnis eines fortlaufenden Verdichtungsprozesses. Die Existenz verfeinerter Hüllen ergibt sich daher fast schon als logische Folge aus unserem physikalischen Weltbild. Wie erweiterungsfähig dieses Weltbild jenseits der Grenze festgefahrener Vorstellungen ist, läßt sich allein schon daraus ersehen, daß etwa die Erkenntnisse der Relativitätstheorie, der Quantenphysik, der Molekularbiologie oder der Radioastronomie vor Jahrzehnten noch als Hirngespinste, als Okkultismus oder Aberglaube belächelt worden wären.

Halten wir also jene drei Begriffe nochmals fest, mit denen wir uns im folgenden zu beschäftigen haben werden:

Da ist einerseits der grobstoffliche Erdenkörper, den man auch als die »sterbliche Hülle« zu bezeichnen pflegt, weiter der ihm in seiner Beschaffenheit sehr nahe kommende Astralkörper und schließlich der Geist in seiner feinstofflichen Körperhülle, die sogenannte Seele. Diese ist nun mit dem Astralkörper und dadurch auch mit dem Erdenkörper verbunden durch die gleichfalls von hellsichtigen Menschen schon oft geschaute »silberne Schnur«. Es ist dies eine Art feinstofflicher Nabelstrang. Er mündet tatsächlich in derselben Gegend wie auch die grobstoffliche Nabelschnur, die uns einst mit dem Mutterleib verbunden hat, nämlich hier im Sonnengeflecht. Diese »silberne Schnur« ist – wenn man es nüchtern betrachten wollte – die feinstoffliche Ausformung jenes »Konstruktionsgedankens«, den wir in der uns bekannten Nabelschnur wiederfinden. Sie ist die Leitung für die Einwirkung des Geistes auf den Erdenkörper.

Sie werden nun wahrscheinlich fragen wollen: Wo sind denn nun diese verschiedenen Hüllen? Nun: Sie sind alle in uns. Aber sie können sich infolge ihrer verschiedenartigen Beschaffenheit nicht miteinander vermischen, sondern nur zusammenschließen. Sie sind ineinandergeschoben wie Teile eines ausziehbaren Fernrohres, und sie werden in dieser Stellung gehalten, gewissermaßen verriegelt, durch jene gewaltige Kraft, die alles in der Schöpfung vom Größten bis zum Kleinsten zusammenhält. Diese Kraft ist die Strahlung. Wir wissen ja heute aus der Physik, daß jedes Ding strahlt, daß die scheinbare Festigkeit unserer Materie auf nichts anderem beruht als eben dieser Strahlung, die die Elementarteilchen magnetartig verbindet. Ich darf Sie, meine Damen und Herren, in diesem Zusammenhang an ein altes, sehr bekanntes Sprichwort erinnern, das da heißt: »Essen und Trinken hält Leib und Seele zusammen.« Man hält dies zumeist nur für eine Rechtfertigung der Tafelfreuden. Doch welche Weisheit, welches Wissen um die wahren Zusammenhänge steckt doch darin! Klar wird hier doch gesagt, daß Leib und Seele zweierlei sind, daß sie nur zusammengehalten werden, und daß es dazu einer bestimmten Beschaffenheit des Erdenkörpers bedarf, zu deren Erzielung die Zufuhr der stofflichen Nahrung eben erforderlich ist. Bekommt er diese Nahrung nicht oder wird er von Krankheit befallen, so wird er geschwächt. Das bedeutet aber zwangsläufig, daß auch seine Strahlkraft, seine Ausstrahlung schwächer wird.

Damit sind wir an dem entscheidenden Punkt angelangt. Ich will Ihnen nun den Schlüssel reichen zum Verständnis jenes Geschehens, mit dem wir uns hier befassen, indem ich wiederum Worte aus der Gralsbotschaft »Im Lichte der Wahrheit« zitiere:

»So kommt es aber auch, daß sich die Seele von einem durch Gewalt zerstörten Körper oder von einem durch Krankheit zerrütteten oder durch Alter geschwächten Körper in dem Augenblick trennen muß, wo dieser *durch seinen veränderten Zustand nicht mehr* die Stärke der Ausstrahlung erzeugen kann, die eine derartige magnetische Anziehungskraft bewirkt, welche nötig ist, um seinen Teil zu dem festen Aneinanderschluß von Seele und Körper beizutragen!*

Dadurch ergibt sich der Erdentod, oder das Zurückfallen, das Abfallen des grobstofflichen Körpers von der feinstofflichen Hülle des Geistes, also die Trennung. Ein Vorgang, der nach feststehenden Gesetzen erfolgt zwischen zwei Arten, die sich nur bei einem genau entsprechenden Wärmegrad durch die dabei erzeugte Ausstrahlung aneinanderschließen, nie aber verschmelzen können, und die wieder voneinander abfallen, wenn eine der zwei verschiedenen Arten die ihr gegebene Bedingung nicht mehr erfüllen kann.« (GB »Der Name«)

Seele und Körper müssen also ihren Teil zu dieser Strahlungsverbindung beitragen. In der Regel ist es zwar der sich verbrauchende Erdenkörper, dessen Ausstrahlung aus einem der vorhin genannten Gründe abnimmt, es kann aber auch sein, daß die Verbindung abreißt, weil die Ausstrahlung der Seele nicht mehr mit der erforderlichen Stärke dem Erdenkörper zugewendet ist. Das sind dann jene Fälle, in welchen ein Mensch, ohne an einer feststellbaren Krankheit zu leiden, abscheidet, einfach deshalb, weil er keinen Lebenswillen mehr besitzt. Aber auch hier gibt es freilich Zwischenstufen. Wenn sich jemand körperlich oder seelisch nicht wohl fühlt, pflegt man da nicht zu sagen: »Er ist *nicht ganz beisammen*« oder: »Er ist ganz *daneben*«? Diese Redewendungen beziehen sich doch ganz deutlich auf eine Lockerung des für unsere Vollkraft nötigen Zusammenhaltes. Hierzu lesen wir denn auch in dem Werke »Im Lichte der Wahrheit«:

»*Sogar beim Schlaf des grobstofflichen Körpers erfolgt eine Lockerung des festen Anschlusses der Seele, weil der Körper im Schlafe eine andere Ausstrahlung gibt, die nicht so fest hält, wie die für den festen Anschluß bedingte. Da diese aber noch zu Grunde liegt, erfolgt nur eine* Lockerung, *keine Trennung. Diese Lockerung wird bei jedem Erwachen sofort wieder aufgehoben.*« (GB »Der Name«)

Mit diesem Hinweis auf den Schlaf ist unserem Verständnis eine Brücke gebaut. Hier handelt es sich ja um eine Erfahrung, die jeder von uns allnächtlich machen kann. Man hat den Schlaf oft als den kleinen Bruder des Todes bezeichnet. Tat man dies nur, weil der Mensch im Schlaf dem tätigen Leben entrückt ist? Oder war man sich nicht doch der gleichen naturgesetzlichen Ursache bewußt?

Obwohl der Mensch bekanntlich ein Drittel seines Lebens im Schlafe verbringt, hat die Wissenschaft erst vor knapp zwei Jahrzehnten begonnen, sich der Erforschung des Schlafes zuzuwenden. Die Ergebnisse dieser Forschung sind leider noch zu wenig allgemein bekannt. Ich möchte Ihnen daher einiges darüber berichten, weil wir hier bereits die erste Möglichkeit haben, die Richtigkeit des vorhin Gesagten zu erkennen.

Wir wissen, daß sich in unserem Gehirn ständig mikroelektrische Vorgänge abspielen, deren Wirkungen als Gehirnstrom im Elektroenzephalogramm meßbar sind. Dieser Gehirnstrom weist im Wachzustand bis zu 30 Schwingungen pro Sekunde auf. Bei Schlafenden sinkt er im Zuge des Einschlafens bis zu einer halben Schwingung pro Sekunde ab. Zugleich aber vermindern sich auch der Herzschlag, die Atmung, der Blutdruck und die Körpertemperatur. Der Körperhaushalt wird nur noch auf »Sparflamme« aufrecht erhalten. Die Forschung hat damit die äußeren Merkmale einer Abschwächung aller Lebensfunktionen festgestellt, mit der naturgemäß auch eine Abschwächung der durch diese Lebensfunktionen bedingten Ausstrahlung des Körpers einhergeht. Das aber bestätigt genau, was Sie vorhin hörten: Denn diese verminderte Körperstrahlung ermöglicht die Lockerung der Seele. Manche Schläfer haben vor Erreichung des Tiefschlafes sogar den Eindruck, sie würden fallen, sie zucken zusammen. Das ist der Augenblick des Abhebens der Seele aus der bisher festen Strahlungsverbindung.

Erst nach Erreichen des Tiefschlafes beginnt dann der Abschnitt des erlebnisvollen Traumes. Er kann, wie die Schlafforschung festgestellt hat, kaum im Stehen oder Sitzen erreicht werden. Der Körper bedarf dazu einer waagerechten Unterlage, die ein völlig erschlafftes Liegen gestattet. Die Muskel- und Sehnenreflexe sind jetzt erloschen, so daß mitunter sogar das Kinn herabfällt und der Mensch schnarcht. Der Körper liegt also da, spannungslos wie die Hülle eines Balles, aus dem die Luft entwichen ist. Was brauchen wir noch mehr an Beweisen dafür, daß hier die tragend-belebende Stütze fehlt, die demnach offensichtlich von anderer Art als dieser irdische Körper ist?

Aber während der Körper derart erschlafft ist, träumen wir. Die Schlafforschung hat festgestellt, daß alle Menschen allnächtlich träumen. Weshalb wir uns nur gelegentlich daran erinnern, ließe sich zwar leicht erklären, würde uns aber zu weit vom Thema wegführen. Daß jemand träumt, kann man unter anderem auch dadurch feststellen, daß sich dabei die Augen hinter den geschlossenen Lidern auffallend schnell hin- und herbewegen. Diese schnelle Augenbewegung – meßbar im Okulogramm – ist so charakteristisch, daß sie diesem Abschnitt des Schlafes sogar den Namen gegeben hat. Man bezeichnet ihn als REM-Schlaf, was eine Abkürzung für »rapid eye movements«, eben für diese schnellen Augenbewegungen ist. Weckte man die Schläfer in diesem Abschnitt, so bestätigten sie, daß sie eben lebhaft geträumt hätten. Die Augenbewegungen hinter den geschlossenen Lidern entsprachen dabei manchmal sogar dem Trauminhalt: Träumte jemand, er steige eine Leiter hinauf, so blickten die Augen nach oben, träumte er, er hebe etwas vom Boden auf, so sah er hinunter. Durch die geschlossenen Lider des Erdenkörpers aber gibt es doch nichts zu sehen. Die Forschung liefert uns solcherart bereits den Beweis dafür, daß unser Ich doch etwas anderes ist als dieser Körper, und daß dieses Ich, der Geist, sieht und erlebt, wobei die Augen des Erdenkörpers diesen Eindrücken nur deshalb folgen, weil die Verbindung der Seele zu dem Körper im Schlafe ja noch nicht gelöst, sondern nur gelockert ist. Daß diese Augenbewegungen schneller als im Wachzustand und ruckartig verlaufen, läßt vermuten, daß der Geist eine Welt höherer Lebendigkeit erlebt, der das träge Erdenauge kaum zu folgen in der Lage ist.

Wir finden hier also bereits die Bestätigung dafür, daß die Veränderung der Ausstrahlung uns einen neuen Erlebnisraum freigibt. Sie ermöglicht bereits die Lockerung der Seele, und der in dieser Seele befindliche Geist erlebt sodann in einer Jenseitswelt, was wir als Traum bezeichnen.

Wenn es noch einer Unterstreichung dafür bedürfte, daß die Ausstrahlung entscheidend für den Zusammenschluß von Seele und Körper ist, so kann sie im folgenden erblickt werden: Die Schlafforschung hat festgestellt, daß die Phase des REM-Schlafes, also jener Abschnitt, in dem die Seele sich vom Körper schon gelockert hat, in einem kühlen Raum rascher zu erreichen ist. Der Grund liegt für uns auf der Hand: Die verminderte Raumtemperatur führt zu einer schnelleren Abnahme der Körpertemperatur und daher zu einer früheren Verminderung seiner Ausstrahlung, die ja, wie Sie vorhin hörten, auch von einem bestimmten Wärmegrad abhängig ist. Wir alle kennen schließlich auch jenen Abschnitt zwischen Traum und Erwachen, in dem zwar schon ein bewußtes Denken einzusetzen beginnt, wir aber noch unfähig sind, den Körper zu bewegen. Wir holen die »Seele«

erst heran, und solange die Ausstrahlung des Körpers noch nicht kräftig genug ist, hat die Seele ihn eben noch nicht ganz »im Griff«. Es ist, wie wenn bei einem Kraftfahrzeug die Kupplung schleift.

Und jetzt, nach dieser ersten Probe aufs Exempel, wenden wir uns dem Tode zu. Wann tritt er nach Meinung der Wissenschaft ein? Man ist heute der Auffassung, daß der Gehirntod das entscheidende Merkmal sei. Darunter versteht man das Aufhören des Gehirnstromes im Elektroenzephalogramm. Das steht in voller Übereinstimmung mit dem, was die Schlafforschung festgestellt hat, zugleich aber auch mit dem, was wir über den durch Strahlung bewirkten magnetartigen Anschluß von Körper und Seele hörten: Die Verminderung des Gehirnstromes bis zur Erreichung des Tiefschlafes führte zur Lockerung der Seele; das Aufhören dieser Wellenschrift erscheint der Medizin als Tod. Was aber ist der Gehirnstrom anderes als eine meßbare körpereigene Schwingung? Wie alle lebendigen Schwingungen ist er nur eine Ausformung von Strahlung, da jede Strahlung als Schwingung auftritt, Schwingung ist. Ist eine solche Schwingung meßbar nicht mehr vorhanden, so bedeutet dies für den Arzt den Tod. Sie sehen also: Die Wissenschaft stellt genau das fest, worauf es ankommt, doch sie sieht nur die Tatsache, erkennt aber noch nicht ihre eigentliche Bedeutung.

Wie man aber schon bei der allmählichen Erreichung des Tiefschlafes feststellen kann, geht die Abnahme der Körperstrahlung nicht plötzlich vor sich. Sieht man von jenen Fällen ab, wo der Leib durch Gewalteinwirkung zerstört, zerrissen wird, so handelt es sich um einen fließenden, gleitenden Vorgang, so, als würde man den Strom eines Elektromagneten langsam und stufenlos drosseln und schließlich abschalten. Daraus erklärt sich die Schwierigkeit, den Zeitpunkt des Todes genau zu bestimmen. Man meinte früher, er sei eingetreten, wenn die Atmung aussetzt, dann, wenn das Herz stillsteht. Jetzt nimmt man an, der Mensch sei tot, wenn der Gehirnstrom aufhört. Wo aber ist wirklich das Ende? Wieso ist es möglich, daß »klinisch Tote« wieder zum Leben erwachen konnten?

Machen wir doch einen kurzen Blick in die entgegengesetzte Richtung. Wie verhält es sich denn mit dem Eintritt ins Erdenleben? Auch hier kann die Medizin nicht eindeutig sagen, wann das menschliche Leben beginnt. Gerade im Zusammenhang mit der Frage der Schwangerschaftsunterbrechung wurden die verschiedensten Meinungen vertreten. Der Grund dafür liegt auch hier darin, daß das Heranziehen der Seele durch die sich verstärkende Ausstrahlung des werdenden Erdenkörpers allmählich erfolgt, bis der magnetartige Anschluß hält. Das untrügliche Zeichen dafür sind die ersten Kindesbewegungen im Mutterleib. Jetzt erst hat die Seele den Körper voll in Besitz genommen und kann ihn bewegen.

So ist auch der »klinische Tod« nur jener Moment, in welchem die zu sehr verminderte Körperstrahlung es der Seele nicht mehr gestattet, die Körperfunktionen noch in meßbarer Stärke aufrecht erhalten zu können. Aber so, wie sich beim Eintritt ins Leben die Verbindung zu der herannahenden Seele allmählich verstärkte, so ist auch ihre Loslösung zu dem Zeitpunkt, den wir für jenen des Todes halten, noch nicht endgültig vollzogen.

Wir haben bisher besprochen, wodurch es zum Tode kommt, nämlich durch die zu schwach gewordene Strahlungsverbindung. Nun wollen wir uns damit befassen, was denn eigentlich beim Sterben geschieht. Ich möchte Ihnen dies wieder mit Worten aus der Gralsbotschaft »Im Lichte der Wahrheit« sagen:

»Bei Loslösung der Seele zieht diese als der bewegliche Teil den Astralkörper mit vom Erdenkörper fort. Bildlich gesprochen: die Seele zieht bei ihrem Austreten und Fortgange den Astralkörper mit aus dem Erdenkörper heraus. So erscheint es. In Wirklichkeit zieht sie ihn nur davon ab, da eine Verschmelzung nie stattfand, sondern nur ein Ineinanderschieben, wie bei einem ausziehbaren Fernrohre.

Sie zieht diesen Astralkörper dabei nicht sehr weit mit fort, da dieser nicht nur mit ihr, sondern ja auch mit dem Erdenkörper verankert ist, und außerdem die Seele, von der die eigentliche Bewegung ausgeht, sich auch von dem Astralkörper lösen will und demnach auch von ihm fortstrebt.

So bleibt der Astralkörper nach dem irdischen Abscheiden der Seele immer unweit des Erdenkörpers. Je weiter sich dann die Seele entfernt, desto schwächer wird auch der Astralkörper, und die immer mehr zunehmende Lösung der Seele bringt zuletzt den Verfall und Zerfall des Astralkörpers mit sich, der wiederum unmittelbar den Verfall des Erdenkörpers nach sich zieht, wie er auch dessen Bildung beeinflußte. So ist der normale, schöpfungsgesetzmäßige Vorgang.« (GB »In der grobstofflichen Werkstatt der Wesenhaften«)

Lassen Sie mich diese Erklärung ihrer großen Bedeutung wegen nochmals zusammenfassen: Durch die zu schwach gewordene Körperstrahlung wird die Verbindung der ineinandergeschobenen Hüllen gelöst, sie werden gewissermaßen entriegelt.

Wie ein Luftballon, der nicht mehr festgehalten wird, entschwebt dann die Seele als der leichteste Teil. Mit dieser aber entfernt sich auch der in dieser feinstofflichen Hülle enthaltene Geist. Er allein war, als das einzig Lebendige im Menschen, in der Lage, die Organisationsform des Körpers sowohl im astralen wie auch im irdisch-grobstofflichen Bereich zusammenzuhalten. Ist die Verbindung mit ihm gelöst, so müssen diese Formen wieder zerfallen.

Nun war aber in dem Abschnitt, den ich Ihnen eben vorgelesen habe, die Rede davon, daß dies der normale schöpfungsgesetzliche Vorgang sei. Die Loslösung der Seele vollzieht sich nämlich nicht immer so einfach. Ich darf Sie erinnern: Die Seele wird ja nicht nur durch die beiderseitige Ausstrahlung in ihren dichteren Hüllen gehalten, sie besitzt ja in der schon genannten »silbernen Schnur« eine direkte Leitung, eine Verbindung zum Astral- und damit zum Erdenkörper. Entscheidend dafür, daß die Seele nicht nur aus dem Körper herausgleiten, sondern sich von diesem völlig trennen kann, ist nun der Zustand des feinstofflichen Seelenkörpers und seines gleichartigen Verbindungsstranges, der ganz von der Geistesart des einzelnen Menschen abhängt.

Hat ein Mensch sich durch sein Wollen stark nach dem Irdischen ausgerichtet, wollte er von einem Fortleben nach dem Tode, von einer jenseitig-feinstofflichen Welt nichts wissen, so wird durch diese seine eigene Haltung der Verbindungsstrang recht fest gefügt und nur schwer zu trennen sein. Die Loslösung kann dann viele Tage dauern, während welcher Zeit ein solcher Mensch infolge der Dichtheit des Verbindungsstranges noch mitfühlen muß, was mit seinem Erdenkörper geschieht, so daß er etwa für dessen Einäscherung nicht unempfindlich bleibt.

Im Gegensatz dazu kann der Verbindungsstrang bei einem lichtstrebenden, edlen Geiste, der die Überzeugung des Weiterlebens in sich trägt, schon sehr bald so locker werden, daß er keinen Schmerzleiter mehr abgibt und der Sterbende sogar der letzten körperlichen Schmerzen schon enthoben ist.

Sie mögen daraus ersehen, wie ungeheuer wichtig es ist, von diesen Dingen zu wissen. Ihre Einstellung zur Frage des Todes ist mitentscheidend dafür, wie leicht oder wie schwer Ihre Seele sich eines Tages von Ihrem Körper lösen wird.

Es zeigt sich darin aber auch, wieviel Unheil das fehlende Wissen über den Verlauf des Sterbevorganges anrichtet. Bedenkenlos werden in den Krankenhäusern Obduktionen vorgenommen, werden die vermeintlichen Leichen seziert und schlimmer noch: Seitdem die Medizin es zuwege gebracht hat, Organe zu verpflanzen, sieht sie den Sterbenden als eine Art Ersatzteillager an. Viele Einrichtungen und Personen des öffentlichen Lebens befürworten dies, ja sie erachten es geradezu als Menschenpflicht, die Organentnahme aus dem abgelegten Körper zu gestatten. Nichts gegen den wohlmeinenden Beweggrund, der einen Spender veranlaßt, eine solche Verfügung zu treffen, wenngleich sie – in höherem Sinne betrachtet – für den Bedachten kaum nützlich ist. Aber jeder solcher Spender müßte wissen, was er damit auf sich nimmt. Im Zeitpunkt der Organentnahme, die bekanntlich unmittelbar nach dem vermeintlichen Tod erfolgen muß, wenn das Organ noch brauchbar sein soll, ist er ja in keinem Falle schon »wirklich tot«, sonst wäre das Organ nicht mehr verwendungsfähig.

Der Verbindungsstrang ist jedenfalls bis dahin noch nicht zur Gänze gelöst. Dort, wo die durch die Art des betreffenden

Menschen bedingte Dichtheit dieser Verbindungsschnur noch geeignet ist, einen Schmerzleiter abzugeben, wird ein solcher Mensch den Eingriff noch recht fühlbar mitempfinden. Aus gutem Grunde sehen daher manche Riten, insbesondere bei den Naturvölkern, Mindestfristen zwischen dem Tode und der Bestattung oder gar einer Leichenverbrennung vor.

In dem befristeten Fortbestehen dieses Verbindungsstranges aber liegt auch die Erklärung dafür, wieso die von den Thanatologen befragten Personen, von denen mehrere ja schon als »klinisch tot« gegolten hatten, wieder ins Leben zurückkehren konnten. Der Verbindungsstrang war in allen diesen Fällen eben noch nicht gelöst.

Diese natürliche Tatsache erklärt auch das vermeintliche Wunder der Totenerweckungen, so auch jene des Lazarus. In dieser Schöpfung kann nichts geschehen, das nicht ihren Gesetzen entsprechen würde. Ins irdische Leben zurückkehren kann immer nur der, bei dem die »Leitung« zwischen Geist und Erdenkörper noch besteht und daher den Wiedereintritt möglich macht. Das Wunderbare bei solchen Vorkommnissen liegt in der für uns unbegreiflichen Kraft, die eine solche Rückkehr bewirkt. In den von Dr. Moody berichteten Fällen war sie jenseitiger, im Falle des Lazarus durch Jesus sogar göttlicher Art.

Gerade aus den Berichten der Bibel über die Totenerweckungen durch Jesus kann man die zunehmende Entfernung der Seele vom Körper erkennen und den immer größeren Nachdruck, der nötig ist, um die Strahlungsverbindung wieder zu stärken. Bei der Tochter des Jairus, die eben abgeschieden war, sagt Jesus (nach Lukas 8, 54) einfach: »Kind, stehe auf!« Beim Jüngling zu Nain, den man bereits zu Grabe trägt, wird er schon eindringlicher: »Jüngling, *ich sage Dir,* stehe auf!« (Lukas 7, 14) Im Falle des Lazarus schließlich, der schon vier Tage im Grabe lag, *betet* Jesus, bevor er mit *lauter Stimme* ruft: »Lazarus, komm heraus!« (Johannes 11, 41–43)

In diesem Zusammenhange muß ich noch auf etwas verweisen, das zu wissen und zu beachten für uns alle ungemein wichtig ist. Immer wieder kommt es nämlich vor, daß nahe Angehörige in einem Sterbezimmer in laute Wehklagen ausbrechen und den Abscheidenden veranlassen wollen, noch etwas zu sagen. So begreiflich das von ihrem Standpunkte auch sein mag, so begehen sie unwissend dadurch eine grobe Rücksichtslosigkeit gegenüber dem Sterbenden. Denn in diesem wird dadurch der Wunsch hervorgerufen, sich noch verständlich machen zu können. Irdisch verständlich machen aber kann er sich nur durch den grobstofflichen Körper, von dem er sich zu lösen eben im Begriffe ist. Sein Wunsch wirkt nun diesem Vorgang entgegen, denn er will sich dadurch ja wieder an das Irdische binden. Das führt zu einer erneuten Verdichtung des Verbindungsstranges, der dadurch zur Schmerzleitung wieder geeigneter wird. Der Sterbende wird durch ein solches Verlangen also wieder fester an den Erdenkörper gebunden und genötigt, dessen Schmerzen wieder mitzuempfinden. Das hat, weil das eigene Wollen des Sterbenden hindernd dazwischentrat, eine nicht vorgesehene Verlängerung des Sterbevorganges zur Folge, einen sich mitunter über Tage hinziehenden Todeskampf. Deshalb soll in einem Sterbezimmer unbedingte Ruhe herrschen, ein der bedeutungsvollen Stunde entsprechender würdiger Ernst.

Ich glaube, daß sich kein ernsthaft denkender Mensch, der erfaßt hat, was sich beim Sterben begibt, der Logik dessen entziehen kann. Der Tod ist ja nichts anderes als die Rückgeburt in eine jenseitige Welt, aus der wir kamen. Seien wir also bestrebt, gerade einem geliebten Menschen diesen Schritt nicht durch unseren Schmerz, der ja im Grunde Eigensucht ist, zu erschweren.

Und nun, nachdem wir das alles gehört haben, fällt es uns leicht, die Erlebnisse der von Dr. Moody befragten Personen zu verstehen. Dadurch, daß wir uns zunächst auch mit dem Schlafe befaßt haben, können wir eine Einordnung dieser Schilderungen vornehmen. Sie liegen nämlich durchwegs im Bereiche zwischen Schlaf und Tod. Da gibt es Berichte von Personen, die schwer krank darniederlagen und an der Schwelle zwischen Leben und Tod verstorbene Angehörige oder jenseitige Helfer sahen und mit ihnen sprachen. Dann sind da schließlich die Schilderungen jener, die sich bereits außerhalb ihres Körpers befanden, und von denen ein Teil schon als »klinisch tot« gegolten hatte. Aber keiner von diesen war ja wirklich tot, das heißt, der Verbindungsstrang war noch nicht getrennt. Gerade dadurch ergänzen diese Schilderungen als Zwischenstationen auf dem Wege vom Leben zum Tod das Bild jenes gleitenden Ablaufes, von dem ich schon gesprochen habe. Denn die zum Teil noch von Tageseindrücken überlagerten allnächtlichen Traumbilder, die Jenseitsschauungen Todkranker, der Austritt aus dem Erdenkörper mit den sich daran anschließenden, immer weiter reichenden Erlebnissen, die die vermeintlich Abgeschiedenen hatten, und schließlich der Tod, erscheinen alle wie auf einer Linie aufgereiht.

Daher ist Raymond Moody auch richtig zur Feststellung gelangt:

»*Im allgemeinen sieht es so aus, als ob diejenigen, die ›tot‹ gewesen sind, nachhaltigere und vollständigere Erlebnisse mit-*

zuteilen hatten als die, die den Tod nur gestreift haben; und diejenigen unter denen, die längere Zeit ›tot‹ gewesen sind, gelangten tiefer als die Menschen, bei denen es nur kurze Zeit gedauert hat.«

Das aber sagt doch nichts anderes als: Je weiter die Lockerung der Seele und damit ihre Entfernung vom Erdenkörper fortgeschritten ist, desto mehr Jenseitseindrücke erfährt sie.

So liegt die Wahrnehmung von Personen, die für andere unsichtbar waren – also jene Schauungen, die Todkranke hatten – noch sehr nahe dem Jenseitserleben der Träumenden. Die Körperstrahlung der Schwerkranken ist allerdings schon so sehr vermindert, daß die Seele sich schon etwas mehr als beim Traum zu lockern vermag. Sie sieht die Jenseitswelt daher schon klarer, deutlicher, nicht mehr vermengt mit den vom Gehirn aufgenommenen Tageseindrücken, wie dies bei unseren Träumen häufig der Fall ist.

Das nächste, bestürzend neue Erleben ist dann jenes der »Ausleibigkeit«, des Nicht-mehr-imKörper-Seins. Hier hat die Seele, von der Körperstrahlung nicht mehr genügend festgehalten, den Astralkörper bereits vom Erdenkörper abgezogen und der eigentliche Mensch, der Geist, blickt nun durch diesen Astralkörper auf den Erdenkörper. In diesem Zustande konnten die Personen sehen, was sich um diesen Erdenkörper begab, sie hörten die Worte der Umstehenden, ja sie konnten sogar deren Gedanken erkennen, unmittelbar bevor sie ausgesprochen wurden. Wie aber ist dies möglich?

Auch hier handelt es sich um etwas ganz Natürliches. So wie unser grobstofflicher Erdenkörper in dem grobstofflichen Auge und den grobstofflichen Einrichtungen des Gehörs die seiner Beschaffenheit entsprechenden Sinnesorgane besitzt, haben auch der Astralkörper und der feinstoffliche Körper jeweils die ihnen entsprechende gleichartige Ausstattung. Immer aber ist es ja unser Geist, der durch die Sinnesorgane der jeweils äußersten Hülle sieht, hört oder fühlt, also nie das Auge oder das Ohr an sich. Der im Astralkörper befindliche Geist nimmt also durch dessen Sinnesorgane wahr.

Und hier müssen wir uns einmal grundsätzlich darüber klar werden, welcher Art diese Jenseitswelten, die schon mit der Astralebene beginnen, eigentlich sind, was sie von unserer Welt unterscheidet.

Ich habe schon früher davon gesprochen, daß unsere irdische Welt ja nur eine aus Strahlung hervorgegangene Verdichtung ist. Verdichtung aber bedeutet Verlust an Leichtigkeit, Beweglichkeit, bedeutet träger, schwerer werden. Bei jedem irdischen Stoff, der schmilzt, verdampft, gasförmig wird, können wir dies als umgekehrten Vorgang feststellen. Seine Entmaterialisierung, die zunehmende Leichtigkeit, beruht auf einer immer schnelleren Bewegung innerhalb seiner Atome. Mit anderen Worten: Verfeinerte, leichtere Formen sind also letztlich nur immer schnellere Bewegungszustände. Und nun denken Sie bitte an einen Rundfunkempfänger. Er umfaßt verschiedene Wellenbereiche: Mittelwellen, Kurzwellen, Ultrakurzwellen. Wenn Sie nun umschalten von dem einen zum anderen Bereich, ist der Apparat plötzlich in der Lage, höhere Frequenzen, also lebendigere Schwingungen aufzunehmen, die für ihn vorher nicht zugänglich waren. Der Grund dafür ist: Er ist jetzt darauf abgestimmt, das heißt, seine Empfangseinrichtung ist diesen Schwingungen gleichartig und kann sie daher aufnehmen. So tragen auch wir Empfangseinrichtungen für verschiedene Wellenbereiche in Gestalt des Erdenkörpers, des Astralkörpers, des Seelenkörpers in uns. Die »Ausleibigkeit« bringt daher zunächst ein »Umschalten« auf den unmittelbar anschließenden höherfrequenten Wellenbereich mit sich. Aber die Trennung ist hier nicht so scharf wie beim Rundfunkempfänger, die Übergänge sind wiederum fließend.

Da der Astralbereich dem Irdischen noch sehr nahe ist, kann der Abscheidende, der ja allmählich in den – bleiben wir zur Verdeutlichung bei diesem Ausdruck – »Frequenzbereich« der anderen Welt hinüberzuwechseln beginnt, zunächst noch beide Seiten in seine Wahrnehmungen einbeziehen. So kann er sowohl die Gedanken erkennen, deren Schwingungen – und zwar dann, wenn sie sich so sehr verdichtet haben, daß sie unmittelbar vor dem Aussprechen stehen – in diesem Bereich liegen, kurz bevor sie sich zu Worten formen, wie auch noch das Irdische sehen und hören.

Aber: Er kann sich seinerseits nicht mehr bemerkbar machen. Wenn Sie den bisherigen Ausführungen gefolgt sind, wird Ihnen klar sein, daß es gar nicht anders sein kann. Denn das Werkzeug zur irdischen Verständigung ist der Erdenkörper, aus dem der Sterbende zu dieser Zeit schon herausgeglitten ist und den er in dieser Phase schon nicht mehr bewegen kann. Schon die astrale Körperhülle ist für unsere grobstofflichen Augen im allgemeinen unsichtbar, die Worte, die er damit formt, bleiben in einem Schwingungsbereich, für den unsere Sinnesorgane ebenso unempfänglich sind wie für die uns ständig umgebenden Rundfunk- oder Fernsehwellen. Und auch für eine Berührung durch den astralen oder gar den feinstofflichen Körper des Abgeschiedenen bleibt unser Erdenkörper unempfindsam.

Dieser Zustand des Nicht-mehr-gehört-, Nicht-mehr-gesehen-Werdens ist für einen, der hinübergeht, ohne um diese Vorgänge zu wissen, eine schmerzlich-quälende Erfahrung. Da sieht er seine Angehörigen trauern und möchte ihnen zurufen: »Was wollt Ihr denn, ich lebe doch noch!«, da sieht er die Ärzte an seinem Körper manipulieren und möchte sie wegjagen, aber niemand nimmt von ihm Notiz. Der Unwissende fühlt sich in diesem Zwischenreich lebendigseiend und dennoch ausgestoßen von allem Lebendigen. Es ist ein Erlebnis erschreckender Verlassenheit.

Mögen Sie daraus erkennen, wie unsinnig es ist, daß man alles, was mit dem Sterben zusammenhängt, verdrängte, so, als ginge uns just das Unausweichlichste in diesem Erdenleben gar nichts an.

Und selbst jetzt, da man endlich das Tabu zu brechen bereit ist, bleibt man an der Grenze dessen hängen, was man glaubt, noch »wissenschaftlich« beweisen zu können. Es kommt aber darauf an, die Menschen rückhaltlos aufzuklären über alles, was beim Tode und was dahinter geschieht, weil das alles untrennbar zur großen Einheit unseres Seins gehört.

Wir alle werden doch einmal diese Schwelle überschreiten müssen. Ist es nicht besser, dies wissend zu tun, anstatt hinausgedrängt zu werden ins Unbekannte?

Aber nicht nur für diese Stunde, die ja auf jeden von uns zukommt, sondern auch schon vorher ist dieses Wissen für uns wesentlich. Da folgen bei Begräbnissen die Menschen einem Sarg. Wie wenige der sogenannten Trauergäste gedenken mit liebevollen Gedanken des Verstorbenen! Was wird da oft in einem Trauerzug an Bösem oder Nichtigem geschwätzt. Wüßten

DIE VORTRÄGE

diese Personen, daß der Verstorbene vielleicht noch nahe ist, daß er sie hören kann, sie würden sich anders verhalten.

Kehren wir zurück zu Dr. Moodys Bericht vom »Leben nach dem Tod«. Viele der von ihm befragten Personen hatten ja mehr erlebt als den Zustand der »Ausleibigkeit«. Sofern sie »tiefer in das Reich des Todes eingedrungen waren«, hatten sie ein bemerkenswertes Erlebnis: Es war ihnen, als glitten sie durch eine finstere Enge, ein Tal, eine dunkle Röhre, einen Tunnel. So schwer sich ein jenseitiges Erlebnis in irdische Wortbegriffe fassen läßt, so sprachen die Betroffenen bezeichnenderweise übereinstimmend davon, sie seien »herausgezogen« beziehungsweise bei ihrer Rückkehr ins Erdenleben »hineingezogen« worden. Hier haben wir es also bereits mit dem nächsten Abschnitt, dem Fortstreben der feinstofflichen Seele vom Astralkörper, also ihrem Herausziehen aus diesem zu tun. In diesen Augenblicken des Überganges, der fortstrebenden Bewegung kann der Geist nun nicht mehr durch die Augen des Erden- oder Astralkörpers, aber auch noch nicht durch jene des erst im Freiwerden begriffenen feinstofflichen Körpers blicken. Er hat daher vorübergehend den Eindruck der Finsternis. Es ist, als wäre man in einem Lift zwischen zwei Stockwerken unterwegs. Da kann man auch nicht nach außen blicken, sondern muß warten, bis man die nächste Etage erreicht.

Daß diese nächste Etage, in welche die Seele nun eintritt, tatsächlich eine schneller schwingende Welt ist, wird durch ein akustisches Erlebnis unterstrichen, das die befragten Personen bei diesem »Herausgezogenwerden« hatten. Sie hörten nämlich ein Geräusch und beschrieben es wie das Dröhnen einer Glocke, ein Rauschen, Tosen, einen Knall. Danach befanden sie sich plötzlich in der Helle einer neuen Welt, das Irdische war ihnen entschwunden. Für die Seele ist der Eintritt in ihre neue Daseinsform wie das Durchbrechen einer Schallmauer. Sie wechselt über in eine Welt schnellerer Schwingung.

Eine Folge dieser schnelleren Schwingung ist auch die Veränderung des Zeitbegriffes. Auch hier sehen wir wieder die grundsätzliche Verwandtschaft von Traum und Tod. Schon im Traum deckt sich die Fülle des Erlebten oft nicht mit der verstrichenen Erdenzeit, wir meinen, viel länger geträumt zu haben. Eine der von Dr. Moody befragten Personen faßte das in dieser Beziehung noch weitergehende Jenseitserlebnis in dem Satz zusammen: »*Sobald man sich aus dem Erdenkörper gelöst hat, scheint sich alles zu beschleunigen.*«

Auch das ist eigentlich selbstverständlich und könnte gar nicht anders sein. Denn der feinstoffliche Seelenkörper ist infolge seiner schnelleren Eigenbewegung leichter, also durchlässiger, und das bringt eine erhöhte Aufnahmefähigkeit für das Erleben mit sich.

Denn alles, was geschieht, wirkt durch die weniger dichte Hülle viel unmittelbarer auf den Geist. Er ist in der Lage, in gleicher Zeit viel mehr als wir zu erfassen, das heißt erleben zu können, weil alles Geschehen den Geist viel direkter zu bewegen vermag. Es handelt sich hier im Grunde genommen um das gleiche Gesetz, das wir ja auch im Irdischen beobachten können: Je mehr Schwingungen der Strom aufweist, mit dem wir eine Leitung beschicken, desto mehr Gespräche können wir gleichzeitig damit übertragen; je höher frequent das Licht ist, mit dem wir eine Aufnahme machen, desto mehr Einzelheiten wird sie uns zeigen. Der Laserstrahl ist dafür das deutlichste Beispiel. Das scheinbar so rätselhafte Wort, daß »tausend Jahre sein würden wie ein Tag«, findet in diesem vermehrten Erfassenkönnen, das jeder schnelleren Bewegung zu eigen ist, eine in den Naturgesetzen begründete, leicht einsehbare Erklärung.

Das in der Jenseitswelt veränderte Zeitgefühl zeigt uns aber sehr deutlich, daß wir in bezug auf den Begriff der Zeit in einer falschen Vorstellung befangen sind. Wir verstehen darunter gewöhnlich Minuten, Stunden, Tage und Jahre. Aber sie sind im Grunde genommen nur ein Maß, gewonnen aus der relativen Bewegung der Erde zur Sonne. Aber wir alle wissen doch, daß Stunde nicht gleich Stunde ist, daß eine Stunde der Freude uns kurz erscheint, eine solche des Schmerzes als Ewigkeit. Reiches Erleben läßt die Zeit wie im Fluge vergehen, bei untätigem Warten schleicht sie dahin. Nicht was die Uhr, nicht was der Kalender zeigt, ist die Zeit, sondern die Fülle dessen, was wir darin zu erleben, zu speichern vermögen. Hugo von Hofmannsthal hat dies sehr gut zum Ausdruck gebracht, indem er sagte: *»Dem Erlebenden dehnt sich das Leben.«*

Deshalb ist es so bedeutsam, daß durch die Jenseitserfahrung derer, die kurzfristig abgeschieden waren, uns diese Erkenntnis ins Bewußtsein gerufen und vertieft wird. Denn sie bedeutet schon den ersten Schritt zur Beantwortung der immer wieder gestellten Frage nach dem Sinn unseres Lebens. Wir sehen: Leben heißt Erleben!

In diesem Zusammenhang gewinnt eine weitere Erfahrung, die jene Pendler zwischen Tod und Leben machen konnten, besondere Bedeutung. Sie erlebten nämlich, daß in der Jenseitswelt nur eine ganz andere Art von Wissen zählt. Es war, so beschrieben sie es, ein tieferes Wissen, gleichsam ein Wissen »mit der

Seele«, das den Ursachen und Verflechtungen dessen gilt, was »die Welt im Innersten zusammenhält«. Diese Art von Wissen zu erwerben sei, so wurde ihnen von hilfreichen Jenseitigen gesagt, das Wichtigste auch schon hier auf Erden. Und das sollte uns nicht nur zu denken geben, es sollte uns aufrütteln. Es zeigt doch, wie falsch unsere Ausbildung ist, wie viel kostbare Zeit unseres Lebens wir zur Erlernung im Grunde genommen ganz unwichtiger Dinge verwenden.

Hier nämlich verläuft die Trennlinie zwischen Verstand und Geist. Was wir erlernen, nützt dem Verstand, es bleibt, in den Zellen unseres Gehirns gespeichert, mit unserem Erdenkörper zurück. Nur was wir erleben, empfinden, was solcherart unseren Geist bewegt, geht in uns ein, nur das können wir mitnehmen. Doch unter der einseitigen Verstandesentwicklung leidet heute die ganze Menschheit. Wir vollbringen großartige Werke der Technik, aber es fehlt uns die Fähigkeit, sie zu beherrschen, sinnvoll zu nützen, weil wir, statt uns vom Geiste führen zu lassen, seinem irdischen Werkzeug, dem Verstand, die Führung überlassen haben. So greifen wir allenthalben ein in das Naturgeschehen, ohne die Folgen absehen zu können, weil uns das wahre Wissen vom Gefüge dieser Schöpfung fehlt. Die erschütternde Erkenntnis des Goetheschen Faust hat leider auch heute nichts von ihrer Gültigkeit verloren:

»Oh glücklich, wer noch hoffen kann,
Aus diesem Meer des Irrtums aufzutauchen!
Was man nicht weiß, das eben brauchte man,
Und was man weiß, kann man nicht brauchen.«

Alle, die während des zeitweiligen Austrittes aus ihrem Erdenkörper die irdische Welt verlassen hatten, erlebten dort die Nähe eines liebevollen Lichtwesens, das ihnen eine Rückschau auf ihr Erdenleben vermittelte. Ganz von selbst gelangten sie dabei zur Erkenntnis, wie vieles darin falsch gewesen war, wieviel Leid sie, oft unwissentlich, anderen zugefügt und wieviel Zeit sie nutzlos vertan hatten. Manche von ihnen kehrten höchst ungern wieder ins irdische Leben zurück und machten ihren Rettern sogar heftige Vorwürfe. Alle aber, die solcherart »drüben« gewesen waren, brachten den Vorsatz mit, in Zukunft anders, bewußter zu leben.

Und das halte ich eigentlich für das Wichtigste dessen, was diese Berichte vom Leben nach dem Tode uns zu geben haben. Denn diese Lebensschau, die Einsicht und die Folgerungen daraus, sind doch das deutliche Zeichen einer Verantwortung, einer Verantwortung, deren der Geist sich sofort bewußt wird, sobald er die Fesseln des Irdischen abgestreift hat. Dann haben sich nämlich seine aus dem Verstand geborenen Überlegungen irdischer Nützlichkeit und alle Zweifel von selbst erledigt. Aber Verantwortlichkeit kann niemals Selbstzweck sein. Sie kann nur erwachsen im Zusammenhang mit einer Aufgabe. Also hat der Mensch eine Aufgabe. Aber wer sagt uns, welche?

Gerade an diesem entscheidenden Punkte lassen uns jene Bücher und Schriften, die sich mit dem Leben vor diesem Leben und mit dem Leben nach unserem Tode befassen, sowie auch die Parapsychologie und Thanatologie im Stich. Sie können uns allesamt weiter nichts sagen, als daß dieses Erdenleben ein Durchgang in einem weiter ausgreifenden Dasein, vor allem aber, daß der Tod nicht das Ende ist.

Gewiß, schon das ist ungemein wichtig. Sie haben ja gehört, wie sehr allein nur das Wissen von einem Fortleben dereinst die Loslösung vom Erdenkörper erleichtern kann. Aber die Bedeutung dessen geht noch weiter. Wenn Sie erst einmal das Tor zur Ganzheit unseres Daseins aufgestoßen haben, reicht Ihr Blick doch über dieses Erdenleben hinaus. Sie werden sich dann nicht mit allen Fasern dem Irdischen verhaftet fühlen wie jene, die sich selbst daran binden durch die Ansicht, sie würden nur hier und nur einmal leben. Eine solche Haltung des Menschen zeitigt beim Abscheiden ihre Folgen. Durch dieses Festklammern an die Erde wird nämlich auch der feinstoffliche Seelenkörper dichter und dadurch schwerer, weil seine erdwärts gerichteten Wünsche größtmögliche Erdennähe verlangen.

Ich greife damit bereits über das hinaus, was die von Dr. Moody gesammelten Berichte enthalten. Vergessen wir aber nicht: Alle diese Personen waren ja nicht wirklich tot. Sie hatten ihren Erdenleib nur zeitweilig mehr oder weniger weit verlassen. Sie waren, als sie darüber berichteten, ja wieder in diesen Leib zurückgekehrt, mögen auch manche von ihnen später tatsächlich verstorben sein. Zu der Zeit aber, als sie die geschilderten Erlebnisse hatten, war der feinstoffliche Verbindungsstrang, von dem ich vorhin sprach, noch nicht getrennt. Alle diese Schilderungen beziehen sich daher auf ein Zwischenreich, einen kurzfristigen Übergang. Sie bestätigen uns zwar die Existenz eines »Jenseits« und eines außerirdischen Lebens, aber sie sagen uns nichts darüber, was mit der Seele nach der endgültigen Trennung vom Erdenkörper, also nach dem Zerfall der »silbernen Schnur« geschieht. Und hier muß ich im Interesse der Vollständigkeit meiner Erklärungen noch diesen wichtigen nächsten

Schritt weitergehen. Denn allzu leicht könnte sonst der irrige Eindruck entstehen, das Jenseits hätte für jedermann nur Freudvolles zu bieten.

Das Schicksal der feinstofflichen »Seele« hängt nach der endgültigen Trennung nämlich ab von der Leichtigkeit oder Schwere des feinstofflichen Körpers. Dessen Unterschiedlichkeit aber schaffen wir uns selbst durch die Ziele, die wir unseren Wünschen geben. Je höher sie im richtig verstandenen geistigen Sinne liegen, desto leichter, je niedriger sie sind, desto schwerer wird unser Seelenkörper dadurch werden. Wir können dies ja immer wieder in uns selbst erleben: Trübe Gedanken »drücken uns nieder«, irdische Sorgen »belasten« uns, machen uns »das Herz schwer«, eine edle Empfindung, eine weihevolle Stimmung aber »erheben« uns, machen uns »beschwingt«, und es wird uns »leicht ums Herz«. Diese Umschreibungen sind ja kein leerer Wahn. Sie sind die absolut zutreffende Schilderung eines Prozesses, an welchem der feinstoffliche Körper sehr entscheidend mitbeteiligt ist, weil jede derartige Regung unseres Geistes, die Empfindung, erst über den feinstofflichen Körper zur Auswirkung im Erdenleib gelangen kann.

In dem Augenblick nun, in dem die Schnur, die uns hier an unseren Erdenkörper bindet, zerfallen ist, steigt oder fällt diese feinstoffliche »Seele« nach dem uns allen bekannten Gesetz der Schwere. Wir kennen es als Auftrieb, am deutlichsten aber zeigt es sich bei Gasen. Jede irdische Substanz, wenn sie in gasförmigen Zustand übergeht, also feiner, leichter geworden ist, nimmt nämlich ihre Lage nach dem Gesetz der Schwere ein. Und durch dieses Gesetz erklären sich auch Himmel und Hölle, denn es bewirkt eine ganz natürliche Scheidung. Jede Seele wird nämlich an dem Platz, wohin das Gesetz der Schwere sie selbsttätig führt, solche Seelen um sich haben, die gleiche Schwere und daher im wesentlichen gleiche Art haben. Dieses Zusammensein mit ihresgleichen mag für die einen der Himmel, für die anderen – solange sie nicht durch eine einsichtsvolle Wandlung ihres Wollens selbst eine Änderung herbeiführen – die Hölle sein. –

Haben wir aber einmal erfaßt, daß nach dem Abfallen des Erdenkörpers unser Aufenthalt durch das Gesetz der Schwere bestimmt wird, das selbsttätig jeweils die Gleicharten sondert, dann sind wir der Antwort auf die Frage nach dem Sinn unseres Lebens wieder einen großen Schritt näher gekommen. Wir erkennen dann nämlich, daß dieser unser Erdenleib ein Mantel, ein Schutzwall ist, der uns – wie eine Taucherglocke durch ihr Gewicht – in der Grobstofflichkeit dieser Erdenwelt festhält und es dadurch ermöglicht, daß Menschen verschiedenster Eigenart hier mit- und nebeneinander leben können. Die Erde ist demnach ein Sammelbecken, ein Treffpunkt dessen, was sonst getrennt verbleiben muß. Ich werde auf die Bedeutung dieser Tatsache noch zu sprechen kommen.

Sie sehen also: Sich Klarheit über den Tod zu verschaffen, bedeutet in Wahrheit, sich überhaupt erst richtig mit dem Leben zu befassen. Dag Hammerskjöld, der verstorbene Generalsekretär der Vereinigten Nationen, hat das sehr treffend zum Ausdruck gebracht. Er sagte:

»*Wenn man der Sache auf den Grund geht, ist es unsere Vorstellung vom Tode, die über unsere Antworten auf alle Fragen, die das Leben stellt, entscheidet.*«

Aber läßt dieser Ausspruch nicht schon die Hilflosigkeit auch der ernsthaft denkenden Menschen erkennen? Selbst wenn wir wissen, daß dieses Leben nur eingespannt ist zwischen die Pole des Vorher und Nachher, so leben wir doch jetzt und hier, und jetzt und hier brauchen wir Klarheit darüber, wo denn die Antworten auf die Fragen des Lebens zu finden sind.

Sie mögen sagen: Wozu haben wir denn die Religionen. Ihre Lehren waren tatsächlich ursprünglich von seiten ihrer Bringer alle geeignet, uns Stütze zu sein und zu der ihnen gemeinsamen Wahrheit zu führen. Doch da sie nicht von Anbeginn an schriftlich überliefert wurden, sind Mißverständnisse eingeflossen. Immer hat das eigene Begreifenkönnen jener, die etwas weitergaben, etwas daran verändert, verengt. Im Laufe der Jahrhunderte hat man schließlich den Inhalt immer mehr den menschlichen Wünschen angepaßt und das Bild so zugerichtet, wie wir es sehen wollen.

Ich darf Sie, als Beispiel, etwa daran erinnern, daß die so entscheidend wichtige Lehre von der Reinkarnation, der Wiedergeburt als Mensch, durch die ja die Liebe und Gerechtigkeit Gottes uns Menschengeistern erst verständlich wird, erst im Jahr 553 beim Konzil zu Konstantinopel aus den christlichen Bekenntnissen gestrichen wurde, und zwar auf ausdrückliches Verlangen des Kaisers Justinian I. aus rein politischen Gründen.

Und nun überlegen Sie doch bitte: Hätte man sich damals anders entschieden, so wäre auch für die abendländische Menschheit die Reinkarnation eine Selbstverständlichkeit. Es wäre dann nicht nötig, gegen Mauern des Zweifels und der Vorurteile anzurennen, um unser Denken aus jener entsetzlichen Verengung zu befreien, in die es allein durch diesen unseligen Beschluß geraten ist, der uns den Ausblick auf die Zusammenhänge und auf die Weite unseres Seins geraubt hat.

Sie sehen also schon an diesem Beispiel: Der Mensch hat sich angemaßt, zu bestimmen, was wahr sein darf! Daher die Ungereimtheiten und Lücken, die so viele denkende Menschen daran hindern, die Glaubenslehren in vollem Umfange anzunehmen. Wahrheit aber muß als Ganzes überzeugen. Vor ihr kann es keine Vorbehalte geben.

Was uns aus allen Weisheitslehren verblieben ist, sind Ermahnungen und Verhaltensregeln. Die meisten davon haben hohen sittlichen Wert. Aber es fehlt ihnen jener Zusammenhalt, der daraus ein Weltbild gestalten könnte, ein Weltbild, das imstande ist, uns Antwort auf jene Fragen zu geben, um die wir einfach nicht herumkommen. Es sind dies:

– die Frage nach dem Sinn unseres Daseins und
– die Frage, wie wir einen solchen Sinn erfüllen können.

Sie mögen lächeln und sich denken: Sonst nichts? Ich bin mir durchaus bewußt, daß die bedeutendsten Denker sich seit je die Köpfe darüber zerbrochen haben. Aber was ist dabei herausgekommen? Vielfach nur widerstreitende philosophische Lehrmeinungen, mehr dazu bestimmt, die intellektuelle Spitzfindigkeit ihrer Väter unter Beweis zu stellen, als eine echte Lebenshilfe zu geben. Dabei sind, das wage ich zu behaupten, die Antworten gar nicht so schwer zu finden; sie sind auch gar nicht so verwickelt und kompliziert, wie es uns erscheint. Alles Wahre ist im Grunde nämlich einfach. Gerade in der Einfachheit, die eine Folge der Einheitlichkeit des Ganzen ist, liegt die wahre Größe.

Wir wissen doch heute – um nur einige Beispiele zu nennen –, daß die ungeheure Fülle der Verschiedenartigkeit an Pflanzen, Tieren und Menschen ihre Grundlage in den gleichen vier genetischen Bausteinen hat, daß die Zellen in Pflanze, Tier oder Mensch in gleicher Weise aufgebaut sind, daß jede Zelle, in welchem Organ sie auch enthalten sein mag, stets den Bauplan des Ganzen enthält; wir wissen, daß Arme, Beine, Flügel oder Flossen aus dem gleichen Grundmuster hervorgegangen sind; wir wissen, daß innerhalb eines Atomes die gleichen Kräfte mit ähnlichen Eigenschaften wirksam sind wie zwischen den Sonnensystemen. Lehrt uns das nicht, daß einheitliche Gesetze allem zugrunde liegen? Daß nur die Abwandlung ihrer Auswirkungen die uns verwirrend erscheinende Vielfalt hervorruft?

Was wir also brauchen, ist die Zusammenschau. Deshalb muß ich wieder auf die Gralsbotschaft »Im Lichte der Wahrheit« zu sprechen kommen. Es würde zu weit führen, hier auf die Bedeutung des Heiligen Grales eingehen zu wollen. Für unsere Vorstellung verbindet sich damit der Begriff von etwas Hohem, Heiligem. Das möge genügen, um die Herkunft jenes hilfreichen Rufes erspüren zu lassen, der damit an die Menschheit ergangen ist, und ein Ahnen zu vermitteln von der Höhe dieser Schau, die unvergleichlich weit über allem liegt, das uns in anderweitigen Jenseitsschilderungen geboten wird. Daher konnte der Verfasser der Gralsbotschaft auf eine entsprechende Frage auch antworten:

»Ich will […] die Lücken füllen, die in Menschenseelen als brennende Fragen bisher immer unbeantwortet geblieben sind und jedem ernsthaft Denkenden nie Ruhe lassen, wenn er ehrlich nach der Wahrheit sucht.«

Ich habe einiges von dem, was in der Gralsbotschaft gesagt wird, als Grundlage für die Erklärung über das Wesen des Todes und den Vorgang des Sterbens verwendet. Doch diese Botschaft enthält und sagt uns viel mehr. Sie nimmt uns nicht nur die Angst vor dem Tode, sie nimmt uns – was noch viel wichtiger ist – die Angst vor dem Leben. Sie werden, wenn Sie sich mit diesem Werk befassen sollten, die Richtigkeit des in seiner Bedeutung gar nicht auszulotenden Satzes erleben, der den Inhalt dieses Werkes umreißt (GB »Die Sprache des Herrn«) und der da lautet: »*Ich schlage Euch mit meiner Botschaft nun das Buch der Schöpfung auf!*«

Ich kann, wie Sie gewiß verstehen werden, ein Weltbild von so ungeheurer Weite, das auch unseren Weg in dieser Schöpfung aufzeigt, nicht im Rahmen eines Vortrages vor Ihnen ausbreiten. Ich muß mich auch weiterhin auf das Wichtigste beschränken. Dieses Wichtigste scheint mir, wie schon gesagt, die Frage nach dem Sinn unseres Lebens zu sein. Ihretwegen verzweifeln ja so viele Menschen, weil sie eine Antwort nicht finden können, flüchten in Exzesse, in die Scheinwelt des Rauschgiftes, werfen sich den Irrlehren religiöser Gaukler in die Arme oder setzen leichtfertig dieses ihnen sinn- und daher wertlos erscheinende Leben aufs Spiel, ja werfen es gar von sich.

Aber sagt uns denn nicht schon ein Blick in diese Schöpfung, daß alles darin einen Sinn hat? Die Ökologie, die Wissenschaft vom natürlichen Zusammenwirken, zeigt uns doch, wie eines in das andere greift, sich ergänzt und fördert. Alles erfüllt in diesem Wechselspiel des großen Schöpfungshaushaltes die ihm zugewiesene Rolle. Wie könnte man da annehmen, daß just der Mensch in diesem Gefüge funktionslos sei?

Jede Suche nach dem Sinn des Lebens aber läuft, sofern sie nicht zu rein nihilistischen Ergebnissen gelangt, leicht Gefahr, sich in nur abstrakten Vorstellungen zu bewegen. Wir wollen dennoch den Boden unter den Füßen nicht verlieren. Das haben wir gar nicht nötig, weil selbst das Größte sich stets im Kleinen spiegelt und alles, worin die große Wahrheit dieser Schöpfung liegt, uns hier abbildhaft umgibt. Sie werden gewiß schon bemerkt haben, daß ich immer wieder auf uns allen bekannte Erfahrungen oder auf naturwissenschaftliche Erkenntnisse verwiesen habe. Ich tue dies, weil Sie daraus ersehen sollen, daß die Vorgänge, um die es uns hier geht, nach genau den gleichen Gesetzen ablaufen.

Ich sagte vorhin schon, daß der Kern des Menschen, sein eigentliches Ich, Geist ist. Nun hieß es aber in jener Textstelle, die ich Ihnen zur Verdeutlichung dieses Begriffes zitiert habe, daß die geistige Welt höher liegt und den oberen, leichtesten Teil der Schöpfung bildet. Was haben wir als Geistgeschöpfe demnach hier im Irdischen zu schaffen?

Die Unzulänglichkeit unserer Einrichtungen, unseres menschlichen Tuns trägt die Antwort schon in sich: Der Mensch ist kein vollentwickelter Geist. Sein Geistkern ist ein Samenkorn, ein geistiger Keim. Wie jedes Samenkorn enthält es die vollen Möglichkeiten seiner Art, aber es bedarf dazu der allmählichen Reifung.

Was macht nun die Natur, damit ein Pflanzensame reift? Sie wurzelt ihn ein in die Erde. Die vielfältigen Kräfte, die dadurch auf ihn wirken, fördern und stärken ihn.

Ebenso hat es der Schöpfer mit uns gemacht. Als Samenkorn sind wir in diese Erdenwelt gesenkt. Von der pflanzlichen Reifung unterscheidet uns nur die Art. Wir sind im Stoffe zur Reifung unserer Eigenart, des Geistes. Das irdische Erleben mit seiner steten Notwendigkeit zur Überwindung stofflich bedingter Schwierigkeiten – denken Sie doch etwa an das Sprichwort »Der Geist ist willig, doch das Fleisch ist schwach« – soll uns helfen, die Kraft des Geistes in uns zu erkennen und für bewußte Betätigung zu stärken. Wie vielsagend ist es doch angesichts der grundsätzlichen Gleichheit der Naturgesetze, daß wir sogar physisch die Reibung mit dem Stoffe brauchen, um Schritt vor Schritt zu setzen, um voranzukommen. Und nur hier, in dem Mantel dieser dichtstofflichen Körperlichkeit ist es auch, wie ich vorhin schon sagte, möglich, daß Menschen verschiedener geistiger Reifestufen auf gleicher Ebene zusammen leben können. Das aber bietet uns eine Erlebnisvielfalt wie nirgendwo in anderen Sphären. Und diese Erlebnisvielfalt ist es, die das Reifenkönnen erleichtert und das Erdenleben so bedeutsam macht. Aber wohin soll diese Entwicklung uns letztlich führen? Die Antwort ergibt sich aus unserer Beschaffenheit: In das unserer Art entsprechende geistige Reich, das wir aber nur voll gereift erreichen können.

Betrachten Sie doch bitte den Aufbau der Schöpfung. Fangen wir gleich bei uns selber an: Die Organellen in jeder Zelle sind selbständige Industrien, zugleich aber Teil der Ganzheit der Zelle, die ihrerseits wieder Teil von Geweben ist. Die Gewebe bilden Organe, die ihrerseits Teil von Organverbänden sind. Diese ergeben schließlich den Körper. Der Mensch ist seinerseits ein selbständiges Geschöpf und doch Teil der Familie; diese ist Teil einer Gruppe, die über das Dorf, das Volk, die Rasse, schließlich die ganze Menschheit umfaßt. Alles ist eingebettet in diese hierarchische Stufenordnung, die in der stofflichen Welt von den Elementarteilchen über Atome und Moleküle hinaufreicht bis zu den Weltenkörpern, den Sonnensystemen, den Galaxien.

In dieser Gliederung finden wir nun überall die Doppelfunktion alles Seienden, nämlich sowohl ein eigenständiges Ganzes, wie auch Teil einer größeren Ordnung zu sein. Das bringt zwei scheinbar widerstreitende Notwendigkeiten mit sich: Die Selbstbehauptung der eigenen Ganzheit und zugleich ihre Einfügung, die Integration in einen größeren Verband. Dazu möchte ich Ihnen aus dem jüngsten Buch des Wissenschaftsphilosophen Arthur Köstler (»Der Mensch – Irrläufer der Evolution«, Scherz-Verlag, Bern/München) zitieren, er schreibt:

»Es ist die Konstellation Selbstbehauptung kontra Integration [...] in der Biologie, der Psychologie, der Ökologie und überall dort gegenwärtig, wo wir komplexen hierarchischen Systemen begegnen, also praktisch: Wohin wir auch blicken. Im lebenden Tier oder der lebenden Pflanze muß jeder Teil seine Individualität genauso durchsetzen wie im Sozialgefüge, weil der Organismus sonst seine Struktur verlieren und zerfallen würde.

Gleichzeitig aber muß sich jeder Teil der Forderung des Ganzen beugen. In einem gesunden Organismus und einer gesunden Gesellschaft sind die beiden Tendenzen auf allen Stufen der Hierarchie ausgeglichen.«

Hierin liegt die Bestätigung dessen, was die Gralsbotschaft aufzeigt. So, wie es für alles Irdische der Fall ist, gilt es auch für uns, auf jeder Stufe unserer geistigen Entwicklung mit den bis dahin zur Entfaltung gebrachten Fähigkeiten unseres Geistes, uns als Persönlichkeit in die Gemeinschaft einzufügen. Nicht wenige Menschen meinen, das Endziel unseres Weges wäre das Nirwana, die gänzliche Auflösung unseres Ichs in einer alles umfassenden Kraft. Die irrige Auffassung, das Ich sei etwas Vernichtenswertes, konnte nur entstehen, weil wir es hier auf der niedrigen irdischen Stufe zumeist nur als Selbstsucht, als Egoismus kennen. Wie aber hieß es vorhin bei Köstler: »*In einem gesunden Organismus und einer gesunden Gesellschaft sind die beiden Tendenzen auf allen Stufen der Hierarchie ausgeglichen.*«

Leiten wir die uns in der Schöpfungsordnung zugewiesene Aufgabe also nicht aus dem fehlerhaften Ist-Zustand, sondern aus dem gesunden Soll-Zustand ab. Daraus ergibt sich, daß unser Daseinsziel nur darin liegen kann, als vollgereifter Geist, persönlich bleibend, an dem Getriebe dieser Schöpfung mitzuwirken. Je bewußter wir auf dem Wege dorthin werden, desto leichter fällt uns doch die Einfügung, da wir immer mehr erkennen, daß diese Ordnung der Schöpfung so vollkommen ist, daß in ihr dienend mitzuwirken zugleich den höchsten Eigennutz bedeutet. Aus freiem Wollen sind wir dann bereit, die große Ordnung mit zu verwirklichen, weil darin für uns selbst Beglückung liegt.

Wenn wir das einmal richtig durchempfinden, so muß uns klar werden, daß es für den Menschengeist gar nichts Schöneres geben kann als das freiwillige Dienen. »Frei-willig« heißt doch, ungehindert von Bindungen, von denen noch zu sprechen sein wird, dem eigenen Wollen folgen zu dürfen, also aus innerster Überzeugung zu handeln. Allein schon diese Freiwilligkeit befreit den Begriff des Dienens von dem ihm anhaftenden Ruch sklavischer Unterwerfung unter fremden Willen, befreit ihn auch von dem Anschein geistiger Passivität. Es ist ein freudig-aktives,

DIE VORTRÄGE

bewußtes Zu-etwas-Dienen, ein Nützlichsein für einen außerhalb der eigenen Person gelegenen umfassenderen Zweck. Dieses Verlangen nach Nützlichkeit steckt doch zutiefst in jedem von uns. Ist es für den Arbeitslosen, für den alten Menschen nicht das Schlimmste, keine Aufgabe vor sich zu sehen, nicht mehr gebraucht zu werden? Hierin zeigt sich doch, wie sehr unser Geist die Erfüllung seiner Bestimmung ersehnt!

Die gereifte Heimkehr in den Ursprung unserer Art, in die hohe, lichte Welt des Geistes, ist also das eigenpersönliche Ziel, das jedem von uns gesetzt ist. Zugleich aber ergibt sich daraus auf jeder Stufe die Aufgabe für die Gemeinschaft. Denn ausgestattet mit dem entwicklungsträchtigen Kern einer höheren Art, ist der Mensch schon hier befähigt und berufen, das Bindeglied zu sein zwischen den stofflichen Welten und dem geistigen Reich. Er soll die Brücke bilden, über die Schönheit und Harmonie jener höheren Welt erhebend und veredelnd bis in das Irdische fließt. Die wahre Kunst, die die Zeiten überdauert, ist ein Beispiel für die Erfüllung dieser Aufgabe. –

Und ist es nicht auffallend: Unbeirrt von aller Niedrigkeit, ungeachtet all des Grauenvollen, das der Mensch im Laufe seiner Geschichte dem Menschen zugefügt hat und immer noch zufügt, verbindet sich für uns der Begriff von Menschlichkeit immer noch mit der Vorstellung von Nächstenliebe, Würde und Edelsinn. Unzerstörbar eingeprägt ist nämlich dem Menschengeiste dieses keimhaft vorgezeichnete Bild seiner höheren Daseinsbestimmung, zu der er sich zu entwickeln hat.

Nun haben wir zwar die Antwort gefunden auf die Frage nach dem Sinn unseres Lebens. Es bleibt aber noch zu klären, wie wir zu seiner Verwirklichung gelangen können.

Denn darin liegt in Wahrheit unser menschliches Problem: Daß wir von jener großen Ordnung, die uns freudige Selbstverständlichkeit werden muß, kaum etwas wissen. Und dafür liegt die Schuld bei uns. Die Schöpfung selbst ist die Sprache, mit der der Schöpfer zu uns spricht. Aber so wie ein Kind die Sprache seiner Eltern erlernen muß, um zu wissen, was sie von ihm wollen und was es soll, muß sich der Mensch um das Verständnis dieser Sprache bemühen. Deshalb ruft der Verfasser der Gralsbotschaft uns zu:

»*Lernt die Schöpfung* in ihren Gesetzen *richtig kennen! Darin ruht der Weg hinauf zum Licht!*« (GB »Was hat der Mensch zu tun, um eingehen zu können in das Gottesreich?«)

Allein schon der Aufblick zum bestirnten Firmament belehrt uns, daß die Weltenkörper nach unveränderlichen – und nur deshalb von uns berechenbaren – Gesetzen ihre Bahnen ziehen. Hier, in den alles Bestehende ordnenden und erhaltenden Gesetzen, von denen ja auch wir hier ringsum umgeben sind, finden wir den untrüglichen Halt, den wir überall sonst vermissen müssen. Wie könnten wir da noch zweifeln an der Richtigkeit des in der Gralsbotschaft (gleicher Vortrag wie vorstehendes Zitat) enthaltenen Satzes:

»*Der Mensch, welcher die Schöpfung kennt in ihrer so gesetzmäßigen Tätigkeit, versteht darin auch bald den großen Gotteswillen.*«

Und eben diesen Gotteswillen zu erkennen, ist für uns unumgänglich. Aber ist es nicht seltsam: In unseren Strafgesetzbüchern ordnen wir an, daß Unkenntnis der Gesetze vor Strafe nicht schützt. Das heißt: Wer gegen die bestehenden Normen verstößt, hat jedenfalls die Folgen zu tragen; es ist seine Schuld, wenn er sich um die Gesetzeskenntnis nicht bemüht hat.

Und selbst wenn wir – um nur ein Beispiel zu nennen – jemandem die Berechtigung zum Lenken eines Kraftfahrzeuges erteilen, verlangen wir, daß er zuvor durch eine Prüfung die Kenntnis der einschlägigen Gesetze nachzuweisen hat, weil wir der Ansicht sind, daß er anderenfalls zu einer Gefahr für sich und die anderen werden würde.

Wie vernünftig, wie einsichtsvoll sind wir doch in diesen Belangen! Kommt uns dabei nicht in den Sinn, daß auch der Schöpfer so weise sein könnte wie wir und auch für uns gegenüber den Gesetzen dieser Schöpfung der gleiche Grundsatz Geltung haben könnte?

Aber wie haben wir es bisher gehalten? Wir haben die Befassung mit diesen Gesetzen, weil wir sie als Naturgesetze angesehen haben, den Wissenschaftlern überlassen. Uns haben sie bestenfalls so weit interessiert, als wir sie technisch nutzen konnten. Wir haben es aber versäumt, daraus die Lehren für uns als Geistgeschöpfe zu ziehen. So meint auch der Physiker Walter Heitler, Professor der Universität Zürich: »*Es ist Zeit, daß wir anfangen, uns der metaphysischen Fragen bewußt zu werden, die hinter den Naturgesetzen stecken.*« (»Der Mensch und die naturwissenschaftliche Erkenntnis«, Verlag Friedrich Vieweg und Sohn, Braunschweig)

Allein in den letzten drei Jahrzehnten hat sich unser Wissensstand verdoppelt. Spezialgebiete beginnen zusammenzuwachsen, eine große Einheit wird sichtbar. Hier und dort finden wir schon

Ansätze zu einem Ganzheitsdenken. Immer mehr kommt man zur Erkenntnis der Richtigkeit des in der Gralsbotschaft schon längst niedergelegten Satzes: »*Alles ist ja wechselwirkend in der Schöpfung*«.

Auch die Wissenschaftler sprechen jetzt von einer »vernetzten« Welt. Wir können nicht länger so tun, als ginge uns dieses Netzwerk nichts an. Wir sind darin eingeflochten, nicht nur körperlich-physisch, sondern auch mit unserer menschengeistigen Existenz, weil die durchlaufende Gültigkeit aller Schöpfungsgesetze vor uns nicht Halt macht. Nur die Auswirkung dieser Gesetze betrifft einmal das Irdische, dann das Feinstoffliche oder das Geistige, immer entsprechend der betreffenden Art.

Wir wissen sogar längst um diese Einheitlichkeit, wir haben sie nur vergessen. Sie alle kennen doch die bekannten Worte: »Wie die Saat, so die Ernte«, »Wie man in den Wald hineinruft, so schallt es zurück« oder »Wer nicht hören will, muß fühlen«. Sie sind alle nichts anderes als eine auf Kurzform gebrachte Erfahrung, die der Mensch mit dem Gesetz der Wechselwirkung gemacht hat, einer der wichtigsten und grundlegendsten Gesetzmäßigkeiten der Schöpfung.

Niemand wird bestreiten wollen, daß den erwähnten gleichnishaften Bildern auch ein übertragener Sinn innewohnt, daß also ganz bewußt stoffliches und geistiges Geschehen hier gleichgesetzt wurde.

Erst vor wenigen Jahrzehnten hat man erkannt, daß diese Gesetzmäßigkeit sogar noch eine viel weitergehende Bedeutung hat. Es liegt darin nämlich auch eine Selbstregulierung, die letztlich für die Einhaltung einer unveränderlichen Ordnung sorgt.

Norbert Wiener, der als erster die technische Nutzung dieses Prinzips ermöglichte, prägte dafür, abgeleitet von dem griechischen Wort »kybernetes«, das soviel wie »Steuermann« bedeutet, die Bezeichnung Kybernetik. Er war sich dabei im klaren, daß er in den von ihm erdachten Maschinen, den Computern, Wirkungsweisen nachbildete, die den Lebewesen zu eigen sind. Er nannte seine Schrift daher auch »Kybernetik oder die Nachrichtenübertragung in Lebewesen und Maschinen«. Er hatte aber nicht bedacht, daß alles, was sich in Lebewesen abspielt, eine Gesetzmäßigkeit schlechthin des Lebendigen ist.

Was aber könnte lebendiger sein als diese Schöpfung in ihrer Gesamtheit, die vom Größten bis zum Kleinsten erfüllt ist von unaufhörlicher Bewegung. So kam man nach und nach darauf, daß diese selbsttätigen Steuerungsvorgänge überall anzutreffen sind, und zwar nicht nur im gesamten Haushalt der Natur, sondern daß sie auch zwangsläufig den menschlichen Einrichtungen innewohnen, ja sogar geschichtliche und wirtschaftliche Abläufe, gesellschaftliche Strukturen, das Spiel, die Sprache, die Rechtsordnung und die zwischenmenschlichen Beziehungen bestimmen. Kurz, es gibt nichts, das sich nicht auf das Wirken dieser selbsttätigen Regelung zurückführen ließe, ganz einfach deshalb, weil ja alles aus der Lebendigkeit dieser Schöpfung hervorgegangen ist und nur durch sie bestehen kann. Wir haben damit also ein Grundgesetz des ganzen Schöpfungsgetriebes vor uns und damit eine Möglichkeit, anschaulich zu machen, was es bedeutet, die Schöpfung in ihren Gesetzen kennenzulernen. Sie werden sehen, wie viele grundlegende Fragen darin ihre Antwort finden.

Wir machen uns die kybernetischen Gesetzmäßigkeiten bei allen Arten von Automateneinrichtungen und Steuercomputern zunutze, die aus unserer heutigen Lebensweise kaum noch wegzudenken sind. Sie müssen daher nicht Techniker sein, um das darin waltende Prinzip zu verstehen. Denn ob Sie nun bei Ihrem Kühlschrank oder Ihrer Zentralheizung die gewünschte Temperatur, bei Ihrer Waschmaschine oder Ihrem Geschirrspüler ein bestimmtes Programm einstellen, oder ob ein Elektronengehirn eine Fülle von Daten zur Beibehaltung eines vorgegebenen Zieles kombiniert, ist nur eine Frage der Größenordnung, nicht aber des Prinzips. Es ist Ihnen gewiß bekannt, daß man derartige Einrichtungen »programmieren« muß.

Da wie dort besteht das Wesen des Prinzips nun darin, daß dieses »Programm« a) unbedingt und b) bestmöglich verwirklicht wird, indem alle den Programmablauf störenden Einflüsse eine selbsttätige Rückwirkung auslösen, die die Störung wieder beseitigt.

Und nun übertragen wir doch dieses Prinzip, das, wie gesagt, in allen Arten von Vorgängen anzutreffen ist und von uns ja nur technisch nachgebildet wurde, auf die Ganzheit der Schöpfung. Erscheinen uns da nicht die Naturgesetze, die wir nur entdecken, zur Kenntnis nehmen, aber nicht verändern können, als das »Programm«, nach dem alles Geschehen in diesem Schöpfungsgetriebe abläuft?

Woher aber kommt dieses Programm? Es entsteht ja nicht von selbst, es muß, wie wir wissen, einen »Programmierer« geben. Muß uns da nicht der Schöpfer als derjenige erscheinen, der dieses Programm entworfen und der Schöpfung eingegeben hat? Wenn der Mensch einen Steuercomputer programmiert, dann tut er dies nach seinem Willen, das heißt, er gibt also in Form des »Programms« seinen Willen ein. Das nach den gleichen Gesetzen selbsttätiger Steuerung ablaufende Weltgetriebe trägt daher den Willen Gottes in sich; *sein* Wille ist es, der uns als Naturgesetz erscheint.

Erinnern Sie sich nun bitte, daß es zum Wesen der Steuerungsmechanismen gehört, die bestmögliche Zielerreichung zu gewährleisten. Wenn uns das bei einem Computer gelingt, müssen wir da – auf das große Bild übertragen – nicht erst recht folgern, daß dies auch dem Schöpfer möglich war? Daß also die Schöpfungs- oder Naturgesetze das Bestmögliche vorsehen? Das aber eröffnet uns einen ganz neuen, ungeheuren Blickpunkt: Denn das Beste, das Optimale, ist ja das Höchsterreichbare und daher das Vollkommene. In diesen Naturgesetzen zeigt sich also die Vollkommenheit Gottes. Dadurch erklärt sich auch ihre Unverrückbarkeit. Denn das Vollkommene ist nicht mehr verbesserungsfähig. Jede Veränderung könnte nur nachteilig sein. Deshalb erfahren wir überall dort Rückschläge, wo wir dieses Vollkommene korrigieren wollen.

Aber zeigt uns das nicht auch, wie falsch unser Bild von Gott bisher war? Da ist kein Platz für die Vorstellung von dem alten Herrn, der auf unser Bitten und Betteln hin sich bewegen ließe, Nachsicht oder Wohlwollen zu verschenken. Das Bild, das diese Welt unverkennbar vom Schöpfer bietet, ist ungleich größer, machtvoller und erhabener als jenes, das unser kleines Menschendenken sich ersinnen konnte. Gottes Allmacht besteht demnach nicht in einem beliebigen »Tun-und-lassen-Können«, das sich für uns mit der Vorstellung von Macht verbindet; es ist die all-umfassende Macht, der sich infolge ihrer unverrückbaren Vollkommenheit auf Dauer nichts entgegenstellen kann.

Dieses schöpfungsweite Grundgesetz der selbsttätigen Steuerung, die jede Störung wieder zu beheben trachtet, erklärt aber auch den Begriff des Schicksals. Es ist die ausgleichende Rückwirkung dessen, was wir selbst veranlaßt haben. Auch hier sehen wir, daß die Unkenntnis der Gesetze uns nicht vor den Folgen schützt; nur die Einsicht in den Fehler wird uns dadurch leichter fallen, wenn wir ihn nicht bewußt begangen haben.

Wir brauchen uns bei diesen Überlegungen gar nicht im Abstrakten zu bewegen, denn Beispiele dafür finden wir in allen natürlichen Vorgängen. Wenn Sie sich etwa entschließen, einen 100-m-Lauf zu machen, so können Sie nicht verhindern, daß Sie, wenn Sie am Ziele angekommen sind, keuchen werden. Sie haben durch die Anspannung des Laufens die für Ihren Körperhaushalt optimale Luftzufuhr vermindert, und nun erzwingt dieser selbsttätig den Ausgleich. Sie brauchen die Größenordnung dieses Beispieles nur im Rahmen der schöpfungsweiten Steuerungsgesetze zu verändern, um die Antwort zu finden auf die Frage der menschlichen Willensfreiheit und des Schicksals.

Wir sind, so zeigen uns diese Steuerungsgesetze, zwar frei im Entschluß, aber an seine Folgen gebunden. Da wir aber im Laufe unseres Seins – ich spreche hier bewußt nicht nur von diesem Erdenleben – schon unzählige Entschlüsse gefaßt haben, deren Folgen sich nicht immer so unmittelbar wie in dem vorangeführten Beispiel ergeben, sehen wir uns oft durch einen unausweichlichen Zwang solcher Rückwirkungen gebunden, beengt. Wir zweifeln dann an der Willensfreiheit, sprechen von Abhängigkeit, vom Schicksal. Was uns infolge seiner Unausweichlichkeit als solches erscheint, ist aber nichts anderes als die Rückwirkung unseres eigenen Empfindens, Denkens und Tuns, die uns »geschickt« wird zum Ausgleiche dessen, was wir in der großen Ordnung der Schöpfung verwirrt und verknotet haben. Auch bei einem Bindfaden können Sie einen Knoten ja nur dadurch lösen, daß Sie ihn wieder durch jene Schlinge ziehen, durch die er entstanden ist. Deshalb ist der Selbstmord auch niemals ein Ausweg aus bestehenden Schwierigkeiten, denn er enthebt den Betroffenen nicht von der Notwendigkeit, die selbstgeschürzten Knoten zu lösen. Er belastet ihn vielmehr noch mit der zusätzlichen Schuld, das Geschenk des Reifendürfens mißachtet zu haben.

Denn die Unbill, die uns wie eine Strafe erscheint, hat ja letztlich einen viel weitergehenden Sinn: Es ist ein Aufruf an unsere Einsicht mit dem Ziele, uns wieder zurückzuleiten auf den für uns einzig richtigen Weg, den zu unserem Schaden zu verlassen wir im Begriffe waren. Es handelt sich also um den fürsorglichen Anstoß zu einer Kurskorrektur. In dieser Rückwirkung, die jedem bringt, was er selbst ausgelöst hat, liegen somit zu untrennbarer Einheit verbunden zugleich die Gerechtigkeit und die Liebe Gottes. Er hat das Seine schon von Anbeginn getan, indem er seinen Willen, der auch für uns das Beste vorsieht, als Gesetz in diese Schöpfung legte. Es ist an uns, die uns dadurch gewährten Möglichkeiten endlich wahrzunehmen, denn *darin* liegt Gottes allzeit gegenwärtige Gnade, die wir nur ergreifen müssen.

Eben dieses unverrückbar selbsttätige Wirken der Schöpfungsgesetze, die darin immer für uns bereitliegenden Hilfen, aber auch die Notwendigkeiten, die sich für uns daraus ergeben, schildert und erläutert die Gralsbotschaft »Im Lichte der Wahrheit«. Die Entdeckung der Steuerungstechnik, der Kybernetik, hat die Richtigkeit dieser Darlegungen bestätigt und damit auch die Bedeutung des dort enthaltenen Satzes: »*Frei ist nur der Mensch, der in den Gesetzen Gottes lebt!*« (GB »Ergebenheit«)

Die Begründung ist für uns jetzt schon einsehbar geworden: Nur ein solcher Mensch kann, wie das Gesetz der selbsttätigen Wechselwirkung uns lehrt, schmerzliche, seine Willensfreiheit einengende Rückwirkungen vermeiden und der in den Gottgesetzen liegenden Förderung voll teilhaftig werden.

Daher konnte auch Jesus, der von seinem Ursprunge her selbst ein Teil der in diesen unverrückbaren Gesetzen liegenden Wahrheit war, nicht nur sagen: »Ich *bin* die Wahrheit und das Leben«, sondern auch: »Wer nicht für mich ist, ist gegen mich«, weil alles, was sich diesen Gesetzen nicht einfügt, den in steter Bewegung befindlichen »Programmablauf« dieser Schöpfung stört.

Es lassen diese Gesetze uns daher auch erkennen, daß wir nicht unbegrenzt lange zu einem einsichtslosen Störer der großen Harmonie der Schöpfung werden dürfen. Die ökologischen Abläufe, die sich ja nach denselben Gesetzen vollziehen, zeigen deutlich, daß eine falsche Entwicklung, einmal begonnen, sich immer mehr beschleunigt und schließlich einem Punkte zutreibt, ab welchem die Katastrophe unausweichlich ist. Schon vor einigen Jahren haben führende Wissenschaftler in ihrem Bericht an den »Club of Rome« darauf hingewiesen.

Und wie halten wir es denn in unseren Ausbildungssystemen? Wir gestatten einem Schüler, der das Lehrziel nicht erreicht hat, Prüfungen, ja sogar die Klasse zu wiederholen. Aber einmal hat es für den, der diese Möglichkeit nicht zu nutzen weiß, ein Ende. Das vorgegebene Ziel muß innerhalb einer bestimmten

Zeit erreicht werden. Wäre es anders, hieße dies nur, Faulheit und Lernunwilligkeit zu fördern. Halten wir doch den Schöpfer nicht für weniger weise als uns, die wir nur nachbilden können, was in der Schöpfung schon vorhanden ist. Auch uns ist durch die Reinkarnation, die Wiedergeburt, die Möglichkeit gegeben, Fehler, die wir im Stofflichen begangen haben und die daher auch hier wieder gelöst werden müssen, auszugleichen.

Daß wir uns an frühere Leben – das sei hier nur am Rande erwähnt – tagbewußt nicht zu erinnern vermögen, hat überhaupt nichts zu besagen. Denn die tagbewußte Erinnerung wird gebildet durch die Einlagerung von Eiweißstoffen in unserem Gehirn. Dieses Gehirn aber zerfällt beim Körpertod. Was wir jedoch erlebt haben, was uns formte, ist eingegangen in unseren Geist, es macht unsere Neigungen, unsere Befähigungen, kurz, unsere Persönlichkeit aus, mit der wir in ein neues Leben treten oder, besser gesagt, unser Dasein weiterführen.

Aber – und hier darf ich nach dieser kurzen Abschweifung wieder zurückkehren zu dem vorhin Gesagten – alles weist darauf hin, daß wir nicht unbegrenzt Zeit zu einem einsichtsvollen Lernen haben. So gesehen erscheint es bezeichnend, daß die Tagung des »Club of Rome«, die 1979 im Juni in Salzburg stattfand, sich mit der Notwendigkeit des Erlernens der schöpfungsweiten Zusammenhänge befaßte, ohne welche der Fortbestand der Menschheit in Frage gestellt erscheint. Damit aber schließt sich ein ungeheurer Kreis, verbinden sich Jenseits und Diesseits zum gleichen Aufruf. Denn eben diese Mahnung wurde ja auch jenen gegeben, die schon kurzzeitig ins Jenseits blickten, und sie deckt sich mit den schon zitierten Worten der Gralsbotschaft: »Lernt die Schöpfung in ihren Gesetzen richtig kennen!«

Diese Gesetze sind ja nicht ein erklügeltes Denksystem, wie es Theologie und Philosophie uns bieten, sondern unverrückbare, unbestreitbare, lebendige Wirklichkeit. Dadurch – und nur dadurch – kann, was man mit einem hintergründigen Doppelsinn als »Glauben« zu bezeichnen pflegt, uns zur Überzeugung werden, weil dieser Glaube tagtäglich durch die Gesetze dieser Schöpfung bestätigt wird. So finden wir auch als ersten Satz in der Gralsbotschaft die Worte, die jedem Suchenden das Beste verheißen, das ihm widerfahren kann: »*Die Binde fällt, und Glaube wird zur Überzeugung.*« (GB »Zum Geleite«)

Das ist ein ganz neuer Ton in Glaubensdingen. Ein Ton, für den unser Ohr gerade in dieser Zeit, in welcher die durch unser Unverständnis verursachte Wirrsal überall auf uns zurückschlägt, besonders geöffnet sein sollte, denn wie könnten wir anders noch den Ausweg finden?

Manchem mag diese selbsttätige Unabdingbarkeit der Gesetze, weil sie – in unserem Interesse – fordernd sind, hart, ja erschreckend erscheinen. Aber kennen wir nicht alle die Sprichwortweisheit: »Gottes Mühlen mahlen langsam, aber sicher«?

Was hier als »die Mühlen Gottes« bezeichnet wird, ist doch nichts anderes als das Naturgesetz der Wechselwirkung, und das sichere Eintreffen der Wechselwirkung gibt Zeugnis von ihrer Unabdingbarkeit. Die Entdeckung der Steuerungstechnik und ihre Übertragung auf das Schöpfungsganze bestätigen daher in modernem, technischem Gewand nur ein uraltes Erfahrungswissen. Es sagt uns, daß diese Übertragung auch auf außerstoffliches Geschehen nicht nur zulässig, sondern sogar, daß sie richtig ist.

Diese im Grunde jedoch liebevolle Härte ist zugleich aber ein Prüfstein für die Ernsthaftigkeit, die Sie selbst diesen Fragen entgegenbringen. Denn hier gilt es zu entscheiden: Wollen Sie Gott nach Ihrem Bilde formen oder *seinen* Willen zur Kenntnis nehmen? Der Verfasser der Gralsbotschaft hat deshalb schon in seinem Geleitwort geschrieben: »*Ich spreche nur zu denen, welche ernsthaft suchen.*«

Von Ihnen, die Sie meinen Ausführungen über Grundfragen unseres Daseins gefolgt sind, darf ich annehmen, daß diese Ernsthaftigkeit vorhanden ist.

Ich kann mir gut vorstellen, daß Sie jetzt noch manche Fragen haben. Ich konnte im Zuge dieses Vortrags ja nur auf weniges eingehen. Aber die Antworten bietet Ihnen die Gralsbotschaft viel besser, als ich dies könnte. Sie ist ein Werk – das möchte ich, weil ich wiederholt darauf angesprochen wurde, ausdrücklich betonen –, das sich trotz vermeintlicher Ähnlichkeit mit den *Grund*wahrheiten anderer Lehren keiner davon zuordnen läßt, allein schon weil das Aufzeigen der Zusammenhänge hier unvergleichlich weiter reicht. Glauben Sie daher nicht, Sie könnten irgendwo beginnen, weil Sie vielleicht meinen, das eine oder andere schon gehört zu haben. Es liegt ein Aufbau in dem Buche, der Sie unmerklich, aber von Anfang an in eine neue Art des Sehens und Erlebens hineinführt.

Sie werden sich vielleicht fragen, warum ich immer wieder auf die Gralsbotschaft verweise. Ich will Ihnen offen sagen, was der Grund dessen ist, denn Sie sollen nicht denken, Sie seien in eine Werbeveranstaltung geraten. Immer wieder erlebe ich es, sowohl privat wie auch in meinem Berufe als Rechtsanwalt, wie Menschen hilflos den Fragen des Lebens gegenüberstehen, wie sie sich abquälen nach einer Erklärung für dieses oder jenes, und schließlich resignierend meinen, es müsse wohl so sein, daß man zu keiner befriedigenden Antwort gelangen könne. Sie selbst werden wohl ähnliche Erfahrungen gemacht haben. Wenn man daher das unschätzbare Glück hatte, als Suchender auf diese Botschaft zu stoßen, so erachte ich es ganz einfach als Menschenpflicht, andere Suchende darauf aufmerksam zu machen.

Denn hier liegt in eindringlich-klarer, für jedermann verständlicher Sprache die Hilfe für unsere Nöte, die Antwort auf unsere Fragen bereit. Aber ich darf Ihnen versichern: Weder ich noch jemand anderer hat etwas davon, ob Sie dieses Werk erwerben, ob Sie es lesen oder nicht. Es will Sie – das muß man heute leider ausdrücklich betonen – auch nicht eine Sekte für sich gewinnen. Sie allein sollen den Nutzen aus diesem Werke ziehen. Erst wenn Sie dessen Wert erkannt haben, sind – sofern Sie dies wünschen sollten – Menschen, denen es ebenso ergangen ist, bereit, Ihnen bei der Vertiefung Ihrer Einsichten zu helfen.

Etwas aber werden Sie jedenfalls noch von mir hören wollen: Den Namen des Verfassers, den ich bisher noch nicht genannt habe. Er hieß Oskar Ernst Bernhardt, schrieb dieses Werk aber unter dem Namen Abd-ru-shin. Ich habe mit Absicht den Namen bisher nicht genannt, denn – seien Sie ehrlich – was nützt Ihnen diese Kenntnis? Als Jesus einst über diese Erde schritt, hatte er keinen anderen Ausweis als sein Wort, als die Botschaft, die er brachte. Auf »Prominenz« konnte er, der schlichte Sohn eines Zimmermanns aus Nazareth, sich nicht berufen. Jene, die ihm folgten, mußten ihn erkennen an der Bedeutung seiner Lehre. So schrieb auch der Verfasser dieses Werkes: »*Achtet nicht des Bringers, sondern des Wortes!*«

Wenn wir es recht überlegen, meine Damen und Herren, liegt in diesem Satze ungeheuer viel. Er bringt die Unterscheidung von den trüben Bestrebungen, die heutzutage allzuoft unter dem Vorwand geistiger Erhellung anzutreffen sind. Ein wahrer Helfer wird niemals seine Person zum Mittelpunkte seiner Lehre machen. Mehr möchte ich Ihnen zu diesem Thema jetzt nicht sagen. Ich würde Sie sonst um ein unwiederbringliches Glückserlebnis bringen, das bei der ernsthaften Lektüre dieses Werkes Ihrer wartet.

Mit dieser Lektüre beschreiten Sie den Weg zu einem bewußten Leben. Solange wir nämlich unsere menschengeistige Beschaffenheit, solange wir Weg und Ziel nicht kennen, sind wir – und wären wir noch so verstandesklug und gelehrt – in Wahrheit blind und taub. Wir gehen, unbewußt unserer eigenen Kraft und ihres Zusammenspiels mit den Kräften dieser Schöpfung, stumpfsinnig dahin, zwar physisch lebend, aber geistig tot. Erst mit der Erkenntnis unserer Einflechtung in das Schöpfungswirken beginnen wir, beginnt es sichtbar um uns her zu leben, denn es verwirklicht sich das Wort der Gralsbotschaft:

»Daß Ihr in meiner Botschaft auch das Wort der Wahrheit wirklich habt, könnt Ihr sofort erkennen, wenn Ihr wachend um Euch blickt; denn Euer ganzes bisheriges Erdenleben, sowie das Neuerleben jedes Augenblickes im Äußeren und Inneren wird Euch vollständig klar, sobald Ihr es von meiner Botschaft aus beleuchtet und betrachtet.« (GB »Schöpfungsübersicht«)

Ich hoffe, es ist mir gelungen, Ihnen den Blick wenigstens für einen zwar sehr kleinen, aber ungemein wichtigen Ausschnitt der Lebendigkeit dieser Schöpfung und damit auch für die Weite unseres Daseins zu öffnen. Wir haben zwar mit dem Tode begonnen, aber wir enden mit dem Leben, einem – wie ich hoffe – bewußteren Leben. So möchte ich mich von Ihnen verabschieden mit jenem Satz, mit welchem der Bringer der Gralsbotschaft sein Geleitwort schloß. Es ist der Satz, der unsere ganze, weit über dieses Erdenleben hinausreichende menschliche Aufgabe umfaßt und den ich Ihnen als meinen Wunsch mitgeben möchte: »*Steht als Lebendige in Eures Gottes wundervoller Schöpfung!*«

Warum Geburten doch gerecht sind

Am Beginn jedes Erdenlebens steht die Geburt. Das örtliche und soziale Umfeld, in das wir hineingeboren werden, die Anlagen, die wir nach landläufiger Meinung von unseren Vorfahren mitbekommen, ergeben die unseren Lebensweg zunächst bestimmende Ausgangslage. Aber weshalb gehen wir unter so ungleichen Bedingungen an den Start? Ja, mehr noch: Würde es Sie oder mich überhaupt geben, wenn unsere Eltern jeweils andere Partner gefunden hätten? Ist unser Dasein also nur ein Produkt des Zufalls? Weshalb, fragt früher oder später wohl jeder denkende Mensch, ist schon die Menschwerdung mit so vielen Ungereimtheiten behaftet? Wo bleibt da die angebliche Gerechtigkeit Gottes?

Aber, was wissen wir von der Menschwerdung überhaupt? Wir meinen, wir hätten alles bestens im Griff, weil wir sie – rein biologisch – manipulieren können. Wir können die Menschwerdung verhindern, wo sie unerwünscht ist, wir können sie herbeiführen selbst dort, wo dies auf natürlichem Wege nicht möglich wäre.

Aber gerade bei diesem letzteren Unterfangen, der Befruchtung im Reagenzglas, die sich bis zu den Leih- und Mietmüttern fortgesetzt hat, sehen wir uns mit einem Male einer Fülle genetischer, rechtlicher und ethischer Probleme gegenüber, aus denen wir keinen Ausweg finden. Wir werden dieses Fortschrittes nicht recht froh. Und auch auf der anderen Seite, beim Schwangerschaftsabbruch, wollen die mahnenden Stimmen nicht zum Schweigen kommen. Sehr viel Gegensätzliches ist in den letzten Jahren dazu gesagt und geschrieben worden, vieles, das geeignet sein sollte, unsere Selbstherrlichkeit zu erschüttern.

Lassen Sie mich aber gleich vorweg die Versicherung abgeben: Es sollen hier nicht die bis zum Überdruß zerredeten Argumente der einen oder der anderen Seite wiederholt oder um weitere bereichert werden. Daß man vielmehr über ein Geschehen, das sich seit Anbeginn der Menschheit in stets gleicher Weise vollzieht, auch heute noch verschiedener Auffassung sein kann, legt doch nur ein erschreckendes Zeugnis dafür ab, wie wenig wir im Grunde genommen von all dem wissen. Wir experimentieren mit dem Dasein dieses Geschöpfes »Mensch«, ohne eindeutig Klarheit darüber zu besitzen, was der Mensch denn eigentlich ist und wozu dieses Erdenleben überhaupt dient.

Haben Sie im Zuge der zahlreichen Abhandlungen und Diskussionen jemals eine Antwort auf diese Frage erhalten? Oder ist sie etwa so selbstverständlich, daß es darüber keiner Worte mehr bedürfte?

Da hat im Jahre 1970 der bekannte Biologe Ludwig von Bertalanffy einem seiner Bücher den Titel gegeben: »… aber vom Menschen wissen wir nichts« und noch im Jahre 1984 stand das Salzburger Humanismusgespräch unter der Frage: »Was weiß die Medizin vom Menschen?«

Immer noch ist unser Menschenbild umstritten. Denn darum geht es doch immer wieder: Ist der Mensch dieser fleischliche Körper? Aber ist es nicht auffällig: Jedermann wird, wenn er von diesem Körper spricht, sagen, daß er einen Körper *hat*. Wie selbstverständlich trennen wir diesen Körper von unserem Ich, machen ihn zu einem mit diesem Ich nicht identischen Besitztum. Man spricht daher auch – zur Unterscheidung von diesem Körper – von einer »Seele«. Ja, aber was ist diese Seele? Was stellt man sich unter diesem Schlagwort vor?

Diese fehlende Dimension soll nun hier besprochen werden. Sie erst ermöglicht es uns ja, jene verborgenen Zusammenhänge zu erkennen, die sich hinter der Fassade der äußeren Erscheinungen ergeben; einer Fassade, an der wir – seien wir ehrlich – ziemlich ahnungs- und ratlos entlanglaufen. Es gibt nämlich, leider, immer noch ein Geheimnis um die Menschwerdung. Es betrifft freilich kaum die körperliche Seite unseres Daseins, vielmehr aber alles das, was unser Mensch-Sein eigentlich ausmacht. Und dazu ist es nötig, dieses Mensch-Sein aus *geistiger* Sicht zu betrachten.

Freilich: Vielleicht gebrauche ich damit einen Begriff, der auch für manche unter Ihnen verschwommen, inhaltsleer ist und keine rechte Aussagekraft besitzt. Denn fragen Sie doch jemand: »Was ist denn der Geist?«, so wird der Befragte wahrscheinlich zunächst überrascht sein und dann etwa antworten: »Der Verstand …, die Vernunft …« Kaum einer wird sagen: »Das bin ich selbst!« In diesem Nicht-Erkennen der eigenen Art liegt unsere ganze menschliche Tragik. Da lebt dieses Geschöpf Mensch seit Jahrtausenden auf diesem Gestirn und verleugnet sich zu weiten Teilen immer noch selbst, weil ihm das intellektuelle Spiel, das Pflegen des Zweifels, wichtiger ist als der Ruf aus dem Inneren. Solange der Mensch aber nicht Klarheit besitzt über sich selbst, fehlt ihm der Ausgangspunkt für alle seine

Überlegungen. Er ist doch dann außerstande, beurteilen zu können, was ihm wirklich, das heißt im Sinne seiner Daseinsbestimmung, nützt.

Es sei deshalb gleich mit aller Deutlichkeit gesagt: Unser innerster Kern, unser eigentliches Ich, ist *Geist.* Verwechseln Sie diesen Begriff aber bitte nicht mit Erdenklugheit, mit dem Intellekt oder Verstand. Der Verstand, den wir so häufig für den Geist halten – so bezeichnen wir doch etwa reine Verstandestätigkeit als »geistige Arbeit« –, dieser Verstand ist nur ein Speicherwerk für Informationen, eine durch Computer nachbildbare Kombiniermaschine für rein irdische Zweckmäßigkeiten. In nüchtern-sachlichen Denkprozessen, in der Technik etwa, vermag er Beachtliches zu leisten. Doch so wie ein Computer an die Substanz des Apparates, die sogenannte »Hardware« gebunden ist, braucht der Verstand den stofflichen Apparat des Gehirns. Der Geist aber ist von ganz anderer, von nicht-stofflicher Art. Sie mögen vielleicht sagen wollen: »Nun ja, das ist eine Behauptung. Wo ist denn der Beweis?«

Darf ich Ihnen dazu etwas Grundsätzliches sagen: Nur Erdendinge sind mit stofflichen Mitteln beweisbar, Wahrheit, die über die Grenzen des Stoffes hinausreicht, nie! Ich will Ihnen auch sagen, weshalb dies so ist und nie anders sein kann. Unter »beweisen« verstehen wir doch das Überprüfbarmachen durch und für unsere Sinne. Diese Sinne aber sind: Sehen, Hören, Riechen, Schmecken, Fühlen. Sie sind sämtlich an unseren stofflichen Körper gebunden. Gerade das Außersinnliche aber läßt sich auf diese Art nicht erfassen, ebensowenig wie man imstande ist, mit einem Netze Wasser zu schöpfen. Es bleiben im besten Falle einige Tropfen hängen. Das sind dann, auf unser Thema bezogen, etwa die Ergebnisse der Parapsychologie. Wirklich schöpfen, Erkenntnis gewinnen, kann man auf diesem Wege nie.

Den Beweis für den Geist können Sie auch nur im Geiste erleben. Und dort finden Sie ihn auch; Sie tragen ihn ja in sich. In der Wissenschaft gibt es die sogenannte »Informationstheorie«. Das ist ein etwas hochtrabender Name für eine im Grunde sehr einfache Tatsache, nämlich etwa dafür, daß man in ein Ein-Liter-Gefäß nicht zwei Liter einfüllen kann. Oder mit anderen Worten und allgemeiner gesagt: Nichts kann über sich selbst, über die durch seine Art gezogene Begrenzung hinaus. Nun sind Sie aber doch imstande, Liebe und Haß, Freude und Trauer, Schönheit, Dankbarkeit, kurz, außerstoffliche Werte erfassen, empfinden, erleben zu können. Und darin liegt doch im Sinne der wissenschaftlichen Informationstheorie der Beweis dafür, daß Sie Außerstoffliches in sich tragen, denn sonst fehlte Ihnen dafür das Begriffsvermögen.

Auch angesehene Wissenschaftler scheuen sich heute nicht mehr, diesen Geist beim Namen zu nennen. So schreibt etwa der Gehirnforscher, Nobelpreisträger Sir John Eccles in seinem Werk »Das Ich und sein Gehirn«:

»*Das Gehirn als neuronale Maschine kann die geforderte Integration* [Anm.: gemeint ist die Erfassung all jener Belange, die unser Mensch-Sein ausmacht] *grundsätzlich nicht leisten. Es bedarf dazu eines aktiven und unabhängigen Geistes, der das Gehirn als Instrument benützt.*«

Diese Einsicht eines Wissenschaftlers bestätigt genau das Erfordernis, von dem schon längst in dem Buche »Im Lichte der

Wahrheit«, der Gralsbotschaft von Abd-ru-shin, die Rede war. Dort heißt es:

»Wir müssen endlich unterscheiden lernen zwischen Geist und dem Verstande, dem lebendigen Kern des Menschen und seinem Werkzeuge!« (GB »Es war einmal …!«)

Dieses Außerstoffliche nun, der Geist, ist umkleidet mit mehreren, immer dichter werdenden Hüllen. Wir wissen doch, daß die unseren Sinnen festgefügt erscheinende Materie aus Strahlung hervorgegangen ist, die, sich immer mehr verdichtend, auf einmal in unsere Sinnenwelt tritt. Was aber ist das anderes als das Umlegen von Hüllen durch jene wunderbare, Energie genannte Anziehungskraft, die das Innerste jedes Elementarteilchens ausmacht? Es ist dies ein im Grundsätzlichen ganz natürlicher Vorgang.

Und legen nicht auch wir uns in dieser Erdenwelt, je nach den Bedingungen, unter denen wir hier uns aufhalten, verschieden dichte Hüllen um? Ein Hemd oder eine Bluse, einen Anzug oder ein Kostüm und schließlich einen Mantel? Und je geringer Licht und Wärme sind, desto dichter und schwerer werden diese Hüllen. So trägt auch der Menschengeist hier, weit entfernt von dem strahlenden Ausgangspunkte der Schöpfung, die dichteste Umhüllung, den Erdenkörper.

Und somit kommen wir bereits zu einer der folgenschwersten Ursachen für unser mangelndes Verständnis. Die Medizin befaßt sich nämlich vor allem immer noch mit diesem »Wintermantel« des Geistes. Sie kennt zwar den Begriff der Psychosomatik, das heißt der wechselseitigen Abhängigkeit von Seele

(Psyche) und Körper (Soma). Sie spürt, daß etwas da ist, das über das Stoffliche hinausgeht. Es ist für sie – wie es Arthur Köstler einmal spöttisch genannt hat – das »Gespenst in der Maschine«, das wegen seiner Unfaßlichkeit Unheimliche, das hinter den mechanischen und chemischen Abläufen steht. Und genau das, dieses mit stofflichen Mitteln nicht zu fassende »Gespenst in der Maschine«, ist der *Geist*.

Trägt er eine Umhüllung aus feiner Stofflichkeit, so kann man diese Erscheinungsform – zum Unterschiede vom Geiste selbst – als »Seele« bezeichnen. Seele also ist – hier folge ich der Erklärung, die uns in dem Buche »Im Lichte der Wahrheit« gegeben wird – durchaus nichts Unklares, Unbestimmtes. Es ist der Geist in feinstofflicher Umhüllung. Da die Natur nun aber keine Sprünge macht und sich immer nur eine Stufe an die andere reiht, ist diese eben genannte »Seele« noch durch eine Hülle aus schon dichterer Stofflichkeit, dem Astralkörper, mit dem Erdenkörper verbunden. Dieser Astralkörper spielt dabei die Rolle einer Brücke. Er ist – wie eine Gußform – gleichsam das Modell für den Erdenkörper.

Und nun denken Sie sich diese Hüllen bitte ineinandergeschoben, so wie etwa eine Teleskopantenne, und miteinander verbunden durch Strahlung.

Die Wissenschaft hat uns das längst bestätigt. Die Elementarteilchen, aus denen unsere Materie besteht, sind ja nicht etwa mechanisch miteinander verbunden, eingerastet oder verschraubt. Zwischen ihnen liegen schier ungeheure Weiten, und sie werden überbrückt einzig durch Strahlung. Strahlung hält die Welt zusammen. Jeder Gegenstand strahlt in der ihm eigenen Weise. Aus der Art dieser Strahlung können wir auf die Beschaffenheit schließen. Was wir als Farbe ansehen, ist die zurückgeworfene Strahlung des Lichtes. Wir halten die unsichtbare Wärmestrahlung fest durch die Infrarot-Photographie. Die Ausstrahlung unserer Lebensprozesse machen wir sichtbar in Form des Gehirnstroms. Im Schlaf ist diese Ausstrahlung, der Gehirnstrom, entscheidend vermindert – und beim Tod hört er gänzlich auf. Und darin liegt ein Beweis dafür, daß das Festhalten der Seele, ihre Verbindung mit dem Erdenkörper, mit dieser Ausstrahlung im Zusammenhang steht, von ihr abhängig ist.

Ich möchte mich im Rahmen dieses Vortrags hierüber nicht ausführlicher äußern. Ich bin auf dieses Thema bereits in einem anderen Vortrag mit dem Titel »Wieso wir nach dem Tode leben« sehr ausführlich eingegangen.

Ich möchte dieses Kapitel somit abschließen mit einem Satz, der von keinem Geringeren stammt als dem bekannten Physiker Max Planck, der sich rückhaltlos zu der Einsicht bekannte:

»*Nicht die sichtbare und vergängliche Materie ist das Wirkliche, Reale, Wahre – sondern der unsichtbare, unsterbliche Geist.*«

Alle jene, denen diese zwangsläufig nur kurzen Hinweise noch nicht genügen, bitte ich schließlich, das Bestehen des Geistes zum Verständnis des Folgenden vorerst wenigstens als Arbeitshypothese gelten zu lassen. –

Sie werden nun wahrscheinlich fragen wollen: Wenn unser innerster Kern also Geist, und dieser Geist wiederum etwas Außerstoffliches ist, wozu sind wir dann überhaupt im Stoffe, hier auf der Erde? Auch darauf müssen wir eine Antwort wissen, wenn es um die Menschwerdung geht. Denn wird diese Menschwerdung nicht sinnlos, wenn wir nicht sagen können, wozu das Mensch-Sein überhaupt dient? Und deshalb müssen wir uns im Rahmen dieser Betrachtung eigentlich zuerst mit diesem befassen.

Denn was sagen Sie etwa Ihrem Kind, wenn es Sie – was leider gar nicht so selten ist – eines Tages vorwurfsvoll fragen sollte: »Wozu habt Ihr mich in dieses Leben gerufen? Ich habe Euch ja nicht darum gebeten!«

Dabei ist die Antwort sehr einfach. Sie heißt: Entwicklung. Und jedes Erdenleben ist nichts anderes als eine Gelegenheit dazu, eine Gelegenheit zur Weiterentwicklung jedes einzelnen Menschengeistes.

Betrachten wir doch einmal die Geschichte dieses Gestirns: Milliarden von Jahren hat es gebraucht, um sich aus kosmischen Nebeln zu verdichten, um aus dem Ur-Element, dem Wasserstoff, jene Verbindungen entstehen zu lassen, die zunächst die Grundlage pflanzlichen Lebens wurden. Und dieses hat sich von den einfachsten, anspruchslosesten Formen, von Flechten, Moosen und Algen, allmählich so weit entwickelt, daß es dem tierischen Leben die Daseinsgrundlage bieten konnte. Auch dieses tierische Leben hat sich von den einfachsten Lebewesen, aus dem Urwasser des Meeres heraus, in langen Zeitläufen über Fisch und Amphibium schließlich das Land erobert. Alles das lag in der Ausstrahlung der Schöpferkraft, der Ur-Energie, bereit, aber – und das ist ein ganz wichtiger Gesichtspunkt – es konnte immer erst dann nach und nach daraus »abgerufen« werden, wenn durch das Ähnliche jeweils die Voraussetzung für den Anschluß des Nächsthöheren geschaffen war.

Dem Menschengeist ist nun die Menschenform arteigen, das heißt, er prägt seine Hüllen – seien sie auch feinstofflicher oder astraler Art – stets in jener Weise, die wir hier als Erdenkörper kennen. Um es dem Menschengeiste zu ermöglichen, hier auf dieser Erde Fuß fassen zu können, mußte daher jene Körperform zur höchstmöglichen Vollendung herangeführt werden, die diesem Menschenkörper am nächsten kam. Es war dies der Körper des Menschenaffen. Erst dann konnte der dumpfe, seiner Entwicklung harrende, noch unerwachte *Menschengeist* als etwas *völlig Neues* hier in Erscheinung treten, um dort, wo er in einen solchen Tierkörper eingesenkt wurde, die Weiterentwicklung dieser Tierform zum Menschen zu bewirken. Von da an trennten sich die Wege. Hier beginnt der eigene Entwicklungsweg des Menschen, denn das war – freilich nicht nur in einem Einzelgeschöpf – die erste Menschwerdung auf Erden.

Beachten Sie aber die entscheidende Voraussetzung für das Inkarnieren des Geistes: Das Gefäß für seine Aufnahme, die stoffliche Form, mußte in ihrer Entwicklung dem Geiste gleichsam entgegenreifen, um seinen Eintritt zu ermöglichen. Ich betone dies besonders, weil wir diesem Erfordernis im weiteren Verlauf nochmals begegnen werden. Dieses Aneinanderschließen des relativ Ähnlichen – einerseits die dem Menschen am nächsten kommende, höchstentwickelte Tierform, andererseits der noch unentwickelte Menschengeist –, das ist es, was die Grenze verwischt, weil sich das Neue ja noch nicht hinreichend abhebt. Und deshalb ist die Wissenschaft auch kaum in der Lage, die verschiedenen Knochenfunde zuzuordnen und mit Bestimmtheit zu sagen: Wer war noch Tier? Wer war schon Mensch?

Die Darwinsche Lehre von der Entstehung der Arten ist daher richtig und falsch zugleich. Sie trifft zu in bezug auf die Körperhülle, aber sie übersieht, daß durch den *Geist* eine ganz *neue Triebkraft zur Fortentwicklung* hinzugekommen ist. Die Behauptung, der Mensch stamme vom Affen ab, ist etwa so, als wolle man sagen, das Auto stamme vom Pferdefuhrwerk ab, weil es wie dieses Räder hat und der Fortbewegung dient. Über eine solche Behauptung würden wir lächeln, denn wir wissen, daß der Motor den entscheidenden Unterschied ausmacht und dieser ganz anders geartete Antrieb Leistungen ermöglicht, die kein Pferdefuhrwerk zu erbringen imstande wäre. Und so, wie nun das Auto sich von den ersten, tuckernd dahinschleichenden Vehikeln bis zu den heutigen rasanten Rennwagen entwickelt hat, hat sich auch der Menschengeist von seinen Frühformen weg bis zu jenem Wesen fortentwickelt, das alle jene Leistungen hervorgebracht hat, die man unter dem Begriff »Kultur« zusammenfaßt und die doch echte Leistungen des Geistes sind.

Und bei jeder Geburt wiederholt sich gewissermaßen im Zeitraffertempo diese Entwicklungsgeschichte der Art: Da bildet der Embryo andeutungsweise zunächst Kiemen, dann einen Lurchschwanz und schließlich ein Fellkleid aus. Jeder durchläuft also nochmals in gedrängter Form die stofflich-tierische Entwicklungsreihe, und frühe Bewußtseinsstufen der Menschheit, die einst Hunderttausende von Jahren umfaßten, das langsame Sich-Zurechtfinden in dieser Erdenwelt, sind heute auf die Kindheit zusammengedrängt. Und selbst diese Kindheit wird immer kürzer, die Jugend wird immer früher reif. Wir bauen zwar auf der vorangegangenen Entwicklung auf, aber der Freiraum, der uns zur Verfügung steht, um diese Entwicklung fortzusetzen, wird immer größer, damit wir Neues hinzufügen können. Es liegt eine Beschleunigung, etwas Drängendes in diesem Geschehen. Und darin liegt doch ein Sinn!

Worin aber besteht diese Entwicklung? – »Nobody is perfect« (niemand ist vollkommen), pflegt man entschuldigend zu sagen und trifft damit genau das Richtige. Denn von seinen frühesten Anfängen an ist und bleibt der Mensch ein Lernender. Er ist sich seiner Fähigkeiten, seiner Möglichkeiten und Notwendigkeiten bei weitem noch nicht bewußt, denn der Menschengeist ist nur ein *Geistkeim*. Wie der Pflanzenkeim bedarf er der äußeren Einwirkungen, um die in ihm ruhenden Anlagen zur Entfaltung zu bringen. Bei der Pflanze sind es Boden, Sonne, Wind und Wetter, die ihr Wachstum fördern; beim Menschen sind es Freude und Leid, kurz, die Erfahrung, die ihn reifen läßt. Denn so, wie wir physisch nicht einen Schritt vor den anderen setzen könnten, wenn es nicht die Reibung gäbe, bedarf auch der Geist, um voranzukommen, der »Reibung« an der Umwelt, das heißt des Kontaktes und der Auseinandersetzung mit ihr; denn »*Das Leben lernt von sich selbst – durch ständige Rückkopplung*«, wie der Biologe Rupert Riedl das Wesen der Evolution umreißt.

Aber dieser Prozeß ist ja noch nicht zu Ende. Jeder Mensch führt ihn für sich, für seinen Geist, weiter. Die Fortentwicklung der geistigen Anlagen ist ja nichts anderes als die Fortsetzung dessen, was wir im Stoffe als »Evolution« erkannt haben, nämlich die Hervorbringung immer gereifterer Erscheinungen. Und genau jener Lernprozeß, der dieser Entwicklung zugrunde lag, nämlich die durch die Wechselwirkung erzwungene immer bessere Anpassung an die durch die Naturgesetze bedingten Gegebenheiten der Umwelt, ist auch das Mittel zum geistigen Fortschritt. Für den Menschen ist das Erleben jene »Rückkopplung«, die ihm Antwort bringt auf sein Wollen und Tun und die ihm dadurch zu reifender Einsicht verhilft. Die alte Volksweisheit »Probieren geht über Studieren« meint genau das Rechte. Nicht die Anhäufung angelernten und daher toten Wissens, sondern nur die erlebte und durch die Wechselwirkung mit Leben erfüllte Erfahrung nützt dem Geist.

Und nun überlegen Sie bitte: Was geschieht etwa, wenn ein Lehrling in einen Betrieb eintritt? Wie spielt sich seine Ausbildung ab? Er wird zunächst seinen engeren Wirkungskreis kennenlernen, er wird beginnen müssen, seine Fähigkeiten zu schulen, sie weiterzuentwickeln, um sie sinnvoll einsetzen zu können. Nach und nach wird er dann auch das Zusammenspiel der Abteilungen verstehen lernen und erfahren, welche Bedeutung seine Tätigkeit im Rahmen des Ganzen hat.

Und wenn er dann in immer höhere Aufgaben hineinwachsen will, wird er die Gesetzmäßigkeiten wirtschaftlicher Art beachten und einsehen müssen, daß man nur ein Produkt verkaufen kann, das für den Käufer von Nutzen ist. Die Einsicht, die sich daraus ergibt, ist dann eben die, daß der eigene Nutzen davon abhängt, welchen Nutzen man durch die eigene Tätigkeit den anderen verschafft.

Das alles erscheint uns doch eigentlich ziemlich selbstverständlich. Bemerken Sie aber, wie sehr wir hier die Regeln unseres eigenen Entwicklungsganges nachbilden, ja nachbilden müssen? Denn die Gesetze der Schöpfung bleiben – im Großen wie im Kleinen – sich immer gleich. Sie zeigen sich nur auf den verschiedenen Gebieten in der diesen Gebieten eigenen Art.

So wie ein Lehrling hat nun auch der Menschengeist einst seinen Entwicklungsweg begonnen. Er ist gerade bis zu jener Stufe gelangt, auf welcher er einen Teil seiner Fähigkeiten, nicht einmal immer sehr geschickt, zu verwenden weiß. Das

Verständnis für die Zusammenhänge, für die Einfügung seines Tuns in das große Ganze, fehlt ihm immer noch. Das gilt nicht nur für das Irdische, wo die ökologischen Probleme uns dieses mangelnde Verständnis heute schon mit aller Deutlichkeit vor Augen führen, sondern in ungleich größerem Maße für unsere Stellung und Aufgabe in der Schöpfung.

Der Lehrling Mensch verhält sich oft so wie ein unreifer Jugendlicher, der – statt sich um das ach so ferne Ziel seines Aufstieges zu kümmern – in den Tag hineinlebt und nur seine Bequemlichkeit, sein Wohlergehen und seine Vergnügungen im Sinne hat. Genau das tun wir nämlich, wenn wir unsere höchst kurzfristigen, vermeintlichen Vorteile an die erste Stelle rücken und nicht danach fragen, was unserer Geistesentwicklung nützt.

Denn schon längst sollte uns bewußt sein, welcher Lehrstoff uns aufgegeben ist: Es gilt, die Gesetze dieser Schöpfung zu erkennen, in die wir als ein mitwirkender, weil einwirkender Teil hineingestellt sind. Um uns diese Verantwortung vorzuhalten, bedarf es heute nicht mehr der Religionen, das besorgen bereits die Naturwissenschaften. So schreibt etwa der bekannte Wissenschaftspublizist Hoimar von Ditfurth:

»Zu den aufregendsten Resultaten moderner Naturforschung gehört die Tatsache, daß sich aus der riesigen Zahl der von ihr gelieferten Einzelresultate heute immer deutlicher wie aus unzähligen Mosaiksteinen das Bild einer Welt zusammenzufügen beginnt, in der alles mit allem zusammenhängt, das Größte mit dem Kleinsten, das Nächste mit dem Fernsten [...]. Eine einheitliche, in sich geschlossene Welt.« (*»Wir sind nicht nur von dieser Welt«*, Verlag Hoffmann und Campe, Hamburg)

Und der prominente Biochemiker und Umweltfachmann Frederic Vester ergänzt dies geradezu mit den Worten:

»*Als man auf einmal feststellte, daß jedes System in ein anderes hineinragt, daß sich kein einziges in seinem Lebenskreis erschöpft, wurde es klar: Es konnte hier auch keine getrennten Gesetzmäßigkeiten geben.*« (»Neuland des Denkens«, DVA)

Überdenken Sie bitte diesen Satz in seiner vollen Bedeutung: Es kann keine getrennten Gesetzmäßigkeiten geben! Alles unterliegt den gleichen Gesetzen. Auch wir sind davon nicht ausgenommen.

Die jüngste Wissenschaft bestätigt hier im Rahmen ihrer Grenzen die Gralsbotschaft, in der schon längst gesagt worden war:

»*Es ruht in allem immer nur das gleiche, einfache Gesetz! Im feinsten Geistigen wie in dem gröbsten Irdischen. Ohne Veränderung und ohne Abbiegen. Es wirkt sich aus und muß beachtet sein.*« (GB »Schöpfungsgesetz ›Bewegung‹«)

In diese Gesetzmäßigkeiten müssen wir uns einordnen. Sie bilden ja den Rahmen unserer Existenz. Und da wir als Geistgeschöpfe zu bewußtem Handeln fähig und berufen sind, muß auch diese Einordnung bewußt, das heißt *wissend*, geschehen. Bei der Pflanze, beim Tier, hat die Evolution, wie wir feststellen mußten, stets dafür gesorgt, daß das an seine Lebensbedingungen nicht Angepaßte abstarb, ausgemerzt wurde, unterging. Wie können wir meinen, es würde bei uns anders sein? Im Zusammenhang mit den vielfältigen Umweltproblemen steigt uns allmählich eine Ahnung davon auf.

In unseren kleinen Lebensbelangen praktizieren wir diese Einsichten doch schon längst. Was sagen Sie etwa Ihrem kleinen Sohn, wenn er seine Mathematikaufgabe nicht richtig gelöst, wenn er zum Beispiel 3 × 3 = 8 gerechnet hat? Wenn er noch so sehr bittet und bettelt: »Pappi, ich habe doch alles richtig machen wollen, lasse doch bitte 3 × 3 = 8 sein!«, so werden Sie ihm dennoch sagen müssen: »Mein liebes Kind, es tut mir leid, aber da gibt es nichts zu handeln und zu deuten. Die Gesetze der Mathematik sind nun einmal unverrückbar. Du mußt die Aufgabe eben noch einmal machen, denn man muß seine Aufgaben üben, so lange, bis man sie kann!«

Wenn Sie als verantwortungsbewußter Erzieher, der möchte, daß sein Kind etwas lernt, um weiterzukommen, in einem solchen Falle so oder ähnlich sprechen würden, dann haben Sie damit – im Grunde genommen – zwei für Ihr ganzes Dasein ungeheuer wichtige Erkenntnisse anerkannt und in die Praxis umgesetzt. Erstens: Sie haben festgestellt, daß es Gesetzmäßigkeiten gibt, die unverrückbar sind, vor denen es nur »richtig« oder »falsch« geben kann. Und genau das gilt für die Gesetze der Schöpfung, für welche die Mathematik ja nur ein Mittel ist, um sie erfaßbar zu machen.

Und zweitens: Sie haben mit dem Verlangen nach Wiederholung der unrichtig gelösten Aufgabe den Zweck der für viele Menschen immer noch rätselvollen Wiedergeburt, der Reinkarnation, erkannt, mehr noch, Sie haben ihre Notwendigkeit eingesehen! Denn die Wiedergeburt ist ja die Gnade, die es uns erlaubt, begangene Fehler gutzumachen und weiter zu lernen, da ja der Lehrstoff, den wir uns aneignen dürfen, mit einem Leben ebensowenig erfaßt werden kann, wie Ihr Sohn, auch wenn er richtig 3 × 3 = 9 gerechnet hätte, damit schon die Mathematik ausgeschöpft haben würde. Aus diesem Grunde klammern sich auch so viele Menschen an das Erdenleben, meinen, daß es noch so vieles zu nützen, zu erleben gälte. Sie empfinden ganz richtig die Größe der noch unbewältigten Aufgabe.

Die Reinkarnation bietet uns nun zwar die Möglichkeit, diesen Lernprozeß fortzusetzen. Aber so, wie ein Schüler letztlich als untauglich befunden werden muß, wenn er ungeachtet aller ihm zugestandenen Nachprüfungen das Lehrziel nicht erreicht, so ist auch die Möglichkeit zur Entwicklung unseres Geistes, die sich zunächst hier in der dichten Stofflichkeit vollziehen muß, begrenzt mit dem Reifezustand dieses Gestirns. Die Astrophysik hat erst vor wenigen Jahrzehnten erkannt, was uns in dem Werke »Im Lichte der Wahrheit« schon längst gesagt worden war, nämlich, daß jeder Weltenkörper einen Kreis des Werdens und Vergehens durchläuft.

Wir sollen allerdings nicht meinen, daß dieses Ende in unabsehbaren Fernen läge. Bedenken Sie: Jahrmillionen hat es gedauert, ehe der Mensch auf dieser Erde Fuß fassen konnte. Wenn man von den Aussagen der Wissenschaft ausgeht, wonach auch unser Zentralgestirn, die Sonne, sich eines Tages zu einem Roten Riesen aufblähen und schließlich im Gravitationskollaps in sich zusammenstürzen wird, so gehört nicht viel Vorstellungskraft dazu, anzunehmen, daß schon lange zuvor menschliches Leben, da es ja an ganz bestimmte, eng begrenzte Bedingungen geknüpft ist, auf diesem Planeten nicht mehr möglich sein wird. Der Mensch ist durch sein Verhalten sogar eifrig bestrebt, die

Erde schon vorzeitig unbewohnbar zu machen. Sie sehen daraus die durchaus erkennbare Begrenzung, die der Reifensmöglichkeit unseres Geistes auch im Zuge von Wiedergeburten gesetzt ist. Denn bis zu diesem Zeitpunkt muß der Geist alle jene Erfahrungen gemacht haben, die er nur im Stoffe machen kann und die er zu seiner Reifung unbedingt benötigt. Er muß zeitgerecht hierdurch so sehr erstarkt, das heißt sich seiner Möglichkeiten und Aufgaben im Rahmen der Schöpfung bewußt geworden sein, daß er – ohne noch der Stütze des Stoffes zu bedürfen – als Geist in außerstofflichen Welten bestehen kann. Es ist dies – freilich in viel, viel größerer Dimension – das gleiche Gebot, das wir auch hier in der Erdenwelt beobachten können: Denn auch das Kind muß, erwachsen geworden, fähig sein, der elterlichen Betreuung zu entraten, wenn es nicht lebensuntüchtig werden will; auch die Frucht muß sich nach der ihr zur Reifung gewährten Zeit vom Baume lösen; sie würde anderenfalls verfaulen.

Vielleicht aber mögen Sie dennoch denken: »Wiedergeburt – das ist schon wieder nur eine Behauptung! Müßte ich nicht davon etwas wissen, wenn ich schon öfter gelebt haben soll?« Nun, dieses vermeintlich wichtigste Argument, das immer wieder gegen die Reinkarnation vorgebracht wird, hat die Wissenschaft schon längst entkräftet. Wir wissen doch heute, daß alles, was wir länger als etwa 20 Minuten im Gedächtnis behalten – das sogenannte »Langzeitgedächtnis« –, dadurch entsteht, daß Eiweißverbindungen gebildet und im Gehirn eingelagert werden. Dieses Gehirn aber zerfällt, wie der ganze Körper, nach dem Erdentode. Bei der Wiedergeburt erhalten wir dann einen neuen Körper und mit diesem auch ein neues Gehirn. In dessen tagbewußtem Gedächtnis können logischerweise jene Eiweißverbindungen nicht enthalten sein, die früher einmal in einem anderen Gehirn gebildet wurden. Dieses neue Gehirn ist wie ein unbespieltes Tonband. Wenn Sie eine solche neue, unbespielte Kassette kaufen, erwarten Sie ja auch nicht, darauf eine Aufnahme wiederzufinden, die Sie früher einmal auf einer anderen gemacht haben. Die Erlebnisse, die Erfahrungen früherer Existenzen können daher nicht in unserem tagbewußten Gedächtnis zu finden sein. Sie sind jedoch in unseren Geist, in unsere Persönlichkeit eingegangen. Sie bestimmen den Charakter, die Fähigkeiten und Anlagen, die wir bei der Geburt als das formende Ergebnis unserer bisherigen Daseinswanderungen bereits mitbringen. Und manchmal blitzt doch eine Erinnerung an frühere Leben ahnungsvoll im Geiste auf als der Eindruck des »déjà vu«, des Schon-Gesehenen, das wir diesem Erdensein nicht zuordnen können.

Und bedenken Sie: Gerade diese uns im allgemeinen verdeckte Rückschau ist ja eine Gnade, die es uns ermöglicht, unbelastet von Vergangenem jenen Personen und Lebenslagen begegnen zu können, mit denen uns vielleicht recht ungute schicksalhafte Verflechtungen aus früheren Leben verknüpfen. Die Lösung wird uns dadurch erleichtert.

Lassen Sie mich in diesem Zusammenhang gleich auf ein zweites Argument eingehen, das immer wieder gegen die Reinkarnation geltend gemacht wird: »Wie kommt es denn, daß früher so wenige und jetzt so viele Menschen auf der Erde leben? Woher kommen denn jetzt alle diese Menschengeister, wenn sie schon mehrmals gelebt haben sollen?« Nun, auch hierauf ist die Antwort denkbar einfach: Nehmen Sie eine bestimmte

Menge und teilen Sie sie in zwei beliebig große Teile. Die Menge als solche bleibt immer gleich, egal, wieviel davon in dem einen oder dem anderen Teile enthalten ist. Wir dürfen also nicht nur die eine Seite, die Erdenwelt, betrachten, auch die andere, das Jenseits, gehört ja dazu. Aus der gesamten Menge der auf Erden zur Reifung gelangenden Menschengeister – die das Hier und das Drüben umfaßt – werden jetzt immer mehr inkarniert, weil im Hinblick auf den fortgeschrittenen Zustand der Erde noch so viele von ihnen dieser Möglichkeit des Nachreifens bedürftig sind.

Für mehr als die Hälfte der Menschen unseres Erdballs – für den ganzen fernöstlichen Raum – ist die Reinkarnation, wenn auch zum Teil in etwas verzerrten Vorstellungen, eine Selbstverständlichkeit. Nur wir Menschen des Westens meinen, daran zweifeln zu müssen. Wir tun dies aber gegen alle Vernunft. Sehen wir denn nicht den Wechsel in allen Rhythmen der Natur? Da gibt es Sommer und Winter, Tag und Nacht, Ebbe und Flut, Landwind und Seewind, Werden und Vergehen, Blüte und Frucht, Frucht und Samen. Immer bedingt eines das andere. Auch wir tragen dieses Gesetz in uns: Das Einatmen zwingt uns zum Ausatmen, das Ausatmen zwingt uns zum Einatmen. Jeder Schlag unseres Herzens pumpt das Blut aus und saugt es zurück, es wechselt ständig vom Körperkreislauf zum Lungenkreislauf, hinüber – herüber, immer werden die Seiten vertauscht. Und alle diese Erscheinungen folgen dem Bilde der Welle, mathematisch der Sinus-Kurve, deren Bogen sich einmal nach oben, einmal nach unten wölbt. Immer dort aber, wo dieser Bogen die Null-Linie schneidet, bedeutet dieser Umkehrpunkt eine Wandlung von hüben nach drüben und umgekehrt.

Nichts anderes als solche Umkehrpunkte sind im Rhythmus des menschlichen Daseins Geburt und Tod: Die Geburt ins Erdenleben ist ein Sterben im Jenseits, der Erdentod aber eine Geburt nach drüben.

Wenn Sie ungeachtet dessen, was ich Ihnen schon zuvor über den Wert von irdischen Beweisen im Zusammenhange mit diesen Belangen sagte, aber immer noch fragen sollten, wo denn die Beweise dafür seien, so darf ich Ihnen sagen: Richten Sie diese Frage doch an jene, die die Wiedergeburt leugnen! Auf der Seite derer, die von der Wiedergeburt überzeugt sind, ist die Logik der Lebensgesetze; die anderen hätten den Beweis dafür zu liefern, daß das Leben sich ausgerechnet hier *gegen* die allgültigen Gesetze verhält. Ein solcher Beweis aber ist nie zu erbringen, weil diese Gesetze unverrückbar und einheitlich sind.

Auch mit dem Christentum ist die Reinkarnation – und das mag manche überraschen – von Anbeginn an vereinbar gewesen. Da lesen wir doch im Neuen Testament, daß man sowohl von Johannes dem Täufer, wie auch von Jesus vermutete, sie seien der wiedergeborene Prophet Elias. Elias aber lebte im 9. Jahrhundert vor Christus. Die Evangelisten berichten auch, man habe im Volke von einer Wiedergeburt des Propheten Jeremias gesprochen. Dieser aber lebte im 7. Jahrhundert vor Christus. Jesus wies zwar für seine Person diese Vermutungen – keineswegs aber den Gedanken an die Wiedergeburt – zurück. Im Gegenteil: Der Evangelist Matthäus ist sogar der Meinung, Jesus habe bestätigt, daß Johannes der Täufer der wiedergeborene Elias gewesen sei (Matthäus 11, 11–14 und 17, 10–13).

Und dann schlagen Sie doch bitte die Bibel auf bei Johannes 9, 1–3. Dort lesen Sie:

»Und Jesus ging vorüber und sah einen, der blind geboren war. Und seine Jünger fragten ihn und sprachen: Meister, wer hat gesündigt, dieser oder seine Eltern, daß er blind geboren?«

Wie aber kann denn einer schon vor seiner Geburt gesündigt haben? Die Frage der Jünger schließt doch – nicht etwa zweifelnd, sondern als mögliche Ursache – die Schuld aus einem *früheren* Leben und somit dieses selbst logischerweise ein. Sie baut auf dem Wissen von der Reinkarnation und den sich daraus ergebenden schicksalhaften Zusammenhängen auf. Und wie reagiert Jesus? Müßte er nicht diese Frage ob ihrer Unsinnigkeit zurückweisen, müßte er nicht etwa sagen: »Wie kommt ihr denn auf einen solchen Gedanken?« Doch nichts dergleichen geschieht. Jesus gibt eine sachliche Antwort, die beide Alternativen einschließt. Er sagt: »Es hat weder dieser gesündigt, noch seine Eltern, sondern daß die Werke Gottes offenbar würden an ihm« – womit er auf die sodann vollzogene Heilung des Blinden Bezug nimmt.

Die Evangelien wurden bekanntlich erst lange nach dem Tode Jesu niedergeschrieben. Dennoch fand man es nicht für nötig, diese deutlichen Hinweise auf die Wiedergeburt wegzulassen, anders zu fassen oder zumindest zu erläutern. Das zeugt doch davon, daß das Wissen von der Wiedergeburt auch über die Zeit Jesu hinaus noch weiter bestand.

Und tatsächlich: Im Lehrgebäude des Origenes, des – wie ich in einem Nachschlagewerk las – »größten Gelehrten und weitaus fruchtbarsten theologischen Schriftstellers seiner Zeit, mehr noch, der Gesamtkirche vor Augustinus«, findet sich auch die Vorstellung des Ineinandergreifens mehrerer Leben und ihrer Abhängigkeiten.

DIE VORTRÄGE

Dieses Wissen von der Reinkarnation ist nun unerläßlich, um unser Mensch-Sein als eine *Einheit* erfassen zu können. Ohne dieses Wissen geht es uns so, wie jemandem, der die Handlung eines Bühnenstückes, eines Films oder eines Romans nur aufgrund eines winzigen Ausschnittes beurteilen wollte. Er muß zu Fehldeutungen gelangen, weil ihm die Kenntnis der Zusammenhänge fehlt. Deshalb heißt es in der Gralsbotschaft »Im Lichte der Wahrheit« (Vortrag »Schicksal«):

»Ein Hauptfehler so vieler Menschen ist aber der, daß sie nur nach dem Grobstofflichen urteilen und sich darin als Mittelpunkt sehen, sowie mit einem Erdenleben rechnen, während sie in Wirklichkeit schon mehrere Erdenleben hinter sich haben. Diese, sowie auch die Zwischenzeiten in der feinstofflichen Welt, gelten als ein einheitliches Sein, durch das die Fäden, ohne abzubrechen, straff gezogen sind, so daß also in den Auswirkungen eines jeweiligen irdischen Daseins nur ein kleiner Teil dieser Fäden sichtbar wird.

Ein großer Irrtum ist es demnach, zu glauben, daß mit dem Geborenwerden ein vollkommen neues Leben einsetzt, daß ein Kind also ›unschuldig‹ ist, und daß alle Geschehnisse nur auf das kurze Erdendasein berechnet werden dürfen. Wäre dies wirklich so, so müßten selbstverständlich bei bestehender Gerechtigkeit Ursachen, Wirkungen und Rückwirkungen geschlossen auf die Spanne eines Erdendaseins fallen.

Wendet Euch ab von diesem Irrtum. Ihr werdet dann schnell die jetzt so oft vermißte Logik und Gerechtigkeit in allen Geschehnissen entdecken!«

Und nun die Folgerung daraus: Wir alle haben schon wiederholt auf Erden gelebt. Seit langem schon wird niemand mehr infolge der fortgeschrittenen Reife dieses Weltenkörpers zum ersten Male hier geboren.

Man muß sich fragen, wie es dazu kommen konnte, daß das im Christentum ursprünglich offensichtlich vorhandene Wissen von der Reinkarnation heute nicht mehr gelehrt wird. Lassen Sie mich dazu einige geschichtliche Tatsachen berichten, die leider viel zu wenig bekannt sind.

Lange Zeit nach dem Tode des Origenes wurde die christliche Welt von schweren Streitigkeiten erschüttert. Es ging dabei vor allem um die Frage, ob Jesus Gottmensch in *einer* Person oder Gott *und* Mensch gewesen war, also *zwei* Naturen in sich vereinigte. Mag es uns heute auch unbegreiflich erscheinen, daß man sich angemaßt hatte, über eine solche Frage entscheiden zu wollen, so rüttelte dieser Meinungsstreit im Zusammenhang mit der Auslegung von Konzilsbeschlüssen, der später als der sogenannte »Drei-Kapitel-Streit« in die Geschichte eingegangen ist, damals an der politischen Einheit des römischen Reiches. Der längst verstorbene Origenes hatte nun in seinen Schriften die monophysitische Lehre, die Auffassung von der Ein-Natur Jesu vertreten, die von den sogenannten Dyophysiten, den Anhängern der Doppel-Natur, heftig bekämpft wurde. Als Folge dieser Wirren drohte schließlich sogar der Abfall einiger Provinzen. Kaiser Justinian I. berief deshalb eine Kirchenversammlung ein, die endlich 553 in Konstantinopel zusammentrat. Das Bestreben des Kaisers ging nun dahin, durch eine Doppel-Entscheidung jeder der beiden Streitparteien einen Erfolg zu bieten: Da die Monophysiten sich auf Origenes beriefen, sollte dieser als

Ketzer verdammt und seine Lehre verworfen werden, womit die Dyophysiten zufriedengestellt werden sollten. Dafür sollten die Monophysiten durch eine ihnen genehme Entscheidung im »Drei-Kapitel-Streit« in diesem Belange als Sieger erscheinen.

Zu diesem Zwecke schrieb *der Kaiser*, der sich zugleich als höchste kirchliche Autorität erachtete – es war die Zeit des ausgeprägtesten Cäsaropapismus, der Vereinigung weltlicher und kirchlicher Macht –, schrieb also der Kaiser *selbst* jene Beschlüsse vor, die die Kirchenversammlung zu fassen hatte, darunter auch jenen, mit welchem das Gesamtwerk des Origenes zu verdammen war. Der Papst – es war Vigilius I. – weigerte sich mehr als ein halbes Jahr, die Beschlüsse der Versammlung zu unterschreiben und damit für die Gesamtkirche verbindlich zu machen. Er wurde daraufhin vom Kaiser in Konstantinopel festgehalten und durfte die Stadt erst verlassen, nachdem er in zwei an den Kaiser gerichteten Briefen einen den Konzilsbeschlüssen zumindest nahekommenden Standpunkt eingenommen hatte.

Ich habe Ihnen das etwas ausführlicher erzählt, weil es sich hier meines Erachtens um eine der größten Tragödien der abendländischen Geistesgeschichte handelt. Hier wurde nämlich durch die *weltliche* Macht aus bloßer politischer Zweckmäßigkeit eine *Glaubensentscheidung* von größter Tragweite *erzwungen*. Denn mit der Verdammung des Gesamtwerkes des Origenes, die ohne jeden Zusammenhang mit der Frage der Reinkarnation erfolgte, wurde auch der Hinweis auf die Abfolge mehrerer, nach den Grundgesetzen von Ursache, Wirkung und Rückwirkung einander bedingender Leben aus dem christlichen Glaubensgute ausgeschieden.

Wir schleppen solcherart das Erbe des Justinian und seiner Zeit wie eine geistige Fessel mit. Denn die Leugnung der Reinkarnation hat den Menschen abgeschnitten von dem Wissen um das große Geflecht seines Daseins. Es läßt ihn den Fortbestand des Ich, dessen Überdauern der körperlichen Existenz in Frage stellen; es verhüllt uns den Zweck des Lebens und läßt uns zweifeln an der Gerechtigkeit Gottes. Denn muß es nicht ungerecht erscheinen, daß der eine reich, der andere arm, der eine gesund, der andere leidend geboren wird – wenn wir von *dieser* Geburt als dem Ursprung des Lebens ausgehen? Da stehen auch die Wissenschaftler ratlos vor der Frage, woher es wohl kommen mag, daß die Menschen so unbestreitbar verschieden sind. Die Annahme, daß Umwelteinflüsse dafür bestimmend seien, hat sich nur als bedingt richtig erwiesen. Zu deutlich hat vor allem die Zwillingsforschung – insbesondere bei eineiigen Zwillingen, die getrennt unter gänzlich verschiedenen Bedingungen aufwuchsen – eine solche Auffassung widerlegt. Die bis ins einzelne reichende Gleichartigkeit auch solcher Personen in ihrem Gehaben, ihren Eigenheiten und Interessen verwies auf eine Gemeinschaft der Anlagen schon von Geburt her. Sollte also die Vererbung entscheidend sein? Damit aber wäre unsere Persönlichkeit erst recht nur ein Produkt des Zufalls, der Willkür. Diese unleugbar von Gesetzmäßigkeiten geleitete Welt – wie etwa der Nobelpreisträger Manfred Eigen sagt: »*Die Einheit der Natur äußert sich in ihren Gesetzmäßigkeiten*« –, diese also von Gesetzmäßigkeiten beherrschte Welt hätte demnach just für uns, wenn man nur dieses *eine* Erdenleben zugrunde legt, von Anbeginn an sinnloserweise nur Ungerechtigkeit bereit!

Für alle diese Fragen hatte man mit der Reinkarnation den Schlüssel längst in Händen, aber man hat ihn achtlos weggeworfen. Es ist hoch an der Zeit, daß wir ihn endlich wiederfinden.

Manche Menschen freilich scheuen einfach deshalb davor zurück, sich mit dem Gedanken an die Reinkarnation zu befassen, weil sie die damit verbundene Verantwortung fürchten. Ist mit dem Erdentod alles zu Ende, so bleibt so manches ungesühnt. Gibt es aber ein Fortleben und eine Wiedergeburt, so sind die Verhältnisse unseres nächsten Lebens zwar geprägt von unseren mitgebrachten Vorzügen, aber auch von unseren Fehlern und Schwächen und allen jenen Bindungen, die uns aus früheren Erdenleben anhaften und die noch gelöst werden wollen. Das ängstigt manchen. Aber die Gesetze der Schöpfung ändern sich nicht, ob wir sie nun wahr haben wollen oder nicht. Um so notwendiger ist es vielmehr, den Tatsachen ins Auge zu sehen und unser Verhalten danach einzurichten.

Gerade am Beispiel der Wiedergeburt können wir nämlich sehen, wie sehr es den Menschengeist, sofern er schon über das Primitivstadium hinausgelangt ist, zu immer schnellerer, zu immer gehaltvollerer Entwicklung drängt. Wie sehr hat doch die Möglichkeit des Erlebens von Generation zu Generation durch die Mittel der Kommunikation geradezu sprunghaft zugenommen. Welch himmelschreiende Ungerechtigkeit läge doch in diesen unterschiedlichen Lebensinhalten der einstigen und der jetzigen Erdbewohner, wenn wir nicht alle auch schon diese früheren Stufen zurückgelegt hätten!

Diese Vielfalt des auf uns Einstürmenden verlangt aber auch eine immer größere Regsamkeit des Geistes. Denn es gilt ja, diese Erlebnisfülle nicht nur mit dem Verstande zu verarbeiten und schon gar nicht, sich von ihr erdrücken zu lassen. Es gilt, daraus die Erkenntnis zu gewinnen über das Walten der ewigen Gesetze, die diese Schöpfung tragen, sie durchziehen, die sich in allen Geschehnissen auswirken und dadurch für uns erkennbar werden. Unberührt von den wandelbaren menschlichen Anschauungen zeigt sich darin der *unverrückbare Wille Gottes.* Ihn müssen wir verstehen lernen, um geistig voranzukommen.

Vieles von dem, was ich Ihnen bisher dargelegt habe, schien nicht unmittelbar die Menschwerdung zu betreffen, von der im Titel dieses Vortrags die Rede war. Aber aus gutem Grund wird in der Gralsbotschaft (Vortrag »Gottanbetung«) gesagt:

»*Ihr* müßt *den Blick* über *die Erde weit hinaus erheben und erkennen, wohin Euch der Weg führt nach diesem Erdensein, damit Euch darin gleichzeitig auch das Bewußtsein dafür wird, warum und auch zu welchem Zwecke Ihr auf dieser Erde seid.*«

Sie werden also, wie ich hoffe, verstehen: Erst die Erkenntnis der umfassenden, keineswegs auf dieses eine Erdenleben beschränkten Bedeutung unseres Mensch-*Seins* ermöglicht es uns, uns sinngerecht mit der Mensch-*Werdung* zu befassen. Jetzt erst sind wir ja in der Lage, sie einzuordnen in den größeren Bezug, in den sie gehört.

Da stehen wir nun vor der Tatsache, daß es »den Menschen« eigentlich gar nicht gibt; es gibt ja nur Männer und Frauen. Dies spielt gerade bei der Menschwerdung eine nicht unerhebliche Rolle. Hier lassen sich die unterschiedlichen Aufgaben nicht übersehen. Darüber hinaus aber meint man neuerdings, die Geschlechter vereinheitlichen zu können. Der unterschiedliche

Interessenkreis sei, so hört man immer öfter, nur ein »anerzogenes Rollenverhalten«. Man gebe doch dem Mädchen die Eisenbahn, dem Jungen aber die Puppenküche als Spielzeug und die geschlechtsspezifischen Neigungen würden verlorengehen. Darin kommt erschreckend der menschliche Hochmut zum Ausdruck, der sich ohne Kenntnis der Zweckbestimmung herausnimmt, Gegebenheiten der Schöpfung verändern zu wollen.

Denn die Verschiedenheit der Geschlechter betrifft nicht nur ihre Rolle im Fortpflanzungsgeschehen, sie wurzelt im Geiste. Es liegt darin eine von Weisheit und Liebe des Schöpfers zeugende Stufenordnung, eine Art »Entwicklungshilfe« für den Menschengeist.

Das Arbeitsfeld des Mannes ist gröber, nüchterner, er ist, kurz gesagt, erdverhafteter als die Frau. Er hat dafür auch die entsprechende Ausstattung in der größeren Robustheit seines Körpers. Das Wirken der Frau hingegen ist im Sorgen, Betreuen dem Naturhaften verwandt, es wird von zarteren Regungen bestimmt, was sich auch in ihrem Körperbau ausprägt. Begriffe wie Grazie oder Anmut sind nun einmal dem Weiblichen vorbehalten. So bildet die Frau durch ihre im Geiste wurzelnde Wesensart die Brücke in eine verfeinerte Welt, sie steht dieser weniger dichten Welt etwas näher als der Mann. Es ist ihre Aufgabe, allein schon dadurch – ganz unbewußt – auch in ihm, dem Erdnäheren, die Sehnsucht nach Höherem wachzuhalten.

Für den Mann wird die Frau durch ihre Art zu einem Ansporn, sich seinerseits zu verfeinern, zu veredeln. Allein schon die Anwesenheit einer echten Frau vermag dies oft zu bewirken. Aus gutem Grund läßt Goethe im »Tasso« sagen: *»Und wollt Ihr wissen, was sich ziemt, so fragt bei edlen Frauen an!«*

Die edle, das heißt die wahre Frau, die sich ihr weibliches Wesen bewahrt hat, vor den Unbilden dieser groben Welt zu schützen, empfindet der Mann ganz richtig als eine ihm zukommende Aufgabe, eine Aufgabe, die ihn zur freudigen Entfaltung seiner besten Tugenden, zu Rücksichtnahme, Ritterlichkeit und Mannesmut veranlaßt. Darauf gründet sich der fälschlicherweise abwertend verstandene Begriff von der Frau als dem »schwachen Geschlecht«. Gerade in dieser etwas lockereren Verbindung mit gröbstem Stofflichen aber liegt vom Geistigen her gesehen ihre fördernde Kraft, liegt die Stärke der Frau. Es ist freilich eine Stärke anderer Art als jene des Mannes.

Es ist daher grundfalsch, wenn das in unserer heutigen Welt leider nötig gewordene Bemühen, der Frau Gleichberechtigung zu verschaffen, sich darauf richtet, ihr zunehmend männliche Tätigkeitsbereiche zu eröffnen. Gewiß ist sie imstande, auch diese auszufüllen, aber vielfach nur unter Zurückdrängung ihrer weiblichen Eigenart, vor allem aber um den Preis der Mehrfachbelastung, da ihr die weiblichen Sorgepflichten zumeist doch nicht erspart bleiben. Man läuft also genau in die falsche Richtung, wenn man auch hier wieder das männliche Tun zum Maß der vermeintlichen »Aufwertung« der Frau macht, anstatt ihrem anders gearteten Wirken endlich die gleiche Achtung entgegenzubringen.

Sie dürfen bei der Überlegung, wie dies denn geschehen sollte, freilich nicht die heutige Wirtschafts- und Gesellschaftsordnung zugrunde legen. Sie ist das Ergebnis des menschlichen Fehlverhaltens. Vom Geistigen her können die Dinge nur so geschildert werden, wie sie nach dem Willen des *Schöpfers* sein *sollten*.

Ich mußte deshalb die hohe Aufgabe, die der Frau nach dem Schöpfungsplane für die geistige Hebung der Menschheit zukommt, wieder in Ihr Bewußtsein rücken. In der Verkennung, der Leugnung, ja der schon oft zu beobachtenden Abkehr von dieser Aufgabe liegt nämlich die eigentliche Ursache zahlreicher Wirrnisse in bezug auf die Partnerbeziehung und auch die Menschwerdung. Diese Brücke, die der Menschheit in Gestalt der Frau nach oben in das Feinere, weniger Stoffliche, gegeben ist, dient nämlich nicht nur der Veredelung des Mannes, sondern auch dem Eintritt neuen menschlichen Lebens. Ich darf Sie daran erinnern, daß, wie ich früher schon sagte, alles in der Schöpfung auf Strahlung beruht.

»*Denn nur in Strahlungen liegt das Leben, und nur aus ihnen und durch sie kommt Bewegung*«, ist in der Gralsbotschaft zu lesen (Vortrag »Die Sexualkraft in ihrer Bedeutung zum geistigen Aufstiege«), und ich bitte Sie, nur diesen einen Satz, der durch keine wissenschaftliche Erkenntnis widerlegt wird, in seinen Auswirkungen zu überdenken. Es ergibt sich daraus etwas, das auch für die Menschwerdung von ganz entscheidender Bedeutung ist: Nur über die durch die Beschaffenheit des weiblichen Geistes gebildete, verfeinerte *Strahlungsbrücke* kann nämlich ein zur Einverleibung vorgesehener Menschengeist in diese Erdenwelt gelangen, er braucht aus der jenseitigen, also weniger dichten Welt kommend diesen strahlungsmäßigen Übergang. Vergessen Sie nicht, daß sich ja alles von oben her aus dem Leichteren, Zarteren verdichtend bildet.

Daß nur die Frau die zur Reifung eines Menschenkörpers dienenden Organe besitzt, ist daher – wenn wir die Dinge einmal anders, nämlich vom Geistigen her betrachten – nur die stoffliche Ausformung, die Folge ihrer in der weiblichen Geistesart begründeten Mittlerrolle. Von Wichtigkeit aber ist um nichts weniger die hierdurch gebildete Strahlungsbrücke. Ist sie durch Vermännlichung der Frau, durch eine tiefgreifende Änderung ihrer Wesensart, brüchig geworden oder gar zerstört, so können schwere Schwangerschaften, Frühgeburten, ja sogar Unfruchtbarkeit die Folge sein. Die Ursache solcher Beschwerden kann also durchaus auch im Geistigen liegen. Denn der Mensch verändert nicht folgenlos, was Gottes Weisheit vorgesehen hat. Nie wird es deshalb möglich sein, menschliches Leben in der Retorte herzustellen. Es bedarf der Ausstrahlung des Weiblichen. Selbst die sogenannten »Retortenbabies« mußten ja nach der im Reagenzglas vorgenommenen Befruchtung von einer Frau ausgetragen werden.

Erst wenn man sich darüber im klaren ist, daß das Geschlechtliche im Geiste begründet ist, kommt man auch der Bedeutung der Sexualkraft näher. Die Auffassung, sie sollte, ja sie dürfe nur dem Zeugungszwecke dienen, verkleinert sie auf das Grobstofflich-Funktionelle. Ungleich wichtiger ist diese Fähigkeit für den Geist.

Während der Jahre der Kindheit, wenn der Erdenkörper heranreift, lebt dieser Geist geschützt wie hinter einem Festungswall. Das Werkzeug, dessen er sich in diesem Leben bedienen darf, ist noch unfertig. Das bedeutet – denken Sie an den vorhin zitierten Satz von den Strahlungen –: Seine Ausstrahlung umfaßt noch nicht den ganzen Strahlungsbereich dieser Erdenwelt, ist ihm noch nicht voll geöffnet und kann sich daher noch nicht ganz mit ihm verbinden. Das Kind ist vorwiegend dem Naturhaften zugewendet, es durchlebt die frühen Entwicklungsstufen der Menschheit. Noch trägt es keine Verantwortung für das irdische Geschehen. Unsere Rechtsordnung bringt dies ganz richtig zum Ausdruck: Das Kind ist zunächst unmündig, dann minderjährig. Andere müssen für es handeln. Erst mit der erreichten Volljährigkeit setzt die eigene Handlungsfähigkeit, aber auch die volle Verantwortung ein. Was ist geschehen? Die geschlechtliche Reife ist eingetreten und sie hat, wie man sieht, eine sehr praktische Bedeutung. Es ist, als wäre eine Zugbrücke herabgelassen worden, über welche der Geist jetzt erst die volle Verbindung mit der Außenwelt erlangt. Nun tritt er verantwortlich handelnd in sie hinaus, ist aber auch ihren Einwirkungen ausgesetzt. Dem Geiste diese volle wechselseitige Einbindung in die Erdenwelt zu verschaffen, das ist die eigentliche Bedeutung der Sexualkraft. Sie ist die reifste Ausprägung, zu der der stoffliche Körper fähig ist. Sie ist die Lebenskraft des erwachsenen Erdenmenschen. Wir bedienen uns ihrer bei allem unserem Tun, nicht nur bei der geschlechtlichen Betätigung.

Wenn nun die beiden zwar verschiedenen, doch zu sich ergänzendem Wirken berufenen Teile des Geschöpfes »Mensch« – Mann und Frau also – zueinanderstreben, sich anziehen, so, wie die ungleichen Pole in der Physik, dann soll das geistige Band der Liebe die Verbindung zwischen ihnen herstellen. Fast schämt man sich, etwas so Selbstverständliches noch betonen zu müssen. Aber unsere heutige Zeit hat die Vorzeichen vertauscht und den stofflich-triebhaften, begehrenden »Sex« in den Vordergrund gerückt. Er ist genau das Gegenteil von Liebe, die aus dem Geiste kommt. Ihre Bedeutung geht weit über Zuneigung und Harmonie hinaus, sie liegt in der geistigen Förderung der Beteiligten. Erst dadurch kann die Partnerbeziehung ihre eigentliche, höhere Aufgabe erfüllen. Denn Liebe bietet ja die stärkste Hilfe zu geistigem Aufstieg. Sie bringt uns zwanglos dazu, Rücksichtnahme und Selbstlosigkeit zu üben, sie läßt uns das eigene Ich hintansetzen zugunsten des anderen. Denn durch Liebe wird ein freiwilliges, freudiges Dienen-Wollen lebendig. Damit wächst der Mensch in seine Schöpfungsaufgabe hinein, er lernt sich sinnvoll einzufügen, lernt, daß nur im Geben auch empfangen werden kann.

Diese Liebe nun, die dem Geiste des anderen, seinem ganzen Wesen gilt, will durch den Körper dann nur ihre Auslösung finden, weil diese Körperhülle nun einmal die äußere Schale, das Gefäß des geliebten Geistes ist. Dann haftet all dem nichts Unsauberes, Unsittliches an. Denn niemals kann es unrecht sein, die vom Schöpfer verliehene Gabe in natürlicher Weise zu nützen. Sie ermöglicht nämlich etwas, das der beglückenden Ergänzung der Partner dient: Den Austausch feinstofflicher, fluidaler Kräfte. Wir finden daher in der Gralsbotschaft (Vortrag »Der Mensch und sein freier Wille«) den für die Bedeutung der Sexualkraft so ungemein wichtigen Satz: »*Der Zeugungszweck kommt erst in* zweiter *Linie.*«

Nun kann es sein, daß die beiden, einander so verbundenen Partner »sich ein Kind wünschen«, daß sie »ein Kind haben wollen«. Bemerken Sie aber, wie sehr diese gängigen Redensarten auf die Eltern bezogen sind? Es spiegelt sich darin unsere grundfalsche Einstellung zur Frage der Nachkommenschaft. Und wenn sich ein Kind irgendwo in der Menge verlaufen hat, so wird ganz sicher die Frage gestellt: »Ja, wem gehört denn der/die Kleine?« Aber das Kind »gehört« niemand – nur sich selbst. Man schafft es sich nicht an als ein Besitztum. Es ist kein Spielzeug. Es ist ein selbständiger Menschengeist, der ebenso wie seine Eltern schon viele Leben durchwandert hat. Der Unterschied gegenüber den Eltern besteht nur darin, daß sein Erdenkörper erst herangebildet werden muß, und – wie vorhin ausgeführt – sein Geist erst ab einer bestimmten Reife dieses Körpers voll nach außen wirken kann.

Wer eine Arbeitskraft, eine Versorgung durch das Kind erwartet, wer schon vorweg Pläne mit ihm hat, wird und muß enttäuscht werden. Denn das Kind hat seinen *eigenen* Weg der geistigen Entwicklung zu gehen. Es muß erleben, was *ihm*, nicht was den Eltern nützt. Jede Mißachtung dieses Gundsatzes wäre ein Verstoß gegen das fünfte Gebot. Legen wir uns doch nicht selbst Scheuklappen an, indem wir meinen, das »Töten« bezöge sich nur auf die Körperlichkeit. Das steht doch nirgendwo geschrieben. Aus geistiger Sicht – und sie ist es ja, aus der unser Dasein hier betrachtet werden soll – ist jedes Hindernis, das wir der Geistesentwicklung eines anderen entgegenstellen, jede Unterdrückung seiner berechtigten Entfaltungsmöglichkeiten, ein »Töten«, das ja auch ein Er-töten umfaßt.

Was dem Wunsch nach einem Kinde eigentlich zugrunde liegen sollte, wird in der Gralsbotschaft gesagt. Und hier bitte ich Sie: Achten Sie auf jedes Wort! Denn es ist in diesen wenigen Sätzen ungeheuer Wichtiges enthalten. Es heißt dort:

»Die Zeugung soll für einen geistig freien Menschen nichts andres sein als der Beweis seiner Bereitwilligkeit, einen fremden Menschengeist als Dauergast in die Familie aufzunehmen, ihm Gelegenheit zu geben, auf der Erde abzulösen und zu reifen. Nur wo auf beiden Seiten der innige Wunsch für diesen Zweck vorhan-

den ist, soll die Gelegenheit zu einer Zeugung erfolgen.« (GB »Das Recht des Kindes an die Eltern«)

Gewinnt dieses Geschehen damit nicht eine ganz andere, viel größere Dimension? Lernen wir nicht erst dadurch den Sinn der uns geschenkten Zeugungsfähigkeit verstehen? Diese Worte machen deutlich, worum es sich bei der Menschwerdung geistig handelt. Da ist kein Raum mehr für die eigensüchtigen Wünsche der Eltern, die »ein Kind haben wollen«. Da *dient* diese wunderbare Kraft der hilfreichen Liebe zu einem anderen Geistgeschöpf. Ein allumfassendes Schöpfungsgebot kann hier seine Verwirklichung finden: Den Nächsten zu lieben, so wie sich selbst, das heißt: ihm zu ermöglichen, was jeder für sich selbst als das Höchste erstreben sollte: Weiterzukommen auf dem Wege zur geistigen Reife.

Wechselwirkend bringt dieses Bestreben dann auch den Eltern geistigen Nutzen. Die Mühe, die Sorge, die sie sich um das Kind machen, die Freude, die es ihnen schenkt, bedeuten ja auch für sie ein intensives Erleben und ermöglichen es ihnen, manche vielleicht sehr alte Verstrickungen zu lösen. Denn der »fremde« Gast, von dem vorhin die Rede war, ist in den meisten Fällen gar nicht so fremd. Sein Kommen gerade zu diesen oder jenen Eltern erfolgt nicht willkürlich, sondern – wie noch zu besprechen sein wird – aufgrund weiser Gesetzmäßigkeiten.

Sich dieser geistigen Bedeutung der Menschwerdung für Kind und Eltern bewußt zu werden, aber ist die grundlegende Voraussetzung, um alle weiteren damit verbundenen Fragen den Schöpfungsgesetzen entsprechend lösen zu können. –

Während nun die eine Frau ein Kind als unerwünscht ansieht und alles tut, um eine Schwangerschaft zu verhindern, verfällt die andere in das entgegengesetzte Extrem: Sie geht, wie man sagt, »in der Mutterschaft auf«, sieht darin ihr höchstes Ziel, ihre Erfüllung. Auch das ist falsch, denn es ist zu wenig. Mutterschaft ist die edelste Blüte der naturhaften, ich möchte sagen »wesenhaften« Eigenschaften der Frau. Aber das Nur-Mütterliche ist auch dem weiblichen Tiere zu eigen. Es ist nicht etwas, das dem Menschenweibe vorbehalten wäre, wenn – ja wenn diese Mutterschaft nicht auch die geistige Bedeutung der Menschwerdung einschließt und damit auch für die Mutter zu einer geistigen Förderung wird. Es liegt in all dem ja eine Stufenordnung: Die Sexualkraft war die reifste Auswirkung des stofflichen *Körpers;* die Mutterschaft ist die edelste Wirkungsform des *weiblich-naturhaften Wesensteiles,* und beide bereiten, aufeinander aufbauend, die irdische Grundlage für einen Eintritt des *Geistes,* der nun einmal darüber steht. Und weil er darüber steht, hat auch die Mutter *ihren* geistigen Weg zu gehen. Deswegen ist sie ja auf der Erde. Sie darf in der Mutterschaft nur eine hohe, der Erreichung dieses Zieles dienende Möglichkeit, nicht aber das Ziel selbst, nicht den Sinn ihres Lebens sehen.

In den vorhin zitierten Worten aus der Gralsbotschaft war nun die Rede davon, daß eine Zeugung nur dort erfolgen soll, wo auf *beiden* Seiten der erwähnte geistige Wunsch vorhanden ist. Das bedeutet also, daß der Mensch in dieser Frage nicht nur entscheiden darf, sondern sogar entscheiden *soll,* ja, es wird sogar eine übereinstimmende Willensentscheidung beider Elternteile verlangt. Die Menschwerdung ist nämlich ein viel zu bedeutsamer Vorgang, um sie vom Wollen des Menschen als Geistgeschöpf unabhängig zu machen. Es gilt ja, *wissentlich* eine Verantwortung zu übernehmen zugunsten eines noch unbekannten anderen. Wieviel Leid, wieviel Gewissensqualen aber hat die Bestreitung dieser schon aus der Menschenwürde doch eigentlich selbstverständlichen Entscheidungsfreiheit mit sich gebracht!

Freilich wird man dabei auch zur Kenntnis nehmen müssen, daß nicht immer unser Wille geschieht, daß er – aus höheren Notwendigkeiten – nicht immer geschehen darf. Die vorhin zitierten Worte der Gralsbotschaft bezogen sich nämlich auf den »geistig freien« Menschen. Das ist nur der, dessen Wille nicht durch noch offene Rückwirkungen früherer Willensentscheidungen in dieser Hinsicht schon gebunden ist. Wirklich frei also ist nur der Mensch, der nach den Gesetzen Gottes lebt. Wo immer er etwas tut, das gegen die Naturgesetze verstößt, kurz gesagt: was unnatürlich ist, werden sich für ihn Folgen und dadurch Bindungen ergeben. Dieses Prinzip der Rückwirkung, der Wechselwirkung, das in allen Belangen gilt, haben heute auch die Wissenschaftler als ein Naturgesetz erkannt. Jeder Mensch ist nun aufgrund seiner bisherigen Daseinswanderungen, seiner früheren Erdenleben, solchen Rückwirkungen einstiger unrichtiger Entscheidungen ausgesetzt. Das bringt mit sich, daß infolge dieser schon bestehenden Bindungen mitunter etwas geschehen muß, was er nicht möchte, was er zu vermeiden sucht. Aber niemals geschieht dies zu unserem Schaden. Immer geschieht dabei nur das, was uns *geistig* nützt, was uns hilft, noch bestehende Verstrickungen zu lösen und dadurch zu reifen. Wir vermögen es aufgrund unserer begrenzten Schau nur häufig jetzt noch nicht einzusehen.

Auch wenn wir daher in bezug auf die Geburtenregelung Entscheidungen treffen dürfen, ja sogar sollen – denn jede Entscheidung ist ja ein Reifungsprozeß im kleinen – so muß ihre Verwirklichung in den Gesetzen Gottes bleiben. Manches, was dem Menschen an Möglichkeiten heute diesbezüglich zur Verfügung steht, wodurch er glaubt, sich Freiheit von Verpflichtungen, Mühen und Sorgen verschaffen zu können, bedeutet daher schicksalsmäßige Bindung für die Zukunft. Das wird immer dann der Fall sein, wenn er gegen die Natur handelt.

Nehmen Sie zum rechten Verständnis dieses Begriffes dabei den Satz der Gralsbotschaft als Richtschnur:

»Natürlich sein heißt, sorgsam achten auf die inneren Empfindungen und sich den Mahnungen derselben nicht gewaltsam entziehen!« (GB »Die Sexualkraft in ihrer Bedeutung zum geistigen Aufstiege«)

Soviel zu diesem sehr weit gespannten Themenkreis. Auf Einzelheiten einzugehen ist im Rahmen dieses Vortrags nicht möglich. Nur etwas besonders Einschneidendes möchte ich herausgreifen:

Die Gesetzgebung mehrerer Staaten erlaubt es heute, die Schwangerschaft in den ersten drei Monaten nach der Empfängnis abzubrechen. Wenn dies auch vor dem menschlichen Gesetz straffrei ist, so heißt dies nicht, daß es auch nach den Schöpfungsgesetzen folgenlos wäre.

Gerade im Zusammenhang mit der Fristenlösung wurden ja die lebhaftesten Auseinandersetzungen darüber geführt, wann denn das menschliche Leben überhaupt beginnt. Da sagen die einen: schon mit der Zeugung; und die anderen: erst mit der Geburt. Und schließlich hat man sich, ohne daß es zwingende

Gründe dafür gäbe, auf eine Frist von drei Monaten nach der Empfängnis geeinigt.

Dabei gibt es sehr wohl einen Zeitpunkt im Ablauf des Geschehens der Menschwerdung, an dem sich sehr deutlich eine grundlegende Veränderung zeigt. Es ist jener Augenblick, in dem die werdende Mutter erstmals deutlich die Bewegungen des Kindes in ihrem Leibe spürt. Dieser Zeitpunkt liegt etwa in der Mitte der Schwangerschaft. Jetzt hat sich die Inkarnation vollzogen. Das heißt: Ein Menschengeist hat von dem werdenden Körper Besitz ergriffen.

Erinnern Sie sich noch der Schilderung, die ich Ihnen von der ersten Menschwerdung auf Erden gegeben habe? An den höchstentwickelten Tierkörper, der sich erst durch den Eintritt des Geistes weiterentwickeln konnte zum Menschenkörper?

Beim Werden jedes einzelnen Menschen wiederholt sich nun im Abbild jenes Geschehen, das einst die Menschheit hier auf Erden entstehen ließ. Hier, am Scheitelpunkte, in der Mitte der Schwangerschaft, hat der bislang nur aus dem Stofflichen bestrittene Entwicklungsprozeß seinen Höhepunkt erreicht. Es bedarf des Hinzutritts des Geistes, um nun die Entwicklung zum Menschen weiterzuführen.

Wie aber kommt es zum Eintritt des Geistes? Erinnern Sie sich bitte daran, was ich zu Beginn über die Strahlungsverbindung von Geist, Seele und Körper sagte. Erst in der Mitte der Schwangerschaft hat die Ausstrahlung der sich entwickelnden Körperhülle jene Stärke erreicht, die es ihr gestattet, den Geist mit seinen feineren Hüllen, kurz gesagt: die Seele, festzuhalten. Sie wird von dieser Strahlung in den Körper hineingezogen. Erst dadurch ist der Geist nun imstande, von dem werdenden Körper

Besitz zu ergreifen, sich seiner zu bedienen, ihn zu bewegen. Wenn man unter dem Begriff »Mensch« diese Verbindung von Geist und Körper zu einer Einheit versteht, so könnte man davon ausgehen, daß das Geschöpf »Erdenmensch« erst zum Zeitpunkt der Inkarnation, also in der Mitte der Schwangerschaft, zu bestehen beginnt.

Das heißt aber nicht, daß man bis dahin mit dem werdenden Kindeskörper beliebig verfahren, daß man ihn wie eine Sache behandeln dürfe. Zwar befindet sich der Geist noch nicht im Körper, aber es bestehen bereits Verbindungen zwischen den beiden.

Denn der zur Inkarnierung gelangende Geist fällt ja nicht plötzlich in den vorgebildeten Körper hinein. Es ist dies ein fließender, sich langsam verstärkender Vorgang – und deshalb ist es der Wissenschaft auch kaum möglich, hier eine erkennbare Grenze zu finden.

Die Inkarnation des Geistes widerlegt auch die verbreitete Meinung, die Eltern könnten ihrem Kinde »das Leben schenken«. Das Leben hat der zur Einverleibung gelangende Geist schon längst, er hat es von seinem Schöpfer erhalten. Die Eltern können ihn aber ins irdische Dasein »rufen« – wenn er ein solches Erdenleben noch nötig hat.

Dieser Ruf beginnt bereits mit der Zeugung. Durch die Vereinigung von Ei und Samenzelle entsteht ja eine neue Strahlungskombination, die wie der Ruf einer Sendefrequenz ausgeht und empfangen wird von dem, der auf die gleiche Schwingung eingestellt ist. Es ist dasselbe Prinzip, das wir – vergröbert – in der Technik bei Sender und Empfänger wiederfinden. Wir wundern uns heute doch nicht mehr darüber, daß es möglich ist, mit ganz schwachen Impulsen Signale zum Mond, zum Mars, zur Venus zu senden und Raumsonden Befehle zu übermitteln. Der Ruf nun, der von der Strahlungsverbindung bei einer Zeugung ausgeht, zieht den entsprechenden Geist heran, der sich von der Art dieser Schwingung aufgrund einer inneren Beziehung angesprochen fühlt, ähnlich, wie es auf einer viel gröberen Ebene etwa der Lockruf der Tiere in der Natur bewirkt.

Sehr eindrucksvoll wird uns dieser Vorgang in der Gralsbotschaft geschildert:

»Macht Euch nur klar, daß in dem allernächsten Jenseits eine große Anzahl Seelen schon bereit stehen in der Erwartung einer Möglichkeit zur Wiederinkarnierung auf der Erde. Es sind dies meistens solche Menschenseelen, die, von Karmafäden festgehalten, irgendwelche Ablösungen in einem neuen Erdenleben suchen.

Sowie sich ihnen eine Möglichkeit dazu ergibt, heften sie sich an Stellen, wo ein Zeugungsakt erfolgte, um wartend das Heranreifen des neuen Menschenkörpers als Behausung zu verfolgen. In diesem Warten spinnen sich dann feinstoffliche Fäden von dem jungen Körper aus zur Seele, die sich hartnäckig in großer Nähe der werdenden Mutter hält, und umgekehrt, und bei bestimmter Reife dienen dann die Fäden zu der Brücke, die die fremde Seele aus dem Jenseits einläßt in den jungen Körper, den sie auch sofort für sich in Anspruch nimmt.« (GB »Das Recht des Kindes an die Eltern«)

Nun können Sie sich vielleicht eher vorstellen, welche Bedeutung ein Eingriff in dieses Geschehen hat. Bedenken Sie, daß alles, was sich im Körper, also körperhaft, zu formen beginnt, zunächst ein feineres Vorbild, das astrale Modell, haben muß.

Ein Eingriff zeitigt daher Wirkungen über den Körper der Frau hinaus. Es wird dadurch, auch vor dem Eintritt des Geistes, das Astralmodell für dessen Körper zerstört, es werden die Strahlungsfäden, die sich zwischen dem wartenden Geist und dem werdenden Körper gebildet haben, zerrissen.

In unserem irdischen Erwerbsleben fiele es doch wohl kaum dem Eigentümer einer Werkshalle ein, unter Berufung auf sein Eigentumsrecht an dieser Halle, ein darin in Fertigung befindliches Werkstück zu zerstören, das bereits einem anderen zugesagt wurde. Er wäre sich jedenfalls klar darüber, daß er mit einer solchen Handlungsweise dessen Interessen verletzen und ihm gegenüber schadenersatzpflichtig werden würde.

Wie kann man also meinen, ein Schwangerschaftsabbruch zöge keine Verantwortung nach sich? Das fünfte Gebot darf ja – wie ich schon sagte – nicht nur stofflich ausgelegt werden. Es fällt jedes Ertöten, auch das von Hoffnungen, Begabungen, Entwicklungsmöglichkeiten darunter. Im Falle der Abtreibung wird die Hoffnung eines Menschengeistes auf ein Erdenleben, das ihm Ablösungen und geistigen Fortschritt bieten sollte, zerstört, getötet. Dazu kommt, daß auch die Eltern sich dadurch der Möglichkeit einer Karma-Ablösung berauben, die ihnen aber nicht erspart bleiben kann. Sie wird nur aufgeschoben und ist durch die erneute Verstrickung nur noch erschwert.

Es kommt ja nie von ungefähr, daß ein Geist bei bestimmten Eltern zur Inkarnation gelangt, es steht ein Sinn dahinter. Entweder führt eine schicksalhafte, das heißt noch der Lösung harrende Verflechtung aus früheren Leben eine solche Verbindung herbei oder es ist eines der tragenden Schöpfungsgesetze ausschlaggebend dafür, nämlich das *Gesetz der Anziehung der*

Gleichart, das ebenfalls den Beteiligten die Möglichkeit bietet, aneinander zu reifen.

Und dazu muß wieder einiges gesagt werden, weil auch hier das fehlende Wissen vom Geistigen zu irrigen Auffassungen geführt hat. Man sagt oft, wenn ein Kind Interessen, Begabungen, Fähigkeiten hat, die schon bei einem der Elternteile zu finden waren: Das hat es vom Vater, das hat es von der Mutter geerbt. Und das ist unrichtig. Denn im Geistigen gibt es keine Vererbung, weil jeder Geist für sich selbständig ist und seinen ureigensten Entwicklungsweg zurückgelegt hat. *Seine* Erlebnisse, *seine* Entschlüsse und deren Rückwirkungen haben ihn geformt und auf jenen Stand gebracht, den er jetzt, bei Antritt seines neuen Lebens, besitzt.

Wenn wir sagen »gleich und gleich gesellt sich gern«, dann meinen wir damit genau jenes Gesetz der Anziehung der Gleichart, das solche Menschen zusammenführt, die – wie man sagt – »sich verstehen«, weil sie gleiche Neigungen haben. Dieses »Sich-Verstehen« aber ist doch etwas Unkörperliches. Es handelt sich also um eine geistige Gleichart, die sie »auf gleicher Welle schwingen« läßt. Der gesellige Umgang, den ein Mensch pflegt, die vielen Vereine, sie alle beruhen auf dieser Tatsache. »Sage mir, mit wem Du verkehrst, und ich sage Dir, wer Du bist« besagt doch, daß wir aus dieser Gleichart sogar einen Rückschluß auf die Persönlichkeit eines Menschen ziehen können. Aber die Menschen, mit denen jemand verkehrt, mit welchen er sich in einem Verein zusammenfindet, sind doch nicht mit ihm verwandt. Weshalb meinen wir also gerade dann, wenn eine solche geistige Gleichart zwischen Eltern und Kindern auftritt, es würde sich um Vererbung handeln? Das in diesem

Zusammenhang häufig gebrauchte Sprichwort: »Der Apfel fällt nicht weit vom Stamm« verweist in Wahrheit auf nichts anderes, als eben auf dieses Gesetz der Anziehung geistiger Gleichart.

Halten Sie also bitte fest: Es gibt hier eine entscheidende Trennlinie. Vererbung gibt es nur im Körperlichen; im Geistigen wirkt das viel weiter reichende Gesetz der Anziehung der Gleichart, das wir nur deshalb fälschlich für Vererbung halten, weil wir vom Geiste kaum etwas wissen. Blonde Haare, blaue Augen, ein Muttermal oder abstehende Ohren kann man erben, das bleibt im Stofflichen, hier gelten die Mendelschen Gesetze – niemals aber etwas, das in der Beschaffenheit des Geistes wurzelt.

Freilich: Der Geist bildet sich weitgehend den Körper. Daraus ergeben sich dann auch körperliche Ähnlichkeiten zwischen Eltern und Kindern – aber oft auch mit ganz fremden Menschen. Sie werden beobachten können, daß sich diese »Doppelgänger-Eigenschaft« nicht nur auf das Äußere beschränkt, sondern das ganze Wesen umfaßt: die Art sich zu geben, zu sprechen sowie die Interessen. Auch hier liegt keine Vererbung vor, sondern eine Gleichart des Geistes, die ähnliche Körperformen bildet.

Und dadurch findet auch der zur Inkarnierung gelangende Geist genau jene Bedingungen vor, die ihm entsprechen, die er aufgrund seiner Beschaffenheit für seine geistige Weiterentwicklung benötigt.

Denn so wird beispielsweise ein selbstsüchtiger, gieriger Mensch durch die Anziehung der Gleichart dort hineingeboren, wo gleichfalls Gier und Selbstsucht herrschen. Er wird also unter diesen Eigenschaften leiden müssen. Darin liegt nicht nur Gerechtigkeit, die ihn jetzt erleben läßt, was er früher anderen antat, sondern zugleich auch helfende Liebe, die ihm durch das Erleiden der eigenen Fehler zu einer einsichtsvollen Wandlung verhelfen will. Ebenso findet auch der Geist, der in früheren Leben schon gute Eigenschaften entwickelt hat, durch diese Anziehung der Gleichart zu ihrer Förderung und weiteren Entwicklung.

In der Gralsbotschaft »Im Lichte der Wahrheit« heißt es nun (Vortrag »Die Sexualkraft in ihrer Bedeutung zum geistigen Aufstiege«):

»Diese bei der Geburt bedeutungsvolle Anziehungskraft aller Gleichart kann von dem Vater ausgehen wie von der Mutter, ebenso wie von einem jeden, der in der Nähe der werdenden Mutter ist. Deshalb sollte eine werdende Mutter darin Vorsicht walten lassen, wen sie um sich duldet. *Es muß dabei bedacht werden, daß innere Stärke vorwiegend in den* Schwächen *liegt, nicht etwa in dem äußeren Charakter. Die Schwächen bringen Hauptmomente inneren Erlebens, die starke Anziehungskraft auswirken.«*

Damit wird uns – in zweifacher Hinsicht – wieder etwas ungemein Wichtiges gesagt. Gerade jene Seiten unserer Persönlichkeit, die noch einer Verbesserung bedürfen, weil sie nicht im Einklang stehen mit den Gottgesetzen, jene also, die wir liebevoll beschönigend »Schwächen« nennen, weil wir noch nicht die Stärke erlangt haben, unserem Fehlverlangen hier sieghaft entgegenzutreten, sie sind es, die bei der Anziehung der Gleichart bestimmend in Erscheinung treten können. Denn das Nachgeben gegenüber diesen Schwächen sowie der sich daraus ergebende Kampf mit sich selbst führten zu besonders starkem Erleben.

Sie haben aber auch gehört, daß die *Umgebung* der Mutter dabei eine gewichtige Rolle spielen kann. Wird durch mangelnde Achtsamkeit der Eltern diese fremde Ausstrahlung vorherrschend, so kann sie eine Störung in den gesetzmäßigen Ablauf des Geschehens bringen. Es ist dann so, als würde ein Störsender die eigene Frequenz der Eltern überlagern. Daraus erklärt sich, daß mitunter ein sogenanntes »schwarzes Schaf« in eine an sich gute Familie kommen kann.

Alles das macht die hohe Verantwortung deutlich, die den Eltern im geistigen Sinne bei der Menschwerdung zukommt. Sie können nämlich – sofern nicht schicksalhafte Verflechtungen wirksam werden müssen – durch ihre geistige Einstellung und durch die Beachtung ihrer Umgebung unter den für eine Inkarnation in Betracht kommenden Menschengeistern eine Art Auswahl treffen und sich dadurch vor einem vielleicht wenig erfreulichen Gaste bewahren.

Nun haben Sie zwar von diesem Gesetz der Anziehung der Gleichart gehört. Aber wenn Sie ein wenig darüber nachdenken, werden Sie wahrscheinlich auf einen vermeintlichen Widerspruch stoßen. Denn sagen wir nicht auch: »Gegensätze ziehen sich an«? Und finden wir nicht auch dafür die Bestätigung in den Erscheinungen dieser Welt? Was also gilt? Lassen Sie mich deshalb auch noch darauf eingehen, denn beides ist richtig. Die Gralsbotschaft liefert uns auch hierfür die Erklärung: Überall dort nämlich, wo eine Aufspaltung in Polaritäten vorliegt, wie: plus/minus, aktiv/passiv, männlich/weiblich, ziehen diese Gegensätze sich an, denn der derart *gespaltenen* Art wohnt das Bestreben inne, sich ergänzend aneinanderzuschließen. Zwischen den in sich *geschlossenen* Arten hingegen gilt das Gesetz der Anziehung der Gleichart. So ist etwa die Menschheit gespalten in Männer und Frauen. Zwischen ihnen kommt das Anschlußverlangen der gespaltenen Art zum Tragen. Die Eigenschaften eines Menschen hingegen wie Selbstsucht, Geiz, Naturliebe, Musikalität und zahllose andere, kurz seine Neigungen, Interessen und Fähigkeiten sind alle in sich geschlossene Arten, die anziehend auf ihre Gleichart wirken.

Zu welchen Auswüchsen das fehlende Wissen von diesen verborgenen Zusammenhängen führt, hat sich gerade in jüngster Zeit in Gestalt der »Leihmütter« deutlich gezeigt. Ich meine damit vor allem jenen Fall: Ein Paar, dem Nachkommenschaft auf natürlichem Wege versagt ist, läßt das Ei in der Retorte befruchten, um es dann einer anderen Frau einpflanzen und von ihr austragen zu lassen. Die Menschwerdung wird solcherart zu einem sachlich-nüchternen Produktionsvorgang herabgewürdigt, rechtlich zu einer Art Werkvertrag. Man läßt aus bereitgestelltem Material ein Kind »anfertigen«. Jene, die meinen, auf diesem Umweg zu einem »eigenen« Kind gelangen zu können – und dieses Bestreben steht ja dahinter – unterliegen einem Irrtum. Äußerlich mag das Kind die eine oder andere Ähnlichkeit mit ihnen aufweisen. Der Geist aber, der darin steckt – und er ist ja das Eigentliche des Menschen – wird jene Eigenschaften, Schwächen und Neigungen mitbringen, die in ähnlicher Weise bei der »Leihmutter« oder deren Umgebung anzutreffen waren.

In all dem liegt aber auch die Erklärung für den immer mehr um sich greifenden Verfall unserer Welt, für das Überhandnehmen von Verbrechen und Gewalt. Gleichgültigkeit gegenüber dem so bedeutsamen Geschehen der Menschwerdung; Nichtwissen um die damit verbundene geistige Verantwortung; Sorglosigkeit, mit welchen Menschen man Umgang pflegt; Gedanken, die sich nur aus Freude am Nervenkitzel in der Welt des Verbrechens und der Sittenlosigkeit bewegen (denken wir doch nur an Film, Fernsehen und Presse) und schließlich der betont auf materielle Interessen abgestellte Lebensstil – sie alle können doch nur zur Folge haben, daß immer mehr Geister auf die Erde gelangen, die mangelnde sittliche Verantwortung und Gier nach Materiellem schon aus früheren Leben mitbringen.

Ohne Kenntnis dieser eigentlichen, im Geistigen liegenden Ursachen, sind die Menschen leicht geneigt anzunehmen, für den beklagenswerten Zustand dieser unserer heutigen Welt sei der Schöpfer verantwortlich. Sie vermissen Gerechtigkeit und meinen, es läge eine blinde Sinnlosigkeit in der Verteilung der Geburten, deren Ungleichheit durch eine als »sozial« empfundene Gesetzgebung tunlichst eingeebnet werden müßte. Ein Satz der Gralsbotschaft aus dem Vortrag »Ich bin die Auferstehung und das Leben ...«, im Zusammenhang mit dem Wissen von der Wiedergeburt, aber vermöchte alle diese Probleme zu lösen:

»Die Ungleichheit unter den Menschen ist nur die notwendige Folge ihres eigenen, freien Wollens.«

Ihrer Willensentschlüsse aus früheren Leben! Es gibt im Walten der unveränderlichen Gottgesetze keine Ungerechtigkeit.

So wie ein Schlüssel sich nur in dem dazu passenden Schloß als nützlich erweist, weil er sich nur dort in seiner Eigen-Art auswirken kann, bieten auch die Bedingungen, in die der zur

Inkarnation gelangende Geist hineingestellt wird, jeweils die gerade *ihm* entsprechenden Möglichkeiten der Entfaltung. Aber auch in diesem bildhaften Beispiel ist es – und hierin sehen Sie die Entsprechung zu der vorhin erwähnten Verantwortung der Eltern – das Schloß, das bestimmend dafür ist, welcher Schlüssel hineinpaßt.

Die Umwelt, in die ein Mensch hineingeboren wird, ist also gewissermaßen die Startrampe, die er sich selbst aus der Summe seiner bisherigen Leben für diese seine fortgesetzte Daseinswanderung bereitet hat. An ihm liegt es dann, wohin diese Wanderung weiter führen soll. Denn alle schicksalhaften Verstrickungen lassen sich durch das feste Wollen zu dem Guten, zum richtig verstandenen geistigen Aufstieg, wieder lösen. Das ist ja das wunderbar Tröstliche, das in diesen Gesetzmäßigkeiten liegt. Hierauf näher einzugehen, ist im Rahmen dieses Vortrags leider nicht mehr möglich. Aber Hilfen über Hilfen stehen uns zur Verfügung, wenn wir nur endlich durch das Verstehen dieser Gesetze lernen, uns ihrer Förderung zu bedienen. Alle Erfindungen, auf die wir so stolz sind, beruhen doch nur auf einem Nutzbarmachen dieser Gesetze. Was also läßt uns zögern, das gleiche auch im Geistigen zu tun?

Wir können nämlich sehr wohl Antworten erhalten auf jene Fragen, vor denen wir ziemlich ratlos stehen und uns im Grunde gar nicht wohlfühlen, wenn wir Entscheidungen treffen müssen in dem Bewußtsein, gar nicht das rechte Maß für richtig oder falsch zu besitzen. Denn sogar die Fachleute räumen, wie ich eingangs zitierte, ein: »aber vom Menschen wissen wir nichts«. Von ihnen können wir eine Klärung also nicht erwarten. Klingen die Worte der Gralsbotschaft da nicht allzu berechtigt:

»*Wie töricht seid Ihr aber doch, Ihr Menschen, wie eng begrenzt habt Ihr Euch Euren Ausblick über alles, namentlich über das, was* Euch *betrifft und Euren Wandel durch die Schöpfungen.*«
(GB »Familiensinn«)

Sprengen wir also endlich die engen Grenzen unseres Blickfeldes! Folgen wir doch der Weisung der Gralsbotschaft:

»*Werdet endlich geistig, Menschen; denn Ihr seid vom Geiste!*«
(GB »Die Aufgabe der Menschenweiblichkeit«)

Sie werden, wie ich hoffe, bemerkt haben: An den uns bekannten Erscheinungen, an den Feststellungen der Wissenschaft habe ich im Rahmen dieser Betrachtung nicht das geringste verändert. Ich habe nur das bisher unbeachtet gebliebene Geistige einbezogen. Und mit einem Male erscheinen jene Tatsachen, die für sich alleine standen und zahlreiche ungelöste Fragen offen ließen, in einem sinnvollen Zusammenhang.

Dabei war es nur ein kleiner Ausschnitt, den ich Ihnen bieten konnte, aber er betraf einen Themenkreis, der uns als Menschen doch alle angeht und der uns gerade in den letzten Jahren sehr beschäftigt hat. Vieles wäre noch ergänzend dazu zu sagen. Ich konnte das Thema »Weshalb Geburten doch gerecht sind« ja nur in groben Zügen aufzeigen. Aber schon davon mag manches für Sie neu, ungewohnt, vielleicht sogar befremdlich geklungen haben. Aber: Machen Sie sich frei von erstarrten, verkrusteten Denkschablonen! Gerade in unserer Zeit sehen wir uns immer wieder der Notwendigkeit gegenüber, umzudenken. Neue Einsichten brechen sich Bahn.

»Die neue Weitsicht ruft uns dazu auf, viele unserer tief verwurzelten Weltbilder, unsere festgehaltenen Vorstellungen aufzugeben.« Dies meint, gleich vielen anderen, etwa der amerikanische Atomphysiker Gary Zukav – und dies bezieht sich nicht nur auf die Naturwissenschaften. Der Ruf ertönt von allen Seiten. Immer mehr müssen wir unsere zersplitterten, bruchstückhaften Erkenntnisse in eine große, umfassende Ordnung einzufügen lernen. Wir werden zu einem Ganzheitsdenken gezwungen. Es ist ein Denken, das sich nicht mehr mit den äußeren Erscheinungen begnügt, sondern die dahinter wirkenden Verflechtungen einbezieht. Das gilt erst recht für unser Mensch-Sein und unsere Daseinsbestimmung, bei welchen man gerade das Entscheidende – den Geist und seine Entwicklung – nicht länger ausklammern kann.

Von Ihnen wird dabei nicht mehr verlangt, als endlich jene unselige, aus Zweifelsucht errichtete Hemmschwelle zu überschreiten, die so viele Menschen daran hindert, sich selbst als Geistgeschöpfe und unser Dasein als eine große, zielgerichtete Einheit zu erkennen.

Wenn Sie zu einer solchen umfassenden Erweiterung Ihres Weltbildes bereit, wenn Sie ein ehrlich nach Wahrheit suchender Mensch sind, dann darf ich Sie auf das von mir schon wiederholt genannte Buch »Im Lichte der Wahrheit«, die Gralsbotschaft von Abd-ru-shin, hinweisen.

Denn nicht ich habe mir angemaßt, Ihnen Aufklärung über Menschheitsfragen geben zu können. Nur die Art, wie ich sie Ihnen zu vermitteln versuchte, nur die Brücken, die ich Ihnen baute, stammen von mir. Wenn Sie vielleicht meinen sollten, ich hätte manchmal die Dinge zu sehr vereinfacht, indem ich Ihnen

Beispiele aus den Alltäglichkeiten unseres Lebens gab, dann liegen Sie genau richtig! Denn alles Große, alles Wahre ist einfach und diese Einfachheit bringt es mit sich, daß wir diese Wahrheit überall wiederfinden. Aber erst müssen uns die Augen dafür geöffnet werden. Und das ist der unschätzbare Verdienst dessen, der dieses Werk geschrieben und uns darin die Gesetze der Schöpfung, diese selbst und unseren Weg erklärt hat. Die naheliegende Frage, woher er dieses Wissen hatte, beantwortet sich durch das Buch von selbst.

Aber ich bilde mir nicht ein, daß meine Empfehlung für Sie maßgeblich sein könnte – und sie soll es auch gar nicht sein. Denn der Verfasser der Gralsbotschaft will nicht, daß Sie die Meinungen, die Behauptungen anderer einfach übernehmen. Er will, daß in Ihnen selbst die Überzeugung der Richtigkeit erwächst. Schon im Geleitwort seines Werkes schreibt er deshalb:

»*Überzeugung kommt allein durch rücksichtsloses Abwägen und Prüfen!*«

Ein Wort der Klarstellung sei abschließend noch gesagt, damit Sie mich nicht falsch verstehen, denn in unserer heutigen, so kommerziell verseuchten Zeit ist ein gewisses Mißtrauen leider oft am Platze. Sie können das von mir erwähnte Buch selbstredend auf den üblichen Wegen erhalten, wenn Sie es wünschen, aber niemandem geht es um das große Geschäft. Es geht einzig darum, Ihnen diese Hilfe anzubieten. Eine Hilfe bei der Lösung Ihrer Daseinsfragen, bei der oft von so vielen Zweifeln beschwerten Suche nach Gott, bei der Beantwortung der für uns Menschen doch letztlich entscheidenden Frage, ob es ihn denn wirklich gibt.

Wenn Sie aus meinen Worten, vor allem aber aus den Worten der Gralsbotschaft ein wenig *davon* gespürt haben sollten, dann würde mich das freuen. Der Verfasser der Gralsbotschaft hat diese Zielsetzung in jene Worte gekleidet, mit denen ich meine Ausführungen beschließen möchte, weil ihnen – wie ich meine – nichts mehr hinzuzufügen ist:

»*Um den Menschen solches Wissen zu vermitteln, das ihnen übersichtliche und verständliche Überzeugung von dem Wirken Gottes in seiner Gerechtigkeit und Liebe gibt, schrieb ich das Werk ›Im Lichte der Wahrheit‹, das keine Lücke läßt, auf jede Frage Antwort in sich birgt, den Menschen Klarheit bringt, wie wunderbar die Wege in der Schöpfung sind, die viele Diener seines Willens tragen.*« (GB »Kult«)

»*Nicht eine Frage bleibt Euch dabei ungelöst; großes Verstehen geht in Euch auf für das bis jetzt geheimnisvolle Walten eherner Gesetze in der Schöpfung, die Euch mit den Auswirkungen Eures Wollens führen, und als Krönung Eurer Mühe kommt das wundervolle Ahnen einer Weisheit, einer Allmacht, einer Liebe und Gerechtigkeit, welche nur* Gottes *sein kann, dessen Sein Ihr damit findet!*« (GB »Schöpfungsübersicht«)

Weshalb Gott das alles zulässt

*I*n den letzten Jahren habe ich in vielen Städten einen Vortrag gehalten, der den Titel trug: »Wieso wir nach dem Tode leben und welchen Sinn das Leben hat«. Im Zuge dieses Vortrags besprach ich auch kurz den Begriff des Schicksals. Da kam eines Abends nach Schluß meiner Ausführungen ein jüngerer Mann sichtlich aufgewühlt zu mir und sagte: »Sie sprechen vom Schicksal! Was sagen Sie dann diesem Mädchen?« Und er zeigte auf ein junges, hübsches Geschöpf – in einem Rollstuhl; vielleicht querschnittgelähmt als Opfer eines Unfalls.

Ja, was sagt man in einem solchen Fall nun wirklich? Mit ein paar wohlfeilen Redensarten ist es da nicht getan. Die Frage erfordert ein Eingehen auf vermeintlich unergründliche Zusammenhänge. Sie steht ja nicht für sich allein. Tausende stellen sie jeden Tag in dieser oder ähnlicher Weise. Denn dahinter steht die Urangst des Menschen, steht die Furcht, ausgeliefert zu sein an einen blinden Zufall, an eine unerklärliche Willkür, die immer wieder, wenn ein Ereignis schicksalhaft in unser Leben eingreift, die Frage stellen läßt: Weshalb gerade er, sie oder ich?

Das reicht auch über das Persönliche hinaus. Warum treffen Katastrophen manchmal Gruppen von Menschen, weshalb müssen ganze Völker in Hunger und Not, in physischer oder geistiger Unfreiheit leben? Immer wieder drängt sich die Frage auf: Warum?

Und das mündet letztlich in die entscheidende Frage: Wenn es ihn – Gott – denn überhaupt gibt, wie kann er, von dem man behauptet, daß er liebend sei und gerecht, wie kann er das alles zulassen?

Kann man auf diese Frage überhaupt eine Antwort finden angesichts all des Gräßlichen, das sich tagtäglich in dieser Welt begibt? Wenn ich dies dennoch tun will, dann einfach deshalb, weil ich vor rund dreißig Jahren das Glück hatte, das Buch »Im Lichte der Wahrheit«, die Gralsbotschaft von Abd-ru-shin, kennenzulernen. Dieses Werk enthält die Antwort auf diese und alle unsere Fragen, denn es erklärt unser Dasein innerhalb des gesamten Wirkungsgefüges der Schöpfung. Das ermöglicht es uns, die Geschehen in einer anderen Größenordnung zu sehen, als wir dies für gewöhnlich zu tun pflegen.

In Kenntnis dieses Werkes war es für mich geradezu erschütternd, als ein in Österreich sehr bekannter Vertreter einer großen Religionsgemeinschaft auf die Frage eines Reporters, was er denn zu den Hungerkatastrophen, den Massakern, dem Flüchtlingselend zu sagen habe, zur Antwort gab: »Da zweifle ich manchmal an der Gerechtigkeit Gottes«.

Ja, wenn selbst jene, die uns Klarheit und Hoffnung geben sollten, angekränkelt sind vom Zweifel, wenn auch sie ratlos stehen vor den Geschehnissen unserer Tage, ja dann ist doch etwas schiefgelaufen. Entweder hat man uns ein falsches Bild von *Gott* gezeichnet, dem Liebe und Gerechtigkeit demnach fremd sind – oder unsere Vorstellung davon ist falsch.

Und so ist es auch. Denn was wissen wir von Gerechtigkeit, was wissen wir von Liebe? Müßten nicht schon diese Begriffe für uns über jeden Zweifel erhaben sein, wenn wir sie zum Maßstab nehmen wollen?

Wir erachten es als gerecht, wenn Gutes Lohn und Böses Strafe erfährt. Aber wir verlangen, daß uns diese Beziehung von Ursache und Wirkung erkennbar werde. Wo dieser Zusammenhang fehlt, erscheint ein Geschehen als ungerecht. Es läßt sich nicht einordnen, es steht für sich allein und entbehrt dadurch einer verstehbaren Sinnhaftigkeit.

Und wie sieht es mit unserer Vorstellung von Liebe aus? Liebe – sofern sie überhaupt frei von Eigensucht ist – bedeutet für uns, dem anderen Gutes tun. Aber hier schlittern wir schon wieder in neue Fragen, denn: was ist gut? Gerade darüber gehen die Meinungen doch weit auseinander.

Schon zwei Sätze aus dem vorhin genannten Werk aber zeigen auf, woran es liegt, daß wir Fragen wie die eingangs genannten stellen:

»*Göttliche Liebe wirkt [...] nur das, was jedem Menschengeiste nützt, nicht aber das, was ihm auf Erden Freude macht und angenehm erscheint. Darüber geht sie weit hinaus, weil sie das ganze Sein beherrscht.*« (GB »Was trennt so viele Menschen heute von dem Licht?«)

Sehen Sie nun: Da ist zunächst vom Menschen*geiste* die Rede. Aber was weiß man imallgemeinen vom Geist? Was weiß man davon, was diesem Geist nützt und von der Ganzheit unseres Seins? Sind Sie sich darüber im klaren? Wenn Sie diese

Frage verneinen müssen, dann haben Sie den Grund für unsere verfehlte Betrachtungsweise. Denn in diesem Nichtwissen liegt die Wurzel unseres Unverständnisses.

Für viele ist ja der Geist immer noch etwas höchst Unbestimmtes, man verwechselt ihn mit unserem Denkvermögen, ja man stellt sogar sein Vorhandensein in Frage. Dabei ist er, *nur er* das eigentliche Ich eines jeden Menschen, das einzig Lebendige in uns. Der Erdenkörper ist nur eine der Beschaffenheit dieser Welt angepaßte Umhüllung für diesen Geist, die es ihm ermöglicht, hier leben und wirken zu können. Was immer aber in unserem Dasein geschieht, gilt diesem *Geist,* geht von ihm aus und bezieht sich auf ihn.

Um nun beurteilen zu können, was diesem Geist nützt, müßten wir doch den Sinn unseres Daseins kennen. Denn nützlich sein bedeutet ja, einem Zweck, einer Zielerreichung zu dienen. Für den Menschengeist liegt dieses Ziel in seiner Entwicklung. Er muß die Gesetze der Schöpfung immer besser verstehen lernen. Das bedeutet zugleich ein zunehmendes Sichbewußtwerden seiner im Geist liegenden Möglichkeiten. Dazu bedarf es der Erfahrung, die er aufgrund seiner Beschaffenheit zunächst nur in dieser grobstofflichen Erdenwelt machen kann, wie ja jede sinnvolle Ausbildung vom Grunde aus beginnen muß. Der bekannte Verhaltensforscher Konrad Lorenz hat das sehr treffend ausgedrückt. Wir seien – so meinte er – »das fehlende Bindeglied zwischen Affe und Menschen«. Wir hätten unsere menschlichen Fähigkeiten – eben jene des Geistes – erst zum geringsten Teile entwickelt. Wir seien also erst »Wesen im Werden«. Warum dies so ist, weshalb wir nicht gleich vollkommen geschaffen werden konnten, wird uns durch die Gralsbotschaft erklärt, aber es würde zu weit führen, hier darauf eingehen zu wollen. Sie sehen aber: Wenn uns die Gralsbotschaft darüber belehrt, daß wir entwicklungsbedürftige »Geistkeime« in uns tragen, so deckt sich dies mit der Einsicht eines Vertreters der Wissenschaft.

Doch anstatt uns endlich darüber klar zu werden, daß wir hier sind, um aus Erfahrungen zu lernen, Versäumtes nachzuholen und weiter zu lernen, haben wir die Vorstellung, wir wären hier, um ein angenehmes Leben zu führen. Alles, was dieser Vorstellung nicht entspricht, erachten wir als unvereinbar mit göttlicher Liebe. Denn diese Liebe hat, so meinen wir, uns dieses angenehme Leben zu gewährleisten.

Aber dieses jetzige Erdenleben ist nur ein winziger Abschnitt innerhalb unseres ganzen Seins. Und nur auf dieses letztere ist alles abgestellt. Nach abgeschlossener »Ausbildung« will es uns zurückführen in unsere geistige Heimat, damit wir dort, der Vergänglichkeit des Stoffes für immer entrückt, wissend geworden, ewig freudevoll mitwirken können an dem Getriebe der Schöpfung. In der Unkenntnis dieser unserer wahren Daseinsbestimmung aber liegt das Grundübel, das uns Zusammenhänge gar nicht in Betracht ziehen läßt, deren Ausgangspunkt jenseits unseres gegenwärtigen Blickfeldes liegt. Machen wir uns doch diese Absurdität bewußt: Wir wissen zwar nicht, was vorher war, wir wissen nicht, was danach kommt, aber eigensinnig beharren wir darauf, daß das Verhältnis von Ursache und Wirkung sich in der für uns überschaubaren Winzigkeit dieser derzeitigen Lebensspanne zeigen müsse, wenn es uns als »gerecht« erscheinen soll.

Aus gutem Grund wird uns deshalb in der Gralsbotschaft gesagt:

»Ein Hauptfehler so vieler Menschen ist aber der, daß sie nur [...] mit einem Erdenleben rechnen, während sie in Wirklichkeit schon mehrere Erdenleben hinter sich haben. Diese, sowie auch die Zwischenzeiten in der feinstofflichen Welt, gelten als ein einheitliches Sein, durch das die Fäden, ohne abzubrechen, straff gezogen sind, so daß also in den Auswirkungen eines jeweiligen irdischen Daseins nur ein kleiner Teil dieser Fäden sichtbar wird.«
(GB »Schicksal«)

Die Wiederverkörperung ist eine Notwendigkeit unseres Entwicklungsganges, die wie die Abfolge von Schulklassen der Fortbildung beziehungsweise dem Nachholen des noch Unverstandenen dient. Das Wissen davon ist uralt. Für weite Teile der Menschheit ist es die Grundlage ihrer Glaubensvorstellungen. Es war, wie wir aus dem Neuen Testament ersehen können, auch zur Erdenzeit Jesu bekannt. Ich habe bereits in anderen Vorträgen dargelegt, was dazu geführt hat, daß im Jahre 553 der Hinweis auf wiederholte Erdenleben aus der christlichen Glaubenswelt verschwand. Es war – ich muß es der Bedeutung wegen kurz wiederholen – ein rein politisches Diktat des römischen Kaisers Justinian. Ihm mußte die noch verhältnismäßig junge und abhängige Kirche sich beugen. In der Folge konnte und kann sie dies nicht mehr ändern, ohne ihre Glaubwürdigkeit zu verlieren.

Damit aber hat man der abendländischen Menschheit Ungeheuerliches angetan. Man hat sie geistig in einen Käfig gesperrt, mehr noch, sie eingemauert. Ihre Vorstellung vom Leben wurde eingeschrumpft auf dieses eine Erdensein. Anstatt den weitgespannten Entwicklungsweg des Geistes freudig vor sich zu sehen, erscheint der Tod uns solcherart als Schrecknis, als das Ende, hinter dem nur das Nichts oder im besten Fall die große Ungewißheit verbleibt. Wer denkt noch daran, daß das Abscheiden-*Dürfen* von dieser Erdenwelt auch das Zeugnis eines erfolgreich bestandenen Lehrgangs bedeuten kann, die Enthebung von der Notwendigkeit, noch weitere irdische Erfahrungen machen zu müssen?

Sind aber, wie daraus folgt, die Fäden schicksalsmäßiger Verflechtung weit über dieses Erdenleben hinaus gespannt, dann ergibt sich auch für die Gerechtigkeit eine ganz andere, für uns unüberschaubare Dimension. Was ist doch im Verlaufe der Menschheitsgeschichte nicht schon alles an Bosheit, an Untat, an Greuel begangen worden? Würde es uns als gerecht erscheinen, wenn jemand, der einst solche Schuld auf sich geladen hat, in einem künftigen Leben auf Rosen gebettet wäre? Wer aber kann schon von sich behaupten, daß er aus seinem gesamten Erdenwandel nichts abzulösen, nichts wieder gutzumachen hätte?

Lassen wir also davon ab, fragend, ja aufbegehrend zu stehen vor Ereignissen, deren Sinnhaftigkeit wir nur deshalb nicht einsehen, weil wir niemals die verschlungenen Schicksalswege der davon betroffenen Menschen, ja nicht einmal die eigenen kennen. Gnadenvoll ist uns der Ausblick verhüllt, damit wir, unbeschwert von der Furcht drohender Rückwirkungen, uns einsichtsvoll wandeln und dadurch aus alten Verstrickungen lösen können. Doch unsere Persönlichkeit, mit der wir in dieses Leben getreten sind, wurde geformt durch all das bereits Erlebte. Daraus erklärt sich – das sei hier nur am Rande bemerkt – die vermeintlich so rätselhafte Verschiedenheit der Menschen schon von Geburt an.

Erlassen Sie es mir, hier und heute auf Art und Herkunft des Geistes, auf seine Entwicklung und die Wiedergeburt näher einzugehen. Es würde dies den ganzen Abend in Anspruch nehmen. Heute soll es vor allem um etwas anderes gehen, nämlich um die Frage, weshalb *Gott* alles das zuläßt, das – nach unserer Meinung – so viel Leid über die Menschen bringt.

Eine wichtige Voraussetzung für das Eingehen auf diese Frage haben wir ja schon geklärt. Wir haben erkennen müssen, daß unser Blickfeld viel zu sehr eingeengt ist und daß wir mit falschen, weil menschlich-irdischen Maßstäben messen. *Gottes* Liebe und *Gottes* Gerechtigkeit aber beziehen sich auf ganz andere Werte und Dimensionen. Die Zusammenhänge der Geschehen können daher auch außerhalb dessen liegen, was für uns derzeit erfaßbar ist. Und daraus ergibt sich eine ungemein wichtige, grundlegende Einsicht: daß wir im Einzelfall die Beziehung von Ursache und Wirkung, die uns für den Begriff der Gerechtigkeit nötig erscheint, nicht erkennen können, beweist nur die Unzulänglichkeit unserer Beurteilungsmöglichkeit, keineswegs aber, daß nicht auch darin Gerechtigkeit waltet!

Nun mag es vielleicht manchem als ein bequemer Ausweg erscheinen, dort, wo man eine Erklärung für ein Ereignis nicht geben kann, die Ursache in einen unüberschaubaren Bereich zu verlagern. Dieser Einwand hätte sehr viel für sich, wenn wir nicht wüßten, *daß* es eine höhere, unabdingbare Gerechtigkeit gibt. Gerade das Wissen von dieser Gerechtigkeit ist es ja, das sie uns dort, wo wir sie nicht erkennen können, vermissen und dann die Frage stellen läßt: Warum?

Dieses Wissen ist für uns sogar längst sprichwörtlich geworden. Sagen wir nicht:

»*Was Du nicht willst, das man Dir tu', das füg' auch keinem andern zu*« –
»*Wer andern eine Grube gräbt, fällt selbst hinein*« –
»*Wie man in den Wald hineinruft, so schallt es zurück*« –
»*Wie die Saat, so die Ernte*« –

und dergleichen mehr?

Das sind doch alles Erfahrungen, die, gleichgültig in welche Bilder wir sie gekleidet haben, immer nur ein und dasselbe besagen: daß auf uns zurückfällt, was von uns ausgegangen ist. Diese Erkenntnis aber konnte doch nur dadurch zu jedermann geläufigen Stehsätzen werden, weil sie sich immer wieder bestätigt hat. Und das, genau das ist es doch, was wir von der Wissenschaft verlangen, wenn ein Ergebnis ihrer Forschungen als gesichert gelten soll: die durch die Wiederholbarkeit gegebene Überprüfbarkeit! Wir können also aufgrund wiederkehrender Erfahrungen gewissermaßen als wissenschaftlich gesichert ansehen, daß es Gerechtigkeit gibt.

Freilich, der Umstand, daß wir diese Gerechtigkeit in manchen Fällen feststellen können, in anderen aber nicht, veranlaßt viele Menschen dazu, anzunehmen, Gott würde eben willkürlich handeln. Auf dieser Vorstellung beruht ja sogar oft die Art unseres Betens. Wir bitten, er möge dieses oder jenes geschehen oder nicht geschehen lassen, weil für ihn, wie wir meinen, eben alles möglich ist. Wie menschlich klein aber denken wir damit von Gott!

Wir kennen doch alle den Begriff der Vollkommenheit. Auf wen könnte er – immer unter der Voraussetzung, daß es ihn überhaupt gibt – eher zutreffen als auf *Gott*, den Schöpfer? So macht uns die Gralsbotschaft nur das eigentlich doch Selbstverständliche bewußt: Aus Vollkommenheit *kann* nur Vollkommenes hervorgehen, an dem, eben aufgrund dieser Vollkommenheit, nichts, aber auch gar nichts veränderbar ist. Vollkommenheit benötigt und duldet keine Ergänzung, weil sie ja schon alles enthält. Das aber bedeutet, daß der ganzen Schöpfung schon von allem Anfang an eine unveränderliche Ordnung zugrunde liegt. Daraus ergibt sich eine Folgerung, die geeignet ist, unser Weltbild von Grund auf zu verändern. Die Gralsbotschaft klärt uns darüber mit den Worten auf:

»Aber Gott greift in alle diese kleinen und großen Menschensorgen, Kriege, Elend und was Irdisches noch mehr ist, gar nicht direkt ein! Er hat von Anfang an in die Schöpfung seine vollkommenen Gesetze gewoben, die selbsttätig ihre unbestechliche Arbeit durchführen, so daß sich alles haarscharf erfüllt, ewig gleich sich auslöst, wodurch eine Bevorzugung ebenso ausgeschlossen ist wie eine Benachteiligung, jede Ungerechtigkeit unmöglich bleibt.

Gott braucht sich also darum nicht besonders zu kümmern, sein Werk ist lückenlos.« (GB »Schicksal«)

Und nun fragen Sie sich selbst, prüfen Sie und wägen Sie ab: Ist dieses Gottesbild nicht ungleich gewaltiger als jenes des sich eilfertig hier und dort einmischenden Gottes, der die Dinge *nachträglich* wieder ins Lot bringen muß? Welch armseliges, ständig verbesserungsbedürftiges Flickwerk hätte er demnach geschaffen! Die Annahme, *Gott* könne jederzeit nach Belieben verfahren, könne dieses oder jenes anders ablaufen lassen, ist in Wahrheit nicht Glaubensgröße, sondern verkleinert und vermenschlicht die Gottheit, deren Vollkommenheit durch die Annahme eines willkürlichen Eingreifens verleugnet wird.

Daß Gott eben nicht willkürlich »handelt«, daß er nicht bei jedem Geschehen tätig wird, verlangt von vielen ein völliges Umdenken. Doch kann uns das wirklich schwerfallen? *Gott habe in die Schöpfung*, so heißt es in dem zitierten Abschnitt, *seine unveränderlichen Gesetze gewoben.* Ist es nicht so? Wollen wir dies etwa bestreiten? Gibt uns nicht das Getriebe der Schöpfung, gibt uns nicht die Natur das ständige Beispiel für dieses selbsttätige Wirken, das keines regelnden Eingriffes durch den Schöpfer mehr bedarf? Längst haben wir das Bestehen solcher von Menschen unbeeinflußbaren Gesetze zur Kenntnis nehmen müssen. Sie sind die Grundlage aller Naturwissenschaft. Nur aufgrund dieser unverrückbaren Gesetzmäßigkeiten können wir bauen, können Wissenschaft und Technik sich entfalten.

Wie Nervenstränge durchziehen diese Gesetze die ganze Schöpfung, nehmen alles, was darin geschieht, Gutes und Böses, Rechtes und Unrechtes wahr und re-agieren selbsttätig darauf. Unser vegetatives Nervensystem bietet uns dafür ein verkleinertes Abbild: Unabhängig von unserem Willen steuert es in jeweils bestmöglicher Weise unsere Lebensprozesse wie Herzschlag, Atmung, Verdauung, Anpassung der Pupille an den Lichteinfall oder der Haut an die Temperatur. Aber trotz dieser selbsttätigen Wirkungsweisen ist unser Körper, durch die unergründliche Bewegung des Herzens durchpulst vom Blute, mit dem Geheimnis des Lebens verbunden. So ist auch die Schöpfung kein sich selbst überlassenes, mechanisch ablaufendes Uhrwerk, wie es sich der Deismus vorstellt. Sie ist ein lebendiger Organismus, der, von höchster Weisheit erfüllt, vom Schöpfer beständig erhalten wird, aus dem allein Bewegung und dadurch Lebendigkeit kommt.

Damit schließt sich die letzte Lücke, die für Zweifel verblieben ist. Wenn *Gott* aufgrund seiner unwandelbaren Gesetze gar nicht willkürlich handeln *kann*, weil deren Vollkommenheit dies weder nötig noch möglich macht, dann *muß* Gerechtigkeit auch dort zugrunde liegen, wo wir außerstande sind, sie zu erkennen.

Diese Gerechtigkeit beruht auf einem der drei großen, schöpfungstragenden Grundgesetze: dem *Gesetz der Wechselwirkung*.

Es bedingt, daß alles zu seinem Ausgangspunkte zurückkehren muß. Es verbindet im Ringschluß jede Wirkung mit ihrer Ursache, läßt sie auf diese zurückwirken. Wir begegnen dieser Gesetzmäßigkeit in vielfältiger Weise. Der Blutkreislauf, der Stromkreis, der Kreislauf des Wassers, das Kreisen der Atome wie der Gestirne sind nur einige davon. Wir kennen die Auswirkungen dieses Gesetzes als Rückkopplung, wir bedienen uns seiner in der Computertechnik, tragen ihm beim »Recycling« Rechnung. Und die vorhin zitierten Erfahrungsweisheiten, wie: »Was Du nicht willst, das man Dir tu', das füg' auch keinem andern zu«, geben Zeugnis davon, daß diese gleiche Gesetzmäßigkeit sich auch auf Zusammenhänge erstreckt, die ihre Ursache im Willen eines Menschen, das heißt im Geistigen, haben.

Weshalb also scheuen wir davor zurück, diese einfache, uns doch längst bewußt gewordene Tatsache zur Kenntnis zu nehmen? Geben wir es ruhig zu: Unsere Selbstherrlichkeit, unser

Dünkel stehen dieser Einsicht entgegen. Denn dann müßten wir zugeben: *Wir* sind es, von denen irgendeinmal in diesem oder früheren Leben ausgegangen ist, was auf uns zurückfällt.

Aber freilich: Es ist viel bequemer, viel angenehmer, einen anderen, vor allem den Schöpfer, verantwortlich zu machen für das eigene Fehlverhalten und dann zu fragen, wie *er* das zulassen könne. *Wir* aber sind in Wahrheit ungerecht ihm gegenüber, wenn wir Fragen wie diese stellen oder fragen: »Wo bleibt die Gerechtigkeit?«

So, wie beim Anschlag einer Schreibmaschine das Zeichen erscheint, das wir gedrückt haben, lösen wir selbst in der unwandelbaren Gesetzmäßigkeit der Schöpfung jene Wirkungen aus, über die wir uns dann beklagen. Heute erlaubt die Computertechnik uns ein noch besseres Verständnis dafür. Der Schöpfung sind diese Gesetzmäßigkeiten eingespeichert wie ein Computerprogramm. Unzählbar sind die Möglichkeiten, die es für den Benützer bietet. Aber die Antwort wird immer so sein, wie sie sich aufgrund des Programms ergibt.

Damit stehen wir vor vertauschten Rollen. Nicht *Gott* entscheidet über die Zulässigkeit dessen, was auf uns zukommt, *wir* sind dafür verantwortlich, was uns früher oder später, in diesem oder in künftigen Leben in Auswirkung des Schöpfungsgesetzes der Wechselwirkung treffen wird, treffen muß.

Treffen *muß!* Also ist es ein grausamer, rachsüchtiger Gott, der, anstatt nachsichtig liebevoll unsere Unzulänglichkeit zu verzeihen, durch sein in die Schöpfung gelegtes Gesetz eben auch Leid über uns kommen läßt?

Wieder gelangen wir zu der Frage, die uns schon am Anfang beschäftigt hat: Wozu das Leid? Wo ist der Sinn?

Aber weshalb klammern wir uns an das Unerfreuliche? Weshalb veranlassen uns nur die dunklen Seiten des Lebens dazu, solche Fragen zu stellen? Es ist ja das gleiche Gesetz der Wechselwirkung, das uns auch Wohlbefinden, Freude und Glück beschert. *Diese* nehmen wir als selbstverständlich hin, ohne zu fragen, warum es uns zuteil wird und welcher Sinn *darin* liegt.

Mit dieser einfachen Überlegung aber sind wir der Klärung schon wieder einen großen Schritt näher gekommen. Nicht ein rachsüchtiger Gott, nicht sein erbarmungsloses Gesetz haben das Leid für uns vorgesehen. Wir können und sollten hierdurch eigentlich nur Freudevolles erhalten.

Was also macht den Unterschied aus?

Wir können an diesem entscheidenden Punkt nur langsam, in kleinen Schritten vorgehen und wollen auch den Boden nicht unter den Füßen verlieren. Lassen Sie mich deshalb zurückkehren zu dem schon vorhin gegebenen einfachen Beispiel des Anschlags auf einer Schreibmaschine. Nehmen wir an, Sie hätten sich »vertippt«. Das bedeutet: Sie haben einen Fehler gemacht. Sie haben etwas anderes als das Rechte bewirkt. Die selbstverständliche Folge wird sein, daß Sie den Fehler ausbessern müssen. Lernen wir doch aus den kleinen Dingen, aus den Alltäglichkeiten des Lebens! Sie tragen ja – nur abgewandelt – die gleichen Gesetzmäßigkeiten in sich, die auch für die großen Geschehen gelten.

Gehen wir nun einen Schritt weiter in ein schon größeres Wirkungsfeld. Die Gesetze, die wir innerhalb einer staatlichen Ordnung erlassen, bringen doch, das ist uns allen klar, den Willen des Gesetzgebers zum Ausdruck. Wir dürfen also – wieder aufgrund eines solchen Abbildes – den Schluß ziehen, daß auch die unverrückbaren Gesetze der Schöpfung als vom Schöpfer stammend seinen gleichbleibenden Willen bekunden.

Dieser in den Gesetzen enthaltene Wille regelt also, was richtig ist, was sein soll, was sein darf. Das kann immer nur sein, was diesem Willen entspricht, niemals das, was ihm entgegensteht. Damit haben wir zugleich auch die Antwort auf die vorhin noch offen gebliebene Frage: »Was ist gut?« Gut ist leider zumeist nicht, was wir – subjektiv – dafür halten, gut kann immer nur sein, was – objektiv – den Gesetzen der Schöpfung gemäß ist. Das bedeutet: Wann immer wir etwas tun, was diesen Gesetzen, dem *Gottes*-Willen zuwiderläuft, haben wir – wie in dem zuvor gegebenen Beispiel – einen Fehler gemacht und müssen ihn demnach wieder beheben.

Um nun im irdischen Leben nicht über die staatlichen Gesetze zu stolpern, müssen wir uns über sie informieren. Was aber tun wir in bezug auf die Schöpfungsgesetze? Wir beten im Vaterunser: »Herr, *Dein* Wille geschehe, wie im Himmel so auch auf Erden«. Das ist – richtig verstanden – doch keine Bitte, es soll ein Gelöbnis sein! Denn welches Hindernis steht dem entgegen? Sein Wille umgibt uns in den Gesetzen der Schöpfung. *Wir* sind es doch, die durch unser Anders-Wollen die Verwirrungen in dieser Erdenwelt schaffen! Doch wenn ich Sie nun fragen wollte, worin dieser Schöpfer-Wille besteht, für dessen Unbehindert-Bleiben doch *wir* sorgen müßten – wer von Ihnen vermöchte eine Antwort zu geben?

Wir müssen uns also die Kenntnis der Gesetze auch der großen Ordnung »Schöpfung« verschaffen, in der wir leben. Wie aber soll das geschehen? Wir können sie nicht in einem Gesetzblatt lesen, aber die ganze Schöpfung trägt sie in ihren

Auswirkungen in sich. Das ist die Sprache, mit der der Schöpfer zu uns spricht, und die wir – wie es sich bei den Umweltsünden zeigt – erst sehr spät allmählich zu verstehen beginnen.

Wie bringen wir nun einem Geschöpf, das unsere Sprache nicht oder noch nicht versteht, bei, wie es sich verhalten, was es tun oder lassen soll? Das unbestrittene Mittel selbst der liebevollsten Erziehung ist, ihm durch das Erleben von Annehmlichkeit oder Unangenehmem die Einsicht für richtig oder falsch zu vermitteln. Und nichts anderes als das Mittel einer solchen Erziehung, der Heranbildung zum Verständnis rechten Verhaltens, sind auch Freude und Leid. Es ist das letztere nichts anderes als die Folge individuellen oder kollektiven Fehlverhaltens, das heißt der Nichtbeachtung der Schöpfungsgesetze. Die Beschwerden, unter denen die Menschen heute durch vergiftete Luft, vergiftetes Wasser, vergiftete Nahrung leiden, zeigen uns das ganz deutlich. Sie sind doch nicht aus der Absicht des Schöpfers durch eine Bösartigkeit der Natur entstanden; wir Menschen haben diesen Zustand herbeigeführt!

Wenn wir nun in unserer staatlichen Ordnung einen Gesetzesübertreter bestrafen, so verfolgt das einen doppelten Zweck. Zum einen sehen wir darin, entsprechend unserer Vorstellung von Gerechtigkeit, eine Sühne, einen Ausgleich; zum anderen soll dies der Besserung dienen. Das Erleben des Unangenehmen soll den Täter zur Einsicht des begangenen Unrechts führen, damit er es fernerhin unterläßt. Auch wenn uns das nur selten bewußt wird, so steht doch letztlich Liebe dahinter, die dem Betroffenen künftige Unbill ersparen will. Wieder bilden wir damit aber nur nach, was auch die Ordnung der Schöpfung vorsieht.

Es ist uns doch so leicht gemacht, das zu verstehen. Denken wir doch wieder an die selbsttätig ablaufenden Lebensprozesse in unserem Körper, wie Atmung, Herzschlag, Verdauung, Licht- und Wärmeanpassung. Diese bestmögliche Ordnung kann der Mensch stören: Sie können durch Überforderung Herzbeschwerden bekommen; es kann Ihnen, wenn Sie sich überessen, übel werden. Blicken Sie ins grelle Licht, so werden Sie geblendet; liegen Sie zu lange in der Sonne, bekommen Sie Sonnenbrand. Immer erleiden Sie – ganz allgemein gesagt – ein Ungemach. Wie ist es dazu gekommen? Die selbsttätigen Gesetzmäßigkeiten haben auf Ihr Fehlverhalten geantwortet, sie haben re-agiert. Und darin liegt doch zugleich eine liebevolle Abmahnung: So sollst Du es nicht machen!

Damit haben Sie aber in der kleinen, überschaubaren Welt Ihres Körpers das gleiche Wechselspiel erlebt, wie es sich auch überall in der Gesamtheit der Schöpfung ergibt. Sie haben dadurch die Möglichkeit, vom Grundsätzlichen her zu einem Verständnis dafür zu gelangen, wodurch in Auswirkung dieser Gesetzmäßigkeiten jede Art von Leid entsteht und worin sein letztlich immer nur liebevoller Sinn liegt.

Wenn wir dieses Geschehen nun in seiner allumfassenden Größenordnung betrachten wollen, so müssen wir uns zunächst näher damit befassen, auf welche Weise der Mensch in die Schöpfung einwirkt. Wir müssen uns bewußt machen, daß die Schöpfung eine ständige Abwandlung von Schwingungen ist, hervorgerufen durch die erhaltende Ausstrahlung *Gottes*, die ja ihrerseits nichts anderes ist als Schwingung. So schreibt etwa – als einer von vielen zitiert – der Atomphysiker Fritjof Capra: »*Das ganze Universum manifestiert sich in einer Vielzahl von*

Schwingungen unterschiedlicher Frequenzen« (»Wendezeit«, Scherz Verlag).

Schon vor Jahrzehnten hat die Wissenschaft festgestellt, daß es Materie eigentlich gar nicht gibt. Was wir als solche ansehen, was uns als festgefügte Form erscheint, ist, geht man der Sache auf den Grund, nichts anderes als verdichtete Energie, kurz gesagt: ein Schwingungspaket.

In diese Schwingungsfelder wirkt nun der Mensch beständig ein. Schon sein Denken, sein Wollen, nicht erst das Tun, sind mit Schwingung verbunden und rufen in den ihnen entsprechenden Schwingungsbereichen Formungen hervor, die genau der Art dieser Schwingung entsprechen. Hier tritt nun ein zweites der großen Grundgesetze der Schöpfung, das *Gesetz der Anziehung der Gleichart,* mit in Erscheinung. Wir kennen es physikalisch vor allem als Resonanz, die Gleichgestimmtes zum Mitschwingen bringt. Darauf beruht die Homöopathie, in der Ähnliches auf Ähnliches einwirkt. Im Geistigen wirkt es sich beim Zusammenfinden gleichartig interessierter Menschen aus. So verbindet sich auch die vom Menschen ausgegangene Schwingung mit gleichartigen, verstärkt diese und wird ihrerseits durch diese verstärkt. Daraus erklärt sich das Bibelwort, daß »wer Wind sät, Sturm ernten wird«.

Kehrt nun nach dem Gesetz der Wechselwirkung im Ringschluß die von einem Menschen ausgegangene Schwingung durch die Gleichart verstärkt auf diesen zurück, so entspricht sie – auch physikalisch verstehbar – genau der Art, dem Charakter dessen, was von ihm »in die Welt gesetzt« wurde. Er erlebt also nun geballt, wie er andere beglückt oder was er ihnen angetan hat. Sie sehen also: Es liegt in diesen Gesetzen unbedingte Gerechtigkeit!

Bringen sie uns Freude und Glück, so dürfen wir sie dankbar entgegennehmen, weil auch sie uns in keinem Falle unverdient treffen. Denn dieses Geschehen ist ja seinerseits sinnvoll: Man möchte vor Freude »die Welt umarmen«, möchte jedermann Gutes tun oder, beglückt über eine unerwartete Hilfe, seinerseits anderen hilfreich sein. Der Aufschwung, die Kraft, die uns durch ein echtes Glückserlebnis zuteil wird, ist unverkennbar, und darin liegt *geistige Förderung,* die wir durch das Schöpfungsgesetz erfahren.

Nun werden Sie, wie ich hoffe, auch verstehen, welcher Sinn dem Leid innewohnt, was *diese* Rückwirkung bezweckt. Der gegenüber dem Schöpfungsgesetz, also dem *Gottes*willenirgendeinmal begangene Fehler muß ja wieder behoben werden. Denn er ist ja, zur Formung geworden, nun mit eingespeichert in das Schöpfungsprogramm, sein Vorhandensein stört dessen harmonischen Ablauf.

Wenn Sie nun etwa von einem Tonband eine Aufnahme, die ja auch nur eine als Formung bewahrte Schwingung ist, löschen oder durch eine andere ersetzen wollen, so müssen Sie das Band wieder an dem Tonkopf vorbeilaufen lassen, also einen Ringschluß herbeiführen. So bedarf auch ein vom Geiste ausgegangenes Wollen des geistigen Ringschlusses. Es kann nur durch die Rückkehr in den Ursprung aufgehoben, als Schwingung ausgelöscht werden. Nun ist aber jeder Menschengeist auf Grund seiner bisherigen Daseinswege einmalig, von allen anderen verschieden. Diese Einmaligkeit prägt sich sogar aus »bis in die Fingerspitzen«, denken wir doch nur an den Fingerabdruck. Die von *diesem* Geiste, von *seiner* Persönlichkeit ausgegangene Schwingung kann deshalb nicht, wie bei einem Tonkopf, auch von einem anderen, sondern nur durch ihn *selbst* wieder gelöscht werden. Nur er besitzt in seiner Einmaligkeit den dazu passenden »Code«. Dadurch kann sich der Urheber von dieser Verstrickung, dem ihn belastenden »Karma« lösen. Dazu ist es freilich erforderlich, daß er das Leid annimmt. Anderenfalls würde es ihn bei anderer Gelegenheit neuerlich treffen.

Die Frage aber: »Wie komme ich dazu, einen solchen Schicksalsschlag zu erleiden?« ist ein Aufbegehren. Sie gibt Zeugnis von mangelnder Einsicht, *sich selbst* als den Erzeuger dessen anerkennen zu wollen, was sich jetzt zu diesem auslösenden Geschehen verdichtet hat. Für diese Einsicht ist es nicht nötig, den Ausgangspunkt, den Zusammenhang jetzt schon begreifen zu können. Er kann ja auch in einem früheren Leben gelegen sein, das uns wohlweislich noch verhüllt ist. Entscheidend ist allein die Erkenntnis der aufgrund der *Gott*gerechtigkeit jedenfalls *eigenen* Ursächlichkeit. Darin liegt eine Art geistiger Reifeprüfung. Sie verlangt von uns das einzige, das uns not tut: *das Verstehen der Schöpfungsgesetze und ihres immer nur hilfreichen Sinnes.*

Sobald Sie aber in dieser anderen Größenordnung zu denken beginnen, schwindet der Leidensdruck, den Sie ja nur durch Ihre Auflehnung, Ihr Dagegensein, selbst bewirkten, der Ring kann sich schließen, und Sie erfahren eine Befreiung. Hat man nicht unzählige Male erlebt, daß Menschen gerade durch das Leid in ungeahnter Weise geistig gewachsen sind, daß sie eine neue Einstellung zum Leben gewonnen haben und manches Falsche abstreifen konnten? Damit wird das Leid für den Betroffenen nicht mehr leidvoll, sondern zu einer Quelle innerer Kraft. Sie sehen also: Auch im Leid verwirklicht sich der eingangs zitierte Satz aus der Gralsbotschaft: »*Gottes Liebe wirkt nur das, was dem Menschengeiste* nützt«, das heißt, was ihm hilft, sein Daseinsziel zu erreichen, das in der vollbewußten und schöpfungsdienlichen Nutzung seiner geistigen Möglichkeiten liegt.

Da dieser gleiche Sinngehalt jeder Art von Leid innewohnt, gibt es auch kein »unwertes Leben«, das man auslöschen oder wegwerfen dürfte. Es gibt auch keine »geistig Behinderten«. Beeinträchtigt ist dabei nur das Werkzeug, der Erdenkörper, so daß sich der darin enthaltene Geist irdisch nicht richtig auswirken kann. Er leidet unter dieser Unfähigkeit, dem untauglichen Mittel zur Verständigung, aber er erlebt wie jeder andere Geist und kann bei rechter Einsicht sich dadurch lösen von jedenfalls schwerer Schuld.

Nun mag sich vielleicht mancher vor einer solchen Rückwirkung fürchten. Aber wie liebevoll ist doch für uns gesorgt! Wunderbar tröstlich sagt uns die Gralsbotschaft:

»*Ihr habt es nicht nötig, traurig und gedrückt zu sein!*
Jeden Augenblick könnt Ihr den Weg zur Höhe beginnen und Vergangenes gutmachen, was es auch sei!« (GB »Verantwortung«)

Wir müssen es ja nicht darauf ankommen lassen, daß die Rückwirkung uns in voller Härte trifft. Nichts hindert uns daran, uns schon vorher zum Guten zu wandeln. Sie werden, was dadurch geschieht, als geradezu selbstverständlich einsehen, wenn Sie sich an das erinnern, was ich zuvor über die Schwingungen sagte. Denn, so schildert der Verfasser der Gralsbotschaft an anderer Stelle (in »Fragenbeantwortungen«) den Vorgang:

»*Hat nun ein Mensch ehrlich gutes Wollen in sich großgezogen, so wird auch die ihn umgebende Schicht von gleicher Art sein. Zurückkommende Wechselwirkungen übler Art von früher her werden nun von dieser ihnen entgegenstehenden Schicht aufgehalten und abgelenkt oder aufgesaugt und zersetzt, bevor sie den Menschen selbst zu treffen vermögen, und somit ganz beseitigt oder doch bedeutend abgeschwächt, so daß ihm damit durch sein ernstes gutes Wollen die Vergebung früherer Übel wurde.*«

In der Physik kennt man diese Auswirkung als Interferenz. Treffen zwei unterschiedliche Schwingungen aufeinander, so heben sie sich in dem Maße auf, als Wellenberg und Wellental einander gegenüber stehen, schwächen sich also oder löschen sich sogar aus. Die Gralsbotschaft spricht in diesem Zusammenhang von »symbolischer Ablösung«. Der Ringschluß erfolgt jedenfalls, aber durch ein Ereignis, das infolge seines schon eingetretenen Sinneswandels dem Betroffenen nicht mehr beschwerlich erscheint. Wieder also sind *wir* es, die steuern. Die Auswirkung der Gerechtigkeit paßt sich jeweils unserer geistigen Beschaffenheit an, sie trägt unserer schon gewonnenen Einsicht Rechnung.

Nun kann ich mir durchaus vorstellen, daß der eine oder andere von Ihnen mir schon längst einen Vorhalt machen und sagen möchte: »Sie behaupten, daß wir selbst für alles verantwortlich sind. Das setzt doch voraus, daß wir entscheiden können, also Willensfreiheit besitzen. Gerade das aber ist doch umstritten.«

Nun, es gibt kaum ein treffenderes Beispiel für die menschliche Sucht, selbst das Einfachste kompliziert zu machen. Für den Kenner der Gralsbotschaft ist es unbegreiflich, daß über die Willensfreiheit immer noch philosophisch gerätselt wird. Es ist doch ganz einfach: Wir haben die Freiheit, uns zu entscheiden, sind aber an die Folgen dieser Entscheidung gebunden. Das erleben wir doch tagtäglich bei allem unserem Tun. Nehmen wir an, Sie kommen aus dem Haus und gehen nach links. Sie haben damit die Möglichkeit, die Richtung Ihres Weges zu bestimmen, genützt. Fällt Ihnen dann ein, daß Sie besser hätten nach rechts gehen sollen, so hindert Sie nichts, diese neue Entscheidung zu treffen. Das enthebt Sie aber nicht der Notwendigkeit, die schon nach links gegangene Strecke zurückzugehen. Willensfreiheit und Gebundenheit bestehen also, wie sie sehen, nebeneinander.

Ich möchte aber auch einer weiteren Frage nicht ausweichen, die Ihnen sicher kommen wird, wenn Sie über das Gehörte nachdenken sollten: Kann nicht auch jemand Opfer einer Übeltat werden, ohne daß es sich dabei um Rückwirkung handelt? Alles muß doch einmal einen Anfang genommen haben!

Nun, so wie der Blitz stets den Weg des geringsten Widerstands nimmt, wird ein Übel erstmalig vor allem denjenigen treffen, der – sich selbst oft unbewußt – durch seine Gedanken, seine Ängste, sein mangelndes *Gott*vertrauen seine Abwehrkraft geschwächt, gleichsam seinen geistigen Schutzschild durchlöchert hat. Er befindet sich schon in Erwartungshaltung und zieht – im Sinne von Resonanz – nach dem *Schöpfungsgesetz der Anziehung der Gleichart* dadurch selbst das befürchtete Übel an.

Man darf aber auch nicht vergessen, daß – eine Besonderheit dieser Erdenwelt – hier Gutes und Böses in vielerlei Abstufungen nebeneinander lebt. Diese Vielfalt ist geeignet, die Geistesentwicklung zu fördern, verlangt aber geistige Regsamkeit und, wie auch bei jedem Tiere, irdische Wachsamkeit. Denn dahinter steht das *Schöpfungsgesetz der Bewegung*. Es ist zwingende Forderung für alles, was in der Entwicklung nicht zurückbleiben will. Wer darin nachläßt, wird angreifbar, so wie das schwächste Tier einer Herde, das mit ihr nicht Schritt zu halten vermag, vom jagenden Raubtier gerissen wird. Auch im Geistigen ist es nicht anders.

Weder in dem einen, noch in dem anderen Falle handelt es sich dabei auf Seite des Betroffenen um Schuld, denn er schadet durch seine Schwäche keinem anderen, nur sich selbst. Er wird dadurch allerdings zum Angriffsziel eines Geschehens, das er als hilfreichen Weckruf verstehen soll.

Aber seien wir uns dabei bewußt, daß diese letztere Betrachtung nur von *grundsätzlicher* Bedeutung für die *stets* gegebene Sinnhaftigkeit jeder Art und Herkunft des Leides ist. Wir können in Unkenntnis der Zusammenhänge, die sich auch in die Gedankenwelt bis hin zum Geistigen erstrecken können, zwischen Anfang und Ringschluß ja nie unterscheiden. Denn wer kennt schon die Gedanken eines anderen? Die lange Dauer der Menschheitsgeschichte und die mehreren Erdenleben, die jeder schon zurückgelegt hat, machen es freilich ungleich wahrscheinlicher, daß es sich zumeist um Rückwirkungen handelt.

Sie sehen aber: Nirgendwo gibt es Willkür, alles findet gesetzmäßig zueinander.

Es gilt also, bei der Frage nach der Gerechtigkeit nicht vom Einzelgeschehen, sondern von der sich darin auswirkenden Gesetzmäßigkeit auszugehen. Diese Forderung ist gar nicht so ungewöhnlich, wie sie fürs erste erscheinen mag. Wir kennen Ähnliches doch von verschiedenen Sachgebieten. Da gibt es in der Physik die »Halbwertszeit«: Wir wissen, wann die Hälfte der Atome eines Stoffes zerfällt. Wir haben statistische Sterbetabellen. Sie sagen uns, bis wann wie viele Menschen einer bestimmten Altersgruppe abscheiden werden, nicht aber, wer von ihnen es sein wird. Blicken wir auf das einzelne Atom, auf den einzelnen Menschen, so stehen wir auch hier vor der Frage: Warum?

Dennoch ist der unbeantwortete Einzelfall unverkennbar eingebettet in eine Gesetzmäßigkeit. Ihre Auswirkung wird durch ihn vordergründig sichtbar, sie selbst aber läßt sich erst als übergreifende Ordnung erkennen. Das hat die Chaos-Forschung, der jüngste Zweig der Physik, bereits als etwas Grundsätzliches erkannt: Es gibt eine »sensitive Ordnung«, die infolge ihrer Empfindsamkeit für eine Vielzahl von unterschiedlichen Einwirkungen zu einer unüberschaubaren Fülle unvorhersehbarer Ergebnisse führt. Diese »sensitive Ordnung« aber ist nichts anderes als das alles wahrnehmende, selbsttätig wirkende Schöpfungsgesetz.

Weiten wir also den Blick für diese zusammenfassende Einsicht: Die selbsttätig wirkenden Schöpfungsgesetze bringen uns – ob Freude, ob Leid – immer nur, was irgendeinmal in diesem oder in früheren Leben *unserem Willen,* unserer dadurch geformten Art entspricht oder entsprochen hat.

Das aber verändert doch alle bisherigen Vorstellungen. Es verflüchtigt sich damit der Begriff der Strafe. *Gott* straft nicht – er *gewährt* uns vielmehr durch seine Gesetze nur die Erfüllung unserer Wünsche, mögen sie auch anderen gegolten haben. Daß diese Erfüllung uns des öfteren nicht angenehm ist, ist allein in der Art dieser Wünsche begründet, deren Irrigkeit wir dadurch einsehen sollen. Es gibt also, wenn wir es recht überlegen, nur eines, wovor wir Angst haben müssen: Das sind wir selbst!

So zeigt der Verfasser der Gralsbotschaft uns zu Recht ein neues, beglückendes Weltbild, indem er die große Einfachheit erklärt, die in dem ganzen Weltgeschehen liegt. Was auch darin geschieht, so sagt er, es kann immer nur Liebe sein.

Ich bin mir durchaus bewußt, daß es angesichts des so vielfältig Entsetzlichen in dieser Welt nicht leicht ist, Liebe als den einzig wahren Urgrund zu erkennen. Aber woher stammt denn diese wundervolle, Liebe genannte Empfindung, die doch auch jeder von uns zu erleben imstande ist, wenn sie nicht in ihm, dem Schöpfer, dem Ausgangspunkt alles Seienden, wäre? *Gott ist die Liebe* – und deshalb kann auch nur Liebe aus ihm hervorgehen. Daß es sich dabei nicht um eine verklärende Vorstellung, sondern um die Wirklichkeit der Schöpfung handelt, hat gerade in jüngster Zeit die Sterbeforschung bestätigt. Alle Personen, die schon als tot galten, aber wieder ins Erdenleben zurückgeholt werden konnten, haben übereinstimmend berichtet: Der erste und stärkste Eindruck im entkörperten Zustand sei jener einer überwältigenden, unaussprechlichen Liebe gewesen!

Daraus ergibt sich die Aufgabe auch für uns. Wir müssen diese Liebe umsetzen, weitergeben. Das Leid des anderen bietet uns dazu eine Möglichkeit. Es wäre nämlich verfehlt, den Leidenden etwa deshalb hilflos zu lassen, weil er ja selbst sein Geschick verursacht hat. Wahre Hilfe aber muß auch das Geistige einschließen, sie muß dem Betroffenen das Geschehen einsehbar machen. Das Leid gewinnt damit eine weitergehende Bedeutung: Es kann zur Bewährung auch für andere werden, die damit ihrerseits manches gutmachen können. Bedenken wir doch:

Diese Erde, zu deren Entstehung wir nicht das Geringste beigetragen haben, gibt uns alles, was wir für unser Sein benötigen. Das große Schöpfungsurgesetz der Wechselwirkung, das zugleich das Gesetz des Ausgleichs ist, aber duldet kein einseitiges Nehmen. Doch was haben wir dafür zu bieten? In der rechten Hilfe, die wir dem Nächsten leisten, lieben wir ihn und zugleich uns selbst, wir werden nützlich, förderlich dem menschengeistigen Daseinszweck und darin liegt ganz allgemein der Gegenwert, den *wir* zu erbringen vermögen: *tätiger Dank* für die allgegenwärtige Liebe des Schöpfers.

Diese Liebe, die zugleich ja auch hilfreiche Gerechtigkeit ist, umgibt uns sogar schon vor der Geburt. Es ist ja kein Zufall, keine Willkür, in welcher Umgebung, bei welchen Eltern ein Mensch geboren wird. Wieder sind hier die beiden vorhin erwähnten großen Schöpfungsurgesetze dafür bestimmend. Bestehen noch schicksalhafte Verflechtungen aus früheren Leben, die erst im Ringschluß gelöst werden müssen, so führt das *Gesetz der Wechselwirkung* die daran Beteiligten zusammen. Wo nicht, bringt das *Gesetz der Anziehung der Gleichart* den Menschengeist dort zur Einverleibung, wo er – erinnern Sie sich an den Begriff Resonanz – eine ähnliche *geistige* Beschaffenheit findet. Der Begriff »Verwandtschaft« verweist ja auf diese Ähnlichkeit. Sie ermöglicht es ihm, sich in seiner Art weiter zu entwickeln. Besonders deutlich zeigt sich das etwa bei Künstlergenerationen. Man hält das fälschlich für Vererbung.

Wenn Sie die Begriffe Geist und Wiedergeburt aber nicht länger aus Ihrem Weltbild ausklammern, so wird Ihnen auch klar werden, daß man geistige Eigenschaften weder vererben noch erben kann. Sie sind das Ergebnis der gänzlich unterschiedlichen

Erlebnisse und Erfahrungen, die ein Menschengeist auf seinen bisherigen Daseinswegen gemacht hat. Sie machen seine Persönlichkeit aus, mit der er erneut geboren wird. Vererbung beschränkt sich also auf körperliche Merkmale. Gleiche Neigungen und Fähigkeiten zwischen Eltern und Kindern beruhen hingegen auf der Anziehung der Gleichart. Sie sehen also: Es wird durch das Wirken der Schöpfungsgesetze dem Geiste schon bei der Geburt stets das geboten, was ihm entspricht und was er zu seiner Weiterentwicklung benötigt.

Diese liebevolle Umsorgtheit reicht andererseits auch über den Tod hinaus. Die zartere Umhüllung, die der Geist nach dem Ablegen des Erdenkörpers trägt – ich darf Sie diesbezüglich auf meinen eingangs genannten Vortrag verweisen – ist leichter oder schwerer, je nachdem wie sehr ein Mensch sich an das gröbere Irdische gebunden hat. Hier wirkt sich nun ein weiteres der Schöpfungsurgesetze aus, das *Gesetz der Schwere*.

Wir wissen, daß Leichtes steigt und Schweres sinkt. Wir können beim Zentrifugieren diese trennende Wirkung ganz deutlich erkennen. So, wie man es ja auch im Irdischen im Wasser, in der Luft beobachten kann, pendelt dieses Gesetz auch im Jenseits ein, was von gleicher Schwere ist. Das zwingt drüben die Gleicharten zusammen. Sie schaffen einander Welten freude- und leidvoller Erlebnisse. Der Leichte, Lichtgewordene wird durch seine gleichartige Umgebung gefördert; der Schwerere, noch dem Dunkel Verhaftete, wird dadurch, daß er seine eigene Bösartigkeit von seiten der anderen ans ich selbst erlebt, zum Ekel davor und dadurch zur Einsicht und Wandlung veranlaßt werden.

Immer werden wir also von Gerechtigkeit und Liebe geführt. Erzieherisch sorgen Gottes Gesetze dafür, daß wir über manchen trügerischen, flüchtigen Vorteil den Weg zu unserem wahren Glück nicht verlieren.

Wieder also sind *wir* es, die wir uns ein falsches Bild von Gottes Liebe gemacht haben. Sie ist nicht nachgiebig, schwächlich, sich alles gefallen lassend, wie wir es für unser Fehlverhalten wünschten, sie ist fordernd, dadurch fördernd und zielgerichtet. Sein Großmut, seine Barmherzigkeit, seine Verzeihung liegt in der in den Schöpfungsgesetzen gebotenen Möglichkeit, uns selbst wieder aus allen Verstrickungen lösen zu können. Das aber konnte und kann, wie schon gesagt, kein anderer – auch nicht der *Gottessohn* – für uns tun. Er konnte uns nur die Wege zeigen, die in diesen Gesetzen für uns vorgesehen sind, und die wir dann freilich auch einhalten müssen. –

Vielleicht ist Ihnen schon aufgefallen, wie selbstverständlich ich die ganze Zeit von *Gott* gesprochen habe, obwohl doch am Beginn dieses Vortrags die Frage stand, ob es ihn denn überhaupt gibt. Die Antwort, die wir in der Gralsbotschaft hierauf finden, ist nämlich von bezwingender Einfachheit:

»*Ob Du nun sagst: Ich unterwerfe mich freiwillig den bestehenden Naturgesetzen, weil es zu meinem Wohle ist, oder ob Du sprichst: Ich füge mich dem Willen Gottes, der sich in den Naturgesetzen offenbart, oder: der unfaßbaren Kraft, die die Naturgesetze treibt [...], ist es ein Unterschied in seiner Wirkung? Die Kraft ist da,* und Du erkennst sie an, *mußt sie ja anerkennen, weil Dir gar nichts anderes zu tun verbleibt, sobald Du etwas überlegst [...] und damit anerkennst Du Deinen Gott, den Schöpfer!*« (GB »Das Schweigen«)

Wir bezweifeln also eigentlich nur die Faßlichkeit eines Begriffes, dessen Wirken wir, ob wir wollen oder nicht, zur Kenntnis nehmen *müssen*. Diese Faßlichkeit bezweifeln wir zu Recht, denn Gott wird für uns nie vorstellbar sein. Wir sind doch nur eines der unzähligen Geschöpfe, die aus seiner Ausstrahlung zum Bewußtsein erwachen durften. Nie aber kann ein Teil das Ganze erfassen. Nur Gottes Willen, der in den Gesetzen der Schöpfung liegt, können wir im Zuge unserer Geistesentwicklung immer besser verstehen lernen und ihm auf diese Weise näherkommen, indem wir ihn durch dieses Wissen immer klarer *erleben*. Wie schön hat doch Goethe dies ver-dichtend in Verse (Faust II) gefaßt:

»*Steigt hinan zu höherm Kreise,*
Wachset immer unvermerkt,
Wie, nach ewig reiner Weise,
Gottes Gegenwart verstärkt.
Denn das ist der Geister Nahrung,
Die im freisten Äther waltet:
Ewigen Liebens Offenbarung,
Die zur Seligkeit entfaltet.«

Das ist kein poetischer Überschwang. Es ist der Ausdruck der unserem Geiste eingewurzelten, ahnungsvollen Sehnsucht nach der Erreichung seines Daseinszieles. Geben wir ihm doch den Weg dahin frei!

Wenn wir nun überlegen wollen, was wir für die Befreiung unseres Geistes tun können, fangen wir auch dabei wieder beim Einfachen an. Ich habe, auf den knappsten Nenner gebracht, behauptet: Wir selbst haben immer zu allem, was uns trifft, den Anlaß gegeben. Da werden Sie, wenn Sie ein bißchen darüber nachdenken sollten, bemerken: Das ist doch eigentlich gar nichts Neues. Wir sagen doch sogar im Sprichwort: »Jeder ist seines eigenen Glückes Schmied« oder »Himmel und Hölle wohnen in der eigenen Brust«. Das beruht doch auf der gleichen Erkenntnis.

Aber was besagt das? Das beweist doch nur, daß das zuvor Besprochene richtig ist! Es wurde und wird uns sogar durch die zum Sprichwort gewordene Erfahrung bestätigt. Aber es hat – obwohl es uns doch längst bewußt sein müßte – auf uns offenbar keinen Eindruck gemacht, denn sonst könnten wir Fragen wie jene, wieso *Gott* alles Ungemach zulassen könne, gar nicht stellen. Wir müßten die Antwort doch längst schon kennen. Seien wir also ehrlich: Wir haben diese Kenntnis nicht wahrhaben wollen, wir haben sie verdrängt. Und wir glaubten, das tun zu können, weil uns das Wissen gefehlt hat, jenes Wissen, das uns die unabdingbare Gewißheit vermittelt: So – und nicht anders – ist es!

Jedenfalls seit der Zeit des Kopernikus und Galilei leben wir doch in einer Zerrissenheit, die man ein wenig spöttisch als die »Zwei-Welten-Theorie« bezeichnet. Da gibt es einerseits die Welt des Glaubens, durchsetzt von menschlichen Auslegungen, nach welchen auch das Naturgesetzwidrige möglich sein soll. Es muß »blind«, das heißt unverstanden hingenommen werden, mit der Selbstberuhigung, es sei Glaubensgröße anzunehmen, daß für Gottes Allmacht nichts unmöglich sein kann. Die damit unterstellte Unvollkommenheit seines Werkes sieht man nicht, will man nicht sehen. Und da ist andererseits die Welt der Naturwissenschaften, in der die unverrückbare Gültigkeit von Gesetzmäßigkeiten so deutlich geworden ist, daß etwa der Physiker Pascal Jordan, ein tief gläubiger Mensch, sich zu der Feststellung veranlaßt sah: »*Eine auch für jeden Religiösen unbestreitbare Wahrheit ist, daß Gott keineswegs durch fortgesetzte Durchbrechung der Naturgesetze seine Allmacht kundtut.*« (»Der Naturwissenschaftler vor der religiösen Frage«, Stalling-Verlag)

Und der Biologe Rupert Riedl unterstreicht diese Gebundenheit mit den Worten: »*Gott hält sich auch an die von ihm geschaffenen Gesetze, und diese Gesetze sind unverbrüchlich. Sie sind einzuhalten.*« (»Der Gottheit lebendiges Kleid«, Verlag Franz Deuticke)

Ein Brückenschlag zwischen diesen widerstreitenden Weltbildern ist bis heute nicht erfolgt und kann auch nicht erfolgen. Nun weiß man nicht, was gelten soll. Es fehlt der Halt, der Sicherheit verleiht. Aber der Mensch von heute will doch verstehen können! Alles andere hilft und nützt doch auch nichts. Und darin besteht nun das so wichtige, so bedeutende Neue: Glaube kann jetzt zu Wissen werden.

Ein Beispiel dafür haben Sie schon vorhin erhalten. Altbekannte Erfahrungen, die wir bisher nur als Tatsachen feststellen konnten, sind nun als Auswirkungen von Gesetzen erkennbar und – wie ich hoffe – ursächlich verstehbar geworden. Sie werden, wenn Sie ein bißchen darüber nachdenken sollten, mit Staunen erkennen, daß sich letztlich alle Vorgänge stofflicher und auch geistiger Art auf die zuvor besprochenen Urgesetze der Schöpfung, einzeln oder im Zusammenwirken, zurückführen und dadurch erklären lassen. Ich will sie ihrer Bedeutung wegen noch einmal nennen und Ihnen eine Gedächtnisstütze geben, damit Sie dies nicht so leicht vergessen können:

Da ist das *Gesetz der Schwere*. Es wirkt gleichsam von oben nach unten; auf das Bildhafte vereinfacht: ein senkrechter Strich. Das *Gesetz der Anziehung der Gleichart* führt das einander Entsprechende auf gleicher Ebene zusammen, bildhaft also: ein waagerechter Strich. Das *Gesetz der Wechselwirkung* schließlich verbindet Anfang und Ende im Ringschluß; ihm entspräche der Kreis. Denken Sie sich als Symbol ein gleichschenkliges Kreuz im Ring, so haben Sie die unbestreitbaren Urgesetze der Schöpfung, die alles bewirkende, lebendige Wahrheit im uralten Sinnbild des Glaubens vor Augen. Und diese drei Grundgesetze sind ihrerseits nichts anderes als Wirkungsformen einer einzigen Ursache: der *Bewegung*, hervorgerufen durch den erhaltenden Strahlungsdruck *Gottes*.

Alles in der Schöpfung ist ja Bewegung, vom Wandel der Gestirne bis zu den Atomen, nirgendwo gibt es Stillstand. Diese Bewegung verlangt auch von uns, mit ihr mitzugehen, denn nur in Bewegung ist Leben – denken wir doch nur an den Schlag unseres Herzens. Das Sprichwort »Wer rastet, der rostet« bezieht sich infolge der *all*umfassenden Geltung dieser Grundtatsache nicht nur auf die Notwendigkeit körperlicher Betätigung, es gilt erst recht für unsere Geistesentwicklung. In dieser unserer Daseinsaufgabe müssen wir weiterkommen, wenn wir hinter der fordernden Bewegung der Schöpfung nicht zurückbleiben, wenn wir nicht alle unsere irdischen Mühen ihres Sinnes berauben wollen.

Den Geist ent-wickeln! Schon dieses sprachliche Bild sagt uns, worum es dabei geht. Es gilt, ihn zu lösen aus allen Umschlingungen, es gilt, dieses Innerste, Eigentliche herauszuschälen, zu befreien. Das kann nur mit Hilfe der Wahrheit geschehen.

Sie also müssen wir sehen lernen. Erst dadurch beginnen wir zu begreifen, wie wir uns zu verhalten haben.

Es kann, das empfindet doch jeder denkende Mensch, nur eine einzige Wahrheit geben. Aber: »Was ist Wahrheit« hat schon Pilatus zweifelnd-spöttisch gefragt, als Jesus davon sprach. Und diese Ungewißheit läßt bis heute vielen Menschen die Suche nach der Wahrheit vergeblich erscheinen. Auch ich war – ich gebe es offen zu – voll der Skepsis, als ich zum ersten Male den so anspruchsvollen Titel dieses Buches *»Im Lichte der Wahrheit«* las. Aber die Bedenken schwanden sehr bald. Denn durch dieses Buch lernen wir verstehen: Wahrheit *ist*. Sie ist das Seiende und Wirkende in uns und um uns, sie umgibt uns und muß sich in allem zeigen. Wir haben sie also beständig vor Augen – weshalb sehen wir sie nicht? Nicht philosophische Spekulation, sondern nur das Verständnis für die allen Geschehen zugrunde liegenden Gesetzmäßigkeiten öffnet den Weg zu ihr. Und wie leicht verstehbar sind doch diese Gesetzmäßigkeiten in ihrer unüberbietbaren Einfachheit. Es liegt – so sagt der Verfasser der Gralsbotschaft –

»[...] alles so einfach vor den Menschen, daß diese oft gerade durch die Einfachheit nicht zur Erkenntnis kommen, weil sie von vornherein annehmen, daß das große Werk der Schöpfung soviel schwerer, verwickelter sein müßte.« (GB »Irrungen«)

Daß es wirklich so einfach ist, zeigt uns doch die Natur. Ist darin nicht immer alles darauf abgestellt, auf kürzestem, einfachstem und sparsamstem Wege das bestmögliche Ergebnis zu erzielen? So, daß einer der bedeutendsten Physiker unserer Tage sich zu der Frage veranlaßt sah: »Wie kommt es überhaupt, daß wir einfache Gesetze gefunden haben, wo die Natur doch so komplex ist?« (Bild der Wissenschaft Nr. 2/86, S. 66, DVA)

Und diese Gesetze, so stellen allenthalben die Wissenschaftler fest, sind nicht nur in der Natur, sondern in *allen* Erscheinungsformen des Lebens – also auch des geistigen Lebens – zu finden. Machen Sie sich bitte klar, was das bedeutet. Wie einfach dadurch der Weg zum wahren Verständnis der Wirkungsweise der Schöpfung wird. Daraus aber ergibt sich: Wir müssen uns, wieder in aller Einfachheit gesagt, nach diesen Gesetzen richten. Übersehen Sie dabei bitte nicht den vielsagenden Doppelsinn dieses Wortes. Beachten wir sie nicht, sprechen wir uns selbst das Urteil.

Der Verfasser der Gralsbotschaft hat es deshalb gar nicht nötig, uns in herkömmlicher Art etwas beweisen zu wollen. Er sagt in souveräner Klarheit: So ist es! Und wir sind aufgerufen, uns, umherblickend, die Überzeugung von der Richtigkeit des Gesagten zu verschaffen. Wir müssen, so sagt er, *»die Botschaft in dem Leben wiederfinden, weil sie aus dem Leben zu uns spricht«.* Und tatsächlich, dort finden wir sie auch – und eine neue Einsicht, ein »Aha-Erlebnis« reiht sich an das andere, und dadurch kann, ja muß das Gehörte, das Gelesene, zur Gewißheit werden.

Ich möchte Ihnen das anhand eines Beispieles anschaulich machen: Wenn ein Betrieb durch seine Emissionen die Umwelt verschmutzt, so erachten wir es für richtig, daß er als Verursacher für die Entsorgung aufkommen muß. Die damit verbundenen Mühen und Kosten stellen für den Betriebsinhaber eine Unannehmlichkeit, eine Belastung dar, die ihn zugleich auch veranlassen wird, den Schadstoffausstoß in Zukunft zu vermeiden.

Wir haben damit eine Erscheinung des Lebens beobachtet, und mit einem Male wird uns das Gesetz der Wechselwirkung und der Sinn des Leides in all seiner logischen Einfachheit verständlich. Es ist – auf höherer Ebene – Entsorgung nach dem Verursacherprinzip, Beseitigung der schädlichen geistigen Emissionen, die ein Mensch durch sein falsches Denken und Wollen ausgesandt hat, und die die Schöpfung verunreinigt haben. Und es erfüllt wie im irdischen Beispiel den gleichen doppelten Zweck.

Wenn nun im ersten Teil des Vortrags davon die Rede war, daß alles, was geschieht, immer nur *Liebe* sein kann, dann können Sie, wie ich hoffen darf, auch das jetzt besser verstehen. Wer im Sinn der Schöpfungsgesetze, also des *Gottes*willens denkt und handelt, also danach lebt, erfährt die darin liegende Förderung unmittelbar. Wer sie sich nicht zunutze macht durch falsches Wollen, durch Schwäche oder durch Trägheit, erhält durch diese Gesetzmäßigkeit einerseits die Möglichkeit, sich von dieser Schuld zu lösen, andererseits, aufgerüttelt zu werden. Immer ist es ein Zurückleiten auf den rechten Weg. Förderung des Menschengeistes in seiner Entwicklung, die uns zu immer besserem Verständnis des Gotteswillens führen will, liegt allem zugrunde, und einzig darauf ist die wahre Liebe, die Gottesliebe gerichtet.

Diese in Kenntnis der Schöpfungsgesetze überall im Leben wiederzufindende Einfachheit ermöglicht es uns dann, den Schilderungen des Verfassers der Gralsbotschaft auch in jene Bereiche und Höhen zu folgen, die uns derzeit noch unzugänglich sind. Wir begegnen nämlich auch dort nur den gleichen allgültigen Gesetzen, deren Auswirkungen wir hier im Irdischen – vom Alltäglichen bis zu den verblüffendsten Entdeckungen – erkennen können.

So darf ich Ihnen aus eigener Erfahrung sagen: Es war für mich, der ich als Jurist mit Naturwissenschaften wenig befaßt war, faszinierend zu sehen, wie deren Erkenntnisse, die heute ja auch dem Nichtfachmann zugänglich sind, auf einmal hochinteressant und verständlich wurden, weil sie mir immer nur die Bestätigung der Worte der Gralsbotschaft waren. Ja selbst dort, wo die Wissenschaft nur Fakten feststellt, ohne sie deuten zu können, liefert die Gralsbotschaft die Erklärung. Das geht bis zu den spektakulärsten Entdeckungen aus jüngster Zeit. So haben etwa die Sterbeforschung, die Gehirnforschung, der Laserstrahl und die darauf beruhende Holographie, ja sogar die Entdeckung der »schwarzen Löcher« durch die Astrophysik, also die Auflösung von Sternen durch extreme Verdichtung, immer nur als grundsätzlich richtig erwiesen, was in der Gralsbotschaft etwa über das Wesen des Todes, über die Erbsünde, über die Aufzeichnung aller Geschehen, ja sogar über das Ende der Weltenkörper gesagt worden war. Alles das aber war zum Zeitpunkt der Niederschrift dieses Werkes, die vor rund sechzig Jahren erfolgte, nicht nur völlig unbekannt, sondern zum Teil bis vor kurzem auch unvorstellbar gewesen.

Mit vollstem Recht kann die Gralsbotschaft (Vortrag »Weltgeschehen«) demnach verlangen, daß »[...] *Religionswissenschaft und Naturwissenschaft in jeder Beziehung eins sein müssen in lückenloser Klarheit und Folgerichtigkeit, wenn sie die* Wahrheit *wiedergeben sollen«*, denn hier ist diese Einheit hergestellt!

Es ist für mich deshalb geradezu schmerzhaft, wenn ich erleben muß, in welch verworrener Art bei Abhandlungen, bei Rundfunk- oder Fernsehdiskussionen über die menschlichen Daseinsfragen gemutmaßt und gerätselt wird. Da möchte ich den Teilnehmern zurufen: »So lesen Sie doch dieses Buch ›*Im Lichte der Wahrheit*‹! Sie würden darin alle Antworten finden!« Aber um es lesen zu können, muß man zunächst von seinem Vorhandensein wissen. Und das ist der einzige Grund für meine Ausführungen. Ich bin ja kein Prediger, kein Missionar. Ich handle in niemandes Auftrag. Ich bin nur ein Mensch, der die beglückenden Erfahrungen von Jahrzehnten nun in vorgerückten Jahren jenen vermitteln möchte, die – so wie einst ich – auf der Suche nach Wahrheit sind, und die in der heutigen Zeit ja immer zahlreicher werden.

So möchte ich Ihnen im Grunde gar nichts anderes sagen als: Es gibt dieses so hilfreiche Buch, das unsere Zweifel löst und dem Geiste die Freiheit des Ausblicks ermöglicht. Was Sie mit diesem Hinweis machen, ist Ihre Sache ganz allein. Ich habe nichts davon. Schon der Verfasser der Gralsbotschaft hat in einer anderen Veröffentlichung, in seinen »Fragenbeantwortungen« geschrieben:

»Ich biete den Suchenden dar, aber ich werbe nicht [...]. Ich suche keinen einzigen Menschen zu ›überreden‹ [...] wer mein Wort nicht haben will, braucht es ja nur zu lassen! Ich dränge es ja niemand auf [...].«

Inzwischen sind es aber leider die »Sachzwänge«, die uns nötigen, uns damit zu befassen. Schon der Begriff »Sachzwang« enthüllt doch in erschreckender Weise, wohin wir es gebracht haben: Wir sind zum Sklaven der selbst geschaffenen Einrichtungen geworden, die uns nun, statt uns zu dienen, beherrschen. Wir erleben hier das Gesetz der Wechselwirkung! Wie aber konnte es so weit kommen?

Wenn uns auf der Autobahn ein »Geisterfahrer« entgegenkommt, so schreien wir auf: »Ist der denn verrückt? Der gefährdet ja sich und andere!« Aber wie Geisterfahrer sind wir beharrlich in die falsche Richtung gefahren, entgegen dem lebendigen Strom der Schöpfungsgesetze. Nun beklagen wir uns darüber, was da auf uns zukommt, was uns widerfährt, das heißt doch: wider uns fährt – das Leid des Einzelnen, der Völker, ja der ganzen Menschheit, die ihre eigenen Lebensgrundlagen zerstört, indem sie die größte aller »Verkehrsordnungen«, jene der Schöpfung, mißachtet.

Aber dennoch: In welch großartiger, gewaltiger, inhaltsvoller Zeit leben wir doch! Wir spüren, daß etwas unaufhaltsam auf uns zukommt, das geeignet sein wird, das Gefüge unserer bisherigen Lebensweise grundlegend zu verändern. Wir wissen ja auch, daß es so nicht weitergehen kann. Sehenden Auges rasen wir sonst in den Untergang. Wir stehen also an einer Weltenwende, bedeutender noch als jene, die den Menschen einst des Größenwahns beraubte, Mittelpunkt der Schöpfung zu sein. Sie erzwingt einen geistigen Neubeginn. Darin liegt auch die Erklärung für die Häufung der Verwirrungen, Bedrohungen und Schrecknisse in dieser unserer heutigen Welt. So viel Falsches muß noch seinen Ringschluß finden, muß sich ausleben, um »gelöscht« zu werden, damit der Boden bereitet wird für eine neue, einsichtsvollere Lebensgestaltung.

Schon zeigt sich allmählich das Morgenrot dieser neuen Zeit. Was aber steht aufkeimend am Anfang dieser Besinnung? Das Bewußtwerden unserer *Verantwortung gegenüber der Schöpfung und damit für uns selbst*. Denn unsere falschen, eigensüchtigen Wünsche waren es, die, wohin wir blicken, Unheil angerichtet, *ge*stört und *zer*stört haben. Nun müssen wir lernen, uns einzufügen. Das aber ist doch genau der Punkt, von dem ich den ganzen Abend gesprochen habe, und der zugleich die Antwort enthält auf die im Titel dieses Vortrags gestellte Frage.

Doch was nützt es uns zu wissen, daß so vieles, eigentlich alles an Bisherigem falsch gewesen ist, wenn wir den Ausweg nicht finden und das Bessere noch nicht kennen. Da ist es, als wollte der Verfasser der Gralsbotschaft uns liebevoll an die Hand nehmen, wenn er sagt: »*[...] ich* bringe eine Botschaft, *an die sich die Menschen halten können, um aus ihren Irrtümern herauszukommen*«, denn genau darin liegt die Hilfe, die wir heute benötigen.

Nun höre ich aber schon den Einwand jener, die sagen wollen: »Das ist ja alles ganz schön und auch nicht unrichtig. Aber wozu brauchen wir dieses Buch. Wir haben doch die Bibel, wir haben Jesus. Er hat uns doch schon die Botschaft des rechten Lebens gebracht!«

Sie haben zwar grundsätzlich recht. Aber da lesen wir doch bei Johannes (16, 12) den von tiefem Schmerz erfüllten Satz, den Jesus beim Abendmahl sprach: »*Ich habe Euch noch viel zu sagen, aber Ihr könntet es jetzt nicht tragen*«, das heißt: aufnehmen, verstehen. Weshalb denkt man über diese Worte nicht tiefer nach? Ist es nicht erschütternd, daß er, der *Gottessohn*, der gekommen war, um uns den rechten Weg zu zeigen, angewiesen war auf das Verstehen-Können einiger weniger Menschengeister, und daß wir demnach von seiner Botschaft nur erhalten konnten, was durch den Filter dieses Verständnisses ging? Deutlicher konnte er doch gar nicht beklagen, daß seine Sendung Stückwerk geblieben war, daß sie durch den frühen, gewaltsamen Tod – denken wir doch nur an den Ausruf: »Vater! Vergib ihnen, denn sie wissen nicht, was sie tun!« (Lukas 23, 34) – unvollendet blieb.

Er hat deshalb angekündigt, er werde einen *anderen* Tröster, den Geist der Wahrheit senden, *der* werde uns in *alle* Wahrheit leiten. Diese Verheißung wäre doch nicht nötig, wäre es Jesus möglich gewesen, uns schon die ganze Wahrheit zu bringen. Dieser andere werde, so sagte er, es »von dem Seinen nehmen«, also an sein Wort anknüpfen, werde »reden«, »erinnern«, »lehren«, »verkünden«, und das Gericht werde mit ihm sein (Johannes 14, 16–17; 14, 26; 15, 26; 16, 7–8; 16, 13–15). Das kann doch nicht, wie man es auslegen will, mit dem Pfingsterlebnis der Jünger in Zusammenhang gebracht werden. Damit hat es – wie in der Gralsbotschaft gleichfalls erklärt wird – eine ganz andere Bewandtnis. Die Worte Jesu beziehen sich auch nicht auf eine den Jüngern zuteil gewordene unpersönliche Kraft, die ja keine ergänzende Wahrheit und schon gar nicht das Gericht gebracht hat. Sie beschreiben doch eindeutig die Tätigkeit einer *Person*. Die Jünger selbst haben es nicht anders verstanden, schrieb doch Paulus noch geraume Zeit später im 1. Korintherbrief (13, 9–10): »*Denn unser Wissen ist Stückwerk. Wenn aber kommen wird das Vollkommene, so wird das Stückwerk aufhören.*« Die Erfüllung der Verheißung war also noch offen geblieben.

Seither war und ist doch jede Generation aufgerufen zur Suche nach dieser erweiterten, ergänzenden Wahrheit. Wo wird sie zu finden sein? Wer wird sie uns bringen? Aber zu fragen ist: Was wollen, was können wir mehr erwarten als ein Weltbild, das uns die Entstehung und den Zweck der Schöpfung erklärt, das uns durch das Aufzeigen ihrer Gesetze das für unser Mensch-Sein nötige Wissen vermittelt; ein Weltbild schließlich, das – soweit der Erkenntnishorizont reicht – in voller Übereinstimmung steht mit den Naturwissenschaften, und in welchem Jesus, befreit von allen Irrtümern, die sich um seine Person und Lehre gerankt haben, als *Gottessohn* endlich seine wahre Größe gewinnt.

Aber, verstehen Sie mich recht: Es liegt mir ferne, damit eine bestimmte Behauptung verbinden zu wollen. Jeder Mensch muß für sich diese Prüfung vornehmen. Auch für Sie kann es kein anderer tun. Denn nur die Empfindung, die Sprache Ihres Geistes, kann Ihnen sagen, um wessen Wort es sich handelt ...

Inhaltsverzeichnis

WEG UND ZIEL
BAND 1

Vorwort	9
Am Morgen (Gedicht)	13
Wozu leben wir auf Erden?	14
Die Suche nach dem Glück	20
Den Seinen gibt's der Herr im Schlaf	38
Der Schlaf – Dunkelzone des Daseins?	38
Der Verlauf des Schlafes	40
Das Rüstzeug zur Deutung	43
Die tägliche Reise ins Jenseits	48
Der Traum	52
Die gelöschte Erinnerung	60
Der enträtselte REM-Schlaf	64
Das verlorene Gleichgewicht	72
Den Seinen gibt's der Herr im Schlaf	74
Die rätselhafte Wirkung: Homöopathie	80
Heilung durch nichts?	80
Das Unerklärliche erklären	83
Im Spiegel des Kleinen	85
Die befreite Kraft	89

Die Selbstzerstörung	92
Der Strahlungsausgleich	95
Das Gebotene nützen	98
Gottsuche (Gedicht)	101
Weihnachten	103
Der Druckausgleich	111
Das große Kreisen (Gedicht)	120

SELBSTERKENNTNIS
BAND 2

Wann entsteht der Mensch?	127
Immer noch Ungewißheit	127
Die Bedeutung der Strahlungsbrücke	129
Das Erscheinen der Menschheit	132
Das Werden des Einzelmenschen	135
Der Mensch ist geboren – doch noch nicht fertig	138
Die vier Stufen der Menschwerdung	141
Die geknüpfte Verbindung	146
Der ausgeladene Gast	149
»Was ist das überhaupt – eine Frau?«	152
Die Entstehung der Weiblichkeit	153
Die Eigenschaften der Weiblichkeit	157
Die weiblichen Hauptaufgaben	159

Der Verlust des rechten Weges 168
Der Ruf nach Gleichberechtigung 172
Die Folgen 176
Die mißverstandene Gleichheit 180
Wohin führt die Mode? 197
Der gutgemeinte Irrtum 203
AIDS – die unterlassene Abwehr 221

IRRWEGE
BAND 3

Der unwillkommene Geist
    Gedanken zur Geburtenregelung 237
»Dein ist mein ganzes Herz!«
    Gedanken zur Organverpflanzung 255
Der Schritt über die Schwelle 273
    Beziehungen zwischen Schizophrenie
    und Rauschgiften 273
Das »trojanische Pferd« 294
Das einst Erlebte 300
Das »gefälschte« Grabtuch 312

ES HAT SICH ERWIESEN
BAND 4

LASER (Licht aus Seinem Ewigen Reich) 331
Kybernetik – der unerkannte Schlüssel 350
    Der Regelkreis der Schöpfung 352
    Der Mensch – ein geistiger Regelkreis 357
    Das binarische System 360
    Rückwirkung und Rückkopplung 361
    Die Zielerreichung durch Erlangen der Information 366
    Der Schlüssel in unserer Hand 372
Das Unbegreifliche – hier wird's Ereignis 376
    Was uns die »Schwarzen Löcher« sagen 376
    Das »Jüngste Gericht« 376
    Die »Entartung« des Stoffes 379
    Der Menschengeist und der Stoff 381
    »Der Zusammenbruch« 385
    Die Trennung vom Licht 389
    Die Unterschiedslosigkeit 393
    »Zerrissen und zermahlen ...« 396
    Das Zeiterlebnis 397
    Das Ende wird zum Anfang 400
    Die Folgerung 404
Die »Entdeckung« der Erbsünde:
Das verkrüppelte Gehirn
Wissenschaft auf den Spuren der Gralsbotschaft 408

Erbsünde – was ist das? 408
Die Wucherung 410
Zurückgeblieben 416
Das Zusammenwirken 420
Die unselige Erbschaft 427
Die Folgen 435
Ein neues Verständnis 440
»Der Gottes-Ausweis« (Gedicht) 447

WAS UNS GOETHE SAGEN WOLLTE
BAND 5

Vorbemerkung des Verfassers 255
Die zersplitterte Wahrheit 457
Das Bild der Schöpfung 460
Bestimmung des Menschen 470
Entwicklung und Hemmnis 477
Mephisto 486
Das Erdensein 492
Das Werkzeug 499
Die erste Stufe 505
Die Welt des Verstandes 512

Die große Scheidung	518
Das zweifache Ende	526
Das entschlüsselte Hexen-Einmaleins	534
Zum Geleite!	543

DIE VORTRÄGE
BAND 6

Wieso wir nach dem Tode leben	549
Warum Geburten doch gerecht sind	607
Weshalb Gott das alles zuläßt	661

Richard Steinpach, Werkausgabe. 1. Auflage 2021.
Einzig autorisierte Ausgabe.

Alle Rechte, insbesondere der Übersetzung und der Verbreitung durch öffentlichen Vortrag, Film, Funk, Fernsehen, Tonträger jeder Art, Nachdruck, fotomechanische Wiedergabe, Vervielfältigung auf sonstige Art, Einspeicherung in Datenverarbeitungsanlagen, auch auszugsweise, sind vorbehalten.

Copyright 1993 by Stiftung Gralsbotschaft, Stuttgart.